Direito Penal
Decifrado
PARTE ESPECIAL

O GEN | Grupo Editorial Nacional – maior plataforma editorial brasileira no segmento científico, técnico e profissional – publica conteúdos nas áreas de concursos, ciências jurídicas, humanas, exatas, da saúde e sociais aplicadas, além de prover serviços direcionados à educação continuada.

As editoras que integram o GEN, das mais respeitadas no mercado editorial, construíram catálogos inigualáveis, com obras decisivas para a formação acadêmica e o aperfeiçoamento de várias gerações de profissionais e estudantes, tendo se tornado sinônimo de qualidade e seriedade.

A missão do GEN e dos núcleos de conteúdo que o compõem é prover a melhor informação científica e distribuí-la de maneira flexível e conveniente, a preços justos, gerando benefícios e servindo a autores, docentes, livreiros, funcionários, colaboradores e acionistas.

Nosso comportamento ético incondicional e nossa responsabilidade social e ambiental são reforçados pela natureza educacional de nossa atividade e dão sustentabilidade ao crescimento contínuo e à rentabilidade do grupo.

Fernanda **Moretzsohn** & Lucas Henrique **Fávero**

Direito Penal Decifrado
PARTE ESPECIAL

COORDENAÇÃO
Cláudia Barros
Filipe Ávila
Rogério Greco

- Os autores deste livro e a editora empenharam seus melhores esforços para assegurar que as informações e os procedimentos apresentados no texto estejam em acordo com os padrões aceitos à época da publicação, e todos os dados foram atualizados pelos autores até a data de fechamento do livro. Entretanto, tendo em conta a evolução das ciências, as atualizações legislativas, as mudanças regulamentares governamentais e o constante fluxo de novas informações sobre os temas que constam do livro, recomendamos enfaticamente que os leitores consultem sempre outras fontes fidedignas, de modo a se certificarem de que as informações contidas no texto estão corretas e de que não houve alterações nas recomendações ou na legislação regulamentadora.

- Fechamento desta edição: *24.11.2022*

- Os autores e a editora se empenharam para citar adequadamente e dar o devido crédito a todos os detentores de direitos autorais de qualquer material utilizado neste livro, dispondo-se a possíveis acertos posteriores caso, inadvertida e involuntariamente, a identificação de algum deles tenha sido omitida.

- **Atendimento ao cliente:** (11) 5080-0751 | faleconosco@grupogen.com.br

- Direitos exclusivos para a língua portuguesa
  Copyright © 2023 *by*
  Editora Forense Ltda.
  Uma editora integrante do GEN | Grupo Editorial Nacional
  Travessa do Ouvidor, 11 – Térreo e 6º andar
  Rio de Janeiro – RJ – 20040-040
  www.grupogen.com.br

- Reservados todos os direitos. É proibida a duplicação ou reprodução deste volume, no todo ou em parte, em quaisquer formas ou por quaisquer meios (eletrônico, mecânico, gravação, fotocópia, distribuição pela Internet ou outros), sem permissão, por escrito, da Editora Forense Ltda.

- Capa: Bruno Sales Zorzetto

- **CIP – BRASIL. CATALOGAÇÃO NA PUBLICAÇÃO.
  SINDICATO NACIONAL DOS EDITORES DE LIVROS, RJ.**

F277d

Fávero, Lucas
Direito penal decifrado : parte especial / Lucas Fávero, Fernanda Moretzsohn ; coordenação Cláudia Barros, Filipe Ávila, Rogério Greco. – 1. ed. – Rio de Janeiro : Método, 2023.
736 p. ; 23 cm.   (Decifrado)

Inclui bibliografia
"Material suplementar na plataforma"
ISBN 978-65-5964-641-8

1. Direito penal – Brasil. 2. Serviço público – Brasil – Concursos. I. Moretzsohn, Fernanda. II. Barros, Cláudia. III. Ávila, Filipe. IV. Greco, Rogério. V. Título. VI. Série.

22-81529   CDU: 343.2(81)

Meri Gleice Rodrigues de Souza – Bibliotecária – CRB-7/6439
08/12/2022   13/12/2022

Sobre os Coordenadores

CLÁUDIA BARROS PORTOCARRERO

Promotora de Justiça. Mestre em Direito Público. Professora de Direito Penal e Legislação Especial na Escola da Magistratura dos Estados do Rio de Janeiro e Espírito Santo, na Escola de Direito da Associação e na Fundação Escola do Ministério Público do Rio de Janeiro. Professora de Direito Penal Econômico da Fundação Getulio Vargas. Professora em cursos preparatórios. Autora de livros e palestrante.

@claudiabarrosprof

FILIPE ÁVILA

Formado em Direito pela Universidade Estadual de Mato Grosso do Sul. Foi aprovado no concurso de Agente de Polícia PC/DF (2013), tendo atuado por aproximadamente quatro anos na área de investigação criminal de diversas delegacias especializadas no Distrito Federal (Coordenação de Homicídios-CH; Coordenação de Repressão aos Crimes Contra o Consumidor, a Propriedade Imaterial e a Fraudes-CORF; Delegacia de Proteção à Criança e ao Adolescente-DPCA; Delegacia Especial de Atendimento à Mulher-DEAM). Posteriormente, pediu exoneração do cargo e, atualmente, é professor exclusivo do AlfaCon nas disciplinas de Direito Penal e Legislação Criminal, com foco em concursos públicos. Na mesma empresa, coordenou a criação de curso voltado para a carreira de Delegado de Polícia.

@filipeavilaprof

ROGÉRIO GRECO

Procurador de Justiça do Ministério Público do Estado de Minas Gerais. Pós-doutor pela Università degli Studi di Messina, Itália. Doutor pela Universidad de Burgos, Espanha. Mestre em Ciências Penais pela Universidade Federal de Minas Gerais. Especialista em Teoria do Delito pela Universidad de Salamanca, Espanha. Formado pela National Defense University, Washington, Estados Unidos, em Combate às Organizações Criminosas Transnacionais e Redes Ilícitas nas Américas. Professor de Direito Penal e palestrante em congressos e universidades no País e no exterior. Autor de diversas obras jurídicas. Embaixador de Cristo.

Apresentação da Coleção

A **Coleção Decifrado** da Editora Método foi concebida visando, especialmente, ao público que se prepara para provas de concursos jurídicos (os mais variados), embora atenda perfeitamente às necessidades dos estudantes da graduação, os quais em breve testarão o conhecimento adquirido nas salas de aula – seja no Exame da Ordem, seja em concursos variados.

Nessa toada, destacamos que o grande diferencial da coleção consiste na metodologia do "objetivo e completo".

Objetivo, àqueles que têm pressa e necessitam de um material que foque no que realmente importa, sem rodeios ou discussões puramente acadêmicas que não reflitam na prática dos certames.

Completo, porque não foge a nenhuma discussão/posicionamento doutrinário ou jurisprudencial que já tenha sido objeto dos mais exigentes certames. Para tanto, embora os autores não se furtem à exposição de seu posicionamento quanto a temas controversos, empenham-se em destacar a posição que, por ser majoritária, deverá ser adotada em prova.

Na formulação de cada obra, os autores seguiram o padrão elaborado pelos coordenadores a partir de minudente análise das questões extraídas dos principais concursos jurídicos (Magistratura, Ministério Público, Delegado, Procuradoria, Defensoria etc.), indicando tópicos obrigatórios, sem lhes tirar a liberdade de acrescentar outros que entendessem necessários. Foram meses de trabalho árduo, durante os quais sempre se destacou que o **foco da coleção é a entrega de um conteúdo apto a viabilizar a aprovação do candidato em todas as fases das mais exigentes provas e concursos do País.**

Para tanto, ao longo do texto, e possibilitando uma melhor fluidez e compreensão dos temas, a coleção conta com fartos e atualizados julgados ("Jurisprudência destacada") e questões comentadas e gabaritadas ("Decifrando a prova").

Como grande diferencial, contamos ainda com o **Ambiente Digital Coleção Decifrado**, pelo qual é possível ter uma maior interação com os autores e é dado acesso aos diferentes conteúdos de todos os títulos que compõem a coleção, como informativos dos Tribunais Superiores, atualizações legislativas, webinars, mapas mentais, artigos, questões de provas etc.

Convictos de que o objetivo pretendido foi alcançado com sucesso, colocamos nosso trabalho à disposição dos leitores, futuros aprovados, que terão em suas mãos obras completas e, ao mesmo tempo, objetivas, essenciais a todos que prezam pela otimização do tempo na preparação.

Cláudia Barros Portocarrero, Filipe Ávila e Rogério Greco

Sumário

PARTE I
Dos Crimes Contra a Pessoa

1	Crimes Contra a Vida	3
1.1	Noções introdutórias	3
	1.1.1 Crimes contra a vida: espécies, ação penal e competência	3
1.2	Crime de homicídio	3
	1.2.1 Introdução	5
	1.2.2 Topografia do art. 121	6
	1.2.3 Conceito de homicídio	7
	1.2.4 Classificação doutrinária	8
	1.2.5 Objeto material e bem jurídico protegido	9
	1.2.6 Sujeitos do crime	10
	1.2.7 Conduta e voluntariedade	11
	1.2.8 Homicídio simples	16
	1.2.9 Homicídio privilegiado	18
	1.2.9.1 Motivo de relevante valor social	19
	1.2.9.2 Motivo de relevante valor moral	19
	1.2.9.3 Domínio de violenta emoção (homicídio emocional)	20
	1.2.10 Homicídio qualificado	21
	1.2.10.1 Mediante paga ou promessa de recompensa ou por outro motivo torpe	22
	1.2.10.2 Por motivo fútil	25
	1.2.10.3 Com emprego de veneno, fogo, explosivo, asfixia, tortura ou outro meio insidioso, cruel, ou de que possa resultar perigo comum	26

Direito Penal Decifrado – Parte Especial

1.2.10.4 À traição, de emboscada, mediante dissimulação ou outro recurso que dificulte ou torne impossível a defesa do ofendido 28

1.2.10.5 Para assegurar a execução, a ocultação, a impunidade ou vantagem de outro crime 29

1.2.10.6 Feminicídio – contra a mulher por razões da condição de sexo feminino 30

1.2.10.6.1 A tese da "legítima defesa da honra" 36

1.2.10.7 Contra autoridade ou agente de segurança pública descritos nos arts. 142 e 144 da CF 38

1.2.10.8 Com emprego de arma de fogo de uso restrito ou proibido 40

1.2.10.9 Contra menor de quatorze anos 40

1.2.10.10 Homicídio qualificado-privilegiado 41

1.2.11 Homicídio majorado 42

1.2.11.1 Homicídio praticado por milícia privada ou grupo de extermínio 43

1.2.11.2 Causas de aumento de pena do feminicídio 44

1.2.12 Homicídio culposo 49

1.2.12.1 Noções introdutórias 49

1.2.12.2 Causas de aumento de pena do homicídio culposo 50

1.2.12.3 Perdão judicial 52

1.3 Induzimento, instigação ou auxílio a suicídio ou automutilação 53

1.3.1 Introdução 54

1.3.2 Bem jurídico tutelado e objeto material 54

1.3.3 Sujeitos do crime 54

1.3.4 Conduta e voluntariedade 55

1.3.5 Consumação e tentativa 56

1.3.6 Formas qualificadas 56

1.3.7 Causas de aumento de pena 57

1.3.8 Vítimas vulneráveis 58

1.3.9 Pacto de morte 58

1.3.10 Duelo americano e roleta russa 58

1.3.11 Desafio da baleia azul 59

1.4 Infanticídio 59

1.4.1 Considerações iniciais e classificação doutrinária 59

Sumário **XI**

	1.4.2	Objeto material e bem jurídico protegido	61
	1.4.3	Sujeitos do crime	61
	1.4.4	Conduta e voluntariedade	61
	1.4.5	Infanticídio e erro sobre a pessoa	62
	1.4.6	Infanticídio e concurso de pessoas	63
1.5	Aborto		64
	1.5.1	Considerações iniciais	64
	1.5.2	Aborto provocado pela gestante ou com seu consentimento	66
	1.5.3	Aborto provocado por terceiro, sem o consentimento da gestante	68
	1.5.4	Aborto provocado por terceiro, com o consentimento da gestante	68
	1.5.5	Aborto majorado pelo resultado	69
	1.5.6	Aborto legal	71
		1.5.6.1 Aborto necessário	71
		1.5.6.2 Aborto no caso de gravidez resultante de estupro	71
	1.5.7	Aborto de feto anencefálico	74
	1.5.8	Gestante que tenta o suicídio	75
	1.5.9	Interrupção de gravidez gemelar	75

2	**Das Lesões Corporais**		**77**
2.1	Noções introdutórias		79
2.2	Bem jurídico tutelado e objeto material		80
2.3	Conduta e voluntariedade		80
2.4	Lesão corporal leve		81
2.5	Lesão corporal grave, gravíssima, seguida de morte, majorantes de pena, forma privilegiada		81
	2.5.1	Lesão corporal de natureza grave	81
	2.5.2	Lesão corporal de natureza gravíssima	85
	2.5.3	Lesão corporal seguida de morte	89
	2.5.4	Lesão corporal dolosa privilegiada	90
	2.5.5	Lesão corporal leve e substituição de pena	91
	2.5.6	Lesão corporal culposa	92
	2.5.7	Lesão corporal dolosa majorada	92
	2.5.8	Lesão corporal e perdão judicial	93
	2.5.9	Lesão corporal e violência doméstica	94

XII Direito Penal Decifrado – Parte Especial

	2.5.10	Lesão corporal grave, gravíssima ou seguida de morte e violência doméstica	97
	2.5.11	Lesão corporal em ambiente doméstico e familiar e pessoa com deficiência	99
	2.5.12	Lesão corporal praticado contra autoridade ou agente de segurança pública	99
	2.5.13	Lesão corporal contra mulher por razão de gênero	100
2.6	Ação penal		103

3	**Periclitação da vida e da saúde**		**105**
3.1	Noções introdutórias		105
3.2	Perigo de contágio venéreo		106
	3.2.1	Introdução	106
	3.2.2	Bem jurídico tutelado e objeto material	106
	3.2.3	Conduta e voluntariedade	106
	3.2.4	Consumação e tentativa	107
	3.2.5	Ação penal	108
	3.2.6	A questão da transmissão da Aids	108
3.3	Perigo de contágio de moléstia grave		110
	3.3.1	Introdução e classificação doutrinária	110
	3.3.2	Bem jurídico tutelado e objeto material	111
	3.3.3	Conduta e voluntariedade	111
	3.3.4	Consumação e tentativa	111
	3.3.5	Ação penal	112
3.4	Perigo para a vida ou a saúde de outrem		112
	3.4.1	Classificação doutrinária	112
	3.4.2	Bem jurídico tutelado e objeto material	112
	3.4.3	Conduta e voluntariedade	112
	3.4.4	Consumação e tentativa	113
	3.4.5	Causa de aumento de pena	114
3.5	Abandono de incapaz		114
	3.5.1	Noções iniciais e classificação doutrinária	115
	3.5.2	Bem jurídico tutelado e objeto material	115
	3.5.3	Sujeitos do crime	115
	3.5.4	Conduta e voluntariedade	116

	3.5.5	Consumação e tentativa	116
	3.5.6	Formas qualificadas	117
	3.5.7	Causas de aumento de pena	117
	3.5.8	Ação penal	118
3.6		Exposição ou abandono de recém-nascido	118
	3.6.1	Noções iniciais e classificação doutrinária	119
	3.6.2	Bem jurídico tutelado e objeto material	119
	3.6.3	Sujeitos do crime	119
	3.6.4	Conduta e voluntariedade	119
	3.6.5	Consumação e tentativa	120
	3.6.6	Figuras qualificadas	121
3.7		Omissão de socorro	121
	3.7.1	Noções iniciais e classificação doutrinária	121
	3.7.2	Bem jurídico tutelado e objeto material	122
	3.7.3	Sujeitos do crime	122
	3.7.4	Conduta e voluntariedade	124
	3.7.5	Consumação e tentativa	124
	3.7.6	Causas de aumento de pena	125
	3.7.7	Omissão de socorro e Estatuto da Pessoa Idosa	125
	3.7.8	Omissão de socorro e Código de Trânsito Brasileiro	126
3.8		Condicionamento de atendimento médico-hospitalar emergencial	127
	3.8.1	Noções iniciais e classificação doutrinária	127
	3.8.2	Bem jurídico tutelado e objeto material	127
	3.8.3	Sujeitos do crime	128
	3.8.4	Conduta e voluntariedade	128
	3.8.5	Consumação e tentativa	129
	3.8.6	Causa de aumento de pena	130
	3.8.7	Ação penal	130
3.9		Maus-tratos	130
	3.9.1	Noções iniciais e classificação doutrinária	131
	3.9.2	Sujeitos do crime	131
	3.9.3	Conduta e voluntariedade	132
	3.9.4	Forma qualificada	133
	3.9.5	Causa de aumento de pena	134
	3.9.6	Maus-tratos x tortura	134

XIV Direito Penal Decifrado – Parte Especial

4	**Da rixa**	**137**
4.1	Noções introdutórias	137
4.2	Conduta e voluntariedade	137
4.3	Sujeitos do crime	138
4.4	Consumação e tentativa	138
4.5	Forma qualificada	138
4.6	Crime de rixa e legítima defesa	140
4.7	Crime de rixa e torcidas organizadas	140
5	**Dos Crimes Contra a Honra**	**141**
5.1	Noções introdutórias	141
5.2	Calúnia	143
5.2.1	Noções iniciais e classificação doutrinária	143
5.2.2	Bem jurídico tutelado e objeto material	143
5.2.3	Sujeitos do crime	143
5.2.4	Conduta e voluntariedade	145
5.2.5	Consumação e tentativa	146
5.2.6	Exceção da verdade	146
5.2.7	Exceção de notoriedade	148
5.3	Difamação	149
5.3.1	Noções iniciais e classificação doutrinária	149
5.3.2	Sujeitos do crime	149
5.3.3	Conduta e voluntariedade	149
5.3.4	Consumação e tentativa	150
5.3.5	Exceção da verdade	150
5.4	Injúria	151
5.4.1	Noções iniciais	151
5.4.2	Bem jurídico tutelado e objeto material	151
5.4.3	Sujeitos do crime	151
5.4.4	Conduta e voluntariedade	152
5.4.5	Consumação e tentativa	152
5.4.6	Exceção da verdade e notoriedade	152
5.4.7	Perdão judicial	152
5.4.8	Figuras qualificadas	153

		5.4.8.1 Injúria real	153
		5.4.8.2 Injúria qualificada pelo preconceito	154
5.5	Disposições gerais comuns aos crimes contra a honra		155
	5.5.1	Causas de aumento de pena	155
	5.5.2	Exclusão do crime	156
	5.5.3	Retratação	157
	5.5.4	Pedido de explicações	159
	5.5.5	Ação penal	159
	5.5.6	Imprescritibilidade do crime de injúria racial (STF, HC nº 154.248/DF)	160

6 Dos crimes contra a liberdade individual ... 163

6.1	Crimes contra a liberdade pessoal		163
	6.1.1	Constrangimento ilegal	163
		6.1.1.1 Noções gerais e classificação doutrinária	163
		6.1.1.2 Sujeitos do crime	164
		6.1.1.3 Conduta e voluntariedade	164
		6.1.1.4 Consumação e tentativa	165
		6.1.1.5 Causas de aumento de pena	165
		6.1.1.6 Exclusão do crime	166
	6.1.2	Ameaça	167
		6.1.2.1 Noções gerais e classificação doutrinária	167
		6.1.2.2 Sujeitos do crime	168
		6.1.2.3 Conduta e voluntariedade	168
		6.1.2.4 Consumação e tentativa	169
		6.1.2.5 Ameaça x legislação extravagante	169
	6.1.3	Perseguição	170
		6.1.3.1 Noções gerais e classificação doutrinária	170
		6.1.3.2 Sujeitos do crime	171
		6.1.3.3 Conduta e voluntariedade	171
		6.1.3.4 Consumação e tentativa	173
		6.1.3.5 Causas de aumento de pena	173
		6.1.3.6 Concurso de crimes	174
		6.1.3.7 Perseguição x contravenção penal de perturbação da tranquilidade	174

6.1.4		Violência psicológica contra a mulher	175
	6.1.4.1	Noções gerais	175
	6.1.4.2	Bem jurídico tutelado e objeto material	176
	6.1.4.3	Sujeitos do crime	177
	6.1.4.4	Conduta e voluntariedade	177
	6.1.4.5	Consumação e tentativa	178
	6.1.4.6	Princípio da subsidiariedade	179
6.1.5		Sequestro e cárcere privado	179
	6.1.5.1	Noções gerais e classificação doutrinária	179
	6.1.5.2	Bem jurídico tutelado e objeto material do crime	180
	6.1.5.3	Sujeitos do crime	180
	6.1.5.4	Conduta e voluntariedade	180
	6.1.5.5	Consumação e tentativa	181
	6.1.5.6	Formas qualificadas	181
	6.1.5.7	Sequestro ou cárcere privado x legislação extravagante	184
6.1.6		Redução à condição análoga à de escravo	185
	6.1.6.1	Noções gerais e classificação doutrinária	185
	6.1.6.2	Bem jurídico tutelado e objeto material	187
	6.1.6.3	Sujeitos do crime	187
	6.1.6.4	Conduta e voluntariedade	187
	6.1.6.5	Consumação e tentativa	191
	6.1.6.6	Causas de aumento de pena	192
6.1.7		Tráfico de pessoas	192
	6.1.7.1	Noções gerais e classificação doutrinária	192
	6.1.7.2	Bem jurídico tutelado e objeto material do crime	194
	6.1.7.3	Sujeitos do crime	195
	6.1.7.4	Conduta e voluntariedade	197
	6.1.7.5	Consumação e tentativa	202
	6.1.7.6	Causas de aumento de pena	202
	6.1.7.7	Causas especiais de diminuição de pena	203
6.2		Crimes contra a inviolabilidade de domicílio	204
6.2.1		Violação de domicílio	204
	6.2.1.1	Noções gerais e classificação doutrinária	204
	6.2.1.2	Bem jurídico tutelado e objeto material	205
	6.2.1.3	Sujeitos do crime	207

	6.2.1.4	Conduta e voluntariedade	207
	6.2.1.5	Consumação e tentativa	209
	6.2.1.6	Formas qualificadas	209
	6.2.1.7	Causas de aumento de pena	211
	6.2.1.8	Causas excludentes de ilicitude	211
	6.2.1.9	Crime de abuso de autoridade com violação de domicílio	212

6.3 Crimes contra a inviolabilidade de correspondência 214

6.3.1 Violação de correspondência 214

6.3.1.1 Noções gerais e classificação doutrinária 214

6.3.1.2 Bem jurídico tutelado e objeto material 215

6.3.1.3 Sujeitos do crime 215

6.3.1.4 Conduta e voluntariedade 216

6.3.1.5 Consumação e tentativa 217

6.3.1.6 Figuras equiparadas 217

6.3.1.6.1 Sonegação ou destruição de correspondência. 217

6.3.1.6.2 Violação de comunicação telegráfica, radioelétrica ou telefônica 218

6.3.1.6.3 Impedir comunicação telegráfica ou radioelétrica ou conversação 218

6.3.1.6.4 Instalação ou utilização de estação ou aparelho radioelétrico, sem observância de disposição legal 219

6.3.2 Correspondência comercial 219

6.3.2.1 Noções gerais e classificação doutrinária 219

6.3.2.2 Bem jurídico tutelado e objeto material 219

6.3.2.3 Sujeitos do crime 220

6.3.2.4 Conduta e voluntariedade 220

6.3.2.5 Consumação e tentativa 220

6.4 Crimes contra a inviolabilidade de segredos 220

6.4.1 Noções gerais 220

6.4.2 Divulgação de segredo 221

6.4.2.1 Noções gerais e classificação doutrinária 222

6.4.2.2 Bem jurídico tutelado e objeto material 223

6.4.2.3 Sujeitos do crime 223

6.4.2.4 Conduta e voluntariedade 223

XVIII Direito Penal Decifrado – Parte Especial

	6.4.2.5	Consumação e tentativa	224
	6.4.2.6	Qualificadora – violação de sigilo funcional de sistemas de informação	224
6.4.3	Violação de segredo profissional		225
	6.4.3.1	Noções gerais e classificação doutrinária	225
	6.4.3.2	Bem jurídico tutelado e objeto material	225
	6.4.3.3	Sujeitos do crime	225
	6.4.3.4	Conduta e voluntariedade	226
	6.4.3.5	Consumação e tentativa	226
6.4.4	Invasão de dispositivo informático		227
	6.4.4.1	Noções gerais e classificação doutrinária	227
	6.4.4.2	Bem jurídico tutelado e objeto material	229
	6.4.4.3	Sujeitos do crime	229
	6.4.4.4	Conduta e voluntariedade	230
	6.4.4.5	Consumação e tentativa	233
	6.4.4.6	Forma qualificada	233
	6.4.4.7	Causas de aumento de pena	234

PARTE II
Dos Crimes Contra o Patrimônio

7	**Do furto**		**239**
7.1	Furto		239
	7.1.1	Considerações gerais	240
	7.1.2	Sujeitos	241
	7.1.3	Momento consumativo	241
	7.1.4	Conduta	243
	7.1.5	Elemento subjetivo	245
	7.1.6	Furto de uso	245
	7.1.7	Furto famélico	246
	7.1.8	Princípio da insignificância	246
		7.1.8.1 Princípio da insignificância e reincidência	247
		7.1.8.2 Valor insignificante e pequeno valor	248
	7.1.9	Causa de aumento – repouso noturno	248
	7.1.10	Furto privilegiado	249

| | 7.1.10.1 | Continuidade delitiva x privilégio x insignificância | 250 |

7.1.11 Equiparação energia elétrica à coisa alheia móvel 250

7.1.12 Qualificadoras (§§ 4º a 7º) 252

	7.1.12.1	Destruição ou rompimento de obstáculo à subtração da coisa (§ 4º, I)	252
	7.1.12.2	Abuso de confiança, fraude, escalada ou destreza	253
	7.1.12.3	Emprego de chave falsa (§ 4º, III)	254
	7.1.12.4	Concurso de duas ou mais pessoas (§ 4º, IV)	255
	7.1.12.5	Emprego de explosivo ou de artefato análogo que cause perigo comum (§ 4º-A)	255
	7.1.12.6	Furto por meio de dispositivo informático (§ 4º-B)	256
		7.1.12.6.1 Causa de aumento de pena específica (§ 4º-C)	257
	7.1.12.7	Subtração de veículo automotor que venha a ser transportado para outro estado ou para o exterior	257
	7.1.12.8	Furto de semovente domesticável de produção, ainda que abatido ou dividido em partes no local da subtração	259
	7.1.12.9	Furto de substâncias explosivas ou acessórios	259
	7.1.12.10	Furto e roubo no mesmo contexto fático	259

7.2 Furto de coisa comum 260

7.2.1 Sujeitos 260

7.2.2 Conduta e momento consumativo 260

7.2.3 Elemento subjetivo 260

7.2.4 Ação penal 260

7.2.5 Exclusão do crime 261

8 Do roubo e da extorsão 263

8.1 Roubo 263

8.1.1 Sujeitos 264

8.1.2 Conduta e momento consumativo 264

| | 8.1.2.1 | Entendimentos relevantes | 265 |

8.1.3 Causas de aumento de pena e qualificadoras................................ 266

8.1.4 Elemento subjetivo 269

8.2 Extorsão 269

8.2.1 Sujeitos 270

8.2.2 Conduta e momento consumativo 270

8.2.3 Causa de aumento 272

	8.2.4	Elemento subjetivo	273
8.3	Extorsão mediante sequestro		273
	8.3.1	Sujeitos	273
	8.3.2	Conduta e momento consumativo	274
	8.3.3	Qualificadoras	274
	8.3.4	Causa de redução de pena	275
	8.3.5	Elemento subjetivo	275
8.4	Extorsão indireta		275
	8.4.1	Sujeitos	275
	8.4.2	Conduta e momento consumativo	275

9 Da usurpação ... 277

9.1	Alteração de limites		277
	9.1.1	Sujeitos	277
	9.1.2	Conduta e momento consumativo	277
	9.1.3	Elemento subjetivo	278
9.2	Supressão ou alteração de marca em animais		278
	9.2.1	Sujeitos	278
	9.2.2	Conduta e momento consumativo	278
	9.2.3	Elemento subjetivo	279

10 Do dano ... 281

10.1	Dano		281
	10.1.1	Sujeitos	281
	10.1.2	Conduta e momento consumativo	281
	10.1.3	Formas qualificadas	282
	10.1.4	Princípio da insignificância	283
	10.1.5	Elemento subjetivo	284
	10.1.6	Ação penal	284
10.2	Introdução ou abandono de animal em propriedade alheia		285
	10.2.1	Sujeitos	285
	10.2.2	Conduta e momento consumativo	285
	10.2.3	Elemento subjetivo	285
	10.2.4	Ação penal	285
10.3	Dano em coisa de valor artístico, arqueológico ou histórico		286

	10.3.1	Considerações gerais	286
10.4		Alteração de local especialmente protegido	286
	10.4.1	Considerações gerais	287

11 Da apropriação indébita ... 289

11.1		Apropriação indébita	289
	11.1.1	Sujeitos	289
	11.1.2	Conduta e momento consumativo	289
	11.1.3	Causas de aumento	290
	11.1.4	Elemento subjetivo	292
11.2		Apropriação indébita previdenciária	292
	11.2.1	Sujeitos	292
	11.2.2	Conduta e momento consumativo	293
	11.2.3	Extinção da punibilidade	294
	11.2.4	Perdão judicial/privilégio	295
	11.2.5	Princípio da insignificância	296
	11.2.6	Continuidade delitiva com o crime de sonegação previdenciária (art. 337-A do CP)	296
	11.2.7	Elemento subjetivo	297
11.3		Outras apropriações	297
	11.3.1	Considerações gerais	298
	11.3.2	Sujeitos	298
	11.3.3	Conduta e elemento subjetivo	298
	11.3.4	Elemento subjetivo	299
	11.3.5	Privilégio	299

12 Estelionato e outras fraudes ... 301

12.1		Estelionato	301
	12.1.1	Sujeitos	302
	12.1.2	Conduta e momento consumativo	302
	12.1.3	Privilégio	304
	12.1.4	Figuras equiparadas	304
	12.1.5	Qualificadora	306
		12.1.5.1 Causa de aumento de pena específica	307
	12.1.6	Estelionato previdenciário	307

	12.1.7	Estelionato contra pessoa idosa	308
	12.1.8	Ação penal	308
		12.1.8.1 Direito intertemporal	308
	12.1.9	Elemento subjetivo	309
12.2	Duplicata simulada		311
	12.2.1	Sujeitos	311
	12.2.2	Conduta e momento consumativo	311
	12.2.3	Elemento subjetivo	312
12.3	Abuso de incapazes		312
	12.3.1	Sujeitos	312
	12.3.2	Conduta e momento consumativo	312
	12.3.3	Elemento subjetivo	312
12.4	Induzimento à especulação		312
	12.4.1	Sujeitos	313
	12.4.2	Conduta e momento consumativo	313
	12.4.3	Elemento subjetivo	313
12.5	Fraude no comércio		313
	12.5.1	Sujeitos	313
	12.5.2	Conduta e momento consumativo	313
	12.5.3	Elemento subjetivo	314
12.6	Outras fraudes		314
	12.6.1	Sujeitos	314
	12.6.2	Conduta e momento consumativo	314
	12.6.3	Ação penal e perdão judicial	315
	12.6.4	Elemento subjetivo	315
12.7	Fraudes e abusos na fundação ou administração de sociedade por ações		315
	12.7.1	Considerações gerais	316
12.8	Emissão irregular de conhecimento de depósito ou *warrant*		316
	12.8.1	Sujeitos	316
	12.8.2	Conduta e momento consumativo	316
	12.8.3	Elemento subjetivo	317
12.9	Fraude à execução		317
	12.9.1	Sujeitos	317
	12.9.2	Conduta e momento consumativo	317
	12.9.3	Elemento subjetivo	317

12.10	Receptação	318
	12.10.1 Sujeitos	319
	12.10.2 Conduta e momento consumativo	319
	12.10.3 Causas de aumento de pena	320
	12.10.4 Receptação x porte ilegal de arma	320
	12.10.5 Receptação de animal	321
	12.10.6 Elemento subjetivo	321
12.11	Disposições gerais aos crimes contra o patrimônio – escusas absolutórias	321
	12.11.1 Imunidades absolutas	322
	12.11.2 Hipóteses de ação penal pública condicionada	322
	12.11.3 Inaplicabilidade das escusas	322

PARTE III
Dos Crimes Contra a Propriedade Imaterial

13	**Crimes contra a propriedade intelectual**	**327**
13.1	Violação de direito autoral	327
	13.1.1 Noções gerais e classificação doutrinária	328
	13.1.2 Bem jurídico tutelado e objeto material	328
	13.1.3 Sujeitos do crime	328
	13.1.4 Conduta c voluntariedade	329
	13.1.5 Consumação e tentativa	331
	13.1.6 Formas qualificadas	332
	13.1.7 Exclusão da tipicidade (das limitações aos direitos autorais)	335

PARTE IV
Dos Crimes Contra a Organização do Trabalho

14	**Crimes contra a organização do trabalho**	**339**
14.1	Noções gerais	339
14.2	Atentado contra a liberdade de trabalho	340
	14.2.1 Noções gerais e classificação doutrinária	340
	14.2.2 Bem jurídico tutelado e objeto material	341
	14.2.3 Sujeitos do crime	341

XXIV Direito Penal Decifrado – Parte Especial

	14.2.4	Conduta e voluntariedade	341
	14.2.5	Consumação e tentativa	342
14.3	Atentado contra a liberdade de contrato de trabalho e boicotagem violenta		342
	14.3.1	Noções gerais e classificação doutrinária	342
	14.3.2	Bem jurídico tutelado e objeto material	343
	14.3.3	Sujeitos do crime	343
	14.3.4	Conduta e voluntariedade	343
	14.3.5	Consumação e tentativa	344
14.4	Atentado contra a liberdade de associação		344
	14.4.1	Noções gerais e classificação doutrinária	344
	14.4.2	Bem jurídico tutelado e objeto material	345
	14.4.3	Sujeitos do crime	345
	14.4.4	Conduta e voluntariedade	345
	14.4.5	Consumação e tentativa	346
14.5	Paralisação de trabalho, seguida de violência ou perturbação da ordem		346
	14.5.1	Noções gerais e classificação doutrinária	347
	14.5.2	Bem jurídico tutelado e objeto material	347
	14.5.3	Sujeitos do crime	347
	14.5.4	Conduta e voluntariedade	348
	14.5.5	Consumação e tentativa	348
14.6	Paralisação de trabalho de interesse coletivo		348
	14.6.1	Noções gerais e classificação doutrinária	348
	14.6.2	Bem jurídico tutelado e objeto material	350
	14.6.3	Sujeitos do crime	351
	14.6.4	Conduta e voluntariedade	351
	14.6.5	Consumação e tentativa	351
14.7	Invasão de estabelecimento industrial, comercial ou agrícola. Sabotagem		351
	14.7.1	Noções gerais e classificação doutrinária	351
	14.7.2	Bem jurídico tutelado e objeto material	352
	14.7.3	Sujeitos do crime	352
	14.7.4	Conduta e voluntariedade	352
	14.7.5	Consumação e tentativa	352
14.8	Frustração de direito assegurado por lei trabalhista		352
	14.8.1	Noções gerais e classificação doutrinária	353
	14.8.2	Bem jurídico tutelado e objeto material	353

	14.8.3	Sujeitos do crime	353
	14.8.4	Conduta e voluntariedade	353
	14.8.5	Consumação e tentativa	354
	14.8.6	Causas de aumento de pena	354
14.9		Frustração de lei sobre a nacionalização do trabalho	357
	14.9.1	Noções gerais e classificação doutrinária	357
	14.9.2	Bem jurídico tutelado e objeto material	358
	14.9.3	Sujeitos do crime	358
	14.9.4	Conduta e voluntariedade	358
	14.9.5	Consumação e tentativa	358
14.10		Exercício de atividade com infração de decisão administrativa	358
	14.10.1	Noções gerais e classificação doutrinária	359
	14.10.2	Bem jurídico tutelado e objeto material	359
	14.10.3	Sujeitos do crime	359
	14.10.4	Conduta e voluntariedade	359
	14.10.5	Consumação e tentativa	360
14.11		Aliciamento para o fim de emigração	360
	14.11.1	Noções gerais e classificação doutrinária	360
	14.11.2	Bem jurídico tutelado e objeto material	360
	14.11.3	Sujeitos do crime	360
	14.11.4	Conduta e voluntariedade	361
	14.11.5	Consumação e tentativa	362
14.12		Aliciamento de trabalhadores de um local para outro do território nacional	362
	14.12.1	Noções gerais e classificação doutrinária	362
	14.12.2	Bem jurídico tutelado e objeto material	362
	14.12.3	Sujeitos do crime	363
	14.12.4	Conduta e voluntariedade	363
	14.12.5	Consumação e tentativa	364
	14.12.6	Causas de aumento de pena	364

PARTE V
Dos Crimes Contra o Sentimento Religioso e Contra o Respeito aos Mortos

15	Crimes contra o sentimento religioso e contra o respeito aos mortos	369

XXVI Direito Penal Decifrado – Parte Especial

15.1   Noções gerais.. 369

16   Dos crimes contra o sentimento religioso.................................... 373

16.1   Ultraje ao culto e impedimento ou perturbação de ato a ele relativo............. 373

      16.1.1   Noções gerais e classificação doutrinária 373

      16.1.2   Bem jurídico tutelado e objeto material 374

      16.1.3   Sujeitos do crime 374

      16.1.4   Conduta e voluntariedade 375

      16.1.5   Consumação e tentativa 376

      16.1.6   Causa de aumento de pena.. 376

17   Dos crimes contra o respeito aos mortos...................................... 377

17.1   Noções gerais.. 377

17.2   Impedimento ou perturbação de cerimônia funerária............................ 377

      17.2.1   Noções gerais e classificação doutrinária 378

      17.2.2   Bem jurídico tutelado e objeto material 378

      17.2.3   Sujeitos do crime 378

      17.2.4   Conduta e voluntariedade 378

      17.2.5   Consumação e tentativa 379

      17.2.6   Causa de aumento de pena.. 379

17.3   Violação de sepultura 379

      17.3.1   Noções gerais e classificação doutrinária 379

      17.3.2   Bem jurídico tutelado e objeto material 380

      17.3.3   Sujeitos do crime 380

      17.3.4   Conduta e voluntariedade 380

      17.3.5   Consumação e tentativa 381

17.4   Destruição, subtração ou ocultação de cadáver................................... 382

      17.4.1   Noções gerais e classificação doutrinária 382

      17.4.2   Bem jurídico tutelado e objeto material 382

      17.4.3   Sujeitos do crime 383

      17.4.4   Conduta e voluntariedade 384

      17.4.5   Consumação e tentativa 385

17.5   Vilipêndio a cadáver... 386

      17.5.1   Noções gerais e classificação doutrinária 386

17.5.2	Bem jurídico tutelado e objeto material	386
17.5.3	Sujeitos do crime	387
17.5.4	Conduta e voluntariedade	387
17.5.5	Consumação e tentativa	388

PARTE VI
Crimes Contra a Dignidade Sexual

18	**Crimes contra a dignidade sexual**	**391**
18.1	Noções introdutórias	391
19	**Dos crimes contra a liberdade sexual**	**393**
19.1	Estupro	393
	19.1.1 Noções gerais e classificação doutrinária	393
	19.1.2 Sujeitos do crime	394
	19.1.3 Conduta e voluntariedade	394
	19.1.4 Consumação e tentativa	399
	19.1.5 Formas qualificadas	399
	19.1.6 Ação penal	400
19.2	Violação sexual mediante fraude	400
	19.2.1 Noções gerais e classificação doutrinária	400
	19.2.2 Sujeitos do crime	401
	19.2.3 Conduta e voluntariedade	402
	19.2.4 Consumação e tentativa	402
19.3	Importunação sexual	403
	19.3.1 Noções gerais e classificação doutrinária	403
	19.3.2 Sujeitos do crime	404
	19.3.3 Conduta e voluntariedade	404
	19.3.4 Consumação e tentativa	406
19.4	Assédio sexual	406
	19.4.1 Noções gerais e classificação doutrinária	407
	19.4.2 Sujeitos do crime	407
	19.4.3 Conduta e voluntariedade	407
	19.4.4 Consumação e tentativa	409
	19.4.5 Causas de aumento de pena	409

XXVIII Direito Penal Decifrado – Parte Especial

20 Da exposição da intimidade sexual **411**

20.1 Registro não autorizado de intimidade sexual.. 411

    20.1.1 Noções gerais e classificação doutrinária 411

    20.1.2 Objeto material e bem jurídico tutelado 412

    20.1.3 Sujeitos do crime 412

    20.1.4 Conduta e voluntariedade 412

    20.1.5 Consumação e tentativa... 412

    20.1.6 Figuras previstas no Estatuto da Criança e do Adolescente............. 413

21 Dos crimes sexuais contra vulnerável **415**

21.1 Estupro de vulnerável 415

    21.1.1 Noções gerais e classificação doutrinária 415

    21.1.2 Bem jurídico tutelado e objeto material do crime 416

    21.1.3 Sujeitos do crime 416

    21.1.4 Conduta e voluntariedade 419

    21.1.5 Consumação e tentativa... 421

    21.1.6 Formas qualificadas... 421

    21.1.7 Ação penal 422

    21.1.8 Causas de aumento de pena 422

21.2 Corrupção de menores 423

    21.2.1 Noções gerais e classificação doutrinária 423

    21.2.2 Bem jurídico tutelado e objeto material do crime 423

    21.2.3 Sujeitos do crime 423

    21.2.4 Conduta e voluntariedade 423

    21.2.5 Consumação e tentativa... 424

21.3 Satisfação de lascívia na presença de criança ou adolescente 424

    21.3.1 Noções gerais e classificação doutrinária 424

    21.3.2 Sujeitos do crime 425

    21.3.3 Conduta e voluntariedade 425

    21.3.4 Consumação e tentativa... 426

21.4 Favorecimento da prostituição ou de outra forma de exploração sexual de criança ou adolescente ou de vulnerável 426

    21.4.1 Noções gerais e classificação doutrinária 426

    21.4.2 Bem jurídico tutelado e objeto material 427

    21.4.3 Sujeitos do crime 427

	21.4.4	Conduta e voluntariedade	427
	21.4.5	Consumação e tentativa	430
21.5	Divulgação de cena de estupro ou de cena de estupro de vulnerável, de cena de sexo ou de pornografia		430
	21.5.1	Noções gerais e classificação doutrinária	430
	21.5.2	Bem jurídico tutelado e objeto material	431
	21.5.3	Sujeitos do crime	431
	21.5.4	Conduta e voluntariedade	431
	21.5.5	Consumação e tentativa	433
	21.5.6	Causa de aumento de pena	434
	21.5.7	Exclusão da ilicitude	435

22 Disposições gerais 437

22.1	Ação penal		437
22.2	Causas de aumento de pena		439
	22.2.1	Noções gerais	439
		22.2.1.1 Estupro coletivo	440
		22.2.1.2 Estupro corretivo	440

23 Do lenocínio e do tráfico de pessoa para fim de prostituição ou outra forma de exploração sexual 443

23.1	Mediação para servir a lascívia de outrem		443
	23.1.1	Noções gerais e classificação doutrinária	443
	23.1.2	Sujeitos do crime	444
	23.1.3	Conduta e voluntariedade	444
	23.1.4	Consumação e tentativa	444
	23.1.5	Formas qualificadas	444
	23.1.6	Lenocínio mercenário	445
23.2	Favorecimento da prostituição ou outra forma de exploração sexual		445
	23.2.1	Noções gerais e classificação doutrinária	446
	23.2.2	Sujeitos do crime	446
	23.2.3	Conduta e voluntariedade	446
	23.2.4	Consumação e tentativa	447
	23.2.5	Formas qualificadas	447
	23.2.6	Proxenetismo mercenário	447

XXX Direito Penal Decifrado – Parte Especial

23.3		Casa de prostituição – estabelecimento para exploração sexual	448
	23.3.1	Noções gerais e classificação doutrinária	448
	23.3.2	Sujeitos do crime	449
	23.3.3	Conduta e voluntariedade	449
	23.3.4	Consumação e tentativa	451
23.4		Rufianismo	451
	23.4.1	Noções gerais e classificação doutrinária	451
	23.4.2	Sujeitos do crime	452
	23.4.3	Conduta e voluntariedade	452
	23.4.4	Consumação e tentativa	452
23.5		Promoção de migração ilegal	453
	23.5.1	Noções gerais e classificação doutrinária	453
	23.5.2	Sujeitos do crime	454
	23.5.3	Conduta e voluntariedade	454
	23.5.4	Consumação e tentativa	456
	23.5.5	Causas de aumento de pena	456
24		**Do ultraje público ao pudor**	**457**
24.1		Ato obsceno	457
	24.1.1	Noções gerais e classificação doutrinária	457
	24.1.2	Sujeitos do crime	457
	24.1.3	Conduta e voluntariedade	458
	24.1.4	Consumação e tentativa	458
	24.1.5	Ato obsceno x importunação sexual	459
24.2		Escrito ou objeto obsceno	459
	24.2.1	Noções gerais e classificação doutrinária	459
	24.2.2	Sujeitos do crime	460
	24.2.3	Conduta e voluntariedade	460
	24.2.4	Consumação e tentativa	461
	24.2.5	Escrito ou objeto obsceno e o Estatuto da Criança e do Adolescente	461
25		**Disposições gerais**	**463**
25.1		Causas de aumento de pena	463
25.2		Segredo de justiça	467

Sumário **XXXI**

PARTE VII
Dos Crimes Contra a Família

26	**Crimes contra a família**	**473**
26.1	Bigamia	473
	26.1.1 Considerações gerais	473
	26.1.2 Sujeitos	473
26.2	Induzimento a erro essencial e ocultação de impedimento	474
26.3	Conhecimento prévio de impedimento	474
26.4	Simulação de autoridade para celebração de casamento	475
26.5	Simulação de casamento	475
26.6	Registro de nascimento inexistente	476
26.7	Parto suposto. Supressão ou alteração de direito inerente ao estado civil de recém-nascido	476
26.8	Sonegação de estado de filiação	477
26.9	Abandono material	477
26.10	Entrega de filho menor a pessoa inidônea	478
26.11	Abandono intelectual	478
26.12	Abandono moral	479
26.13	Induzimento a fuga, entrega arbitrária ou sonegação de incapazes	480
26.14	Subtração de incapazes	480

PARTE VIII
Dos Crimes Contra a Incolumidade Pública

27	**Dos crimes de perigo comum**	**485**
27.1	Considerações gerais	485
27.2	Dos crimes em espécie	485
	27.2.1 Incêndio	485
	27.2.1.1 Sujeitos	486
	27.2.1.2 Conduta e momento consumativo	486
	27.2.1.3 Causas de aumento de pena	487
	27.2.1.4 Incêndio culposo	489
	27.2.2 Explosão	489

XXXII   Direito Penal Decifrado – Parte Especial

	27.2.2.1	Sujeitos	489
	27.2.2.2	Conduta e momento consumativo	489
	27.2.2.3	Forma privilegiada	490
	27.2.2.4	Causa de aumento de pena	490
	27.2.2.5	Modalidade culposa	490
27.2.3	Uso de gás tóxico ou asfixiante		490
	27.2.3.1	Sujeitos	490
	27.2.3.2	Conduta e momento consumativo	490
	27.2.3.3	Modalidade culposa	491
27.2.4	Fabrico, fornecimento, aquisição, posse ou transporte de explosivos ou gás tóxico ou asfixiante		491
	27.2.4.1	Sujeitos	491
	27.2.4.2	Conduta e momento consumativo	491
27.2.5	Inundação		492
	27.2.5.1	Sujeitos	492
	27.2.5.2	Conduta e momento consumativo	492
	27.2.5.3	Modalidade culposa	493
27.2.6	Perigo de inundação		493
	27.2.6.1	Sujeitos	493
	27.2.6.2	Conduta e momento consumativo	493
	27.2.6.3	Quadro comparativo inundação x perigo de inundação	494
27.2.7	Desabamento ou desmoronamento		494
	27.2.7.1	Sujeitos	495
	27.2.7.2	Conduta e momento consumativo	495
	27.2.7.3	Modalidade culposa	495
27.2.8	Subtração, ocultação ou inutilização de material de salvamento		495
	27.2.8.1	Sujeitos	495
	27.2.8.2	Conduta e momento consumativo	496
27.2.9	Formas qualificadas de crime de perigo comum		496
27.2.10	Difusão de doença ou praga		497

28   Dos crimes contra a segurança dos meios de comunicação e transporte e outros serviços públicos ... 499

28.1	Perigo de desastre ferroviário	499
	28.1.1 Sujeitos	499

Sumário **XXXIII**

28.1.2	Conduta e momento consumativo	499
28.1.3	Forma qualificada (desastre ferroviário)	501
28.1.4	Modalidade culposa	501
28.2	Atentado contra a segurança de transporte marítimo, fluvial ou aéreo	501
28.2.1	Sujeitos	501
28.2.2	Conduta e momento consumativo	501
28.2.3	Forma qualificada	502
28.2.3.1	Sinistro em transporte marítimo, fluvial ou aéreo	502
28.2.3.2	Prática do crime com o fim de lucro	502
28.2.4	Modalidade culposa	502
28.3	Atentado contra a segurança de outro meio de transporte	502
28.3.1 Sujeitos		502
28.3.2	Conduta e momento consumativo	503
28.3.3	Forma qualificada	503
28.3.4	Modalidade culposa	503
28.4	Forma qualificada	503
28.5	Arremesso de projétil	503
28.5.1	Sujeitos	504
28.5.2	Conduta e momento consumativo	504
28.5.3	Forma qualificada	504
28.6	Atentado contra a segurança de serviço de utilidade pública	504
28.6.1	Sujeitos	505
28.6.2	Conduta e momento consumativo	505
28.6.3	Forma qualificada	505
28.7	Interrupção ou perturbação de serviço telegráfico, telefônico, informático, telemático ou de informação de utilidade pública	505
28.7.1	Sujeitos	506
28.7.2	Conduta e momento consumativo	506
28.7.3	Causa de aumento de pena	506

29	**Dos crimes contra a saúde pública**	**507**
29.1	Epidemia	507
29.1.1	Sujeitos	507
29.1.2	Conduta e momento consumativo	507
29.1.3	Causa de aumento de pena	508

XXXIV Direito Penal Decifrado – Parte Especial

	29.1.4 Modalidade culposa	508
29.2	Infração de medida sanitária preventiva	508
	29.2.1 Sujeitos	508
	29.2.2 Conduta e momento consumativo	508
	29.2.3 Causa de aumento de pena	509
29.3	Omissão de notificação de doença	509
	29.3.1 Sujeitos	509
	29.3.2 Conduta e momento consumativo	509
	29.3.3 Elemento subjetivo	510
29.4	Envenenamento de água potável ou de substância alimentícia ou medicinal	510
	29.4.1 Sujeitos	510
	29.4.2 Conduta e momento consumativo	511
	29.4.3 Modalidade culposa	511
	29.4.4 Elemento subjetivo	511
29.5	Corrupção ou poluição de água potável	511
	29.5.1 Sujeitos	512
	29.5.2 Conduta e momento consumativo	512
	29.5.3 Modalidade culposa	512
	29.5.4 Elemento subjetivo	512
29.6	Falsificação, corrupção, adulteração ou alteração de substância ou produtos alimentícios	512
	29.6.1 Sujeitos	513
	29.6.2 Conduta e momento consumativo	513
	29.6.3 Formas equiparadas	513
	29.6.4 Modalidade culposa	513
	29.6.5 Elemento subjetivo	514
29.7	Falsificação, corrupção, adulteração ou alteração de produto destinado a fins terapêuticos ou medicinais	514
	29.7.1 Sujeitos	514
	29.7.2 Conduta e momento consumativo	514
	29.7.3 Formas equiparadas	515
	29.7.4 Modalidade culposa	517
29.8	Emprego de processo proibido ou de substância não permitida	517
	29.8.1 Sujeitos	518
	29.8.2 Conduta e momento consumativo	518
	29.8.3 Elemento subjetivo	518

29.9	Invólucro ou recipiente com falsa indicação		518
	29.9.1	Sujeitos	518
	29.9.2	Conduta e momento consumativo	519
	29.9.3	Elemento subjetivo	519
29.10	Produto ou substância nas condições dos dois artigos anteriores		519
	29.10.1	Sujeitos	519
	29.10.2	Conduta e momento consumativo	519
29.11	Substância destinada à falsificação		520
	29.11.1	Sujeitos	520
	29.11.2	Conduta e momento consumativo	520
	29.11.3	Elemento subjetivo	521
29.12	Outras substâncias nocivas à saúde pública		521
	29.12.1	Sujeitos	521
	29.12.2	Conduta e momento consumativo	521
	29.12.3	Modalidade culposa	521
	29.12.4	Elemento subjetivo	522
29.13	Medicamento em desacordo com receita médica		522
	29.13.1	Sujeitos	522
	29.13.2	Conduta e momento consumativo	522
	29.13.3	Modalidade culposa	522
	29.13.4	Elemento subjetivo	522
29.14	Exercício ilegal da medicina, arte dentária ou farmacêutica		523
	29.14.1	Sujeitos	523
	29.14.2	Conduta e momento consumativo	523
	29.14.3	Forma qualificada	523
	29.14.4	Elemento subjetivo	524
29.15	Charlatanismo		524
	29.15.1	Sujeitos	524
	29.15.2	Conduta e momento consumativo	524
	29.15.3	Elemento subjetivo	525
29.16	Curandeirismo		525
	29.16.1	Sujeitos	525
	29.16.2	Conduta e momento consumativo	525
	29.16.3	Elemento subjetivo	526
29.17	Forma qualificada		526

XXXVI Direito Penal Decifrado – Parte Especial

PARTE IX
Dos Crimes Contra a Paz Pública

30	**Crimes contra a paz pública**	**529**
30.1	Incitação ao crime	529
30.2	Apologia de crime ou de criminoso	529
30.3	Associação criminosa	530
30.4	Constituição de milícia privada	531

PARTE X
Dos Crimes Contra a Fé Pública

31	**Crimes contra a fé pública**	**535**
31.1	Considerações iniciais	535
31.2	Considerações específicas	535
31.3	Dos crimes em espécie	536
	31.3.1 Moeda falsa	536
	31.3.1.1 Sujeitos do crime	537
	31.3.1.2 Momento consumativo	537
	31.3.1.3 Conduta	537
	31.3.1.4 Elemento subjetivo	538
	31.3.1.5 Figura privilegiada	538
	31.3.1.6 Forma qualificada	539
	31.3.2 Crimes assimilados	539
	31.3.2.1 Sujeitos	539
	31.3.2.2 Conduta e momento consumativo	539
	31.3.2.3 Elemento subjetivo	540
	31.3.3 Petrechos para falsificação de moeda	540
	31.3.3.1 Sujeitos	540
	31.3.3.2 Conduta e momento consumativo	540
	31.3.3.3 Elemento subjetivo	541
	31.3.3.4 Tentativa	541
	31.3.4 Emissão de título ao portador sem permissão legal	541
	31.3.4.1 Sujeitos	541
	31.3.4.2 Conduta e momento consumativo	542

	31.3.4.3	Elemento subjetivo	542
	31.3.4.4	Figura privilegiada	542
31.3.5	Falsidade de títulos e outros papéis públicos		542
	31.3.5.1	Sujeitos	543
	31.3.5.2	Conduta e momento consumativo	543
	31.3.5.3	Figuras equiparadas	543
	31.3.5.4	Primeira figura privilegiada	544
	31.3.5.5	Segunda figura privilegiada	544
	31.3.5.6	Equiparação à atividade comercial	544
	31.3.5.7	Elemento subjetivo	544
31.3.6	Petrechos de falsificação		544
	31.3.6.1	Sujeitos	545
	31.3.6.2	Conduta e momento consumativo	545
	31.3.6.3	Elemento subjetivo	545
31.3.7	Falsificação do selo ou sinal público		545
	31.3.7.1	Sujeitos	545
	31.3.7.2	Conduta e momento consumativo	545
	31.3.7.3	Figuras equiparadas	546
	31.3.7.4	Causa de aumento de pena	546
	31.3.7.5	Elemento subjetivo	546
31.3.8	Falsificação de documento público		546
	31.3.8.1	Considerações gerais	547
	31.3.8.2	Sujeitos	547
	31.3.8.3	Conduta e momento consumativo	547
	31.3.8.4	Causa de aumento	548
	31.3.8.5	Documentos particulares equiparados a documentos públicos	549
	31.3.8.6	Figuras equiparadas	549
	31.3.8.7	Elemento subjetivo	550
31.3.9	Falsificação de documento particular		550
	31.3.9.1	Sujeitos	551
	31.3.9.2	Conduta e momento consumativo	551
	31.3.9.3	Elemento subjetivo	552
31.3.10	Falsidade ideológica		552
	31.3.10.1	Considerações gerais	552

31.3.10.2	Sujeitos	553
31.3.10.3	Conduta e momento consumativo	553
31.3.10.4	Causa de aumento de pena	554
31.3.10.5	A folha em branco previamente assinada	554
31.3.11	Falso reconhecimento de firma ou letra	555
31.3.11.1	Sujeitos	555
31.3.11.2	Conduta e momento consumativo	555
31.3.11.3	Especificidades acerca da pena	555
31.3.12	Certidão ou atestado ideologicamente falso	555
31.3.12.1	Sujeitos	555
31.3.12.2	Conduta e momento consumativo	556
31.3.12.3	Elemento subjetivo	556
31.3.13	Falsidade material de atestado ou certidão	556
31.3.14	Falsidade de atestado médico	557
31.3.14.1	Sujeitos	557
31.3.14.2	Conduta e momento consumativo	557
31.3.14.3	Elemento subjetivo	558
31.3.15	Reprodução ou adulteração de selo ou peça filatélica	558
31.3.16	Uso de documento falso	558
31.3.16.1	Sujeitos	558
31.3.16.2	Conduta e momento consumativo	558
31.3.16.3	Elemento subjetivo	560
31.3.17	Supressão de documento	560
31.3.17.1	Sujeitos	561
31.3.17.2	Conduta e momento consumativo	561
31.3.17.3	Elemento subjetivo	561
31.3.18	Falsificação do sinal empregado no contraste de metal precioso ou na fiscalização alfandegária, ou para outros fins	561
31.3.18.1	Sujeitos	561
31.3.18.2	Conduta e momento consumativo	562
31.3.18.3	Privilégio	562
31.3.18.4	Elemento subjetivo	562
31.3.19	Falsa identidade	562
31.3.19.1	Sujeitos	562
31.3.19.2	Conduta e momento consumativo	562

Sumário **XXXIX**

	31.3.19.3	Elemento subjetivo	563
31.3.20	Fraude de lei sobre estrangeiro		563
	31.3.20.1	Sujeitos	563
	31.3.20.2	Conduta e momento consumativo	564
	31.3.20.3	Elemento subjetivo	564
31.3.21	Adulteração de sinal identificador de veículo automotor		564
	31.3.21.1	Sujeitos	564
	31.3.21.2	Conduta e momento consumativo	564
	31.3.21.3	Aumento de pena	565
	31.3.21.4	Figura equiparada	565
	31.3.21.5	Elemento subjetivo	565
31.3.22	Fraudes em certames de interesse público		565
	31.3.22.1	Sujeitos	565
	31.3.22.2	Conduta e momento consumativo	566
	31.3.22.3	Figura equiparada	567
	31.3.22.4	Qualificadora	567
	31.3.22.5	Causa de aumento de pena	567
	31.3.22.6	Elemento subjetivo	567

PARTE XI
Dos Crimes Contra a Administração Pública

32 Considerações gerais sobre crimes contra a Administração Pública... 571

32.1	Possibilidade de agravamento da pena-base com fundamento no prejuízo...	572
32.2	Inaplicabilidade da agravante do art. 61, II, *g*, do CP	573
32.3	Crimes funcionais próprios e impróprios	573
32.4	Conceito de funcionário público	574

33 Dos crimes praticados por funcionário público contra a administração em geral 577

33.1	Peculato		577
	33.1.1	Sujeitos	578
	33.1.2	Modalidades de peculato, conduta e momento consumativo	579
	33.1.3	Elemento subjetivo	582
	33.1.4	Peculato e sonegação fiscal – ausência de *bis in idem*	582

XL Direito Penal Decifrado – Parte Especial

	33.1.5	Peculato-desvio e funcionário fantasma	583
	33.1.6	Uso de funcionário público para prestação de serviços privados	584
33.2		Extravio, sonegação ou inutilização de livro ou documento	585
	33.2.1	Sujeitos	585
	33.2.2	Conduta e momento consumativo	585
	33.2.3	Elemento subjetivo	586
33.3		Emprego irregular de verbas ou rendas públicas	586
	33.3.1	Considerações gerais	586
	33.3.2	Sujeitos	587
	33.3.3	Conduta e momento consumativo	587
	33.3.4	Elemento subjetivo	587
33.4		Concussão	587
	33.4.1	Considerações gerais	587
	33.4.2	Sujeitos	588
	33.4.3	Conduta e momento consumativo	588
	33.4.4	Elemento subjetivo	589
33.5		Excesso de exação	589
	33.5.1	Sujeitos	590
	33.5.2	Conduta e momento consumativo	590
	33.5.3	Figura qualificada	591
	33.5.4	Elemento subjetivo	591
33.6		Corrupção passiva	591
	33.6.1	Considerações gerais	591
	33.6.2	Sujeitos	592
	33.6.3	Conduta e momento consumativo	592
	33.6.4	Elemento subjetivo	593
	33.6.5	Corrupção passiva e reembolso de despesas médicas	593
33.7		Facilitação de contrabando ou descaminho	594
	33.7.1	Sujeitos	594
	33.7.2	Conduta e momento consumativo	594
	33.7.3	Elemento subjetivo	594
33.8		Prevaricação	595
	33.8.1	Sujeitos	595
	33.8.2	Conduta e momento consumativo	595
	33.8.3	Elemento subjetivo	596

33.9	Condescendência criminosa	596
	33.9.1 Sujeitos	596
	33.9.2 Conduta e momento consumativo	596
	33.9.3 Elemento subjetivo	597
33.10	Advocacia administrativa	597
	33.10.1 Sujeitos	597
	33.10.2 Conduta e momento consumativo	597
	33.10.3 Qualificadora	597
	33.10.4 Elemento subjetivo	597
33.11	Violência arbitrária	597
	33.11.1 Considerações gerais	598
33.12	Abandono de função	598
	33.12.1 Sujeitos	599
	33.12.2 Conduta e momento consumativo	599
	33.12.3 Elemento subjetivo	600
33.13	Exercício funcional ilegalmente antecipado ou prolongado	600
	33.13.1 Sujeitos	600
	33.13.2 Conduta e momento consumativo	600
	33.13.3 Elemento subjetivo	600
33.14	Violação de sigilo funcional	600
	33.14.1 Sujeitos	601
	33.14.2 Conduta e momento consumativo	601
	33.14.3 Figuras equiparadas	601
	33.14.4 Figura qualificada	601
	33.14.5 Elemento subjetivo	601
33.15	Violação do sigilo de proposta de concorrência	602
	33.15.1 Considerações gerais	602

34	**Dos crimes praticados por particular contra a Administração em geral**	**603**
34.1	Usurpação de função pública	603
	34.1.1 Sujeitos	603
	34.1.2 Conduta e momento consumativo	603
	34.1.3 Elemento subjetivo	604
34.2	Resistência	604

34.2.1	Sujeitos		604
34.2.2	Conduta e momento consumativo		605
34.2.3	Figura qualificada		605
34.2.4	Elemento subjetivo		605
34.3	Desobediência		606
34.3.1	Sujeitos		606
34.3.2	Conduta e momento consumativo		606
34.3.3	Elemento subjetivo		606
34.4	Desacato		607
34.4.1	Sujeitos		607
34.4.2	Conduta e momento consumativo		607
34.4.3	Elemento subjetivo		607
34.5	Tráfico de Influência		608
34.5.1	Sujeitos		608
34.5.2	Conduta e momento consumativo		608
34.5.3	Causa de aumento de pena		608
34.6	Corrupção ativa		609
34.6.1	Sujeitos		609
34.6.2	Conduta e momento consumativo		609
34.6.3	Elemento subjetivo		610
34.7	Descaminho		610
34.7.1	Sujeitos		610
34.7.2	Conduta e momento consumativo		610
34.7.3	Figuras equiparadas		612
34.7.4	Destaques recentes		615
	34.7.4.1	Princípio da insignificância em tributos estaduais	615
	34.7.4.2	Princípio da insignificância x reincidência e habitualidade delitiva	617
	34.7.4.3	Competência	617
	34.7.4.4	Falsidade x descaminho	618
34.7.5	Elemento subjetivo		618
34.8	Contrabando		618
34.8.1	Sujeitos		619
34.8.2	Conduta e momento consumativo		619
34.8.3	Jurisprudência correlata		620

	34.8.4 Elemento subjetivo	621
34.9	Impedimento, perturbação ou fraude de concorrência	621
	34.9.1 Considerações gerais	622
34.10	Inutilização de edital ou de sinal	622
	34.10.1 Sujeitos	622
	34.10.2 Conduta e momento consumativo	622
	34.10.3 Elemento subjetivo	622
34.11	Subtração ou inutilização de livro ou documento	622
	34.11.1 Sujeitos	623
	34.11.2 Conduta e momento consumativo	623
34.12	Sonegação de contribuição previdenciária	623
	34.12.1 Sujeitos	624
	34.12.2 Conduta e momento consumativo	624
	34.12.3 Causa extintiva de punibilidade	625
	34.12.4 Perdão Judicial	626
	34.12.5 Causa de diminuição de pena	626
	34.12.6 Competência	626
	34.12.7 Distinção do art. 168-A do CP	627
	34.12.8 Elemento subjetivo	627
	34.12.9 Crime de sonegação previdenciária e princípio da insignificância	628
	34.12.10 Sonegação previdenciária x falsidade documental	628

35	**Dos crimes praticados por particular contra a Administração Pública estrangeira**	**629**
35.1	Considerações iniciais	629
35.2	Corrupção ativa em transação comercial internacional	629
	35.2.1 Considerações gerais	630
35.3	Tráfico de influência em transação comercial internacional	630
	35.3.1 Considerações gerais	630

36	**Dos crimes em licitações e contratos administrativos**	**631**
36.1	Considerações iniciais	631
36.2	Contratação direta ilegal	631
36.3	Frustração do caráter competitivo de licitação	632
36.4	Patrocínio de contratação indevida	632

XLIV Direito Penal Decifrado – Parte Especial

36.5	Modificação ou pagamento irregular em contrato administrativo	633
36.6	Perturbação de processo licitatório	633
36.7	Violação de sigilo em licitação	634
36.8	Afastamento de licitante	634
36.9	Fraude em licitação ou contrato	635
36.10	Contratação inidônea	635
36.11	Impedimento indevido	636
36.12	Omissão grave de dado ou de informação por projetista	636
36.13	Pena de multa	637

37	**Dos crimes contra a administração da justiça**	**639**
37.1	Reingresso de estrangeiro expulso	639
	37.1.1 Sujeitos	639
	37.1.2 Conduta e momento consumativo	639
	37.1.3 Elemento subjetivo	639
37.2	Denunciação caluniosa	639
	37.2.1 Sujeitos	640
	37.2.2 Conduta e momento consumativo	640
	37.2.3 Elemento subjetivo	640
37.3	Comunicação falsa de crime ou de contravenção	640
	37.3.1 Sujeitos	640
	37.3.2 Conduta e momento consumativo	641
	37.3.3 Elemento subjetivo	641
37.4	Autoacusação falsa	641
37.5	Falso testemunho ou falsa perícia	641
	37.5.1 Sujeitos	642
	37.5.2 Conduta e momento consumativo	642
	37.5.3 Elemento subjetivo	643
	37.5.4 Causas de aumento de pena	643
	37.5.5 Extinção da punibilidade	643
37.6	Corrupção de testemunha, perito, contador, tradutor ou intérprete	644
	37.6.1 Considerações gerais	644
	37.6.2 Sujeitos	644
	37.6.3 Conduta e momento consumativo	645

	37.6.4	Causa de aumento de pena	645
	37.6.5	Elemento subjetivo	645
37.7		Coação no curso do processo	645
37.8		Exercício arbitrário das próprias razões	646
	37.8.1	Considerações gerais	646
	37.8.2	Sujeitos	646
	37.8.3	Conduta e momento consumativo	646
	37.8.4	Elemento subjetivo	647
37.9		Fraude processual	647
	37.9.1	Considerações gerais	647
	37.9.2	Sujeitos	647
	37.9.3	Conduta e momento consumativo	647
	37.9.4	Elemento subjetivo	647
37.10		Favorecimento pessoal	648
	37.10.1	Sujeitos	648
	37.10.2	Conduta e momento consumativo	648
	37.10.3	Elemento subjetivo	648
37.11		Favorecimento real	648
37.12		Favorecimento real impróprio	649
	37.12.1	Sujeitos	649
	37.12.2	Conduta e momento consumativo	649
	37.12.3	Elemento subjetivo	649
37.13		Fuga de pessoa presa ou submetida a medida de segurança	649
	37.13.1	Sujeitos	650
	37.13.2	Conduta e momento consumativo	650
	37.13.3	Elemento subjetivo	651
37.14		Evasão mediante violência contra a pessoa	651
	37.14.1	Sujeitos	651
	37.14.2	Conduta e momento consumativo	651
	37.14.3	Elemento subjetivo	652
37.15		Arrebatamento de preso	652
	37.15.1	Sujeitos	652
	37.15.2	Conduta e momento consumativo	652
	37.15.3	Elemento subjetivo	652
37.16		Motim de presos	652

37.16.1	Sujeitos	652
37.16.2	Conduta e momento consumativo	653
37.16.3	Elemento subjetivo	653
37.17	Patrocínio infiel	653
37.17.1	Sujeitos	653
37.17.2	Conduta e momento consumativo	653
37.17.3	Elemento subjetivo	654
37.18	Sonegação de papel ou objeto de valor probatório	654
37.18.1 Sujeitos		654
37.18.2	Conduta e momento consumativo	654
37.18.3	Elemento subjetivo	654
37.19	Exploração de prestígio	654
37.19.1	Sujeitos	654
37.19.2	Conduta e momento consumativo	655
37.19.3	Causa de aumento	655
37.19.4	Elemento subjetivo	655
37.20	Violência ou fraude em arrematação judicial	655
37.20.1	Considerações gerais	655
37.20.2	Sujeitos	656
37.20.3	Conduta e momento consumativo	656
37.20.4	Elemento subjetivo	656
37.21	Desobediência a decisão judicial sobre perda ou suspensão de direito	656
37.21.1	Sujeitos	656
37.21.2	Conduta e momento consumativo	656
37.21.3	Elemento subjetivo	657

38 Dos crimes contra as finanças públicas ... 659

38.1	Contratação de operação de crédito	659
38.1.1	Sujeitos	659
38.1.2	Conduta e momento consumativo	659
38.1.3	Elemento subjetivo	660
38.2	Inscrição de despesas não empenhadas em restos a pagar	660
38.2.1	Sujeitos	660
38.2.2	Conduta e momento consumativo	660
38.2.3	Elemento subjetivo	660

38.3	Assunção de obrigação no último ano do mandato ou legislatura		660
	38.3.1	Sujeitos	661
	38.3.2	Conduta e momento consumativo	661
	38.3.3	Elemento subjetivo	661
38.4	Ordenação de despesa não autorizada		661
	38.4.1	Sujeitos	661
	38.4.2	Conduta e momento consumativo	661
	38.4.3	Elemento subjetivo	662
38.5	Prestação de garantia graciosa		662
	38.5.1	Sujeitos	662
	38.5.2	Conduta e momento consumativo	662
	38.5.3	Elemento subjetivo	662
38.6	Não cancelamento de restos a pagar		663
	38.6.1	Sujeitos	663
	38.6.2	Conduta e momento consumativo	663
	38.6.3	Elemento subjetivo	663
38.7	Aumento de despesa total com pessoal no último ano do mandato ou legislatura		663
	38.7.1	Sujeitos	663
	38.7.2	Conduta e momento consumativo	663
	38.7.3	Elemento subjetivo	664
38.8	Oferta pública ou colocação de títulos no mercado		664
	38.8.1	Sujeitos	664
	38.8.2	Conduta e momento consumativo	664
	38.8.3	Elemento subjetivo	664

PARTE XII
Dos Crimes Contra o Estado Democrático de Direito

39	**Crimes contra o estado democrático de direito**		**667**
39.1	Considerações gerais		667
39.2	Crimes contra a soberania nacional		670
	39.2.1	Atentado à soberania	670
		39.2.1.1 Sujeitos	670
		39.2.1.2 Momento consumativo	671

	39.2.1.3	Conduta	671
	39.2.1.4	Causa de aumento de pena	671
	39.2.1.5	Qualificadora	671
	39.2.1.6	Elemento subjetivo	671
	39.2.1.7	Ação penal	671
39.2.2	Atentado à integridade nacional		671
	39.2.2.1	Sujeitos	672
	39.2.2.2	Momento consumativo	672
	39.2.2.3	Conduta	672
	39.2.2.4	Elemento subjetivo	672
	39.2.2.5	Ação penal	672
39.2.3	Espionagem		672
	39.2.3.1	Sujeitos	673
	39.2.3.2	Momento consumativo	673
	39.2.3.3	Conduta	673
	39.2.3.4	Qualificadora	674
	39.2.3.5	Privilégio	674
	39.2.3.6	Causa de atipicidade	674
	39.2.3.7	Elemento subjetivo	674
	39.2.3.8	Ação penal	674
39.3	Crimes contra as instituições democráticas		674
39.3.1	Abolição violenta do Estado Democrático de Direito		674
	39.3.1.1	Sujeitos	674
	39.3.1.2	Momento consumativo	675
	39.3.1.3	Conduta	675
	39.3.1.4	Elemento subjetivo	675
	39.3.1.5	Ação penal	675
39.3.2	Golpe de estado		675
	39.3.2.1	Sujeitos	675
	39.3.2.2	Momento consumativo	676
	39.3.2.3	Conduta	676
	39.3.2.4	Elemento subjetivo	676
	39.3.2.5	Ação penal	676
39.4	Crimes contra o funcionamento das instituições democráticas no processo eleitoral		677

	39.4.1	Interrupção do processo eleitoral	677
		39.4.1.1 Sujeitos	677
		39.4.1.2 Momento consumativo	677
		39.4.1.3 Conduta	677
		39.4.1.4 Elemento subjetivo	678
		39.4.1.5 Ação penal	678
	39.4.2	Violência política	678
		39.4.2.1 Sujeitos	678
		39.4.2.2 Momento consumativo	679
		39.4.2.3 Conduta	679
		39.4.2.4 Elemento subjetivo	679
		39.4.2.5 Ação penal	679
39.5	Crimes contra o funcionamento dos serviços essenciais		679
	39.5.1	Sabotagem	679
		39.5.1.1 Sujeitos	679
		39.5.1.2 Momento consumativo	680
		39.5.1.3 Conduta	680
		39.5.1.4 Elemento subjetivo	680
		39.5.1.5 Ação penal	680

Referências **681**

PARTE I

Dos Crimes Contra a Pessoa

Crimes contra a vida

1.1 NOÇÕES INTRODUTÓRIAS

1.1.1 Crimes contra a vida: espécies, ação penal e competência

O Código Penal nos traz quatro crimes contra a vida:

- homicídio;
- induzimento, instigação ou auxílio ao suicídio;
- infanticídio; e
- aborto.

Percebe-se que o Código Penal visou a proteger a vida humana desde a concepção, protege a vida em sua forma intrauterina e extrauterina.

A ação penal nos crimes contra a vida será pública incondicionada e, em relação à competência, compete ao Tribunal do Júri processar e julgar os crimes dolosos contra a vida conforme dispõe o art. 5º, inciso XXXVIII, alínea *d*, da Constituição da República.

Analisaremos cada um dos tipos penais de forma detalhada.

1.2 CRIME DE HOMICÍDIO

Homicídio simples

Art. 121. Matar alguém:

Pena – reclusão, de seis a vinte anos.

Caso de diminuição de pena

§ 1º Se o agente comete o crime impelido por motivo de relevante valor social ou moral, ou sob o domínio de violenta emoção, logo em seguida a injusta provocação da vítima, o juiz pode reduzir a pena de um sexto a um terço.

Homicídio qualificado

§ 2º Se o homicídio é cometido:

I – mediante paga ou promessa de recompensa, ou por outro motivo torpe;

II – por motivo fútil;

III – com emprego de veneno, fogo, explosivo, asfixia, tortura ou outro meio insidioso ou cruel, ou de que possa resultar perigo comum;

IV – à traição, de emboscada, ou mediante dissimulação ou outro recurso que dificulte ou torne impossível a defesa do ofendido;

V – para assegurar a execução, a ocultação, a impunidade ou vantagem de outro crime:

Pena – reclusão, de doze a trinta anos.

Feminicídio

VI – contra a mulher por razões da condição de sexo feminino;

VII – contra autoridade ou agente descrito nos arts. 142 e 144 da Constituição Federal, integrantes do sistema prisional e da Força Nacional de Segurança Pública, no exercício da função ou em decorrência dela, ou contra seu cônjuge, companheiro ou parente consanguíneo até terceiro grau, em razão dessa condição;

VIII – com emprego de arma de fogo de uso restrito ou proibido; (...)

Homicídio contra menor de 14 (quatorze) anos

IX – contra menor de 14 (quatorze) anos:

Pena – reclusão, de doze a trinta anos.

§ 2º-A. Considera-se que há razões de condição de sexo feminino quando o crime envolve:

I – violência doméstica e familiar;

II – menosprezo ou discriminação à condição de mulher.

§ 2º-B. A pena do homicídio contra menor de 14 (quatorze) anos é aumentada de:

I – 1/3 (um terço) até a metade se a vítima é pessoa com deficiência ou com doença que implique o aumento de sua vulnerabilidade;

II – 2/3 (dois terços) se o autor é ascendente, padrasto ou madrasta, tio, irmão, cônjuge, companheiro, tutor, curador, preceptor ou empregador da vítima ou por qualquer outro título tiver autoridade sobre ela.

Homicídio culposo

§ 3º Se o homicídio é culposo:

Pena – detenção, de um a três anos.

Aumento de pena

§ 4º No homicídio culposo, a pena é aumentada de 1/3 (um terço), se o crime resulta de inobservância de regra técnica de profissão, arte ou ofício, ou se o agente deixa de prestar imediato socorro à vítima, não procura diminuir as consequências do seu ato, ou foge para evitar prisão em flagrante. Sendo doloso o homicídio, a pena é aumentada de 1/3 (um terço) se o crime é praticado contra pessoa menor de 14 (quatorze) ou maior de 60 (sessenta) anos.

§ 5º Na hipótese de homicídio culposo, o juiz poderá deixar de aplicar a pena, se as consequênciaconsequências da infração atingirem o próprio agente de forma tão grave que a sanção penal se torne desnecessária.

§ 6º A pena é aumentada de 1/3 (um terço) até a metade se o crime for praticado por milícia privada, sob o pretexto de prestação de serviço de segurança, ou por grupo de extermínio.

§ 7º A pena do feminicídio é aumentada de 1/3 (um terço) até a metade se o crime for praticado:

I – durante a gestação ou nos 3 (três) meses posteriores ao parto;

II – contra pessoa maior de 60 (sessenta) anos, com deficiência ou com doenças degenerativas que acarretem condição limitante ou de vulnerabilidade física ou mental;

III – na presença física ou virtual de descendente ou de ascendente da vítima;

IV – em descumprimento das medidas protetivas de urgência previstas nos incisos I, II e III do *caput* do art. 22 da Lei nº 11.340/2006.

1.2.1 Introdução

O crime de homicídio vem previsto no art. 121 do Código Penal e é, sem dúvida, o dispositivo mais conhecido dos estudantes e operadores do direito penal. Isso porque ele protege um dos mais importantes, senão o mais importante, bem jurídico tutelado pelo ordenamento jurídico: a vida.

Rogério Sanches Cunha (2021, p. 45), citando Nélson Hungria, diz que homicídio é o crime por excelência, é o ponto culminante na orografia dos crimes.

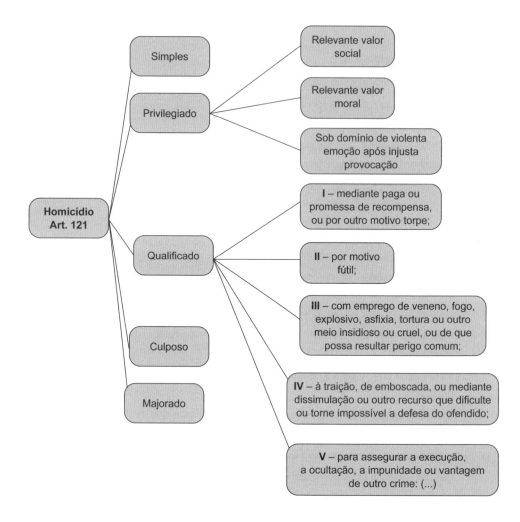

1.2.2 Topografia do art. 121

O tipo do homicídio possui a seguinte estrutura:

- *Caput* homicídio simples.
- § 1º homicídio privilegiado.
- § 2º homicídio qualificado.
- § 3º homicídio culposo.
- § 4º majorantes de pena.
- § 5º perdão judicial.
- § 6º majorante grupo de extermínio ou milícia armada (Lei nº 12.720/2012).
- § 7º majorante feminicídio.

1.2.3 Conceito de homicídio

Trata-se da supressão da vida humana praticada por outra pessoa.

Como leciona Nélson Hungria (1958a, p. 25):

> O homicídio é o tipo penal central dos crimes contra a vida e é o ponto culminante na orografia dos crimes. É o crime por excelência. É o padrão da delinquência violenta ou sanguinária, que representa como que uma reversão atávica às eras primevas, em que a luta pela vida, presumivelmente, se operava com o uso normal dos meios brutais e animalescos. É a mais chocante violação do senso moral médio da humanidade civilizada.

Se homicídio é a supressão da vida humana, precisamos saber quando esta vida tem início. O art. 121 protege a vida humana desde o início do parto até a morte.

Alguns doutrinadores, como é o caso de Rogério Greco (2020, p. 15), entendem que não há necessidade de que a vida seja extrauterina para se falar em homicídio. Segundo ele, o início do parto encerra a possibilidade da prática do crime de aborto e dá início ao raciocínio dos tipos do homicídio e infanticídio.

O professor Cezar Roberto Bitencourt (2019, p. 31) leciona que:

> A vida começa com o início do parto, com o rompimento do saco amniótico; é suficiente a vida, sendo indiferente a capacidade de viver. Antes do início do parto, o crime será de aborto. Assim, a simples destruição da vida biológica do feto, no início do parto, já constitui o crime de homicídio.

Tem-se que a vida se inicia com o início do parto. E este começa com o início das contrações expulsivas. Caso o nascimento não se produza espontaneamente pelas contrações uterinas, o início do parto é marcado pelo início da operação (incisão abdominal) ou, em caso de induzimento das contrações por alguma técnica médica, teremos o início do nascimento com a execução da técnica.

Luiz Régis Prado, citado por Rogério Sanches Cunha (2021, p. 47) leciona que:

> O crime de homicídio tem como limite mínimo o começo do nascimento, marcado pelo início das contrações expulsivas. Nas hipóteses em que o nascimento não se produz espontaneamente, pelas contrações uterinas, como ocorre em se tratando de cesariana, por exemplo, o começo do nascimento é determinado pelo início da operação, ou seja, pela incisão abdominal. De semelhante, nas hipóteses em que as contrações expulsivas são induzidas por alguma técnica médica, o início do nascimento é sinalizado pela execução efetiva da referida técnica ou pela intervenção cirúrgica (cesárea).

Concluindo: em caso de parto normal, este se inicia com as contrações expulsivas; em caso de utilização de técnicas médicas para induzir as contrações, o início será o efetivo emprego de tais técnicas; em caso de cirurgia, o início do parto será marcado pela incisão abdominal que dará início à operação.

Outro ponto a se destacar é que não há necessidade de que a **vida** seja **viável** para se falar em homicídio. Ou seja, a inviabilidade do feto permanecer vivo após o rompimento do cordão umbilical não afastará a incidência do tipo penal em estudo.

Direito Penal Decifrado – Parte Especial

É o caso, por exemplo, do **feto anencefálico**, que não terá grande sob·evida após o parto. Ora, se alguém vier a suprimir sua vida, deverá ser responsabilizado pelo crime de homicídio, ainda que a morte desse recém-nascido fosse previsível e viesse a ocorrer logo em seguida.

Para Hungria (1958a, p. 36), o grau de vitalidade da vítima é indiferente ao se caracterizar o homicídio: "A morte violenta do recém-nascido inviável ou a supressão do minuto de vida que reste ao moribundo é homicídio".

Segue o brilhante doutrinador dizendo:

> A respiração é uma prova, ou melhor, a infalível prova da vida; mas não é a imprescindível condição desta, nem a sua única prova. O neonato apneico ou asfixico não deixa de estar vivo pelo fato de não respirar. Mesmo sem a respiração, a vida pode manifestar-se por outros sinais, como sejam o movimento circulatório, as pulsações do coração etc. É de notar-se, além disso, que a própria destruição da vida biológica do feto, no início do parto (com o rompimento do saco amniótico), já constitui homicídio, embora eventualmente assuma o título de infanticídio (HUNGRIA, 1958a, p. 38).

Vimos quando se inicia a vida, vejamos agora quando ela termina. Para tanto, vamos nos valer da Lei nº 9.434/1997, que trata da remoção de órgãos e nos traz que a **morte** se dá com a **cessação da atividade encefálica**:

> **Art. 3º** A retirada *post mortem* de tecidos, órgãos ou partes do corpo humano destinados a transplante ou tratamento deverá ser precedida de diagnóstico de morte encefálica, constatada e registrada por dois médicos não participantes das equipes de remoção e transplante, mediante a utilização de critérios clínicos e tecnológicos definidos por resolução do Conselho Federal de Medicina.

I.2.4 Classificação doutrinária

Trata-se de crime simples, comum, material, de dano, de forma livre, comissivo ou omissivo, instantâneo de efeitos permanentes, unissubjetivo (ou de concurso eventual), plurissubsistente, progressivo.

- ◆ crime simples – atinge um único bem jurídico;
- ◆ crime comum – pode ser praticado por qualquer pessoa;
- ◆ crime material – exige resultado naturalístico para sua consumação;
- ◆ crime de dano – exige efetiva lesão ao bem jurídico;
- ◆ crime de forma livre – pode ser cometido por qualquer meio de execução (a depender do meio de execução, poderá incidir qualificadora);
- ◆ crime comissivo ou omissivo – em regra é cometido por ação, mas admite-se que seja cometido por omissão quando houver o dever jurídico de agir;

- crime instantâneo de efeitos permanentes – o crime se consuma em momento determinado, sem que sua consumação se protraia no tempo, no entanto, seus efeitos são permanentes;
- crime unissubjetivo – praticado por apenas um agente, mas admite concurso de agentes, por isso também chamado de crime de concurso eventual;
- crime plurissubsistente – conduta pode ser fracionada em diversos atos;
- crime progressivo – para chegar ao crime de homicídio, o agente necessariamente passa pelo crime de lesão corporal.

1.2.5 Objeto material e bem jurídico protegido

O bem jurídico protegido é a vida humana extrauterina. O objeto material será a própria pessoa que é vítima.

A respeito do início e término da vida, temos algumas divergências.

Alguns doutrinadores, como é o caso de Rogério Greco (2020, p. 15), entendem que não há necessidade de que a vida seja extrauterina para se falar em homicídio. Segundo ele, o início do parto encerra a possibilidade da prática do crime de aborto e dá início ao raciocínio dos tipos do homicídio e infanticídio.

O professor Cezar Roberto Bitencourt (2019, p. 31) leciona:

> A vida começa com o início do parto, com o rompimento do saco amniótico; é suficiente a vida, sendo indiferente a capacidade de viver. Antes do início do parto, o crime será de aborto. Assim, a simples destruição da vida biológica do feto, no início do parto, já constitui o crime de homicídio.

Tem-se que a vida se inicia com o início do parto. E este começa com o início das contrações expulsivas. Caso o nascimento não se produza espontaneamente pelas contrações uterinas, o início do parto é marcado pelo início da operação (incisão abdominal) ou, em caso de induzimento das contrações por alguma técnica médica, teremos o início do nascimento com a execução da técnica.

Luiz Régis Prado, citado por Rogério Sanches Cunha (2021, p. 47), leciona que:

> O crime de homicídio tem como limite mínimo o começo do nascimento, marcado pelo início das contrações expulsivas. Nas hipóteses em que o nascimento não se produz espontaneamente, pelas contrações uterinas, como ocorre em se tratando de cesariana, por exemplo, o começo do nascimento é determinado pelo início da operação, ou seja, pela incisão abdominal. De semelhante, nas hipóteses em que as contrações expulsivas são induzidas por alguma técnica médica, o início do nascimento é sinalizado pela execução efetiva da referida técnica ou pela intervenção cirúrgica (cesárea).

Concluindo: em caso de parto normal, este se inicia com as contrações expulsivas; em caso de utilização de técnicas médicas para induzir as contrações, o início será o efetivo emprego de tais técnicas; em caso de cirurgia, o início do parto será marcado pela incisão abdominal que dará início à operação.

Direito Penal Decifrado – Parte Especial

Outro ponto a se destacar é que não há necessidade de que a **vida** seja **viável** para se falar em homicídio. Ou seja, a inviabilidade do feto permanecer vivo após o rompimento do cordão umbilical não afastará a incidência do tipo penal em estudo.

É o caso, por exemplo, do **feto anencefálico**, que não terá grande sobrevida após o parto. Ora, se alguém vier a suprimir sua vida, deverá ser responsabilizado pelo crime de homicídio, ainda que a morte desse recém-nascido fosse previsível e viesse a ocorrer logo em seguida.

Vimos quando se inicia a vida, vejamos agora quando ela termina. Para tanto, vamos nos valer da Lei nº 9.434/1997, que trata da remoção de órgãos e nos traz que a **morte** se dá com a **cessação da atividade encefálica**:

> **Art. 3º** A retirada *post mortem* de tecidos, órgãos ou partes do corpo humano destinados a transplante ou tratamento deverá ser precedida de diagnóstico de morte encefálica, constatada e registrada por dois médicos não participantes das equipes de remoção e transplante, mediante a utilização de critérios clínicos e tecnológicos definidos por resolução do Conselho Federal de Medicina.

1.2.6 Sujeitos do crime

O **sujeito ativo** do crime de homicídio pode ser qualquer pessoa, não se exige dele qualquer condição especial. Trata-se de crime comum.

Como **sujeito passivo**, temos a pessoa humana com vida. E vida, como já mencionado acima, inicia-se com o início do parto. E este começa com o início das contrações expulsivas. Caso o nascimento não se produza espontaneamente pelas contrações uterinas, o início do parto é marcado pelo início da operação (incisão abdominal) ou, em caso de induzimento das contrações por alguma técnica médica, teremos o início do nascimento com a execução da técnica.

- ◆ Quando tratamos dos sujeitos do crime, sempre surge uma dúvida: Como devem ser tratados os **xifópagos**?

Xifópagos são aqueles gêmeos siameses, aqueles unidos por alguma parte do corpo. Caso os dois decidam por matar alguém, ambos responderão pelo crime de homicídio. Agora, se apenas um deles resolver matar alguém sem a concordância do irmão, a única solução cabível é a absolvição, isso porque, o gêmeo que não quis a morte não pode ser punido pelo comportamento do outro. Assim, o crime restará impune. Não se pode, com o fito de punir um culpado, punir também um inocente.

Existem vozes na doutrina dizendo que o gêmeo autor do homicídio deve ser processado, julgado e condenado pelo homicídio, sendo que o cumprimento da pena ficaria sobrestado até que, caso o irmão cometa algum crime no futuro, possam juntos cumprir a pena.[1]

Nosso posicionamento: acompanha o primeiro entendimento, até por uma questão prática: quantos gêmeos siameses temos no mundo? E quantos desses xifópagos são homicidas? Juridicamente falando, cremos que o crime deve restar impune, pois não se pode, a título de punir um culpado, fazer um inocente ser também processado e punido.

E se os xifópagos forem vítimas? Se um indivíduo quiser matar apenas um deles, mesmo sabendo que a morte de um acarreta a morte do outro, como será responsabilizado?

Hungria, citado por Rogério Greco (2020, p. 12) esclarece que se trata de duplo homicídio doloso (concurso material). Se ele queria matar apenas um, sabendo que acarretaria a morte do outro, agiu com dolo eventual em relação ao segundo.

1.2.7 Conduta e voluntariedade

A conduta punida é matar alguém, suprimir a vida do ser humano.

Assim, para que haja a conduta, necessário se faz que a vítima esteja viva. Os conceitos de início e término da vida já foram explicitados anteriormente.

Veja que não há necessidade de que essa vida seja viável para que se configure o crime de homicídio.

O **elemento subjetivo** do crime é o **dolo** que consiste na vontade livre e consciente de tirar a vida de outrem. O dolo de matar é chamado de *animus necandi*.

O tipo não exige qualquer especial fim de agir e este, quando presente, pode configurar uma causa de diminuição de pena ou uma qualificadora.

Trata-se de crime de forma livre, admitindo qualquer meio de execução, podendo ser praticado mediante ação ou omissão. Pode ser praticado de forma direta (os meios incidem sobre o corpo da vítima) ou indireta (o agente atua de maneira mediata, como é o caso daquele que entrega uma xícara de chá para a vítima sem que ela saiba que está ingerindo veneno).

Quando se fala em homicídio doloso, mister se faz abordar os dolos direto (em que o agente direciona sua conduta para o resultado e o dolo eventual (indireto).

Não se pretende aqui fazer uma análise aprofundada a respeito do dolo, o que já foi estudado no livro que engloba a parte geral do direito penal.

Vamos relembrar as lições do professor Damásio de Jesus (2020a, p. 82) que afirma:

> O dolo do homicídio possui os seguintes elementos:
>
> – consciência da conduta e do resultado morte;
>
> – consciência da relação causal objetiva entre a conduta e o resultado morte;
>
> – vontade de realizar a conduta e produzir a morte da vítima.

Como visto, não existe o dolo apenas quando o agente quer o resultado (dolo direto), mas também quando ele assume o risco de causar o resultado que lhe é previsível (dolo indireto ou eventual).

---

[1] Solução encontrada por Flávio Monteiro de Barros, citado por Rogério Sanches Cunha (2021, p. 46).

Vale, ainda, diferenciar o dolo eventual da culpa consciente: em ambos o agente prevê a possibilidade de o resultado ocorrer. A diferença entre eles reside no fato de que no dolo eventual, o agente aceita esse resultado, para ele pouco importa se o resultado ocorrer; já na culpa consciente, o agente prevê o resultado, mas acredita que ele não ocorrerá, pois confia em suas habilidades de evitar o resultado.

> **Decifrando a prova**
>
> **(2021 – MPE/RS – Cespe/Cebraspe – Promotor de Justiça Substituto – Adaptada)** Com relação aos crimes previstos na Parte Especial do Código Penal, julgue o próximo item.
> No homicídio qualificado, o dolo eventual é incompatível com o meio cruel.
> ( ) Certo   ( ) Errado
> **Gabarito comentado:** conforme entendimento do STJ, o homicídio qualificado praticado por meio cruel é compatível com o dolo eventual. Portanto, a afirmativa está errada.

Feitos tais esclarecimentos, devemos tratar a respeito do homicídio praticado por autor embriagado e, ainda, aquele praticado durante competições automobilísticas não autorizadas.

- O homicídio praticado na direção de veículo automotor pelo condutor embriagado pode caracterizar homicídio doloso por dolo eventual?

Havia grande discussão a respeito do tema, tanto na doutrina quanto na jurisprudência.

Alguns pendiam para tratar o homicídio praticado por agente embriagado como doloso (dolo eventual). Já os tribunais superiores tendiam a tratar o tema como homicídio culposo, afirmando que entender que o motorista embriagado que praticasse homicídio na direção de veículo automotor teria atuado com dolo eventual, seria deixar de analisar o elemento subjetivo e presumir o dolo.

Com o advento da Lei nº 13.546/2017, que inseriu o § 3º ao art. 302 do Código de Trânsito, ficou afastada a possibilidade de atribuição automática de dolo eventual ao causador do acidente embriagado. Vejamos:

> **Art. 302.** Praticar homicídio culposo na direção de veículo automotor: (...)
>
> **§ 3º** Se o agente conduz veículo automotor sob a influência de álcool ou de qualquer outra substância psicoativa que determine dependência:
>
> **Penas** – reclusão, de cinco a oito anos, e suspensão ou proibição do direito de se obter a permissão ou a habilitação para dirigir veículo automotor.

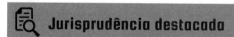

RECURSO ESPECIAL. HOMICÍDIO QUALIFICADO NA DIREÇÃO DE VEÍCULO AUTOMOTOR. DELITO COMETIDO MEDIANTE EXCESSO DE VELOCIDADE E EM ESTADO DE EMBRIAGUEZ E

> AINDA FUGA DO CONDUTOR DO LOCAL DO ACIDENTE. PRESENÇA DE INDÍCIOS DE DOLO EVENTUAL. INEXISTÊNCIA DE CERTEZA JURÍDICA DE CULPA. DESCLASSIFICAÇÃO. IMPOSSIBILIDADE. PRONÚNCIA MANTIDA. RECURSO IMPROVIDO. 1. Admitindo a Corte local que o réu conduzia o automóvel, embriagado, acima da velocidade permitida para a via e ainda fugiu do local do acidente, tem-se, portanto, a presença de indícios de dolo eventual do homicídio, com justa causa para a pronúncia, não sendo juridicamente admissível a certeza jurídica de culpa consciente, para fins de desclassificação, nos termos do art. 419 do Código de Processo Penal. 2. Recurso especial improvido (STJ, REsp nº 1.848.841/MG 2019/0340931-8, Rel. Min. Nefi Cordeiro, j. 15.09.2020, 6ª Turma, *DJe* 12.11.2020).

Assim como no homicídio praticado por agente embriagado (ou sob efeito de outras substâncias análogas), o homicídio praticado durante os chamados "rachas", também ensejava discussões a respeito da voluntariedade da conduta do agente. Até mesmo o STF adotava o entendimento de que a morte causada por motorista que participava de competição automobilística não autorizada era proveniente de dolo eventual.

Com o advento da Lei nº 12.971/2014, que inseriu os §§ 1º e 2º ao art. 308 do CTB, tal discussão também foi encerrada. Vejamos o referido dispositivo:

> **Art. 308**. Participar, na direção de veículo automotor, em via pública, de corrida, disputa ou competição automobilística ou ainda de exibição ou demonstração de perícia em manobra de veículo automotor, não autorizada pela autoridade competente, gerando situação de risco à incolumidade pública ou privada. (...)
>
> § 2º Se da prática do crime previsto no *caput* resultar morte, e as circunstâncias demonstrarem que o agente não quis o resultado nem assumiu o risco de produzi-lo, a pena privativa de liberdade é de reclusão de 5 (cinco) a 10 (dez) anos, sem prejuízo das outras penas previstas neste artigo.

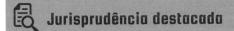

> RECURSO EM SENTIDO ESTRITO. TRIBUNAL DO JÚRI. HOMICÍDIO NO TRÂNSITO. RACHA. DOLO EVENTUAL. MANUTENÇÃO DA PRONÚNCIA. Manutenção da pronúncia dos réus. Há elementos suficientes nos autos corroborando a tese acusatória de que os réus assumiram o risco de matar a vítima ao, em tese, participar de um "racha". Laudo pericial concluiu que a velocidade empreendida pelo réu I.M.M.M. era muito superior à permitida, bem como que, se a velocidade fosse aquela permitida, teria sido possível evitar a colisão. Testemunhas narraram que os réus estariam em alta velocidade, praticando racha. Acusados negaram que estariam realizando o racha e imputaram a responsabilidade pelo evento ao motorista do veículo envolvido na primeira colisão. Duas versões sobre o fato da acusação. Inviável proceder à despronúncia. Dolo eventual. Apesar de não ser possível perquirir com certeza o ânimo subjetivo dos réus quando realizaram o suposto racha, os elementos objetivos colhidos nos autos dão suporte à tese de que os réus teriam assumido o risco de produzir a morte da vítima ao empregarem uma velocidade tão alta em um aclive logo seguido de uma declividade, o

> que afetava a visualização da pista, e próximo a uma área urbana. Elementos que não comprovam categoricamente, nesta fase processual, que os acusados teriam agido somente com culpa. Havendo indícios suficientes de que os réus agiram com dolo eventual, impositiva a remessa dos autos ao Tribunal do Júri para julgar, soberanamente, o mérito da acusação. Recurso desprovido (TJ/RS, RSE nº 70074267733/RS, Rel. Diógenes Vicente Hassan Ribeiro, j. 29.08.2019, 3ª Câmara Criminal, *DJe* 03.09.2019).

Fato é que não se pode presumir que age com dolo eventual aquele que participa de competições automobilísticas não autorizadas. Até porque este normalmente acredita ser exímio motorista e crê que não ocorrerá acidentes.

 Jurisprudência destacada

> AGRAVO REGIMENTAL NO RECURSO ESPECIAL. HOMICÍDIO (TRIPLO). CONDUÇÃO DE VEÍCULO AUTOMOTOR EM ALTA VELOCIDADE (RACHA) E SOB O EFEITO DE ÁLCOOL. DOLO EVENTUAL. DESCARACTERIZAÇÃO. COMPETÊNCIA DO TRIBUNAL DO JÚRI. RESTABELECIMENTO DA DECISÃO DE PRONÚNCIA. PRECEDENTES. INEXISTÊNCIA DE PROVAS DA CONDUTA DOLOSA. NECESSIDADE DE REEXAME DO CONJUNTO FÁTICO-PROBATÓRIO. SÚMULA Nº 7/STJ. APLICAÇÃO DO ART. 308, § 2º, DO CTB COM A REDAÇÃO DADA PELA LEI Nº 12.971/2014. QUESTÃO QUE DEVE SER SUSCITADA PERANTE O TRIBUNAL DO JÚRI, PORQUANTO IMBRICADA COM A TESE DE INEXISTÊNCIA DE DOLO EVENTUAL. RETORNO DOS AUTOS AO TRIBUNAL DE ORIGEM. APRECIAÇÃO DE TODAS AS TESES DEFENSIVAS. DESNECESSIDADE. QUALIFICADORA DO PERIGO COMUM QUE NÃO É MANIFESTAMENTE INADMISSÍVEL. AGRAVO REGIMENTAL DESPROVIDO. 1. A decisão de pronúncia não revela juízo de mérito, mas apenas de admissibilidade da acusação, direcionando o julgamento da causa para o Tribunal do Júri, órgão competente para julgar os crimes dolosos contra a vida. Para tanto, basta a demonstração da materialidade do fato e a existência de indícios suficientes de autoria ou de participação, conforme disciplina o art. 413 do Código de Processo Penal. Ao juiz de origem cabe analisar apenas as dúvidas pertinentes à própria admissibilidade da acusação. As incertezas existentes sobre o mérito propriamente dito devem ser encaminhadas ao Júri, por ser este o Juiz natural da causa. É esse o contexto em que se revela o brocardo *in dubio pro societate*. 2. A existência de dúvida razoável acerca da ocorrência de disputa automobilística, denominada "racha", em alta velocidade e após aparente ingestão de bebidas alcoólicas autoriza a prolação de decisão de pronúncia, cabendo ao Tribunal do Júri a análise não só do contexto fático em que ocorreu o fato, mas também o exame acerca da existência de dolo ou culpa, uma vez que o deslinde da controvérsia sobre o elemento subjetivo do crime, se o acusado atuou com dolo eventual ou culpa consciente, é de competência do Tribunal do Júri. Precedentes. 3. A incidência do art. 308, § 2º, do CTB, na redação da Lei nº 12.971/2014, que se refere ao crime de disputa automobilística não autorizada, somente é possível se comprovado que as circunstâncias demonstram que o agente não quis o resultado nem assumiu o risco de produzi-lo. Havendo, em princípio, dolo eventual, a questão somente poderá ser aferida pelo órgão competente, qual seja, o Tribunal do Júri, considerando a fase em que se encontra o processo, em que vige o princípio *in dubio pro societate*. 4. Apreciadas todas as teses suscitadas pela defesa em seu recurso em sentido estrito, é desnecessário o retorno dos autos ao Tribunal *a quo*. 5. Em respeito ao princípio do juiz natural, somente é cabível a exclusão das qualificadoras na decisão

> de pronúncia quando manifestamente improcedentes, porquanto a decisão acerca da sua caracterização ou não deve ficar a cargo do Conselho de Sentença. Precedentes. 6. Agravo regimental desprovido (STJ, AgRg no REsp nº 1.320.344/DF 2012/0089209-1, Rel. Min. Reynaldo Soares da Fonseca, j. 27.06.2017, 5ª Turma, *DJe* 1º.08.2017).

- ♦ Outro tema que suscita dúvida é a transmissão da **AIDS** (Síndrome da Imunodeficiência Adquirida). Seria a relação sexual um **meio de execução** para o crime de homicídio que se tratar da **transmissão do vírus HIV?**

Em tese, podemos amoldar a transmissão dolosa do vírus HIV em três tipos penais, a saber:

- **a.** no art. 131 – perigo de contágio de moléstia grave;
- **b.** na lesão corporal gravíssima, o contágio implicará uma debilidade crônica do organismo (enfermidade incurável);
- **c.** no homicídio – ainda que haja sobrevida da vítima contaminada, sua morte pode ser consequência da doença.

Para Rogério Greco (2020, p. 87), a **AIDS** deve ser encarada como uma **doença mortal**, cuja cura ainda não foi descoberta. Por mais que o portador do vírus possa levar uma vida normal, em razão dos tratamentos existentes, ele está sujeito a outras doenças oportunistas que o acometem em razão da baixa imunidade, que podem ocasionar sua morte.

A **AIDS não pode ser considerada moléstia venérea**, mas sim, doença fatal e incurável. Ela não é transmitida apenas pelo contato sexual, o que caracteriza as doenças venéreas.

Seguindo o posicionamento de Greco, se um indivíduo, sabendo ser portador do vírus HIV e tendo conhecimento da letalidade da doença, mantiver relações sexuais com outra pessoa, ele poderá responder pelo crime de homicídio (tentado ou qualificado a depender do resultado). Nesse caso, a relação sexual foi o meio de execução para o crime.

Como já mencionado, a AIDS não é moléstia venérea por não se transmitir apenas pelo contágio sexual. Assim, aquele indivíduo portador do vírus HIV que, com a intenção de contaminar a vítima, nela injeta seu sangue contaminado, também responderá pelo homicídio (tentado ou consumado a depender do resultado).

No entanto, se o sujeito não souber ser portador do vírus HIV e vier a contaminar outra pessoa, seja por meio de relação sexual, seja por qualquer outro meio, não responderá pelo homicídio, pois não agiu com dolo.

Existe posicionamento na doutrina que entende que a transmissão do vírus HIV configura forma de **lesão corporal gravíssima** (enfermidade incurável).

O **Supremo Tribunal Federal**, no julgamento do HC nº 98.712 entendeu que **não** se pode tipificar a transmissão do vírus HIV como **homicídio:**

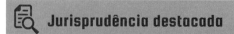

> MOLÉSTIA GRAVE. TRANSMISSÃO. HIV. CRIME DOLOSO CONTRA A VIDA *VERSUS* O DE TRANSMITIR DOENÇA GRAVE. Descabe, ante previsão expressa quanto ao tipo penal, partir-se para o enquadramento de ato relativo à transmissão de doença grave como a configurar crime doloso contra a vida. Considerações (HC nº 98.712, Rel. Min. Marco Aurélio, 1ª Turma, j. 05.10.2010, *DJe*-248, divulg. 16.12.2010, public. 17.12.2010).

Outro não foi o entendimento do Superior Tribunal de Justiça no julgamento do HC nº 160.982:

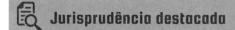

> *HABEAS CORPUS*. ART. 129, § 2º, INCISO II, DO CÓDIGO PENAL. PACIENTE QUE TRANSMITIU ENFERMIDADE INCURÁVEL À OFENDIDA (SÍNDROME DA IMUNODEFICIÊNCIA ADQUIRIDA). VÍTIMA CUJA MOLÉSTIA PERMANECE ASSINTOMÁTICA. DESINFLUÊNCIA PARA A CARACTERIZAÇÃO DA CONDUTA. PEDIDO DE DESCLASSIFICAÇÃO PARA UM DOS CRIMES PREVISTOS NO CAPÍTULO III, TÍTULO I, PARTE ESPECIAL, DO CÓDIGO PENAL. IMPOSSIBILIDADE. *SURSIS* HUMANITÁRIO. AUSÊNCIA DE MANIFESTAÇÃO DAS INSTÂNCIAS ANTECEDENTES NO PONTO, E DE DEMONSTRAÇÃO SOBRE O ESTADO DE SAÚDE DO PACIENTE. *HABEAS CORPUS* PARCIALMENTE CONHECIDO E, NESSA EXTENSÃO, DENEGADO. 1. O Supremo Tribunal Federal, no julgamento do HC nº 98.712/RJ, Rel. Min. Marco Aurélio (1ª Turma, *DJe* 17.12.2010), **firmou a compreensão de que a conduta de praticar ato sexual com a finalidade de transmitir AIDS não configura crime doloso contra a vida.** Assim não há constrangimento ilegal a ser reparado de ofício, em razão de não ter sido o caso julgado pelo Tribunal do Júri. 2. O ato de propagar síndrome da imunodeficiência adquirida não é tratado no Capítulo III, Título I, da Parte Especial, do Código Penal (art. 130 e ss.), onde não há menção a enfermidades sem cura. Inclusive, nos debates havidos no julgamento do HC nº 98.712/RJ, o eminente Ministro Ricardo Lewandowski, ao excluir a possibilidade de a Suprema Corte, naquele caso, conferir ao delito a classificação de "Perigo de contágio de moléstia grave" (art. 131, do Código Penal), esclareceu que, "no atual estágio da ciência, a enfermidade é incurável, quer dizer, ela não é só grave, nos termos do art. 131". 3. **Na hipótese de transmissão dolosa de doença incurável, a conduta deverá ser apenada com mais rigor do que o ato de contaminar outra pessoa com moléstia grave, conforme previsão clara do art. 129, § 2º, inciso II, do Código Penal.** 4. A alegação de que a vítima não manifestou sintomas não serve para afastar a configuração do delito previsto no art. 129, § 2º, inciso II, do Código Penal. É de notória sabença que o contaminado pelo vírus do HIV necessita de constante acompanhamento médico e de administração de remédios específicos, o que aumenta as probabilidades de que a enfermidade permaneça assintomática. Porém, o tratamento não enseja a cura da moléstia (STJ, HC nº 160.982/DF, Rel. Min. Laurita Vaz, 5ª Turma, *DJe* 28.05.2021 – grifos nossos).

Assim, em que pese haver vozes na doutrina que entendem que a transmissão dolosa do vírus HIV configura crime de homicídio, entendemos que a razão assiste aos tribunais superiores, que tipificam tal conduta como aquela prevista no art. 129, § 2º, inciso II, do Código Penal.

Esse é o entendimento que indicamos adotar em provas de concursos.

1.2.8 Homicídio simples

O homicídio simples vem previsto no *caput* do art. 121:

> **Art. 121.** Matar alguém:
>
> **Pena** – reclusão, de seis a vinte anos.

O bem jurídico protegido é a **vida humana extrauterina**, conforme já explicado.

O núcleo do tipo é o verbo "**matar**". Por se tratar de crime de forma livre, admite-se qualquer forma de execução, podendo ser praticado por ação ou omissão (caso presente o dever jurídico de agir – art. 13, § 2º, do Código Penal).[2]

O **elemento subjetivo** do tipo é o **dolo**, chamado de *animus necandi* ou *animus occidendi*. Não exige nenhuma finalidade específica do agente.

Trata-se de crime instantâneo, ou seja, que se consuma em momento determinado, porém, de efeitos permanentes. Assim, temos que é um crime instantâneo de efeitos permanentes.

Consuma-se com a **morte**, a qual se dá com a **cessação da atividade encefálica**. A respeito do início e término da vida, remetemos o leitor ao item anterior quando falamos das noções introdutórias do crime de homicídio. Admite-se a tentativa.

A respeito da conduta e da voluntariedade, da mesma forma remetemos o leitor ao item anterior, a fim de evitar repetições.

- ♦ Homicídio simples hediondo?

Em regra, o homicídio simples não será hediondo, exceto quando praticado em atividade típica de grupo de extermínio. Vejamos o que prevê a Lei nº 8.072/1990:

> **Art. 1º** São considerados hediondos os seguintes crimes, todos tipificados no Decreto-lei nº 2.848, de 7 de dezembro de 1940 – Código Penal, consumados ou tentados:
>
> I – homicídio (art. 121), quando praticado em atividade típica de grupo de extermínio, ainda que cometido por um só agente, e homicídio qualificado (art. 121, § 2º, incisos I, II, III, IV, V, VI, VII, VIII e IX); (...)

Como se vê, o homicídio simples não consta do rol do art. 1º da Lei nº 8.072/1990. Somente será hediondo o homicídio simples quando praticado em "atividade típica de grupo de extermínio".

---

2   Código Penal. "**Art. 13.** O resultado, de que depende a existência do crime, somente é imputável a quem lhe deu causa. Considera-se causa a ação ou omissão sem a qual o resultado não teria ocorrido".

A lei não define o que seria atividade típica de grupo de extermínio, porém, valemo-nos das lições do mestre Gabriel Habib (2019, p. 479) para explicar:

> A atividade típica de grupo de extermínio é caracterizada pelo homicídio praticado pela pessoa denominada justiceiro, sendo aquela pessoa que realiza pessoalmente a justiça, destemida e que se coloca na posição de exterminador ao fazer justiça com as próprias mãos, eliminando ou exterminando determinadas pessoas nocivas à coletividade.

Decifrando a prova

(Promotor de Justiça Substituto – MPE/MT – UFMT/MT – 2014 – Adaptada) No que se refere ao tipo penal de homicídio, analise a assertiva a seguir.

O homicídio simples não é crime hediondo, exceto quando praticado em atividade típica de grupo de extermínio, ainda que cometido por um só agente.

( ) Certo   ( ) Errado

Gabarito comentado: conforme disposto no art. 1º da Lei nº 8.072/1990: "São considerados hediondos os seguintes crimes, todos tipificados no Decreto-lei nº 2.848, de 7 de dezembro de 1940 – Código Penal, consumados ou tentados: I – homicídio (art. 121), quando praticado em atividade típica de grupo de extermínio, ainda que cometido por um só agente". Portanto, a assertiva está certa.

1.2.9 Homicídio privilegiado

Esse tipo de homicídio vem previsto no § 1º do art. 121 do Código Penal, *in verbis*:

> § 1º Se o agente comete o crime impelido por motivo de relevante valor social ou moral, ou sob o domínio de violenta emoção, logo em seguida a injusta provocação da vítima, o juiz pode reduzir a pena de um sexto a um terço.

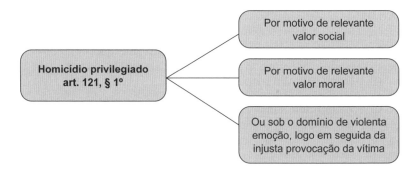

Trata-se, na verdade, de uma **causa de diminuição de pena**, e não de um privilégio. Isso porque, quando temos crime privilegiado, o legislador diminui os limites da pena em abstrato. No caso dessa figura em estudo, o legislador utiliza a pena do homicídio simples e a diminui de um sexto a um terço.

Todas as hipóteses previstas para o privilégio são **circunstâncias de ordem subjetiva**, pois estão ligadas ao motivo do crime ou ao estado anímico do agente. Assim, conforme a regra do art. 30 do Código Penal, não se comunicam aos demais coautores ou partícipes.

Atente-se ao fato de que quando o legislador afirma que o "juiz pode reduzir a pena", ele não está afirmando que é uma discricionariedade do magistrado. O juiz "deve" diminuir a pena. Sua discricionariedade diz respeito ao *quantum* de diminuição.

Tema frequente quando se trata de homicídio privilegiado é a **eutanásia**, que será estudado logo adiante quando tratarmos do homicídio privilegiado pelo relevante valor moral.

1.2.9.1 Motivo de relevante valor social

Diz respeito a valor caro a toda sociedade e não a uma pessoa específica. Seria o caso do agente que mata um perigoso estuprador que vem aterrorizando o bairro em que mora.

1.2.9.2 Motivo de relevante valor moral

Diz respeito a interesse particular do agente. Podemos exemplificar como aquele que mata o estuprador da própria filha.

A Exposição de Motivos do Código Penal traz como exemplo "a compaixão ante o irremediável sofrimento da vítima (caso do homicídio eutanásico)".

Trata-se do homicídio praticado com o intuito de livrar do sofrimento um doente terminal.

A respeito da eutanásia, alguns conceitos devem ser destacados:

- ◆ **eutanásia em sentido estrito** (**homicídio piedoso**): abreviação da vida de pessoa em estado terminal de doença para a qual não haja previsão de cura. Também chamada de homicídio médico, compassivo, caritativo ou consensual (DELMANTO, 2010, p. 589);
- ◆ **ortotanásia (homicídio piedoso omissivo)**: neste caso, deixa-se de adotar as providências necessárias para o prolongamento da vida do paciente. Pode-se dizer que se trata de uma eutanásia omissiva. Também conhecida como eutanásia omissiva, eutanásia moral ou terapêutica;
- ◆ **distanásia:** é a morte lenta, a morte sofrida, aquela que é prolongada pela medicina. Aqui prolonga-se a vida humana até sua morte natural.

Entende-se a eutanásia em sentido estrito como um homicídio privilegiado pelo relevante valor moral.

> **Decifrando a prova**
>
> **(Promotor de Justiça – MPE/RS – 2021 – Adaptada)** Julgue a seguinte afirmação acerca dos crimes contra a pessoa previstos no Código Penal.
> I – À luz das diretrizes indicadas na Exposição de Motivos da Parte Especial do Código Penal brasileiro, a eutanásia ativa direta – como tal entendida a provocação, por comissão intencional, da morte de alguém, a seu pedido, em situação de doença acompanhada de padecimento de sofrimento intenso – deve ser considerada crime de homicídio minorado, previsto no art. 121, § 1º, do Código Penal (Art. 121. Matar alguém: Pena – reclusão, de seis a vinte anos. § 1º Se o agente comete o crime impelido por motivo de relevante valor social ou moral, ou sob o domínio de violenta emoção, logo em seguida a injusta provocação da vítima, o juiz pode reduzir a pena de um sexto a um terço).
> ( ) Certo   ( ) Errado
> **Gabarito comentado:** como visto, a eutanásia configura homicídio privilegiado. Veja o item 39 da Exposição de Motivos da parte especial do Código Penal:
> 39. Ao lado do homicídio com pena especialmente agravada, cuida o projeto do homicídio com pena especialmente atenuada, isto é, o homicídio praticado "por motivo de relevante valor social, ou moral", ou "sob o domínio de emoção violenta, logo em seguida a injusta provocação da vítima". Por "motivo de relevante valor social ou moral", o projeto entende significar o motivo que, em si mesmo, é aprovado pela moral prática, como, por exemplo, a compaixão ante o irremediável sofrimento da vítima (caso do homicídio eutanásico), a indignação contra um traidor da pátria etc.
> Portanto, a assertiva está certa.

I.2.9.3 Domínio de violenta emoção (homicídio emocional)

Será privilegiado o homicídio cometido "sob o domínio de violenta emoção, logo em seguida a injusta provocação da vítima".

Nélson Hungria, citado por Cleber Masson (2014b, p. 24) ensina que emoção é "um estado de ânimo ou de consciência caracterizado por uma viva excitação do sentimento. É uma forte e transitória perturbação da efetividade, a que estão ligadas certas variações somáticas ou modificações particulares da vida orgânica". Veja que não basta a "emoção". Para que seja aplicada essa causa de diminuição, três requisitos devem estar presentes:

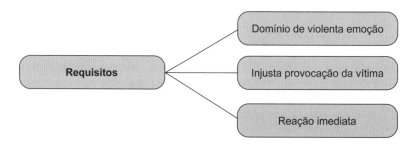

A emoção deve ser intensa, deve ser capaz de alterar o estado anímico do agente de tal forma que ele perca suas razões.

A injusta provocação da vítima seria o seu comportamento que provoque a violenta emoção do agente. Não precisa ser direcionada ao autor dos fatos. Perceba que não se trata de injusta agressão, se o fosse, estaríamos diante de caso de legítima defesa que afasta a ilicitude do fato.

A reação imediata não necessariamente será expressa em determinado intervalo de tempo. Entende-se que enquanto durar o domínio da violenta emoção está preenchido o requisito da imediatidade.

1.2.10 Homicídio qualificado

As formas qualificadas do homicídio vêm previstas no § 2º do art. 121 do Código Penal. Todo homicídio qualificado é hediondo, conforme dispõe o art. 1º, inciso I, da Lei nº 8.072/1990.

Homicídio qualificado

§ 2º Se o homicídio é cometido:

I – mediante paga ou promessa de recompensa, ou por outro motivo torpe;

II – por motivo fútil;

III – com emprego de veneno, fogo, explosivo, asfixia, tortura ou outro meio insidioso ou cruel, ou de que possa resultar perigo comum;

IV – à traição, de emboscada, ou mediante dissimulação ou outro recurso que dificulte ou torne impossível a defesa do ofendido;

V – para assegurar a execução, a ocultação, a impunidade ou vantagem de outro crime:

Pena – reclusão, de doze a trinta anos.

Feminicídio

VI – contra a mulher por razões da condição de sexo feminino;

VII – contra autoridade ou agente descrito nos arts. 142 e 144 da Constituição Federal, integrantes do sistema prisional e da Força Nacional de Segurança Pública, o exercício da função ou em decorrência dela, ou contra seu cônjuge, companheiro ou parente consanguíneo até terceiro grau, em razão dessa condição;

VIII – com emprego de arma de fogo de uso restrito ou proibido;

Homicídio contra menor de 14 (quatorze) anos

IX – contra menor de 14 (quatorze) anos:

Pena – reclusão, de doze a trinta anos.

Lei nº 8.072/1990

Art. 1º São considerados hediondos os seguintes crimes, todos tipificados no Código Penal, consumados ou tentados:

I – homicídio (art. 121), quando praticado em atividade típica de grupo de extermínio, ainda que cometido por um só agente, e homicídio qualificado (art. 121, § 2º, incisos I, II, III, IV, V, VI, VII, VIII e IX); (...)

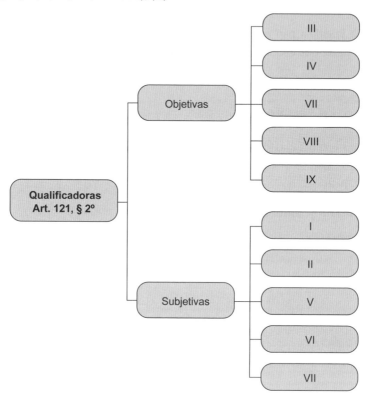

As qualificadoras previstas nos incisos I, II, V, VI e VII são de **natureza subjetiva**, têm a ver com o **motivo** do crime.

Já as qualificadoras previstas nos incisos III, IV, VII, VIII e IX são de **natureza objetiva**, ligadas ao modo de execução ou características da pessoa.

Perceba que o inciso VII traz as duas naturezas de qualificadoras sobre as quais estudaremos adiante.

Analisaremos cada uma das qualificadoras separadamente a seguir.

1.2.10.1 Mediante paga ou promessa de recompensa ou por outro motivo torpe

O inciso I traz a qualificadora do motivo torpe. Torpe é o motivo vil, moralmente reprovável, abjeto. Ao usar uma fórmula genérica ao final do tipo, após exemplificar, demonstra que o legislador entende que a paga e a promessa de recompensa se encaixam no conceito de motivo torpe. Sempre que o legislador se utilizar desse instrumento, qual seja, exemplificar e depois utilizar um final genérico, estaremos diante de **interpretação analógica**.

A **paga** e a **promessa de recompensa** constituem o chamado **homicídio mercenário** ou por mandato remunerado.

Trata-se de crime de concurso necessário, ou seja, necessariamente teremos duas pessoas envolvidas: o matador (executor do crime) e o mandante (aquele que paga ou promete recompensa).

Importante dizer que esse pagamento ou recompensa não precisa ser em espécie. Pode ser caracterizado por prestação de favores sexuais ou quaisquer outros tipos de recompensa.

- Trata-se essa qualificadora de **circunstância** ou de **elementar** subjetiva do crime? A qualificadora será aplicada tanto ao executor quanto ao mandante?

Existe **divergência** doutrinária a respeito do tema:

Sobre o tema, Rogério Greco (2020, p. 31) entende que todas as qualificadoras devem ser entendidas como circunstâncias subjetivas do crime, não se comunicando com o partícipe. Assim, o executor comete o crime por motivo torpe, já o mandante, não necessariamente. Até pode ser que o mandante aja por motivo torpe, mas também pode agir por motivo de relevante valor moral. Greco traz o exemplo do pai que paga para que o executor mate o estuprador de sua filha. O pai responderá pelo homicídio privilegiado e o executor responderá pelo homicídio qualificado.

Nélson Hungria, citado por Cleber Masson (2014b, p. 29) e acompanhado por diversos outros doutrinadores, discorda. Para ele "a incomunicabilidade das circunstâncias pessoais cessa quando estas entram na própria noção do crime. No homicídio qualificado, por exemplo, as qualificativas de caráter pessoal, *ex capite executoris*, se estendem aos partícipes".

Cremos que o melhor posicionamento a ser adotado é o exposto pelo professor Rogério Greco, além da questão prática, seria a posição jurídica mais adequada e que vai ao encontro do previsto no art. 30 do CP:

> **Art. 30.** Não se comunicam as circunstâncias e as condições de caráter pessoal, salvo quando elementares do crime.

A jurisprudência do STJ ora se manifesta em um sentido, ora em outro, vejamos:

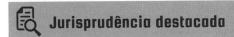

A 5ª Turma do Superior Tribunal de Justiça, no julgamento do REsp nº 1.415.502/MG (Rel. Min. Felix Fischer, *DJe* 17.02.2017), firmou compreensão no sentido de que a qualificadora da paga ou promessa de recompensa não é elementar do crime de homicídio e, em consequência, possuindo caráter pessoal, não se comunica aos mandantes. Ressalva de entendimento pessoal do Relator. 4. Hipótese em que a qualificadora prevista no art. 121, § 2º, inciso I, do Código Penal – homicídio tentado cometido mediante paga ou promessa de recompensa – foi utilizada como agravante (art. 62, inciso IV, do CP) em desfavor dos pacientes, por terem atuado como mandantes do crime em exame (HC nº 403.263/SP, Rel. Min. Reynaldo Soares da Fonseca, 5ª Turma, j. 13.11.2018, DJe 22.11.2018).

No homicídio mercenário, a qualificadora da paga ou promessa de recompensa é elementar do tipo qualificado, comunicando-se ao mandante do delito (AgInt no REsp nº 1.681.816/GO, Rel. Min. Nefi Cordeiro, 6ª Turma, j. 03.05.2018, DJe 15.05.2018).

♦ A vingança caracteriza motivo torpe?

A vingança poderá ser ou não tida como motivo torpe a depender do caso concreto. Não se pode caracterizar automaticamente a vingança como motivo torpe. Se será torpe ou não, dependerá do caso concreto a ser analisado.

O pai que mata o estuprador da filha age como forma de se vingar do ato que ele praticou, no entanto, agiu por relevante valor moral, constituindo um homicídio privilegiado.

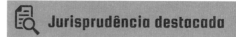
Jurisprudência destacada

A verificação se a vingança constitui ou não motivo torpe deve ser feita com base nas peculiaridades de cada caso concreto, de modo que, não se pode estabelecer um juízo *a priori*, seja positivo ou negativo. Conforme ressaltou o Pretório Excelso: a vingança, por si só, não substantiva o motivo torpe; a sua afirmativa, contudo, não basta para elidir a imputação de torpeza do motivo do crime, que há de ser aferida à luz do contexto do fato (HC nº 83.309/MS, 1ª Turma, Rel. Min. Sepúlveda Pertence, DJ 06.02.2004).

No caso concreto, entretanto, a circunstância do crime ter sido cometido em decorrência de abuso sexual sofrido pelo paciente, no passado, pela vítima do homicídio, afasta, de plano, a apontada torpeza do motivo (HC nº 126.884/DF, Rel. Min. Felix Fischer, 5ª Turma, DJe 16.11.2009).

Decifrando a prova

(**Juiz Substituto – TJ/SP – Vunesp – 2009 – Adaptada**) Assinale Certo ou Errado:
Pode constituir exemplo de homicídio qualificado por motivo torpe o crime praticado com o propósito de vingança.
( ) Certo   ( ) Errado

> **Gabarito comentado:** o motivo torpe é aquele vil, abjeto, repugnante. A depender do caso concreto, a vingança **pode ou não** caracterizar a torpeza. Porém, não necessariamente a vingança caracterizará a torpeza. Em alguns casos, a vingança pode até mesmo configurar o homicídio privilegiado, como por exemplo o marido que mata o estuprador de sua companheira. Já aquele traficante que mata um traficante concorrente para ter controle total do comércio de drogas na localidade age com torpeza. Portanto, a assertiva está certa.

1.2.10.2 Por motivo fútil

Por fútil entende-se o motivo de pouca importância, nele há desproporção entre o motivo e o crime provocado.

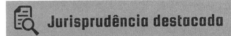 **Jurisprudência destacada**

> Segundo o entendimento desta Corte, a discussão anterior entre vítima e autor do homicídio, por si só, não afastaria a qualificadora do motivo fútil (AgRg no REsp nº 1.113.364/PE, Rel. Min. Sebastião Reis Júnior, 6ª Turma, j. 06.08.2013, *DJe* 21.08.2013).

- A **ausência de motivo** pode ser considerada motivo fútil?

Não se pode confundir a ausência de motivo com o motivo fútil. A lei penal qualifica o motivo fútil, mas nada diz a respeito da ausência de motivos.

Por respeito ao princípio da **reserva legal**, não se pode entender que essa falta de motivo seja uma espécie de motivo fútil. Aliás, todo crime tem uma motivação, ainda que não se saiba qual.

O desconhecimento do julgador a respeito do motivo não faz com que ele possa interpretar no sentido de se tratar de motivo fútil.

Nesse sentido, temos jurisprudência do Superior Tribunal de Justiça:

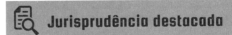 **Jurisprudência destacada**

> A jurisprudência desta Corte Superior não admite que a ausência de motivo seja considerada motivo fútil, sob pena de se realizar indevida analogia em prejuízo do acusado. Precedente. (...) (STJ, HC nº 369.163/SC 2016/0226949-8, Rel. Min. Joel Ilan Paciornik, 5ª Turma, j. 21.02.2017, *DJe* 06.03.2017).

Como leciona Cleber Masson (2014b, p. 31), um motivo não pode ser simultaneamente fútil e torpe, por absoluta incompatibilidade. Uma motivação exclui a outra.

Decifrando a prova

(Defensor Público – DPE/CE – FCC – 2014 – Adaptada) Em relação à qualificadora do motivo fútil no crime de homicídio, **não** encontra significativo amparo doutrinário e jurisprudencial a tese de que não pode coexistir com a do motivo torpe em um mesmo ato.
( ) Certo   ( ) Errado
Gabarito comentado: tanto a qualificadora da torpeza quanto a do motivo fútil são consideradas de caráter subjetivo. É pacífico na doutrina e na jurisprudência que elas não podem coexistir no mesmo fato. Portanto, a assertiva está certa.

I.2.I0.3 Com emprego de veneno, fogo, explosivo, asfixia, tortura ou outro meio insidioso, cruel, ou de que possa resultar perigo comum

No inciso III, a exemplo do inciso II, temos a utilização do recurso da **interpretação analógica**: o legislador emprega uma fórmula casuística para depois empregar uma fórmula genérica.

Por cruel, podemos entender o meio que cause na vítima sofrimento intenso desnecessário; a morte poderia ser levada a efeito sem tanto sofrimento desnecessário da vítima.

Por insidioso entende-se o meio dissimulado; o agente se utiliza de um meio para cometer o crime sem que a vítima perceba.

Meio de que possa resultar perigo comum é aquele que pode expor outras pessoas que não apenas a vítima a perigo, um meio que seja hábil a atingir um número indeterminado de pessoas.

♦ **Emprego de veneno:** veneno pode ser compreendido como a substância capaz de destruir as funções vitais do corpo humano.

Saliente-se que determinadas substâncias que são comuns para a maioria das pessoas, podem atuar como veneno para alguns. É o famoso exemplo do açúcar para o diabético. Se o autor do homicídio tiver ciência dessa condição da vítima, a ele poderá ser imputada essa qualificadora.

Entende-se que somente teremos o homicídio qualificado pelo envenenamento quando a vítima não tiver conhecimento de seu uso. Caso a vítima seja obrigada a ingerir o veneno pelo autor, estaremos diante do meio cruel.

♦ **Emprego de fogo ou explosivo:** a utilização do fogo, regra geral, constituirá um meio cruel, poderá, no entanto, constituir meio do qual possa resultar perigo comum se um número indeterminado de pessoas for exposto a risco.

Capítulo 1 ◆ Crimes contra a vida **27**

◆ **Emprego de asfixia:** a asfixia pode figurar como meio cruel ou como meio insidioso.

A asfixia é a supressão da respiração. Conforme leciona Hélio Gomes (2004, p. 335): "A morte, via de regra, qualquer que seja sua modalidade, é sempre determinada por asfixia. Cessadas as trocas orgânicas, devido a uma causa patológica ou a uma violência, surge imediatamente o processo asfíxico terminal".

◆ **Emprego de tortura:** a tortura que qualifica o homicídio não se confunde com o tipo penal previsto na Lei nº 9.455/1997.

A diferença entre eles reside especificamente no elemento subjetivo (dolo). Aqui, a tortura é utilizada como meio para cometer o crime de homicídio. O dolo do agente é de tirar a vida da vítima.

No crime de tortura, o dolo do agente é de torturar, de causar intenso sofrimento à vítima, ele não tem o dolo de matar. Se a morte ocorrer, será responsabilizado a título de culpa e estaremos diante de um crime preterdoloso (art. 1º, § 3º, da Lei nº 9.455/1997).[3]

Não se trata de mera diferenciação acadêmica. Além de as penas para os crimes serem diversas, a competência para julgamento também se altera. No homicídio qualificado pelo emprego de tortura, a competência para julgamento é do Tribunal do Júri. Já no crime de tortura com resultado morte, a competência será do juízo singular.

Destaque-se que, como já decidiu o STJ, o dolo eventual é compatível com a qualificadora do meio cruel, vejamos:

📑 Jurisprudência destacada

RECURSO ESPECIAL. HOMICÍDIO NA DIREÇÃO DE VEÍCULO AUTOMOTOR. PRONÚNCIA. DOLO EVENTUAL. QUALIFICADORA DO MEIO CRUEL. COMPATIBILIDADE. RECURSO ESPECIAL PROVIDO. 1. Consiste a sentença de pronúncia no reconhecimento de justa causa para a fase do júri, com a presença de prova da materialidade de crime doloso contra a vida e indícios de autoria, não representando juízo de procedência da culpa. 2. Inexiste incompatibilidade entre o dolo eventual e o reconhecimento do meio cruel para a consecução da ação, na medida em que o dolo do agente, direto ou indireto, não exclui a possibilidade de a prática delitiva envolver o emprego de meio mais reprovável, como

---

[3] Lei nº 9.455/1997. "**Art. 1º** Constitui crime de tortura: I – constranger alguém com emprego de violência ou grave ameaça, causando-lhe sofrimento físico ou mental: a) com o fim de obter informação, declaração ou confissão da vítima ou de terceira pessoa; b) para provocar ação ou omissão de natureza criminosa; c) em razão de discriminação racial ou religiosa. II – submeter alguém, sob sua guarda, poder ou autoridade, com emprego de violência ou grave ameaça, a intenso sofrimento físico ou mental, como forma de aplicar castigo pessoal ou medida de caráter preventivo. **Pena** – reclusão, de 02 (dois) a 08 (oito) anos. (...) § 3º Se resulta lesão corporal de natureza grave ou gravíssima, a pena é de reclusão de 04 (quatro) a 10 (dez) anos; se resulta morte, a reclusão é de 08 (oito) a 16 (dezesseis) anos".

veneno, fogo, explosivo, asfixia, tortura ou outro meio insidioso ou cruel (AgRg no RHC nº 87.508/DF, Rel. Min. Reynaldo Soares da Fonseca, 5ª Turma, j. 23.10.2018, *DJe* 03.12.2018). 3. É admitida a incidência da qualificadora do meio cruel, relativamente ao fato de a vítima ter sido arrastada por cerca de 500 metros, presa às ferragens do veículo, ainda que já considerado ao reconhecimento do dolo eventual, na sentença de pronúncia. 4. Recurso especial provido para restabelecer a qualificadora do meio cruel reconhecida na sentença de pronúncia (STJ, REsp nº 1.829.601/PR 2019/0139667-5, Rel. Min. Nefi Cordeiro, j. 04.02.2020, 6ª Turma, *DJe* 12.02.2020).

Tal entendimento já foi objeto de questão de prova:

Decifrando a prova

(Promotor de Justiça Substituto – MPE/RS – Cespe/Cebraspe – 2021 – Adaptada) Com relação aos crimes previstos na Parte Especial do Código Penal, julgue o próximo item. No homicídio qualificado, o dolo eventual é incompatível com o meio cruel.
( ) Certo   ( ) Errado
Gabarito comentado: conforme entendimento do STJ, o homicídio qualificado praticado por meio cruel é compatível com o com dolo eventual. Portanto, a assertiva está errada.

I.2.IO.4 À traição, de emboscada, mediante dissimulação ou outro recurso que dificulte ou torne impossível a defesa do ofendido

A utilização pelo agente de meio que impossibilite a defesa da vítima, qualifica o homicídio. Novamente, o legislador utilizou a interpretação analógica.

A qualificadora em análise trata dos modos de execução do crime.

- **traição:** é a infidelidade; é o ataque súbito, pelas costas, repentino;
- **emboscada:** o agente coloca-se escondido para atacar a vítima de surpresa;
- **dissimulação:** trata-se da ocultação da intenção. O agente "se faz de amigo" para atacar a vítima.

Conforme decidiu recentemente o STJ, essa qualificadora é compatível com o **dolo eventual**.

Jurisprudência destacada

1. A jurisprudência desta Corte e do Supremo Tribunal Federal – STF oscila a respeito da compatibilidade ou incompatibilidade do dolo eventual no homicídio com as qualificadoras objetivas (art. 121, § 2º, III e IV). Precedentes. 1.1. Aqueles que compreendem pela incompati-

bilidade do dolo eventual com as qualificadoras objetivas do art. 121, § 2º, III e IV, do CP, escoram tal posição na percepção de que o autor escolhe o meio e o modo de proceder com outra finalidade, lícita ou não, embora seja previsível e admitida a morte. 1.2. Tal posicionamento, retira, definitivamente do mundo jurídico, a possibilidade fática de existir um autor que opte por utilizar meio e modo específicos mais reprováveis para alcançar fim diverso, mesmo sendo previsível o resultado morte e admissível a sua concretização. Ainda, a justificativa de incompatibilidade entre o dolo eventual e as qualificadoras objetivas, inexistência de dolo direto para o resultado morte, se contrapõe à admissão nesta Corte de compatibilidade entre o dolo eventual e o motivo específico e mais reprovável (art. 121, § 2º, I e II, do CP). 1.3. Com essas considerações, elege-se o posicionamento pela compatibilidade, em tese, do dolo eventual também com as qualificadoras objetivas (art. 121, § 2º, III e IV, do CP). **Em resumo, as referidas qualificadoras serão devidas quando constatado que o autor delas se utilizou dolosamente como meio ou como modo específico mais reprovável para agir e alcançar outro resultado, mesmo sendo previsível e tendo admitido o resultado morte.** 2. A configuração do perigo comum (121, § 2º, III, do CP) por disparo de arma de fogo tem como pressuposto que mais de um disparo tenha sido direcionado aos presentes no local ou que único disparo a eles direcionado tivesse potencialidade lesiva apta para alcançar mais de um resultado, o que não foi constatado. Para se concluir de modo diverso, seria necessário o revolvimento fático-probatório, vedado conforme Súmula nº 7 do STJ (STJ, AgRg no REsp nº 1.836.556, Rel. Min. Joel Ilan Paciornik, j. 15.06.2021 – grifos nossos).

Decifrando a prova

(Juiz de Direito – TJ/DFT – 2012 – Adaptada) Nos termos do entendimento atualmente pacificado pelo Supremo Tribunal Federal, o Juiz pode admitir a qualificadora prevista no art. 121, § 2º, inciso IV, do CP (traição, emboscada ou mediante dissimulação ou outro recurso que dificulte ou torne impossível a defesa do ofendido) na sentença que pronunciar o réu pela prática de homicídio cometido com dolo eventual.

( ) Certo   ( ) Errado

Gabarito comentado: não se tem um entendimento pacificado nos tribunais superiores a respeito da possibilidade de homicídio doloso praticado na forma do inciso IV, § 2º, do art. 121. Portanto, a assertiva está errada.

1.2.10.5 Para assegurar a execução, a ocultação, a impunidade ou vantagem de outro crime

Trata-se de qualificadora de natureza subjetiva que traz hipóteses de conexão do crime de homicídio com outros delitos.

Divide-se a conexão em **conexão teleológica** (o homicídio é praticado para assegurar a execução de outro crime) e **conexão consequencial** (o homicídio é praticado para assegurar a ocultação, a impunidade ou a vantagem de outro crime).

Direito Penal Decifrado – Parte Especial

Como exemplo de conexão teleológica, podemos pensar no agente que mata o seguran-ça a fim de sequestrar o empresário.

Como exemplo de conexão consequencial podemos pensar no agente que após estuprar a vítima a mata pois esta o reconheceu. Ou ainda, um dos autores do roubo mata seu colega para ficar com todo o dinheiro subtraído.

Importante esclarecer que ao homicídio praticado para assegurar execução, ocultação, impunidade ou vantagem de contravenção penal não incidirá a presente qualificadora.

Decifrando a prova

(Promotor de Justiça – MPE/MS – 2018 – Adaptada) Acerca do delito de homicídio, julgue o item a seguir:

O homicídio é qualificado pela conexão quando cometido para assegurar a execução, a ocul-tação, a impunidade ou a vantagem de outro crime.

( ) Certo   ( ) Errado

Gabarito comentado: trata-se da conexão teleológica. Portanto, a assertiva está certa.

I.2.I0.6 Feminicídio contra a mulher por razões da condição de sexo feminino

O inciso VI foi inserido ao art. 121 pela Lei nº 13.104/2015. Vejamos:

Feminicídio

Art. 121. (...)

VI – contra a mulher por razões da condição de sexo feminino:

§ 2º-A. Considera-se que há razões de condição de sexo feminino quando o crime envolve:

I – violência doméstica e familiar;

II – menosprezo ou discriminação à condição de mulher.

Considera-se **feminicídio** o homicídio praticado contra a mulher por razões da **condi-ção do gênero feminino.**

O tão só fato de a vítima do homicídio ser mulher não o torna um feminicídio. Para que se configure a qualificadora em análise deve ser praticado por razões de condição do sexo feminino.

Antes de analisar a qualificadora em si, importante esclarecer alguns pontos em relação à violência de gênero.

O Brasil é signatário de tratados e convenções internacionais que têm o intuito de com-bater a violência de gênero, dentre eles, a Convenção Interamericana para prevenir, punir e erradicar a violência contra a mulher, a chamada **Convenção de Belém do Pará**, que foi assinada em 9 de junho de 1994.

O art. 1º da Convenção de Belém do Pará conceitua a violência de gênero:

> **Art. 1º** Para os efeitos desta Convenção, entender-se-á por violência contra a mulher qualquer ato ou conduta baseada no gênero, que cause morte, dano ou sofrimento físico, sexual ou psicológico à mulher, tanto na esfera pública como na esfera privada.

Em seu art. 4º, a convenção de Belém do Pará nos traz os direitos da mulher que, dentre outros, compreende o direito a que se respeite sua vida. Vejamos:

> **Art. 4º** Toda mulher tem direito ao reconhecimento, desfrute, exercício e proteção de todos os direitos humanos e liberdades consagrados em todos os instrumentos regionais e internacionais relativos aos direitos humanos. Estes direitos abrangem, entre outros:
>
> a. direito a que se respeite sua vida; (...)

A Lei nº 11.340/2006, conhecida como **Lei Maria da Penha**, que visa a coibir toda forma de violência contra a mulher, nos leciona em seu art. 2º:

> **Art. 2º** Toda mulher, independentemente de classe, raça, etnia, orientação sexual, renda, cultura, nível educacional, idade e religião, goza dos direitos fundamentais inerentes à pessoa humana, sendo-lhe asseguradas as oportunidades e facilidades para viver sem violência, preservar sua saúde física e mental e seu aperfeiçoamento moral, intelectual e social.

O conceito de violência doméstica e familiar contra a mulher vem exposto no art. 5º da Lei nº 11.340/2006:

> **Art. 5º** Para os efeitos desta Lei, configura violência doméstica e familiar contra a mulher qualquer ação ou omissão baseada no gênero que lhe cause morte, lesão, sofrimento físico, sexual ou psicológico e dano moral ou patrimonial: (*Vide* Lei complementar nº 150, de 2015.)
>
> I – no âmbito da unidade doméstica, compreendida como o espaço de convívio permanente de pessoas, com ou sem vínculo familiar, inclusive as esporadicamente agregadas;
>
> II – no âmbito da família, compreendida como a comunidade formada por indivíduos que são ou se consideram aparentados, unidos por laços naturais, por afinidade ou por vontade expressa;
>
> III – em qualquer relação íntima de afeto, na qual o agressor conviva ou tenha convivido com a ofendida, independentemente de coabitação.
>
> **Parágrafo único**. As relações pessoais enunciadas neste artigo independem de orientação sexual.

A Lei Maria da Penha no art. 5º prevê que configura violência doméstica e familiar contra a mulher, toda ação ou omissão baseada no gênero que lhe cause morte, lesão, sofrimento físico, sexual ou psicológico.

Veja que a lei utiliza um conceito de mulher que vai além do caráter biológico, abarca também o caráter sociológico de gênero.

Podemos dizer que a violência de gênero é aquela que decorre de um poder de dominação do homem e da submissão da mulher. Envolve a determinação social dos papéis masculino e feminino e do caráter discriminatório dela decorrente.

Por esse mesmo motivo, cremos que o § 2º-A quando se refere a condição de sexo feminino, na realidade, intenciona referir-se ao gênero feminino.[4]

- ♦ Decorre daí o questionamento a respeito da mulher trans: **pode a mulher transexual ser vítima de feminicídio?**

Existe posicionamento conservador que entende que a mulher trans não seria geneticamente mulher e a ela não deve ser aplicada a especial proteção trazida pelo feminicídio.

Outra parte de doutrinadores entende que, desde que a mulher passe por cirurgia de redesignação sexual, ela poderá ser amparada tanto pela Lei Maria da Penha quanto figurar como vítima do feminicídio.

Temos posicionamento que diverge das duas correntes, entendemos que tanto a Lei Maria da Penha quanto a proteção dada pelo feminicídio são aplicadas às mulheres transgênero independentemente de cirurgia de readequação sexual.

A Lei nº 11.340/2006 enquanto microssistema de proteção às mulheres, como dito anteriormente, baseia-se na proteção ao gênero mulher e, como tal, também será aplicada às mulheres transgênero.

A mulher trans também é vítima de violência de gênero. E não há se falar em ausência de vulnerabilidade em razão de compleição física para justificar a não proteção especial. A violência baseada no gênero não se remete à superioridade física do homem sobre a mulher, mas sim na superioridade que o homem sempre ocupou na sociedade.

Entendemos que não apenas à mulher trans que tenha passado por cirurgia deva ser aplicada a especial proteção.

---

[4] Para melhor entendimento do leitor, necessário se faz pontuarmos alguns conceitos básicos, quais sejam, identidade de gênero, orientação sexual e sexo biológico que tem definições diferentes e são rotineiramente confundidos.

O conceito de sexo se liga à biologia, refere-se ao conceito biológico e fisiológico masculino ou feminino, temos a divisão entre macho e fêmea.

A orientação sexual relaciona-se à atração sexual ou afetiva. E aí temos uma gama de classificações, sendo as mais conhecidas a heterossexualidade, a homossexualidade e a bissexualidade. Não podemos nos limitar a esses três conceitos, no entanto, para o objetivo do estudo, esses nos bastam.

O gênero é uma construção social, é ligado aos papéis sociais culturalmente atribuídos a homens e mulheres. Nesses papéis podemos incluir o comportamento, a educação, a profissão que a sociedade impõe e espera que sejam cumpridos por homens e mulheres.

Por identidade de gênero podemos entender como sendo a maneira como a pessoa se enxerga, o gênero com o qual ela se identifica (homem/mulher). Não ampliarei a discussão para falar sobre outras maneiras de se definir, mas saliento que homem e mulher não é a única classificação, ou seja, temos um conceito não binário para definir gênero.

Quando há uma concordância entre o sexo biológico e a identidade de gênero, temos o indivíduo cisgênero. Assim, se o sujeito nasce com órgão sexual masculino, se reconhece como homem e se expressa conforme os papéis socialmente impostos aos homens, dizemos que é um homem cisgênero.

Em artigo publicado, Fernanda Moretzsohn de Mello e Patrícia Burin (2020) defendem a aplicação da Lei nº 11.340/2006 às mulheres transgênero, ainda que não tenham passado por cirurgia de readequação sexual:

> Vale aqui ponderar que a incidência da norma à mulher transgênero não demanda que ela tenha se submetido a cirurgia de adequação genital ou que tenha alterado seus registros civis. Basta que assuma o gênero feminino, que se comporte como pessoa do gênero feminino para ser amparada pela Lei Maria da Penha.
>
> Exigir a submissão a intervenção cirúrgica ou alteração de registro civil feriria não apenas a razoabilidade, mas também e, principalmente, o princípio da dignidade da pessoa humana. O STF já teve oportunidade de se manifestar no sentido de ser "essencial ressaltar que não são os procedimentos médicos que conferem ao indivíduo direito ao reconhecimento de sua condição pessoal. Trata-se de direito indissociável de cláusula geral da dignidade da pessoa humana, que tutela de forma integral e unitária a existência humana" (voto do Ministro Lewandowski na ADI nº 4.275/DF).

Não é outro o entendimento expressado pelo Enunciado nº 46 do Fonavid:

> A Lei Maria se aplica às mulheres trans, independentemente de alteração registral do nome e de cirurgia de redesignação sexual, sempre que configuradas as hipóteses do art. 5º da Lei nº 11.340/2006.

O professor Rogério Sanches Cunha (2021, p. 70-71) argumenta que:

> (...) medidas protetivas e outras decisões judiciais são proferidas, inclusive para enquadramento do feminicídio, exigindo-se os requisitos básicos de que a violência se dê em razão de vínculos de afeto, familiares ou domésticos entre as partes, e que a vítima apresente identificação com o gênero feminino, enfatizando dupla vulnerabilidade da mulher trans, seja por causa da assumida condição feminina, seja por pertencer a um grupo ainda estigmatizado pela sociedade.

Assim, entende-se que tanto a Lei nº 11.340/2006 quanto a qualificadora do feminicídio têm aplicação às mulheres transgênero, ainda que não tenham passado por cirurgia de readequação sexual ou alteração dos registros civis.

Retornando à análise da qualificadora, o § 2º nos traz a definição de "condição do sexo feminino" quando o crime envolver: a) violência doméstica e familiar; b) menosprezo ou discriminação à condição de mulher.

Com relação à violência doméstica e familiar contra a mulher, aplicaremos os conceitos anteriormente mencionados a respeito da Lei nº 11.340/2006.

Decifrando a prova

(Delegado de Polícia – PC/SE – Cespe – 2018) Em um clube social, Paula, maior e capaz, provocou e humilhou injustamente Carlos, também maior e capaz, na frente de amigos. Envergonhado e com muita raiva, Carlos foi à sua residência e, sem o consentimento de seu pai,

> pegou um revólver pertencente à corporação policial de que seu pai faz parte. Voltando ao clube depois de quarenta minutos, armado com o revólver, sob a influência de emoção extrema e na frente dos amigos, Carlos fez disparos da arma contra a cabeça de Paula, que faleceu no local antes mesmo de ser socorrida.
>
> Acerca dessa situação hipotética, julgue o próximo item.
>
> Na situação considerada, em que Paula foi vitimada por Carlos por motivação torpe, caso haja vínculo familiar entre eles, o reconhecimento das qualificadoras da motivação torpe e de feminicídio não caracterizará *bis in idem*.
>
> ( ) Certo   ( ) Errado
>
> **Gabarito comentado:** como visto, o § 2º nos traz a definição de "condição do sexo feminino" quando o crime envolver: a) violência doméstica e familiar. É perfeitamente compatível com a qualificadora do motivo torpe. Portanto, a assertiva está certa.

Em relação ao item que trata do **menosprezo ou discriminação à condição de mulher**, temos um tipo penal aberto, cabendo ao intérprete analisar se os fatos se amoldam a esse tipo.

Por **menosprezo** entende-se o desprezo, o asco, a repulsa à pessoa do gênero feminino. A **discriminação** é a forma de tratamento diferente por conta do **gênero**.

A respeito da natureza da qualificadora do feminicídio existe posicionamento tanto de que seria de natureza subjetiva quanto de natureza objetiva.

Acompanhamos o posicionamento de Rogério Sanches Cunha que entende tratar-se de qualificadora de natureza subjetiva, pois pressupõe uma motivação especial: o crime será cometido por razões da condição do gênero feminino. Assim, o agente comete o crime motivado pela condição da vítima. E isso se refere à motivação e não aos meios de execução.

Alice Bianchini (2016) corrobora o entendimento de que se trata de qualificadora de natureza subjetiva:

> A qualificadora do feminicídio é nitidamente subjetiva. Uma hipótese: mulher usa minissaia. Por esse motivo fático o seu marido ou namorado a mata. E mata-a por uma motivação aberrante, a de presumir que a mulher deve se submeter ao seu gosto ou apreciação moral, como se dela ele tivesse posse, reificando-a, anulando-lhe opções estéticas ou morais, supondo que à mulher não é possível contrariar as vontades do homem. Em motivações equivalentes a essa há uma ofensa à condição de sexo feminino. O sujeito mata em razão da condição do sexo feminino, ou do feminino exercendo, a seu gosto, um modo de ser feminino. Em razão disso, ou seja, em decorrência unicamente disso. Seria uma qualificadora objetiva se dissesse respeito ao modo ou meio de execução do crime. A violência de gênero não é uma forma de execução do crime; é, sim, sua razão, seu motivo.

No entanto, o STJ proferiu decisão no julgamento do AREsp nº 1.166.764, no sentido de que se trata de qualificadora de natureza objetiva: "As qualificadoras do motivo torpe e do feminicídio não possuem a mesma natureza, sendo certo que a primeira tem caráter subjetivo, ao passo que a segunda é objetiva, não havendo, assim, qualquer óbice à sua imputação simultânea".[5]

Decifrando a prova

(Promotor de Justiça de entrância inicial – MPE/CE – Cespe/Cebraspe – 2020 – Adaptada) Acerca do delito de homicídio doloso, julgue o item a seguir:

A qualificadora do feminicídio, caso envolva violência doméstica, menosprezo ou discriminação à condição de mulher, não é incompatível com a presença da qualificadora da motivação torpe.

( ) Certo   ( ) Errado

Gabarito comentado: conforme o entendimento do STJ, a qualificadora do feminicídio é de ordem objetiva, sendo assim, é possível que ela seja compatível com a qualificadora do motivo torpe que é de ordem subjetiva. Portanto, a assertiva está certa.

Jurisprudência destacada

PENAL E PROCESSUAL PENAL. AGRAVO REGIMENTAL NO AGRAVO EM RECURSO ESPECIAL. HOMICÍDIO QUALIFICADO. FEMINICÍDIO. MOTIVO TORPE. COEXISTÊNCIA. POSSIBILIDADE. NATUREZAS DISTINTAS. EXCLUSÃO DA QUALIFICADORA. USURPAÇÃO DA COMPETÊNCIA DO TRIBUNAL DO JÚRI. 1. Esta Corte possui o entendimento segundo o qual **"as qualificadoras do motivo torpe e do feminicídio não possuem a mesma natureza, sendo certo que a primeira tem caráter subjetivo, ao passo que a segunda é objetiva, não havendo, assim, qualquer óbice à sua imputação simultânea"** (HC nº 430.222/MG, Rel. Min. Jorge Mussi, 5ª Turma, j. 15.03.2018, *DJe* 22.03.2018). Precedentes. 2. A jurisprudência desta Corte é firme no sentido de que somente devem ser excluídas da decisão de pronúncia as circunstâncias qualificadoras manifestamente improcedentes ou sem nenhum amparo nos elementos dos autos, sob pena de usurpação da competência constitucional do Tribunal do Júri. Precedentes. 3. Agravo regimental desprovido (STJ, AgRg no AREsp nº 1.166.764/MS 2017/0238851-0, Rel. Min. Antonio Saldanha Palheiro, j. 06.06.2019, 6ª Turma, *DJe* 17.06.2019 – grifos do original).

---

[5]   STJ, AREsp nº 1.166.764, 6ª Turma, Rel. Min. Antonio Saldanha Palheiro, j. 06.06.2019, *DJe* 17.06.2019.

Decifrando a prova

(Promotor de Justiça – MPE/AP – Cespe/Cebraspe – 2021 – Adaptada) Tiago, movido por um sentimento de posse, disparou dois tiros contra sua companheira, Laura, que morreu em razão dos ferimentos causados pelos disparos. Laura estava grávida de seis meses e, quando da prática do crime, Tiago sabia da gravidez dela.

Nessa situação hipotética, Tiago praticou os crimes de homicídio qualificado por motivo torpe, feminicídio e aborto.

( ) Certo   ( ) Errado

Gabarito comentado: Tiago cometeu crime de homicídio com duas qualificadoras, quais sejam motivo torpe (art. 121, § 2º, VI, CP) e contra mulher por razões da condição do sexo feminino (art. 121, § 2º, VI, CP). Ambas as qualificadoras podem ser aplicadas, pois uma tem natureza objetiva (feminicídio) e a outra tem natureza subjetiva (motivo torpe).

Sabendo do estado de gravidez da vítima, Tiago praticou o delito de aborto, nos moldes do art. 70, *caput*, do CP (concurso formal impróprio – mediante uma ação o agente pratica dois crimes). Portanto, a assertiva está certa.

1.2.10.6.1 A tese da legítima defesa da honra

Não há como estudar o tema **feminicídio** sem lembrar da questão enfrentada pelo Supremo Tribunal Federal quando do julgamento da **ADPF nº 779/DF**.

Por muitos anos essa tese de defesa, que jamais encontrou respaldo na legislação penal ou processual penal, foi utilizada para justificar homicídios praticados contra mulheres (à época não existia a figura típica do feminicídio), alegando que a conduta anterior dela teria levado o autor a praticar o crime. Convencionou-se chamar esse estratagema de "legítima defesa da honra".

Em 15 de março de 2021, o STF pôs fim a essa odiosa figura que jamais teve respaldo legal e muito menos, constitucional.

Segue o inteiro teor do acórdão desse histórico julgamento:

Jurisprudência destacada

Referendo de medida cautelar. Arguição de descumprimento de preceito fundamental. Interpretação conforme à constituição. Arts. 23, inciso II, e 25, *caput* e parágrafo único, do Código Penal e art. 65 do Código de Processo Penal. "Legítima defesa da honra". Não incidência de causa excludente de ilicitude. Recurso argumentativo dissonante da dignidade da pessoa humana (art. 1º, III, da CF), da proteção à vida e da igualdade de gênero (art. 5º, *caput*, da CF). Medida cautelar parcialmente deferida referendada. 1. "Legítima defesa da honra" não é, tecnicamente, legítima defesa. A traição se encontra inserida no contexto das relações amorosas. Seu desvalor reside no âmbito ético e moral, não havendo direito subjetivo de contra ela agir com violência. Quem pratica feminicídio ou usa de violência com a justificativa de reprimir um adultério não está a se defender, mas a atacar uma mulher de forma desproporcional, covarde e criminosa. O adultério não configura uma agressão injusta apta a excluir a antijuridicidade de um fato típico, pelo que qualquer ato violento perpetrado nesse contexto deve estar sujeito à repressão do direito penal. 2. A "legítima defesa da honra" é recurso argumentativo/retórico odioso, desumano e cruel utilizado pelas defesas de acusados de feminicídio ou agressões contra a mulher para imputar às vítimas a causa de suas próprias mortes ou lesões. Constitui-se em ranço, na retórica de alguns operadores do direito, de institucionalização da desigualdade entre homens e mulheres e de tolerância e naturalização da violência doméstica, as quais não têm guarida na Constituição de 1988. 3. Tese violadora da dignidade da pessoa humana, dos direitos à vida e à igualdade entre homens e mulheres (art. 1º, inciso III, e art. 5º, *caput* e inciso I, da CF/1988), pilares da ordem constitucional brasileira. A ofensa a esses direitos concretiza-se, sobretudo, no estímulo à perpetuação da violência contra a mulher e do feminicídio. O acolhimento da tese tem a potencialidade de estimular práticas violentas contra as mulheres ao exonerar seus perpetradores da devida sanção. 4. A "legítima defesa da honra" não pode ser invocada como argumento inerente à plenitude de defesa própria do tribunal do júri, a qual não pode constituir instrumento de salvaguarda de práticas ilícitas. Assim, devem prevalecer a dignidade da pessoa humana, a vedação a todas as formas de discriminação, o direito à igualdade e o direito à vida, tendo em vista os riscos elevados e sistêmicos decorrentes da naturalização, da tolerância e do incentivo à cultura da violência doméstica e do feminicídio. 5. Na hipótese de a defesa lançar mão, direta ou indiretamente, da tese da "legítima defesa da honra" (ou de qualquer argumento que a ela induza), seja na fase pré-processual, na fase processual ou no julgamento perante o tribunal do júri, caracterizada estará a nulidade da prova, do ato processual ou, caso não obstada pelo presidente do júri, dos debates por ocasião da sessão do júri, facultando-se ao titular da acusação recorrer de apelação na forma do art. 593, III, *a*, do Código de Processo Penal. 6. Medida cautelar parcialmente concedida para (i) firmar o entendimento de que a tese da legítima defesa da honra é inconstitucional, por contrariar os princípios constitucionais da dignidade da pessoa humana (art. 1º, III, da CF), da proteção à vida e da igualdade de gênero (art. 5º, *caput*, da CF); (ii) conferir interpretação conforme à Constituição aos arts. 23, inciso II, e 25, *caput* e parágrafo único, do Código Penal e ao art. 65 do Código de Processo Penal, de modo a excluir a legítima defesa da honra do âmbito do instituto da legítima defesa; e (iii) obstar à defesa, à acusação, à autoridade policial e ao juízo que utilizem, direta ou indiretamente, a tese de legítima defesa da honra (ou qualquer argumento que induza à tese) nas fases pré-processual ou processual penais, bem como durante o julgamento perante o tribunal do júri, sob pena de nulidade do ato e do julgamento. 7. Medida cautelar referendada (STF, ADPF nº 779/DF, Rel. Min. Dias Tofolli – grifos do original).

Apesar de ser recente a decisão do STF, já foi objeto de prova de concurso:

Decifrando a prova

(Defensor Público – DPE/SC – FCC – 2021 – Adaptada) Segundo entendimento do STF, a tese de legítima defesa da honra nos crimes dolosos contra a vida está excluída do âmbito do

38 Direito Penal Decifrado – Parte Especial

> instituto da legítima defesa, havendo óbice para sua utilização de forma direta ou indireta.
>
> ( ) Certo ( ) Errado
>
> **Gabarito comentado:** como vimos, o Supremo Tribunal Federal, no julgamento da ADPF nº 779, Relatoria do Ministro Dias Toffoli decidiu que a tese da legítima defesa da honra é inconstitucional, por contrariar os princípios da dignidade da pessoa humana, da proteção à vida e da igualdade de gênero. Portanto, a assertiva está certa.

1.2.10.7 Contra autoridade ou agente de segurança pública descritos nos arts. 142 e 144 da CF

O inciso VII foi inserido ao § 2º do art. 121 pela Lei nº 13.142/2015 e criou mais uma hipótese de homicídio qualificado: aquele cometido em desfavor das pessoas elencadas nos arts. 142 e 144 da Constituição da República, integrantes do sistema prisional e da Força Nacional de Segurança Pública, no exercício da função ou em decorrência dela, ou contra seu cônjuge, companheiro ou parente consanguíneo até terceiro grau, em razão dessa condição.

Trata-se de **norma penal em branco** que será complementada pelo texto constitucional.

* **contra agentes previstos no art. 142 da CF – Forças Armadas (Marinha, Exército e Aeronáutica);**

  Art. 142. As Forças Armadas, constituídas pela Marinha, pelo Exército e pela Aeronáutica, são instituições nacionais permanentes e regulares, organizadas com base na hierarquia e na disciplina, sob a autoridade suprema do Presidente da República, e destinam-se à defesa da Pátria, à garantia dos poderes constitucionais e, por iniciativa de qualquer destes, da lei e da ordem.

* **contra agentes integrantes dos órgãos da segurança pública e integrantes do sistema prisional** (aqui não se incluem apenas os policiais penais, mas todos aqueles que atuem no sistema prisional);

  Art. 144. A segurança pública, dever do Estado, direito e responsabilidade de todos, é exercida para a preservação da ordem pública e da incolumidade das pessoas e do patrimônio, através dos seguintes órgãos:

  I – polícia federal;

  II – polícia rodoviária federal;

  III – polícia ferroviária federal;

  IV – polícias civis;

  V – polícias militares e corpos de bombeiros militares;

  VI – polícias penais federal, estaduais e distrital.

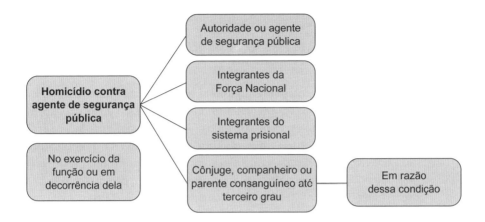

◇ Podemos incluir dentre esses agentes os **guardas municipais**, uma vez que vêm previstas no § 8º do art. 144 da Constituição da República. Assim como os **agentes de segurança viária,** em razão do disposto no § 10 do mencionado art. 144.

◇ O professor Rogério Sanches Cunha (2021, p. 74) leciona que em relação ao homicídio praticado contra agentes da polícia do Congresso Nacional não se pode aplicar a qualificadora em análise. Isso porque eles não vêm previstos no art. 144 da CF e segundo o doutrinador sua abrangência por essa qualificadora constituiria analogia *in malam partem*.

Decifrando a prova

(Promotor de Justiça – MPE/CE – Cespe/Cebraspe – 2021 – Adaptada) Acerca do delito de homicídio doloso, julgue o item a seguir:
A prática desse crime contra autoridade ou agente das forças de segurança pública é causa de aumento de pena.
( ) Certo   ( ) Errado
Gabarito comentado: na realidade, trata-se de homicídio qualificado, e não de homicídio majorado. Portanto, a assertiva está errada.

- contra integrantes da Força Nacional de Segurança;
- contra cônjuge, companheiro ou parente consanguíneo até 3º grau de algum dos agentes mencionados.

O próprio dispositivo alerta que a qualificadora somente será aplicada quando estes forem vítimas em razão dessa condição. Ou seja, o autor do fato mata o parente do agente de segurança exatamente em razão desse parentesco.

40 Direito Penal Decifrado – Parte Especial

Para que incida a presente qualificadora às vítimas que sejam autorida le ou agentes da segurança pública, integrantes das Forças Armadas, Força Nacional e sist ma prisional, há necessidade de que o crime tenha sido praticado **durante o exercício da função ou em decorrência dela.**

◇ Em relação aos **parentes consanguíneos** há que se fazer uma ressalva. Causa estranheza que o legislador tenha utilizado tal expressão de forma que, numa interpretação literal, estariam excluídos os parentes por afinidade. Surgindo aí uma distinção odiosa. Ora, se a vítima do homicídio for o filho natural de um policial, será aplicada a qualificadora. Agora se for o filho adotivo desse mesmo policial, não seria aplicada. Isso em razão de o parentesco pela adoção ser o parentesco civil. Trata-se de ultrajante distinção inconstitucional.

E qual seria a solução a ser adotada? Incluir os parentes civis e correr o risco de se violar o princípio da reserva legal? Ignorar a inconstitucionalidade?

Entendemos que, enquanto não declarada a inconstitucionalidade para se suprimir a palavra "consanguíneo", a melhor solução seria enquadrar a conduta daquele que mata o filho adotivo de um policial na qualificadora do motivo torpe.

Por se tratar de **qualificadora** de natureza **subjetiva**, não se admite a aplicação da causa de diminuição de pena prevista no § 1º do art. 121 (homicídio qualificado-privilegiado).

1.2.10.8 Com emprego de arma de fogo de uso restrito ou proibido

O presente inciso foi inserido no rol dos homicídios qualificados pela Lei nº 13.964/2019. Trata-se de mais uma qualificadora inserida em **norma penal em branco** que deverá ser completada com os conceitos trazidos pelo Decreto nº 10.030/2019.

Temos aqui uma qualificadora de **natureza objetiva**, pois trata do modo de execução do crime.

1.2.10.9 Contra menor de quatorze anos

A Lei nº 14.344/2022, que foi publicada em 24 de maio e que vem sendo chamada de Lei Henry Borel, em homenagem ao menino que foi espancado e morto em 2021 dentro do apartamento em que residia com sua mãe e seu padrasto, criou mecanismos para a prevenção e o enfrentamento da violência doméstica e familiar contra a criança e adolescente, nos termos do § 8º do art. 226 e do § 4º do art. 227 da Constituição da República e das disposições específicas previstas em tratados, convenções ou acordos internacionais de que o Brasil seja parte.

Dentre outras alterações, a lei incluiu uma qualificadora ao crime de homicídio, quando este for praticado contra pessoa menor de quatorze anos de idade. Vejamos:

Homicídio contra menor de 14 (quatorze) anos

IX – contra menor de 14 (quatorze) anos: (...)

§ 2º-B. A pena do homicídio contra menor de 14 (quatorze) anos é aumentada de:

I – 1/3 (um terço) até a metade se a vítima é pessoa com deficiência ou com doença que implique o aumento de sua vulnerabilidade;

II – 2/3 (dois terços) se o autor é ascendente, padrasto ou madrasta, tio, irmão, cônjuge, companheiro, tutor, curador, preceptor ou empregador da vítima ou por qualquer outro título tiver autoridade sobre ela.

Perceba que o homicídio qualificado, quando praticado contra menor de quatorze anos recebeu duas causas de aumento de pena inseridas no § 2º-B: o inciso I aumenta a pena de um terço até a metade **quando a vítima for pessoa com deficiência ou doença que implique o aumento de sua vulnerabilidade**; o inciso II aumenta em dois terços a pena quando o autor for **ascendente, padrasto ou madrasta, tio, irmão, cônjuge, companheiro, tutor, curador, preceptor ou empregador da vítima ou por qualquer outro título tiver autoridade sobre ela.**

Para definir pessoa com deficiência vamos nos valer da Lei nº 13.146/2015, o Estatuto da Pessoa com Deficiência, que em seu art. 2º prevê:

> **Art. 2º** Considera-se pessoa com deficiência aquela que tem impedimento de longo prazo de natureza física, mental, intelectual ou sensorial, o qual, em interação com uma ou mais barreiras, pode obstruir sua participação plena e efetiva na sociedade em igualdade de condições com as demais pessoas.

Tanto a idade da vítima quanto sua deficiência devem ser de conhecimento do agente para que seja aplicada essa causa de aumento de pena.

Por óbvio, em razão do pouco tempo de publicação dessa alteração legislativa, não se tem jurisprudência formada.

1.2.10.10 Homicídio qualificado-privilegiado

Entende-se ser possível a aplicação das circunstâncias privilegiadoras às qualificadoras de natureza objetiva

Assim, quando estivermos diante de qualificadoras de natureza objetiva, isto é, relacionadas aos meios de execução, será possível reconhecer o privilégio, que sempre terá natureza subjetiva.

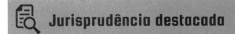

A jurisprudência do Supremo Tribunal Federal é firme no sentido do reconhecimento da conciliação entre homicídio objetivamente qualificado e ao mesmo tempo subjetivamente privilegiado. Noutro dizer, tratando-se de circunstância qualificadora de caráter objetivo (meios e modos de execução do crime), é possível o reconhecimento do privilégio (sempre de natureza subjetiva) (HC nº 98.265, Rel. Min. Ayres Britto, 1ª Turma, j. 24.03.2010, DJe 14.05.2010).

Decifrando a prova

(Promotor de Justiça – MPE/CE – FCC – 2009 – Adaptada) O reconhecimento do homicídio privilegiado é incompatível com a admissão da qualificadora do motivo fútil.
( ) Certo   ( ) Errado
Gabarito comentado: apenas se admite o homicídio qualificado-privilegiado em caso de circunstância qualificadora de ordem objetiva (referente ao meio utilizado). Portanto, a assertiva está certa.

O Supremo Tribunal Federal também já decidiu que o homicídio qualificado-privilegiado **não** pode ser considerado **hediondo**:

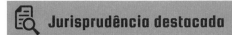

Jurisprudência destacada

HABEAS CORPUS. DIREITO PENAL. HOMICÍDIO QUALIFICADO-PRIVILEGIADO. PROGRESSÃO DE REGIME. POSSIBILIDADE. 1. O homicídio qualificado-privilegiado não é crime hediondo, não se lhe aplicando norma que estabelece o regime fechado para o integral cumprimento da pena privativa de liberdade (Lei nº 8.072/1990, arts. 1º e 2º, § 1º). 2. Ordem concedida. Súmulas – Precedentes *RSSTJ*, a. 9, (44): 129-153, nov. 2017, p. 139 (HC nº 43.043/MG, Rel. Min. Hamilton Carvalhido, 6ª Turma, j. 18.08.2005, *DJ* 06.02.2006, p. 352).

PENAL. *HABEAS CORPUS.* ART. 121, §§ 1º E 2º, INCISO III, DO CÓDIGO PENAL. CRIME NÃO ELENCADO COMO HEDIONDO. REGIME INICIAL SEMIABERTO. CIRCUNSTÂNCIAS FAVORÁVEIS. RÉU PRIMÁRIO. PENA NÃO SUPERIOR A OITO ANOS. POSSIBILIDADE. I – Por incompatibilidade axiológica e por falta de previsão legal, o homicídio qualificado-privilegiado não integra o rol dos denominados crimes hediondos (Precedentes). II – Afastado o caráter hediondo do crime e atendidos os requisitos constantes do art. 33, § 2º, *b*, e § 3º, c/c o art. 59 do CP, quais sejam, a ausência de reincidência, a condenação por um período superior a 4 (quatro) anos e não excedente a 8 (oito) e a existência de circunstâncias judiciais totalmente favoráveis, deve o paciente cumprir a pena privativa de liberdade no regime inicial semiaberto (Precedentes). *Writ* concedido (STJ, HC nº 144.196/MG, Rel. Min. Felix Fischer, 5ª Turma, j. 19.11.2009, *DJe* 1º.02.2010).

Decifrando a prova

(Defensor Público – DPE/RS – Cespe/Cebraspe – 2022) Julgue o item a seguir:
Com relação ao crime de homicídio, julgue o item subsecutivo.
O reconhecimento da causa especial de diminuição de pena, quando coexistir com o homicídio qualificado, afastará o caráter hediondo do delito.
( ) Certo   ( ) Errado

> **Gabarito comentado:** conforme visto, por incompatibilidade axiológica e por falta de previsão legal, o homicídio qualificado-privilegiado não integra o rol dos denominados crimes hediondos. Portanto, a assertiva está certa.

I.2.II Homicídio majorado

§ 4º No homicídio culposo, a pena é aumentada de 1/3 (um terço), se o crime resulta de inobservância de regra técnica de profissão, arte ou ofício, ou se o agente deixa de prestar imediato socorro à vítima, não procura diminuir as consequências do seu ato, ou foge para evitar prisão em flagrante. **Sendo doloso o homicídio, a pena é aumentada de 1/3 (um terço) se o crime é praticado contra pessoa menor de 14 (quatorze) ou maior de 60 (sessenta) anos.** (Grifos nossos.)

Essa **causa de aumento de pena** prevista na parte final do § 4º do art. 121 do CP é aplicada quando o crime for cometido contra pessoa menor de 14 (quatorze) anos ou maior de 60 (sessenta) anos.

Para que incida essa causa de aumento de pena é necessário que o agente tenha conhecimento da idade da vítima.

I.2.II.I Homicídio praticado por milícia privada ou grupo de extermínio

Essa causa de aumento de pena foi inserida no § 6º do art. 121 do CP pela Lei nº 12.720/2012:

Art. 121. (...)

§ 6º A pena é aumentada de 1/3 (um terço) até a metade se o crime for praticado por milícia privada, sob o pretexto de prestação de serviço de segurança, ou por grupo de extermínio.

Por **milícia privada** entende-se um grupo armado de agentes criminosos que se reúnem para fornecer segurança a comunidades carentes. No início eram formadas por militares, policiais, da ativa ou não que ofereciam segurança a comerciantes locais em troca de pequenos valores. Com o passar do tempo, perceberam que poderiam oferecer mais do que segurança, passando a oferecer serviços de televisão a cabo, internet, fornecimento de gás e transporte coletivo. Assim, passaram a exigir que os moradores adquirissem esses serviços apenas deles, criando uma espécie de monopólio. Quem se recusasse a adquirir seus serviços era punido.

Por **grupo de extermínio** podemos entender os chamados "justiceiros", um grupo de pessoas que se reúne para matar pessoas que em seu entendimento são marginais ou perigosas para a sociedade.

- A lei não determina quantas pessoas são necessárias para que se tenha a formação das milícias ou dos grupos de extermínio. Daí surgem duas correntes doutrinárias:

44 Direito Penal Decifrado – Parte Especial

◇ utilizar-se do requisito da associação criminosa (art. 288 do CP): três ou mais pessoas;

◇ utilizar-se do conceito de organização criminosa (Lei nº 12.850/2013): mínimo quatro pessoas.[6]

Não existe consenso na doutrina a respeito de qual dos critérios adotar. Em razão de a milícia privada se assemelhar bastante ao próprio conceito de organização criminosa, cremos que a segunda corrente prevalecerá.

◆ É possível o concurso material de crimes entre o homicídio praticado por grupo de extermínio ou milícia privada (art. 121, § 6º) e o crime de associação criminosa (art. 288-A[7]). Trata-se de crimes que tutelam bens jurídicos diferentes, não se podendo falar em *bis in idem*.

🧩 Decifrando a prova

(Promotor de Justiça – MPE/CE – Cespe/Cebraspe – 2020 – Adaptada) Acerca do delito de homicídio doloso, julgue o item a seguir:

Constitui forma qualificada desse crime o seu cometimento por milícia privada, sob o pretexto de prestação de serviço de segurança, ou por grupo de extermínio.

( ) Certo   ( ) Errado

Gabarito comentado: na realidade, tem-se o aumento de pena conforme no § 6º do art. 121 do CP. Portanto, a assertiva está errada.

(Analista de Promotoria – MPE/SP – IBFC – 2013 – Adaptada) Julgue o item a seguir:

A prática por milícia privada, sob o pretexto de prestação de serviço de segurança, ou por grupo de extermínio, qualifica o crime de homicídio.

( ) Certo   ( ) Errado

Gabarito comentado: como previsto no art. 121, § 6º, do CP, a prática por milícia privada, sob o pretexto de prestação de serviço de segurança, ou por grupo de extermínio, é causa de aumento de pena do crime. Portanto, a assertiva está errada.

---

[6] "Art. 1º Esta Lei define organização criminosa e dispõe sobre a investigação criminal, os meios de obtenção da prova, infrações penais correlatas e o procedimento criminal a ser aplicado. § 1º Considera-se organização criminosa a associação de 4 (quatro) ou mais pessoas estruturalmente ordenada e caracterizada pela divisão de tarefas, ainda que informalmente, com objetivo de obter, direta ou indiretamente, vantagem de qualquer natureza, mediante a prática de infrações penais cujas penas máximas sejam superiores a 4 (quatro) anos, ou que sejam de caráter transnacional".

[7] "**Art. 288-A.** Constituir, organizar, integrar, manter ou custear organização paramilitar, milícia particular, grupo ou esquadrão com a finalidade de praticar qualquer dos crimes previstos neste Código: **Pena** – reclusão, de 4 (quatro) a 8 (oito) anos".

I.2.II.2 Causas de aumento de pena do feminicídio

> § 7º A pena do feminicídio é aumentada de 1/3 (um terço) até a metade se o crime for praticado:
>
> I – durante a gestação ou nos 3 (três) meses posteriores ao parto;
>
> II – contra pessoa maior de 60 (sessenta) anos, com deficiência ou com doenças degenerativas que acarretem condição limitante ou de vulnerabilidade física ou mental;
>
> III – na presença física ou virtual de descendente ou de ascendente da vítima;
>
> IV – em descumprimento das medidas protetivas de urgência previstas nos incisos I, II e III do *caput* do art. 22 da Lei nº 11.340/2006.

Essa majorante foi acrescentada pela Lei nº 13.104/2015 e traz causas de aumento de pena quando o feminicídio for praticado:

- **Durante a gestação ou nos três meses posteriores ao parto**

Tanto a gravidez quanto o pós-parto devem ser de conhecimento do agente para que seja aplicada essa majorante.

Vamos nos valer das lições de Rogério Sanches Cunha (2021, p. 83): "(...) o aborto não é pressuposto da causa de aumento e, caso do homicídio decorra a morte, querida ou aceita, do ser humano em gestação, o agente responderá, em concurso formal, pelo homicídio e pelo aborto".

Decifrando a prova

(Defensor Público – DPE/PE – Cespe/Cebraspe – 2018 – Adaptada) A pena do feminicídio poderá ser aumentada se o crime for praticado durante a gestação ou nos seis meses posteriores ao parto.

( ) Certo   ( ) Errado

Gabarito comentado: como previsto no art. 121, § 7º, do CP, a pena do feminicídio é aumentada de 1/3 (um terço) até a metade se o crime for praticado: "I – durante a gestação ou nos 3 (três) meses posteriores ao parto". Portanto a assertiva está errada.

Importante trazer ao conhecimento o entendimento de Rogério Greco (2020, p. 71), para quem a majorante em estudo jamais poderá ser aplicada, pois a gestação seria considerada tanto para majorar a pena do feminicídio quanto para caracterizar o crime de aborto, o que implicaria em vedado *bis in idem*.

A fim de tentar pacificar a controvérsia, temos a jurisprudência:

Jurisprudência destacada

HABEAS CORPUS. HOMICÍDIO QUALIFICADO CONTRA GESTANTE. ABORTO. OCULTAÇÃO DE CADÁVER PARA ASSEGURAR A IMPUNIDADE DE OUTRO CRIME. PENA-BASE. AGRAVANTES. ART. 61, II, *B* E *H*, DO CÓDIGO PENAL. *BIS IN IDEM*. NÃO OCORRÊNCIA DE CONSTRANGIMENTO ILEGAL. CONFISSÃO ESPONTÂNEA CONFIGURADA. ATENUANTE DA MENORIDADE. VIOLAÇÃO AO MÉTODO TRIFÁSICO. NOVA DOSIMETRIA. *HABEAS CORPUS* NÃO CONHECIDO. ORDEM CONCEDIDA DE OFÍCIO. 1. Por ocasião da análise das circunstâncias judiciais estabelecidas no art. 59 do Código Penal, o Magistrado tem o dever de justificar a majoração da pena-base, fundamentando-a em elementos concretos. 2. **Não há *bis in idem* quanto à incidência da agravante do art. 61, II, *h*, do Código Penal no crime de homicídio contra gestante e a condenação pelo crime de aborto, porquanto as duas normas visam tutelar bens jurídicos diferentes: a agravante tutela pessoas em maior grau de vulnerabilidade e o aborto diz respeito ao feto.** 3. A jurisprudência desta Corte já decidiu que é inviável a análise de elemento subjetivo do crime na via estreita do *habeas corpus*, por demandar acurado exame probatório. Assim, inviável o conhecimento do *writ* com relação ao alegado *bis in idem* quanto à incidência da agravante do art. 61, II, *b*, no crime de ocultação de cadáver. 4. Este Tribunal tem entendido que a confissão espontânea, ainda que parcial ou qualificada, deve ser reconhecida, de modo a ensejar a atenuação da pena. 5. O Código Penal estabeleceu o método trifásico para aplicação da pena, de modo que as atenuantes devem ser analisadas juntamente com as agravantes, na segunda fase da dosimetria. Evidente o constrangimento ilegal quando o Tribunal aplica a atenuante da menoridade penal após o estabelecimento da pena total definitiva. 6. *Habeas corpus* não conhecido. Ordem concedida de ofício para reduzir a pena imposta ao paciente (STJ, HC nº 141.701/RJ, Rel. Min. Rogerio Schietti Cruz, 6ª Turma, j. 1º.12.2016 – grifos nossos).

RECURSO ESPECIAL. PRONÚNCIA. FEMINICÍDIO. HOMICÍDIO QUALIFICADO PRATICADO CONTRA GESTANTE. PROVOCAÇÃO DE ABORTO. *BIS IN IDEM*. NÃO OCORRÊNCIA. PRECEDENTES DO STJ. RECURSO PROVIDO. 1. Caso que o Tribunal de origem afastou da pronúncia o crime de provocação ao aborto (art. 125 do CP) ao entendimento de que a admissibilidade simultânea da majorante do feminicídio perpetrado durante a gestação da vítima (art. 121, § 7º, I, do CP) acarretaria indevido *bis in idem*. 2. A jurisprudência desta Corte vem sufragando o entendimento de que, enquanto o art. 125 do CP tutela o feto enquanto bem jurídico, o crime de homicídio praticado contra gestante, agravado pelo art. 61, II, *h*, do Código Penal protege a pessoa em maior grau de vulnerabilidade, raciocínio aplicável ao caso dos autos, em que se imputou ao acusado o art. 121, § 7º, I, do CP, tendo em vista a identidade de bens jurídicos protegidos pela agravante genérica e pela qualificadora em referência. 3. Recurso especial provido (STJ, REsp nº 1.860.829/RJ, Rel. Min. Nefi Cordeiro, 6ª Turma, j. 15.09.2020, *DJe* 23.09.2020).

- **Contra pessoa maior de 60 anos ou com deficiência**

A majorante foi modificada pela Lei nº 13.771/2018 para incluir, além da pessoa menor de 14 anos, maior de 60 anos e da pessoa com deficiência, a pessoa portadora de doenças degenerativas que acarretem condição limitante ou de vulnerabilidade física ou mental.

Tanto a idade da vítima quanto sua deficiência devem ser de conhecimento do agente para que seja aplicada essa causa de aumento de pena.

O conceito de pessoa com deficiência vem previsto no art. 2º da Lei nº 13.146/2015,[8] o chamado Estatuto da Pessoa com Deficiência.

Esse inciso foi recentemente alterado pela Lei nº 14.344/2022 (conhecida por Lei Henry Borel). Houve a derrogação da parte que trata do feminicídio praticado contra menor de quatorze anos de idade. Isso porque, esta passou a ser uma qualificadora do crime de homicídio.

Dessa feita, acertadamente, o legislador retirou a causa de aumento de pena do feminicídio praticado contra menor de quatorze anos a fim de evitar *bis in idem*.

Decifrando a prova

(Promotor de Justiça – MPE/SP– 2015 – Adaptada) Acerca do delito de homicídio doloso, julgue o item a seguir:

O agente que, para livrar sua esposa, deficiente física em fase terminal em razão de doença incurável, de graves sofrimentos físico e moral, pratica eutanásia com o consentimento da vítima, deve responder, em tese, por homicídio qualificado pelo feminicídio, agravado pelo fato de ter sido praticado contra pessoa deficiente, já que o consentimento da ofendida é irrelevante para efeitos penais.

( ) Certo   ( ) Errado

Gabarito comentado: conforme visto, o feminicídio é qualificadora de homicídio que se configura quando é cometido contra a mulher em razão do gênero, o que não ocorreu no caso em tela. Ademais, a morte foi praticada por motivo de relevante valor moral, sendo, portanto, hipótese de homicídio privilegiado. Portanto, a assertiva está errada.

♦ **Na presença física ou virtual de descendente ou de ascendente da vítima**

Aplica-se essa majorante quando o feminicídio for praticado na presença de ascendente ou descendente da vítima, o que acarreta maior juízo de reprovação da conduta.

Para que incida essa majorante, o agente precisa ter conhecimento do parentesco entre a vítima e as pessoas que presenciaram o fato.

Decifrando a prova

(Delegado de Polícia de Justiça – PC/RS – Fundatec – 2018 – Adaptada) Amâncio planejava matar a companheira Inocência, porque não aceitava a separação do casal proposta por ela, e acreditava estar sendo traído. No dia do crime, esperou Inocência na saída do trabalho e,

---

[8] Lei nº 13.146/2015. "**Art. 2º** Considera-se pessoa com deficiência aquela que tem impedimento de longo prazo de natureza física, mental, intelectual ou sensorial, o qual, em interação com uma ou mais barreiras, pode obstruir sua participação plena e efetiva na sociedade em igualdade de condições com as demais pessoas".

48 Direito Penal Decifrado – Parte Especial

> quando essa apareceu na via pública, fazendo-se acompanhar por Bravus, seu colega, efetuou um disparo de arma de fogo contra ela, com intenção de matá-la, atingindo-a fatalmente. Bravus também acabou sendo atingido, de raspão, pelo disparo, e restou lesionado levemente, em um dos braços. Nessa situação hipotética, analise o item a seguir.
>
> Caso, na mesma situação fática, ao invés de Bravus, Inocência estivesse acompanhada da filha do casal, a pena seria aumentada de 1/3 até a 1/2, por ter sido o crime praticado na presença de descendente.
>
> ( ) Certo ( ) Errado
>
> **Gabarito comentado:** de acordo com o art. 121, § 7º, III, do Código Penal, a pena do feminicídio é aumentada de 1/3 (um terço) até a metade se o crime for praticado na presença de descendente ou de ascendente da vítima. Portanto, a assertiva está certa.

♦ **Em descumprimento das medidas protetivas de urgência**

A majorante incidirá nos casos de descumprimento das medidas protetivas de urgência constantes do art. 22, incisos I, II e III, da Lei nº 11.340/2006.[9]

Ressalte-se que o descumprimento da decisão judicial que decreta as medidas protetivas passou a ser considerado crime autônomo com a entrada em vigor da Lei nº 13.641/2018, que inseriu o art. 24-A[10] à Lei nº 11.340/2006. Caso o descumprimento ocorra no mesmo contexto fático do feminicídio, não se admitirá a aplicação do art. 24-A sob pena de *bis in idem*.

Decifrando a prova

(Defensor Público – DPE/DF – Cespe/Cebraspe – 2019) Com relação aos delitos tipificados na parte especial do Código Penal, julgue o item subsecutivo.

---

[9] Lei nº 11.340/2006. "**Art. 22.** Constatada a prática de violência doméstica e familiar contra a mulher, nos termos desta Lei, o juiz poderá aplicar, de imediato, ao agressor, em conjunto ou separadamente, as seguintes medidas protetivas de urgência, entre outras: I – suspensão da posse ou restrição do porte de armas, com comunicação ao órgão competente, nos termos da Lei nº 10.826, de 22 de dezembro de 2003; II – afastamento do lar, domicílio ou local de convivência com a ofendida; III – proibição de determinadas condutas, entre as quais: a) aproximação da ofendida, de seus familiares e das testemunhas, fixando o limite mínimo de distância entre estes e o agressor; b) contato com a ofendida, seus familiares e testemunhas por qualquer meio de comunicação; c) frequentação de determinados lugares a fim de preservar a integridade física e psicológica da ofendida; (...)".

[10] Lei nº 11.340/2006. "**Art. 24-A.** Descumprir decisão judicial que defere medidas protetivas de urgência previstas nesta Lei: **Pena** – detenção, de 3 (três) meses a 2 (dois) anos. § 1º A configuração do crime independe da competência civil ou criminal do juiz que deferiu as medidas. § 2º Na hipótese de prisão em flagrante, apenas a autoridade judicial poderá conceder fiança. § 3º O disposto neste artigo não exclui a aplicação de outras sanções cabíveis".

> A circunstância do descumprimento de medida protetiva de urgência imposta ao agressor, consistente na proibição de aproximação da vítima, constitui causa de aumento de pena no delito de feminicídio.
>
> ( ) Certo   ( ) Errado
>
> **Gabarito comentado:** como previsto no art. 121, § 7º, do CP:
>
> > **§ 7º** A pena do feminicídio é aumentada de 1/3 (um terço) até a metade se o crime for praticado: (...)
> >
> > IV – em descumprimento das medidas protetivas de urgência previstas nos incisos I, II e III do *caput* do art. 22 da Lei nº 11.340, de 7 de agosto de 2006.
>
> Portanto, a assertiva está certa.

1.2.12 Homicídio culposo

1.2.12.1 Noções introdutórias

Homicídio culposo

§ 3º Se o homicídio é culposo:

Pena – detenção, de um a três anos.

Aumento de pena

§ 4º No homicídio culposo, a pena é aumentada de 1/3 (um terço), se o crime resulta de inobservância de regra técnica de profissão, arte ou ofício, ou se o agente deixa de prestar imediato socorro à vítima, não procura diminuir as consequências do seu ato, ou foge para evitar prisão em flagrante. Sendo doloso o homicídio, a pena é aumentada de 1/3 (um terço) se o crime é praticado contra pessoa menor de 14 (quatorze) ou maior de 60 (sessenta) anos.

§ 5º Na hipótese de homicídio culposo, o juiz poderá deixar de aplicar a pena, se as consequências da infração atingirem o próprio agente de forma tão grave que a sanção penal se torne desnecessária.

Diz-se culposo o homicídio quando resultar de conduta que viole um dever objetivo de cuidado a todos imposto consistente em imprudência, imperícia ou negligência.

O resultado morte não é querido ou previsto pelo agente, mas lhe era possível prever se não tivesse atuado com falta ao dever objetivo de cuidado.

- **imperícia:** falta de aptidão técnica para o exercício de arte, profissão ou ofício. Também conhecida como **culpa profissional**;
- **imprudência:** o autor age de maneira perigosa, afoito, sem o devido cuidado. Também chamada de **culpa positiva**;
- **negligência:** falta de precaução, o agente deixa de atuar com cautela. Também chamada de **culpa negativa**.

Importante trazer a lição de Cezar Roberto Bitencourt, citado por Rogério Sanches Cunha (2021, p. 85), a respeito das modalidades de culpa:

> Ao estabelecer as modalidades de culpa, o legislador brasileiro esmerou-se em preciosismos técnicos, que apresentam pouco ou quase nenhum resultado prático. Tanto na imprudência quanto na negligência há inobservância de cuidados recomendados pela experiência comum no exercício dinâmico do quotidiano humano. E a imperícia, por sua vez, não deixa de ser somente uma forma especial de imprudência ou de negligência; enfim, embora não sejam mais que simples e sutis distinções de uma conduta substancialmente idêntica, ou seja, omissão, descuido, falta de cautela, inaptidão, desatenção, como o Código Penal não as definiu, a doutrina deve encarregar-se de fazê-lo.

Não existe compensação de culpa entre culpa da vítima e culpa do autor dos fatos. Somente a culpa exclusiva da vítima exclui a do autor.

Decifrando a prova

(Delegado de Polícia de Justiça – PC/RS – Fundatec – 2018 – Adaptada) Julgue o item a seguir:
Vitalina quer matar o marido, Aderbal, envenenado. Coloca veneno no café com leite que acabou de preparar para ele. Enquanto aguardava o marido chegar na cozinha, para tomar a bebida, distraiu-se e não percebeu que a filha Ritinha entrou no local e tomou a bebida, preparada para o pai. Ritinha, socorrida pela mãe, morre a caminho do hospital. Vitalina deverá responder por homicídio culposo, já que não teve a intenção de matar a filha.
( ) Certo ( ) Errado
Gabarito comentado: não se trata de crime culposo. Vitalina deverá responder por homicídio doloso, restando configurada situação denominada *aberratio ictus* por acidente. Portanto, a assertiva está errada.

1.2.12.2 Causas de aumento de pena do homicídio culposo

As majorantes aplicáveis ao homicídio culposo vêm previstas na primeira parte do § 4º do art. 121 do CP.

Aumento de pena

§ 4º No homicídio culposo, a pena é aumentada de 1/3 (um terço), se o crime resulta de inobservância de regra técnica de profissão, arte ou ofício, ou se o agente deixa de prestar imediato socorro à vítima, não procura diminuir as consequências do seu ato, ou foge para evitar prisão em flagrante.

- **Inobservância de regra técnica de profissão, arte ou ofício**

Não se confunde com a imperícia. Aqui, o agente tem conhecimento para exercer a atividade, mas atua com desídia.

Capítulo 1 • Crimes contra a vida **51**

Esse é a chamada culpa profissional. Existe discussão doutrinária a respeito da aplicação dessa majorante, pois a inobservância de regra técnica estaria sendo utilizada tanto como núcleo do tipo quanto como causa de aumento de pena.

Parte da doutrina e da jurisprudência entende que a não observância da técnica não pode ser utilizada ao mesmo tempo para caracterizar a negligência (núcleo da culpa) e como causa de aumento de pena, o que caracterizaria o *bis in idem*.

Já outra parcela entende as modalidades da culpa que não se confundem com a inobservância de regra técnica da profissão como causa especial de aumento de pena que se situa no campo da culpabilidade, por conta do grau de reprovabilidade da conduta concretamente praticada. Foi como votou a Ministra Laurita Vaz no julgamento do HC nº 94.973:

> De fato, a negligência é modalidade de culpa, e por isso, integra o próprio tipo penal. Assim, afirmar que o agente atuou negligentemente significa dizer que praticou a conduta de forma descuidada, sem a qual não ocorreria o resultado. Dessa forma, nos termos da denúncia, as médicas pediatras agiram com negligência porque deixaram de notar os evidentes sintomas de meningite que a vítima apresentava, mormente as lesões na pele. Por sua vez, a inobservância de regra técnica é causa especial de aumento de pena, prevista no § 4º do art. 121 do Código Penal, que se situa no terreno da culpabilidade, devendo ser aplicada por conta do grau de reprovabilidade da conduta concretamente praticada, pertencente, portanto, ao campo de culpabilidade (STJ, HC nº 94.973/RJ, Rel. Min. Laurita Vaz, 5ª Turma, j. 10.06.2008, *DJe* 30.06.2008).

🔍 Jurisprudência destacada

A negligência, sendo modalidade de culpa e integrante do tipo penal, não se confunde com a inobservância de regra técnica, que, como causa especial de aumento de pena, pertence ao terreno da culpabilidade. Recurso parcialmente conhecido e desprovido (STJ, REsp nº 191.911/SP, 5ª Turma, Rel. Min. Gilson Dipp, *DJ* 03.06.2002).

O homicídio culposo se caracteriza com a imprudência, negligência ou imperícia do agente, modalidades da culpa que não se confundem com a inobservância de regra técnica da profissão, que é causa especial de aumento de pena que se situa no campo da culpabilidade, por conta do grau de reprovabilidade da conduta concretamente praticada. Precedentes (STJ, HC nº 94.973/RJ, Rel. Min. Laurita Vaz, 5ª Turma, j. 10.06.2008, *DJe* 30.06.2008).

🧩 Decifrando a prova

(Promotor de Justiça – MPE/MS – 2013 – Adaptada) Em sede de homicídio culposo, é possível utilizar a causa de aumento de pena constante do art. 121, § 4º, do Código Penal, relativa à inobservância de regra técnica de profissão, ainda que essa mesma causa tenha sido utilizada para a caracterização do próprio tipo penal.

( ) Certo   ( ) Errado
Gabarito comentado: de acordo com a jurisprudência do STJ, as modalidades da culpa não se confundem com a inobservância de regra técnica da profissão. Portanto, a assertiva está certa.

- **Omissão de socorro**

A omissão de socorro aqui configura causa de aumento de pena. Assim, quando o autor agiu com culpa resultando na morte da vítima e deixou de a ela prestar o devido socorro, responde com o aumento de pena.

Veja que não será aplicado o tipo previsto no art. 135 do CP, mas apenas essa majorante.

Em caso de morte instantânea da vítima ou no caso de socorro efetivo realizado por terceiros, não incidirá a majorante.

- **Não procurar diminuir as consequências de seu ato**

Trata-se de norma redundante segundo entendimento da doutrina, pois seria desdobramento da omissão de socorro.

- **Fugir para evitar a prisão em flagrante**

Aqui pretende-se aumentar a pena a fim de evitar que o agente tente se eximir da responsabilidade.

Entende-se que não será aplicada essa majorante quando o agente fugir para evitar ser agredido por populares (linchamento).

Tal dispositivo é questionado a respeito de sua **constitucionalidade**, pois não se pode exigir que o agente permaneça no local para ser preso.

Rogério Sanches Cunha (2021, p. 88) cita julgado do STF em que foi decidido a respeito da constitucionalidade de norma semelhante (aquela prevista no art. 305 do CTB):

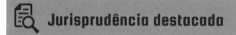

A regra que prevê o crime do art. 305 do Código de Trânsito Brasileiro (Lei nº 9.503/1997) é constitucional, posto não infirmar o princípio da não incriminação, garantido o direito ao silêncio e ressalvadas as hipóteses de exclusão da tipicidade e da antijuridicidade (STF, Plenário, Sessão ordinária 14.11.2018, RE nº 971.959/RS).

I.2.12.3 Perdão judicial

Art. 121. (...)

§ 5º Na hipótese de homicídio culposo, o juiz poderá deixar de aplicar a pena, se as consequências da infração atingirem o próprio agente de forma tão grave que a sanção penal se torne desnecessária.

O juiz poderá deixar de aplicar a pena quando as consequências da infração foram tão gravosas que seja desnecessário mais uma reprimenda ao agente, dessa vez aplicada pelo Estado.

Trata-se de **direito subjetivo do agente,** presentes as hipóteses previstas em lei, o julgador deve conceder o perdão judicial, que é causa extintiva da punibilidade, tal como previsto no art. 107, inciso IX.

A demonstração da gravidade das consequências da infração ao agente cabe à defesa.

O perdão judicial deve ser precedido de ação penal. Não pode ser concedido sem que haja o devido processo legal, isso porque o julgador reconhecerá a culpa do agente e deixará de lhe aplicar a pena. O juiz afirmará que o agente cometeu fato típico, ilícito e que ele é imputável e concederá o perdão.

- **Natureza jurídica da sentença que concede o perdão judicial**

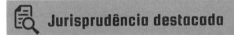

Jurisprudência destacada

STJ, Súmula nº 18. A sentença concessiva do perdão judicial é declaratória da extinção da punibilidade, não subsistindo qualquer efeito condenatório.

1.3 INDUZIMENTO, INSTIGAÇÃO OU AUXÍLIO A SUICÍDIO OU AUTOMUTILAÇÃO

Art. 122. Induzir ou instigar alguém a suicidar-se ou a praticar automutilação ou prestar-lhe auxílio material para que o faça:

Pena – reclusão, de 6 (seis) meses a 2 (dois) anos.

§ 1º Se da automutilação ou da tentativa de suicídio resulta lesão corporal de natureza grave ou gravíssima, nos termos dos §§ 1º e 2º do art. 129 deste Código:

Pena – reclusão, de 1 (um) a 3 (três) anos.

§ 2º Se o suicídio se consuma ou se da automutilação resulta morte:

Pena – reclusão, de 2 (dois) a 6 (seis) anos.

§ 3º A pena é duplicada:

I – se o crime é praticado por motivo egoístico, torpe ou fútil;

II – se a vítima é menor ou tem diminuída, por qualquer causa, a capacidade de resistência.

§ 4º A pena é aumentada até o dobro se a conduta é realizada por meio da rede de computadores, de rede social ou transmitida em tempo real.

§ 5º Aumenta-se a pena em metade se o agente é líder ou coordenador de grupo ou de rede virtual.

§ 6º Se o crime de que trata o § 1º deste artigo resulta em lesão corporal de natureza gravíssima e é cometido contra menor de 14 (quatorze) anos ou contra quem, por enfermidade ou deficiência mental, não tem o necessário discernimento para a prática do ato, ou que, por qualquer outra causa, não pode oferecer resistência, responde o agente pelo crime descrito no § 2º do art. 129 deste Código.

§ 7º Se o crime de que trata o § 2º deste artigo é cometido contra menor de 14 (quatorze) anos ou contra quem não tem o necessário discernimento para a prática do ato, ou que, por qualquer outra causa, não pode oferecer resistência, responde o agente pelo crime de homicídio, nos termos do art. 121 deste Código.

I.3.I Introdução

O presente artigo foi recentemente modificado pela Lei nº 13.968/2019. O tipo penal foi ampliado para englobar, além do induzimento, instigação e auxílio ao suicídio, também a automutilação.

Não se pune quem atenta contra a própria vida, mas sim aquele que instiga, induz ou auxilia nesse intento.

Por suicídio temos a eliminação voluntária da própria vida.

A automutilação define-se pela conduta de agredir diretamente o próprio corpo, sem a intenção de tirar a vida.

Trata-se de crime comum (tanto em relação ao sujeito passivo quanto em relação ao sujeito ativo), simples; de dano; material; instantâneo; de forma livre; comissivo (poderá ser omissivo no caso da omissão imprópria em que o agente seja o garantidor).

Em razão da pena, são crimes de menor potencial ofensivo que admitem transação penal e suspensão condicional do processo.

Devemos fazer a ressalta de que a competência será do Tribunal do Júri quando se tratar de auxílio, induzimento ou instigação ao suicídio, porém se os fatos se referirem à automutilação, a competência será do juízo singular ou do Juizado Especial Criminal (exceto se houver a incidência de alguma causa de aumento de pena).

Por induzir compreende-se incutir na mente da pessoa a ideia do suicídio ou automutilação. O agente leva a ideia à vítima que antes não pensava nisso.

Instigar seria reforçar a ideia que a vítima já possuía.

Auxiliar é contribuir para o suicídio. Trata-se de contribuição material.

Não haverá crime de constrangimento ilegal quando a coação for feita para impedir suicídio.

I.3.2 Bem jurídico tutelado e objeto material

Os bens jurídicos protegidos são a vida e a integridade física. O objeto material será pessoa contra a qual a conduta do agente é dirigida.

I.3.3 Sujeitos do crime

Como dito, trata-se de crime comum, não se exigindo qualquer condição especial dos sujeitos ativo e passivo.

Capítulo 1 • Crimes contra a vida **55**

> ## Atenção
>
> A doutrina entende que apenas a pessoa capaz pode ser sujeito passivo. Isso porque, sendo incapaz, o sujeito não atua com vontade livre e consciente de suprimir a própria vida, e estaremos diante do crime de homicídio ou da lesão corporal grave.
>
> Em se tratando de vítima menor de 18 aos e maior de 14 anos, teremos a majorante prevista no § 3º.

I.3.4 Conduta e voluntariedade

O tipo pune as condutas de induzir, instigar ou auxiliar.

* **induzimento:** incutir na mente da pessoa a ideia do suicídio ou automutilação. O agente leva a ideia à vítima que antes não pensava nisso;
* **instigação:** seria reforçar a ideia que a vítima já possuía;
* **auxílio:** é contribuir para o suicídio. Trata-se de contribuição material.

Diz-se que no induzimento e na instigação temos a participação moral e no auxílio, a participação material.

A doutrina entende que participação moral somente pode ser cometida por ação. Já na participação material, admite-se a conduta omissiva daquele que tem o dever jurídico de cuidado.

O auxílio para caracterizar o tipo em estudo deve ser acessório. Não pode o agente efetivamente participar dos atos executórios.

Decifrando a prova

(Assessor Jurídico – TJ/PI – FCC – 2010 – Adaptada) Antonio e sua mulher Antonia resolveram, sob juramento, morrer na mesma ocasião. Antonio, com o propósito de livrar-se da esposa, finge que morreu. Antonia, fiel ao juramento assumido, suicida-se. Nesse caso, Antonio responderá por induzimento ao suicídio.

( ) Certo   ( ) Errado

Gabarito comentado: como Antonio fez nascer na esposa a ideia do suicídio, ele responderá pelo crime previsto no art. 122 do CP. Não responde pelo homicídio, pois não praticou atos executórios. Portanto, a assertiva está certa.

(Delegado de Polícia – PC/RR – Cespe/Cebraspe – 2003) Considere a seguinte situação hipotética: João e Maria, por enfrentarem grave crise conjugal, resolveram matar-se, instigando-se mutuamente. Conforme o combinado, João desfechou um tiro de revólver contra Maria e, em seguida, outro contra si próprio. Maria veio a falecer; João, apesar do tiro, sobreviveu. Nessa situação, João responderá pelo crime de induzimento, instigação ou auxílio a suicídio.

( ) Certo   ( ) Errado

56 Direito Penal Decifrado – Parte Especial

> **Gabarito comentado:** como João praticou atos executórios, ele responde pelo homicídio. Portanto, a assertiva está errada.

Rogério Sanches Cunha (2021, p. 99) afirma que responde por homicídio aquele que depois de auxiliar o suicida, impede que ele seja salvo por terceiros que atendem ao seu chamado de socorro.

O crime é punido apenas a título de dolo. Não há previsão de crime culposo.

1.3.5 Consumação e tentativa

A consumação do delito previsto no *caput* do art. 122 ocorre com os atos de induzimento, instigação ou auxílio ao suicídio ou automutilação.

Ocorrendo o resultado lesão grave ou morte, estaremos diante das figuras qualificadas. No caso de resultar lesão leve, esta será analisada pelo juiz na fixação da pena-base.

Admite-se a tentativa, como por exemplo no caso de um agente ser impedido de fornecer a arma para a vítima cometer o suicídio.

Decifrando a prova

(Escrivão de Polícia – PC/CE – Idecan – 2021 – Adaptada) Tassiana, com o objetivo de induzir Rogério a praticar suicídio, diz-lhe que os problemas pelos quais ele passa não têm solução e que apenas a morte daria o conforto necessário, entre outras afirmações. Efetivamente induzido pelas palavras de Tassiana, Rogério, com intenção de suicidar-se, atira-se da janela de seu apartamento, localizado no terceiro andar de um prédio residencial. Ocorre que a queda de Rogério é amortecida pelo toldo do apartamento de baixo, bem como pela rede de proteção do edifício, que estava passando por obras na fachada. Rogério sofre apenas lesões corporais de natureza leve. Nessa hipótese, Tassiana responderá por induzimento ou instigação ao suicídio na modalidade consumada.

( ) Certo   ( ) Errado

Gabarito comentado: Tassiana efetivamente induziu Rogério a tirar a própria vida. Ela responderá pelo *caput* do art. 122 do CP, ainda que a morte não tenha ocorrido. Portanto, a assertiva está certa.

1.3.6 Formas qualificadas

Os §§ 1º e 2º do art. 122 preveem as formas qualificadas do crime:

Art. 122. (...)

§ 1º Se da automutilação ou da tentativa de suicídio resulta lesão corporal de natureza grave ou gravíssima, nos termos dos §§ 1º e 2º do art. 129 deste Código:

Pena – reclusão, de 1 (um) a 3 (três) anos.

§ 2º Se o suicídio se consuma ou se da automutilação resulta morte:

Pena – reclusão, de 2 (dois) a 6 (seis) anos.

> ### Decifrando a prova
>
> **(Promotor de Justiça – MPE/PR – 2014 – Adaptada)** Rapaz de 30 (trinta) anos, que não estuda, nem trabalha e convive com o genitor, diz-lhe, pela primeira vez, que quer se matar, sem condutas antecedentes que denunciassem tal intenção. O pai, que nunca cogitou matar o filho, sem falar nada, imediatamente antes de sair pela porta da casa e deixar o rapaz sozinho, entrega um frasco com veneno, que é ingerido pelo moço, que morre minutos depois:
>
> O pai responderá por crime de auxílio ao suicídio, com incidência de agravante genérica de crime praticado contra descendente.
>
> ( ) Certo   ( ) Errado
>
> **Gabarito comentado:** a conduta do pai amolda-se à prevista no art. 122, § 2º, do CP – ele prestou auxílio para que o filho se suicidasse. Portanto, a assertiva está certa.

1.3.7 Causas de aumento de pena

As majorantes vêm previstas no §§ 3º, 4º e 5º do art. 122 do CP.

Art. 122. (...)

§ 3º A pena é duplicada:

I – se o crime é praticado por motivo egoístico, torpe ou fútil;

II – se a vítima é menor ou tem diminuída, por qualquer causa, a capacidade de resistência.

- se o crime é cometido por **motivo egoístico, torpe ou fútil**;
- **vítima menor:** aqui trata-se da vítima que tem entre 14 e 18 anos. Se a vítima for menor de 14 anos, estaremos diante de vítima incapaz que não atua com vontade livre e consciente de suprimir a própria vida ou de se automutilar. Teremos então o crime de homicídio ou lesão corporal grave ou gravíssima.
- **vítima que tem sua capacidade de resistência diminuída**: podemos aqui incluir a vítima que esteja sob o efeito de drogas ilícitas, de álcool, remédios, um enfermo.

Art. 122. (...)

§ 4º A pena é aumentada até o dobro se a conduta é realizada por meio da rede de computadores, de rede social ou transmitida em tempo real.

§ 5º Aumenta-se a pena em metade se o agente é líder ou coordenador de grupo ou de rede virtual.

A maior reprovabilidade do crime cometido pela internet, pelas redes sociais, se dá em razão da maior facilidade que tem o agente de localizar vítimas em potencial e nelas induzir a ideia de suicídio ou automutilação ou a instigar a cometer tais atos.

Também se aumenta a pena daqueles que estejam em posição de liderança de grupos ou redes virtuais em razão do maior poder de influência que eles possuem sobre as vítimas.

1.3.8   Vítimas vulneráveis

Temos nesses dois parágrafos as consequências já mencionadas quando tratamos dos sujeitos do crime.

Se a vítima for menor de 14 anos, não puder oferecer resistência ou tiver sua capacidade de discernimento reduzida, o agente responderá não pelo crime previsto no art. 122 do CP, mas sim pelo homicídio ou pela lesão corporal a depender do caso concreto.

A lei entende que a vítima incapaz não atua com vontade livre e consciente de suprimir a própria vida ou de se automutilar.

> **Art. 122.** (...)
>
> § 6º Se o crime de que trata o § 1º deste artigo resulta em lesão corporal de natureza gravíssima e é cometido contra menor de 14 (quatorze) anos ou contra quem, por enfermidade ou deficiência mental, não tem o necessário discernimento para a prática do ato, ou que, por qualquer outra causa, não pode oferecer resistência, responde o agente pelo crime descrito no § 2º do art. 129 deste Código.
>
> § 7º Se o crime de que trata o § 2º deste artigo é cometido contra menor de 14 (quatorze) anos ou contra quem não tem o necessário discernimento para a prática do ato, ou que, por qualquer outra causa, não pode oferecer resistência, responde o agente pelo crime de homicídio, nos termos do art. 121 deste Código.

1.3.9   Pacto de morte

No pacto de morte, duas pessoas que desejam se matar fazem um acordo para juntas morrerem.

O clássico exemplo é o do casal de namorados que decide se matar e, para tanto, trancam-se em um cômodo vedado e abrem a torneira de gás (um dos namorados abre a torneira enquanto o outro veda as portas e janelas).

Se um deles sobreviver, responderá pelo crime de homicídio, pois concorreu materialmente para a morte do outro.

Se ambos sobrevivem, respondem pela tentativa de homicídio. Agora se apenas um deles abriu a torneira de gás e vedou as frestas das portas e janelas, no caso de ambos sobreviverem, aquele que executou os atos responde pelo homicídio tentado enquanto o outro responde por instigação ao suicídio.

1.3.10 Duelo americano e roleta russa

No duelo americano, duas pessoas se colocam à frente de duas armas, uma delas está municiada e a outra desmuniciada. Os participantes escolhem uma das armas e em seguida disparam contra si. Aquele que sobreviver responde pelo crime de participação em suicídio.

Na roleta russa, a arma de fogo é municiada com apenas um projétil em seu tambor e cada participante aciona o gatilho contra si, um de cada vez. A solução ao sobrevivente é a mesma do duelo americano: responde pelo crime do art. 122 do CP.

1.3.11 Desafio da baleia azul

O desafio da baleia azul é um jogo virtual em que os participantes (normalmente adolescentes) são instigados por uma espécie de líder a praticar os desafios que ele lhes manda diariamente. São ao todo cinquenta desafios diários que culminam com o suicídio.

A grande proporção que esse "desafio" tomou foi um dos móveis para a alteração feita no art. 122 do CP.

A conduta desse líder (curador) amolda-se às condutas previstas no art. 122 ou, caso se trate de vítima incapaz (§§ 6º e 7º do art. 122), responderá por lesão corporal ou homicídio, a depender do caso concreto.

1.4 INFANTICÍDIO

> **Art. 123.** Matar, sob a influência do estado puerperal, o próprio filho, durante o parto ou logo após:
>
> **Pena** – detenção, de 2 (dois) a 6 (seis) anos.

1.4.1 Considerações iniciais e classificação doutrinária

Trata-se de uma modalidade especial de homicídio: o homicídio praticado pela mãe contra o próprio filho, influenciada pelo estado puerperal, durante ou logo após o parto.

Pode-se dizer que é uma forma de homicídio privilegiado, protegendo o mesmo bem jurídico, qual seja, a vida humana.

Saber o conceito de puerpério e estado puerperal é de fundamental importância no estudo do tipo penal em estudo. Para tanto vamos nos valer das lições de medicina legal.

O **puerpério** é um quadro fisiológico comum a todas as mulheres que dão à luz que se inicia com o parto e termina com o retorno da mulher às suas condições pré-gravídicas (normalmente entre seis e oito semanas).

O **estado puerperal**, no entanto, é aquele que afeta a parturiente provocando alterações psíquicas de tal monta que fazem com que ela perca, ainda que parcialmente, a capacidade de se conduzir e de se controlar diante de fato adverso.

Jurisprudência destacada

RECURSO EM SENTIDO ESTRITO. HOMICÍDIO QUALIFICADO. DESCLASSIFICAÇÃO. PRONÚNCIA. INFANTICÍDIO. ESTADO PUERPERAL. COMPROVAÇÃO PERICIAL. PROVA INEQUÍVOCA. RECURSO DESPROVIDO. 1. O estado puerperal caracteriza-se pela alteração psíquica da mulher em decorrência do parto, diminuindo-lhe a capacidade de completo entendimento ou de determinação perante a realidade. 2. O Laudo Pericial, elaborado por psiquiatra forense do Instituto Médico Legal, afirma que as informações constantes nos autos são suficientes para se diagnosticar a presença do estado puerperal na hipótese, sobretudo em razão do contexto da ação, da dinâmica dos fatos e do quadro de estresse reativo, com sintomas depressivos graves, apresentado pela ré após o delito. 3. Ainda que seja possível ao juiz decidir de forma diversa do que consta no laudo pericial, a discordância em relação à conclusão técnica deve estar embasada em razões firmes, o que não se afigura possível na hipótese em apreço, pois não há prova que possibilite conclusão diversa daquela externada pela psiquiatra forense. 4. Após a finalização da primeira fase do procedimento especial do Tribunal do Júri, é lícito ao juiz desclassificar a imputação formulada na denúncia, inclusive para pronunciar o acusado por crime doloso contra a vida diverso do capitulado na inicial acusatória (art. 418 do Código de Processo Penal). 5. Recurso desprovido (TJ/DF, RSE nº 20131310028556, Rel. Silvânio Barbosa dos Santos, j. 1º.10.2015, 2ª Turma Criminal, *DJe* 06.10.2015, p. 126).

 Decifrando a prova

(Delegado de Polícia de Justiça – PC/MS – Fapems – 2017 – Adaptada) Acerca das modalidades do crime de homicídio, variantes e caracterização, julgue o item a seguir:
O infanticídio é modalidade do homicídio qualificado pelo resultado, quando a mãe mata o próprio filho logo após o parto, sob a influência do estado puerperal, cuja pena é agravada.
( ) Certo   ( ) Errado
Gabarito comentado: como visto, o infanticídio é tido como uma espécie de homicídio doloso privilegiado. O "privilégio" é reconhecido em razão do estado puerperal em que se encontra a mãe. Portanto, a assertiva está errada.

Trata-se de crime próprio, simples, de forma livre, material, plurissubsistente (admite tentativa), instantâneo de efeitos permanentes, doloso, comissivo, monossubjetivo.

Conforme leciona Genival França (2015, p. 790 e 795):

> A legislação vigente adotou como atenuante no crime de infanticídio a condição biopsicossocial do estado puerperal, justificado pelo trauma psicológico, pela pressão social e pelas condições do processo fisiológico do parto desassistido – angústia, aflição, dores, sangramento e extenuação, cujo resultado traria o estado confusional capaz de levar ao gesto criminoso. (...) A caracterização do infanticídio constitui o maior de todos os desafios da prática médico-legal pela sua complexidade e pelas inúmeras difi-

culdades de tipificar o crime. Por isso, foi essa perícia chamada de *crucis peritorum* – a cruz dos peritos.

> ### 🧩 Decifrando a prova
>
> **(Promotor de Justiça – MPE/MG – Fundep/Cebraspe – 2019 – Adaptada)** Em relação ao crime de infanticídio, a lei brasileira não adotou o critério psicológico, mas sim o critério fisiopsicológico, levando em conta o desequilíbrio oriundo do processo do parto.
> ( ) Certo   ( ) Frrado
> **Gabarito comentado:** o critério adotado pelo direito pátrio foi o fisiopsicológico, ou seja, leva-se em conta a influência do estado puerperal na mulher. Portanto, a assertiva está certa.

1.4.2 Objeto material e bem jurídico protegido

O bem jurídico protegido é a vida humana, a vida do neonato ou do nascente. O objeto material será o nascente ou recém-nascido. Isso porque a conduta da autora recairá sobre ele, é dirigida contra ele.

1.4.3 Sujeitos do crime

Por se tratar de **crime próprio**, somente pode ser cometido pela mãe (parturiente) que estiver sob influência do estado puerperal. Ela será o sujeito ativo.

Como sujeito passivo, tem-se o ser humano (nascente ou recém-nascido), ou seja, aquele ser humano que está nascendo ou acabou de nascer.

Ainda sobre o sujeito ativo, algumas questões podem surgir, especialmente em relação a eventual concurso de agentes.

Há quem entenda que o estado puerperal seria condição personalíssima e assim, se uma pessoa colaborasse com a conduta da mãe para o crime, responderia por homicídio, e não pelo infanticídio.

Analisando o tipo penal, verifica-se que o estado puerperal é elementar do crime, assim, em caso de concurso de pessoas, todos que concorrem para o infanticídio, por ele responderão.

1.4.4 Conduta e voluntariedade

O tipo pune a conduta de a mãe tirar a vida do filho, durante ou logo após o parto, sob a influência do estado puerperal.

Se a morte ocorrer antes do início do parto, não há se falar em infanticídio, mas sim em aborto.

Para que reste caracterizado o crime em análise, necessário se faz que a mãe esteja sob influência do estado puerperal, ou seja, que ela esteja sofrendo alterações psíquicas decorrentes do puerpério.

Decifrando a prova

(Escrivão de Polícia Civil – PC/AC – Ibade – 2017 – Adaptada) Julgue o item a seguir:
Abigail, depois de iniciado parto caseiro, mas antes de completá-lo, sob influência do estado puerperal, mata o próprio filho. Abigail praticou crime de aborto.
( ) Certo   ( ) Errado
Gabarito comentado: o crime praticado por Abigail, conforme art. 123 do CP, foi o crime de infanticídio. Portanto, a assertiva está errada.

Jurisprudência destacada

RECURSO EM SENTIDO ESTRITO. PRONÚNCIA. DESCLASSIFICAÇÃO. INFANTICÍDIO. TENTADO. INVIABILIDADE. 1 – A desclassificação do crime de homicídio para infanticídio reclama a existência de prova clara e irretorquível do estado puerperal da recorrente. Subsistindo incerteza, compete ao Conselho de Sentença dirimir a questão. Recurso desprovido (TJ/GO, RSE nº 01001702420088090082, Rel. Des. Ivo Favaro, j. 04.09.2018, 1ª Câmara Criminal, *DJ* 2.616, de 26.10.2018).

O crime somente é punido a título de dolo. **Não existe a modalidade culposa deste delito.**

- Caso a parturiente, em decorrência do estado puerperal e em inobservância do dever objetivo de cuidado, vier a matar o próprio filho, responderá por qual crime?

Parte da doutrina entende que a mãe não responderá por crime algum, pois não existe a modalidade culposa do crime de infanticídio e com relação ao homicídio culposo, o dever objetivo de cuidado e a previsibilidade do resultado serão analisados com base no juízo do homem médio, o que não se compatibiliza com o estado em que a mãe se encontra.

Outra parcela da doutrina (GRECO, 2020, p. 128), à qual nos filiamos, entende que o estado puerperal não afasta a tipicidade do comportamento da parturiente que se amolda, em tese, ao crime de homicídio culposo.

1.4.5 Infanticídio e erro sobre a pessoa

A parturiente, sob a influência do estado puerperal que, querendo matar o próprio filho, por erro, acaba por matar o filho de outra pessoa que estava em leito ao lado responderá pelo infanticídio.

Responderá como se tivesse tirado a vida do próprio filho. Aplica-se ao caso o § 3º do art. 20 do Código Penal. Assim, serão consideradas as condições ou qualidades da pessoa contra quem se queria praticar o crime. Trata-se de **erro sobre a pessoa**.

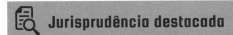

INFANTICÍDIO. ESTADO PUERPERAL. ART. 123 DO CÓDIGO PENAL. AUSENTE O EXAME PERICIAL DO ESTADO PUERPERAL. DESNECESSIDADE. A FALTA DE EXAME MÉDICO-PERICIAL DO ESTADO PUERPERAL DA INDICIADA NAO EIVA COM NULIDADE O PROCEDIMENTO CRIMINAL. A posição doutrinária e a reiterada orientação jurisprudencial moderna consideram desnecessária a perícia medica para a constatação do estado puerperal da denunciada pelo infanticídio pois este estado e decorrência normal e corriqueira de qualquer parto e conduz a convincente presunção do *delictum exceptum*. Inocorrência da nulidade processual em face da ausência de exame médico-pericial da sanidade mental da indiciada não articulado no decorrer da instrução e alegado somente na face recursal. Recurso conhecido, mas improvido. O simples requerimento, na fase recursal, de exame médico-pericial da integridade e sanidade mental da indiciada, se do contexto probatório dos autos não emerge seria e convincente dúvida quanto a sua perfeita saúde mental, não tem liame legal para nulificar o procedimento criminal contra ela instaurado (TA/PR, 3ª Câmara Criminal – extinto TA, EOSE nº93632-1, São João do Ivaí, Rel. Des. Hirosê, j. 24.09.1996).

Decifrando a prova

(Promotor de Justiça – MP/DFT – 2013 – Adaptada) Julgue o item a seguir:
Verifica-se infanticídio putativo quando a mãe, sob influência de estado puerperal e logo após o parto, mata o neonato de outrem, supondo ser o próprio filho.
( ) Certo   ( ) Errado
Gabarito comentado: o crime praticado foi o de infanticídio, pois a mãe atuou em erro quanto à pessoa (art. 20, § 3º, do CP). Assim, ela responde pelo crime como se houvesse tirado a vida do próprio filho, sob influência do estado puerperal. Portanto, a assertiva está certa.

I.4.6 Infanticídio e concurso de pessoas

Tema que causa certo questionamento na doutrina diz respeito à possibilidade da participação no crime de infanticídio.

Sabemos que o Código Penal adota, em relação ao concurso de pessoas, a teoria monista, assim, todos aqueles que concorrem para um crime, respondem por ele,[11] na medida de sua culpabilidade.

Como ficaria a hipótese daquele que auxilia a mãe (que está sob influência do estado puerperal) a matar o recém-nascido?

Para Nucci (2008, p. 614), tanto o partícipe quanto a mãe que estava sob influência do estado puerperal, respondem pelo crime de infanticídio.

1.5 ABORTO

Art. 124. Provocar aborto em si mesma ou consentir que outrem lho provoque:
Pena – detenção, de um a três anos.

1.5.1 Considerações iniciais

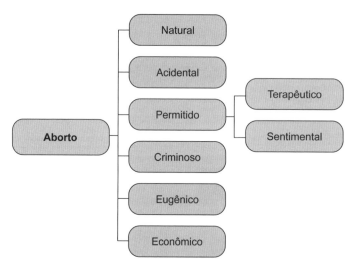

Magalhães Noronha (1980, p. 59) conceitua o abortamento como a interrupção da gravidez com a destruição do produto da concepção. Alerta, ainda, que alguns entendem que o nome correto seria abortamento e que "aborto" seria o vocábulo que designa o produto morto ou expelido.

Aníbal Bruno, citado por Rogério Greco (2020, p. 140), ensina que "provocar aborto é interromper o processo fisiológico da gestação, com a consequente morte do feto".

---

[11] Código Penal. "**Art. 29.** Quem, de qualquer modo, concorre para o crime incide nas penas a este cominadas, na medida de sua culpabilidade".

Se no crime de homicídio precisamos definir o início da vida, aqui precisamos definir o início da gravidez e também seu término.

Prevalece na doutrina que **a gravidez se inicia** com a nidação, que vem a ser a implantação do óvulo fecundado no endométrio, ou seja, sua fixação no útero, que ocorre normalmente 14 dias após a fecundação.

Já o **término da gravidez** tem como marco o início do parto. O parto se inicia, como já tivemos oportunidade de ver quando tratamos do crime de homicídio, com as contrações expulsivas; em caso de utilização de técnicas médicas para induzir as contrações, o início será o efetivo emprego de tais técnicas; em caso de cirurgia, o início do parto será marcado pela incisão abdominal que dará início à operação.

A respeito da divergência doutrinária sobre o **início do parto**, convidamos o leitor a verificar o capítulo que trata do crime de homicídio.

Importante destacar que o Código Penal resguarda o produto da concepção qualquer que seja a fase da gestação (desde seu início até o término).

Apenas o aborto provocado é que tem relevância penal. O aborto natural ou espontâneo, que é aquele causado pelo próprio organismo da gestante não interessa ao direito penal.

Veja interessante decisão do STF a respeito da interrupção da gravidez no primeiro trimestre gestacional:

🔍 Jurisprudência destacada

Direito processual penal. *Habeas corpus*. Prisão preventiva. Ausência dos requisitos para sua decretação. Inconstitucionalidade da incidência do tipo penal do aborto no caso de interrupção voluntária da gestação no primeiro trimestre. Ordem concedida de ofício. (...) 3. Em segundo lugar, é preciso conferir interpretação conforme a Constituição aos próprios arts. 124 a 126 do Código Penal – que tipificam o crime de aborto para excluir do seu âmbito de incidência a interrupção voluntária da gestação efetivada no primeiro trimestre. A criminalização, nessa hipótese, viola diversos direitos fundamentais da mulher, bem como o princípio da proporcionalidade. 4. A criminalização é incompatível com os seguintes direitos fundamentais: os direitos sexuais e reprodutivos da mulher, que não pode ser obrigada pelo Estado a manter uma gestação indesejada; a autonomia da mulher, que deve conservar o direito de fazer suas escolhas existenciais; a integridade física e psíquica da gestante, que é quem sofre, no seu corpo e no seu psiquismo, os efeitos da gravidez; e a igualdade da mulher, já que homens não engravidam e, portanto, a equiparação plena de gênero depende de se respeitar a vontade da mulher nessa matéria. 5. A tudo isto se acrescenta o impacto da criminalização sobre as mulheres pobres. É que o tratamento como crime, dado pela lei penal brasileira, impede que estas mulheres, que não têm acesso a médicos e clínicas privadas, recorram ao sistema público de saúde para se submeterem aos procedimentos cabíveis. Como consequência, multiplicam-se os casos de automutilação, lesões graves e óbitos. 6. A tipificação penal viola, também, o princípio da proporcionalidade por motivos que se cumulam: (i) ela constitui medida de duvidosa adequação para proteger o bem jurídico que pretende tutelar (vida do nascituro), por não produzir impacto relevante sobre o número de abortos praticados no país, apenas impedindo que sejam feitos de modo seguro; (ii) é possível que o Estado evite a ocorrência de abortos por meios mais eficazes e menos lesivos do que a criminalização, tais como educação sexual, distribuição de contraceptivos e amparo à mulher que deseja ter o filho, mas

> se encontra em condições adversas; (iii) a medida é desproporcional em sentido estrito, por gerar custos sociais (problemas de saúde pública e mortes) superiores aos seus benefícios. 7. Anote-se, por derradeiro, que praticamente nenhum país democrático e desenvolvido do mundo trata a interrupção da gestação durante o primeiro trimestre como crime, aí incluídos Estados Unidos, Alemanha, Reino Unido, Canadá, França, Itália, Espanha, Portugal, Holanda e Austrália. 8. Deferimento da ordem de ofício, para afastar a prisão preventiva dos pacientes, estendendo-se a decisão aos corréus (STF, HC nº 124.306/RJ 9998493-51.2014.1.00.0000, Rel. Min. Marco Aurélio, j. 09.08.2016, 1ª Turma, *DJe* 17.03.2017).

Trata-se de crime material, que se consuma com a morte do feto. Essa morte pode ocorrer tanto no interior do corpo materno quanto fora dele, desde que provocada pelas manobras realizadas.

♦ Outro ponto que merece destaque é de que há necessidade de que o feto esteja vivo quando da conduta. No caso de feto já morto no momento da ação ou omissão, estaremos diante de crime impossível por absoluta impropriedade do objeto.

Pouco importa, segundo a maioria da doutrina, para a caracterização do crime que a vida do feto seja viável, ou seja, que ele teria capacidade de desenvolvimento regular.

Nélson Hungria, citado por Rogério Greco (2020, p. 149) afirma que:

> Para a existência do aborto, não é necessária a prova da vitalidade do feto. (...) provado que o feto estava vivo, e não era um produto patológico (como no caso da gravidez extrauterina), não há indagar da sua vitalidade biológica ou capacidade de atingir a maturação.

Também não há se falar em aborto no caso de interrupção da gravidez ectópica (aquela em que o embrião se desenvolve fora do útero, podendo ser nas trompas (gravidez tubária) ou no ovário. Levar adiante tal gestação pode ocasionar a morte da gestante, assim, estaria o médico acobertado pela exclusão da punibilidade prevista no art. 128, da qual trataremos adiante.

Decifrando a prova

(Delegado de Polícia – PC/SP – Vunesp – 2014 – Adaptada) "X" recebe recomendação médica para ficar de repouso, caso contrário, poderia sofrer um aborto. Ocorre que "X" precisa trabalhar e não consegue fazer o repouso desejado e, por essa razão, acaba expelindo o feto, que não sobrevive. Julgue a alternativa a seguir.

Em tese, "X" não praticou crime algum.

( ) Certo   ( ) Errado

Gabarito comentado: X não atuou com vontade livre e consciente de praticar o aborto, assim, o resultado naturalístico não lhe pode ser imputado, pois não atuou com dolo direto. O dolo eventual também resta afastado, pois, embora fosse previsível o resultado, X não

> conseguiu fazer o repouso em razão da necessidade de trabalhar. Não havendo previsão de modalidade culposa do crime de aborto no ordenamento jurídico, não resta outra alternativa que não a atipicidade da conduta de X. Portanto, a assertiva está certa.

1.5.2 Aborto provocado pela gestante ou com seu consentimento

Art. 124. Provocar aborto em si mesma ou consentir que outrem lho provoque:
Pena – detenção, de 1 (um) a 3 (três) anos.

Essa figura pune o autoaborto (provocado pela própria gestante) e o que é nela praticado com sua anuência.

Temos duas condutas:

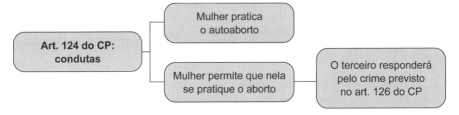

- a mulher que, utilizando-se de quaisquer meios, provoca em si mesma a expulsão do feto, ou seja, interrompe a gravidez e põe fim à vida intrauterina;
- a mulher que consente que outrem nela provoque o aborto. Essa segunda pessoa responderá pelo tipo previsto no art. 126 do Código Penal, sobre o qual teceremos comentários posteriormente.

Perceba que estamos diante de **exceção à regra da teoria monista**, adotada pelo Código Penal para o **concurso de pessoas**.

A regra é a prevista no art. 29 do Código Penal: Quem, de qualquer forma concorre para o crime incide nas penas a este cominadas, na medida de sua culpabilidade.

No tipo em análise temos uma exceção pluralista a essa teoria monista, pois, a gestante que consente que nela pratique o aborto responde pelo crime previsto no art. 124, enquanto o terceiro responderá pelo crime previsto no art. 126.

Decifrando a prova

(Juiz de Direito – TJ/MG – Consulplan – 2018 – Adaptada) Sobre os crimes da Parte Especial do Código Penal, julgue a afirmativa a seguir.
O "aborto com consentimento" da gestante constitui exceção à teoria monista adotada pelo Código Penal.

> ( ) Certo   ( ) Errado
>
> **Gabarito comentado:** a alternativa está certa, pois, conforme a teoria monista, adotada pelo Código Penal em seu art. 29, todos aqueles que concorrem para um delito, seja como executor, coautor ou partícipe, são autores dele e por ele responderão. No entanto, como exceção temos o exemplo da questão em que é possível que um agente responda por praticar aborto com consentimento, previsto no art. 126 do CP e a gestante responde pelo crime previsto no art. 124 do CP.

- Existe divergência doutrinária a respeito da natureza do crime, se seria crime próprio ou crime de mão própria.

Cezar Roberto Bitencourt afirma tratar-se de crime de mão própria e assim admitiria participação de terceiros e não admitiria coautoria. O professor Rogério Greco acompanha seu entendimento afirmando que no autoaborto temos apenas a gestante como sujeito ativo, sendo crime de mão própria.

Rogério Sanches Cunha (2021, p. 114), discordando de Bitencourt, afirma tratar-se de crime próprio, o qual admitiria coautoria. Vejamos sua lição:

> Para nós, o crime é próprio, admitindo o concurso de agentes, inclusive na forma de coautoria (por exemplo, gestante e seu marido, juntos, realizam manobras abortivas). É especial, no entanto, pois o executor (marido) será punido em tipo diverso (art. 126) e com pena independente, verdadeira exceção pluralista à teoria monista.

Nossa posição: acompanhamos o entendimento do professor Rogério Sanches, entendendo que se trata de crime próprio e que, portanto, admite a coautoria. Neste caso teremos uma exceção à teoria monista adotada pelo Código Penal em que a gestante responde pelo crime previsto no art. 124 e o coautor responde pelo crime previsto no art. 126 do CP.

I.5.3 Aborto provocado por terceiro, sem o consentimento da gestante

Previsto no art. 125 do Código Penal, que pune a conduta daquele que interrompe a gravidez, destruindo o produto da concepção, sem o consentimento da gestante.

> **Art. 125.** Provocar aborto, sem o consentimento da gestante:
>
> **Pena** – reclusão de 3 (três) a 10 (dez) anos.

Veja que é a modalidade de abortamento com a maior pena prevista.

Aqui é punida a conduta dolosa daquele que de maneira violenta interrompe a gravidez e destrói o feto.

O **sujeito ativo** do crime pode ser qualquer pessoa que tenha a intenção de interromper a gravidez sem o consenso da gestante.

Com relação ao **sujeito passivo**, tem-se **dupla subjetividade**. Tanto a gestante quanto o feto (produto da concepção) são considerados vítimas.

Exige-se a voluntariedade do sujeito ativo em interromper a gravidez. Assim, não há se falar neste tipo penal quando o autor não tinha conhecimento da gravidez.

◆ Aquele que, tendo conhecimento da gravidez, mata a mulher responderá em concurso formal pelos crimes de homicídio e aborto.

O crime se consuma com a destruição do produto da concepção. Por se tratar de crime plurissubsistente, é admitida a tentativa.

1.5.4 Aborto provocado por terceiro, com o consentimento da gestante

Art. 126. Provocar aborto com o consentimento da gestante:

Pena – reclusão de 1 (um) a 4 (quatro) anos.

Parágrafo único. Aplica-se a pena do artigo anterior se a gestante não é maior de 14 (quatorze) anos, ou é alienada ou débil mental, ou se o consentimento é obtido mediante fraude, grave ameaça ou violência.

Trata-se de crime comum, podendo ser praticado por qualquer pessoa, sendo admitida a coautoria e a participação.

O sujeito passivo é o produto da concepção.

Aqui é punida a conduta do terceiro que, com o consentimento válido da gestante, nela provoca manobras abortivas com o intuito de destruir o feto.

Caso a gestante, após iniciadas as manobras abortivas, desistir de dar continuidade ao crime, o terceiro responderá pelo tipo penal previsto no artigo anterior (art. 125).

Com relação à conduta da gestante, se a gravidez efetivamente for interrompida e destruído o feto, teremos a figura do arrependimento ineficaz, ou seja, ela responderá pelo crime previsto no art. 124, porém seu arrependimento será considerado circunstância atenuante (art. 66).

O parágrafo único prevê que seja aplicada a pena cominada ao aborto sem o consentimento da gestante na hipótese em que tal consentimento é viciado. Nas hipóteses ali previstas, quais sejam, gestante menor de 14 (quatorze) anos de idade, alienada ou débil mental, ou, ainda, se o consentimento fora obtido mediante fraude, grave ameaça ou violência, considera-se que não houve o consentimento.

1.5.5 Aborto majorado pelo resultado

Inicialmente, há que se fazer uma observação com relação à atecnia do legislador. O Código Penal chama de forma qualificada o art. 127, quando na realidade este traz causas de aumento de pena (majorantes), ou seja, estamos diante da conduta do aborto majorado pelo resultado.

Tais causas de aumento serão analisadas pelo juiz na terceira fase da dosimetria da pena.

Art. 127. As penas cominadas nos dois artigos anteriores serão aumentadas de 1/3 (um terço), se em consequência do aborto ou dos meios empregados para provocá-lo, a gestante sofre lesão corporal de natureza grave; e são duplicadas se, por qualquer dessas causas, lhe sobrevém a morte.

Duas são as causas de aumento da pena: lesão corporal grave ou morte da gestante que são aplicadas aos tipos previstos nos arts. 125 e 126 do CP.

Perceba que o aumento de pena não incide em relação ao tipo previsto no art. 124 do CP (autoaborto). O direito penal não pune a autolesão ou o ato de provocar a própria morte.

No caso da morte da gestante, além de não ser crime provocar a própria morte, conforme o art. 107, I, do Código Penal, a morte do agente exclui sua punibilidade, logo, não há crime.

Estamos diante de uma figura preterdolosa, em que o agente atua com dolo direto no crime de aborto e age com culpa ao provocar a morte ou lesão grave.

- Se o agente tiver a intenção de causar lesão grave ou morte da gestante ou se agir com dolo direto na interrupção da gravidez e assumir o risco de lesionar ou matar (dolo eventual), estamos diante de concurso formal impróprio de crimes (art. 70 do Código Penal), respondendo a agente pelo aborto + lesão corporal grave ou homicídio. Será considerado concurso formal impróprio porque o agente atua com desígnios autônomos, assim será aplicada a regra do cúmulo material das penas.

- Questão interessante surge quando a gestante sofre lesão grave ou morre e o abortamento não ocorre. Estamos diante de **tentativa de crime preterdoloso**?

A doutrina diverge a respeito da solução a ser aplicada.

Fernando Capez (*apud* CUNHA, 2021, p. 120) entende que o autor deve responder pelo crime de aborto qualificado consumado, ainda que o fato não seja destruído.

Rogério Greco (2020, p. 167) afirma que estamos diante de tentativa de aborto, já que este se consuma com a morte do produto da concepção, cuja pena será especialmente agravada em decorrência da morte da gestante.

Heleno Fragoso, em lição trazida por Rogério Greco (2020, p. 167), afirma:

> Para que haja a qualificação do crime não é indispensável que o aborto se consume. Basta que a morte ou as lesões graves tenham resultado dos meios empregados para provocá-lo, qualquer que seja o tempo decorrido, desde que seja certo o nexo de causalidade.

Nosso posicionamento: nessa hipótese estamos diante de uma exceção à regra do não cabimento de tentativa aos crimes preterdolosos. Isso porque o aborto não ocorre por circunstâncias alheias à vontade do agente, ou seja, ele pretendia causar a destruição do produto da concepção, no entanto, em razão das manobras abortivas, somente veio a causar o resultado que majora sua pena. Esse é o entendimento ao qual se filia Rogério Sanches Cunha (2021, p. 120).

> **Decifrando a prova**
>
> **(Delegado de Polícia – PCE/RJ – Funcab – 2012 – Adaptada)** Julgue o item a seguir:
> Após ter ciência da gravidez de sua namorada Silmara, Nicanor convence a gestante a abortar, orientando-a a procurar uma clínica clandestina. Durante o procedimento abortivo, praticado pelo médico Horácio, Silmara sofre grave lesão, decorrente da imperícia do profissional, perdendo, pois, sua capacidade reprodutiva. Nesse contexto, considerando que a intervenção cirúrgica não era justificada pelo risco de morte para a gestante ou em virtude de estupro prévio, o médico Horácio responderá pelo crime de aborto provocado por terceiro com consentimento especialmente agravado (art. 126 c/c art. 127, ambos do CP).
> ( ) Certo   ( ) Errado
> **Gabarito comentado:** o agente responderá pelo crime previsto no art. 126 do Código Penal e pelo resultado qualificado pela lesão corporal grave prevista no art. 127. Portanto, a assertiva está certa.

1.5.6 Aborto legal

O art. 128 traz duas hipóteses em que o aborto é permitido (chamado aborto legal), são elas:

- **aborto necessário** – inciso I;
- **aborto em caso de gravidez resultante de estupro** – inciso II.

> **Art. 128.** Não se pune o aborto praticado por médico:
> I – se não há outro meio de salvar a vida da gestante;
> II – se a gravidez resulta de estupro e o aborto é precedido de consentimento da gestante ou, quando incapaz, de seu representante legal.

Em ambas as hipóteses, temos causas especiais de exclusão da ilicitude, conforme entendimento majoritário da doutrina. Para melhor entendimento, analisaremos separadamente cada uma das hipóteses.

1.5.6.1 Aborto necessário

72 Direito Penal Decifrado – Parte Especial

O inciso I traz a figura do aborto necessário, também conhecido como terapêutico. Para que se configure a modalidade, necessário se faz que seja praticado por médico, que a vida da gestante esteja em risco e que não haja outro meio para salvá-la. Esses três "requisitos" devem se fazer presentes para que o agente não seja punido.

Caso o aborto seja praticado por pessoa que não seja médico, mas com o intuito de salvar a vida da gestante, não havendo outro meio para fazê-lo, está caracterizado o estado de necessidade de terceiro (art. 24 do CP).

Saliente-se que no caso de risco de morte para a gestante, não há se falar em seu consentimento para realização do aborto.

I.5.6.2 Aborto no caso de gravidez resultante de estupro

Aqui, temos o chamado aborto sentimental, também conhecido por aborto ético ou humanitário. Tais nomes decorrem da lógica de que não se pode obrigar que uma mulher, após sofrer uma das mais graves violações à sua dignidade, conviva com o fruto desse odioso crime. A mulher vítima de estupro não pode ser compelida a gerar e conviver com filho que a todo momento a recordará da violência sofrida.

Mais uma vez, temos hipótese em que a interrupção da gravidez será feita por médico. Nesse contexto, não se admite que pessoa que não seja médico pratique o aborto.

⬒ Decifrando a prova

(Juiz de direito – TJ/MG – EJEF/MG – 2007 – Adaptada) Julgue o item a seguir: Virginia, com 17 anos, foi estuprada e ficou grávida. Constatada a gravidez, pediu a Sérgio Roberto, enfermeiro com curso superior, que lhe praticasse um aborto. Esse pedido foi também corroborado pelos pais de Virginia e outros amigos comuns de Sérgio e de Virginia, que sabiam do seu drama, tendo Sérgio concordado e praticado o aborto. Ocorre que o feto de quase cinco meses, em vez de morrer dentro do ventre da mãe, veio, em razão de sua imaturidade, a morrer fora do ventre. Sérgio Roberto responderá criminalmente por aborto sentimental.
( ) Certo   ( ) Errado
Gabarito comentado: *como visto, a lei penal permite o aborto em caso de gravidez resultante de estupro, desde que praticado por médico (art. 128, inciso II, do CP). Portanto, a assertiva está errada.*

Exige-se, ainda, que a gravidez seja resultante de estupro. Após o advento da Lei nº 12.015/2009 caiu por terra a discussão doutrinária a respeito da gravidez oriunda de atentado violento ao pudor ou aquela oriunda do estupro com violência presumida (art. 224 do CP).

Apenas a título de conhecimento, convém citar tal discussão.

Majoritariamente, a doutrina entendia que o inciso II do art. 128 também abarcava a conduta daquele que interrompia a gravidez resultante de estupro cometido com violência presumida. Isso porque a lei não faz distinção entre o estupro cometido com violência real

Capítulo 1 ◆ Crimes contra a vida **73**

daquele cometido com violência ficta, assim, se entendia que esta última também era abarcada pela exclusão da ilicitude.

Além dessa, havia outra discussão: a gravidez resultante de atentado violento ao pudor. Mais uma vez, a maioria da doutrina entendia que o art. 128, II, englobava essa hipótese. Heleno Fragoso, citado por Rogério Sanches Cunha (2021, p. 123), no entanto, entendia tratar-se de norma excepcional e, como tal, não admitiria interpretação analógica.

Como já mencionado, tal discussão perdeu o sentido com o advento da Lei nº 12.015/2009, uma vez que a conduta antes prevista no art. 214 passou a fazer parte da figura típica do estupro.

A gravidez decorrente de estupro de vulnerável (tipo previsto no art. 217-A do CP) também está abarcada pelo inciso II do art. 128 pela mesma razão que era admitida no caso da violência presumida.

O consentimento inequívoco da gestante para realização do abortamento é imprescindível.

Havendo divergência entre a gestante incapaz e seu representante legal, a solução encontrada pela doutrina (GRECO, 2020, p. 158) é a de que deve prevalecer a vontade daquele que pretende preservar o feto. Seguindo esse entendimento, caso o representante legal da vítima do estupro manifeste-se pela interrupção da gestação e ela entenda que deva prosseguir, levar-se-á em conta a manifestação desta última que deseja seguir com a gravidez.

Perceba que, para Greco, o suprimento do consentimento da vítima incapaz pelo do representante legal somente deve ser levado em conta se for para corroborar sua decisão de interromper a gravidez.

Ousamos discordar de ilustre doutrinador. O legislador criou a figura do representante legal justamente para os casos em que a pessoa não possa manifestar consentimento em razão de sua incapacidade. Ora, a vítima será incapaz tanto para consentir a interrupção da gravidez quanto para levá-la adiante. A lei não faz tal distinção. Não cabe ao intérprete fazê-lo, seja por questões morais, seja por questões religiosas. Não se pode admitir que questões dessa natureza interfiram no direito penal.

◆ Outro questionamento que pode surgir é o da necessidade (ou não) de autorização judicial.

A lei em momento algum faz tal exigência, assim, desnecessário qualquer forma de autorização. Não se exige nem mesmo que haja inquérito policial instaurado para apurar o crime contra a dignidade sexual.

Decifrando a prova

(Delegado de Polícia – PC/DF – NCE/UFRJ – 2005 – Adaptada) Julgue o item a seguir:

O médico está autorizado a praticar o aborto com conhecimento da gestante ou de seu representante legal (art. 128, inciso II, do Código Penal), quando a gestante for vítima de estupro após o registro do fato na Delegacia de Polícia.

> ( ) Certo   ( ) Errado
>
> **Gabarito comentado:** não se exige o registro de boletim de ocorrência para realização do aborto sentimental. Portanto, a assertiva está errada.

Rogério Greco (2020, p. 165) aduz, no entanto, que a palavra da vítima deve vir revestida de alguma formalidade, que ela leve ao conhecimento do Estado o crime ocorrido. Essa formalização pode se dar por meio do registro de um boletim de ocorrência, um exame de corpo de delito, enfim, o que se quer aqui é dar maior segurança ao médico que realizará o procedimento, ainda que não se exija uma decisão judicial.

Caso essa gestante tenha faltado com a verdade (que não tenha ocorrido crime contra sua dignidade sexual), responderá ela pelo crime de aborto. O médico que agiu em erro (erro de proibição indireto), acreditando em sua palavra estará acobertado pela excludente de culpabilidade.

Decifrando a prova

(Promotor de Justiça – MP/PE – FCC – 2008 – Adaptada) Julgue o item a seguir:

Não se pune o aborto praticado por médico se a gravidez resulta de estupro e o aborto é precedido de consentimento da gestante ou do seu representante legal, se incapaz.

( ) Certo   ( ) Errado

Gabarito comentado: conforme art. 128, inciso II, a alternativa está certa.

1.5.7 Aborto de feto anencefálico

Em razão da complexidade e da importância do tema, deixamos tópico específico para tratar da questão do aborto do feto anencefálico.

Para iniciar, conceituemos a anencefalia: significa a ausência do encéfalo; trata-se da ausência parcial ou completa da abóboda craniana. Encéfalo é o conjunto de órgãos do sistema nervoso central. Feto anencéfalo é aquele que não possui parte do sistema nervoso central.

Além do fato de a gestação de um **feto anencefálico** acarretar graves riscos à gestante, não existe tratamento para reverter casos de anencefalia, tornando o falecimento do bebê uma certeza, seja poucas horas após o parto, seja em poucos dias.

Certo é que o **anencéfalo** é um natimorto.

Aí está o cerne da questão: interromper a gravidez de um feto anencéfalo não significa um aborto eugênico ou eugenésico (aquele praticado nos casos em que o feto possui má formação que levará a graves anomalias após o nascimento), este impedido pela legislação brasileira.

Até a decisão do Supremo Tribunal Federal no julgamento da **Arguição de Descumprimento de Preceito Fundamental (ADPF) nº 54**, ajuizada pela Confederação Nacional dos Trabalhadores da Saúde (CNTS), havia grande controvérsia na doutrina a respeito do tema.

No ano de 2012, por maioria, decidiu o STF que a interpretação de que a interrupção da gravidez de feto anencéfalo constitui o crime de aborto é inconstitucional.

Após a decisão do STF, o Conselho Nacional de Medicina editou a Resolução nº 1.989/2012, que prevê as diretrizes a serem adotadas quando da interrupção da gravidez nesses casos.

Dentre as exigências tem-se que o laudo que comprova a anencefalia deva ser assinado por dois médicos; o diagnóstico será realizado por exame ultrassonográfico a ser feito a partir da 12ª semana de gestação.

Após o diagnóstico inequívoco de anencefalia, o médico pode, a pedido da gestante, independentemente de autorização estatal, realizar a interrupção da gestação.

Decifrando a prova

(Juiz substituto – TJ/RJ – Vunesp – 2016 – Adaptada) Julgue o item a seguir:

A anencefalia, de acordo com entendimento jurisprudencial do Supremo Tribunal Federal, no julgamento da ADPF (arguição de descumprimento de preceito fundamental), ajuizada pela Confederação dos Trabalhadores na Saúde (CNTS), sob relatoria do Ministro Marco Aurélio de Mello, permite a antecipação terapêutica do parto, com proteção à vida da mãe, a exemplo do aborto sentimental, que tem por finalidade preservar a higidez física e psíquica da mulher, conclusão que configura interpretação do Código Penal de acordo com a Constituição Federal, orientada pelos preceitos que garantem o Estado laico, a dignidade da pessoa humana, o direito à vida e a proteção à autonomia, da liberdade, da privacidade e da saúde.

( ) Certo ( ) Errado

Gabarito comentado: *vide* ADPF nº 54. Portanto, a assertiva está certa.

(Promotor de Justiça – MPE/SP – 2013 – Adaptada) Julgue o item a seguir:

A Suprema Corte tratou do tema antecipação do parto ou interrupção da gravidez na ADPF nº 54 em que foi postulada a interpretação dos arts. 124 e 126 do Código Penal – autoaborto e aborto com o consentimento da gestante – em conformidade com a Constituição Federal, quando fosse caso de feto anencéfalo. Após julgar procedente a ação, o Colendo Tribunal declarou que a ocorrência de anencefalia nos dispositivos invocados provoca a exclusão da antijuridicidade

( ) Certo ( ) Errado

Gabarito comentado: conforme a ADPF nº 54, a ocorrência de anencefalia provoca a exclusão da tipicidade. Portanto, a assertiva está errada.

I.5.8 Gestante que tenta o suicídio

É sabido que a tentativa do suicídio não é punida. O que o diploma penal pune é a instigação, induzimento e auxílio ao suicídio, conforme vimos no capítulo específico.

Situação diversa é a da gestante que, querendo acabar com a própria vida, termine por tirar a vida do feto que carrega em seu ventre.

Caso ela sobreviva, deverá responder pelo crime de aborto? A resposta só pode ser afirmativa. A gestante sabe que se atentar contra sua vida, acarretará a morte de seu filho. No caso da sobrevivência tanto da gestante quanto do feto, ela responderá pela tentativa do aborto.

I.5.9 Interrupção de gravidez gemelar

Aqui há necessidade de se fazer uma distinção: o autor tem ou não o conhecimento de que a gestante está à espera de mais de um filho?

Em caso positivo, o agente responde pelos crimes aplicando-se a regra do concurso formal impróprio, ou seja, com sua conduta produziu mais de um resultado, agindo com desígnios autônomos em relação a eles, assim haverá cumulação das penas.

No caso do desconhecimento do autor a respeito da gravidez gemelar não pode ser aplicado o mesmo raciocínio, ele responderá apenas por um crime de aborto.

O mesmo entendimento deve ser aplicado à gestante que interrompe a gravidez. Caso tenha conhecimento da existência de mais de um feto e venha a interromper a gravidez, será a ela aplicada a regra do concurso formal impróprio.

 Decifrando a prova

> **(Promotor de Justiça – MPE/ES – Cespe – 2010 – Adaptada)** Julgue o item a seguir:
> O agente que praticar aborto ilícito consentido em mulher grávida de gêmeos responderá pelo delito de aborto em concurso formal homogêneo, ainda que desconheça que se trate de gravidez gemelar.
> ( ) Certo   ( ) Errado
> **Gabarito comentado:** o agente responderá apenas por um crime de aborto se desconhecer o fato de ser uma gravidez gemelar. Portanto, a assertiva está errada.

2 Das lesões corporais

Lesão corporal

Art. 129. Ofender a integridade corporal ou a saúde de outrem:

Pena – detenção, de três meses a um ano.

Lesão corporal de natureza grave

§ 1º Se resulta:

I – incapacidade para as ocupações habituais, por mais de trinta dias;

II – perigo de vida;

III – debilidade permanente de membro, sentido ou função;

IV – aceleração de parto:

Pena – reclusão, de um a cinco anos.

§ 2º Se resulta:

I – incapacidade permanente para o trabalho;

II – enfermidade incurável;

III – perda ou inutilização do membro, sentido ou função;

IV – deformidade permanente;

V – aborto:

Pena – reclusão, de dois a oito anos.

Lesão corporal seguida de morte

§ 3º Se resulta morte e as circunstâncias evidenciam que o agente não quis o resultado, nem assumiu o risco de produzi-lo:

Pena – reclusão, de quatro a doze anos.

Diminuição de pena

§ 4º Se o agente comete o crime impelido por motivo de relevante valor social ou moral ou sob o domínio de violenta emoção, logo em seguida a injusta provocação da vítima, o juiz pode reduzir a pena de um sexto a um terço.

Substituição da pena

§ 5º O juiz, não sendo graves as lesões, pode ainda substituir a pena de detenção pela de multa, de duzentos mil réis a dois contos de réis:

I – se ocorre qualquer das hipóteses do parágrafo anterior;

II – se as lesões são recíprocas.

Lesão corporal culposa

§ 6º Se a lesão é culposa:

Pena – detenção, de dois meses a um ano.

Aumento de pena

§ 7º Aumenta-se a pena de 1/3 (um terço) se ocorrer qualquer das hipóteses dos §§ 4º e 6º do art. 121 deste Código.

§ 8º Aplica-se à lesão culposa o disposto no § 5º do art. 121.

Violência doméstica

§ 9º Se a lesão for praticada contra ascendente, descendente, irmão, cônjuge ou companheiro, ou com quem conviva ou tenha convivido, ou, ainda, prevalecendo-se o agente das relações domésticas, de coabitação ou de hospitalidade:

Pena – detenção, de 3 (três) meses a 3 (três) anos.

§ 10. Nos casos previstos nos §§ 1º a 3º deste artigo, se as circunstâncias são as indicadas no § 9º deste artigo, aumenta-se a pena em 1/3 (um terço).

§ 11. Na hipótese do § 9º deste artigo, a pena será aumentada de um terço se o crime for cometido contra pessoa portadora de deficiência.

§ 12. Se a lesão for praticada contra autoridade ou agente descrito nos arts. 142 e 144 da Constituição Federal, integrantes do sistema prisional e da Força Nacional de Segurança Pública, no exercício da função ou em decorrência dela, ou contra seu cônjuge, companheiro ou parente consanguíneo até terceiro grau, em razão dessa condição, a pena é aumentada de um a dois terços.

§ 13. Se a lesão for praticada contra a mulher, por razões da condição do sexo feminino, nos termos do § 2º-A do art. 121 deste Código:

Pena – reclusão, de 1 (um) a 4 (quatro anos).

2.1 NOÇÕES INTRODUTÓRIAS

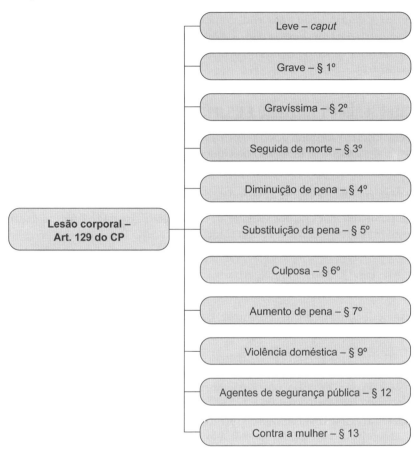

Antes de analisar cada uma das espécies de lesão corporal, façamos alguns comentários gerais sobre o tipo.

Trata-se a lesão corporal da ofensa à integridade física ou à saúde de outrem. Citando Nélson Hungria, Rogério Sanches Cunha (2021, p. 171) traz a definição por ele cunhada:

> O crime de lesão corporal consiste em qualquer dano ocasionado por alguém, sem *animus necandi*, à integridade física ou à saúde (fisiológica ou mental) de outrem. (...) Lesão corporal compreende toda e qualquer ofensa ocasionada à normalidade funcional do corpo ou organismo humano, seja do ponto de vista anatômico, seja do ponto de vista fisiológico ou psíquico.

Trata-se de crime comum em relação ao sujeito ativo (a lei não exige qualidade especial do agente). Em relação ao sujeito passivo, em regra, também será crime comum. As exceções se fazem nos tipos previstos nos §§ 1º, inciso IV, 2º, inciso V; § 9º; e §§ 12 e 13, os quais serão analisados em tópicos próprios.

80 Direito Penal Decifrado – Parte Especial

Vale lembrar que a lei penal brasileira não pune a conduta da autolesão, trata-se de irrelevante penal, especialmente em razão do princípio da lesividade, que impede que se criminalize conduta que não transcenda o âmbito do agente.

É crime material (consuma-se com o resultado), pode ser praticado de forma livre, instantâneo (ou instantâneo de efeitos permanentes a depender da situação), monossubjetivo e plurissubsistente.

2.2 BEM JURÍDICO TUTELADO E OBJETO MATERIAL

O bem jurídico protegido pelo tipo penal é a incolumidade da pessoa, ou seja, a integridade corporal e a saúde da pessoa. O objeto material do crime será a pessoa humana sobre quem recai a conduta do agente.

◆ **Materialidade e exame de corpo de delito**

Importante ressaltar que por se tratar de crime não transeunte, ou seja, que deixa vestígios, conforme preceitua o art. 158 do Código de Processo Penal, existe a necessidade da realização do exame de corpo de delito.

> **Art. 158.** Quando a infração deixar vestígios, será indispensável o exame de corpo de delito, direto ou indireto, não podendo supri-lo a confissão do acusado.

O exame de corpo de delito determinará, ainda, a gravidade da lesão, o que determinará sua natureza, conforme nos traz o art. 168 do CPP:

> **Art. 168.** Em caso de lesões corporais, se o primeiro exame pericial tiver sido incompleto, proceder-se-á a exame complementar por determinação da autoridade policial ou judiciária, de ofício, ou a requerimento do Ministério Público, do ofendido ou do acusado, ou de seu defensor.
>
> § 1º No exame complementar, os peritos terão presente o auto de corpo de delito, a fim de suprir-lhe a deficiência ou retificá-lo.
>
> § 2º Se o exame tiver por fim precisar a classificação do delito no art. 129, § 1º, I, do Código Penal, deverá ser feito logo que decorra o prazo de 30 dias, contado da data do crime.
>
> § 3º A falta de exame complementar poderá ser suprida pela prova testemunhal.

Na ausência do exame de corpo de delito quando era possível realizá-lo, estaremos diante de causa de nulidade. Caso impossível sua realização por haverem desaparecido os vestígios, a falta poderá ser suprida pela prova testemunhal.

> **Art. 167.** Não sendo possível o exame de corpo de delito, por haverem desaparecido os vestígios, a prova testemunhal poderá suprir-lhe a falta.

2.3 CONDUTA E VOLUNTARIEDADE

A conduta punida é a ação ou omissão que ofenda a integridade corporal ou a saúde de outrem.

Ponto interessante diz respeito à dor: normalmente a lesão causará dor na vítima, porém, este não é fator relevante e, muito menos, elementar do tipo. A **ausência de dor não descaracteriza o crime.**

A quantidade plural de ferimentos não significa pluralidade de condutas. Podemos ter uma só conduta fracionada em diversos atos e que causem diversas lesões e, ainda assim, termos um único crime.

2.4 LESÃO CORPORAL LEVE

Não se tem o conceito de lesão corporal definido. Chega-se a esse **conceito por exclusão**: não se amoldando às hipóteses previstas nos §§ 1º, 2º e 3º (lesão grave, gravíssima, seguida de morte), estaremos diante de lesão corporal leve.

2.5 LESÃO CORPORAL GRAVE, GRAVÍSSIMA, SEGUIDA DE MORTE, MAJORANTES DE PENA, FORMA PRIVILEGIADA

2.5.1 Lesão corporal de natureza grave

Tal forma de lesão vem prevista no § 1º do art. 129. São lesões qualificadas pelo resultado. O resultado que enseja a qualificadora pode ter sido produzido tanto a título de dolo quanto a título de culpa.

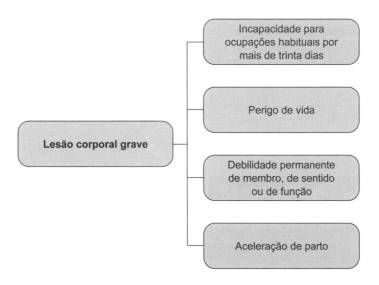

82 Direito Penal Decifrado – Parte Especial

> ### Decifrando a prova
>
> **(Promotor de Justiça – MPE/RS – 2017)** Julgue o item a seguir:
>
> A Polícia Civil de Encantado indiciou três médicos e dois administradores de uma clínica da cidade por crimes de lesão corporal culposa de natureza gravíssima, em face da realização negligente de cirurgias de catarata que causaram a perda total de visão em 23 (vinte e três) pacientes devido a uma infecção por bactérias. Análises técnicas concluíram que na clínica não havia higienização e esterilização adequadas, situação propícia à infecção e do amplo conhecimento dos cinco indiciados. Todavia, a perda total da visão culposamente causada aos 23 (vinte e três) pacientes não comporta a classificação penal dada pela polícia. Tratando-se de lesão corporal culposa, não há forma grave nem gravíssima para fins de adequação típica.
>
> ( ) Certo ( ) Errado
>
> **Gabarito comentado:** as qualificadoras previstas nos §§ 1º e 2º do art. 129 do CP são aplicáveis apenas ao crime de lesão corporal dolosa. Portanto, a assertiva está certa.

Analisaremos cada uma das hipóteses trazidas pelo legislador.

- ◆ **Incapacidade para as ocupações habituais por mais de 30 (trinta) dias**

O que se entende por ocupação habitual? A lei não especifica se seriam atividades laborais ou quaisquer outras ocupações. Podemos definir ocupação habitual como sendo aquela realizada rotineiramente pela pessoa.

Não há necessidade de que seja laborativa ou que tenha intuito de lucro. Desde que seja atividade lícita, não há se questionar a respeito da moralidade da ocupação. A finalidade da ocupação também não importa.

Se a pessoa fica impedida de trabalhar, estudar, praticar suas atividades esportivas de costume, incidirá a qualificadora. Da mesma forma uma prostituta que fique impedida de realizar programas em decorrência das lesões sofridas; a atividade por ela realizada é lícita, ainda que viole preceitos morais de certa parcela da sociedade.

Para que se comprove a gravidade da lesão, há necessidade da realização do exame complementar de corpo de delito, previsto no art. 168, § 2º, do CPP, como analisado anteriormente.

> ### Decifrando a prova
>
> **(Delegado de Polícia Civil – PC/MS – Fapec – 2021 – Adaptada)** Dispõe o CPP que, em caso de lesões corporais, o exame pericial complementar para fins de classificação do delito previsto no art. 129, § 1º, I, do Código Penal (lesão corporal de natureza grave, quando resulta incapacidade para as ocupações habituais, por mais de trinta dias), deverá ser feito logo que decorra o prazo de 30 dias, contado da data do crime, não podendo ser suprido por prova testemunhal.

( ) Certo ( ) Errado
Gabarito comentado: conforme art. 168, § 2º, se o exame tiver por fim precisar a classificação do delito no art. 129, § 1º, I, do Código Penal, deverá ser feito logo que decorra o prazo de 30 dias, contado da data do crime. § 3º A falta de exame complementar poderá ser suprida pela prova testemunhal. Portanto, a assertiva está errada.

- **Perigo de vida**

Aqui temos uma qualificadora de natureza preterdolosa. O agente não pode atuar com dolo no resultado. Seu dolo se dirige à conduta de causar lesão, o resultado somente é possível a título de culpa.

Caso o agente tenha ao menos previsto o resultado, estaremos diante de uma tentativa de homicídio.

Perigo de vida pode ser compreendido como o conjunto de sinais e sintomas que demonstre uma condição de morte iminente. Existe a possibilidade concreta de morte clinicamente comprovada.

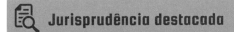

O perigo de vida caracteriza-se pela inquestionável eminência de morte, decorrente de diagnóstico. "O perigo, em suma, há de ser sério, atual e efetivo. Não remoto ou presumido" (TACRIM/SP, *RT* 447/414).

O local do corpo em que foi feita a lesão por si só não indica que haja perigo de vida.

- **Debilidade permanente de membro, sentido ou função**

Para estudarmos essa qualificadora, há necessidade de esclarecermos alguns conceitos básicos:

- ◊ **membros:** são os apêndices ligados ao tronco. São divididos em superiores (braços, antebraços e mãos) e inferiores (coxas, pernas e pés);
- ◊ **sentido:** faculdade de percepção de coisas e sensações externas. São cinco os sentidos: visão, audição, olfato, tato e paladar;
- ◊ **função:** é a atividade natural de um órgão. São elas: digestiva, respiratória, circulatória, locomotora, reprodutora, sensitiva e secretora.

Quando se fala em debilidade permanente não está se exigindo que essa debilidade seja eterna. Deve ser entendida como duradoura, ainda que seja reversível após algum tempo.

Havendo a redução da capacidade do membro, sentido ou função de maneira duradoura, ainda que seja reversível ou que haja a possibilidade de correção por meio de aparelhos ou com a colocação de próteses, configurada está a qualificadora.

Quando se estiver diante de órgãos duplos, a perda de um deles pode caracterizar a debilidade de função, e não a perda da função, devendo incidir a qualificadora em estudo.

Decifrando a prova

(Perito Criminal – Polícia Federal – Cespe/Cebraspe – 2018) Julgue o item a seguir:
O fato de uma vítima de agressão sobreviver à injúria corporal, mas, devido a isso, perder toda a função renal direita, sem acometimento do rim esquerdo, caracteriza o crime de lesão corporal de natureza leve.
( ) Certo   ( ) Errado
Gabarito comentado: conforme o art. 129, § 1º, do CP, é o caso de lesão corporal grave por debilidade permanente de membro, sentido ou função. Portanto, a assertiva está errada.

A perda de dentes poderá ser objeto do inciso em análise quando caracterizar redução do aparelho de mastigação. Sobre o tema, existe julgado do Superior Tribunal de Justiça, de relatoria do Ministro Rogério Schietti, transcrito a seguir, afirmando que embora a perda de dois dentes possa reduzir a capacidade funcional da mastigação, não é apta a ensejar a aplicação da qualificadora em estudo.

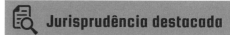

Jurisprudência destacada

RECURSO ESPECIAL. LESÃO CORPORAL GRAVÍSSIMA. PERDA DE DENTES. DEBILIDADE PERMANENTE. DESCLASSIFICAÇÃO. LESÃO CORPORAL GRAVE. PENA-BASE. CIRCUNSTÂNCIAS DESFAVORÁVEIS. MÍNIMO LEGAL. INVIÁVEL. RECURSO PROVIDO. PRESCRIÇÃO. EXTINÇÃO DA PUNIBILIDADE. 1. A deformidade permanente prevista no art. 129, § 2º, IV, do Código Penal é, segundo a doutrina, aquela irreparável, indelével. Assim, a perda de dois dentes, muito embora possa reduzir a capacidade funcional da mastigação, não enseja a deformidade permanente prevista no referido tipo penal, mas sim, a debilidade permanente de membro, sentido ou função, prevista no art. 129, § 1º, III, do CP. 2. Inviável a fixação da pena-base no mínimo legal, diante das circunstâncias do delito – modo brutal de execução (mesmo depois de derrubar a vítima, "continuou a acelerar o veículo que conduzia arrastando a moto e o piloto desta" – fl. 85) – e das consequências do crime – "extenso e certamente doloroso tratamento (...) com a realização de quatro intervenções cirúrgicas". 3. Fixada a pena privativa de liberdade do recorrente em 1 ano e 4 meses de reclusão, cujo prazo prescricional é de 4 anos, e transcorridos mais de 4 anos entre o fato (22.12.2008) – época em que era permitido ter por termo inicial data anterior à do recebimento da denúncia ou da queixa – e o recebimento da denúncia (12.12.2008), o reconhecimento da prescrição da pretensão punitiva na modalidade superveniente é a medida que se impõe. 4. Recurso provido. Reconhecida a prescrição da pretensão punitiva (STJ, REsp nº 1.620.158/RJ, Rel. Min. Rogerio Schietti Cruz, 6ª Turma, j. 13.09.2016, *DJe* 20.09.2016).

♦ **Aceleração de parto**

Nesse inciso tem-se o crime qualificado quando em decorrência da conduta, existe a aceleração do parto, isto é, o produto da concepção é expulso do ventre materno antes do tempo previsto, ocasionando um parto prematuro.

Veja que há necessidade de que o feto seja expulso com vida. Caso ele seja expulso sem vida ou venha a morrer em decorrência da lesão, incidirá a qualificadora prevista no inciso V do § 2º.

Essa qualificadora somente poderá ser atribuída a título de culpa ao autor, isso porque, se ele tinha a intenção de destruir o produto da concepção, estaremos diante de aborto. Assim, podemos afirmar que esse inciso veicula uma modalidade de lesão corporal qualificada de natureza preterdolosa.

Atente-se ao fato de que tal qualificadora somente poderá ser aplicada ao agente que tinha conhecimento da gravidez da vítima ou, ao menos fosse previsível.

2.5.2 Lesão corporal de natureza gravíssima

Tal forma de lesão vem prevista no § 2º do art. 129. Também são lesões qualificadas pelo resultado.

Vale lembrar que o Código Penal não utiliza a expressão "lesão corporal gravíssima". Ela foi criada pela doutrina para diferenciar do parágrafo já estudado.

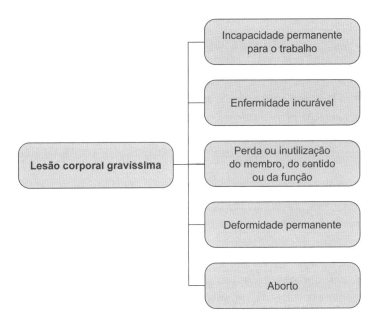

- **Incapacidade permanente para o trabalho**

Incapacidade significa inaptidão para qualquer tipo de trabalho.

De maneira diversa do previsto no inciso I do § 1º, aqui temos a incapacidade duradoura "para o trabalho" e não para qualquer atividade habitual, como vimos anteriormente.

Grande parte da doutrina sempre entendeu que essa incapacidade diz respeito a qualquer espécie de trabalho e não à atividade específica exercida pela vítima por ocasião do fato. Esse é o posicionamento de Nélson Hungria e Damásio de Jesus (*apud* CUNHA, 2021, p. 182-183).

No entanto, há vozes minoritárias no sentido de que para a caracterização da presente qualificadora, basta que a vítima fique impedida de exercer a atividade que exercia por ocasião do fato (CUNHA, 2021, p. 137).

Nosso posicionamento: Acompanhamos o entendimento da posição minoritária defendida tanto por Rogério Greco, quanto por Rogério Sanches Cunha. A lei não faz a observação de que haja necessidade de incapacidade para qualquer trabalho. Ademais, como assevera Greco (2020, p. 183), caso se faça uma interpretação muito elástica do inciso em apreço, basicamente ninguém responderá por essa modalidade de lesão, perdendo o instituto sua aplicabilidade prática.

Vejamos o exemplo trazido por Greco (2020, p. 183):

> Se a vítima exercia uma atividade intelectual e, em razão das lesões sofridas, não mais poderá trabalhar em atividades dessa natureza, entendemos ser cabível a qualificadora. Mesmo que só pudesse, agora, depois das lesões sofrida, exercer atividades braçais, ainda assim deveríamos entender pelas lesões qualificadas.

Assim como no inciso anterior, não se exige que a incapacidade seja eterna, basta que perdure de forma duradoura, sem previsão de cessar.

◆ **Enfermidade incurável**

Por enfermidade incurável entende-se aquela doença que não possui cura até o momento. É uma alteração permanente no estado de saúde do paciente e que a medicina não encontrou a cura.

Como exemplo de enfermidades incuráveis, podemos citar a sífilis, tuberculose, doença de Hansen.

Entende-se também como incurável aquela enfermidade que dependa de intervenção cirúrgica. Não se pode obrigar a vítima a se submeter a cirurgia ou a tratamentos que não tenham comprovação ou ao menos possibilidade de sucesso.

No entanto, caso haja tratamento que possa controlar a enfermidade e a vítima injustificadamente se recusar a fazê-lo, deve ser afastada a qualificadora.

Ainda muito se discute em relação à Síndrome da Imunodeficiência Adquirida (AIDS): a transmissão dolosa do vírus HIV pode ser considerada lesão corporal gravíssima, incidindo a qualificadora em análise?

Rogério Greco (2020, p. 87) leciona que a AIDS pode ser encarada não como uma doença incurável, mas uma doença mortal, cuja cura ainda não foi descoberta. Por mais que o portador do vírus possa levar uma vida normal, em razão dos tratamentos existentes, ele está sujeito a outras doenças oportunistas que o acometem em razão da baixa imunidade e que podem ocasionar sua morte.

Em seu entendimento, a transmissão dolosa do vírus HIV pode ser considerada como conduta que melhor se amolda ao tipo penal do art. 121 do CP.

Esse não é o posicionamento dos **tribunais superiores**. Como o tema já foi tratado quando da análise do crime de homicídio, a fim de evitar repetições, remetemos o leitor àquele capítulo, ressalvando que **nosso entendimento** acompanha o que já decidiu tanto o STF quanto o STJ: **a transmissão dolosa do vírus HIV configura a figura típica prevista no art. 129, § 2º, inciso II, do CP.**

♦ **Perda ou inutilização de membro, sentido ou função**

Tal qualificadora, por óbvio, trata de lesão com maior gravidade que a do § 1º. Aqui não se tem apenas a debilidade, mas sim, a perda ou inutilização do membro, sentido ou função.

Podemos exemplificar como a amputação ou mutilação de um membro, a perda total da função de um órgão, tornando-o inútil. Assim, ainda que o membro continue ali existindo, mas perca sua função, incidirá essa qualificadora.

Podemos exemplificar com a visão: caso a lesão diminua esse sentido sem, contudo, aniquilá-lo, estamos diante da lesão grave. Agora, se a lesão acarretar a cegueira, estamos diante de uma lesão gravíssima.

A respeito dos órgãos duplos, como já mencionado quando tratamos da qualificadora do parágrafo anterior, caso a lesão atinja apenas um dos órgãos, será considerada uma debilidade, incidindo aquela qualificadora, e não a presente.

Rogério Sanches Cunha (2021, p. 138) alerta que é considerada gravíssima a lesão que acarrete a impotência *generandi* (incapacidade de reprodução) ou a impotência *coeundi* (incapacidade para manter relações sexuais).

♦ **Deformidade permanente**

Essa qualificadora diz respeito ao **dano estético**, aquele que modifica a estética da pessoa, causando-lhe vergonha e até mesmo humilhação.

Discute-se na doutrina a necessidade de ser ou não aparente tal lesão.

Parcela da doutrina leciona que o dano deve ser de tal monta que cause asco em quem vê, que impressione o outro.

Já outra parte dos doutrinadores, posição à qual nos filiamos, aceita que o dano deve ser considerável, de forma a causar vergonha na vítima e certo desconforto a terceiros, não sendo necessário que a lesão seja pavorosa.

Não se exige, para configurar a qualificadora, que a lesão seja aparente, que esteja ao alcance dos olhos de todos. Dessa forma, uma deformidade na região da genitália, por exemplo, pode caracterizar a qualificadora, ainda que poucas pessoas tenham acesso a ela.

Concluindo: a lesão deve ser de tal monta que modifique de forma grave o corpo da vítima, causando-lhe humilhação e desconforto em quem observa (mesmo que essa visão se limite a poucas pessoas).

A título de conhecimento, trazemos à baila as palavras de Nélson Hungria (*apud* CUNHA, 2021, p. 140):

> Ninguém pode duvidar que devem ser diversamente apreciadas uma cicatriz no rosto de uma bela mulher e outra na carantonha de um Quasímodo; uma funda marca num torneado pescoço feminino e outra no perigalho de um septuagenário; um sinuoso gilvaz no braço roliço de uma jovem e outro no braço cabeludo de um cavouqueiro.

88 Direito Penal Decifrado – Parte Especial

Importante mencionar que a cirurgia estética reparadora, mesmo que elimine a deformidade da vítima, não tem o condão de afastar a qualificadora em estudo.

Imaginemos uma lesão na face da vítima que ocasione uma cicatriz de grande tamanho em seu rosto. Caso essa vítima se submeta a cirurgia plástica reparadora e seu rosto volte a ser como antes da lesão, ainda assim, incidirá a qualificadora. Isso porque, conforme decidiu o Superior Tribunal de Justiça no julgamento do HC nº 306.677/RJ, o fato é valorado no momento de sua consumação.

🔍 Jurisprudência destacada

1. Ressalvado pessoal compreensão diversa, uniformizou o Superior Tribunal de Justiça ser inadequado o *writ* em substituição a recursos especial e ordinário, ou de revisão criminal, admitindo-se, de ofício, a concessão da ordem ante a constatação de ilegalidade flagrante, abuso de poder ou teratologia. 2. A realização de cirurgia estética posteriormente à prática do delito não afeta a caracterização, no momento do crime constatada, de lesão geradora de deformidade permanente, seja porque providência não usual (tratamento cirúrgico custoso e de risco), seja porque ao critério exclusivo da vítima. 3. Ademais, mostra-se imprópria a via do *habeas corpus* ao reconhecimento da incidência ou não da qualificadora ou mesmo de seu afastamento, dada a necessidade de reexame do material cognitivo produzido nos autos, insuscetível de ser realizada nesta sede. 4. A conduta da vítima não afeta a dosimetria da pena, seja na caracterização da qualificadora, seja na não valoração das consequências do crime. 5. O *modus operandi* e o local da lesão, tendo em vista que o agente arremessou um copo de vidro na região do rosto da vítima, podem ser valorados como anormais pelas instâncias ordinárias, sendo imprópria na via do *habeas corpus* a revisão do tema por esta Corte Superior. 6. *Habeas corpus* não conhecido. Ordem concedida de ofício apenas para reduzir as penas a 2 anos de reclusão (HC nº 306.677/RJ, Rel. Min. Ericson Maranho – Des. convocado do TJ/SP, Rel. p/ Acórdão Min. Nefi Cordeiro, 6ª Turma, j. 19.05.2015, *DJe* 28.05.2015).

Comprovadas a materialidade e a autoria do crime e, inexistindo os elementos caracterizadores da excludente de ilicitude alegada, torna-se impossível a absolvição dos réus. Havendo provas suficientes de que a agressão física foi perpetrada pelos imputados e de que, em decorrência dela, a vítima sofreu deformidade permanente – conforme atesta a prova técnica – não há como acolher a legítima defesa nem tampouco a desclassificação do delito. Aliás, a vítima foi submetida a cirurgia no nariz e, por meio dela, foi colocada uma placa de titânio no osso orbital de seu olho direito. Em virtude das lesões sofridas, ela ficou mais de um mês sem comparecer ao curso universitário e, em dias frios, passou a sentir dores no nariz. Frise-se que, no âmbito do delito em questão, **a deformidade que agrava a lesão não é somente o prejuízo estético ou o dano que possa causar constrangimento, mas é também aquele que acarreta uma modificação duradoura, sobretudo, que envolve a subjetividade do ofendido, aborrecendo-o, afetando sua autoestima, causando-lhe incômodo, desagrado e desconforto, sendo irrelevante que a lesão possa ser reparada por meio de cirurgia**. Portanto, impossível acolher a pretensão defensiva de desclassificação do delito (Agravo em Recurso Especial nº 548.467/PE, Rel. Min. Walter de Almeida Guilherme – Des. convocado do TJ/SP – grifo nosso).

Capítulo 2 • Das lesões corporais **89**

> ### Decifrando a prova
>
> **(Delegado de Polícia – PC/MG – Fumarc – 2018)** Julgue o item a seguir:
> De acordo com o art. 129 do Código Penal brasileiro, trata-se de lesão corporal de natureza gravíssima a deformidade permanente.
> ( ) Certo   ( ) Errado
> **Gabarito comentado:** conforme o art. 129, § 2º, do CP, é o caso de lesão corporal gravíssima a deformidade permanente. Portanto, a assertiva está certa.

♦ **Aborto**

Será considerada gravíssima a lesão que ocasione o aborto. Como já estudado na qualificadora da aceleração do parto, aqui da mesma forma, o resultado aborto não pode ser desejado pelo autor (mesmo que de maneira indireta), ou estaríamos diante do crime de aborto.

Essa qualificadora somente poderá ser atribuída a título de culpa ao autor, isso porque, se ele tinha a intenção de destruir o produto da concepção, estaremos diante de aborto. Assim, podemos afirmar que esse inciso veicula uma modalidade de lesão corporal qualificada de natureza preterdolosa.

Atente-se ao fato de que tal qualificadora somente poderá ser aplicada ao agente que tinha conhecimento da gravidez da vítima ou, ao menos fosse previsível.

> ### Decifrando a prova
>
> **(Delegado de Polícia – PC/RN – FGV – 2021 – Adaptada)** Saulo se desentendeu, na fila do caixa de um supermercado, com outra consumidora, Viviane, que estava no 8º mês de gestação, e lhe desferiu um fortíssimo soco no rosto. Em razão do golpe, Viviane perdeu o equilíbrio e caiu com a barriga no chão. Ao ser levada ao hospital, foi constatado que Viviane apresentava lesão leve na face, mas que havia perdido o bebê em decorrência da queda.
> Considerando o estado gravídico evidente de Viviane, a conduta praticada por Saulo configura o crime de lesão corporal qualificada pelo aborto.
> ( ) Certo   ( ) Errado
> **Gabarito comentado:** a conduta de Saulo se amolda àquela prevista no art. 129, § 2º, inciso V, do Código Penal. Portanto, a assertiva está certa.

2.5.3 Lesão corporal seguida de morte

Art. 129. (...)

§ 3º Se resulta morte e as circunstâncias evidenciam que o agente não quis o resultado, nem assumiu o risco de produzi-lo:

Pena – reclusão, de quatro a doze anos.

Nesse parágrafo, temos a lesão corporal seguida de morte ou, como prefere a doutrina, o homicídio preterdoloso ou preterintencional. Nessa hipótese, o autor tem a intenção de ofender a integridade física da vítima, porém, de forma culposa, acaba por ocasionar sua morte.

Conforme afirma Cleber Masson (2014a, p. 109), trata-se do único crime autenticamente preterdoloso tipificado pelo Código Penal. Isso porque o legislador explicitamente exigiu que o agente atue com dolo no crime antecedente e culpa no resultado agravador (não quis o resultado nem assumiu o risco de produzi-lo). Não admite a tentativa.

O agente não atua com *animus necandi* (intenção de matar); se assim o fizer, não estaremos diante desse tipo penal, mas sim, do crime de homicídio.

Citamos como exemplo o caso do agente que, com a intenção de lesionar a vítima, desfere um soco em seu rosto. Em razão do soco, a vítima se desequilibra, cai no chão e bate a cabeça no meio-fio, causando-lhe a morte. A lesão foi querida pelo agente, porém, a morte não. Estamos diante de um exemplo que se amolda ao tipo penal em estudo.

> **Decifrando a prova**
>
> **(Delegado de Polícia – PC/AL – Cespe/Cebraspe – 2012 – Adaptada)** Julgue o item a seguir:
> A lesão corporal seguida de morte não se confunde com o homicídio culposo, pois, na primeira situação, chamada de homicídio preterdoloso, ocorre o dolo. Nesse caso, o autor tem a intenção de provocar a lesão corporal, mas não a morte da vítima.
> ( ) Certo   ( ) Errado
> **Gabarito comentado:** a lesão corporal seguida de morte, prevista no art. 129, § 3º, do CP, é conhecida como homicídio preterdoloso. Temos uma conduta inicialmente dolosa e um resultado agravador culposo. Portanto, a assertiva está certa.

2.5.4 Lesão corporal dolosa privilegiada

Art. 129. (...)

§ 4º Se o agente comete o crime impelido por motivo de relevante valor social ou moral ou sob o domínio de violenta emoção, logo em seguida a injusta provocação da vítima, o juiz pode reduzir a pena de um sexto a um terço.

Tem-se aqui causa de diminuição de pena aplicada à lesão corporal dolosa. Não é aplicada à lesão corporal culposa, por duas razões:

- **análise topográfica do tipo penal:** a causa de diminuição encontra-se no § 4º enquanto a lesão culposa vem prevista no § 6º;
- **questão lógica:** não se pode admitir que um crime seja ao mesmo tempo culposo e motivado por domínio de violenta emoção, ou domínio de relevante valor social ou moral.

A rigor, temos uma **causa de diminuição de pena,** e não de um privilégio. Isso porque, quando temos crime privilegiado, o legislador diminui os limites da pena em abstrato. No caso dessa figura em estudo, o legislador utiliza a pena da lesão corporal simples e a diminui de um sexto a um terço.

Todas as hipóteses previstas para o privilégio são **circunstâncias de ordem subjetiva**, pois estão ligadas ao motivo do crime ou ao estado anímico do agente. Assim, conforme a regra do art. 30 do Código Penal, não se comunicam aos demais coautores ou partícipes.

Atente-se ao fato de que quando o legislador afirma que o "juiz pode reduzir a pena", ele não está afirmando que é uma discricionariedade do magistrado. O juiz "deve" diminuir a pena. Sua discricionariedade diz respeito ao *quantum* de diminuição.

2.5.5 Lesão corporal leve e substituição de pena

Em se tratando de lesão corporal de natureza leve, pode o juiz substituir a pena de detenção pela pena de multa quando ocorrer uma das situações previstas no § 5º:

> **Art. 129.** (...)
>
> § 5º O juiz, não sendo graves as lesões, pode ainda substituir a pena de detenção pela de multa, de duzentos mil réis a dois contos de réis:
>
> I – se ocorre qualquer das hipóteses do parágrafo anterior;
>
> II – se as lesões são recíprocas.

Sendo comprovado que o agente atuou em uma das hipóteses previstas no parágrafo anterior, que trata da forma privilegiada da lesão corporal, o juiz optará pela redução prevista no § 4º ou pela substituição pela pena de multa.

Atente-se ao fato de que a discricionariedade do julgador se limita a escolher entre as duas opções e não entre aplicar ou não uma delas. Ou seja, ele deverá substituir a pena ou aplicar a redução de um sexto a um terço.

Também haverá a substituição da pena quando as lesões forem recíprocas. Lembrando que ambos os agentes atuam de maneira injusta, não estando acobertados pelo manto da legítima defesa.

2.5.6 Lesão corporal culposa

> **Art. 129.** (...)
>
> **§ 6º** Se a lesão é culposa:
>
> **Pena** – detenção, de dois meses a um ano.

Trata-se da lesão corporal praticada com culpa, ou seja, em decorrência de um comportamento imprudente, negligente ou mediante imperícia do agente que tinha a possibilidade de prever de maneira objetiva a produção do resultado.

Por se tratar de tipo penal aberto, o julgador deverá fazer sua interpretação com base em um juízo de valor para adequar a conduta do agente a uma das modalidades de culpa.

Na lesão corporal culposa não há gradação da gravidade, ou seja, não se tem lesão corporal culposa leve, grave ou gravíssima.

Essa gravidade será analisada pelo juiz quando da dosimetria da pena (consequências do crime).

Importante lembrar que se a lesão corporal culposa for praticada na direção de veículo automotor, em razão do princípio da especialidade será aplicado o previsto no Código de Trânsito Brasileiro.[1]

2.5.7 Lesão corporal dolosa majorada

> **Art. 129.** (...)
>
> **§ 7º** Aumenta-se a pena de 1/3 (um terço) se ocorrer qualquer das hipóteses dos §§ 4º e 6º do art. 121 deste Código.[2]

A pena da lesão corporal culposa será aumentada quando o crime resultar de inobservância de regra técnica de profissão, arte ou ofício, ou se o agente deixa de prestar imediato socorro à vítima, não procura diminuir as consequências de seu ato ou foge para evitar prisão.

---

[1] Art. 303 do CTB.

[2] "**Art. 121.** (...) **§ 4º** No homicídio culposo, a pena é aumentada de 1/3 (um terço), se o crime resulta de inobservância de regra técnica de profissão, arte ou ofício, ou se o agente deixa de prestar imediato socorro à vítima, não procura diminuir as consequências do seu ato, ou foge para evitar prisão em flagrante. Sendo doloso o homicídio, a pena é aumentada de 1/3 (um terço) se o crime é praticado contra pessoa menor de 14 (quatorze) ou maior de 60 (sessenta) anos. (...) **§ 6º** A pena é aumentada de 1/3 (um terço) até a metade se o crime for praticado por milícia privada, sob o pretexto de prestação de serviço de segurança, ou por grupo de extermínio".

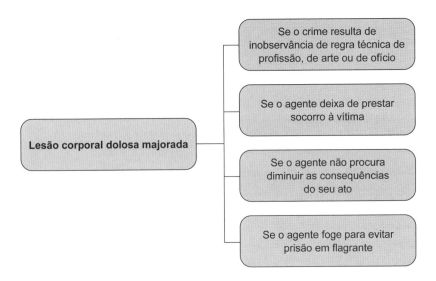

Aqui se aplicam todas as explicações feitas no homicídio culposo, para o qual remetemos o leitor, a fim de evitar repetições.

2.5.8 Lesão corporal e perdão judicial

Art. 129. (...)
§ 8º Aplica-se à lesão culposa o disposto no § 5º do art. 121.

Art. 121. (...)
§ 5º Na hipótese de homicídio culposo, o juiz poderá deixar de aplicar a pena, se as consequências da infração atingirem o próprio agente de forma tão grave que a sanção penal se torne desnecessária.

O juiz poderá deixar de aplicar a pena quando as consequências da infração foram tão gravosas que seja desnecessário mais uma reprimenda ao agente, dessa vez aplicada pelo Estado.

Trata-se de direito subjetivo do agente. Presentes as hipóteses previstas em lei, o julgador deve conceder o perdão judicial, que é causa extintiva da punibilidade, tal como previsto no art. 107, inciso IX.

A demonstração da gravidade das consequências da infração ao agente cabe à defesa.

Jurisprudência destacada

STJ, Súmula nº 18. A sentença concessiva do perdão judicial é declaratória da extinção da punibilidade, não subsistindo qualquer efeito condenatório.

Direito Penal Decifrado – Parte Especial

O perdão judicial deve ser precedido de ação penal. Não pode ser concedido sem que haja o devido processo legal, isso porque, o julgador reconhecerá a culpa do agente e deixará de lhe aplicar a pena. O juiz afirmará que o agente cometeu fato típico, ilícito e que ele é imputável e concederá o perdão.

> ### 🧩 Decifrando a prova
>
> **(Delegado de Polícia – PC/PA – Instituto AOCP – 2021 – Adaptada)** Julgue o item a seguir:
> A sentença concessiva do *perdão judicial* é declaratória da *extinção da punibilidade, não sub-sistindo qualquer efeito condenatório.*
> ( ) Certo   ( ) Errado
> **Gabarito comentado:** conforme Súmula nº 18 do STJ, o item está correto. Portanto, a asser-tiva está certa.

2.5.9 Lesão corporal e violência doméstica

Art. 129. (...)

§ 9º Se a lesão for praticada contra ascendente, descendente, irmão, cônjuge ou compa-nheiro, ou com quem conviva ou tenha convivido, ou, ainda, prevalecendo-se o agente das relações domésticas, de **coabitação ou de hospitalidade**:

Pena – detenção, de 3 (três) meses a 3 (três) anos. (Grifos nossos.)

A Lei nº 10.886/2004 inseriu o presente artigo no Código Penal que posteriormente foi modificado pela Lei nº 11.340/2006, a chamada Lei Maria da Penha, que alterou a pena de seis meses a um ano para três meses a três anos.

Além de alterar o § 9º do art. 129, a Lei Maria da Penha foi criada com o intuito de criar mecanismos para coibir a violência doméstica e familiar contra a mulher. Dessa forma atendeu ao disposto no art. 226, § 8º, da CF, além de atender às convenções e tratados dos quais o Brasil é signatário.[3]

Importante deixar claro que o presente parágrafo, apesar de ter sido alterado pela Lei nº 11.340/2006, não se aplica apenas às vítimas mulheres.

O conceito de violência doméstica pode ser dado como qualquer ação ou omissão que

---

[3] Convenção sobre a eliminação de todas as formas de discriminação contra as mulheres (ONU, 18.12.1979); Convenção Interamericana para prevenir, punir e erradicar a violência contra a mu-lher (Convenção de Belém do Pará, ratificada pelo Brasil em 27.11.1995).

cause morte, lesão, sofrimento físico, sexual, psicológico, dano moral ou patrimonial à vítima no âmbito da unidade doméstica ou familiar.

Teremos violência doméstica sempre que a lesão for praticada contra: ascendente, descendente ou irmão; cônjuge ou companheiro; com quem conviva ou tenha convivido; ou ainda, prevalecendo-se o agente das relações domésticas, de coabitação ou de hospitalidade.

Decifrando a prova

(Juiz Substituto – TJ/PR – FGV – 2021 – Adaptada) Julgue o item a seguir:

Antônio, 19 anos de idade, filho de José, agrediu reiteradas vezes Pedro, marido de seu pai. O agressor residia com o casal, na casa de seu genitor. Chegando o processo ao Judiciário, o juiz impôs medida protetiva em favor do casal, José e Pedro, determinando que o agressor se afastasse de ambos, proibindo-o de manter contato ou se aproximar das vítimas. Houve descumprimento da medida por parte do agressor, com ingresso na casa paterna, mas com consentimento de José, e nova agressão a Pedro, que chamou força policial, sendo Antônio levado à delegacia policial. Nesse caso, as figuras típicas em análise são: lesão corporal (art. 129, *caput*, do CP), invasão de domicílio (art. 150, *caput*, do CP) e descumprimento de medida protetiva (art. 24-A, *caput*, da Lei nº 11.340/2006).

( ) Certo   ( ) Errado

Gabarito comentado: a conduta de Antônio amolda-se àquela prevista no art. 129, § 9º, do Código Penal. Não restou caracterizado o crime de violação de domicílio (art. 150, *caput*, do CP), pois Antônio foi autorizado por seu pai a entrar na casa. Não há se falar em descumprimento de decisão judicial que deferiu as medidas protetivas, uma vez que estas não se fundaram na Lei nº 11.340/2006 (que prevê como crime em seu art. 24-A o descumprimento das medidas protetivas impostas, no caso de violência doméstica e familiar contra a mulher), mas sim, tiveram como fundamento o art. 319, inciso III, do CPP. Portanto, a assertiva está errada.

Para melhor compreensão, analisaremos cada uma dessas hipóteses de forma isolada.

♦ Ascendente, descendente ou irmão

Para a comprovação do parentesco, é exigida a prova documental. Sempre importante lembrar que não existe diferenciação entre filhos legítimos ou ilegítimos (havidos dentro ou fora do casamento) ou que tenham sido adotados.

Nesse caso, a lei não exige a coabitação para incidência da qualificadora.

♦ Cônjuge ou companheiro

Não há grandes comentários a se fazer neste caso, apenas lembrar que na separação de fato, continua a incidir a qualificadora.

Direito Penal Decifrado – Parte Especial

◆ **Com quem conviva ou tenha convivido**

Aqui reside uma divergência doutrinária: deve ser feita interpretação restritiva a fim de abarcar apenas ascendente, descendente, irmão, cônjuge ou companheira com quem conviva ou tenha convivido ou deve ser feita interpretação mais ampla abarcando outras pessoas que não essas?

Parte da doutrina, dentre eles Cleber Masson (2014a, p. 117) e Guilherme de Souza Nucci (*apud* CUNHA, 2021, p. 146), afirmam que a interpretação a ser dada é restritiva de forma que apenas ascendente, descendente, irmão, cônjuge ou companheira serão atingidos pela qualificadora.

De outra banda, Rogério Sanches Cunha (2021, p. 146) leciona que haverá violência doméstica na agressão contra pessoa com quem o agente conviva ou tenha convivido, além de ascendente, descendente, irmão, cônjuge ou companheira. Em seu entendimento, a interpretação restritiva reside na exigência de que a lesão tenha sido provocada em razão da convivência.

Nosso posicionamento: acompanha o professor Rogério Sanches Cunha, incluindo pessoas que convivam ou tenham convivido com a autor, ainda que não sejam aquelas já mencionadas. Para exemplificar, podemos mencionar a república de estudantes ou até mesmo dois amigos que morem juntos sem, contudo, manter relacionamento amoroso ou familiar.

🧩 Decifrando a prova

(Procurador do Trabalho – MPT – 2020 – Adaptada) Julgue o item a seguir:

A Lei nº 11.340/2006 dispensa o requisito coabitação para configuração da relação íntima de afeto no qual o agressor conviva, ou tenha convivido com a pessoa ofendida, para fins de tipificação de violência doméstica e familiar contra a mulher.

( ) Certo   ( ) Errado

Gabarito comentado: de acordo com a **Súmula nº 600** do STJ, para configuração da violência doméstica e familiar prevista no art. 5º da Lei nº 11.340/2006 – Lei Maria da Penha, **não se exige a coabitação entre autor e vítima**. Portanto, a assertiva está certa.

◆ **Prevalecendo-se o agente das relações domésticas, de coabitação ou de hospitalidade**

Por relações domésticas entende-se aquelas mantidas entre os membros da família, podendo haver ou não ligação de parentesco (exemplo: patrão e babá).

Coabitação é a moradia no mesmo local, sob o mesmo teto.

Hospitalidade é uma estadia provisória, aquela visita à residência esporádica.

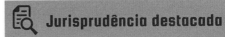

> **STJ, Súmula nº 600.** Para a configuração da violência doméstica e familiar prevista no art. 5º da Lei nº 11.340/2006 (Lei Maria da Penha) não se exige a coabitação entre autor e vítima.

Decifrando a prova

(Delegado de Polícia – PC/PA – Funcab – 2016 – Adaptada) Julgue o item a seguir:

Amílcar, durante uma briga, tenta chutar seu adversário, mas sem querer acerta a própria esposa, que buscava apartar a contenda. Atingida no ventre, a mulher sofre ruptura do baço e é submetida a uma cirurgia de emergência, na qual tem o órgão extraído de seu corpo, medida que garante sua sobrevivência. Considerando que Amílcar em momento algum agiu com *animus necandi*, o comportamento do autor caracteriza crime de lesão corporal grave com aumento de pena em virtude da relação conjugal entre autor e vítima.

( ) Certo   ( ) Errado

Gabarito comentado: a perda do baço não caracteriza perda de membro, sentido ou função, mas sim uma debilidade permanente na função, temos, uma lesão corporal grave.

Em razão do erro na execução, o agente atingiu pessoa diversa da querida. Assim, as características da vítima virtual são transferidas para a vítima real, sendo desprezadas as características da vítima real. Dessa forma, o agente praticou lesão corporal grave sem a incidência do aumento de pena previsto em razão da relação conjugal. Portanto, a assertiva está errada.

2.5.10 Lesão corporal grave, gravíssima ou seguida de morte e violência doméstica

Art. 129. (...)

§ 10. Nos casos previstos nos §§ 1º a 3º deste artigo, se as circunstâncias são as indicadas no § 9º deste artigo, aumenta-se a pena em 1/3 (um terço).

Trata-se de causa de aumento de pena a ser aplicada nos casos de violência doméstica. Ou seja, no caso de lesão corporal grave, gravíssima e seguida de morte (§§ 1º a 3º), se a vítima for ascendente, descendente, irmão, cônjuge ou companheiro, ou com quem o sujeito conviva ou tenha convivido, ou, ainda, prevalecendo-se das relações domésticas, de coabitação ou de hospitalidade, a pena será acrescida de um terço.

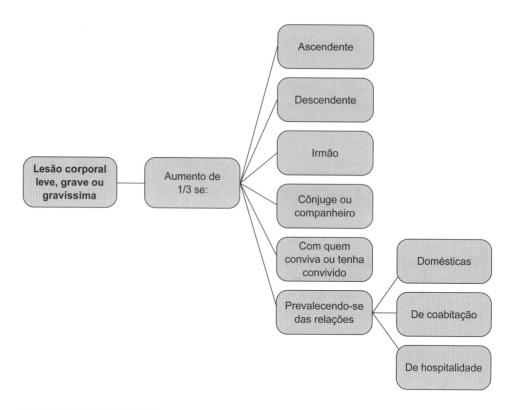

Decifrando a prova

(Defensor Público – DPE/BA – FCC – 2021 – Adaptada) Em 12.03.2021, Fernando chegou em casa alcoolizado e após discussão por ciúme, desferiu dois fortes socos no olho de sua esposa Vitória. Em seguida, Fernando disse que "não quer que ela fique novamente de conversa com outros homens na rua" e saiu de casa. Vitória pediu ajuda a vizinhos que a encaminharam ao pronto-socorro para os devidos cuidados. Em razão dos ferimentos, Vitória precisou ser submetida a pequena cirurgia, que necessitou de cinco dias de observação no hospital, mas após alta médica poderia voltar às suas atividades habituais normalmente. Contudo, no último dia se sentiu mal e realizou exames no hospital, tendo sido constatada infecção por Covid-19, que ocorrera no hospital. Em razão das complicações do vírus, Vitória seguiu internada no hospital e morreu vinte e um dias depois. Diante dos fatos narrados, Fernando deve responder por feminicídio.

( ) Certo ( ) Errado

Gabarito comentado: a morte de Vitória se deu em razão de ter contraído Covid-19, tratando-se de causa superveniente independente que exclui a imputação quando, por si só, produziu o resultado. A doença por si só causou a morte de Vitória.

Os fatos pretéritos serão imputados a quem os praticou (art. 13, § 1º, do CP). Fernando responderá apenas pelos atos que praticou: lesão corporal em situação de violência doméstica. Portanto, a assertiva está errada.

2.5.11 Lesão corporal em ambiente doméstico e familiar e pessoa com deficiência

Art. 129. (...)

§ 11. Na hipótese do § 9º deste artigo, a pena será aumentada de um terço se o crime for cometido contra pessoa portadora de deficiência.

Acrescido pela Lei nº 11.340/2006, esse aumento de pena incidirá quando se tratar de vítima com deficiência e que o fato tenha ocorrido em situação de violência doméstica.

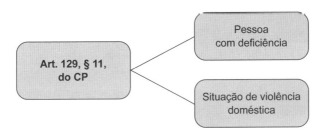

Para que haja a incidência dessa majorante é imprescindível que o agente tenha conhecimento da condição da vítima.

O conceito de pessoa com deficiência vem expresso na Lei nº 13.146/2015 (conhecida como Estatuto da Pessoa com Deficiência):

Art. 2º Considera-se pessoa com deficiência aquela que tem impedimento de longo prazo de natureza física, mental, intelectual ou sensorial, o qual, em interação com uma ou mais barreiras, pode obstruir sua participação plena e efetiva na sociedade em igualdade de condições com as demais pessoas.

§ 1º A avaliação da deficiência, quando necessária, será biopsicossocial, realizada por equipe multiprofissional e interdisciplinar e considerará:

I – os impedimentos nas funções e nas estruturas do corpo;

II – os fatores socioambientais, psicológicos e pessoais;

III – a limitação no desempenho de atividades; e

IV – a restrição de participação.

2.5.12 Lesão corporal praticado contra autoridade ou agente de segurança pública

Art. 129. (...)

§ 12. Se a lesão for praticada contra autoridade ou agente descrito nos art. 142 e 144 da Constituição Federal, integrantes do sistema prisional e da Força Nacional de Segurança

Pública, no exercício da função ou em decorrência dela, ou contra seu cônjuge, companheiro ou parente consanguíneo até terceiro grau, em razão dessa condição, a pena é aumentada de um a dois terços.

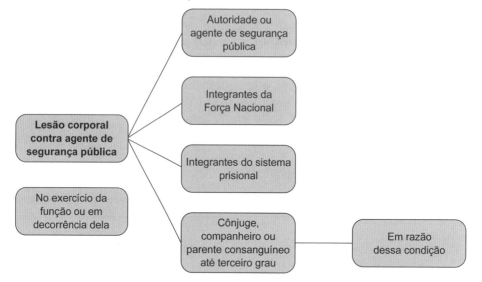

Esse parágrafo foi acrescentado ao Código Penal pela Lei nº 13.142/2015 para majorar a pena em caso de lesão corporal praticada contra autoridade ou agente previsto nos arts. 142 e 144 da CF, aos integrantes da Força Nacional de Segurança, do sistema prisional, no exercício da função ou em razão dela, ou ainda, contra seu cônjuge, companheiro ou parente consanguíneo até terceiro grau, em razão dessa condição.

Assim como o fez com o crime de homicídio, o próprio dispositivo alerta que a qualificadora somente será aplicada quando estes forem vítimas em razão dessa condição. Ou seja, o autor do fato mata o parente do agente de segurança exatamente em razão desse parentesco.

Para que incida a presente qualificadora às vítimas que sejam autoridades ou agentes da segurança pública, integrantes das Forças Armadas, Força Nacional e sistema prisional, há necessidade de que o crime tenha sido praticado **durante o exercício da função ou em decorrência dela.**

Saliente-se que foram inseridas no rol dos crimes hediondos (Lei nº 8.072/1990) a lesão corporal de natureza gravíssima e a lesão corporal seguida de morte quando cometidas em desfavor das pessoas elencadas nesse parágrafo.

2.5.13 Lesão corporal contra mulher por razão de gênero

Art. 129. (...)

§ 13. Se a lesão for praticada contra a mulher, por razões da condição do sexo feminino, nos termos do § 2º-A do art. 121 deste Código:

Pena – reclusão, de 1 (um) a 4 (quatro anos).

Inserido pela Lei nº 14.188/2021, o presente parágrafo prevê pena para a lesão praticada contra a mulher, por razões do sexo feminino.

A lei teve intenção de separar a vítima do gênero feminino da vítima do gênero masculino, como antes era previsto no art. 129, § 9º, do CP, com o intuito de lhe garantir maior proteção frente à vulnerabilidade em que ela se encontra no contexto social.

Tal vulnerabilidade não se insere apenas no âmbito doméstico e familiar, mas também, como bem fez a lei ao explicitar, quando o crime for cometido com menosprezo ou discriminação à condição de mulher.

Anteriormente, a hipótese inserida no § 9º do artigo, com pena de detenção, de 3 (três) meses a 3 (três) anos. Com a alteração, a pena passa a ser de reclusão, de 1 (um) a 4 (quatro) anos), quando a lesão corporal é cometida contra a mulher, por razões da condição do gênero feminino, isto é, em hipóteses de violência doméstica e em casos de violência cometida por menosprezo ou discriminação à condição de mulher.

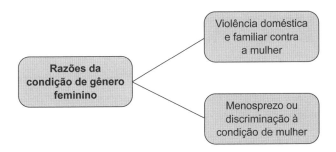

O aumento da pena e a mudança da modalidade denotam que o legislador vislumbra a maior reprovabilidade da lesão corporal cometida contra as mulheres, razão pela qual buscou apená-la de forma mais gravosa do que se fazia anteriormente.

Para conceituar "razões da condição do sexo feminino", podemos nos valer do art. 121, § 2º-A, do CP, que trata do feminicídio, *in verbis*:

> **Art. 121.** (...)
>
> **§ 2º-A.** Considera-se que há razões de condição de sexo feminino quando o crime envolve:
>
> I – violência doméstica e familiar;
>
> II – menosprezo ou discriminação à condição de mulher.

O que buscou o legislador foi garantir a isonomia entre as vítimas de gêneros diferentes.

Não se pode esquecer de que, em se tratando de violência doméstica e familiar contra a mulher, não serão aplicados os institutos despenalizadores previstos na Lei nº 9.099/1995.

Ressalte-se que, normalmente, o sujeito ativo nos crimes que envolvam violência doméstica e familiar contra a mulher é o homem, porém, nada impede que seja praticado por autora mulher, desde que presente a vulnerabilidade baseada no gênero.

Direito Penal Decifrado – Parte Especial

> ### 🔍 Jurisprudência destacada
>
> (...) Verifica-se, portanto, que a violência praticada pelo acusado contra sua ex-cunhada deriva do fato de esta saber onde a filha do requerido reside, momento em que usou sua superioridade física masculina para intimar A., revelando sua visão machista de que quem manda nas coisas da família é o homem, e que o homem pode impor à força suas ordens. A violência deriva da relação familiar com a vítima, pelo fato desta ser tia da filha do requerido e possui o caráter de reiteração da violência, gerando uma situação de verdadeiro terror pela perseguição sistemática à vítima, o que gera evidente vulnerabilidade perante o agressor, a caracterizar a violência baseada no gênero (TJ/DFT, Acórdão nº 1285290/DF 07367247820198070016, Rel. Mario Machado, 1ª Turma Criminal, j. 17.09.2020, *DJe* 29.09.2020).

A Lei nº 11.340/2006 não faz distinção em razão da orientação sexual da vítima, estando incluídas em seu âmbito de proteção as relações homoafetivas. Outro não deve ser o entendimento em relação ao parágrafo em análise.

Da mesma forma, aqui incluímos a mulher transgênero. Aliás, há que se fazer uma ressalva à lei quando traz da condição de "sexo feminino" quando mais acertadamente deveria tratar por condição do "gênero feminino".[4]

Outro não é o entendimento exarado no Enunciado nº 46 do Fonavid:

> A Lei Maria da Penha se aplica às mulheres trans, independentemente de alteração registral do nome e de cirurgia de redesignação sexual, sempre que configuradas as hipóteses do art. 5º da Lei nº 11.340/2006.

Com relação a tal discussão, remetemos o leitor ao capítulo que trata do feminicídio, a fim de evitar repetições desnecessárias.

> Questão interessante é a aplicação do § 13 às vítimas portadoras de deficiência (causa de aumento de pena prevista no § 11 do art. 129 do CP). Entendemos não ser possível a aplicação da causa de aumento de pena prevista no § 11 a este § 13. Isso porque, o § 11 restringe sua aplicação aos casos mencionados no § 9º do art. 129 do CP. Se a intenção

---

[4] O conceito de sexo se liga à biologia, referindo-se ao conceito biológico e fisiológico masculino ou feminino, temos a divisão entre macho e fêmea. Temos um conceito dentro das ciências biológicas que leva em conta determinadas características que determinam a possibilidade de reprodução. O gênero é uma construção social, é ligado aos papéis sociais culturalmente atribuídos a homens e mulheres. Nesses papéis podemos incluir o comportamento, a educação, a profissão que a sociedade impõe e espera que sejam cumpridos por homens e mulheres. Podemos afirmar que as diferenças de gênero estão fundamentadas nas expectativas que a sociedade cria sobre nosso comportamento, em razão das nossas características corporais. São convenções sociais. Gênero se adquire pela cultura (MARQUES; MACIEL, 2021).

do legislador fosse aplicar a causa de aumento de pena também ao presente parágrafo, o teria feito de maneira expressa. Interpretar de maneira diversa seria ferir a proibição da analogia *in malam partem* em sede de direito penal.

Saliente-se que a Lei nº 14.188/2021 não inseriu a disposição semelhante à do § 10 do art. 129, que determina o aumento de pena de 1/3 quando presente a violência doméstica.

A presente qualificadora será aplicada à lesão corporal leve, mas não às lesões graves ou gravíssimas (§§ 1º, 2º e 3º), nestes casos aplicar-se-á a pena constante naqueles parágrafos.

2.6 AÇÃO PENAL

Via de regra, a ação penal nos crimes de lesão corporal será **pública incondicionada**. Em se tratando de lesão corporal de natureza leve ou no caso de lesão corporal culposa, em razão da previsão do art. 88 da Lei nº 9.099/1995, tem-se ação penal pública condicionada à representação da vítima ou de seu representante legal.

Ressalva há de ser feita com relação à lesão corporal que envolva violência doméstica e familiar.

Quando estivermos diante da conduta prevista no § 13 do art. 129 do CP, a ação penal será pública incondicionada, conforme prevê o art. 41 da Lei nº 11.340/2006.

No caso de lesão corporal do § 13, porém fora do contexto de violência doméstica, por menosprezo ou discriminação à condição da mulher, a ação será pública condicionada à representação, ou estaríamos aplicando analogia *in malam partem*, vedada no direito penal.

Em se tratando de lesão corporal no contexto de violência doméstica em que a vítima seja homem, a ação penal será pública condicionada à representação (art. 88 da Lei nº 9.099/1995).

Analisando a pena mínima, admitir-se-ia a suspensão condicional do processo, prevista no art. 89 da Lei nº 9.099/1995. Porém, quando as condutas envolverem violência doméstica e familiar contra a mulher, existe a proibição da suspensão condicional do processo, conforme preceitua o art. 41 da Lei nº 11.340/2006 e a Súmula nº 536 do STJ.

Não se admite o acordo de não persecução penal (ANPP) previsto no art. 28-A do CPP, por duas razões: está proibida sua aplicação a crimes cometidos mediante violência ou grave ameaça e para crimes praticados contra a mulher por razões da condição do gênero feminino.

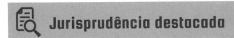 **Jurisprudência destacada**

STJ, Súmula nº 542. A ação penal relativa ao crime de lesão corporal resultante de violência doméstica contra a mulher é pública incondicionada.

3 Periclitação da vida e da saúde

3.1 NOÇÕES INTRODUTÓRIAS

Antes de analisar cada um dos tipos penais constantes do capítulo, faremos algumas importantes considerações iniciais.

Trataremos dos chamados crimes de perigo, que são aqueles que não dependem de resultado naturalístico para sua consumação. Eles se consumam com a mera exposição do bem jurídico a perigo.

A intenção do legislador é coibir comportamentos que possam causar danos aos bens jurídicos tutelados.

Os crimes de perigo são divididos em: crimes de perigo abstrato e crimes de perigo concreto. Os primeiros são aqueles que se consumam com a mera prática da conduta, não se exige a comprovação da produção do perigo, existe uma presunção de que tal conduta ocasiona perigo ao bem jurídico. Os crimes de perigo concreto, por sua vez, consumam-se com a comprovação da situação de perigo, comprovação do risco de lesão ao bem jurídico.

Vejamos a lição do Ministro Gilmar Mendes, extraída de seu voto no HC nº 202.883/SP:

> Diferentemente do que ocorre com os crimes de perigo concreto, os crimes de perigo abstrato pressupõem um juízo de possibilidade, ou de probabilidade, e não um juízo de certeza de perigo de dano ao bem jurídico tutelado pela norma penal. É preciso que haja, de todo modo, uma clara demonstração da potencialidade efetiva da conduta em vir a causar um perigo de dano ao valor protegido, já que o juízo de probabilidade que fundamenta os crimes de perigo abstrato não pode ser reduzido a nada ou a uma não possibilidade de risco de dano. Se os crimes de perigo concreto exigem uma demonstração concreta do perigo, em uma certeza de risco de dano, os crimes de perigo abstrato exigem uma demonstração concreta da possibilidade de risco de dano, já que não são crimes de mera conduta (Ag. Reg. no HC nº 202.883/SP).

3.2 PERIGO DE CONTÁGIO VENÉREO

Art. 130. Expor alguém, por meio de relações sexuais ou qualquer ato libidinoso, a contágio de moléstia venérea, de que sabe ou deve saber que está contaminado:

Pena – detenção, de três meses a um ano, ou multa.

§ 1º Se é intenção do agente transmitir a moléstia:

Pena – reclusão, de um a quatro anos, e multa.

§ 2º Somente se procede mediante representação.

3.2.1 Introdução

Trata-se de crime próprio quanto ao sujeito ativo (apenas a pessoa contaminada poderá praticá-lo) e comum quanto ao sujeito passivo; de perigo abstrato (consuma-se com a prática do ato sexual ou ato libidinoso capaz de transmitir a moléstia venérea, mesmo que não haja contaminação da vítima); crime comissivo; instantâneo; plurissubsistente; de forma vinculada (deve ser praticado mediante relações sexuais ou outros atos libidinosos).

3.2.2 Bem jurídico tutelado e objeto material

O tipo visa a proteger a incolumidade física da pessoa. Há doutrinadores que, além da incolumidade física, afirmam que o tipo tutela a vida (GRECO, 2020, p. 221).

3.2.3 Conduta e voluntariedade

A conduta punida é a exposição de alguém a perigo de contágio de moléstia grave mediante a prática de relações sexuais ou outros atos libidinosos. Assim, o agente mantém relação sexual ou outro ato libidinoso com a vítima a expondo a risco de contágio de doença venérea de que é portador.

Não é admitida a forma omissiva.

Por **moléstia venérea** entende-se a doença contraída por ato sexual. Ressalte-se que o art. 130 é exemplo de norma penal em branco, uma vez que o legislador não especificou quais seriam as moléstias venéreas, devendo o intérprete se valer de normas definidas pelo Ministério da Saúde.

Ressalte-se que a **AIDS não é considerada moléstia venérea**, mas sim doença fatal e incurável. Ela não é transmitida apenas pelo contato sexual, o que caracteriza as doenças venéreas.

A fim de facilitar a compreensão da voluntariedade das condutas tipificadas, dividiremos o tipo em duas partes:

Capítulo 3 ◆ Periclitação da vida e da saúde

- no *caput* temos o dolo de perigo que pode ser tanto o dolo direto (o agente sabe que está contaminado) quanto o dolo eventual (deve saber que está contaminado);
- no § 1º temos a figura qualificada em que o agente atua com dolo de dano e não com dolo de perigo. O agente tem a intenção de transmitir a moléstia à vítima. Aqui tem-se um crime de perigo com dolo de dano: o autor tem a intenção de contaminar a vítima, no entanto, a consumação do delito independe da efetiva contaminação, estará consumado com a relação sexual ou outro ato libidinoso.

Atente-se ao fato de que será considerado crime impossível se o agente, apesar de possuir o dolo de contaminar a vítima, mantiver com ela relações sexuais com uso de preservativo. O mesmo ocorrerá se a vítima já estiver contaminada.

Decifrando a prova

(Defensor Público – DPE/AL – Cespe/Cebraspe – 2017) Jonas descobriu, na mesma semana, que era portador de doença venérea grave e que sua esposa, Priscila, planejava pedir o divórcio. Inconformado com a intenção da companheira, Jonas manteve relações sexuais com ela, com o objetivo de lhe transmitir a doença. Ao descobrir o propósito de Jonas, Priscila foi à delegacia e relatou o ocorrido. No curso da apuração preliminar, constatou-se que ela já estava contaminada da mesma moléstia desde antes da conduta de Jonas, fato que ela desconhecia.

Nessa situação hipotética, considerando-se as normas relativas a crimes contra a pessoa, a conduta perpetrada por Jonas constitui crime impossível, em razão do contágio anterior.

( ) Certo ( ) Errado

Gabarito comentado: a vítima já estava contaminada, tratando-se de crime de perigo abstrato, não há o perigo de contágio da moléstia venérea. Portanto, a assertiva está certa.

3.2.4 Consumação e tentativa

A figura prevista no *caput* se consuma com a prática da relação sexual ou do ato libidinoso, pouco importando se a vítima foi efetivamente contaminada. Caso haja a contaminação, o agente responderá apenas pelo crime em análise, isso porque não tinha a intenção de transmitir a doença.

Já na figura prevista no § 1º, apesar de o crime também se consumar com a prática do ato sexual, caso a vítima venha a morrer em decorrência da moléstia, o agente responderá pelo crime de homicídio, pois possuía o dolo (direto ou eventual) de transmitir a doença.

É cabível a tentativa quando o agente, sabendo ou devendo saber ser portador da moléstia, quer manter ato sexual com a vítima, mas não consegue por circunstâncias alheias à sua vontade.

108 Direito Penal Decifrado – Parte Especial

> ## Decifrando a prova
>
> **(Juiz de Direito Substituto – TJ/MG – Consulplan – 2018 – Adaptada)** Sobre os crimes da Parte Especial do Código Penal, julgue o item a seguir:
>
> O crime de perigo de contágio venéreo se consuma com a prática da relação sexual ou de ato libidinoso, independentemente do efetivo contágio que, se ocorrer, será simples exaurimento do delito.
>
> ( ) Certo   ( ) Errado
>
> **Gabarito comentado:** a assertiva está certa, pois trata-se de crime de perigo abstrato (consuma-se com a prática do ato sexual ou ato libidinoso capaz de transmitir a moléstia venérea, mesmo que não haja contaminação da vítima).

3.2.5 Ação penal

A ação penal será pública condicionada à representação tanto na forma simples quanto na qualificada.

3.2.6 A questão da transmissão da Aids

Em tese, podemos amoldar a transmissão dolosa do vírus HIV em três tipos penais, a saber:

- no art. 131 – perigo de contágio de moléstia grave;
- na lesão corporal gravíssima, o contágio implicará uma debilidade crônica do organismo (enfermidade incurável);
- no homicídio – ainda que haja sobrevida da vítima contaminada, sua morte pode ser consequência da doença.

Para Rogério Greco (2020, p. 87), a **Aids** deve ser encarada como uma **doença mortal**, cuja cura ainda não foi descoberta. Por mais que o portador do vírus possa levar uma vida normal, em razão dos tratamentos existentes, ele está sujeito a outras doenças oportunistas que o acometem em razão da baixa imunidade, que podem ocasionar sua morte.

A **Aids não pode ser considerada moléstia venérea**, mas sim doença fatal e incurável. Ela não é transmitida apenas pelo contato sexual, o que caracteriza as doenças venéreas.

Seguindo o posicionamento de Greco, se um indivíduo, sabendo ser portador do vírus HIV e tendo conhecimento da letalidade da doença, mantiver relações sexuais com outra pessoa, ele poderá responder pelo crime de homicídio (tentado ou qualificado a depender do resultado). Nesse caso, a relação sexual foi o meio de execução para o crime.

Como já mencionado, a AIDS não é moléstia venérea por não se transmitir apenas pelo contágio sexual. Assim, aquele indivíduo portador do vírus HIV que, com a intenção de contaminar a vítima, nela injeta seu sangue contaminado, também responderá pelo homicídio (tentado ou consumado a depender do resultado).

No entanto, se o sujeito não souber ser portador do vírus HIV e vier a contaminar outra pessoa, seja por meio de relação sexual, seja por qualquer outro meio, não responderá pelo homicídio, pois não agiu com dolo.

Existe posicionamento na doutrina que entende que a transmissão do vírus HIV configura forma de **lesão corporal gravíssima** (enfermidade incurável).

O **Supremo Tribunal Federal**, no julgamento do HC nº 98.712 entendeu que **não** se pode tipificar a transmissão do vírus HIV como **homicídio**:

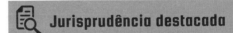

MOLÉSTIA GRAVE. TRANSMISSÃO. HIV. CRIME DOLOSO CONTRA A VIDA *VERSUS* O DE TRANSMITIR DOENÇA GRAVE. Descabe, ante previsão expressa quanto ao tipo penal, partir-se para o enquadramento de ato relativo à transmissão de doença grave como a configurar crime doloso contra a vida. Considerações (STF, HC nº 98.712, Rel. Min. Marco Aurélio, 1ª Turma, j. 05.10.2010, *DJe* 17.12.2010).

Outro não foi o entendimento do Superior Tribunal de Justiça no julgamento do HC nº 160.982:

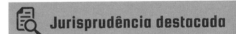

HABEAS CORPUS. ART. 129, § 2º, INCISO II, DO CÓDIGO PENAL. PACIENTE QUE TRANSMITIU FNFFRMIDADE INCURÁVEL À OFENDIDA (SÍNDROME DA IMUNODEFICIÊNCIA ADQUIRIDA). VÍTIMA CUJA MOLÉSTIA PERMANECE ASSINTOMÁTICA. DESINFLUÊNCIA PARA A CARACTERIZAÇÃO DA CONDUTA. PEDIDO DE DESCLASSIFICAÇÃO PARA UM DOS CRIMES PREVISTOS NO CAPÍTULO III, TÍTULO I, PARTE ESPECIAL, DO CÓDIGO PENAL. IMPOSSIBILIDADE. *SURSIS* HUMANITÁRIO. AUSÊNCIA DE MANIFESTAÇÃO DAS INSTÂNCIAS ANTECEDENTES NO PONTO, E DE DEMONSTRAÇÃO SOBRE O ESTADO DE SAÚDE DO PACIENTE. *HABEAS CORPUS* PARCIALMENTE CONHECIDO E, NESSA EXTENSÃO, DENEGADO. 1. O Supremo Tribunal Federal, no julgamento do HC nº 98.712/RJ, Rel. Min. Marco Aurélio (1ª Turma, *DJe* 17.12.2010), **firmou a compreensão de que a conduta de praticar ato sexual com a finalidade de transmitir AIDS não configura crime doloso contra a vida.** Assim não há constrangimento ilegal a ser reparado de ofício, em razão de não ter sido o caso julgado pelo Tribunal do Júri. 2. O ato de propagar síndrome da imunodeficiência adquirida não é tratado no Capítulo III, Título I, da Parte Especial, do Código Penal (art. 130 e ss.), onde não há menção a enfermidades sem cura. Inclusive, nos debates havidos no julgamento do HC nº 98.712/RJ, o eminente Ministro Ricardo Lewandowski, ao excluir a possibilidade de a Suprema Corte, naquele caso, conferir ao delito a classificação de "Perigo de contágio de moléstia grave" (art. 131 do Código Penal), esclareceu que, "no atual estágio da ciência, a enfermidade é incurável, quer dizer, ela não é só grave, nos termos do art. 131". 3. **Na hipótese de transmissão dolosa de doença incurável, a conduta deverá será apenada com mais rigor do que o ato de contaminar outra pessoa**

110 Direito Penal Decifrado – Parte Especial

com moléstia grave, conforme previsão clara do art. 129, § 2º, inciso II, do Código Penal. 4. A alegação de que a Vítima não manifestou sintomas não serve para afastar a configuração do delito previsto no art. 129, § 2º, inciso II, do Código Penal. É de notória sabença que o contaminado pelo vírus do HIV necessita de constante acompanhamento médico e de administração de remédios específicos, o que aumenta as probabilidades de que a enfermidade permaneça assintomática. Porém, o tratamento não enseja a cura da moléstia (STJ, HC nº 160.982/DF, Rel. Min. Laurita Vaz, 5ª Turma, *DJe* 28.05.2021 – grifos nossos).

* **Assim, em que pese haver vozes na doutrina que entendem que a transmissão dolosa do vírus HIV configura crime de homicídio, entendemos que a razão assiste aos tribunais superiores que tipifica tal conduta como aquela prevista no art. 129, § 2º, inciso II, do Código Penal.** Esse é o entendimento que indicamos adotar em provas de concursos.

Decifrando a prova

(Analista Técnico Defensoria Pública – DPE/SC – Fundatec – 2018 – Adaptada) Pode-se asseverar que se o agente ativo, portador de HIV – AIDS, tem por intenção transmitir a sua doença a outrem, poderá responder pelo delito de perigo de contágio de moléstia grave, se o seu dolo se dirigir tão somente à transmissão da doença; poderá responder pelo delito de homicídio ou de tentativa de homicídio, se o seu dolo se dirigir para além da transmissão da doença à morte da vítima; ou, ainda, poderá responder por lesão corporal de natureza gravíssima, se seu dolo se dirigir à produção de ofensa à integridade física ou saúde da vítima, com o resultado enfermidade incurável, ou, ainda, por lesão corporal seguida de morte, acaso essa ocorra, mas o dolo do agente abranja apenas a intenção de lesionar a vítima.
( ) Certo   ( ) Errado
Gabarito comentado: em razão da controvérsia mencionada, tal questão poderia ser anulada, no entanto, a banca entendeu a assertiva como certa.

3.3 PERIGO DE CONTÁGIO DE MOLÉSTIA GRAVE

Art. 131. Praticar, com o fim de transmitir a outrem moléstia grave de que está contaminado, ato capaz de produzir o contágio:

Pena – reclusão, de um a quatro anos, e multa.

3.3.1 Introdução e classificação doutrinária

Trata-se de crime próprio quanto ao sujeito ativo (apenas a pessoa contaminada poderá praticá-lo) e comum quanto ao sujeito passivo; de dano; formal (não exige a efetiva contaminação para sua contaminação); crime comissivo (em regra, podendo ser omissivo nos casos do agente garantidor); instantâneo; plurissubsistente; de forma livre.

3.3.2 Bem jurídico tutelado e objeto material

Os bens jurídicos tutelados são a integridade corporal e a saúde.

O objeto material é a pessoa contra a qual a conduta é dirigida.

3.3.3 Conduta e voluntariedade

A conduta punida é a prática de ato que possa vir a transmitir a outrem moléstia grave de que está contaminado o agente.

Por moléstia grave entende-se enfermidade que acarrete séria perturbação da saúde. Assim como ocorre no art. 130, este também é exemplo de norma penal em branco, uma vez que o legislador não especificou quais seriam as moléstias graves, devendo o intérprete se valer de normas definidas pelo Ministério da Saúde.

> **Decifrando a prova**
>
> **(Analista Jurídico do Ministério Público – MPE/SP – Vunesp – 2018 – Adaptada)** O crime de contágio de moléstia grave, para se configurar, exige que a exposição a contágio ocorra por relação sexual ou qualquer outro ato libidinoso.
> ( ) Certo   ( ) Errado
> **Gabarito comentado:** conforme o art. 131 do Código Penal, o crime de contágio de moléstia grave diz respeito a perigo de transmissão de doença por meio que não seja relação sexual. Portanto, a assertiva está errada.

Não há necessidade de que a moléstia seja incurável para configuração deste tipo.

Podemos citar como exemplos de moléstias graves a tuberculose, doença de Hansen, febre amarela, o Covid-19.

Por se tratar de crime de ação livre, pode ser praticado por qualquer meio (direta ou indiretamente).

Somente é punido a título de dolo, não se admitindo o dolo eventual e a culpa.

O elemento subjetivo é o dolo direto de expor a vítima ao perigo de contágio da moléstia grave. Perceba que temos aqui o dolo específico, pois exige-se do agente esse especial fim de agir ("com o fim de transmitir").

3.3.4 Consumação e tentativa

Trata-se de crime formal que se consuma no momento da prática do ato que seja capaz de transmitir a moléstia, pouco importando se efetivamente ocorreu o contágio.

Caso ocorra a efetiva contaminação, o agente responderá pelo crime mais grave. Por exemplo: se resultar em lesão grave, responderá pelo art. 129, § 1º, do CP. Caso o resultado seja uma lesão leve, responderá pelo crime de perigo de contágio de moléstia grave que absorverá a lesão leve. Se o resultado for a morte, o agente responderá pelo homicídio, uma vez que ele quis ou assumiu o risco de produzir o resultado.

Em se tratando de crime plurissubsistente, entende-se possível a tentativa.

Estando a vítima já contaminada e sendo comprovada a impossibilidade de agravamento de sua situação, estaremos diante de crime impossível por absoluta impropriedade do objeto.

3.3.5 Ação penal

A ação penal é pública incondicionada.

3.4 PERIGO PARA A VIDA OU A SAÚDE DE OUTREM

Art. 132. Expor a vida ou a saúde de outrem a perigo direto e iminente:

Pena – detenção, de três meses a um ano, se o fato não constitui crime mais grave.

Parágrafo único. A pena é aumentada de um sexto a um terço se a exposição da vida ou da saúde de outrem a perigo decorre do transporte de pessoas para a prestação de serviços em estabelecimentos de qualquer natureza, em desacordo com as normas legais.

3.4.1 Classificação doutrinária

Trata-se de crime de perigo concreto; crime comum tanto em relação ao sujeito ativo quanto em relação ao sujeito passivo; formal (não exige a efetiva contaminação para sua contaminação); crime comissivo (em regra, podendo ser omissivo); instantâneo; plurissubsistente; de forma livre.

3.4.2 Bem jurídico tutelado e objeto material

O bem jurídico tutelado é a saúde, a integridade corporal e a vida.

O objeto material será a pessoa contra quem recai a conduta.

3.4.3 Conduta e voluntariedade

Pune-se a conduta de expor alguém a perigo, ou seja, submeter alguém a uma situação que possa lhe causar danos à saúde ou à integridade corporal.

É admitida a modalidade omissiva, no caso do agente garantidor.

Tem-se aqui um crime de perigo concreto em que se exige que o bem jurídico tutelado tenha sido exposto a risco de lesão.

O tipo penal exige que o perigo seja direto e iminente.

Por perigo direto entende-se aquele que atinge pessoa certa ou pessoas certas e determinadas.

No caso do agente que atua visando a atingir pessoas indeterminadas, estaremos diante de um dos crimes de perigo comum previstos nos arts. 250 a 259 do Código Penal.

Perigo iminente é aquele capaz de causar dano imediato à vítima.

Pune-se o dolo de perigo, seja ele direto ou eventual. Não se admite a modalidade culposa.

3.4.4 Consumação e tentativa

O crime se consuma com a produção do perigo concreto para a vítima. Admite-se a tentativa na modalidade comissiva.

Em razão da subsidiariedade do tipo em estudo ("se o fato não constitui crime mais grave"), se da conduta do agente resultar efetivo dano à vítima, sendo este mais grave, responderá o agente por ele. Sendo o perigo mais grave, responderá pelo tipo em análise.

Como exemplo, podemos citar: a morte da vítima resultante da conduta do agente. O agente responderá pelo crime de homicídio.

Já no caso de resultar lesão corporal leve, o agente responde pelo art. 132, isto porque, a pena aplicável ao art. 129, *caput,* é inferior à pena do artigo em comento.

Se com sua conduta o agente vier a atingir várias vítimas, ainda assim estaremos diante de crime único, não incidindo o instituto do concurso formal, em razão da expressa subsidiariedade do tipo penal.

- ♦ **crime de perigo para a vida ou saúde de outrem x crime de disparo de arma de fogo:** o Estatuto do Desarmamento (Lei nº 10.826/2003) traz em seu art. 15 o crime de disparo de arma de fogo:

  Art. 15. Disparar arma de fogo ou acionar munição em lugar habitado ou em suas adjacências, em via pública ou em direção a ela, desde que essa conduta não tenha como finalidade a prática de outro crime:

  Pena – reclusão, de 2 (dois) a 4 (quatro) anos, e multa.

A conduta de disparar arma de fogo em local habitado ou em suas adjacências, em via pública ou em direção a ela, em razão do princípio da especialidade, amoldar-se-á àquela prevista no Estatuto do Desarmamento.

Já se o disparo for efetuado em local inabitado, que não seja via pública ou em direção a ela e, ainda, que não seja dirigido a determinada pessoa (quando não tiver o dolo de dano), teremos configurada a figura típica em análise, qual seja, aquela prevista no art. 132 do Código Penal.

3.4.5 Causa de aumento de pena

O parágrafo único do art. 132 prevê causa de aumento de pena no caso em que a exposição a perigo se dê no transporte de pessoas para prestação de serviços em estabelecimentos de qualquer natureza, em desacordo com as normas legais.

Aqui temos um crime de trânsito inserido no Código Penal pela Lei nº 9.777/1998. A intenção do legislador foi punir de maneira mais grave o transporte clandestino de trabalhadores, em especial nas áreas rurais (conhecidos como boias-frias).

Aplica-se essa causa de aumento de pena ainda que apenas um trabalhador esteja sendo transportado.

Decifrando a prova

(Promotor de Justiça – MPE/SC – 2016) De acordo com o Código Penal, no crime subsidiário de expor a vida ou a saúde de outrem a perigo direto e iminente, o legislador incluiu uma causa de aumento de pena específica quando o crime decorre do transporte de pessoas para a prestação de serviços em estabelecimentos de qualquer natureza, em desacordo com as normas legais, a qual majora a pena de um sexto a um terço.

( ) Certo   ( ) Errado

Gabarito comentado: conforme inteligência do parágrafo único do art. 132 do CP, a assertiva está certa.

♦ **crime de perigo para a vida ou saúde de outrem x Estatuto da Pessoa Idosa:** o Estatuto da Pessoa Idosa (Lei nº 10.741/2003) veicula em seu art. 99 uma modalidade especial de crime de perigo para a vida ou à saúde, quando se tratar de vítima idosa.

Art. 99. Expor a perigo a integridade e a saúde, física ou psíquica, do idoso, submetendo-o a condições desumanas ou degradantes ou privando-o de alimentos e cuidados indispensáveis, quando obrigado a fazê-lo, ou sujeitando-o a trabalho excessivo ou inadequado:

Pena – detenção de 2 (dois) meses a 1 (um) ano e multa.

Em se tratando de pessoa idosa (aquela com idade igual ou superior a sessenta anos) se aplica, em razão do princípio da especialidade, o tipo trazido pela Lei nº 10.741/2003.

3.5 ABANDONO DE INCAPAZ

Art. 133. Abandonar pessoa que está sob seu cuidado, guarda, vigilância ou autoridade, e, por qualquer motivo, incapaz de defender-se dos riscos resultantes do abandono:

Pena – detenção, de seis meses a três anos.

§ 1º Se do abandono resulta lesão corporal de natureza grave:

Pena – reclusão, de um a cinco anos.

§ 2º Se resulta a morte:

Pena – reclusão, de quatro a doze anos.

Aumento de pena

§ 3º As penas cominadas neste artigo aumentam-se de um terço:

I – se o abandono ocorre em lugar ermo;

II – se o agente é ascendente ou descendente, cônjuge, irmão, tutor ou curador da vítima;

III – se a vítima é maior de 60 (sessenta) anos.

3.5.1 Noções iniciais e classificação doutrinária

Trata-se de crime de perigo concreto que visa a proteger a integridade física e a vida do incapaz, assim entendido como aquele que não tem possibilidade de se defender dos riscos resultantes do abandono.

A incapacidade aqui nada tem a ver com a incapacidade civil.

É crime de perigo concreto; crime próprio tanto em relação ao sujeito ativo quanto em relação ao sujeito passivo (exige-se uma relação de dependência entre vítima e autor); crime comissivo ou omissivo; instantâneo; plurissubsistente ou unissubsistente; de forma livre (admitindo qualquer forma de execução).

Como exemplos, podemos citar a enfermeira que cuida de acamado, os pais em relação a seus filhos, um professor de natação com relação a seus alunos.

3.5.2 Bem jurídico tutelado e objeto material

O bem jurídico tutelado é a saúde, a integridade corporal e a vida.

O objeto material será a pessoa incapaz de defender-se dos riscos do abandono.

3.5.3 Sujeitos do crime

Como dito, trata-se de crime próprio tanto em relação ao sujeito ativo quanto em relação ao sujeito passivo.

Direito Penal Decifrado – Parte Especial

O sujeito ativo será a pessoa que tem o dever de cuidado, guarda, vigilância ou autoridade sobre o incapaz. Exige-se essa relação de dependência entre autor e vítima.

O sujeito passivo será aquele que não tem possibilidade de se defender dos riscos resultantes do abandono.

Ausente essa relação entre sujeito ativo e passivo, ainda que momentânea, não há se falar em abandono de incapaz.

3.5.4 Conduta e voluntariedade

O tipo pune a conduta de abandonar pessoa incapaz. Por abandono entende-se o desamparo, o abandono físico, o desamparo, a desassistência.

Pode ser praticado mediante ação ou omissão. Como exemplo de abandono por ação podemos citar o pai que leva o filho a local ermo e o deixa à própria sorte. Rogério Sanches Cunha (2021, p. 167) afirma que não haverá o crime se o responsável ficar vigiando a vítima até que alguém o recolha ou se o abandono ocorrer em local em que haja assistência, como é o caso de um hospital.

O dolo é o de abandonar, é dolo de perigo (direto ou eventual), sem que se exija qualquer finalidade específica. Aliás, se a intenção do agente for causar a morte ou dano à saúde da vítima, responderá por esses resultados.

> ### Decifrando a prova
>
> **(Delegado de Polícia – PC/ES – Funcab – 2013 – Adaptada)** Julgue o item a seguir:
> Gertrudes, para ir brincar o carnaval, deixou dormindo em seu apartamento seus filhos Lúcio, de cinco anos de idade, e Lígia, de sete anos de idade. As crianças acordaram e, por se sentirem sós, começaram a chorar. Os vizinhos, ouvindo os choros e chamamentos das crianças pela janela do apartamento, que ficava no terceiro andar do prédio, arrombaram a porta, recolheram as crianças e entregaram-nas ao Conselho Tutelar. Logo, pode-se afirmar que Gertrudes deve responder pelo crime de perigo de vida, previsto no art. 132 do CP.
> ( ) Certo   ( ) Errado
> **Gabarito comentado:** a conduta de Gertrudes amolda-se ao crime previsto no art. 133 do CP (abandono de incapaz). O crime previsto no art. 132 (crime de perigo a vida ou a saúde) exige que haja a exposição da vida ou da saúde a perigo direto e iminente, não sendo o caso da conduta exposta na questão. Portanto, a assertiva está errada.

3.5.5 Consumação e tentativa

Sendo crime de perigo concreto, consuma-se com a efetiva exposição da vítima a risco. É crime instantâneo de efeitos permanentes que duram até que o incapaz permaneça desassistido.

Ocorre o crime ainda que o sujeito ativo, após o abandono e exposição da vítima ao risco, retome o dever de assistência.

A tentativa será possível na modalidade comissiva, mas não na modalidade omissiva.

3.5.6 Formas qualificadas

As figuras qualificadas vêm previstas nos §§ 1º e 2º. São tipos qualificados pelo resultado (se resulta lesões graves ou morte), assim, chamados de crimes preterdolosos. O agente atua com dolo no abandono e culpa no resultado.

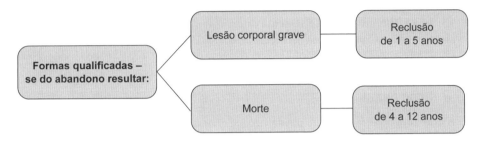

Não custa lembrar que o agente não atua com dolo no resultado, ou seja, este não é por ele querido ou aceito. Se assim atuar, não estaremos diante dessa figura típica.

Agindo com dolo de lesão grave ou dolo de matar a vítima, o agente responderá pelo crime mais grave (lesão corporal grave ou gravíssima ou homicídio).

3.5.7 Causas de aumento de pena

As majorantes da pena vêm previstas no § 3º e serão aplicadas tanto ao tipo simples quanto ao qualificado.

> Art. 133. (...)
> § 3º As penas cominadas neste artigo aumentam-se de um terço:
> I – se o abandono ocorre em lugar ermo;
> II – se o agente é ascendente ou descendente, cônjuge, irmão, tutor ou curador da vítima.
> III – se a vítima é maior de 60 (sessenta) anos.

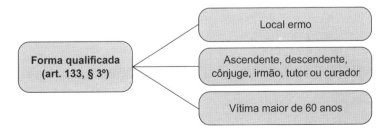

Direito Penal Decifrado – Parte Especial

- **se o abandono ocorre em lugar ermo:** por "local ermo" entende-se aquele que normalmente é isolado, sem a frequência de pessoas, o que dificulta que a vítima seja socorrida ou peça ajuda. Caso excepcionalmente o local ermo esteja com a presença de outras pessoas, não incidirá a qualificadora.
- **se o agente é ascendente, descendente, cônjuge, irmão, tutor ou curador da vítima:** o intuito do legislador é repreender de forma mais grave a conduta praticada por agentes que tenham laços familiares ou de proximidade, de quem se espera maior amparo.

Ressalte-se que o rol deste inciso é taxativo, não cabendo ao intérprete fazer analogias. Assim, não se inclui o companheiro ou companheira da vítima, mas apenas o cônjuge.

- **se a vítima é maior de sessenta anos:** majorante incluída no Código Penal pelo Estatuto da Pessoa Idosa (Lei nº 10.741/2003). A aplicação dessa causa de aumento afasta a aplicação da agravante genérica prevista no art. 61, II, *b*, do Código Penal.

3.5.8 Ação penal

A ação será pública incondicionada em qualquer das modalidades.

- **crime de abandono de incapaz x Estatuto da Pessoa Idosa:** já vimos que o Estatuto da Pessoa Idosa inseriu uma causa de aumento de pena no art. 133 quando a vítima for maior de sessenta anos.

Não se pode esquecer da figura prevista no art. 98 da Lei nº 10.741/2003, que prevê o abandono de pessoa idosa em hospitais, casas de saúde e congêneres.

> **Art. 98.** Abandonar o idoso em hospitais, casas de saúde, entidades de longa permanência, ou congêneres, ou não prover suas necessidades básicas, quando obrigado por lei ou mandado:
>
> **Pena** – detenção de 6 (seis) meses a 3 (três) anos e multa.

Em razão do princípio da especialidade, se o abandono de pessoa idosa ocorrer em algum desses locais, será aplicado o art. 98 do Estatuto da Pessoa Idosa, e não o art. 133 do CP.

- **crime de abandono de incapaz x Estatuto da Pessoa com Deficiência:** da mesma forma como ocorre com a pessoa idosa, a lei criou uma figura específica quando o abandono envolver pessoa com deficiência, vejamos o art. 90 da Lei nº 13.146/2015:

> **Art. 90.** Abandonar pessoa com deficiência em hospitais, casas de saúde, entidades de abrigamento ou congêneres:
>
> **Pena** – reclusão, de 6 (seis) meses a 3 (três) anos, e multa.

3.6 EXPOSIÇÃO OU ABANDONO DE RECÉM-NASCIDO

> **Art. 134.** Expor ou abandonar recém-nascido, para ocultar desonra própria:
>
> **Pena** – detenção, de seis meses a dois anos.

Capítulo 3 • Periclitação da vida e da saúde **119**

§ 1º Se do fato resulta lesão corporal de natureza grave:

Pena – detenção, de um a três anos.

§ 2º Se resulta a morte:

Pena – detenção, de dois a seis anos.

3.6.1 Noções iniciais e classificação doutrinária

Considerado uma forma privilegiada do crime previsto no art. 133 do CP (abandono de incapaz). A mãe abandona o filho por motivo de honra; exige-se esse especial fim de agir.

Trata-se de crime de perigo concreto; crime próprio tanto em relação ao sujeito ativo quanto em relação ao sujeito passivo; crime comissivo ou omissivo; instantâneo; plurissubsistente ou unissubsistente; de forma livre (admitindo qualquer forma de execução).

Por recém-nascido entende-se aquele que acabou de nascer, o que tem poucas horas ou dias de vida.

O tipo penal traz em seu bojo um especial fim de agir, qual seja, "para ocultar desonra própria". Honra aqui podendo ser entendida como a dignidade sexual, a boa reputação do indivíduo.

3.6.2 Bem jurídico tutelado e objeto material

O bem jurídico tutelado é a vida e a saúde do recém-nascido. O objeto material é o próprio recém-nascido.

3.6.3 Sujeitos do crime

Cuida-se de crime próprio tanto em relação ao sujeito ativo quanto em relação ao sujeito passivo. O sujeito passivo será o recém-nascido.

Em relação ao sujeito ativo existe divergência doutrinária.

Para Cezar Roberto Bitencourt (*apud* CUNHA, 2021), somente a mãe pode ser sujeito ativo, uma vez que o próprio tipo penal faz referência à desonra própria.

A maioria da doutrina, e nesse sentido Heleno Fragoso e Mirabete citados por Cunha (2021, p. 170), entende, no entanto, que além da mãe, o pai pode figurar como sujeito ativo, como, por exemplo, no caso de filho havido fora do casamento ou fruto de incesto. Filiamo--nos a essa segunda corrente.

Admite-se o concurso de pessoas tanto na modalidade participação quanto coautoria.

3.6.4 Conduta e voluntariedade

Pune-se a conduta de abandonar ou expor o recém-nascido a perigo a fim de ocultar desonra própria.

Direito Penal Decifrado – Parte Especial

Como mencionado, cuida-se da honra entendida como a dignidade sexual, a reputação do autor ou autora. Entende-se que se a pessoa não possui honra a ser preservada, não há que se falar nesse tipo penal.

Ousamos discordar desse entendimento amplamente majoritário e do exemplo comumente utilizado para explicá-lo (a prostituta que não teria honra para ser salva).

Para iniciar, devemos lembrar que o presente tipo penal vem previsto no Código Penal desde sua promulgação, ou seja, desde 1940, época em que a sociedade e os costumes eram bastante diferentes dos atuais.

Época em que se tolerava que o marido mantivesse amantes, porém não se aceitava que a mulher pudesse fazê-lo. Época em que um filho concebido fora do casamento era considerado ilegítimo e que seu nascimento poderia "manchar a honra" do pai de família.

A esse "pai de família" que teve filho fora do casamento e resolveu abandoná-lo por acreditar que se a sociedade tomasse conhecimento de sua existência teria sua honra abalada, é aplicada a "forma privilegiada" do abandono de incapaz (o tipo penal em estudo).

Já para a mulher que, não tendo outro meio para manter sua subsistência, resolve se prostituir, ou, ainda, que o faça por opção, a ela é negado que tenha honra a zelar? É negado que ela tenha dignidade sexual?

Mesmo que se entenda de maneira conservadora que a prostituta não teria honra a zelar, podemos imaginar o caso da mulher que se prostitui sem o conhecimento de sua família e vem a engravidar. Talvez ela entenda que essa gravidez possa abalar a reputação que ela goza perante sua família.

Apenas a título de discussão acadêmica, o próprio artigo em estudo causa certo desconforto: ora, como se conceber uma pena mais branda a uma pessoa que expõe a risco a vida de um recém-nascido apenas com o intuito de "ocultar desonra própria".

Saliente-se que tal posicionamento é isolado e que em eventual questão de concurso não será a melhor opção. Apesar de discordar do entendimento, aconselhamos o leitor a seguir a doutrina amplamente majoritária que entende que a prostituta não possui honra a zelar.

Feita essa ressalva, retornemos à análise do tipo.

O tipo exige, ainda, que o nascimento da criança tenha se dado de maneira sigilosa, isto porque, se for público, não haverá honra a se resguardar.

Caso o abandono do recém-nascido se dê por motivo diverso da finalidade prevista no tipo, estaremos diante do crime previsto no art. 133 do CP.

3.6.5 Consumação e tentativa

Sendo crime de perigo concreto, consuma-se com a efetiva exposição da vítima a risco. É crime instantâneo de efeitos permanentes que duram enquanto o recém-nascido permaneça desamparado.

Ocorre o crime ainda que o sujeito ativo, após o abandono e exposição da vítima ao risco, retome o dever de assistência.

A tentativa será possível na modalidade comissiva, mas não na modalidade omissiva.

3.6.6 Figuras qualificadas

As formas qualificadas vêm previstas nos §§ 1º e 2º do art. 134 do CP:

Art. 134. (...)
§ 1º Se do fato resulta lesão corporal de natureza grave:
Pena – detenção, de um a três anos.
§ 2º Se resulta a morte:
Pena – detenção, de dois a seis anos.

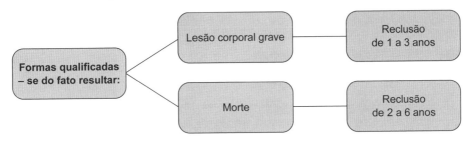

Ambos são crimes preterdolosos (qualificados pelo resultado). O agente atua com dolo ou abandono e culpa no resultado.

Aqui se faz a mesma observação feita no artigo anterior: o agente não atua com dolo no resultado, ou seja, este não lhe é querido ou aceito. Se assim atuar, não estaremos diante dessa figura típica.

Agindo com dolo de lesão grave ou dolo de matar a vítima, o agente responderá pelo crime mais grave (lesão corporal grave ou gravíssima ou homicídio).

3.7 OMISSÃO DE SOCORRO

Art. 135. Deixar de prestar assistência, quando possível fazê-lo sem risco pessoal, à criança abandonada ou extraviada, ou à pessoa inválida ou ferida, ao desamparo ou em grave e iminente perigo; ou não pedir, nesses casos, o socorro da autoridade pública:

Pena – detenção, de um a seis meses, ou multa.

Parágrafo único. A pena é aumentada de metade, se da omissão resulta lesão corporal de natureza grave, e triplicada, se resulta a morte.

3.7.1 Noções iniciais e classificação doutrinária

Ao punir a omissão de socorro, o intuito do legislador foi incutir em toda a sociedade o dever de assistência ao próximo, seja prestando tal assistência de maneira direta, seja pedindo socorro às autoridades quando não for possível fazê-lo.

Utilizando-se da lição de Rogério Greco (2021, p. 270), podemos dizer que a própria lei penal esclarece que:

> Somente responderá pelo delito de omissão de socorro o agente que podia prestar a assistência sem risco pessoal. Havendo risco para o agente, o fato será atípico no que que diz respeito à sua assistência direta, mas não o exime de responsabilidade se também, podendo, não procura o socorro da autoridade pública.

Trata-se de crime comum tanto em relação ao sujeito ativo quanto em relação ao sujeito passivo; crime omissivo próprio (também chamado de puro); de perigo; de forma livre; unissubjetivo; instantâneo.

🧩 Decifrando a prova

(Promotor de Justiça – MP/PR – 2021 – Adaptada) Julgue o item a seguir:

O pedestre **A** percebe criança caminhando sozinha por via de circulação de veículos, e, ciente do perigo iminente e da real possibilidade de atropelamento do infante, deixa de lhe prestar assistência, podendo fazê-lo concretamente sem risco pessoal: se mais tarde a criança, em desvio ocasional do trânsito viário, acaba atingindo área reservada de segurança, não sofrendo quaisquer lesões, subsiste a responsabilidade penal de **A** por omissão de socorro (CP, art. 135).

( ) Certo   ( ) Errado

Gabarito comentado: conforme o art. 135 do CP, a assertiva está certa.

3.7.2 Bem jurídico tutelado e objeto material

O bem jurídico tutelado é a vida e a saúde.

O objeto material é a criança abandonada ou extraviada, a pessoa inválida ou ferida, ou a pessoa desamparada ou que se encontra em grave e iminente perigo.

3.7.3 Sujeitos do crime

Cuida-se de crime comum em relação ao sujeito ativo, qualquer pessoa pode praticá-lo, uma vez que não se exige nenhuma qualidade especial do autor.

Já com relação ao sujeito passivo, a lei traz as pessoas que podem ser vítimas: a criança abandonada ou extraviada, a pessoa inválida ou ferida, desamparada ou que se encontra em grave e iminente perigo.

Importante ressaltar que, como já afirmado, o dever de assistência recai sobre toda a coletividade, o crime não admite coautoria. Assim, quando várias pessoas se omitirem no dever de prestar socorro, cada uma delas responderá pelo crime previsto no art. 135 do CP.

Como sujeito passivo, temos aquelas pessoas elencadas no art. 135. O rol previsto no artigo em comento é taxativo:

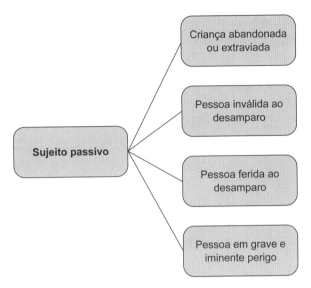

- **Criança abandonada ou criança extraviada:** por "criança" entende-se a pessoa com até doze anos incompletos (tal qual conceituado pelo Estatuto da Criança e do Adolescente).

Será considerada abandonada a criança deixada à própria sorte, sem os devidos cuidados necessários à sua subsistência. Extraviada é a criança que está fora de sua residência, sem saber como chegar até lá (perdida).

Importante ressaltar que no caso da criança abandonada, o agente que responderá pela omissão de socorro não será quem a abandonou (quem criou o perigo para ela), mas sim, o terceiro que a vê abandonada e não a socorre.

- **Pessoa inválida e ao desamparo:** por pessoa inválida compreende-se aquela que não pode praticar os atos corriqueiros por si própria, que necessita de assistência de outros.
- **Pessoa ferida:** pessoa ferida é aquela que sofreu algum tipo de lesão corporal e que depende de auxílio, ou seja, que está desamparada.
- **Pessoa em grave e iminente perigo:** por pessoa em grave e iminente perigo tem-se qualquer pessoa que, por quaisquer motivos, corra risco de sofrer um mal, um risco grave. Aqui não importa o motivo que levou a vítima a estar em perigo.

Eventual recusa do sujeito passivo em ser socorrido não exime o sujeito ativo de sua obrigação. No entanto, se a recusa da vítima, ou sua resistência forem aptas a impedir o socorro, não estaremos diante do delito em tela.

3.7.4 Conduta e voluntariedade

A conduta punida pelo art. 135 é deixar de prestar socorro ou deixar de pedir socorro (quando não possível fazê-lo).

Veja que a norma traz dois núcleos (verbos), duas formas de se cometer o delito:

- deixar de prestar socorro quando possível fazê-lo;
- deixar de pedir auxílio quando não puder socorrer pessoalmente a vítima.

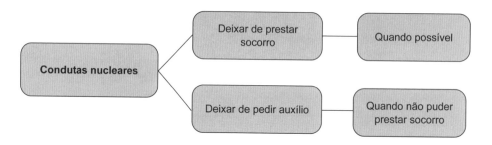

Destaque-se que não cabe ao sujeito ativo a escolha entre prestar o auxílio ou pedir socorro à autoridade.

Sendo possível prestar o socorro de maneira direta, deve a pessoa fazê-lo. Somente poderá pedir o auxílio quando não puder socorrer pessoalmente (assistência indireta ou mediata).

O tipo penal traz um elemento normativo, qual seja, "quando possível fazê-lo sem risco pessoal". Não se pode obrigar que alguém ponha a própria vida em risco para salvar outra. Caso assim se entendesse, estaríamos negando o estado de necessidade (que admite o sacrifício de um bem jurídico para salvaguardar outro de valor igual ou superior).

Por autoridade pública não se pode compreender todo e qualquer servidor público, mas sim aquele que tenha o poder de socorrer uma pessoa (exemplo: policial, bombeiro).

Esse pedido de auxílio deve ser feito de maneira ágil. Como mencionado por Rogério Sanches Cunha (2021, p. 175), uma assistência tardia será apenas uma assistência aparente (simulada), equivalendo a uma omissão do pedido.

Não haverá crime se a vítima já estiver morta. Assim, ao se deparar com uma pessoa ferida de tal modo que seja visível que ela está morta, não existirá para o agente o dever de assistência. Isso porque o bem jurídico tutelado pela norma não mais existe.

Pune-se a omissão dolosa, não se admitindo a modalidade culposa.

3.7.5 Consumação e tentativa

O crime resta consumado com a efetiva omissão do agente.

Por se tratar de crime omissivo próprio ou puro não se admite a tentativa, isso porque a conduta não pode ser fracionada; ou o agente se omite e está consumado o crime, ou ele não se omite (presta auxílio) e não há se falar em crime.

> **Decifrando a prova**
>
> **(Advogado – EBSERH – Cespe/Cebraspe – 2018)** Julgue o item a seguir:
> O crime de omissão de socorro, tipificado na parte especial do Código Penal, somente se consuma com a ocorrência de um resultado naturalístico, o qual, dependendo de sua gravidade, poderá constituir, ainda, causa qualificadora da conduta.
> ( ) Certo   ( ) Errado
> **Gabarito comentado:** o crime de omissão de socorro é crime formal, dispensando a ocorrência do resultado naturalístico para sua consumação. Portanto, a assertiva está errada.
>
> **(Delegado de Polícia Civil – PC/AL – Cespe/Cebraspe – 2012)** Julgue o item a seguir:
> O crime de omissão de socorro não admite tentativa, porquanto estando a omissão tipificada na lei como tal e tratando-se de crime unissubsistente, se o agente, sem justa causa, se omite, o crime já se consuma.
> ( ) Certo   ( ) Errado
> **Gabarito comentado:** não se admite a tentativa, pois ou o sujeito se omite e está consumado o crime ou ele age, não se consumando. Portanto, a assertiva está certa.

3.7.6 Causas de aumento de pena

O parágrafo único traz a causa de aumento de pena: a pena será aumentada de metade se da omissão resultar lesão corporal de natureza grave e triplicada em caso de morte.

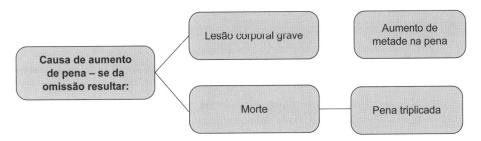

Temos aqui crime preterdoloso (qualificado pelo resultado). O agente atua com dolo na omissão e culpa no resultado.

Se a omissão do agente não for a causa da morte, não se pode puni-lo por esse tipo penal. Assim, se a morte da vítima era inevitável, mesmo com a prestação de socorro do agente, não se pode puni-lo com essa majorante.

3.7.7 Omissão de socorro e Estatuto da Pessoa Idosa

A Lei nº 10.741/2003 (Estatuto da Pessoa Idosa) traz figura típica específica de omissão de socorro quando a vítima for pessoa idosa:

Art. 97. Deixar de prestar assistência ao **idoso**, quando possível fazê-lo sem risco pessoal, em situação de iminente perigo, ou recusar, retardar ou dificultar sua assistência à saúde, sem justa causa, ou não pedir, nesses casos, o socorro de autoridade pública:

Pena – detenção de 6 (seis) meses a 1 (um) ano e multa.

Parágrafo único. A pena é aumentada de metade se da omissão resulta lesão corporal de natureza grave, e triplicada, se resulta a morte. (Grifo nosso.)

Em razão do princípio da especialidade, em se tratando de vítima idosa, aplicar-se-á a norma prevista no art. 97 do Estatuto da Pessoa Idosa.

3.7.8 Omissão de socorro e Código de Trânsito Brasileiro

A Lei nº 9.503/1997 traz figura específica de omissão de socorro quando ocorrer no trânsito:

Art. 304. Deixar o condutor do veículo, na ocasião do acidente, de prestar imediato socorro à vítima, ou, não podendo fazê-lo diretamente, por justa causa, deixar de solicitar auxílio da autoridade pública:

Penas – detenção, de seis meses a um ano, ou multa, se o fato não constituir elemento de crime mais grave.

Parágrafo único. Incide nas penas previstas neste artigo o condutor do veículo, ainda que a sua omissão seja suprida por terceiros ou que se trate de vítima com morte instantânea ou com ferimentos leves.

Além de constituir tipo específico, a omissão no CTB pode ainda caracterizar causa de aumento de pena nos crimes de homicídio culposo e lesão corporal culposa na direção de veículo automotor:

Art. 302. Praticar homicídio culposo na direção de veículo automotor:

Penas – detenção, de dois a quatro anos, e suspensão ou proibição de se obter a permissão ou a habilitação para dirigir veículo automotor.

§ 1º No homicídio culposo cometido na direção de veículo automotor, a pena é aumentada de 1/3 (um terço) à metade, se o agente: (...)

III – deixar de prestar socorro, quando possível fazê-lo sem risco pessoal, à vítima do acidente; (...)

Art. 303. Praticar lesão corporal culposa na direção de veículo automotor:

Penas – detenção, de 6 meses a 2 anos e suspensão ou proibição de se obter a permissão ou a habilitação para dirigir veículo automotor.

§ 1º Aumenta-se a pena de 1/3 (um terço) à metade, se ocorrer qualquer das hipóteses do § 1º do art. 302.

O crime previsto no art. 304 do CTB não será aplicado ao condutor do veículo que culposamente causar lesão corporal ou homicídio e se omitir no socorro da vítima. A ele será aplicada a causa de aumento prevista no § 1º do art. 303 ou § 1º, inciso III, do art. 302, respectivamente.

O art. 304 é aplicado ao condutor de veículo que, sem agir com culpa, se envolve em acidente e não socorre a vítima.

Às demais pessoas não envolvidas no acidente, em caso de omissão será aplicado o disposto no art. 135 do CP.

3.8 CONDICIONAMENTO DE ATENDIMENTO MÉDICO-HOSPITALAR EMERGENCIAL

Art. 135-A. Exigir cheque-caução, nota promissória ou qualquer garantia, bem como o preenchimento prévio de formulários administrativos, como condição para o atendimento médico-hospitalar emergencial:

Pena – detenção, de 3 (três) meses a 1 (um) ano, e multa.

Parágrafo único. A pena é aumentada até o dobro se da negativa de atendimento resulta lesão corporal de natureza grave, e até o triplo se resulta a morte.

3.8.1 Noções iniciais e classificação doutrinária

O presente tipo, incluído ao Código Penal pela Lei nº 12.653/2012, pune aquele que condiciona o atendimento médico-hospitalar emergencial à exigência de cheque-caução, nota promissória ou qualquer garantia ou ao prévio preenchimento de formulários administrativos.

Para conceituar emergência, vamos nos valer da Resolução nº 1.451/1995 do Conselho Federal de Medicina, que em seu art. 1º prevê:

Art. 1º (...)

§ 2º Define-se por emergência a constatação médica de condições de agravo à saúde que impliquem em risco iminente da vida ou sofrimento intenso, exigindo, portanto, tratamento médico imediato.

Trata-se de crime próprio, tanto em relação ao sujeito ativo quanto em relação ao sujeito passivo; de perigo concreto; comissivo, plurissubsistente; de forma vinculada.

Entende-se que somente pode ser praticado em estabelecimentos hospitalares da rede privada, uma vez que não é possível cobrança na rede pública. Caso haja exigência de valores para atendimento na rede pública, poderemos estar diante do crime de concussão, a depender do caso concreto.

3.8.2 Bem jurídico tutelado e objeto material

O bem jurídico tutelado é a vida e a saúde. O objeto material será a pessoa de quem se exige o cheque-caução, nota promissória ou garantia ou preenchimento de formulários como condição para prestar atendimento, além da própria pessoa que necessita do atendimento médico.

3.8.3 Sujeitos do crime

Como sujeito ativo temos os administradores do estabelecimento hospitalar que tenham determinado a exigência como condição para o atendimento.

É sabido que normalmente não são os diretores ou administradores dos hospitais que farão a triagem e primeiro atendimento, mas sim funcionários que cumprem suas ordens.

Esse funcionário que atua cumprindo ordens emanadas por seu superior pratica o crime?

Entendemos, acompanhado posicionamento de Rogério Greco (2020, p. 294), que o empregado que trabalhe no setor de admissão de paciente e que cumpra as ordens do diretor não permitindo o atendimento se não cumpridas as exigências, atua em concurso de pessoas com quem proferiu a ordem.

Como bem lembra Rogério Sanches Cunha (2021, p. 180):

> Não se descarta, todavia, que o funcionário responsável pela admissão de pacientes atue cumprindo a determinação da direção do hospital e o faça temeroso de que a desobediência acarretará sua demissão, hipótese em que poderá demonstrar ter assim agido por não lhe ser exigível conduta diversa.

O sujeito passivo será a vítima que aguarda o atendimento e a pessoa a quem for exigida a nota promissória, cheque caução ou outra garantia ou o preenchimento prévio dos formulários administrativos.

3.8.4 Conduta e voluntariedade

Pune-se a conduta de exigir certas condições abaixo elencadas para que seja prestado o atendimento emergencial:

- exigência de cheque caução, nota promissória ou qualquer garantia; ou
- exigência de prévio preenchimento de formulários administrativos.

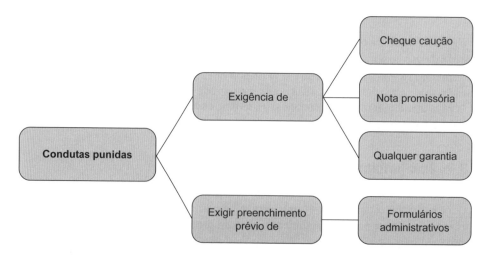

Perceba que o tipo penal fala em atendimento emergencial, mas há divergência na doutrina se a negativa do atendimento de urgência também configura esse crime.

Para conceituar urgência, mais uma vez vamos nos valer da Resolução nº 1.451/1995 do Conselho Federal de Medicina que, em seu art. 1º, prevê:

> Art. 1º (...)
> § 1º Define-se por urgência a ocorrência imprevista de agravo à saúde com ou sem risco potencial de vida, cujo portador necessita de assistência médica imediata.

No tópico 3.8.1 trouxemos o conceito de emergência, porém a fim de facilitar o entendimento iremos repeti-lo: Resolução nº 1.451/1995 do Conselho Federal de Medicina, que em seu art. 1º prevê:

> Art. 1º (...)
> § 2º Define-se por emergência a constatação médica de condições de agravo à saúde que impliquem em risco iminente da vida ou sofrimento intenso, exigindo, portanto, tratamento médico imediato.

O professor Rogério Greco (2020, p. 293) entende que a urgência está de maneira implícita englobada no tipo, porque tanto na urgência quanto na emergência existe a necessidade de atendimento médico imediato.

Já o professor Rogério Sanches Cunha (2021, p. 183), a quem acompanhamos, ensina que o tipo é aplicável apenas aos casos de emergência, por respeito ao princípio da legalidade estrita.

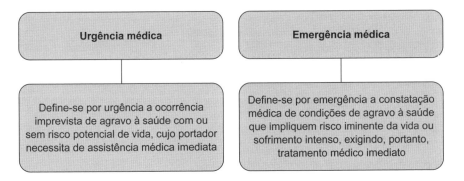

O crime é punido a título de dolo, sendo necessário que esteja preenchido o elemento subjetivo específico, qual seja, a exigência deve ser feita como forma de condicionamento ao atendimento médico-hospitalar de emergência.

3.8.5 Consumação e tentativa

O crime se consuma com a efetiva exigência das garantias ou do preenchimento prévio de formulários. Tem-se aqui um crime formal, basta a exigência que restará consumado. É admitida a tentativa por se tratar de crime plurissubsistente.

3.8.6 Causa de aumento de pena

O parágrafo único traz uma causa de aumento de pena (majorante): a pena será aumentada de metade se da omissão resultar lesão corporal de natureza grave e triplicada em caso de morte.

Temos aqui crime preterdoloso (qualificado pelo resultado). O agente atua com dolo na omissão e culpa no resultado.

> **Decifrando a prova**
>
> **(Procurador Município – Gravatá/PE – ADM/TEC – 2020)** Julgue o item a seguir:
> À luz do Código Penal, exigir cheque-caução, nota promissória ou qualquer garantia como condição para o atendimento médico-hospitalar emergencial é uma ação sujeita à pena de detenção, de 3 (três) meses a 1 (um) ano, e multa. A pena é aumentada até o dobro se da negativa de atendimento resultar uma lesão corporal de natureza grave, e até o triplo se resulta em morte, conforme dispõe o artigo 135-A, do Código Penal.
> ( ) Certo   ( ) Errado
> **Gabarito comentado:** como dispõe o art. 135-A do CP, a resposta está certa.

3.8.7 Ação penal

A ação penal será pública incondicionada.

3.9 MAUS-TRATOS

Art. 136. Expor a perigo a vida ou a saúde de pessoa sob sua autoridade, guarda ou vigilância, para fim de educação, ensino, tratamento ou custódia, quer privando-a de alimentação ou cuidados indispensáveis, quer sujeitando-a a trabalho excessivo ou inadequado, quer abusando de meios de correção ou disciplina:

Pena – detenção, de dois meses a um ano, ou multa.

§ 1º Se do fato resulta lesão corporal de natureza grave:

Pena – reclusão, de um a quatro anos.

§ 2º Se resulta a morte:

Pena – reclusão, de quatro a doze anos.

§ 3º Aumenta-se a pena de um terço, se o crime é praticado contra pessoa menor de 14 (catorze) anos.

3.9.1 Noções iniciais e classificação doutrinária

O presente tipo penal tutela a vida e a saúde da pessoa humana que se encontre sob a guarda ou vigilância do agente.

Trata-se de crime próprio; de perigo concreto; comissivo ou omissivo; de forma vinculada; crime de ação múltipla (de conteúdo variado ou tipo misto alternativo).

Os bens jurídicos tutelados são a vida e a saúde e o objeto material é a pessoa contra quem a conduta é dirigida.

A ação penal será pública incondicionada.

Decifrando a prova

(Escrivão de Polícia Civil – PC/AL – Cespe/Cebraspe – 2021) Acerca de crimes contra a pessoa, julgue o item a seguir:

O crime de maus-tratos é classificado como delito de forma vinculada, pois qualquer pessoa pode ser sujeito ativo do delito, bastando que haja o fim especial de tratar, educar, ensinar ou custodiar.

( ) Certo   ( ) Errado

Gabarito comentado: realmente o crime de maus-tratos é classificado como crime de forma vinculada, no entanto, tal classificação não diz respeito aos sujeitos do crime ou ao dolo específico do agente. Além disso, trata-se de crime próprio. Portanto, a assertiva está errada.

3.9.2 Sujeitos do crime

Trata-se de crime próprio, tanto em relação ao sujeito passivo quanto em relação ao sujeito ativo.

Exige-se um vínculo entre autor e vítima. A vítima deve estar sob autoridade, guarda ou vigilância do agente, para fim de educação, ensino, tratamento ou custódia.

Podemos exemplificar como os vínculos existentes entre professor e aluno; médico e paciente; agente carcerário e detido; pais e filhos.

Não se pode cogitar o delito envolvendo marido e mulher, uma vez que inexiste uma relação de hierarquia entre eles.

Em relação aos pais e filhos, somente podemos cogitar o crime até que o filho atinja a maioridade civil, quando cessa a relação de guarda.

3.9.3 Conduta e voluntariedade

A conduta punida é a exposição a perigo de vida ou saúde de pessoa que esteja sob guarda, autoridade ou vigilância.

Como leciona Cleber Masson (2014a, p. 153), apesar de conter apenas um verbo, o crime de maus-tratos é tido como tipo misto alternativo. O sujeito ativo pode expor a vida ou a saúde da vítima mediante uma única conduta ou por meio de várias condutas. Desde que no mesmo contexto, teremos crime único.

Essa exposição a perigo deve se dar de uma das formas previstas no art. 136; temos então um crime de forma vinculada. Analisaremos cada uma dessas formas em separado.

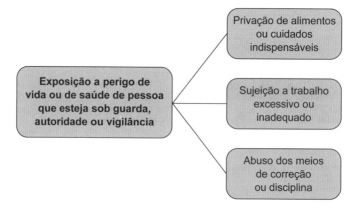

- **Privação de alimentos ou cuidados indispensáveis:** aqui temos um crime omissivo próprio (também chamado de puro). A privação de alimentos pode ser absoluta ou relativa (exemplo: a mãe deixa de servir uma das refeições ao filho). Veja que se a privação for absoluta, somente se configura o tipo em análise se o agente submeter a vítima a privação por período que apenas a coloque em perigo, de outro modo, podemos falar em homicídio.

Por cuidados indispensáveis temos aqueles que são necessários à vida e ao regular desenvolvimento da pessoa. Podemos citar tratamentos de saúde e local adequado para dormir.

- **Sujeição a trabalho excessivo ou inadequado:** trabalho excessivo é aquele capaz de ser executado pela vítima, porém em volume tal que lhe produza cansaço excessivo; trabalho inadequado é o trabalho impróprio à vítima, ou seja, ela não possui condições de executá-lo. Em ambos os casos, serão levadas em conta as condições e aptidões da vítima em concreto. Ambos constituem crimes comissivos.

- **Abuso dos meios de correção ou de disciplina:** temos aqui crime comissivo. Pune-se a utilização abusiva dos meios de correção. Tem-se que esse abuso pode ser tanto físico quanto moral. O agente, como ensina Rogério Sanches Cunha (2021, p. 186), atua com abuso do exercício de um direito regular (direito de correção).

A conduta é punida a título de dolo. O agente atua consciente de que está expondo a vida da vítima perigo. Não se pune a conduta culposa.

3.9.4 Forma qualificada

Os §§ 1º e 2º do art. 136 trazem as formas qualificadas do crime de maus-tratos (resultado lesão corporal grave ou morte).

> **Art. 136.** (...)
> **§ 1º** Se do fato resulta lesão corporal de natureza grave:
> **Pena** – reclusão, de um a quatro anos.
> **§ 2º** Se resulta a morte:
> **Pena** – reclusão, de quatro a doze anos.

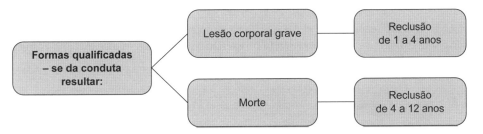

Trata-se de crimes preterdolosos, ou seja, os resultados qualificadores não são queridos pelo agente.

No caso de resultar lesão leve, esta restará absorvida pelo tipo em estudo.

Decifrando a prova

(Delegado de Polícia Civil – PC/CE – Vunesp – 2015 – Adaptada) Acerca de crimes contra a pessoa, julgue o item a seguir:

O crime de maus-tratos tem pena aumentada de 1/3 (art. 136, § 3º, do CP) se resulta em lesão corporal, ainda que leve.
( ) Certo   ( ) Errado

Gabarito comentado: teremos crime de maus-tratos na forma qualificada quando resulta lesão corporal grave ou morte. Na assertiva, além de constar lesão leve, tem-se como causa de aumento de pena, quando na realidade trata-se de qualificadora. Portanto, está errada.

3.9.5 Causa de aumento de pena

O Estatuto da Criança e do Adolescente (Lei nº 8.069/1990) inseriu o § 3º ao art. 136, aumentando a pena quando ela é cometida contra vítima menor de 14 anos de idade.

Quando aplicada essa causa de aumento de pena, não se pode aplicar a circunstância agravante trazida pelo art. 61, inciso II, alínea *h*, sob pena de *bis in idem*.

3.9.6 Maus-tratos x tortura

Não se pode confundir o crime em estudo com o crime de tortura veiculado pela Lei nº 9.455/1997. Vejamos seu art. 1º, inciso II:

Art. 1º Constitui crime de tortura: (...)

II – submeter alguém, sob sua guarda, poder ou autoridade, com emprego de violência ou grave ameaça, a intenso sofrimento físico ou mental, como forma de aplicar castigo pessoal ou medida de caráter preventivo.

Pena – reclusão, de dois a oito anos.

Para que se caracterize o crime de tortura, necessário se faz que o agente atue com dolo de torturar, de causar intenso sofrimento à vítima. O crime de tortura é crime de dano, enquanto o crime de maus-tratos é crime de perigo.

O grande diferencial entre eles é o elemento subjetivo. No crime do art. 136, o agente quer punir, corrigir e acaba se excedendo no exercício regular de um direito. Já no crime de tortura, a intenção do agente é causar o sofrimento da vítima.

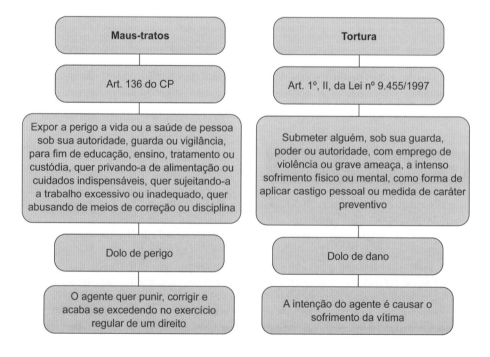

Capítulo 3 ◆ Periclitação da vida e da saúde **135**

🔍 Jurisprudência destacada

CRIMINAL. RESP. TORTURA QUALIFICADA POR MORTE. DESCLASSIFICAÇÃO PARA CRIME DE MAUS-TRATOS QUALIFICADO PELA MORTE PROMOVIDA PELO TRIBUNAL *A QUO*. REVISÃO DA DECISÃO. IMPOSSIBILIDADE. INCIDÊNCIA DA SÚMULA Nº 07/STJ. RECURSO NÃO CONHECIDO. I. A figura do inc. II do art. 1º da Lei nº 9.455/1997 implica na existência de vontade livre e consciente do detentor da guarda, do poder ou da autoridade sobre a vítima de causar sofrimento de ordem física ou moral, como forma de castigo ou prevenção. II. O tipo do art. 136 do Código Penal, por sua vez, se aperfeiçoa com a simples exposição a perigo a vida ou a saúde de pessoa sob sua autoridade, guarda ou vigilância, em razão de excesso nos meios de correção ou disciplina. III. Enquanto na hipótese de maus-tratos, a finalidade da conduta é a repreensão de uma indisciplina, na tortura, o propósito é causar o padecimento da vítima. IV. Para a configuração da segunda figura do crime de tortura é indispensável a prova cabal da intenção deliberada de causar o sofrimento físico ou moral, desvinculada do objetivo de educação. V. Evidenciado ter o Tribunal *a quo* desclassificado a conduta de tortura para a de maus-tratos por entender pela inexistência de provas capazes de conduzir a certeza do propósito de causar sofrimento físico ou moral à vítima, inviável a desconstituição da decisão pela via do recurso especial. VI. Incidência da Súmula nº 07/STJ, ante a inarredável necessidade de reexame, profundo e amplo, de todo conjunto probatório dos autos. VII. Recurso não conhecido, nos termos do voto do relator (STJ, REsp nº 610.395/SC, 5ª Turma, Rel. Min. Gilson Dipp, *DJ* 02.08.2004).

HABEAS CORPUS. MAUS-TRATOS QUALIFICADO (DUAS VEZES, UMA COM RESULTADO MORTE E OUTRA COM RESULTADO LESÃO CORPORAL GRAVE). FIXAÇÃO DA PENA-BASE ACIMA DO PATAMAR MÍNIMO. APONTAMENTO DE CIRCUNSTÂNCIAS JUDICIAIS DESFAVORÁVEIS. CONSTRANGIMENTO ILEGAL INEXISTENTE. INCIDÊNCIA DE AGRAVANTE RELATIVA AO PARENTESCO. INVIABILIDADE. VÍTIMAS MENORES DE QUATORZE ANOS. EXASPERAÇÃO. POSSIBILIDADE. CORRÉ EM SITUAÇÃO ANÁLOGA. EXTENSÃO DOS EFEITOS. 1. A existência de circunstâncias judiciais desfavoráveis autoriza a fixação da pena-base acima do patamar mínimo. 2. Na hipótese, para fixar a pena-base em dois anos acima do patamar mínimo – a sanção varia entre quatro e doze anos – a Magistrada considerou desfavoráveis os maus antecedentes, a culpabilidade e as circunstâncias do crime, apontando a forma como os acusados vinham tratando reiteradamente as vítimas. 3. O crime de maus-tratos tem como sujeito ativo "aquele que tenha a vítima sob sua guarda, vigilância ou autoridade, para fins de educação, ensino, tratamento ou custódia" (PRADO, Luiz Regis. *Comentários ao Código Penal*. 4. ed. São Paulo: Revista dos Tribunais, 2007, p. 488). 4. No caso, é indevida a incidência da agravante relativa ao parentesco entre acusado (pai) e vítimas (filhos). 5. Diz o art. 136, § 3º, do Código Penal que a pena deve ser aumentada de um terço se o crime é praticado contra pessoa menor de 14 (catorze) anos. Nada impede seja a majorante prevista no art. 136, § 3º, do Código Penal – "aumenta-se a pena de 1/3 (um terço), se o crime é praticado contra pessoa menor de 14 (catorze) anos" – aplicada mesmo havendo relação de parentesco, uma vez que ela tem por fundamento a maior reprovabilidade de o delito ser praticado contra pessoas de tenra idade. (...) 7. Havendo corré em situação análoga, devem ser a ela estendidos os efeitos da ordem. Inteligência do art. 580 do Código de Processo Penal. 8. Ordem parcialmente concedida para, afastando a agravante prevista no art. 61, *h*, do Código Penal, reduzir a pena recaída sobre o paciente de 14 (quatorze) para 12 (doze) anos de reclusão, mantido o regime fechado para o início da expiação. Extensão dos efeitos à corré R.A.C.G., que tem sua reprimenda reduzida de 12 (doze) para 10 (dez) anos de reclusão, mantido o regime fechado para o início da expiação (HC nº 142.102/RJ 2009/0138112-0, 6ª Turma, Rel. Min. Og Fernandes). Se a finalidade do agente, ao castigar seu filho, era somente corrigir, visando unicamente o âmbito educacional, isto é, aplicar métodos disciplinares com o intuito de regular o desenvolvimento intelectual ou moral da criança, utilizando-se de métodos agressivos e desmesurados, trata-se de hipótese típica de **maus-tratos**, devendo ser afastado o delito de **tortura**. Demonstrando nos autos que o delito resultou perigo de vida, impõe-se a condenação do agente na modalidade qualificada prevista no art. 136, § 1º, do CP (TJ/RO, AP nº 0001040-71.2014.822.0023, 1ª Câmara Criminal. Rel. Juiz José Jorge Ribeiro da Luz, j. 11.06.2015, *DOJ* 22.06.2015 – grifos nossos).

4 Da rixa

4.1 NOÇÕES INTRODUTÓRIAS

Art. 137. Participar de rixa, salvo para separar os contendores:
Pena – detenção, de quinze dias a dois meses, ou multa.
Parágrafo único. Se ocorre morte ou lesão corporal de natureza grave, aplica-se, pelo fato da participação na rixa, a pena de detenção, de seis meses a dois anos.

O Capítulo IV do Título I da parte especial do Código Penal traz apenas um delito: o crime de rixa, previsto no art. 137.

Conceitua-se rixa como uma luta entre mais de duas pessoas, todas brigando entre si e agindo por conta própria, utilizando-se de violência física recíproca.

O bem jurídico tutelado é a incolumidade física (vida e saúde) dos envolvidos na rixa.

Basileu Garcia, mencionado por Cleber Masson (2014a, p. 160), ensina que: "A rixa é como um caldo de cultura onde floresce toda uma fauna microbiana: nela proliferam e multiplicam-se as lesões ao direito, representando ocasião propícia para o cometimento de outros delitos".

4.2 CONDUTA E VOLUNTARIEDADE

A conduta punida é a participação na contenda. Os rixosos devem brigar entre si.

Trata-se de crime comum em que o sujeito é ao mesmo tempo autor e vítima, ou seja, sujeito passivo e ativo se confundem.

Para que seja caracterizado o crime de rixa, há necessidade de que mais de duas pessoas estejam brigando entre si de maneira desordenada e generalizada. Na rixa, não se consegue distinguir quem está lutando contra quem.

Caso dois grupos bem definidos estejam brigando entre si, não teremos o crime em análise, mas sim o crime de lesões corporais (um grupo é responsabilizado pelas lesões causadas no outro).

É admitida a participação que poderá ser material ou moral (por exemplo aquele que não participa das vias de fato, mas incentiva os demais a lutarem).

O elemento subjetivo é o dolo de perigo. Não existe a modalidade culposa.

Aquele que ingressa na luta apenas com o intuito de separar os contendores, não responde pelo crime, pois não atua com dolo de participar da rixa.

4.3 SUJEITOS DO CRIME

O crime de rixa pode ser praticado por qualquer pessoa. Trata-se de crime comum, não se exigindo qualidade especial do agente. Todos os rixosos são sujeitos ativos e passivos ao mesmo tempo.

A rixa é conhecida como crime de concurso necessário (também chamado de plurissubjetivo ou plurilateral).

Importante dizer que para que se tipifique a rixa, basta que um dos rixosos seja imputável, podendo os demais ser inimputáveis.

4.4 CONSUMAÇÃO E TENTATIVA

O crime se consuma com a prática da violência, com a troca de agressões. Tem-se aqui um crime de perigo presumido (ou abstrato), não há necessidade de que da rixa advenham lesões, caso estas ocorram, podem configurar a rixa qualificada, que será analisada posteriormente.

Em relação à tentativa, há quem a entenda possível no caso da rixa premeditada (preordenada), como seria o exemplo de dois grupos de torcidas rivais que combinam de se encontrar para lutar entre si, mas são impedidos por circunstâncias alheias às suas vontades. A respeito das torcidas organizadas, trataremos em tópico específico.

Com a devida vênia, entendemos que não seria possível a tentativa sequer nesse exemplo. Isso porque, como já mencionado, quando estivermos diante de grupos definidos que pretendem iniciar uma contenda entre si, não se fala em crime de rixa, mas eventualmente de lesão corporal ou outro tipo penal. Assim, punir por tentativa esses grupos que se organizaram para brigar, mas foram impedidos pode até mesmo caracterizar a punição de meros atos preparatórios.

4.5 FORMA QUALIFICADA

O parágrafo único traz a figura da rixa qualificada, também conhecida como rixa complexa. Assim, prevê o tipo que ocorrendo morte ou lesão corporal de natureza grave, a pena pela participação na rixa passa a ser de detenção de seis meses a dois anos.

Trata-se de um dos últimos resquícios da chamada responsabilidade penal objetiva em que todos os participantes respondem pelo resultado agravador, pouco importando quem foi o responsável pela produção desse resultado.

Como assevera Rogério Sanches Cunha Cunha (2021, p. 193):

> A rixa qualificada, segundo alguns, é um dos últimos resquícios de responsabilidade objetiva que estão em vigor em nosso ordenamento jurídico, uma vez que a redação do tipo deixa claro que todos os participantes (inclusive a vítima machucada) respondem pelo crime agravado, independentemente de se identificar o verdadeiro autor da lesão grave ou morte.

O simples fato de participar da rixa em que ocorra uma lesão corporal grave ou uma morte, acarretará a responsabilidade do rixoso que não quis, ou sequer previu o resultado qualificador.

Note que a lesão corporal de natureza leve e o crime de homicídio não figuram como resultados que qualificam o crime de rixa. O resultado agravador somente não será imputado ao rixoso caso advenha de caso fortuito.

Ainda que o resultado seja oriundo de legítima defesa, que seria um ato lícito, pela forma qualificada responderá o rixoso.

Identificado o autor da lesão ou do homicídio, este responderá tanto pela rixa qualificada quanto pelo resultado qualificador. Aqui deve ser feita a ressalva de que há vozes na doutrina indicando que o agente deveria responder apenas pelo resultado em concurso com a rixa simples, sob pena de *bis in idem*. Filiamo-nos a essa corrente.

O rixoso que deixa a contenda antes que sobrevenha o resultado agravador, também responderá pela forma qualificada.

Decifrando a prova

(Promotor de Justiça – MPE/PB – 2010 – Adaptada) A ocorrência de lesão corporal de natureza grave ou morte qualifica o delito de rixa, respondendo por ela, inclusive, a vítima da lesão grave.

( ) Certo   ( ) Errado

Gabarito comentado: a rixa qualificada será imputada a todos os rixosos, inclusive à vítima. Portanto, a assertiva está certa.

Já o rixoso que ingressa na rixa após a ocorrência da lesão corporal grave ou morte, não responderá pelo tipo qualificado, mas sim pela forma simples prevista no *caput*.

Decifrando a prova

(Promotor de Justiça – MPDFT – 2009 – Adaptada) Julgue o item a seguir:

O rixoso que sofre a lesão corporal de natureza grave, causa de aumento de pena no crime em questão, não responde por esta circunstância.

( ) Certo   ( ) Errado

Gabarito comentado: assertiva errada, por dois motivos: trata-se de forma qualificada do crime de rixa, e não de causa de aumento de pena. A rixa qualificada será imputada a todos os rixosos, inclusive à vítima.

4.6 CRIME DE RIXA E LEGÍTIMA DEFESA

Questiona-se a respeito da possibilidade de se aplicar a legítima defesa ao crime de rixa. Ora, todos os rixosos estão atuando por meio de agressões injustas.

Como leciona Rogério Greco (2020, p. 328), todos os que participam da contenda atuam, ilicitamente, uns contra os outros. Assim, não seria possível suscitar a legítima defesa.

No caso do terceiro que ingressa na contenda para separar os rixosos e acaba sendo agredido injustamente, este poderá invocar a legítima defesa (própria ou de terceiros).

4.7 CRIME DE RIXA E TORCIDAS ORGANIZADAS

Quando se trata do crime de rixa, um dos exemplos mais lembrados são as contendas ocorridas em estádios de futebol, ou em seus arredores, por torcidas rivais.

O Estatuto do Torcedor (Lei nº 10.671/2003) traz em seu art. 41-B um tipo penal que pune esse comportamento, *in verbis*:

> **Art. 41-B.** Promover tumulto, praticar ou incitar a violência, ou invadir local restrito aos competidores em eventos esportivos:
>
> **Pena** – reclusão de 1 (um) a 2 (dois) anos e multa.
>
> **§ 1º** Incorrerá nas mesmas penas o torcedor que:
>
> I – promover tumulto, praticar ou incitar a violência num raio de 5.000 (cinco mil) metros ao redor do local de realização do evento esportivo, ou durante o trajeto de ida e volta do local da realização do evento;
>
> II – portar, deter ou transportar, no interior do estádio, em suas imediações ou no seu trajeto, em dia de realização de evento esportivo, quaisquer instrumentos que possam servir para a prática de violência.

5

Dos crimes contra a honra

5.1 NOÇÕES INTRODUTÓRIAS

Estudaremos os crimes contra a honra tipificados no Código Penal. São eles: calúnia, injúria e difamação e vêm previstos a partir do art. 138 do CP.

Inicialmente, analisaremos alguns conceitos comuns entre eles e depois analisaremos cada tipo penal em separado.

O fundamento constitucional dos crimes contra a honra vem previsto no inciso X do art. 5º da Constituição da República, ou seja, trata-se de direito fundamental.

O conceito de honra diz respeito à própria dignidade, ao sentimento de dignidade própria, à boa fama, à reputação social.

A doutrina distingue o conceito de honra em objetiva e subjetiva. Sendo objetiva a reputação social, a imagem do indivíduo perante a sociedade. A honra subjetiva seria o conceito que a pessoa tem de si mesma.

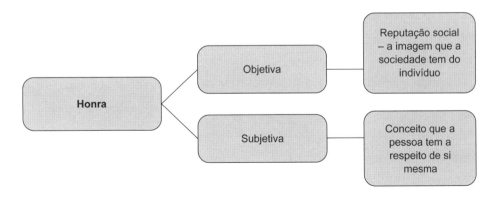

Costuma-se dizer que os crimes de calúnia e difamação atingem a honra objetiva, enquanto a injúria atinge a honra subjetiva.

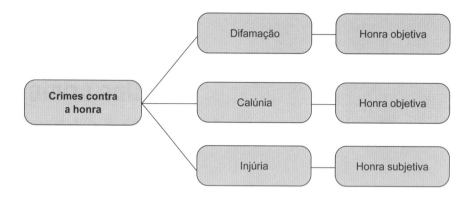

Jurisprudência destacada

A honra apresenta caráter personalíssimo, constituindo-se em atributo inarredável da personalidade individual. Assim, quando se fala em calúnia, injúria e difamação, está-se, na verdade, cogitando de ofensa à honra de uma determinada pessoa, individualmente considerada. Precedentes do STJ e do STF. Assim, em se tratando de crimes contra a honra, deve ficar clara a intenção do agente de macular a honra alheia de pessoa determinada. Sem o dolo específico e sem a individualização da vítima, não se pode falar em crimes de calúnia, difamação ou injúria (STJ, AgRg no REsp nº 1.824.447/RS, Rel. Min. Ribeiro Dantas, 5ª Turma, j. 06.02.2020, *DJe* 12.02.2020).

Calúnia	Difamação	Injúria
Honra objetiva	Honra objetiva	Honra subjetiva
Imputação de fato criminoso a alguém	Imputação de fato não definido como crime, mas desonroso	Imputação de condição negativa
Fato definido como crime	Fato ofensivo à reputação	Qualidade negativa
Fato falso	Fato falso ou verdadeiro	Não há atribuição de fato, mas de qualidade
Admite exceção da verdade, exceto nos casos do § 3º	Admite exceção da verdade no caso do parágrafo único	Não admite exceção da verdade
Não é cabível perdão judicial	Não é cabível perdão judicial	Cabível perdão judicial
Admite retratação	Admite retratação	Não admite retratação

5.2 CALÚNIA

Art. 138. Caluniar alguém, imputando-lhe falsamente fato definido como crime:
Pena – detenção, de seis meses a dois anos, e multa.
§ 1º Na mesma pena incorre quem, sabendo falsa a imputação, a propala ou divulga.
§ 2º É punível a calúnia contra os mortos.
Exceção da verdade
§ 3º Admite-se a prova da verdade, salvo:
I – se, constituindo o fato imputado crime de ação privada, o ofendido não foi condenado por sentença irrecorrível;
II – se o fato é imputado a qualquer das pessoas indicadas no nº I do art. 141;
III – se do crime imputado, embora de ação pública, o ofendido foi absolvido por sentença irrecorrível.

5.2.1 Noções iniciais e classificação doutrinária

Conceito de calúnia: atribuir falsamente a alguém a prática de fato definido como crime. Imputar falsamente a alguém fato definido como crime.

Trata-se de infração de menor potencial ofensivo, sendo possível a aplicação da Lei nº 9.099/1995.

5.2.2 Bem jurídico tutelado e objeto material

O bem jurídico protegido é a honra objetiva. O objeto material é a pessoa que tem a honra violada pela conduta do agente.

5.2.3 Sujeitos do crime

Trata-se de crime comum que, em regra pode ser cometido por e contra qualquer pessoa. O sujeito passivo também pode ser qualquer pessoa, inclusive o inimputável.

Não podem ser sujeitos ativos do crime aqueles que possuem as chamadas imunidades (inviolabilidades) parlamentares: senadores, deputados, vereadores (estes últimos dentro dos limites que exerçam o cargo).

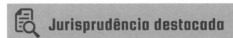
Jurisprudência destacada

De acordo com o art. 53 da Constituição Federal, os parlamentares não respondem civil e penalmente pelas opiniões, palavras e votos proferidos no exercício do mandato. A **imunidade material** dos parlamentares **não é absoluta**, não estando por ela acobertadas as palavras proferidas fora do exercício do mandato, ou que não guardam estreita relação com a atividade político-legislativa do seu detentor. Doutrina. Precedentes. Na espécie, consta da queixa-crime que as ofensas nela narradas foram proferidas pelo paciente, Deputado Estadual, da tribuna do Plenário da Assembleia Legislativa da Bahia, e se relacionam a fatos por ele investigados no âmbito da Secretaria de Segurança do Estado da Bahia, ou seja, guardam relação direta com o exercício do seu mandato, o que enseja o reconhecimento da atipicidade de sua conduta. Precedentes do STJ e do STF (STJ, AgRg no HC nº 565.119/BA, Rel. Min. Jorge Mussi, 5ª Turma, j. 04.08.2020, *DJe* 25.08.2020 – grifos nossos).

PENAL E PROCESSUAL PENAL. RECURSO EM *HABEAS CORPUS*. CALÚNIA. DIFAMAÇÃO. IMUNIDADE DO ADVOGADO. CLÁUSULA SUBMETIDA AOS LIMITES LEGAIS. IMUNIDADE NÃO APLICADA AO DELITO DE CALÚNIA. AUSÊNCIA DE JUSTA CAUSA. TRANCAMENTO DA AÇÃO PENAL. DOLO ESPECÍFICO. *ANIMUS CALUNIANDI*. REEXAME DE PROVAS. RECURSO IMPROVIDO. 1. De acordo com o entendimento desta Corte Superior, a imunidade prevista no § 2º art. 7º do Estatuto da OAB se aplica apenas aos delitos de difamação e injúria, não havendo falar em trancamento da ação penal com relação ao crime de calúnia. 2. A imunidade profissional ao advogado, preceito constitucional necessário à atuação eficiente e corajosa em defesa de outrem, pode conter limitações casuísticas, especialmente quando imputa crimes a terceiros. 3. O acolhimento das alegações no sentido de que não teria efetivamente havido ânimo difamatório, tampouco de calúnia, demandaria necessário revolvimento do contexto fático-probatório dos autos, o que não se admite na via do *habeas corpus*. 4. Recurso improvido (STJ, RHC nº 100.494/PE, Rel. Min. Nefi Cordeiro, 6ª Turma, j. 12.02.2019, *DJe* 07.03.2019).

• **Cabe calúnia contra pessoa jurídica?**

Imputar falsamente um fato criminoso a uma pessoa jurídica configura crime? A pessoa jurídica pode ser sujeito ativo dos crimes previstos na Lei nº 9.605/1998 (Lei de Crimes Ambientais).

Assim, parcela da doutrina entende que ela pode figurar como sujeito passivo de calúnia quando a ela for falsamente imputado um crime previsto na referida lei.

Divergindo, Luiz Regis Prado, citado por Rogério Greco (2020, p. 344) afirma que apenas a pessoa física pode ser sujeito passivo do crime de calúnia. Segundo ele, a ofensa irrogada à pessoa jurídica reputa-se feita aos que a representam ou dirigem.

Nosso entendimento: A pessoa jurídica pode ser vítima de calúnia quando lhe for imputado falsamente crime ambiental.

Esse não é o entendimento esposado pelos tribunais superiores.

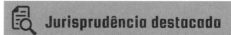

Jurisprudência destacada

A pessoa jurídica, por não ser uma pessoa natural, não possui honra subjetiva, estando, portanto, imune às violências a esse aspecto de sua personalidade, não podendo ser ofendida com atos que atinjam a sua dignidade, respeito próprio e autoestima (STJ, REsp nº 1.573.594/RJ, Rel. Min. Nancy Andrighi, 3ª Turma, j. 10.11.2016, *DJe* 14.11.2016).

Como prevê o § 2º do art. 138 do CP, é punível a calúnia contra os **mortos**. Nesse caso, a queixa será apresentada pelo cônjuge (companheiro), ascendente, descendente ou irmão, conforme previsto no art. 145 do CP.

> **Decifrando a prova**
>
> **(Promotor de Justiça – MPE/AP – Cespe/Cebraspe – 2021)** Julgue o item a seguir: Considerando-se a legislação e o entendimento jurisprudencial vigente, é correto afirmar que caracteriza causa de extinção da punibilidade a retratação feita pelo réu acusado do crime de calúnia contra pessoa morta.
> ( ) Certo   ( ) Errado
> **Gabarito comentado:** de acordo com o entendimento do STJ, a retratação da calúnia, feita antes da sentença, acarreta a extinção da punibilidade do agente independente de aceitação do ofendido (*Informativo* nº 687). Portanto, a assertiva está certa.

5.2.4 Conduta e voluntariedade

O tipo pune a situação de imputar a alguém fato definido como crime. Há necessidade de que seja imputado um fato determinado a pessoa também determinada.

Chamar alguém de ladrão não configura calúnia, mas pode caracterizar o crime de injúria. Para que se amolde ao tipo em estudo, o sujeito deve imputar um fato concreto a outro, como por exemplo: "No dia tal, Fulano ameaçou de matar Sicrano".

- A falsa imputação de fato previsto como **contravenção penal** configura crime de calúnia?

O art. 138 do CP prevê "fato previsto como crime". Incluir nessa expressão a contravenção penal seria interpretar utilizando-se analogia *in malam partem*, vedada no direito penal. Imputar falsamente a alguém a prática de uma infração penal pode atingir, sim, sua honra, no entanto, o tipo penal cabível será a **difamação**.

> **Jurisprudência destacada**
>
> Para a configuração do delito de **calúnia,** entende-se que devem estar presentes, simultaneamente, a imputação de fato determinado e qualificado como crime; o elemento normativo do tipo, consistente na falsidade da imputação e o elemento subjetivo do tipo, o denominado *animus caluniandi*, sendo que no caso concreto, não tendo o querelado imputado à querelante um fato específico, a conduta é atípica para o delito de calúnia (STJ, APn nº 886/DF, Rel. Min. Mauro Campbell Marques, Corte Especial, j. 23.09.2019, *DJe* 24.10.2019 – grifo nosso).

O sujeito ativo deve ter conhecimento de que o fato que ele imputa é falso. Ele deve agir com dolo de caluniar (*animus caluniandi*)

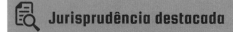

4. A honra apresenta caráter personalíssimo, constituindo-se em atributo inarredável da personalidade individual. Assim, quando se fala em calúnia, injúria e difamação, está-se, na verdade, cogitando de **ofensa à honra de uma determinada pessoa**, individualmente considerada. Precedentes do STJ e do STF. 5. Assim, em se tratando de crimes contra a honra, deve ficar clara a **intenção** do agente de **macular** a honra alheia de pessoa determinada. Sem o **dolo específico** e sem a **individualização** da **vítima**, não se pode falar em crimes de **calúnia**, difamação ou injúria (STJ, AgRg no REsp nº 1.824.447/RS. Rel. Min. Ribeiro Dantas, 5ª Turma, j. 06.02.2020, *DJe* 12.02.2020 – grifos nossos).

O crime somente é punido a título de dolo, não se admitindo a modalidade culposa.

O § 1º do art. 138 pune aquele que **propalar** a calúnia, divulgando-a, tornando-a pública.

Aqui a lei expressamente afirma que o divulgador deve saber que se trata de imputação falsa ("**sabendo falsa a imputação**").

5.2.5 Consumação e tentativa

Trata-se de crime formal. Consuma-se quando terceiros tomam conhecimento do fato imputado à vítima. Haverá crime ainda que a honra do sujeito passivo não seja abalada.

Basta que uma única pessoa tome conhecimento do fato para que o crime se consume.

Admite-se a tentativa no caso de calúnia praticada por escrito. Como exemplo, podemos mencionar a carta que não chega ao destino ou o e-mail que não chega ao conhecimento de terceiro.

5.2.6 Exceção da verdade

> Art. 138. (...)
> **Exceção da verdade**
> § 3º Admite-se a prova da verdade, salvo:
> I – se, constituindo o fato imputado crime de ação privada, o ofendido não foi condenado por sentença irrecorrível;
> II – se o fato é imputado a qualquer das pessoas indicadas no nº I do art. 141;
> III – se do crime imputado, embora de ação pública, o ofendido foi absolvido por sentença irrecorrível.

A lei admite a chamada **exceção da verdade** que vem a ser um incidente processual. É uma espécie de **defesa indireta** em que o réu acusado da calúnia pretende provar que o fato que ele imputou à vítima é verdadeiro.

Como visto, o crime de calúnia exige para sua configuração que o fato imputado à vítima seja falso. Em sendo esse fato verdadeiro, não há se falar em calúnia.

Não se admitirá, entretanto, a exceção da verdade em três casos expressos em rol taxativo no § 3º do art. 138 do CP:

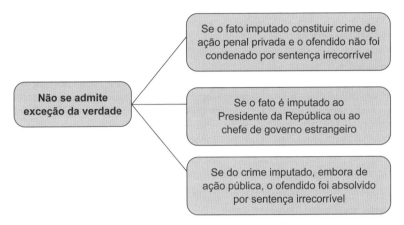

- **se o fato imputado constituir crime de ação penal privada e o ofendido não foi condenado por sentença irrecorrível:** utilizar a exceção da verdade para provar a veracidade da imputação feita pelo agente seria ferir o direito da vítima do primeiro crime, a quem o Estado permitiu optar por exercer ou não seu direito de queixa.
- **se o fato é imputado ao Presidente da República ou chefe de governo estrangeiro:** admitir a exceção da verdade nesse caso seria desrespeitar a regra contida no art. 102, inciso I, alínea *b*, da Constituição da República que prevê que cabe ao STF processar e julgar originariamente o Presidente da república, após o juízo de admissibilidade feito pela Câmara dos Deputados.

A proibição da exceção da verdade quando o fato é imputado a chefe de governo estrangeiro se deve a questões diplomáticas.

- **se do crime imputado, embora de ação pública, o ofendido foi absolvido por sentença irrecorrível:** o fundamento desse inciso é o respeito à coisa julgada.

Como mencionado anteriormente, a exceção da verdade constitui meio de defesa, assim há entendimento de que tais vedações à sua utilização constituiriam violação ao princípio constitucional da ampla defesa.

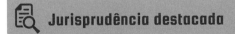

HABEAS CORPUS. IMPETRAÇÃO EM SUBSTITUIÇÃO AO RECURSO CABÍVEL. UTILIZAÇÃO INDEVIDA DO REMÉDIO CONSTITUCIONAL. NÃO CONHECIMENTO. 1. A via eleita se revela inadequada para a insurgência contra o ato apontado como coator, pois o ordenamento jurídico prevê recurso específico para tal fim, circunstância que impede o seu formal conhecimento.

Precedentes. 2. O alegado constrangimento ilegal será analisado para a verificação da eventual possibilidade de atuação *ex officio*, nos termos do art. 654, § 2º, do Código de Processo Penal. CALÚNIA, INJÚRIA E DIFAMAÇÃO. VÍTIMA COM PRERROGATIVA DE FORO. OPOSIÇÃO DE EXCEÇÃO DA VERDADE. ADMISSÃO E PROCESSAMENTO PELO MAGISTRADO DE PRIMEIRO GRAU. LEGITIMIDADE. COMPETÊNCIA DO TRIBUNAL REGIONAL FEDERAL APENAS PARA O JULGAMENTO DO INCIDENTE. INTELIGÊNCIA DO ART. 85 DO CÓDIGO DE PROCESSO PENAL. CONSTRANGIMENTO ILEGAL INEXISTENTE. 1. Nos termos do art. 85 do Código de Processo Penal, os Tribunais só são competentes para o julgamento da exceção da verdade, cujo juízo de admissibilidade e instrução são feitos perante o magistrado de primeira instância. Doutrina. Precedentes do STJ e do STF. 2. No caso dos autos, a exceção da verdade oposta pelos pacientes foi admitida pela magistrada de primeiro grau, que intimou o excepto para apresentar contestação, ressaltando que a sua competência se restringiria ao processamento do incidente, cujo julgamento será realizado pelo Tribunal Regional Federal da 4ª Região, não havendo que se falar, por conseguinte, em ofensa ao princípio do juiz natural. 3. *Habeas corpus* não conhecido (STJ, HC nº 311.623/RS, Rel. Min. Jorge Mussi, 5ª Turma, j. 10.03.2015, *DJe* 17.03.2015).

Decifrando a prova

(Delegado de Polícia PC/PI – Nucepe – 2018 – Adaptada) Julgue o item a seguir:

O autor da calúnia pode interpor a exceção da verdade, mas esta não será aceita, caso em algumas situações, entre elas, se constituindo o fato imputado crime de ação privada, o ofendido não foi condenado por sentença irrecorrível.

( ) Certo   ( ) Errado

Gabarito comentado: conforme art. 138, § 3º, é admitida a prova da verdade, salvo se, constituindo o fato imputado crime de ação privada, o ofendido não foi condenado por sentença irrecorrível. Portanto, a assertiva está certa.

Jurisprudência destacada

Essa Corte entende que a ausência de elementos capazes de demonstrar a prática de conduta criminosa por parte do excepto impõe a improcedência da exceção da verdade e, por via de consequência, o prosseguimento da ação penal relativa à prática do crime de calúnia (STJ, AgRg no AREsp nº 1.068.510/RS, Rel. Min. Jorge Mussi, 5ª Turma, j. 26.09.2017, *DJe* 06.10.2017).

5.2.7 Exceção de notoriedade

A exceção de notoriedade é meio de defesa pelo qual o réu pretende provar que o fato que ele imputou à vítima é de conhecimento público, de domínio público. Assim, sendo de domínio público o fato, a honra da vítima já estaria supostamente violada.

5.3 DIFAMAÇÃO

Art. 139. Difamar alguém, imputando-lhe fato ofensivo à sua reputação:

Pena – detenção, de três meses a um ano, e multa.

Exceção da verdade

Parágrafo único. A exceção da verdade somente se admite se o ofendido é funcionário público e a ofensa é relativa ao exercício de suas funções.

5.3.1 Noções iniciais e classificação doutrinária

Conceito de difamação: atribuir a alguém a prática de fato que possa macular sua honra. Imputar falsamente a alguém fato definido como **contravenção penal** pode configurar o crime em análise.

Trata-se de infração de menor potencial ofensivo, sendo possível a aplicação da Lei nº 9.099/1995.

O bem jurídico protegido é a honra objetiva. O objeto material é a pessoa que tem a honra violada pela conduta do agente.

5.3.2 Sujeitos do crime

Trata-se de crime comum que, em regra pode ser cometido por e contra qualquer pessoa. O sujeito passivo também pode ser qualquer pessoa, inclusive o inimputável.

Não podem ser sujeitos ativos do crime aqueles que possuem as chamadas imunidades (inviolabilidades) parlamentares: senadores, deputados, vereadores (estes últimos dentro dos limites que exerçam o cargo).

Os advogados, de acordo com o art. 7º, § 2º, do Estatuto da OAB, têm imunidade profissional, não constituindo injúria ou difamação puníveis qualquer manifestação de sua parte, no exercício de sua atividade, em juízo ou fora dele, sem prejuízo das sanções disciplinares perante a OAB, pelos excessos que cometer.

Com relação à pessoa jurídica figurando como sujeito passivo, remetemos o leitor às explicações feitas quando da análise do crime de calúnia.

5.3.3 Conduta e voluntariedade

O tipo pune a situação de imputar a alguém fato determinado que não constitua crime, porém tenha o condão de ferir sua honra. Há necessidade de que seja imputado um fato determinado a pessoa também determinada.

A falsa imputação de fato previsto como **contravenção penal** configura crime de difamação, como mencionado no tópico em que tratamos da calúnia.

150 Direito Penal Decifrado – Parte Especial

Apesar de o tipo penal não ter previsto punição para quem propala a difamação (como fez com a calúnia), entende-se que divulgar o fato desonroso também caracteriza o crime de difamação.

O sujeito ativo deve agir com dolo de difamar (*animus diffamandi*).

O crime somente é punido a título de dolo, não se admitindo a modalidade culposa.

5.3.4 Consumação e tentativa

Trata-se de crime formal. Consuma-se quando terceiros tomam conhecimento do fato imputado à vítima. Haverá crime ainda que a honra do sujeito passivo não seja abalada.

Basta que uma única pessoa tome conhecimento do fato para que o crime se consume.

Admite-se a tentativa no caso da difamação praticada por escrito. Como exemplo, podemos mencionar a carta que não chega ao destino ou o e-mail que não chega ao conhecimento de terceiro.

5.3.5 Exceção da verdade

A exceção da verdade é admitida quando se tratar de funcionário público e a ofensa tiver relação com o exercício de suas funções.

> **Art. 139.** (...)
>
> **Parágrafo único.** A exceção da verdade somente se admite se o ofendido é funcionário público e a ofensa é relativa ao exercício de suas funções.

Sendo provada a veracidade do fato imputado, restará excluída a tipicidade.

Assim como no crime de calúnia, não se admite a exceção da verdade quando a vítima for o Presidente da República ou chefe de governo estrangeiro.

Decifrando a prova

(Delegado de Polícia – PC/PI – Nucepe – 2018 – Adaptada) Julgue o item a seguir:

É crime difamar alguém, imputando-lhe fato ofensivo à sua reputação. Em relação ao crime de difamação não cabe exceção da verdade.

( ) Certo   ( ) Errado

Gabarito comentado: conforme o disposto no parágrafo único do art. 139 do CP, a exceção da verdade somente se admite se o ofendido é funcionário público e a ofensa é relativa ao exercício de suas funções. Portanto, a assertiva está errada.

A doutrina sustenta que também na difamação admite-se a exceção de notoriedade.

5.4 INJÚRIA

Art. 140. Injuriar alguém, ofendendo-lhe a dignidade ou o decoro:

Pena – detenção, de um a seis meses, ou multa.

§ 1º O juiz pode deixar de aplicar a pena:

I – quando o ofendido, de forma reprovável, provocou diretamente a injúria;

II – no caso de retorsão imediata, que consista em outra injúria.

§ 2º Se a injúria consiste em violência ou vias de fato, que, por sua natureza ou pelo meio empregado, se considerem aviltantes:

Pena – detenção, de três meses a um ano, e multa, além da pena correspondente à violência.

§ 3º Se a injúria consiste na utilização de elementos referentes a raça, cor, etnia, religião, origem ou a condição de pessoa idosa ou portadora de deficiência:

Pena – reclusão de um a três anos e multa.

5.4.1 Noções iniciais

Conceito de injúria: ofender a honra subjetiva de alguém, ofender o decoro, a dignidade de alguém.

Trata-se de infração de menor potencial ofensivo, sendo possível a aplicação da Lei nº 9.099/1995.

Aqui não se faz necessária a imputação de fato determinado, basta atribuir uma qualidade negativa à vítima.

5.4.2 Bem jurídico tutelado e objeto material

O bem jurídico protegido é a honra subjetiva (aquilo que a própria pessoa pensa sobre ela mesma, seu decoro, sua dignidade). O objeto material é a pessoa que tem a honra violada pela conduta do agente.

5.4.3 Sujeitos do crime

Trata-se de crime comum que, em regra pode ser cometido por e contra qualquer pessoa.

O sujeito passivo também pode ser qualquer pessoa, no entanto, a doutrina afirma que a vítima deve compreender as ofensas que lhe são dirigidas.

Como a pessoa jurídica não goza de honra subjetiva, não pode ser vítima de crime de injúria.

Não podem ser sujeitos ativos do crime aqueles que possuem as chamadas imunidades (inviolabilidades) parlamentares: senadores, deputados, vereadores (estes últimos dentro dos limites que exerçam o cargo). Nem os advogados quando o fato for cometido no exercício da profissão.

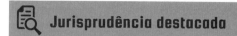

A pessoa jurídica, por não ser uma pessoa natural, não possui honra subjetiva, estando, portanto, imune às violências a esse aspecto de sua personalidade, não podendo ser ofendida com atos que atinjam a sua dignidade, respeito próprio e autoestima (STJ, REsp nº 1.573.594/RJ, Rel. Min. Nancy Andrighi, 3ª Turma, j. 10.11.2016, DJe 14.11.2016).

5.4.4 Conduta e voluntariedade

O tipo pune o ato de injuriar, ofender, insultar, atribuir qualidade negativa a determinada pessoa. Não há necessidade de que seja imputado um fato determinado a pessoa.

Aqui não se imputam fatos (que figurem ou não como crime), mas sim qualidades negativas.

Chamar alguém de ladrão, por exemplo, pode caracterizar o crime de injúria.

O crime de injúria admite a forma omissiva. É o caso de alguém que chega a uma reunião, cumprimenta a todos exceto uma pessoa que a ele estendeu a mão.

Também se admite a injúria indireta. É o caso de se chamar o esposo de "corno". Indiretamente está se injuriando a esposa dele.

O crime somente é punido a título de dolo (*animus injuriandi*), não se admitindo a modalidade culposa.

O § 1º do art. 138 pune aquele que **propalar** a calúnia, divulgando-a, tornando-a pública.

Aqui a lei expressamente afirma que o divulgador deve saber que se trata de imputação falsa ("**sabendo falsa a imputação**").

5.4.5 Consumação e tentativa

Trata-se de crime formal. Consuma-se quando a própria vítima toma conhecimento do fato imputado à vítima. Haverá crime ainda que a honra do sujeito passivo não seja abalada.

Basta que uma única pessoa tome conhecimento do fato para que o crime se consume.

Admite-se a tentativa no caso da injúria praticada por escrito.

5.4.6 Exceção da verdade e notoriedade

De maneira diversa dos outros dois tipos estudados, a injúria não admite a exceção da verdade e de notoriedade.

5.4.7 Perdão judicial

O § 1º do art. 140 traz as hipóteses em que o juiz poderá conceder o perdão judicial, isto é, poderá deixar de aplicar a pena.

Capítulo 5 ◆ Dos crimes contra a honra **153**

Art. 140. (...)

§ 1º O juiz pode deixar de aplicar a pena:

I – quando o ofendido, de forma reprovável, provocou diretamente a injúria;

II – no caso de retorsão imediata, que consista em outra injúria.

Trata-se, como entende a maioria da doutrina, de verdadeiro direito subjetivo do acusado, e não de faculdade do julgador. Assim, presente uma das hipóteses, deve o juiz conceder o perdão.

Como leciona Rogério Sanches Cunha (2021, p. 211), o perdão judicial, no primeiro caso (provocação), aproveita apenas àquele que revidou; já no segundo (retorsão), aproveita a todos os envolvidos (quem primeiro ofendeu e aquele que revidou).

5.4.8 Figuras qualificadas

5.4.8.1 Injúria real

Art. 140. (...)

§ 2º Se a injúria consiste em violência ou vias de fato, que, por sua natureza ou pelo meio empregado, se considerem aviltantes:

Pena – detenção, de três meses a um ano, e multa, além da pena correspondente à violência.

O § 2º do art. 140 pune a conduta daquele que escolhe como execução do crime uma agressão que possa humilhar a vítima. Podemos citar como exemplo: jogar urina na pessoa, cuspir no rosto, desferir um tapa no rosto.

Veja que a agressão que caracteriza a injúria real é a aviltante, aquela capaz de humilhar.

🧩 Decifrando a prova

(Defensor Público – DPE/MA – FCC – 2021 – Adaptada) O crime de injúria real consiste na violência ou vias de fato que, por sua natureza ou pelo meio empregado, se considerem aviltantes.

( ) Certo   ( ) Errado

Gabarito comentado: é exatamente esta a definição de injúria real. Portanto, a assertiva está certa.

Caso a conduta, além de humilhar, venha a causar lesão, o agente responderá pelo crime de lesão corporal.

5.4.8.2 Injúria qualificada pelo preconceito

Prevista no § 3º do art. 140, pune a conduta daquele que para injuriar se utiliza de elementos referentes à raça, cor, etnia, religião, origem ou condição de pessoa idosa ou portadora de deficiência.

Art. 140. (...)

§ 3º Se a injúria consiste na utilização de elementos referentes a raça, cor, etnia, religião, origem ou a condição de pessoa idosa ou portadora de deficiência:

Pena – reclusão de um a três anos e multa.

Tem-se aqui a injúria-preconceito, que não se confunde com o crime de racismo, previsto na Lei nº 7.716/1989.

Na injúria qualificada pelo preconceito, o agente ofende a vítima por meio de xingamentos que se referem à sua cor, raça, etnia, religião, ou origem da vítima. Já no crime da Lei nº 7.716/1989, tem-se verdadeira segregação da pessoa em razão de sua cor ou raça.

Não se trata de diferenciação meramente acadêmica. Vejamos:

A injúria qualificada é afiançável, prescritível[1] e de ação penal pública condicionada à representação do ofendido. Já o racismo é crime inafiançável, imprescritível e de ação penal pública incondicionada.

Decifrando a prova

(Delegado de Polícia – PC/RN – FGV/2021 – Adaptada) Enquanto realizava compras em uma famosa loja de grife da cidade, Roberto iniciou discussão com a vendedora Joana, vindo a afirmar, na presença de quinze clientes, que o mau atendimento só poderia ter sido causado por uma "negrinha que deveria estar comendo banana". Joana ficou envergonhada com toda a situação, optando por ir para casa e não contar a ninguém sobre o ocorrido. Contudo, a proprietária do estabelecimento compareceu em sede policial e narrou os fatos. Considerando apenas as informações expostas, é correto afirmar que o delegado deverá instaurar inquérito policial, pois o crime em tese praticado foi de injúria racial sem causa de aumento, que é de ação penal pública incondicionada.

( ) Certo   ( ) Errado

Gabarito comentado: a conduta se amolda ao crime de injúria qualificada pelo preconceito (art. 140, § 3º, do CP). Os crimes contra a honra têm sua pena majorada quando praticados na presença de várias pessoas, ou por meio que facilite a divulgação da calúnia, da difamação ou da injúria (art. 141, inciso III, do CP). Portanto, a assertiva está certa.

---

[1] No tópico 5.5.6, analisaremos a decisão do STF no HC nº 154.248, que equiparou a injúria qualificada pelo preconceito ao crime de racismo para fins de prescrição.

5.5 DISPOSIÇÕES GERAIS COMUNS AOS CRIMES CONTRA A HONRA

5.5.1 Causas de aumento de pena

Art. 141. As penas cominadas neste Capítulo aumentam-se de um terço, se qualquer dos crimes é cometido:

I – contra o Presidente da República, ou contra chefe de governo estrangeiro;

II – contra funcionário público, em razão de suas funções, ou contra os Presidentes do Senado Federal, da Câmara dos Deputados ou do Supremo Tribunal Federal;

III – na presença de várias pessoas, ou por meio que facilite a divulgação da calúnia, da difamação ou da injúria.

IV – contra criança, adolescente, pessoa maior de 60 (sessenta) anos ou pessoa com deficiência, exceto na hipótese prevista no § 3º do art. 140 deste Código.

§ 1º Se o crime é cometido mediante paga ou promessa de recompensa, aplica-se a pena em dobro;

§ 2º Se o crime é cometido ou divulgado em quaisquer modalidades das redes sociais da rede mundial de computadores, aplica-se em triplo a pena.

O art. 141 traz as **causas de aumento de pena** comuns a todos os crimes contra a honra:

- contra o Presidente da República ou contra chefe de governo estrangeiro;
- contra funcionário público, em razão de suas funções, ou contra os Presidentes do Senado Federal, da Câmara dos Deputados ou do Supremo Tribunal Federal;
- na presença de várias pessoas;
- por meio que facilite a divulgação;
- contra criança, adolescente, pessoa maior de 60 (sessenta) anos ou pessoa com deficiência (exceto no caso de injúria em que já há punição feita pela qualificadora do § 3º do art. 140).

Esse dispositivo sofreu recente alteração em seu inciso IV para incluir a vítima adolescente (Lei nº 11.344/2022).

O aumento de pena previsto no § 1º dobra a pena em caso de crime cometido mediante **paga** ou **recompensa**.

O § 2º do art. 141 triplica a pena no caso dos crimes cometidos pelas **redes sociais**. Para conceituar redes sociais, a exemplo do professor Rogério Sanches Cunha, vamos nos valer da Resolução nº 305 do CNJ, *in verbis*:

Art. 2º O uso das redes sociais pelos magistrados deve observar os preceitos da Lei Orgânica da Magistratura Nacional, do Código de Ética da Magistratura Nacional, os valores estabelecidos nos Princípios de Bangalore de Conduta Judicial e o disposto nesta Resolução.

Parágrafo único. Consideram-se rede social todos os sítios da internet, plataformas digitais e aplicativos de computador ou dispositivo eletrônico móvel voltados à interação pública e social, que possibilitem a comunicação, a criação ou o compartilhamento de mensagens, de arquivos ou de informações de qualquer natureza.

5.5.2 Exclusão do crime

Art. 142. Não constituem injúria ou difamação punível:

I – a ofensa irrogada em juízo, na discussão da causa, pela parte ou por seu procurador;

II – a opinião desfavorável da crítica literária, artística ou científica, salvo quando inequívoca a intenção de injuriar ou difamar;

III – o conceito desfavorável emitido por funcionário público, em apreciação ou informação que preste no cumprimento de dever do ofício.

Parágrafo único. Nos casos dos ns. I e III, responde pela injúria ou pela difamação quem lhe dá publicidade.

I – a ofensa irrogada em juízo, na discussão da causa, pela parte ou por seu procurador;

Os advogados, de acordo com o art. 7º, § 2º, do Estatuto da OAB tem imunidade profissional, não constituindo injúria ou difamação puníveis qualquer manifestação de sua parte, no exercício de sua atividade, em juízo ou fora dele, sem prejuízo das sanções disciplinares perante a OAB, pelos excessos que cometer.

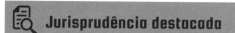

Jurisprudência destacada

A Constituição Federal erigiu a advocacia à condição jurídica de instituição essencial à atividade jurisdicional do Estado, de órgão imprescindível à formação do Poder Judiciário e, também, de instrumento indispensável à tutela das liberdades públicas (art. 133). A inviolabilidade do advogado, prevista no art. 133 da Constituição Federal, não é absoluta, já que pressupõe o exercício regular e legítimo de sua atividade profissional, que se revela incompatível com práticas abusivas ou atentatórias à dignidade da profissão ou às normas ético-jurídicas que lhe regem o exercício. Na espécie que se apresenta, constata-se que as expressões reputadas como ofensivas pela recorrente decorreram do estrito exercício da atividade profissional como advogada, visto que as passagens transcritas pelo órgão ministerial na denúncia guardam nexo de causalidade e de pertinência com o objeto da reclamação ajuizada pela acusada, por meio da qual ela alegou delonga injustificada para a expedição de alvará e/ou transferência de valores dos honorários advocatícios obtidos em outro processo (STJ, RHC nº 31.689/SC, 6ª Turma, Rel. Min. Sebastião Reis Júnior, j. 20.08.2013, *DJe* 20.11.2013).

II – a opinião desfavorável da crítica literária, artística ou científica, salvo quando inequívoca a intenção de injuriar ou difamar;

O inciso II traz a chamada imunidade literária, artística ou científica. Não terá cabimento tal imunidade (ou seja, responderá pelo crime) quando o agente atuar com intenção de ofender a honra da vítima.

III – o conceito desfavorável emitido por funcionário público, em apreciação ou informação que preste no cumprimento de dever do ofício.

Como ensina o prof. Cleber Masson (2014a, p. 206-207), trata-se de modalidade especial de estrito cumprimento do dever legal que é necessária para assegurar a independência e tranquilidade dos servidores públicos para melhor desempenho de suas funções, no interesse da coisa pública.

Jurisprudência destacada

Os delitos criminais contra a honra exigem, indispensavelmente, para a sua adequada tipificação, a presença do elemento anímico subjetivo, consistente no dolo específico, ou seja, a deliberação volitiva e consciente de ofender outrem, o que, na hipótese, não se verificou. A intenção, por parte da querelada, no cumprimento de sua função, concentrou-se em narrar a gravidade das qualidades e dos fatos que eram atribuídos ao Magistrado de piso. Presente, portanto, o *animus narrandi* e ausente, por consequência, o intuito malévolo de ofender outrem. O art. 142, III do CP dispõe que não constitui injúria ou difamação, o conceito desfavorável emitido por funcionário público, em apreciação ou informação que preste no cumprimento de dever de ofício. Tem-se, assim, elemento negativo do tipo que, uma vez presente, exclui a tipicidade da conduta. Não se harmoniza com o espírito do nosso tempo a banalização das exigências estruturantes das figuras criminais, sob pena de se incrementar a onda punitivista e alastrar os seus efeitos desequilibradores da paz social. Manifestação do douto Ministério Público Federal concluindo que as condutas narradas são atípicas para os delitos contra a honra. Queixa-crime rejeitada, nos termos da manifestação do Ministério Público Federal (STJ, AgRg na Apn nº 893/DF, C.E, Rel. Min. Napoleão Nunes Maia Filho, j. 07.10.2020, *DJe* 16.10.2020).

O parágrafo único do art. 142 dispõe que aquele que der publicidade, nos casos dos incisos I e III não será acobertado pela imunidade, devendo responder pela injúria ou difamação a depender do caso.

5.5.3 Retratação

O art. 143 do CP traz a retratação do querelado como **causa de extinção da punibilidade**[2] dos crimes de calúnia ou difamação.

> **Art. 143.** O querelado que, antes da sentença, se retrata cabalmente da calúnia ou da difamação, fica isento de pena.
>
> **Parágrafo único.** Nos casos em que o querelado tenha praticado a calúnia ou a difamação utilizando-se de meios de comunicação, a retratação dar-se-á, se assim desejar o ofendido, pelos mesmos meios em que se praticou a ofensa.

A **retratação** somente é admitida nos crimes de calúnia e difamação. Não caberá retratação do ofendido na injúria porque por não haver imputação de um fato à vítima, mas sim uma ofensa à sua honra, não haverá o que reparar, podendo a retratação atingir ainda mais a honra do ofendido.

---

[2] Código Penal. "**Art. 107.** Extingue-se a punibilidade: (...) VI – pela retratação do agente, nos casos em que a lei a admite; (...)".

Momento da retratação: para produzir seus efeitos, entende-se que a retratação deve ser feita antes da sentença de primeira instância ou, no caso dos crimes de competência originária dos tribunais, deve ser feita antes do acórdão.

Por se tratar de **causa extintiva da punibilidade** de **natureza subjetiva**, não se estenderá aos demais querelados que não venham a se retratar. Assim, a retratação é **incomunicável**.

Quando estivermos diante de calúnia ou difamação irrogada contra **funcionário público**, **não se admite** que a retratação seja causa de extinção da punibilidade, por dois motivos:

- o art. 143 faz menção a querelado, mas querelado somente existe em ação penal privada. Prevalece o entendimento de que a calúnia e a difamação contra funcionário público são crimes de ação penal pública;[3]
- a vítima nesses casos não será apenas o funcionário público, mas a administração, o próprio Estado.

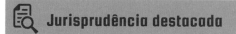

A isenção de pena para os delitos de calúnia e de difamação prevista no art. 143 do CP em razão de retratação antes da sentença se aplica para querelado (ação penal privada), não alcançando delitos contra a honra processados mediante requisição ou representação do ofendido (art. 145, parágrafo único, do CP) (STJ, AgRg no REsp nº 1.860.770/SP, Rel. Min. Joel Ilan Paciornik).

Prevalece que a retratação é **ato unilateral**, não havendo necessidade de aceitação do ofendido para que produza seus efeitos.

Caso a calúnia ou a difamação sejam feitas por meios de comunicação, em razão do previsto no parágrafo único do art. 143 do CP, que foi inserido pela Lei nº 13.188/2015, se o ofendido desejar, a retratação deverá ser feita pelos mesmos meios em que o crime fora praticado.

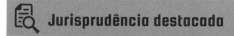

Consoante as diretrizes do Código Penal: "Art. 143. O querelado que, antes da sentença, se retrata cabalmente da calúnia ou da difamação, fica isento de pena. Parágrafo único. Nos casos em que o querelado tenha praticado a calúnia ou a difamação utilizando-se de meios de comunicação, a retratação dar-se-á, se assim desejar o ofendido, pelos mesmos meios em que se praticou a ofensa". A **retratação**, admitida nos crimes de calúnia e difamação, **não é ato bilateral**, ou seja, **não pressupõe aceitação da parte ofendida** para surtir seus efeitos

---

[3] STF. "**Súmula nº 714**. É concorrente a legitimidade do ofendido, mediante queixa, e do Ministério Público, condicionada à representação do ofendido, para a ação penal por crime contra a honra de servidor público em razão do exercício de suas funções".

na seara penal, porque a lei não exige isso. O Código, quando quis condicionar o ato extintivo da punibilidade à aceitação da outra parte, o fez de forma expressa, como no caso do perdão ofertado pelo querelante depois de instaurada a ação privada. Como é sabido, não há como se fazer analogia *in malam partem*, contra o réu, para lhe impor condição para causa extintiva da punibilidade que a Lei Penal não exigiu. Na verdade, basta que a retratação seja cabal. Vale dizer: deve ser clara, completa, definitiva e irrestrita, sem remanescer nenhuma dúvida ou ambiguidade quanto ao seu alcance, que é justamente o de desdizer as palavras ofensivas à honra, retratando-se o ofensor do malfeito. Ademais, em se tratando de ofensa irrogada por meios de comunicação – como no caso, que foi por postagem em rede social na *internet* –, o parágrafo único do art. 143 do Código Penal dispõe que "a retratação dar-se-á, se assim desejar o ofendido, pelos mesmos meios em que se praticou a ofensa". A norma penal, ao abrir ao ofendido a possibilidade de exigir que a retratação seja feita pelo mesmo meio em que se praticou a ofensa, não transmudou a natureza do ato, que é essencialmente unilateral. Apenas permitiu que o ofendido exerça uma faculdade. Portanto, se o ofensor, desde logo, mesmo sem consultar o ofendido, já se utiliza do mesmo veículo de comunicação para apresentar a retratação, não se afigura razoável desmerecê-la, porque o ato já atingiu sua finalidade legal (STJ, APn nº 912/RJ, Rel. Min. Laurita Vaz, j. 03.03.2021, *Informativo* nº 687).

5.5.4 Pedido de explicações

> **Art. 144**. Se, de referências, alusões ou frases, se infere calúnia, difamação ou injúria, quem se julga ofendido pode pedir explicações em juízo. Aquele que se recusa a dá-las ou, a critério do juiz, não as dá satisfatórias, responde pela ofensa.

O pedido de explicações mencionado no art. 144 do Código Penal pode ser utilizado pela vítima **antes do oferecimento da queixa-crime**, quando não se tem certeza se a expressão utilizada pelo suposto autor é, de fato, uma ofensa. Tem-se uma expressão que gera dúvidas, uma **expressão ambígua**. Quem se achar atingido pela expressão pode pedir em juízo que o autor se explique.

Não existe um procedimento predefinido a respeito do pedido de explicações. Nem o Código Penal nem o Código de Processo Penal estipulam como seria feito. Assim, entende-se que a pessoa que se julgar ofendida, deve encaminhar o pedido a uma vara criminal, podendo utilizar o rito das notificações e interpelações.

O requerido não é obrigado a apresentar as explicações. Sua recusa em fornecer as informações não implica em novo crime contra a honra. No entanto, caso a vítima se julgue ofendida, poderá ingressar com a queixa-crime.

5.5.5 Ação penal

> **Art. 145**. Nos crimes previstos neste Capítulo somente se procede mediante queixa, salvo quando, no caso do art. 140, § 2º, da violência resulta lesão corporal.

Parágrafo único. Procede-se mediante requisição do Ministro da Justiça, no caso do inciso I do *caput* do art. 141 deste Código, e mediante representação do ofendido, no caso do inciso II do mesmo artigo, bem como no caso do § 3º do art. 140 deste Código.

Em regra, nos crimes contra a honra, a ação será privada.

No caso do art. 140, § 2º (injúria real), em que resultar lesão corporal, a ação será pública incondicionada. Atenção, pois há entendimento de que, em razão da Lei nº 9.099/1995, a ação passou a ser pública condicionada a representação, uma vez que assim se promove a ação do crime de lesão corporal.

Em se tratando de crime cometido contra funcionário público, no exercício de suas funções, a ação será condicionada à representação do ofendido ou condicionada à requisição do Ministro da Justiça, no caso de o ofendido ser o Presidente da República ou chefe de governo estrangeiro.

Atente-se ao que consta do Enunciado nº 714 da Súmula do STF:

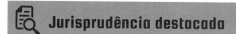

STF, Súmula nº 714. É concorrente a legitimidade do ofendido, mediante queixa, e do Ministério Público, condicionada à representação do ofendido, para a ação penal por crime contra a honra de servidor público em razão do exercício de suas funções.

Será, ainda, pública condicionada à representação a ação do crime de injúria preconceito (art. 140, III).

5.5.6 Imprescritibilidade do crime de injúria racial (STF, HC nº 154.248/DF)

No julgamento do HC nº 154.248/DF, decidiu o Supremo Tribunal Federal que "**o crime de injúria racial, espécie do gênero racismo, é imprescritível**".

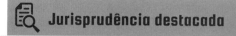

A prática de injúria racial, prevista no art. 140, § 3º, do Código Penal (CP), traz em seu bojo o emprego de elementos associados aos que se definem como raça, cor, etnia, religião ou origem para se ofender ou insultar alguém. Consistindo o racismo em processo sistemático de discriminação que elege a raça como critério distintivo para estabelecer desvantagens valorativas e materiais, a injúria racial consuma os objetivos concretos da circulação de estereótipos e estigmas raciais. Nesse sentido, é insubsistente a alegação de que há distinção ontológica entre as condutas previstas na Lei nº 7.716/1989 e aquela constante do art. 140, § 3º, do CP. Em ambos os casos, há o emprego de elementos discriminatórios baseados naquilo que sociopoliticamente constitui raça, para a violação, o ataque, a supressão de direitos fundamentais do ofendido. Sendo assim, excluir o crime de injúria racial do âmbito do mandado constitucional de criminalização por meras considerações formalistas desprovidas de substância, por uma

> leitura geográfica apartada da busca da compreensão do sentido e do alcance do mandado constitucional de criminalização, é restringir-lhe indevidamente a aplicabilidade, negando-lhe vigência. Com base nesse entendimento, o Plenário, por maioria, denegou a ordem de *habeas corpus*, nos termos do voto do relator. Vencido o ministro Nunes Marques (STF, HC nº 154.248/DF, Rel. Min. Edson Fachin, j. 28.10.2021, *Info.* nº 1.036).

Entendeu o Supremo Tribunal Federal, na decisão acima mencionada, que o crime de injúria racial, previsto no art. 140, § 3º, do Código Penal, deve se equiparar ao crime de racismo, para fins de reconhecimento da imprescritibilidade.

O cerne da discussão levada ao STF girava em torno de se saber se o crime de injúria racial seria ou não uma forma de discriminação racial que, por se materializar sistematicamente, acabava por configurar o crime de racismo e, assim, não sujeito à prescrição.

Como muito bem asseverou o Ministro Fachin em seu voto quando do julgamento do HC nº 154.248/DF:

> Mostra-se insubsistente, desse modo, a alegação de que há uma distinção ontológica entre as condutas previstas na Lei nº 7.716/1989 e aquela constante do art. 140, § 3º, do CP. Em ambos os casos, há o emprego de elementos discriminatórios baseados naquilo que sociopoliticamente constitui raça (não genético ou biologicamente), para a violação, o ataque, a supressão de direitos fundamentais do ofendido. Sendo assim, excluir o crime de injúria racial do âmbito do mandado constitucional de criminalização por meras considerações formalistas desprovidas de substância, por uma leitura geográfica apartada da busca da compreensão do sentido e do alcance do mandado constitucional de criminalização é restringir-lhe indevidamente a aplicabilidade, negando-lhe vigência.

Conforme o entendimento do STF, o crime de injúria racial seria espécie de racismo e, portanto, não sujeito à prescrição.

Existe entendimento doutrinário de que essa conclusão seria uma analogia incriminadora e, ainda que possamos identificar na conduta daquele que pratica a injúria racial e daquele que pratica crime de racismo, uma motivação semelhante, qual seja, a de que a depender da cor de sua pele, de sua raça ou etnia, a pessoa será inferiorizada, este não seria motivo para passar por cima de garantias constitucionais.

Ademais, a imprescritibilidade atribuída ao crime de racismo foi feita de forma excepcional pela Constituição da República e, como tal, não poderia ser estendida a outros tipos penais.

Outro ponto a ser questionado quando se equipara o crime de injuria racial ao crime de racismo diz respeito à ação penal. No crime de racismo, a ação penal é pública incondicionada; já o crime de injúria racial se promove mediante ação penal pública condicionada à representação do ofendido.

Como conciliar o fato de que um crime que para ser promovido necessite de representação do ofendido (logo, sujeito à decadência, se não exercida a representação no prazo legal) seja imprescritível? Não encontramos resposta para tal questionamento.

Direito Penal Decifrado – Parte Especial

Em seu voto, o Ministro Nunes Marques asseverou:

a gravidade do delito não pode servir para que o Poder Judiciário amplie as hipóteses de imprescritibilidade pelo legislador e nem altere o prazo previsto na lei penal. Assim, em síntese, o crime de injúria racial não se equipararia ao de racismo.

Da leitura da ementa nota-se que a tese do Ministro Nunes Marques (único voto divergente) não prosperou.

Assim, tem-se que, conforme entendimento do STF, injúria racial é equiparada ao racismo. Como asseverou o Ministro Edson Fachin:

A alteração legal que tornou pública condicionada (que depende de representação da vítima) a ação penal para processar e julgar os delitos de injúria racial, o crime passou a ser equivalente ao de racismo e, portanto, imprescritível, conforme previsto na Constituição Federal (artigo 5º, inciso LXII).

Dos crimes contra a liberdade individual

6.1 CRIMES CONTRA A LIBERDADE PESSOAL

6.1.1 Constrangimento ilegal

6.1.1.1 Noções gerais e classificação doutrinária

Art. 146. Constranger alguém, mediante violência ou grave ameaça, ou depois de lhe haver reduzido, por qualquer outro meio, a capacidade de resistência, a não fazer o que a lei permite, ou a fazer o que ela não manda:

Pena – detenção, de três meses a um ano, ou multa.

Aumento de pena

§ 1º As penas aplicam-se cumulativamente e em dobro, quando, para a execução do crime, se reúnem mais de três pessoas, ou há emprego de armas.

§ 2º Além das penas cominadas, aplicam-se as correspondentes à violência.

§ 3º Não se compreendem na disposição deste artigo:

I – a intervenção médica ou cirúrgica, sem o consentimento do paciente ou de seu representante legal, se justificada por iminente perigo de vida;

II – a coação exercida para impedir suicídio.

O fundamento constitucional para os crimes contra a liberdade individual encontra-se no art. 5º, II, da CF:

Art. 5º Todos são iguais perante a lei, sem distinção de qualquer natureza, garantindo-se aos brasileiros e aos estrangeiros residentes no País a inviolabilidade do direito à vida, à liberdade, à igualdade, à segurança e à propriedade, nos termos seguintes: (...)

II – ninguém será obrigado a fazer ou deixar de fazer alguma coisa senão em virtude de lei;

Do texto constitucional se extrai que ninguém pode obrigar outrem a fazer alguma coisa que não esteja prevista em lei.

O bem jurídico tutelado é a liberdade em todas suas formas: pensamento, religiosa, política, de consciência, credo, filosófica etc.

Trata-se de crime comum, tanto em relação ao sujeito passivo quanto em relação ao sujeito ativo; material; de forma livre; instantâneo, de dano, plurissubsistente; comissivo (ou omissivo, no caso do garantidor); subsidiário.

Esta última classificação, qual seja, crime subsidiário, se dá em razão de ser o constrangimento ilegal aplicado apenas quando o fato não constituir crime mais grave, quando não constituir elemento de outro tipo penal. Como exemplo, podemos citar o crime de estupro. Nele, o constrangimento ilegal é elemento do tipo e é utilizado para forçar alguém a manter relações sexuais ou outros atos libidinosos.

> ## Decifrando a prova
>
> **(Defensor Público – DPE/SC – FCC/2021)** João se aproximou de Maria, mostrou a arma que estava em sua cintura e disse para ela acompanhá-lo até uma praça ou então atiraria nela. Maria indagou se João queria ficar com sua bolsa, mas ele respondeu que não. Quando estavam próximos à praça, Maria visualizou que o local estava deserto e, com medo, conseguiu fugir. João possui condenação anterior por estupro praticado na mesma praça. Com relação aos fatos narrados, João praticou estupro tentado.
>
> ( ) Certo   ( ) Errado
>
> **Gabarito comentado:** a questão não traz fatos relativos a crimes contra a dignidade sexual, apenas diz que João já foi condenado por crime de estupro. Ele praticou o crime de constrangimento ilegal que é um tipo penal subsidiário. Portanto, a assertiva está errada.

6.1.1.2 Sujeitos do crime

Trata-se de **crime comum**, assim pode ser praticado por qualquer pessoa, contra qualquer pessoa. Não se exige qualquer condição específica de autor ou vítima.

Ressalta-se que a vítima deve ter capacidade de discernimento para entender que está sendo constrangida.

6.1.1.3 Conduta e voluntariedade

A conduta pune o ato de constranger alguém a fazer ou deixar de fazer algo. Como leciona Masson (2014a, p. 216), consiste no comportamento de retirar de uma pessoa sua liberdade de autodeterminação.

Somente ao Estado é dado, por meio de lei (lei em sentido amplo), determinar que se cumpram obrigações (positivas ou negativas). Se particulares resolverem agir como somente o Estado pode fazê-lo, podem incorrer no crime em análise.

Analisando o tipo penal, vemos que ele pode ser cometido por três formas: violência, grave ameaça ou qualquer outro meio que reduza a capacidade de resistência da vítima.

As duas primeiras formas não exigem muitas explicações. A violência consiste no uso de força física contra a vítima; a ameaça consiste na violência moral, na promessa de causar mal injusto ou grave.

Como terceira forma, temos a chamada violência imprópria: qualquer meio que possa reduzir a capacidade de resistência da vítima. Qualquer meio que seja análogo à violência ou à grave ameaça que tenha o condão de reduzir a capacidade de autodeterminação da vítima pode caracterizar a violência imprópria. Aqui podemos incluir a administração de drogas na vítima.

Importante destacar que se o autor estiver exigindo da vítima alguma ação que ele poderia conseguir por meio de ação judicial, ou seja, se sua exigência for legítima, estaremos diante do crime previsto no art. 345 do Código Penal (**exercício arbitrário das próprias razões**).

Podemos citar o exemplo daquele que contrata um serviço de um pedreiro e este, na data contratada não entrega a obra pronta, enfurecido, o contratante utilizando-se de violência, exige que o pedreiro termine a obra. Nesse caso, aplicar-se-á a pena prevista no art. 345 do CP e não as penas previstas para o crime em análise.

O crime somente é punido a título de dolo, não se admitindo a modalidade culposa.

Decifrando a prova

(Delegado de Polícia – PC/SP – Vunesp – 2018 – Adaptada) No que concerne ao crime de constrangimento ilegal (CP, art. 146), é correto afirmar que tipifica o crime a intervenção médica ou cirúrgica, sem o consentimento do paciente ou de seu representante legal, mesmo se justificada por iminente perigo de vida.

( ) Certo   ( ) Errado

Gabarito comentado: o crime de constrangimento ilegal previsto no art. 146 do CP, conforme disposição do § 3º, não inclui a intervenção médica ou cirúrgica, sem o consentimento do paciente ou de seu representante legal, se justificada por iminente perigo de vida. Portanto, a assertiva está errada.

6.1.1.4 Consumação e tentativa

O crime se consuma quando a vítima faz ou deixa de fazer o que lhe foi exigido, ou seja, quando ela obedece ao que o autor determinou que ela fizesse.

É possível a tentativa, uma vez que a conduta pode ser fracionada.

6.1.1.5 Causas de aumento de pena

O § 1º do art. 146 traz as causas de aumento de pena:

166 Direito Penal Decifrado – Parte Especial

Aumento de pena

Art. 146. (...)

§ 1º As penas aplicam-se cumulativamente e em dobro, quando, para a execução do crime, se reúnem mais de três pessoas, ou há emprego de armas.

§ 2º Além das penas cominadas, aplicam-se as correspondentes à violência.

No caso de concurso de mais de três pessoas, as penas de multa e privativa de liberdade serão aplicadas cumulativamente e em dobro. Assim, as penas pecuniária e privativa de liberdade expressas no *caput* do art. 146 não mais serão aplicadas de forma alternativa, mas sim cumulativamente.

Para fins desse concurso de pessoas, são computados até mesmo os inimputáveis ou os autores não identificados.

Decifrando a prova

(Delegado de Polícia – PC/SP – Vunesp – 2018 – Adaptada) No que concerne ao crime de constrangimento ilegal (CP, art. 146), é correto afirmar que qualifica o tipo a concorrência de 3 (três) ou mais agentes.

( ) Certo   ( ) Errado

Gabarito comentado: trata-se na realidade de causa de aumento de pena, prevista no § 1º. Portanto, a assertiva está errada.

Com relação ao emprego de arma, para a maioria da doutrina deve ser entendida como arma em sentido amplo, abrangendo tanto arma própria (aquele instrumento destinado ao ataque e defesa) quanto arma imprópria (não tem finalidade de ataque e defesa, mas possui potencialidade lesiva, como é o caso de uma faca de cozinha).

O § 2º, como ensina a maioria da doutrina, traz o concurso material de crimes.[1] Além da pena aplicada ao constrangimento ilegal, o agente também responderá por eventual lesão corporal.

6.1.1.6 Exclusão do crime

Apesar de haver divergência doutrinária, entende-se que o § 3º do art. 146 dispõe a respeito das causas que levam à **atipicidade** da **conduta**.

---

[1] "**Art. 69.** Quando o agente, mediante mais de uma ação ou omissão, pratica dois ou mais crimes, idênticos ou não, aplicam-se cumulativamente as penas privativas de liberdade em que haja incorrido. No caso de aplicação cumulativa de penas de reclusão e de detenção, executa-se primeiro aquela. § 1º Na hipótese deste artigo, quando ao agente tiver sido aplicada pena privativa de liberdade, não suspensa, por um dos crimes, para os demais será incabível a substituição de que trata o art. 44 deste Código. § 2º Quando forem aplicadas penas restritivas de direitos, o condenado cumprirá simultaneamente as que forem compatíveis entre si e sucessivamente as demais".

Art. 146. (...)

§ 3º Não se compreendem na disposição deste artigo:

I – a intervenção médica ou cirúrgica, sem o consentimento do paciente ou de seu representante legal, se justificada por iminente perigo de vida;

II – a coação exercida para impedir suicídio.

Importante lembrar que no inciso II devemos incluir, além do suicídio, a coação para impedir a automutilação. Isso porque o art. 122 do Código Penal, que prevê o crime de instigação, induzimento ou participação em suicídio, foi alterado para incluir a automutilação.

6.1.2 Ameaça

6.1.2.1 Noções gerais e classificação doutrinária

Art. 147. Ameaçar alguém, por palavra, escrito ou gesto, ou qualquer outro meio simbólico, de causar-lhe mal injusto e grave:

Pena – detenção, de um a seis meses, ou multa.

Parágrafo único. Somente se procede mediante representação.

Conforme leciona Rogério Sanches Cunha (2021, p. 233), a ameaça é a manifestação idônea da intenção de causar a alguém qualquer mal injusto e grave (não necessariamente um crime). Trata-se de ofensa à liberdade pessoal da vítima.

Trata-se de crime comum, tanto em relação ao sujeito ativo quanto em relação ao sujeito passivo; de forma livre; instantâneo; subsidiário; doloso; monossubjetivo; unissubsistente ou plurissubsistente.

O mal prometido deve ser injusto e grave. Não caracteriza o crime de ameaça a promessa de mal justo (exemplo: o credor ameaça o devedor afirmando que ingressará com ação de cobrança).

O bem jurídico protegido é a liberdade individual e o objeto material é a pessoa a quem se dirige a ameaça.

A ação penal será pública condicionada à representação da vítima ou de seu representante legal.

Decifrando a prova

(Promotor de Justiça – MPE/GO – 2019) Julgue o item a seguir:

O crime de ameaça é de ação penal pública condicionada à representação, mesmo nos casos que envolvem violência doméstica contra a mulher. Nesta última hipótese, só será admitida

a renúncia à representação perante o juiz, em audiência especialmente designada com tal finalidade, antes do recebimento da denúncia e ouvido o Ministério Público.
( ) Certo   ( ) Errado
Gabarito comentado: de acordo com o parágrafo único do art. 147, a assertiva está certa.

6.1.2.2 Sujeitos do crime

Como afirmado, trata-se de crime comum, tanto em relação ao sujeito ativo quanto em relação ao sujeito passivo. Assim, não se exige qualquer condição especial de autor ou vítima.

A ressalva que se faz é em relação ao sujeito passivo que deve ter capacidade de discernimento, capacidade para compreender que está sendo intimidado e que o mal prometido é injusto e grave.

Dessa forma, excluímos da possibilidade de figurar como sujeito passivo as crianças em tenra idade, portadores de doenças mentais, pessoas jurídicas.

6.1.2.3 Conduta e voluntariedade

Pune-se a conduta de ameaçar alguém. Ameaçar significa prometer um mal injusto e grave, a intimidação.

A ameaça pode se dar de forma explícita (exemplo: vou te matar) ou implícita (exemplo: não tenho medo de polícia).

Pode, ainda, ser direta (o mal injusto é prometido à própria vítima) ou indireta (o mal injusto é dirigido a terceiro).

Por mal injusto podemos entender aquele a que a vítima não está obrigada a suportar, por ser imoral ou injusto.

O mal prometido deve ser injusto e grave. Não caracteriza o crime de ameaça a promessa de mal justo (exemplo: o credor ameaça o devedor afirmando que ingressará com ação de cobrança). Essa gravidade do mal será aferida no caso concreto, pois uma promessa pode intimidar uma pessoa e não ser capaz de intimidar outra.

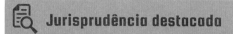
Jurisprudência destacada

O delito de ameaça, tipificado no art. 147 do Código Penal, trata-se de crime de natureza formal, cuja consumação ocorre quando a vítima toma conhecimento do conteúdo da ameaça, sendo indiferente que o agente estivesse ou não disposto a cumpri-la. É suficiente a idoneidade de intimidar. Outrossim, a ameaça para constituir o crime tem de ser idônea, séria e concreta, capaz de efetivamente impingir medo à vítima; quando a vítima não lhe dá crédito, falta-lhe potencialidade lesiva, não configurando o crime, consequentemente (TJ/RS, Apelação Crime nº 70080046964, 2ª Câmara Criminal, Rel. José Antônio Cidade Pitrez, j. 16.05.2019).

Capítulo 6 • Dos crimes contra a liberdade individual **169**

> ### ⚙ Decifrando a prova
>
> **(Delegado de Polícia – PC/PR – NC/UFPR – 2021)** Tomando-se como parâmetro o tipo penal de ameaça, previsto no art. 147 do Código Penal (ameaçar alguém, por palavra, escrito ou gesto, ou qualquer outro meio simbólico, de causar-lhe mal injusto e grave), é uma conduta tipificada nesse artigo a advertência de um juiz à testemunha compromissada das penas do crime de falso testemunho caso o depoimento seja mentiroso.
>
> ( ) Certo   ( ) Errado
>
> **Gabarito comentado:** para que se configure o crime de ameaça, há necessidade de manifestação de causar a alguém um mal injusto e grave. Por mal injusto podemos entender aquele que a vítima nao está obrigada a suportar, por ser injusto ou imoral. A advertência do juiz à testemunha não caracteriza ameaça, pois não se trata de mal injusto. Portanto, a assertiva está errada.

O crime é punido a título de dolo. Não é exigido que o autor da ameaça tenha a intenção de cumpri-la.

Não se admite a modalidade culposa.

6.1.2.4 Consumação e tentativa

Trata-se de crime formal, que se consuma no momento em que a vítima toma ciência da promessa do mal injusto e grave, mesmo que não se sinta por ela intimidada.

A respeito da tentativa, a maioria da doutrina entende ser possível, uma vez que o *iter criminis* é fracionável. Como exemplo, citamos a ameaça feita por carta que é interceptada antes que chegue ao conhecimento da vítima.

Há posição contrária afirmando que seria o caso de meros atos preparatórios e que não se admitiria a tentativa (Greco, 2020, p. 433). Não é o que prevalece.

Adotamos o entendimento da maioria da doutrina, entendendo que é possível a tentativa.

6.1.2.5 Ameaça x legislação extravagante

- **Lei nº 7.170/1983 – Lei de Segurança Nacional:** caso a ameaça seja proferida contra o Presidente da República, do Senado, da Câmara dos deputados ou do STF, por razões políticas, estaremos diante de crime previsto no art. 28 da Lei nº 7.170/1983.

- **Código de Defesa do Consumidor:** o CDC (Lei nº 8.078/1990) em seu art. 71 traz uma modalidade especial de ameaça: aquela utilizada para cobrança de dívidas, expondo o consumidor ao ridículo ou interferindo em seu trabalho, lazer ou descanso.

> **Art. 71.** Utilizar, na cobrança de dívidas, de ameaça, coação, constrangimento físico ou moral, afirmações falsas incorretas ou enganosas ou de qualquer outro procedimento que exponha o consumidor, injustificadamente, a ridículo ou interfira com seu trabalho, descanso ou lazer:
>
> **Pena –** Detenção de três meses a um ano e multa.

Direito Penal Decifrado – Parte Especial

- **Código Penal Militar:** quando praticada nos casos do art. 9º do CPM,[2] a ameaça se amolda ao tipo previsto no art. 223 do Decreto-lei nº 1.001/1969.

> **Art. 223.** Ameaçar alguém, por palavra, escrito ou gesto, ou qualquer outro meio simbólico, de lhe causar mal injusto e grave:
>
> **Pena** – detenção, até seis meses, se o fato não constitui crime mais grave.
>
> **Parágrafo único.** Se a ameaça é motivada por fato referente a serviço de natureza militar, a pena é aumentada de um terço.

6.1.3 Perseguição

6.1.3.1 Noções gerais e classificação doutrinária

> **Art. 147-A.** Perseguir alguém, reiteradamente e por qualquer meio, ameaçando-lhe a integridade física ou psicológica, restringindo-lhe a capacidade de locomoção ou, de qualquer forma, invadindo ou perturbando sua esfera de liberdade ou privacidade.
>
> **Pena** – reclusão, de 6 (seis) meses a 2 (dois) anos, e multa.

---

[2] **Código Penal Militar (Decreto-lei nº 1.001/1969).** "**Art. 9º** Consideram-se crimes militares, em tempo de paz: I – os crimes de que trata este Código, quando definidos de modo diverso na lei penal comum, ou nela não previstos, qualquer que seja o agente, salvo disposição especial; II – os crimes previstos neste Código e os previstos na legislação penal, quando praticados: (Redação dada pela Lei nº 13.491, de 2017.) a) por militar em situação de atividade ou assemelhado, contra militar na mesma situação ou assemelhado; b) por militar em situação de atividade ou assemelhado, em lugar sujeito à administração militar, contra militar da reserva, ou reformado, ou assemelhado, ou civil; c) por militar em serviço ou atuando em razão da função, em comissão de natureza militar, ou em formatura, ainda que fora do lugar sujeito à administração militar contra militar da reserva, ou reformado, ou civil; (Redação dada pela Lei nº 9.299, de 8.8.1996.) d) por militar durante o período de manobras ou exercício, contra militar da reserva, ou reformado, ou assemelhado, ou civil; e) por militar em situação de atividade, ou assemelhado, contra o patrimônio sob a administração militar, ou a ordem administrativa militar; f) revogada. (Redação dada pela Lei nº 9.299, de 08.08.1996.) III – os crimes praticados por militar da reserva, ou reformado, ou por civil, contra as instituições militares, considerando-se como tais não só os compreendidos no inciso I, como os do inciso II, nos seguintes casos: a) contra o patrimônio sob a administração militar, ou contra a ordem administrativa militar; b) em lugar sujeito à administração militar contra militar em situação de atividade ou assemelhado, ou contra funcionário de Ministério militar ou da Justiça Militar, no exercício de função inerente ao seu cargo; c) contra militar em formatura, ou durante o período de prontidão, vigilância, observação, exploração, exercício, acampamento, acantonamento ou manobras; d) ainda que fora do lugar sujeito à administração militar, contra militar em função de natureza militar, ou no desempenho de serviço de vigilância, garantia e preservação da ordem pública, administrativa ou judiciária, quando legalmente requisitado para aquele fim, ou em obediência a determinação legal superior".

§ 1º A pena é aumentada de metade se o crime é cometido:

I – contra criança, adolescente ou idoso;

II – contra mulher por razões da condição de sexo feminino, nos termos do § 2º-A do art. 121 deste Código;

III – mediante concurso de 2 (duas) ou mais pessoas ou com o emprego de arma.

§ 2º As penas deste artigo são aplicáveis sem prejuízo das correspondentes à violência.

§ 3º Somente se procede mediante representação.

O crime de perseguição foi inserido ao Código Penal por meio da Lei nº 14.132/2021.

A referida lei, além de inserir o art. 147-A ao CP, revogou o art. 65 da Lei de Contravenções Penais que tipificava a perturbação da tranquilidade e que era utilizado para tipificar as condutas de perseguição.

O art. 147-A tipifica a prática conhecida como *stalking,* que já é criminalizada em outros países a exemplo da Itália, Dinamarca, Estados Unidos. Este último, aliás criminalizou a conduta após o assassinato da atriz americana Rebecca Schaeffer por um fã que a perseguia obsessivamente.

Trata-se de crime comum, tanto em relação ao sujeito ativo quanto em relação ao sujeito passivo; de forma livre; doloso; plurissubsistente.

Em razão da pena cominada, podem ser aplicados os benefícios da Lei nº 9.099/1995, exceto quando praticado nos moldes da Lei nº 11.340/2006 (no âmbito da violência doméstica ou familiar contra a mulher) ou contra a mulher por razões do gênero mulher.

Conforme o § 3º do art. 147-A, a ação penal será pública condicionada à representação.

6.1.3.2 Sujeitos do crime

Trata-se de crime comum, não se exigindo qualquer condição especial do autor ou da vítima, podendo ser praticado por e contra qualquer pessoa.

Embora a maioria dos casos que noticiados seja de mulheres vítimas sendo perseguidas por homens, essa não é condição para figurar como sujeito passivo. No entanto, pode caracterizar a conduta majorada do crime, como veremos posteriormente.

6.1.3.3 Conduta e voluntariedade

A conduta pune a prática de perseguir alguém reiteradamente e por qualquer meio, ameaçando-lhe a integridade física ou psicológica, restringindo-lhe a capacidade de locomoção ou, de qualquer forma, invadindo ou perturbando sua esfera de liberdade ou privacidade.

Por perseguir não se deve entender o sentido dado à "perseguição policial", por exemplo, mas sim, a perturbação acintosa, importunação, causar incômodo, perseguição obsessiva, constrangimento capaz de produzir temor na vítima e de restringir sua liberdade.

Como o próprio tipo menciona, a perseguição deve ser reiterada, deve haver mais de um ato, uma sucessão de atos para configurar o crime. A prática de um ato isolado não é capaz de caracterizar o tipo em análise.

Para configurar o tipo em análise, há necessidade de que a perturbação ocasione, ou possa ocasionar na vítima uma das três situações:

- ameaça à integridade física ou psicológica;
- restrição da capacidade de locomoção; ou
- invasão ou perturbação da privacidade ou liberdade.

Isso não quer dizer que o tipo exija dolo específico (especial fim de agir). Apesar de gerar uma das três situações, não quer dizer que o tipo exija dolo específico, o tipo não pressupõe uma finalidade específica.

Por se tratar de tipo penal aberto, caberá ao intérprete analisar e estabelecer quais situações configurarão as formas exigidas pelo tipo.

A ameaça à integridade física ou psicológica pode ser caracterizada pela violência psicológica, que, aliás, tornou-se o tipo penal a ser analisado no art. 147-B do Código Penal. Pode ser praticado por qualquer meio (palavras, escritos, gestos, virtual).

A restrição da capacidade locomotiva pode se dar pela perseguição obsessiva, seja de maneira real seja de maneira virtual. Veja que não se fala em restrição efetiva da liberdade, que poderia configurar o crime de sequestro ou cárcere privado, por exemplo. A restrição aqui é aquela que a própria vítima se vê imposta a seguir, pois precisa mudar os hábitos, deixar de frequentar determinados locais, a fim de evitar o encontro com seu perseguidor.

Como exemplo, podemos citar o autor que, de fato, persegue a vítima na via pública, aquele que a fica observando de determinado local, aquele que se matricula na mesma academia que a vítima e passa a frequentar as mesmas aulas que ela, apenas para estar próximo a ela. Além disso, também podemos citar o envio de presentes, cartas, carros de som, carros de telemensagem. A presença constante do autor em frente ao trabalho da vítima também pode perturbar sua esfera de liberdade. Como se vê, as formas para cometer o crime e a criatividade do agente são ilimitadas.

Essa perseguição pode ser virtual (remota, *on-line*) também conhecida por *cyberstalking*. Nesse caso, normalmente é cometida por redes sociais. O agente faz postagens mencionando a pessoa, deixa comentários nas fotografias que a vítima publica ou cria perfis falsos (*fakes*) para poder se comunicar com ela.

- Dúvida surge em relação aos chamados "paparazzi", os fotógrafos que perseguem personalidades, celebridades para obter registros fotográficos exclusivos. Estariam eles praticando o tipo penal descrito no art. 147-A do CP?

Ainda não há doutrina ou jurisprudência formadas a respeito, no entanto, entendemos que se a pessoa estiver em local público, não há se falar em perseguição. Caso o fotógrafo, de forma reiterada, pratique um dos núcleos do tipo do art. 147-A, deverá por ele ser responsabilizado. Ou seja, caso ele invada a esfera de privacidade da vítima de forma a lhe restringir a liberdade, podemos pensar na aplicação do tipo penal em estudo.

Capítulo 6 ◆ Dos crimes contra a liberdade individual **173**

> ### 🧩 Decifrando a prova
>
> **(Promotor de Justiça Adjunto – MPDFT – 2021 – Adaptada)** O crime de perseguição (art. 147-A do CP) não se configura, caso haja apenas um ato de perseguição praticado após a vigência da Lei nº 14.132/2021, mesmo que se registrem outros atos antes da entrada em vigor do novo diploma.
>
> ( ) Certo   ( ) Errado
>
> **Gabarito comentado:** o crime de perseguição é classificado como crime habitual, sendo que o tipo penal exige a reiteração de condutas para sua configuração. Portanto, a assertiva está certa.

6.1.3.4 Consumação e tentativa

Trata-se de **crime plurissubsistente**, uma vez que se exige a prática de vários atos para que seja configurado o crime de perseguição. O tipo exige a reiteração para que se tipifique como perseguição. Um ato isolado não será definido como perseguição.

Por expressamente exigir **reiteração de condutas**, pode ser classificado como **crime habitual**. Como tal, consuma-se com a prática reiterada das condutas previstas no tipo. Não se admitindo a tentativa.

> ### 🧩 Decifrando a prova
>
> **(Promotor de Justiça Adjunto – MPDFT – 2021 – Adaptada)** Julgue o item a seguir:
>
> O crime de perseguição não admite tentativa.
>
> ( ) Certo   ( ) Errado
>
> **Gabarito comentado:** trata-se de crime habitual, que exige a reiteração de condutas para sua consumação. Portanto, a assertiva está errada.

6.1.3.5 Causas de aumento de pena

O § 1º traz as causas de aumento de pena do crime de perseguição:

Art. 147-A. (...)

§ 1º A pena é aumentada de metade se o crime é cometido:

I – contra criança, adolescente ou idoso;

II – contra mulher por razões da condição de sexo feminino, nos termos do § 2º-A do art. 121 deste Código;

III – mediante concurso de 2 (duas) ou mais pessoas ou com o emprego de arma.

174 Direito Penal Decifrado – Parte Especial

Com relação ao inciso I, há necessidade de que a condição da vítima (idade) ingresse na esfera de conhecimento do agente para que seja aplicada a majorante. Se o agente persegue obsessivamente pessoa que ele acredita que tenha 19 aos, por exemplo, não poderá responder pelo crime com a causa de aumento de pena se vier a descobrir depois que a vítima possui 17 anos.

A pena será aumentada quando o crime for praticado contra mulher por razões do sexo feminino, nos termos do art. 121, § 2º-A, do CP (quando houver violência doméstica e familiar ou menosprezo ou discriminação à condição de mulher). Aqui valem todas as ressalvas feitas quando da análise daquele tipo penal.

Será, ainda, aumentada a pena quando houver concurso de duas ou mais pessoas ou com emprego de arma. A respeito da arma, a lei não faz distinção, podendo ser utilizada arma própria ou imprópria.

6.1.3.6 Concurso de crimes

> **Art. 147-A. (...)**
>
> § 2º As penas deste artigo são aplicáveis sem prejuízo das correspondentes à violência.

O § 2º do art. 147-A prevê o concurso de crimes entre o tipo em análise e o tipo correspondente a eventual violência que seja utilizada. Entendemos que aqui aplica-se o concurso material de crimes. Assim, o agente que se utiliza da violência para cometer o crime responderá pelo art. 147-A em concurso material com lesão corporal (leve, grave, gravíssima, a depender do caso concreto).

6.1.3.7 Perseguição x contravenção penal de perturbação da tranquilidade

Como já ensinado, a Lei nº 14.132/2021, além de criar o tipo penal da perseguição, revogou o art. 65[3] do Decreto-lei nº 3.688/1941 (Lei de Contravenções Penais).

A contravenção penal da perturbação da tranquilidade era normalmente utilizada para tipificar as condutas que hoje estão contidas no crime de perseguição, uma vez que não havia norma que tipificasse a conduta hoje prevista no art. 147-A.

Com a revogação expressa do art. 65, houve *abolitio criminis* ou trata-se de continuidade normativo típica?

Por se tratar de alteração legislativa recente, não há doutrina ou jurisprudência consolidada a respeito do tema.

Nas hipóteses em que a conduta, praticada antes do advento da Lei nº 14.132/2021, coincidir com as previstas no atual art. 147-A, podemos pensar na continuidade normativo típica.

---

[3] **Decreto-lei nº 3.688/1941.** "**Art. 65.** Molestar alguém ou perturbar-lhe a tranquilidade, por acinte ou por motivo reprovável: **Pena** – prisão simples, de quinze dias a dois meses, ou multa".

Assim, aquele que reiteradamente vinha perturbando a esfera de liberdade da vítima, por exemplo, pode ser responsabilizado pelo tipo penal em análise. No entanto, apesar de sua conduta se amoldar ao tipo penal, não se pode esquecer do princípio da anterioridade da lei penal: "A lei penal não retroagirá, salvo para beneficiar o réu". Dessa forma, ainda que lhe seja aplicado o art. 147-A, o preceito secundário a ser aplicado será o previsto no art. 65 da LCP, por ser mais brando.

No caso da perturbação da tranquilidade sem que houvesse reiteração de condutas, deve ser reconhecida a extinção da punibilidade.

6.1.4 Violência psicológica contra a mulher

6.1.4.1 Noções gerais

Art. 147-B. Causar dano emocional à mulher que a prejudique e perturbe seu pleno desenvolvimento ou que vise a degradar ou a controlar suas ações, comportamentos, crenças e decisões, mediante ameaça, constrangimento, humilhação, manipulação, isolamento, chantagem, ridicularização, limitação do direito de ir e vir ou qualquer outro meio que cause prejuízo à sua saúde psicológica e autodeterminação:

Pena – reclusão, de 6 (seis) meses a 2 (dois) anos, e multa, se a conduta não constitui crime mais grave.

O crime de violência psicológica contra a mulher foi criado e inserido ao Código Penal por meio da Lei nº 14.188/2021,[4] que, além de criar o art. 147-B, definiu o programa "Sinal Vermelho contra a Violência Doméstica" como uma das medidas de enfrentamento da violência doméstica e familiar contra a mulher e criou a modalidade qualificada da lesão corporal simples cometida contra a mulher por razões da condição do sexo feminino.

Além disso, ainda alterou a Lei nº 11.340/2006, para fazer constar expressamente que não apenas o risco atual ou iminente à vida ou à integridade física da mulher ensejam o afastamento da pessoa agressora do lar comum, podendo a medida ser deferida com fundamento no risco à integridade psicológica da vítima. Amplia-se, assim, ainda mais a proteção da mulher face à violência psicológica (MELLO; BURIN, 2021).

A Lei nº 11.340/2006 previa em seu art. 7º, inciso II, a violência psicológica contra a mulher, no entanto, não havia um tipo penal criminalizando a conduta.

---

[4] **Lei nº 14.188/2021** – Define o programa de cooperação Sinal Vermelho contra a Violência Doméstica como uma das medidas de enfrentamento da violência doméstica e familiar contra a mulher previstas na Lei nº 11.340, de 7 de agosto de 2006 (Lei Maria da Penha), e no Decreto-lei nº 2.848, de 7 de dezembro de 1940 (Código Penal), em todo o território nacional; e altera o Decreto-lei nº 2.848, de 7 de dezembro de 1940 (Código Penal), para modificar a modalidade da pena da lesão corporal simples cometida contra a mulher por razões da condição do sexo feminino e para criar o tipo penal de violência psicológica contra a mulher.

Lei nº 11.340/2006

Art. 7º São formas de violência doméstica e familiar contra a mulher, entre outras: (...)

II – a **violência psicológica**, entendida como qualquer conduta que lhe cause dano emocional e diminuição da autoestima ou que lhe prejudique e perturbe o pleno desenvolvimento ou que vise degradar ou controlar suas ações, comportamentos, crenças e decisões, mediante ameaça, constrangimento, humilhação, manipulação, isolamento, vigilância constante, perseguição contumaz, insulto, chantagem, violação de sua intimidade, ridicularização, exploração e limitação do direito de ir e vir ou qualquer outro meio que lhe cause prejuízo à saúde psicológica e à autodeterminação. (Grifos nossos.)

O novo tipo penal veio para dar concretude ao inciso II do art. 7º da Lei Maria da Penha, bem como para encerrar discussão que era travada na doutrina a respeito da possibilidade de que a violência psicológica pudesse ser tipificada como lesão corporal.

Em artigo publicado, as professoras Fernanda Moretzsohn de Mello e Patrícia Burin (2021) já defendiam a subsunção da violência psicológica ao crime de lesão corporal:

(...) se o crime de lesão corporal se configura com a ofensa à saúde de outrem e se saúde inclui bem-estar mental, evidente que a ofensa à saúde mental decorrente da violência psicológica pode configurar crime de lesão corporal. O tipo do artigo 129 do Código Penal costuma ser associado à violência física, mas é plenamente defensável que violências de natureza psicológica sejam tipificadas como lesão corporal. Até porque, se o legislador utilizou a palavra "saúde" ao lado de integridade corporal, quer dizer que a lesão não se limita à integridade corporal (a lei não traz palavras inúteis).

Parecia até ironia que a violência psicológica, talvez a espécie de violação aos direitos humanos das mulheres mais comuns, era a que menos encontrava ressonância no direito penal.

Por se tratar de alteração recente, ainda não está consolidado se seria um tipo subsidiário que somente se aplicaria caso a conduta não configurasse crime mais grave. Cremos, no entanto, que o dano psicológico pode conviver com outras figuras típicas. A análise e a tipificação dependerão do caso concreto.

6.1.4.2 Bem jurídico tutelado e objeto material

A respeito do **bem jurídico tutelado** pelo tipo penal, trazemos à baila as lições de Alexandre Morais da Rosa e Ana Luísa Schmidt (2021):

É certo que o cerceamento à liberdade acaba sendo uma das consequências do dano emocional, justamente porque as condutas violadoras têm o condão de interferir na capacidade de autodeterminação da vítima. Mas não é a única. Na realidade, o bem jurídico que se busca proteger na incriminação da conduta de causar "dano emocional à mulher" não se restringe à liberdade, mas à integridade mental da mulher como um todo.

6.1.4.3 Sujeitos do crime

Em relação ao sujeito ativo, temos crime comum, podendo ser cometido por qualquer pessoa, sem que dela se exija alguma condição especial

Já em relação ao sujeito passivo, trata-se de crime próprio, somente podendo ser cometido contra vítima mulher.

Aqui valem todas as observações feitas quando da análise do feminicídio, em que exploramos o conceito do gênero mulher, incluindo as mulheres transgênero. A fim de evitar repetições, remetemos o leitor ao item 1.2.10.6.

6.1.4.4 Conduta e voluntariedade

A conduta prevista no art. 147-B guarda muita semelhança com a definição de violência psicológica trazida pelo art. 7º, inciso II, da Lei nº 11.340/2006. São praticamente semelhantes, porém, o tipo em análise não é tão completo quanto à definição da Lei Maria da Penha.

No entanto, analisando o artigo em comento, em conjunto com o artigo que prevê o crime de perseguição, nota-se que abrangem todo o conceito da violência psicológica descrito na lei especial de proteção às mulheres.

A conduta punida pelo art. 147-B é a causação de dano emocional à mulher. O tipo penal veicula um rol exemplificativo de meios pelos quais a conduta poderá ser cometida. Afirma-se que o **rol** é **exemplificativo,** pois o legislador utilizou-se da **interpretação analógica**, em que ele apresenta uma fórmula casuística e, em seguida, uma fórmula geral (ou genérica).

A conduta prevista no art. 147-B pode ser cometida mediante:

- ameaça;
- constrangimento;
- humilhação;
- manipulação;
- isolamento;
- chantagem;
- ridicularização;
- limitação do direito de ir e vir; ou
- qualquer outro meio que cause prejuízo à saúde psicológica e autodeterminação.

O dano emocional punido pelo tipo penal é aquele apto a prejudicar ou perturbar o pleno desenvolvimento da mulher ou o que vise a degradar ou a controlar suas ações, comportamentos, crenças e decisões.

Trata-se de tipo penal aberto, assim, caberá ao intérprete analisar e estabelecer as situações que configurarão as formas exigidas pelo tipo.

Situações do cotidiano que antigamente ficavam sem a tutela penal hoje podem ser tipificadas como violência psicológica, tais como o *gaslighting,* que consiste em uma forma de abuso psicológico em que informações são distorcidas, seletivamente omitidas para favorecer o autor, ou até mesmo por ele criadas com o intuito de fazer com que a vítima passe a duvidar de sua própria sanidade.

Também podemos tipificar aqui a conduta do agressor que impede a vítima de manter contato com parentes, de manter relacionamentos de amizade, de exercer trabalhos fora de casa, de exercer sua profissão.

O crime é punido a título de dolo, que resta configurado na vontade livre e consciente de causar dano psicológico à mulher. O dolo poderá ser direto ou eventual.

Não se admite a modalidade culposa.

Atente-se ao fato de que se o dano emocional resultar em dano psíquico, poderemos estar diante de crime de lesão corporal. Assim, caso haja efetiva lesão à saúde ou integridade psicológica (caso resulte uma patologia médica), podendo restar caracterizado o crime de lesão corporal. Aqui, fica demonstrado o caráter subsidiário do tipo penal em análise.

6.1.4.5 Consumação e tentativa

Consuma-se o delito com a causação do dano emocional à vítima. Trata-se de **crime material**. Assim, considerado crime de dano, somente se **consuma com a efetiva lesão** ao bem jurídico tutelado. Ou seja, restará consumado o crime quando efetivamente houver dano emocional.

O tipo penal não exige exame pericial a fim de avaliar a existência e a dimensão do dano suportado pela vítima.

A prova poderá ser produzida tanto pelas declarações da vítima quanto por depoimentos de testemunhas, por relatórios psicológicos, sempre prezando pela não revitimização da vítima.

Caberá aos aplicadores do direito e ao perito verificar se há nexo de causalidade entre os sintomas apresentados e as condutas praticadas pelo autor.

Apesar de algumas vozes terem se adiantado em afirmar que se trata de crime habitual, entendemos de maneira diversa: o art.147-B não exige a reiteração de condutas. Desde que o ato cause dano emocional, caracterizado está o crime.

Na prática, sabemos que o dano emocional que ocorre em relações abusivas é praticado reiteradamente e as condutas se multiplicam ao longo do tempo, porém, não há que se falar em crime habitual. Se o primeiro ato for capaz de causar dano emocional, teremos o crime em análise.

É admitida a tentativa, muito embora seja de difícil configuração prática.

6.1.4.6 Princípio da subsidiariedade

Temos a aplicação do princípio da subsidiariedade quando uma conduta caracteriza dois ou mais tipos penais, sendo um deles mais abrangente e mais gravoso, que afastará a aplicação da norma subsidiária.

No crime de violência psicológica, essa subsidiariedade é expressa: "Se a conduta não constitui crime mais grave" ao final do preceito secundário do art. 147-B.

Dessa forma, se o dano emocional não configurar delito mais grave, responderá o agente por esse tipo penal em estudo.

6.1.5 Sequestro e cárcere privado

6.1.5.1 Noções gerais e classificação doutrinária

> **Art. 148**. Privar alguém de sua liberdade, mediante sequestro ou cárcere privado:
>
> **Pena** – reclusão, de um a três anos.
>
> § 1º A pena é de reclusão, de dois a cinco anos:
>
> I – se a vítima é ascendente, descendente, cônjuge ou companheiro do agente ou maior de 60 (sessenta) anos;
>
> II – se o crime é praticado mediante internação da vítima em casa de saúde ou hospital;
>
> III – se a privação da liberdade dura mais de quinze dias;
>
> IV – se o crime é praticado contra menor de 18 (dezoito) anos;
>
> V – se o crime é praticado com fins libidinosos.
>
> § 2º Se resulta à vítima, em razão de maus-tratos ou da natureza da detenção, grave sofrimento físico ou moral:
>
> **Pena** – reclusão, de dois a oito anos.

Tanto o sequestro quanto o cárcere privado são formas de atingir a liberdade de locomoção da vítima. O art. 148 tutela a liberdade ambulatorial, a liberdade física, a liberdade de locomoção, de ir e vir, o livre-arbítrio para permanecer ou sair de determinado local.

Apesar de virem expressos no mesmo tipo penal e tutelarem o mesmo bem jurídico, ambos pressupõem a privação da liberdade da vítima sem seu consentimento. Costuma-se distinguir o sequestro do cárcere privado. Diz-se que o sequestro é gênero, é mais amplo, já o cárcere privado é forma de sequestro em que a vítima fica confinada em ambiente restrito. Porém, essa diferenciação não tem consequência prática, ou seja, é meramente doutrinária.

Trata-se de crime comum tanto em relação ao sujeito ativo quanto ao sujeito passivo (exceto na forma qualificada); comissivo; permanente (a consumação se perpetua no tempo);

Direito Penal Decifrado – Parte Especial

material; de forma livre; monossubjetivo; plurissubsistente ou unissubsistente, a depender do caso concreto; subsidiário.

6.1.5.2 Bem jurídico tutelado e objeto material do crime

O bem jurídico protegido, como já mencionado, é a liberdade de locomoção e o objeto material do crime será a pessoa sobre quem recair a conduta.

6.1.5.3 Sujeitos do crime

Tratando-se de crime comum, tanto o sujeito ativo quanto o sujeito passivo podem ser qualquer pessoa. Não se exige qualidade especial de nenhum deles.

Incluem-se dentro do sujeito passivo até mesmo as pessoas que não tenham consciência da liberdade ambulatorial.

6.1.5.4 Conduta e voluntariedade

O crime pune a privação da liberdade da vítima sem seu consentimento, por tempo relevante, utilizando-se o agente para tanto do sequestro ou cárcere privado.

Na prática, sequestro e cárcere privado são sinônimos, porém, doutrinariamente costuma-se diferenciá-los.

O sequestro é gênero do qual o cárcere privado é espécie. No segundo, a privação de liberdade se dá em recinto fechado, enclausurado, confinado. Tal diferenciação será levada em conta pelo julgador quando da aplicação da pena.

O crime é punido a título de **dolo**. Esse dolo deve ser voltado à **privação da liberdade** da vítima.

Isso quer dizer que se a intenção do sujeito ativo for, por exemplo, obter vantagem econômica e para tanto ele se utilizar da privação da liberdade da vítima, o tipo penal que restará caracterizado será a extorsão mediante sequestro e não o tipo penal em estudo.

Há outros crimes que podem ser cometidos utilizando-se o sequestro e o cárcere privado como meios ou elemento do tipo. Por essa razão, o tipo penal previsto no art. 148 do CP é considerado um **crime subsidiário**.

Não se admite a modalidade culposa.

Decifrando a prova

(Delegado de Polícia Federal – Cespe/Cebraspe – 2013) Julgue o item a seguir:

O delito de sequestro e cárcere privado, inserido entre os crimes contra a pessoa, constitui infração penal de ação múltipla, e a circunstância de ter sido praticado contra menor de dezoito anos de idade qualifica o crime.

( ) Certo   ( ) Errado

Gabarito comentado: o crime previsto no art. 148 do CP não é crime de ação múltipla, pois prevê apenas uma conduta. A segunda parte da assertiva está correta, conforme inciso IV do § 1º do art. 148 do CP. Portanto, a assertiva está errada.

6.1.5.5 Consumação e tentativa

O crime se consuma com a efetiva privação da liberdade da vítima. Por ser crime permanente, sua consumação se protrai o tempo.

Assim enquanto durar a privação da liberdade, o crime estará ocorrendo.

Dúvida surge quando se faz referência ao tempo da privação da liberdade da vítima. Existe entendimento de que o **tempo de privação da liberdade** seria irrelevante à consumação do delito, sendo posteriormente considerado quando da dosimetria da pena.

Outro posicionamento, por nós adotado, é o de que a privação da liberdade deve durar **tempo razoável** (tempo juridicamente relevante) para que se consume o delito. Caso esse tempo seja irrelevante, estaremos diante de **tentativa**.

Dessa forma, se o agente dá início aos atos de execução para privar a vítima de sua liberdade, porém, pouco tempo (juridicamente irrelevante) depois ela é liberta, não há consumação, mas sim, tentativa.

Por exemplo: o agente prepara o local em que deixará a vítima, pega seu carro, se dirige até o local em que a vítima se encontra, a agarra pelos braços, a coloca dentro do veículo e, quando está prestes a dar partida, é impedido de sair por terceira pessoa. O tempo que essa vítima ficou privada de sua liberdade foi ínfimo, não sendo o suficiente para se considerar o delito consumado.

Pelo exemplo acima exposto, percebe-se que o delito pode ter o *iter criminis* fracionado (delito plurissubsistente), admitindo-se a tentativa.

Quando estudamos a respeito de crimes classificados como permanentes, devemos nos atentar para o Enunciado nº 711 da Súmula do Supremo Tribunal Federal:

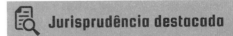

STF, Súmula nº 711. A lei penal mais grave aplica-se ao crime continuado ou ao crime permanente, se a sua vigência é anterior à cessação da continuidade ou da permanência.

6.1.5.6 Formas qualificadas

Os §§ 1º e 2º do art. 148 preveem as formas qualificadas do delito. Vamos analisá-las isoladamente.

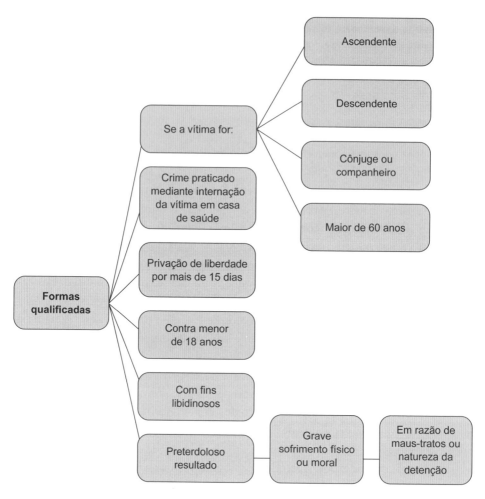

- **Vítima ascendente, descendente, cônjuge ou companheiro do agente ou maior de sessenta anos de idade:**

Esse rol é taxativo, não se admitindo sua ampliação. Como bem adverte Rogério Sanches Cunha (2021, p. 247), não são alcançados pela qualificadora os parentes colaterais, por afinidade. Assim, o crime praticado contra o padrasto e ou contra a madrasta, por exemplo, não fazem incidir a qualificadora.

Especialmente em relação à vítima idosa, o agente deve ter ciência da condição da vítima para que incida essa qualificadora. Faz-se essa observação apenas em relação à vítima idosa, pois não é nada comum que o agente desconheça seu parentesco com a vítima. No entanto, se por hipótese, desconhecer, não será aplicada a qualificadora.

Talvez seja desnecessário dizer, mas preferimos pecar pelo excesso, ao lembrar que não se faz diferenciação entre filhos adotivos ou filhos biológicos. A qualificadora incidirá em ambos os casos. Até porque, tal diferenciação é eivada de inconstitucionalidade.

Aplicadas tais qualificadoras, não há se falar em incidência das circunstâncias agravantes previstas no art. 61, inciso II, do Código Penal, sob pena de consideração da qualidade da vítima tanto para qualificar quanto para agravar a pena, o que caracterizaria vedado *bis in idem*.

- **Crime praticado mediante internação da vítima em casa de saúde ou hospital:**

Essa modalidade qualificada do crime é conhecida como internação fraudulenta. O agente, intencionando privar a liberdade da vítima, seu convívio social, a interna em casa de saúde a pretexto de fazer tratamento.

Veja que, neste caso, a internação em casa de saúde ou hospital, sempre será precedida de uma autorização médica. Dessa forma, o médico (ou diretor da casa de saúde) que autoriza de forma desnecessária e fraudulenta a internação deverá também responder pelo crime previsto no art. 148 na qualidade de coautor.

- **Privação da liberdade dura mais de quinze dias:**

Essa privação de liberdade mais longa caracteriza a forma qualificada do crime prevista no inciso III.

A doutrina costuma dizer que se tem aqui um **crime a prazo**. A qualificadora somente incidirá quando a privação da liberdade durar mais de quinze dias.

Esse prazo será computado conforme a regra prevista no art. 10 do Código Penal (incluindo-se o dia do começo).

- **Crime cometido contra menor de 18 (dezoito) anos:**

Assim como ocorre com o inciso I, para que incida essa qualificadora, a idade da vítima deve ser de conhecimento do agente. Será comprovada a idade da vítima por meio de documentos civis.[5]

- **Crime praticado com fins libidinosos:**

Este inciso foi acrescido ao Código Penal em 2005 com o advento da Lei nº 11.106/2015, que, dentre outras disposições, revogou os crimes de rapto, sedução e adultério.

Antes da referida lei, a privação da liberdade da vítima com fins libidinosos era tipificada como crime de rapto, previsto nos arts. 219 e 220 do CP.

A conduta de privar a vítima de liberdade com intenções libidinosas não deixou de ser crime. Apenas houve uma mudança de capitulação. Como menciona Rogério Sanches Cunha (2021, p. 247), a conduta recebeu nova roupagem, sendo aplicado o princípio da continuidade normativo típica.

Ressalte-se que o revogado art. 219 do CP (crime de rapto) exigia que a vítima se tratasse de mulher honesta, qualidade não exigida na qualificadora em estudo. Aliás, não há necessidade de que o crime seja praticado contra mulher, ou seja, trata-se de crime comum.

Ocorrerá o crime qualificado ainda que o ato libidinoso não chegue a ocorrer. Caso ocorra o ato libidinoso, será hipótese de concurso de crimes entre este em estudo e o eventual crime contra a dignidade sexual.

---

[5] Art. 155, parágrafo único, do CPP.

Direito Penal Decifrado – Parte Especial

> ### 🧩 Decifrando a prova
>
> **(Promotor de Justiça Substituto – MPE/GO – 2019 – Adaptada)** Julgue o item a seguir:
> O crime de sequestro e cárcere privado em regra é material. Entretanto, será crime formal quando praticado com fins libidinosos, uma das modalidades em que o crime é qualificado.
> ( ) Certo   ( ) Errado
> **Gabarito comentado:** como previsto no inciso V do § 1º do art. 148, trata-se de modalidade qualificada. Portanto, a assertiva está certa.

♦ **Se resultar grave sofrimento físico ou moral à vítima, em razão de maus-tratos ou da natureza da detenção:**

O parágrafo segundo traz hipótese de crime preterdoloso (qualificado pelo resultado). Por maus-tratos entende-se a conduta que cause dano à saúde da vítima, por exemplo: deixar de fornecer alimentos. A natureza da detenção se refere às condições do local da clausura.

Se o agente praticar a conduta em desfavor de qualquer das pessoas mencionadas nos incisos do § 1º, será desconsiderada aquela qualificadora e será aplicada a qualificadora em estudo.

Caso a conduta do autor seja dirigida a obter informações, declarações, confissão da vítima ou de terceiros, podemos estar diante do crime de tortura, previsto na Lei nº 9.455/1997.[6]

6.1.5.7 Sequestro ou cárcere privado x legislação extravagante

♦ **Art. 148 do CP e Estatuto da Criança e do Adolescente:**

O ECA (Lei nº 8.069/1990), em seu art. 230, traz forma especial de sequestro ou cárcere privado quando cometido contra criança ou adolescente, vejamos:

> **Art. 230.** Privar a criança ou o adolescente de sua liberdade, procedendo à sua apreensão sem estar em flagrante de ato infracional ou inexistindo ordem escrita da autoridade judiciária competente:

---

[6] **Lei nº 9.455/1997.** "**Art. 1º** Constitui crime de tortura: I – constranger alguém com emprego de violência ou grave ameaça, causando-lhe sofrimento físico ou mental: a) com o fim de obter informação, declaração ou confissão da vítima ou de terceira pessoa; b) para provocar ação ou omissão de natureza criminosa; c) em razão de discriminação racial ou religiosa; II – submeter alguém, sob sua guarda, poder ou autoridade, com emprego de violência ou grave ameaça, a intenso sofrimento físico ou mental, como forma de aplicar castigo pessoal ou medida de caráter preventivo. **Pena** – reclusão, de dois a oito anos. § 1º Na mesma pena incorre quem submete pessoa presa ou sujeita a medida de segurança a sofrimento físico ou mental, por intermédio da prática de ato não previsto em lei ou não resultante de medida legal. § 2º Aquele que se omite em face dessas condutas, quando tinha o dever de evitá-las ou apurá-las, incorre na pena de detenção de um a quatro anos. (...) § 4º Aumenta-se a pena de um sexto até um terço: (...) III – se o crime é cometido mediante sequestro".

Pena – detenção de seis meses a dois anos.

Parágrafo único. Incide na mesma pena aquele que procede à apreensão sem observância das formalidades legais.

No tipo penal trazido pelo ECA, o sujeito passivo é apreendido de forma ilegal, mas não será mantido em cárcere. Ele é detido pelo agente sem qualquer ordem judicial, mandado de busca e apreensão ou situação de flagrante de ato infracional.

Em tese, o agente priva a vítima de liberdade para aplicar medidas previstas no estatuto, porém, sem estarem presentes os requisitos legais (não há flagrante de ato infracional ou mandado judicial).

- ♦ **Art. 148 do CP e Lei de Abuso de Autoridade:**

Em razão do princípio da especialidade, aplicar-se-á o art. 9º da Lei nº 13.869/2019, quando se tratar de autoridade que decrete medida de privação da liberdade em manifesta desconformidade com as hipóteses legais. Incorre na mesma pena a autoridade judiciária que, dentro de prazo razoável, deixar de: I – relaxar a prisão manifestamente ilegal; II – substituir a prisão preventiva por medida cautelar diversa ou de conceder liberdade provisória, quando manifestamente cabível; III – deferir liminar ou ordem de *habeas corpus*, quando manifestamente cabível.

> **Art. 9º** Decretar medida de privação da liberdade em manifesta desconformidade com as hipóteses legais:
>
> **Pena** – detenção, de 1 (um) a 4 (quatro) anos, e multa.
>
> **Parágrafo único.** Incorre na mesma pena a autoridade judiciária que, dentro de prazo razoável, deixar de:
>
> I – relaxar a prisão manifestamente ilegal;
>
> II – substituir a prisão preventiva por medida cautelar diversa ou de conceder liberdade provisória, quando manifestamente cabível;
>
> III – deferir liminar ou ordem de *habeas corpus*, quando manifestamente cabível.

Apesar de em primeiro momento parecer que somente se aplica à autoridade judiciária, em razão do verbo nuclear (decretar), entende-se que ele se refere a qualquer autoridade. O verbo "decretar" é empregado no sentido de determinar a privação de liberdade em desconformidade com as hipóteses previstas em lei.

6.1.6 Redução à condição análoga à de escravo

6.1.6.1 Noções gerais e classificação doutrinária

> **Art. 149.** Reduzir alguém a condição análoga à de escravo, quer submetendo-o a trabalhos forçados ou a jornada exaustiva, quer sujeitando-o a condições degradantes de trabalho, quer restringindo, por qualquer meio, sua locomoção em razão de dívida contraída com o empregador ou preposto:

Pena – reclusão, de dois a oito anos, e multa, além da pena correspondente à violência.

§ 1º Nas mesmas penas incorre quem:

I – cerceia o uso de qualquer meio de transporte por parte do trabalhador, com o fim de retê-lo no local de trabalho;

II – mantém vigilância ostensiva no local de trabalho ou se apodera de documentos ou objetos pessoais do trabalhador, com o fim de retê-lo no local de trabalho.

§ 2º A pena é aumentada de metade, se o crime é cometido:

I – contra criança ou adolescente;

II – por motivo de preconceito de raça, cor, etnia, religião ou origem.

O art. 149 traz a figura típica conhecida por **crime de plágio**. A própria Exposição de Motivos do Código Penal faz menção ao crime de *plagium*:

> **Item 51.** No artigo 149, é prevista uma entidade criminal ignorada do Código vigente: o fato de reduzir alguém, por qualquer meio, à condição análoga à de escravo, isto é, suprimir-lhe, de fato, o *status libertatis*, sujeitando-o o agente ao seu completo e discricionário poder. É o crime que os antigos chamavam *plagium*. Não é desconhecida a sua prática entre nós, notadamente em certos pontos remotos do nosso *hinterland*.

Consiste na conduta de:

> Reduzir alguém à condição análoga à de escravo, quer submetendo-o a trabalhos forçados ou a jornada exaustiva, quer sujeitando-o a condições degradantes de trabalho, quer restringindo, por qualquer meio, sua locomoção em razão de dívida contraída com o empregador ou preposto.

A vítima perde sua liberdade plena e se submete à vontade do agente. Na realidade, a vítima perde até mesmo seu *status* de pessoa, sendo tratado como mero objeto.

Quando pensamos na condição de escravo, logo nos remetemos à lembrança do período da escravidão, às correntes, aos castigos físicos. No entanto, o tipo penal em estudo pode se revestir de nuances mais sutis, como a frustração a direitos básicos de saúde, a imposição de que o trabalhador adquira alimentos e itens básicos apenas em estabelecimentos determinados pelo empregador, em que normalmente os preços são abusivos, criando uma dívida que não pode ser saldada, impedindo, dessa forma, que o trabalhador deixe o local. Pode ainda ser caraterizado por trabalhadores que devam permanecer no local de trabalho e que o alojamento não tenha condições dignas de asseio.

Trata-se de crime comum tanto em relação ao sujeito ativo quanto ao sujeito passivo; comissivo; permanente (a consumação se perpetua no tempo); material (depende do resultado naturalístico para se consumar); de forma vinculada (somente pode ser cometido das maneiras prescritas no tipo penal); monossubjetivo; plurissubsistente (praticado por vários atos); comissivo ou omissivo; de dano (exige-se a efetiva lesão ao bem jurídico).

6.1.6.2 Bem jurídico tutelado e objeto material

O bem jurídico protegido é a liberdade de autodeterminação, o direito de liberdade, o *status libertatis*. A liberdade de autodeterminação entendida como o direito de ir, permanecer e vir.

Além da liberdade individual, entende-se que o crime viola também a organização do trabalho. Há quem entenda até mesmo que o bem jurídico protegido primariamente seria a organização do trabalho e de maneira subsidiária a liberdade individual.

Objeto material é a pessoa sobre a qual recai a conduta, ou seja, aquela que está reduzida à condição semelhante à de escravo.

6.1.6.3 Sujeitos do crime

Como mencionado, trata-se de crime comum, tanto o sujeito ativo quanto o sujeito passivo pode ser qualquer pessoa. Não se exige qualidade especial de nenhum deles.

Há de ser feita ressalva com relação ao entendimento do professor Rogério Greco (2020, p. 464).

O sujeito ativo será o empregador que utiliza da mão de obra escrava e o sujeito passivo será o trabalhador que se vê reduzido à condição análoga à de escravo. Segundo ele,

> **após a nova redação do art. 149 do Código Penal, levada a efeito pela Lei nº 10.803, de 11 de dezembro de 2003, foram delimitados os sujeitos ativo e passivo do delito em estudo, devendo agora, segundo entendemos, existir relação de trabalho.**
> (Grifos nossos.)

6.1.6.4 Conduta e voluntariedade

O crime pune a privação da liberdade da vítima sem seu consentimento, por tempo relevante, utilizando-se o agente para tanto do sequestro ou cárcere privado.

O tipo penal traz o verbo "reduzir", em que o art. 149 é empregado no sentido de subjugar. Pune-se o fato de alguém manter outra pessoa sob seu domínio como se escravo fosse.

Como mencionado no início, a escravidão nos remete às correntes, aos castigos corporais. No entanto, neste tipo penal, não os referimos especificamente a essa forma de escravidão.

O próprio tipo penal, após a alteração feita pela Lei nº 10.803/2003, elenca as formas como o crime será executado. Antes da alteração, tínhamos um crime de forma livre, cabendo ao aplicador da lei interpretar e definir quais condutas se amoldariam à condição análoga à de escravo, o que gerava dúvidas e controvérsias, em razão da imprecisão do tipo.

Atualmente, o tipo elenca em rol taxativo quais condutas por meio das quais o crime será praticado. Após a alteração legislativa então, o tipo passou a ser considerado como crime de forma vinculada.

188 Direito Penal Decifrado – Parte Especial

> ### 🧩 Decifrando a prova
>
> **(Delegado de Polícia Federal – PF – Cespe/Cebraspe – 2021)** No que concerne aos crimes previstos na parte especial do Código Penal, julgue o item subsequente.
>
> O crime de redução à condição análoga à de escravo pode ocorrer independentemente da restrição à liberdade de locomoção do trabalhador.
>
> ( ) Certo ( ) Errado
>
> **Gabarito comentado:** como previsto no art. 149 do CP, a restrição à liberdade de locomoção do trabalhador é uma das formas de praticar o crime, mas há outras que não exigem a restrição da liberdade. Portanto, a assertiva está certa.

Como leciona Cleber Masson (2014a, p. 239), o "conceito de escravo há de ser interpretado em sentido amplo, abrangendo inclusive a submissão de alguém a uma jornada exaustiva de trabalho".

As condutas abrangidas pelo tipo penal fazem parte, como já dito, de um rol exaustivo que são consideradas alternativas. Caso o agente pratique mais de uma conduta com o mesmo sujeito passivo, teremos um único crime, sendo a multiplicidade de condutas considerada quando da dosimetria da pena.

> ### 🧩 Decifrando a prova
>
> **(Juiz Federal Substituto – TRF 2ª Região – 2018 – Adaptada)** No que concerne aos crimes previstos na Parte Especial do Código Penal, julgue o item subsequente:
>
> Para a configuração típica do crime de redução a condição análoga à de escravo, o consentimento da vítima é elemento essencial a ser aferido, haja vista que não incide a punição em hipótese alguma, quando tal consentimento tenha sido dado, expressa ou tacitamente, pelo ofendido.
>
> ( ) Certo ( ) Errado
>
> **Gabarito comentado:** o consentimento ou o livre-arbítrio da vítima nem sempre é elemento essencial a fim de afastar a configuração do crime, diante da dificuldade de ser aferido em razão do emprego de diversas formas de coerção o medo de violência por parte da vítima, a fraude, falsas promessas etc. A presente assertiva está, dessa forma, equivocada. Portanto, a assertiva está errada.

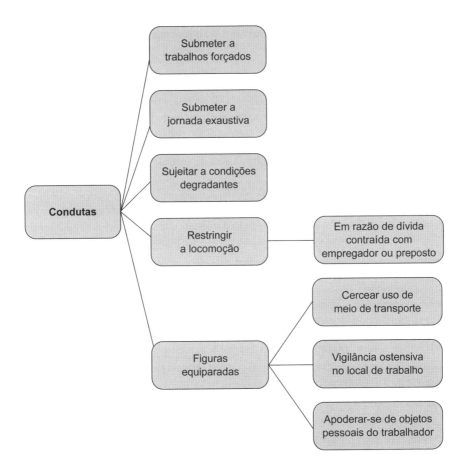

Jurisprudência destacada

1. Nos termos da jurisprudência desta Corte, o delito de submissão à condição análoga à de escravo se configura independentemente de restrição à liberdade dos trabalhadores ou retenção no local de trabalho por vigilância ou apossamento de seus documentos, como crime de ação múltipla e conteúdo variado, bastando, a teor do art. 149 do CP, a demonstração de submissão a trabalhos forçados, a jornadas exaustivas ou a condições degradantes. Devidamente fundamentada a condenação pela prática do referido delito em razão das condições degradantes de trabalho e de habitação a que as vítimas eram submetidas, consubstanciadas no não fornecimento de água potável, no não oferecimento, aos trabalhadores, de serviços de privada por meio de fossas adequadas ou outro processo similar, de habitação adequada, sendo-lhes fornecido alojamento em barracos cobertos de palha e lona, sustentados por frágeis caibros de madeira branca, no meio da mata, sem qualquer proteção lateral, com exposição a riscos, não há falar em absolvição (EREsp nº 1.843.150/PA, 2019/0306530-1, autuado em 16.06.2020).

190 Direito Penal Decifrado – Parte Especial

- **submeter alguém a trabalhos forçados ou a jornada exaustiva;**

Por trabalhos forçados entende-se aquelas atividades realizadas de maneira obrigatória pela vítima, sob pena de receber punições até mesmo físicas de seu patrão.

A jornada exaustiva é aquela que ultrapassa os limites definidos na legislação trabalhista, e que ignora direitos trabalhistas, tais como pagamento de horas extras, jornada, descanso semanal remunerado.

- **sujeitar alguém a condições degradantes de trabalho;**

Condições degradantes de trabalho são aquelas que não respeitam sequer minimamente as condições exigidas pela legislação trabalhista, que não respeitam a dignidade da pessoa.

Na jurisprudência acima citada, temos claro exemplo de condições degradantes de trabalho: não havia fornecimento de água potável aos trabalhadores, não havia serviço de privada, fossas ou outro processo similar, os alojamentos consistiam em barracos cobertos de palha e lona, no meio da mata, sem qualquer tipo de proteção.

- **restringir por qualquer meio, a locomoção de alguém em razão de dívida contraída com empregador ou preposto;**

Aqui temos o claro exemplo do que ocorre em áreas rurais mais distantes dos grandes centros: trabalhadores são levados de outras regiões do país para trabalhar e são alojados no próprio local de trabalho. Em alguns casos, os patrões fornecem alojamento ou até mesmo casas que são locadas a preços exorbitantes, fazendo com que o trabalhador jamais consiga saldar a dívida que tem com o empregador. Além disso, o único comércio do local é do próprio empregador que cobra valores abusivos das mercadorias. Dessa forma, o trabalhador não consegue acabar com as dívidas que tem com o patrão e se vê obrigado a permanecer no local trabalhando em condições indignas.

Perceba que esse meio de execução do crime muito se assemelha ao tipo penal previsto no art. 203, § 1º, inciso I, do CP que trata de crime contra a organização do trabalho. Aqui, a liberdade de locomoção da vítima fica restringida. Já naquele tipo não há cerceamento da liberdade de locomoção da vítima, o empregado fica vinculado ao local de labor em razão de dívida contraída, porém mantém sua liberdade ambulatorial.

Ainda a respeito do caso mencionado na jurisprudência acima, que trata das condições em que foram encontrados os trabalhadores na Fazenda Bela Vista, consta do relatório elaborado pelos auditores-fiscais:

> As condições em que foram encontrados os trabalhadores da Fazenda Bela Vista, submetidos a viver em barracos cobertos de palha e lona, sustentados por frágeis caibros de madeira branca, no meio da mata, sem qualquer proteção lateral, consumindo água fétida e suja e expostos aos mais variados riscos que a presença de animais peçonhentos oferecem revelam o profundo desprezo que o empregador tem pelo ordenamento jurídico laboral e pelo próprio ser humano. A sutil retenção dos salários, que sob o

Capítulo 6 ♦ Dos crimes contra a liberdade individual **191**

argumento da prestação de conta futura, aprisionam na indefinição de data, hora ou local; a dificuldade de acesso; a distância e a falta de transporte para atendimento do deslocamento dos trabalhadores, são condutas que afrontam os regramentos básicos do direito e revelam o grau de liberdade que é dada aos trabalhadores.

Além das modalidades previstas no *caput*, o parágrafo primeiro elenca as **figuras equiparadas**. Perceba que nesse parágrafo, o legislador exige do agente uma finalidade específica, qual seja, reter o trabalhador no local de trabalho.

- ♦ **cercear o uso de qualquer meio de transporte por parte do trabalhador, com o fim de retê-lo no local de trabalho;**
- ♦ **manter vigilância ostensiva no local de trabalho ou se apoderar de documentos ou objetos pessoais do trabalhador, com o fim de retê-lo no local de trabalho.**

Esse meio de execução do crime é bastante semelhante ao previsto no art. 203, § 1º, inciso II, do CP, que trata de crime contra a organização do trabalho. Aquele crime, porém, se consuma com a mera retenção dos documentos do trabalhador para que ele se mantenha vinculado ao trabalho, sem, contudo, cercear sua liberdade de locomoção. O tipo previsto no art. 203 do CP é crime subsidiário e será aplicado quando a conduta não configurar o tipo em análise.

Os crimes previstos no art. 149 somente são punidos a título de dolo, podendo ser direto ou eventual. Não existe a modalidade culposa.

> ### Decifrando a prova
>
> **(Delegado de Polícia Federal – PF – Cespe/Cebraspe – 2021)** No que concerne aos crimes previstos na parte especial do Código Penal, julgue o item subsequente:
> O crime de redução à condição análoga à de escravo pode ocorrer independentemente da restrição à liberdade de locomoção do trabalhador.
> ( ) Certo   ( ) Errado
> **Gabarito comentado:** o crime previsto no art. 149 do CP poderá se configurar independentemente da restrição da liberdade da vítima, pois esse é apenas um dos verbos nucleares do tipo. Portanto, a assertiva está certa.

6.1.6.5 Consumação e tentativa

Tratando-se de crime material, consumar-se-á com a efetiva redução da vítima à condição análoga a de escravo, mediante a prática de alguma das formas previstas no art. 149.

Como mencionado, classifica-se como crime permanente, sua consumação se prolonga no tempo. Enquanto a vítima estiver naquela condição, o crime está sendo consumado.

Admite-se a tentativa, uma vez que estamos diante de crime plurissubsistente.

6.1.6.6 Causas de aumento de pena

Elencadas no § 2º do art. 149, são causas de aumento de pena:

- crime cometido contra criança ou adolescente;
- crime praticado por motivo de preconceito de raça, cor, etnia, religião ou origem.

Decifrando a prova

(Juiz Federal Substituto – TRF 3ª Região – 2018 – Adaptada) Relativamente ao crime de redução à condição análoga à de escravo, julgue o item a seguir:

Se a vítima é criança, adolescente, idoso ou pessoa com deficiência ou se o crime é cometido por motivo de preconceito de raça, cor, etnia, religião ou origem, a pena é aumentada de 1/3 (um terço).

( ) Certo   ( ) Errado

Gabarito comentado: o art. 149 não traz a pessoa com deficiência como causa de aumento de pena. Portanto, a assertiva está errada.

6.1.7 Tráfico de pessoas

6.1.7.1 Noções gerais e classificação doutrinária

Art. 149-A. Agenciar, aliciar, recrutar, transportar, transferir, comprar, alojar ou acolher pessoa, mediante grave ameaça, violência, coação, fraude ou abuso, com a finalidade de:

I – remover-lhe órgãos, tecidos ou partes do corpo;

II – submetê-la a trabalho em condições análogas à de escravo;

III – submetê-la a qualquer tipo de servidão;

IV – adoção ilegal; ou

V – exploração sexual.

Pena – reclusão, de 4 (quatro) a 8 (oito) anos, e multa.

§ 1º A pena é aumentada de um terço até a metade se:

I – o crime for cometido por funcionário público no exercício de suas funções ou a pretexto de exercê-las;

II – o crime for cometido contra criança, adolescente ou pessoa idosa ou com deficiência;

III – o agente se prevalecer de relações de parentesco, domésticas, de coabitação, de hospitalidade, de dependência econômica, de autoridade ou de superioridade hierárquica inerente ao exercício de emprego, cargo ou função; ou

IV – a vítima do tráfico de pessoas for retirada do território nacional.

§ 2º A pena é reduzida de um a dois terços se o agente for primário e não integrar organização criminosa.

Tema que infelizmente não é novidade na história da humanidade, continua a ocorrer nos dias atuais, o tráfico de pessoas vem tratado pelo art. 149-A do Código Penal, que foi inserido no texto legal em 2016 por meio da Lei nº 13.334/2016.

É sabido que o tráfico de pessoas nem sempre constituiu crime, a exemplo do que ocorria à época do Brasil Império, em que negros eram trazidos da África e legalmente comercializados em nosso país como se objetos fossem.

Após muita evolução (e revolução), diversos documentos internacionais foram assinados e promulgados, tratando dos mais diversos fins de tráfico de pessoas. No entanto, não havia um documento que unificasse todas as nuances do tráfico de pessoas e que previsse formas para prevenir tal atrocidade e de cooperação entre os países.

Até que em 29 de setembro de 2003, surgiu o Protocolo de Palermo como complementação à Convenção das Nações Unidas contra o Crime Organizado Transnacional, a qual foi validada pelo Brasil em 2004 pelo Decreto nº 5.017.

O **conceito de tráfico de pessoas** vem definido pelo **Protocolo de Palermo**,[7] que é o principal documento internacional global contra o crime organizado transnacional, em seu art. 3º, *in verbis*:

---

[7] "**Decreto nº 5.017/2004.** Promulga o Protocolo Adicional à Convenção das Nações Unidas contra o Crime Organizado Transnacional Relativo à Prevenção, Repressão e Punição do Tráfico de Pessoas, em Especial Mulheres e Crianças. O Presidente da República, no uso da atribuição que lhe confere o art. 84, inciso IV, da Constituição, e considerando que o Congresso Nacional aprovou, por meio do Decreto Legislativo nº 231, de 29 de maio de 2003, o texto do Protocolo Adicional à Convenção das Nações Unidas contra o Crime Organizado Transnacional Relativo à Prevenção, Repressão e Punição do Tráfico de Pessoas, em Especial Mulheres e Crianças, adotado em Nova York em 15 de novembro de 2000; Considerando que o Governo brasileiro depositou o instrumento de ratificação junto à Secretaria-Geral da ONU em 29 de janeiro de 2004; Considerando que o Protocolo entrou em vigor internacional em 29 de setembro de 2003, e entrou em vigor para o Brasil em 28 de fevereiro de 2004; Decreta: **Art. 1º** O Protocolo Adicional à Convenção das Nações Unidas contra o Crime Organizado Transnacional Relativo à Prevenção, Repressão e Punição do Tráfico de Pessoas, em Especial Mulheres e Crianças, adotado em Nova York em 15 de novembro de 2000, apenso por cópia ao presente Decreto, será executado e cumprido tão inteiramente como nele se contém. **Art. 2º** São sujeitos à aprovação do Congresso Nacional quaisquer atos que possam resultar em revisão do referido Protocolo ou que acarretem encargos ou compromissos gravosos ao patrimônio nacional, nos termos do art. 49, inciso I, da Constituição. **Art. 3º** Este Decreto entra em vigor na data de sua publicação".

Direito Penal Decifrado – Parte Especial

A expressão "tráfico de pessoas" significa o recrutamento, o transporte, a transferência, o alojamento ou o acolhimento de pessoas, recorrendo à ameaça ou uso da força ou a outras formas de coação, ao rapto, à fraude, ao engano, ao abuso de autoridade ou à situação de vulnerabilidade ou à entrega ou aceitação de pagamentos ou benefícios para obter o consentimento de uma pessoa que tenha autoridade sobre outra para fins de exploração. A exploração incluirá, no mínimo, a exploração da prostituição de outrem ou outras formas de exploração sexual, o trabalho ou serviços forçados, escravatura ou práticas similares à escravatura, a servidão ou a remoção de órgãos.

Anos após a entrada em vigor do Decreto nº 5.017/2004, foi editada a Lei nº 13.344/2016, que dispõe sobre prevenção e repressão ao tráfico interno e internacional de pessoas e sobre medidas de atenção às vítimas; altera a Lei nº 6.815, de 19 de agosto de 1980, o Código de Processo Penal e o Código Penal.

O art. 149-A foi inserido no texto legal como forma de atender aos tratados internacionais, em especial o já mencionado Protocolo de Palermo. Isso porque, antes da entrada em vigor da mencionada lei, apenas o tráfico de pessoas com o fim de exploração sexual era previsto no Código Penal, nos arts. 231 e 231-A.

Classificação doutrinária: trata-se de crime comum, tanto em relação ao sujeito ativo quanto em relação ao sujeito passivo, formal, comissivo (ou omissivo impróprio, caso do garantidor), instantâneo ou permanente (a depender da conduta), de forma livre; monossubjetivo; plurissubsistente.

⚡ Decifrando a prova

(Juiz Federal Substituto – TRF 5ª Região – 2017 – Adaptada) Acerca dos aspectos penais do tráfico interno e internacional de pessoas, julgue a seguinte assertiva:

O tráfico de pessoas é equiparado aos crimes hediondos, de forma que a concessão do livramento condicional a acusados desse crime deve obedecer aos rigores da respectiva legislação.

( ) Certo   ( ) Errado

Gabarito comentado: o crime previsto no art. 149-A do CP não consta do rol taxativo do art. 1º da Lei nº 8.072/1990. Portanto, a assertiva está errada.

6.1.7.2 Bem jurídico tutelado e objeto material do crime

O bem jurídico tutelado, até pela posição topográfica do tipo penal, é a liberdade da pessoa, mas não apenas. Tutela-se ainda a vida e a integridade física.

O objeto material será a pessoa sobre quem recai a conduta do agente.

6.1.7.3 Sujeitos do crime

Podem figurar como sujeitos ativo e passivo quaisquer pessoas, delas não se exigindo qualidade especial. Trata-se, portanto, de crime comum.

Incidirá causa de aumento de pena a depender da condição especial da vítima, como veremos posteriormente.

O consentimento do sujeito passivo não afasta o crime. Importante mencionar que muitas vezes a vítima não se enxerga como tal. Tamanha era a precariedade como vivia em seu país de origem que, ao chegar em seu destino, mesmo sendo subjugada, submetida a condições degradantes, ela acredita estar em situação melhor do que aquela que suportava. Assim, ela entende que não foi vítima de um crime, mas sim que teve uma oportunidade de trabalho no exterior.

Obviamente, esse consentimento não afastaria o crime, pois ela não pode dispor de sua dignidade, de sua liberdade e ser submetida a condições humilhantes apenas porque não experimentou situação melhor em sua vida.

O professor Rogério Sanches Cunha (2021, p. 257) alerta, no entanto, que a validade do consentimento do ofendido deve ser analisada no caso concreto. Afirma que o dissenso será presumido quando:

- o consentimento for obtido mediante ameaça ou uso da força ou outras formas de coação;
- o traficante abusa da autoridade para obter o consentimento;
- a vítima for vulnerável;
- a vítima consentiu em troca de benefícios ou pagamentos.

Atente-se ao constante do Protocolo de Palermo:

Artigo 3 – Definições

Para efeitos do presente Protocolo:

a) A expressão "tráfico de pessoas" significa o recrutamento, o transporte, a transferência, o alojamento ou o acolhimento de pessoas, recorrendo à ameaça ou uso da força ou a outras formas de coação, ao rapto, à fraude, ao engano, ao abuso de autoridade ou à situação de vulnerabilidade ou à entrega ou aceitação de pagamentos ou benefícios para obter o consentimento de uma pessoa que tenha autoridade sobre outra para fins de exploração. A exploração incluirá, no mínimo, a exploração da prostituição de outrem ou outras formas de exploração sexual, o trabalho ou serviços forçados, escravatura ou práticas similares à escravatura, a servidão ou a remoção de órgãos;

b) O consentimento dado pela vítima de tráfico de pessoas tendo em vista qualquer tipo de exploração descrito na alínea a) do presente Artigo será considerado irrelevante se tiver sido utilizado qualquer um dos meios referidos na alínea a).

196 Direito Penal Decifrado – Parte Especial

Jurisprudência destacada[8]

PENAL E PROCESSO PENAL. TRÁFICO INTERNACIONAL DE PESSOAS. EXPLORAÇÃO SEXUAL DE MULHERES. ART. 231 DO CÓDIGO PENAL. CONDUTA PRATICADA NA VIGÊNCIA DA LEI Nº 11.106/2005. SUPERVENIÊNCIA DA LEI Nº 13.344/2016. 1. A Lei nº 13.344/2016 expressamente revogou os arts. 231 e 231-A do Código Penal e introduziu no mesmo diploma normativo o art.149-A, estabelecendo nova tipologia para o crime de tráfico de pessoas, cuja conduta ainda permanece criminalizada pela referida lei, uma vez que o novo tipo penal prevê todas as hipóteses anteriores, aplicando-se, no caso, o princípio da continuidade normativo típica da conduta. 2. À luz do Protocolo de Palermo e da Lei nº 13.344/2016, somente há tráfico de pessoas, se presentes as ações, meios e finalidades nele descritas. Por conseguinte, **a vontade da vítima maior de 18 anos apenas será desconsiderada, se ocorrer ameaça, uso da força, coação, rapto, fraude, engano ou abuso de vulnerabilidade, num contexto de exploração do trabalho sexual.** 3. Os diversos depoimentos testemunhais colhidos, tanto em sede policial como em Juízo, sob o crivo do contraditório, permitem que se visualize com clareza a forma em que as mulheres eram encaminhadas para a Espanha e tinham os documentos necessários para a viagem providenciados, não havendo nenhuma referência às circunstâncias elementares do novo tipo penal. 4. O tráfico internacional de pessoas para fins de exploração sexual (art. 231-A, *caput* e § 1º, do Código Penal) não se concretizou, uma vez que as mulheres que trabalhavam como prostitutas na boate dos Recorridos para ali foram e permaneceram alojadas por livre e espontânea vontade (TRF 1ª região, Apelação Criminal nº 0005165-44.2011.4.01.3600/MT). (...) O consentimento da vítima em seguir viagem não exclui a culpabilidade do traficante ou explorador, pois o que o requisito central do tráfico é a presença do engano, da coerção, da dívida e do propósito de exploração. É comum que as mulheres, quando do deslocamento, saibam que irão exercer a prostituição, mas não tem elas consciência das condições em que, normalmente, se veem coagidas a atuar ao chegar no local do destino. Nisso está a fraude. (...) b) O consentimento de uma vítima de tráfico de pessoas para a desejada exploração definida no subparágrafo (a) deste artigo deve ser irrelevante onde qualquer um dos meios definidos no subparágrafo (a) tenham sido usados (STF, HC nº 126.265/GO, Rel. Min. Gilmar Mendes, j. 18.02.2015, *DJe*-034, divulg. 20.02.2015, public. 23.02.2015 – grifos nossos).

---

[8] Segue parte do voto da Desembargadora Federal Mônica Sifuentes, nos autos do referido julgado: "Interessante constatar que para a Lei nº 13.344/2016, na linha do que dispõe o Protocolo de Palermo, o crime de tráfico de pessoas se caracteriza e o consentimento da vítima será irrelevante apenas quando obtido por meio de ameaça, violência física ou moral, sequestro, fraude, engano, abuso, bem como é, absolutamente, desconsiderado o consentimento em relação aos menores de dezoito anos, que nos documentos internacionais é o marco etário normativo para a caracterização de 'criança'. À luz do Protocolo e da Lei nº 13.344/2016, somente há tráfico de pessoas, se presentes as ações, meios e finalidades nele descritas. Por conseguinte, a vontade da vítima maior de 18 anos apenas será desconsiderada, se ocorrer ameaça, uso da força, coação, rapto, fraude, engano ou abuso de vulnerabilidade, num contexto de exploração do trabalho sexual. Portanto, não há que se falar na configuração do delito de tráfico internacional de pessoas, consoante a interpretação dada ao art. 149-A, se o profissional do sexo voluntariamente entrar ou sair do país, manifestando consentimento de forma livre de opressão ou de abuso de vulnerabilidade".

> ### Decifrando a prova
>
> **(Juiz Federal Substituto – TRF 5ª Região – 2017 – Adaptada)** Acerca dos aspectos penais do tráfico interno e internacional de pessoas, julgue a seguinte assertiva:
> O consentimento de pessoa brasileira, maior de idade, para ser levada ao exterior com a finalidade de se prostituir basta para excluir o crime de tráfico de pessoas, uma vez que ela tem consciência do trabalho e de suas condições.
> ( ) Certo   ( ) Errado
> **Gabarito comentado:** apesar de o Código Penal nada falar a respeito do consentimento da vítima, a jurisprudência entende que o crime se consuma independentemente do consentimento da vítima. Portanto, a assertiva está errada.

6.1.7.4 Conduta e voluntariedade

O tipo penal traz diversos núcleos (verbos) que podem ser praticados alternativa ou cumulativamente. Tais comportamentos somente são punidos a título de dolo. E mais, é exigida uma finalidade especial de agir, conforme veremos posteriormente, ao analisar as condutas separadamente.

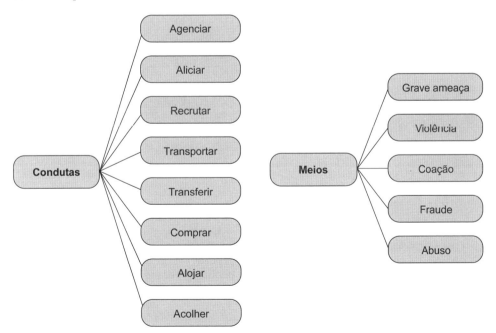

O artigo prevê oito verbos nucleares. São eles: agenciar (negociar, intermediar), aliciar (convencer a vítima), recrutar, transportar, transferir, comprar, alojar ou acolher pessoa; os quais serão praticados mediante grave ameaça, violência, coação, fraude ou abuso, com a finalidade de:

198 Direito Penal Decifrado – Parte Especial

- ◆ **Remover órgãos, tecidos ou partes do corpo**

A remoção de órgãos, tecidos ou partes do corpo vem regulada pela Lei nº 9.434/1997 e é destinada a transplante e tratamento. Segundo a referida lei, é possível a remoção estando o doador morto ou vivo, desde que atendidos os requisitos legais que vêm previstos em seus arts. 3º e 9º, *in verbis*:

> **Art. 3º** A retirada *post mortem* de tecidos, órgãos ou partes do corpo humano destinados a transplante ou tratamento deverá ser precedida de diagnóstico de morte encefálica, constatada e registrada por dois médicos não participantes das equipes de remoção e transplante, mediante a utilização de critérios clínicos e tecnológicos definidos por resolução do Conselho Federal de Medicina.

> **Art. 9º** É permitida à pessoa juridicamente capaz dispor gratuitamente de tecidos, órgãos e partes do próprio corpo vivo, para fins terapêuticos ou para transplantes em cônjuge ou consanguíneos até o quarto grau, inclusive, na forma do § 4º deste artigo, ou em qualquer outra pessoa, mediante autorização judicial, dispensada esta em relação à medula óssea. (...)

> § 3º Só é permitida a doação referida neste artigo quando se tratar de órgãos duplos, de partes de órgãos, tecidos ou partes do corpo cuja retirada não impeça o organismo do doador de continuar vivendo sem risco para a sua integridade e não represente grave comprometimento de suas aptidões vitais e saúde mental e não cause mutilação ou deformação inaceitável, e corresponda a uma necessidade terapêutica comprovadamente indispensável à pessoa receptora.

A própria Lei nº 9.434/1997 prevê crimes[9] para os casos em que não são respeitados seus ditames.

O tipo penal que estamos estudando refere-se à remoção de órgãos, tecidos ou partes do corpo após o tráfico da pessoa viva.

---

9   "**Art. 14.** Remover tecidos, órgãos ou partes do corpo de pessoa ou cadáver, em desacordo com as disposições desta Lei: **Pena** – reclusão, de dois a seis anos, e multa, de 100 a 360 dias-multa. § 1º Se o crime é cometido mediante paga ou promessa de recompensa ou por outro motivo torpe: **Pena** – reclusão, de três a oito anos, e multa, de 100 a 150 dias-multa. § 2º Se o crime é praticado em pessoa viva, e resulta para o ofendido: I – incapacidade para as ocupações habituais, por mais de trinta dias; II – perigo de vida; III – debilidade permanente de membro, sentido ou função; IV – aceleração de parto: **Pena** – reclusão, de três a dez anos, e multa, de 100 a 200 dias-multa. § 3º Se o crime é praticado em pessoa viva, e resulta para o ofendido: I – incapacidade permanente para o trabalho; II – enfermidade incurável; III – perda ou inutilização de membro, sentido ou função; IV – deformidade permanente; V – aborto: **Pena** – reclusão, de quatro a doze anos, e multa, de 150 a 300 dias-multa. § 4º Se o crime é praticado em pessoa viva e resulta morte: **Pena** – reclusão, de oito a vinte anos, e multa de 200 a 360 dias-multa. **Art. 15.** Comprar ou vender tecidos, órgãos ou partes do corpo humano: **Pena** – reclusão, de três a oito anos, e multa, de 200 a 360 dias-multa. **Parágrafo único.** Incorre na mesma pena quem promove, intermedeia, facilita ou aufere qualquer vantagem com a transação".

Capítulo 6 ◆ Dos crimes contra a liberdade individual **199**

◆ **Submeter a vítima a trabalho em condições análogas à de escravo**

As condições análogas à de escravo vêm previstas no tipo penal estudado anteriormente. Assim, caracterizam a condição análoga à de escravo, conforme dita o art. 149 do CP: os trabalhos forçados ou a jornada exaustiva, condições degradantes de trabalho, restrição, por qualquer meio, da locomoção em razão de dívida contraída com o empregador ou preposto; cercear o uso de qualquer meio de transporte por parte do trabalhador, com o fim de retê-lo no local de trabalho; manter vigilância ostensiva no local de trabalho ou se apoderar de documentos ou objetos pessoais do trabalhador, com o fim de retê-lo no local de trabalho.

Para melhor compreensão, remetemos o leitor ao capítulo anterior.

◆ **Submeter a vítima a qualquer tipo de servidão**

Não há na legislação brasileira previsão da servidão. Para conceituá-la, devemos nos valer da Convenção Suplementar sobre a abolição da escravatura, do tráfico de escravos e das instituições e práticas análogas à escravatura que foi internalizada pelo Decreto nº 58.563/1966.[10]

Segundo tal convenção, a servidão seria:

---

[10] "**Seção I – Instituições e práticas análogas à escravidão. Artigo 1º** Cada um dos Estados Partes a presente Convenção tomará todas as medidas, legislativas e de outra natureza que sejam viáveis e necessárias, para obter progressivamente logo que possível a abolição completa ou o abandono das instituições e práticas seguintes onde quer ainda subsistam, enquadram-se ou não na definição de escravidão que figura no artigo primeiro da Convenção sobre a escravidão assinada em Genebra, em 25 de setembro de 1926: a) a servidão por dívidas, isto é, o estado ou a condição resultante do fato de que um devedor se haja comprometido a fornecer, em garantia de uma dívida, seus serviços pessoais ou os de alguém sobre o qual tenha autoridade, se o valor desses serviços não for equitativamente avaliado no ato da liquidação de dívida ou se a duração desses serviços não for limitada nem sua natureza definida; b) a servidão isto é, a condição de qualquer um que seja obrigado pela lei, pelo costume ou por um acordo, a viver e trabalhar numa terra pertencente a outra pessoa e a fornecer a essa outra pessoa, contra remuneração ou gratuitamente, determinados serviços, sem poder mudar sua condição; c) toda instituição ou prática em virtude da qual: I – Uma mulher é, sem que tenha o direito de recusa prometida ou dada em casamento, mediante remuneração em dinheiro ou espécie entregue a seus país, tutor, família ou a qualquer outra pessoa ou grupo de pessoas; II – O marido de uma mulher, a família ou o clã deste tem o direito de cedê-la a um terceiro, a título oneroso ou não; III – A mulher pode, por morte do marido ser transmitida por sucessão a outra pessoa; d) toda instituição ou prática em virtude da qual uma criança ou um adolescente de menos de dezoito anos é entregue, quer por seu país ou um deles, quer por seu tutor, a um terceiro, mediante remuneração ou sem ela, com o fim da exploração da pessoa ou do trabalho da referida criança ou adolescente. **Artigo 2º** Com o propósito de acabar com as instituições e práticas visadas na alínea *c* do artigo primeiro da presente Convenção, os Estados Partes se comprometem a fixar, onde couber idades mínimas adequadas para o casamento, a estimular a adoção de um processo que permitam a ambos os futuros cônjuges exprimir livremente o seu consentimento ao matrimônio em presença de uma autoridade civil ou religiosa competente, e a fomentar o registro dos casamentos".

Artigo 1º (...)

b) a servidão isto é, a condição de qualquer um que seja obrigado pela lei, pelo costume ou por um acordo, a viver e trabalhar numa terra pertencente a outra pessoa e a fornecer a essa outra pessoa, contra remuneração ou gratuitamente, determinados serviços, sem poder mudar sua condição.

◆ Adoção ilegal

O processo legal de adoção pode ser bastante burocrático, demorado e trabalhoso, por essa razão, muitos escolhem o caminho da ilegalidade para conseguir um filho.

O processo de adoção no Brasil é regulado pelo Estatuto da Criança e do Adolescente (Lei nº 8.069/1990). Ilegal será a adoção que desrespeitar os requisitos ali previstos.

Frise-se que a adoção de pessoas maiores de idade também é realizada e assim, também a adoção ilegal de maiores de idade é protegida pelo artigo em estudo.

◆ Exploração sexual

A exploração sexual está ligada ao comércio sexual, ao abuso sexual praticado nos mais diversos ramos de atividade e que atinge vítimas de todos os gêneros e idades. Pode tomar várias formas, tais como: prostituição, turismo sexual, pornografia e tráfico sexual.

A legislação brasileira tipifica o crime de exploração da prostituição no Código Penal, o qual será estudado em capítulo próprio. Vejamos o tipo penal:

Art. 218-B. Submeter, induzir ou atrair à prostituição ou outra forma de exploração sexual alguém menor de 18 (dezoito) anos ou que, por enfermidade ou deficiência mental, não tem o necessário discernimento para a prática do ato, facilitá-la, impedir ou dificultar que a abandone:

Pena – reclusão, de 4 (quatro) a 10 (dez) anos.

§ 1º Se o crime é praticado com o fim de obter vantagem econômica, aplica-se também multa.

§ 2º Incorre nas mesmas penas:

I – quem pratica conjunção carnal ou outro ato libidinoso com alguém menor de 18 (dezoito) e maior de 14 (catorze) anos na situação descrita no *caput* deste artigo;

II – o proprietário, o gerente ou o responsável pelo local em que se verifiquem as práticas referidas no *caput* deste artigo.

§ 3º Na hipótese do inciso II do § 2º, constitui efeito obrigatório da condenação a cassação da licença de localização e de funcionamento do estabelecimento.

Art. 228. Induzir ou atrair alguém à prostituição ou outra forma de exploração sexual, facilitá-la, impedir ou dificultar que alguém a abandone:

Pena – reclusão, de 2 (dois) a 5 (cinco) anos, e multa.

§ 1º Se o agente é ascendente, padrasto, madrasta, irmão, enteado, cônjuge, companheiro, tutor ou curador, preceptor ou empregador da vítima, ou se assumiu, por lei ou outra forma, obrigação de cuidado, proteção ou vigilância:

Pena – reclusão, de 3 (três) a 8 (oito) anos.

§ 2º Se o crime, é cometido com emprego de violência, grave ameaça ou fraude:

Pena – reclusão, de quatro a dez anos, além da pena correspondente à violência.

§ 3º Se o crime é cometido com o fim de lucro, aplica-se também multa.

Segundo Guilherme de Souza Nucci (2017a, p. 896), "explora-se sexualmente outrem, a partir do momento em que este é ludibriado para qualquer relação sexual ou quando o ofendido propicia lucro somente a terceiro, em virtude de sua atividade sexual".

Vale trazer à baila trecho do voto da Desembargadora Federal Mônica Sifuentes, relatora dos autos da Apelação Criminal nº 0005165-44.2011.4.01.3600:

> À luz do Protocolo e da Lei nº 13.344/2016, somente há tráfico de pessoas, se presentes as ações, meios e finalidades nele descritas. Por conseguinte, a vontade da vítima maior de 18 anos apenas será desconsiderada, se ocorrer ameaça, uso da força, coação, rapto, fraude, engano ou abuso de vulnerabilidade, num contexto de exploração do trabalho sexual.
>
> Portanto, não há que se falar na configuração do delito de tráfico internacional de pessoas, consoante a interpretação dada ao art. 149-A, se o profissional do sexo voluntariamente entrar ou sair do país, manifestando consentimento de forma livre de opressão ou de abuso de vulnerabilidade.

202 Direito Penal Decifrado – Parte Especial

> ### Decifrando a prova
>
> **(Juiz Federal Substituto – TRF 2ª Região – 2018)** No que concerne aos crimes previstos na parte especial do Código Penal, julgue o item subsequente:
>
> O crime específico de tráfico de pessoas consiste em agenciar, aliciar, recrutar, transportar, transferir, comprar, alojar ou acolher pessoa, mediante grave ameaça, violência, coação, fraude ou abuso, com a finalidade de remover-lhe órgãos, tecidos ou partes do corpo; submetê-la a trabalho em condições análogas à de escravo; submetê-la a qualquer tipo de servidão; adoção ilegal ou exploração sexual.
>
> ( ) Certo   ( ) Errado
>
> **Gabarito comentado:** a assertiva traz a redação do art. 149-A do CP. Portanto, está certa.

6.1.7.5 Consumação e tentativa

Considera-se **consumado** o crime com a prática das condutas previstas no tipo. Trata-se de crime formal, não havendo necessidade de que a vítima seja efetivamente traficada.

Admite-se a tentativa.

Quando diante dos núcleos "transportar, transferir, acolher e alojar", teremos crime **permanente**, admitindo prisão em flagrante a qualquer tempo.

Conforme ensina Rogério Sanches Cunha (2021, p. 264): "O tipo penal traz diversas finalidades especiais que podem caracterizar, caso atingidas, figuras penais autônomas. Neste caso, não há absorção de uma figura penal por outra, mas sim concurso material".

Sanches cita o exemplo do agente que trafica pessoas com a finalidade de retirar-lhes ilegalmente os órgãos. Ele responderá pelo tipo penal em estudo em concurso material com o art. 14 da Lei nº 9.434/1997.

6.1.7.6 Causas de aumento de pena

O § 1º do art. 149-A elenca as causas que majoram a pena do crime. A pena será aumentada de um terço até a metade:

- **crime cometido por funcionário público no exercício de suas funções ou a pretexto de exercê-las;**

Para conceituar funcionário público vamos nos valer do art. 327 do Código Penal;[11] será aquele que exerça cargo, emprego ou função pública, ainda que transitoriamente ou sem remuneração.

---

[11] "**Art. 327.** Considera-se funcionário público, para os efeitos penais, quem, embora transitoriamente ou sem remuneração, exerce cargo, emprego ou função pública. § 1º Equipara-se a funcionário público quem exerce cargo, emprego ou função em entidade paraestatal, e quem trabalha para empresa prestadora de serviço contratada ou conveniada para a execução de atividade típica da Administração Pública"

Capítulo 6 ◆ Dos crimes contra a liberdade individual **2 0 3**

- ◆ **crime cometido contra crianças, adolescentes ou pessoa idosa ou com deficiência;**

Por criança tem-se a pessoa de até doze anos; adolescente, a pessoa entre 12 e 18 anos incompletos; pessoa idosa é aquela com idade igual ou maior de 60 anos.

A pessoa com deficiência, segundo o Estatuto da Pessoa com Deficiência (Lei nº 13.146/2015), é aquela que tem impedimento de longo prazo de natureza física, mental, intelectual ou sensorial, o qual, em interação com uma ou mais barreiras, pode obstruir sua participação plena e efetiva na sociedade em igualdade de condições com as demais pessoas.[12]

- ◆ **agente se prevalecer de relações de parentesco, domésticas, de coabitação, de hospitalidade, de dependência econômica, de autoridade ou de superioridade hierárquica inerente ao exercício do emprego, cargo ou função;**
- ◆ **a vítima do tráfico for retirada do território nacional.**

6.1.7.7 Causas especiais de diminuição de pena

O § 2º do art. 149-A reduz a pena do agente que seja **primário** e que **não integre organização criminosa**.

Por primário entende-se aquele que não é reincidente na forma do art. 63 do Código Penal.

O conceito de organização criminosa é obtido na Lei nº 12.850/2013, *in verbis*:

> **Art. 1º** (...)
>
> § 1º Considera-se organização criminosa a associação de 4 (quatro) ou mais pessoas estruturalmente ordenada e caracterizada pela divisão de tarefas, ainda que informalmente, com objetivo de obter, direta ou indiretamente, vantagem de qualquer natureza, mediante a prática de infrações penais cujas penas máximas sejam superiores a 4 (quatro) anos, ou que sejam de caráter transnacional.

Perceba que o § 2º, ao contrário de diversos outros dispositivos penais, não prevê que a pena "pode ser" diminuída, mas sim que a pena "é" reduzida. Não deixando margem a questionamentos a respeito da discricionariedade do julgador, ele deverá diminuir a pena presentes os requisitos cumulativos (primariedade + não participação em organização criminosa).

A discricionariedade se limita ao *quantum* de diminuição e este será aplicado ao caso concreto. Porém, como aduz Rogério Sanches Cunha, a lei não orienta o aplicador a respeito da redução, não informa qual critério deverá ser utilizado para diminuir em 1/3 ou 2/3. Sugere Sanches (2021, p. 267) que deve sempre ser diminuída do máximo.

---

[12] "**Art. 2º** Considera-se pessoa com deficiência aquela que tem impedimento de longo prazo de natureza física, mental, intelectual ou sensorial, o qual, em interação com uma ou mais barreiras, pode obstruir sua participação plena e efetiva na sociedade em igualdade de condições com as demais pessoas".

6.2 CRIMES CONTRA A INVIOLABILIDADE DE DOMICÍLIO

6.2.1 Violação de domicílio

6.2.1.1 Noções gerais e classificação doutrinária

> **Art. 150.** Entrar ou permanecer, clandestina ou astuciosamente, ou contra a vontade expressa ou tácita de quem de direito, em casa alheia ou em suas dependências:
>
> **Pena** – detenção, de um a três meses, ou multa.
>
> **§ 1º** Se o crime é cometido durante a noite, ou em lugar ermo, ou com o emprego de violência ou de arma, ou por duas ou mais pessoas:
>
> **Pena** – detenção, de seis meses a dois anos, além da pena correspondente à violência.
>
> **§ 2º** (Revogado pela Lei nº 13.869, de 2019.)
>
> **§ 3º** Não constitui crime a entrada ou permanência em casa alheia ou em suas dependências:
>
> I – durante o dia, com observância das formalidades legais, para efetuar prisão ou outra diligência;
>
> II – a qualquer hora do dia ou da noite, quando algum crime está sendo ali praticado ou na iminência de o ser.
>
> **§ 4º** A expressão "casa" compreende:
>
> I – qualquer compartimento habitado;
>
> II – aposento ocupado de habitação coletiva;
>
> III – compartimento não aberto ao público, onde alguém exerce profissão ou atividade.
>
> **§ 5º** Não se compreendem na expressão "casa":
>
> I – hospedaria, estalagem ou qualquer outra habitação coletiva, enquanto aberta, salvo a restrição do nº II do parágrafo anterior;
>
> II – taverna, casa de jogo e outras do mesmo gênero.

Fundamento constitucional: art. 5º, inciso XL, da Constituição da República:

> A casa é asilo inviolável do indivíduo, ninguém nela podendo penetrar sem consentimento do morador, salvo em caso de flagrante delito ou desastre, ou para prestar socorro, ou, durante o dia, por determinação judicial.

Trata-se de crime comum tanto em relação ao sujeito ativo quanto em relação ao sujeito passivo; doloso, de mera conduta; instantâneo ou permanente; omissivo (permanecer) ou comissivo (entrar); unissubsistente ou plurissubsistente; tipo misto alternativo; de dano.

Obviamente, a inviolabilidade da casa não pode ser entendida como um escudo protetor para que o Estado deixe de atuar quando diante de situações criminosas. Por esse motivo existem as **exceções** (que confirmam a regra) da inviolabilidade de domicílio, as quais serão aprofundadas em tópico específico. O próprio mandamento constitucional elenca as hipóteses em que a inviolabilidade será deixada de lado: em caso de flagrante delito ou desastre, ou para prestar socorro, ou, durante o dia, por determinação judicial.

O crime se procede mediante ação penal pública incondicionada.

Analisando-se a pena cominada, conclui-se que é admitida tanto a transação penal quanto a suspensão condicional do processo, previstas respectivamente nos arts. 76 e 89 da Lei nº 9.099/1990.

Em razão do cabimento da transação penal, conforme disposto no art. 28-A, § 2º, inciso I, do Código de Processo Penal, não pode ser aplicado o acordo de não persecução.

Trata-se de crime subsidiário. Dessa forma, quando for elementar de outro crime, por ele restará absorvido, em razão do princípio da consunção.

6.2.1.2 Bem jurídico tutelado e objeto material

O bem jurídico protegido pela norma é a liberdade domiciliar, a tranquilidade doméstica, a privacidade doméstica.

O objeto material do delito é a casa ou suas dependências.

Conceito de casa: o § 4º do art. 150 do Código Penal traz a definição legal de casa.

> **Art. 150.** (...)
>
> § 4º A expressão "casa" compreende:
>
> I – qualquer compartimento habitado;
>
> II – aposento ocupado de habitação coletiva;
>
> III – compartimento não aberto ao público, onde alguém exerce profissão ou atividade.
>
> § 5º Não se compreendem na expressão "casa":
>
> I – hospedaria, estalagem ou qualquer outra habitação coletiva, enquanto aberta, salvo a restrição do nº II do parágrafo anterior;
>
> II – taverna, casa de jogo e outras do mesmo gênero.

Perceba que se trata de um **rol exemplificativo**, pois o conceito de casa deve ser entendido de forma ampla, como sendo qualquer compartimento fechado que possa ser habitado.

- ◆ **qualquer compartimento habitado;**

Abrange-se aqui não apenas as moradias fixas, mas também as eventuais ou transitórias. Como exemplo, citamos: *motor home*, *trailer*, abrigo do morador de rua, quarto de pensão.

Não se exige que o compartimento seja um imóvel, um prédio, um edifício, uma construção. Pode ser um móvel, pode ser o local em que o morador de rua dorme (seja ele um colchão ou um pedaço de papelão com um carrinho de supermercado ao lado).

Qualquer que seja o local em que a pessoa durma, gozará da proteção constitucional e será tido como "compartimento habitado".

Atente-se ao fato de que estar desocupado não significa estar desabitado. Assim, uma casa de praia, por exemplo, pode ser considerada compartimento habitado.

Direito Penal Decifrado – Parte Especial

Como afirma Rodrigo Foureaux (2020):

> De mais a mais, é possível realizar uma interpretação extensiva, que conceda maior proteção a um direito fundamental, e ainda que possua repercussões no crime de violação de domicílio, a par das divergências, não há impedimento para que a interpretação extensiva seja em prejuízo ao réu, uma vez que não inova, mas somente interpreta e busca a finalidade do conceito legal empregado (casa).

- ♦ **aposento ocupado de habitação coletiva;**

Não fosse o rol desse artigo meramente exemplificativo, poderíamos taxar esse inciso como desnecessário, uma vez que está compreendido no conceito de compartimento habitado. Aqui, citamos como exemplo o quarto de hotel, de pensão.

A lei é clara ao afirmar que tais aposentos devem estar ocupados, assim, não se inclui no âmbito de proteção da lei o quarto de hotel ou de pensão que esteja desocupado, como também não caracteriza casa os aposentos de uso comum de tais estabelecimentos (*hall* de entrada, recepção, sala de eventos).

- ♦ **compartimento não aberto ao público, onde alguém exerce profissão ou atividade.**

Tais ambientes servem para o exercício de atividade laboral privada. Podemos citar como exemplo o consultório médico, o escritório do advogado, o gabinete do delegado de polícia.

Assim como afirmado no item anterior, os espaços de uso comum ou de livre circulação do público não estão acobertados pela proteção constitucional.

Em uma delegacia, por exemplo, a área da recepção e a área de circulação do público não são consideradas casa, porém, o gabinete do delegado de polícia o será. Essa foi a decisão do Superior Tribunal de Justiça quando da análise do HC nº 298.763/SC:

Jurisprudência destacada

(...) 3. Consoante o inciso III do § 4º do tipo penal em comento, a expressão "casa" compreende o "compartimento não aberto ao público, onde alguém exerce profissão ou atividade". 4. Se o compartimento em que alguém exerce suas atividades profissionais deve ser fechado ao público, depreende-se que faz parte de um prédio ou de uma repartição públicos, ou então que, inserido em ambiente privado, possua uma parte conjugada que seja aberta ao público. Doutrina. 5. Assim, a sala de um servidor público, no caso concreto o gabinete de um Delegado Federal, ainda que situado em um prédio público, está protegida pelo tipo penal em apreço, já que se trata de compartimento cujo acesso é restrito e depende de autorização, constituindo local fechado ao público em que determinado indivíduo exerce suas atividades, nos termos preconizados pelo Código Penal (STJ, HC nº 298.763/SC, Rel. Min. Jorge Mussi, 5ª Turma, j. 07.10.2014, *DJe* 14.10.2014).

6.2.1.3 Sujeitos do crime

Por se tratar de crime comum, qualquer pessoa pode figurar como sujeito ativo do crime. Não se exigindo dele qualquer qualidade especial.

Como sujeito passivo, temos o titular do direito subjetivo à tranquilidade, morador ou moradores da casa. Morador deve ser entendido em sentido amplo, assim como é feito com o conceito de casa. Então, consideraremos um hóspede no quarto do hotel como o morador daquele quarto enquanto ali permanecer.

Ao analisar o tipo penal, vemos a expressão "contra a vontade expressa ou tácita de quem de direito". No tópico seguinte, quando da análise da conduta, explicaremos quem pode conceder essa autorização nos mais diversos casos.

6.2.1.4 Conduta e voluntariedade

O tipo pune a conduta de entrar ou permanecer, clandestina ou astuciosamente, ou contra a vontade expressa ou tácita de quem de direito, em casa alheia ou em suas dependências.

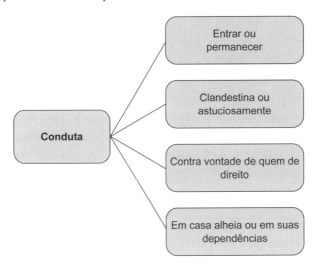

Os verbos nucleares do tipo são **entrar** e **permanecer**.

Entrar tem o sentido de adentrar (ingressar, penetrar, invadir) no imóvel. Temos aqui uma conduta positiva, um "fazer".

Permanecer significa persistir, conservar-se no interior do imóvel, continuar dentro do imóvel. Nesse caso, o agente teve sua entrada autorizada, mas ao não mais ter sua presença aceita, ele continua no interior do imóvel. Aqui, temos uma conduta ou comportamento negativo, um "não fazer", um "deixar de fazer".

Em ambos os verbos (entrar ou permanecer) a conduta do agente deve ser clandestina ou astuciosa, ou contra a vontade expressa de quem de direito.

Clandestina será a conduta do agente que adentrar ou permanecer na casa sem que o morador perceba sua presença.

Astuciosa será a conduta do agente que se utilizar de engodo para adentrar ou permanecer na casa. É o caso daquele que se faz passar por funcionário da companhia de telefonia, por exemplo, para adentrar no local.

Ao analisar o tipo penal, vemos a expressão "contra a vontade expressa ou tácita de quem de direito". Ou seja, a entrada deve se dar sem o consentimento do morador para caracterizar o crime.

Esse consentimento somente pode ser dado por quem de direito, ou seja, aquele que possui o poder legal para tanto.

É comum que em uma residência more mais de uma pessoa, normalmente os pais, filhos menores de idade, em alguns casos amigos dividem uma casa. Havendo mais de um morador, quem poderá autorizar ou impedir a entrada de outrem na casa?

A doutrina costuma diferenciar duas situações na coabitação: as relações em que há subordinação de alguns em relação a outros e as relações em que há igualdade entre os moradores.

Numa habitação em que residam pais e filhos menores de idade, por exemplo, a vontade que prevalecerá será a dos pais. Situação diversa será se o filho for maior de idade e a casa for de sua propriedade, nesse caso, prevalecerá a sua vontade.

Em havendo relação de igualdade, como é o caso do marido e da esposa, a vontade de quem negar consentimento deve prevalecer.

Em uma escola, por exemplo, temos uma relação de hierarquia. O diretor da escola é quem dará ou não o consentimento para a entrada nas dependências não abertas ao público.

Atente-se ao fato de que mesmo no sistema de subordinação, aos dependentes e subordinados cabe o direito de permitir ou proibir a entrada ou permanência, ainda que de forma restrita, seja na ausência de quem de direito, seja nas dependências que lhes são próprias.

Em se tratando de um condomínio de apartamentos, cada morador tem o direito sobre sua unidade, mas todos têm direito sobre as áreas comuns. Assim, em relação a essas áreas, valerá a vontade daquele que proíbe a entrada ou permanência.

Agora, imagine a situação daquele condômino que reserva o salão de festas do prédio para fazer uma confraternização particular. Se outro condômino não convidado para a confraternização resolver entrar no salão, ele estará praticando o crime em análise? A resposta é afirmativa. Apesar de o salão de festas ser área comum do prédio, quando reservada para um condômino específico, este terá o direito de decidir quem pode ou não entrar ou permanecer no local.

O mesmo raciocínio deve ser adotado no caso do condômino que, olhando pela janela de seu apartamento, percebe que uma pessoa por quem ele não tem simpatia está chegando para a confraternização no salão reservado por seu vizinho. Não pode esse morador tentar impedir que seu desafeto entre no salão, porque ele é convidado de seu vizinho (o qual locou o salão e possui os mesmos direitos de consentimento sobre as áreas comuns). Se o salão foi locado por um morador, este terá o poder de decidir quem o frequentará.

Como foi dito, nas áreas comuns do condomínio deve prevalecer a vontade de quem negar o acesso. Essa vontade, contudo, deve se basear na razoabilidade. Assim, imagine a situação: um morador (que chamaremos de AA) percebe que um desafeto (o qual chamaremos de DD) seu está entrando no hall do edifício acompanhado de outro morador (que chamaremos de BB) para ir até o apartamento de BB. Para chegar ao apartamento de BB, DD precisará passar pelas áreas comuns do edifício. Não pode AA, sob pretexto de exercer seu direito de oposição à entrada, tentar impedir que DD ingresse no edifício. Ora, a única forma (ou melhor, a única forma razoável) para que DD entre na unidade particular de BB é passando pelas dependências comuns do edifício. Se AA resolver impedir que DD passe pelas dependências comuns, estará se imiscuindo no direito de BB de decidir quem entra ou sai de sua unidade. Nesse caso, não podemos cogitar que a vontade de AA prevaleça.

O crime é punido a título de dolo, não se exigindo qualquer finalidade especial do agente. Por falta de previsão legal, não se pune a modalidade culposa.

6.2.1.5 Consumação e tentativa

Por se tratar de crime de mera conduta, não se prevê um resultado naturalístico. Dessa forma, considera-se consumado o delito com a entrada do agente no local ou, quando o agente já estiver dentro, for convidado a se retirar e não acatar ao "convite".

Na modalidade "entrar", temos um crime instantâneo. Na modalidade "permanecer", temos um crime permanente.

Sendo um crime de mera conduta, poderíamos chegar à conclusão que não seria cabível a tentativa. No entanto, é admitida a tentativa, em especial na modalidade "entrar".

O agente, com a intenção de entrar em uma residência, é surpreendido por uma pessoa que o impede quando ele estava subindo o muro para pular no quintal da casa, por exemplo.

Na modalidade "permanecer" existe divergência doutrinária:

Damásio de Jesus (2020a, p. 267) e Cezar Roberto Bitencourt (2019) entendem que, apesar de difícil configuração, teoricamente seria cabível a tentativa.

Em que pese o posicionamento dessa parcela da doutrina que entende ser possível a tentativa, somos que ela é impossível. Ou o agente sai da residência quando determinado por quem de direito e não há crime, ou ele se recusa a sair e configurado está o crime. Se o agente resistir a sair já restará configurado o crime. Nesse sentido também é a inteligência de Rogério Greco (2020, p. 501).

6.2.1.6 Formas qualificadas

As figuras qualificadas vêm previstas no parágrafo primeiro:

Art. 150. (...)

§ 1º Se o crime é cometido durante a noite, ou em lugar ermo, ou com emprego de violência ou de arma, ou por duas ou mais pessoas:

Pena – detenção, de seis meses a dois anos, além da pena correspondente à violência.

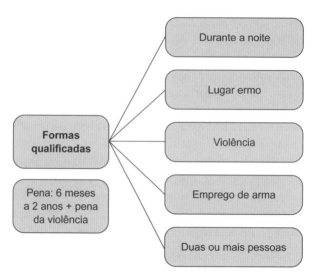

* **durante a noite;**

Sempre foi motivo de controvérsia o conceito de dia ou de noite. Basicamente dois critérios eram adotados para explicar dia e noite:

  ◇ **critério físico-astronômico:** para esse critério, o dia seria o período compreendido entre a aurora e o crepúsculo (entre o raiar e o pôr do sol). Um conceito bastante difícil de ser utilizado na prática, e que deixava margem a discussões;
  ◇ **critério cronológico:** para esse critério, dia seria o período compreendido entre as seis horas e as dezoito horas. Esse é o critério adotado majoritariamente pela jurisprudência. Assim, noite seria o período entre 18 horas e 06 horas do dia seguinte.

Além disso, o Código de Processo Civil traz o conceito de dia como sendo o período compreendido entre 05 horas e 20 horas. Logo, para o CPC, noite é o período entre 20 horas de um dia e 05 horas do dia seguinte.

Com o advento da Lei nº 13.869/2019, cremos que a divergência está sanada. Explicamos: em seu art. 22, § 1º, inciso III, a Lei de Abuso de Autoridade traz a seguinte redação:

> **Art. 22.** Invadir ou adentrar, clandestina ou astuciosamente, ou à revelia da vontade do ocupante, imóvel alheio ou suas dependências, ou nele permanecer nas mesmas condições, sem determinação judicial ou fora das condições estabelecidas em lei:
> **Pena** – detenção, de 1 (um) a 4 (quatro) anos, e multa.
> **§ 1º** Incorre na mesma pena, na forma prevista no *caput* deste artigo, quem: (...)
> III – cumpre mandado de busca e apreensão domiciliar após as 21h (vinte e uma horas) ou antes das 5h (cinco horas).

Analisando o dispositivo que tipificou como abuso de autoridade a conduta de cumprir mandado de prisão domiciliar no período entre 21 horas e 05 horas do dia seguinte, podemos chegar à conclusão de que esse é o conceito que a Lei nº 13.869/2019 adotou como sendo o conceito de noite.

Assim, para fins de direito penal, entendemos que o melhor critério a ser utilizado será o critério cronológico adotado pela Lei de Abuso de Autoridade, até porque ela trata justamente da violação de domicílio considerada abuso de autoridade.

- **lugar ermo;**

O local ermo é aquele local deserto, sem habitantes no entorno e que pode facilitar a prática do crime.

- **com emprego de violência;**

A violência empregada pode ser contra a pessoa ou contra a coisa.

- **com emprego de arma;**

Não se diferencia arma própria e arma imprópria, qualquer delas servirá para qualificar o crime.

- **por duas ou mais pessoas.**

Em que pese doutrina em sentido contrário, entendemos que no cômputo mínimo de agentes são considerados eventuais partícipes. Isso porque, como explica Cezar Roberto Bitencourt (*apud* CUNHA, 2021, p. 272), quando a lei exige a efetiva participação na execução do crime, o faz de forma explícita, como o fez no art. 146, § 1º, do CP.

6.2.1.7 Causas de aumento de pena

O § 2º do art. 150, que trazia as causas de aumento de pena para o crime, já havia sido tacitamente revogado pela Lei nº 4.898/1965 (antiga Lei de Abuso de Autoridade).

A Lei nº 13.869/2019 expressamente revogou esse parágrafo e a Lei nº 4.898/1965.

A conduta de violação de domicílio com abuso de autoridade vem prevista no art. 22 da Lei de Abuso de Autoridade.[13]

6.2.1.8 Causas excludentes de ilicitude

O parágrafo terceiro nos traz as hipóteses em que a entrada e a permanência na casa não constituirão crime (causas de exclusão da ilicitude):

Art. 150. (...)

§ 3º Não constitui crime a entrada ou permanência em casa alheia ou em suas dependências:

---

[13] "**Art. 22.** Invadir ou adentrar, clandestina ou astuciosamente, ou à revelia da vontade do ocupante, imóvel alheio ou suas dependências, ou nele permanecer nas mesmas condições, sem determinação judicial ou fora das condições estabelecidas em lei: **Pena** – detenção, de 1 (um) a 4 (quatro) anos, e multa. § 1º Incorre na mesma pena, na forma prevista no *caput* deste artigo, quem: I – coage alguém, mediante violência ou grave ameaça, a franquear-lhe o acesso a imóvel ou suas dependências; II – (Vetado); III – cumpre mandado de busca e apreensão domiciliar após as 21h (vinte e uma horas) ou antes das 5h (cinco horas)".

I – durante o dia, com observância das formalidades legais, para efetuar prisão ou outra diligência;

II – a qualquer hora do dia ou da noite, quando algum crime está sendo ali praticado ou na iminência de o ser.

As causas previstas no § 3º somam-se àquelas já previstas na Parte Geral do Código Penal e no inciso XI do art. 5º da Constituição da República.

⚡ Decifrando a prova

(Juiz Substituto TJ/RJ – FGV – 2021 – Adaptada) Em relação ao delito de invasão de domicílio, julgue o item a seguir:

As relações familiares são suficientes para afastar a violação de domicílio, por constituírem escusas absolutórias previstas em lei, na forma do art. 181, inciso II, do Código Penal.

( ) Certo   ( ) Errado

Gabarito comentado: as escusas absolutórias somente são aplicadas quando se trata de crimes patrimoniais sem violência ou grave ameaça a pessoa, não se aplicando ao crime previsto no art. 150 do CP. Portanto, a assertiva está errada.

6.2.1.9 Crime de abuso de autoridade com violação de domicílio[14]

Como mencionado, a Lei nº 13.869/2019 trouxe em seu art. 22 o crime de violação de domicílio com abuso de autoridade.

Art. 22. Invadir ou adentrar, clandestina ou astuciosamente, ou à revelia da vontade do ocupante, imóvel alheio ou suas dependências, ou nele permanecer nas mesmas condições, sem determinação judicial ou fora das condições estabelecidas em lei:

Pena – detenção, de 1 (um) a 4 (quatro) anos, e multa.

§ 1º Incorre na mesma pena, na forma prevista no caput deste artigo, quem:

I – coage alguém, mediante violência ou grave ameaça, a franquear-lhe o acesso a imóvel ou suas dependências;

II – (Vetado);

III – cumpre mandado de busca e apreensão domiciliar após as 21h (vinte e uma horas) ou antes das 5h (cinco horas).

§ 2º Não haverá crime se o ingresso for para prestar socorro, ou quando houver funda-

---

[14] Para análise mais aprofundada do tema, convidamos o leitor a acompanhar a obra *Legislação Penal Decifrada: parte especial*, que trata da legislação penal especial desta coleção.

dos indícios que indiquem a necessidade do ingresso em razão de situação de flagrante delito ou de desastre.

O fundamento constitucional para tal crime é o mesmo estudado no crime previsto no art. 150 do Código Penal.

A Lei nº 13.869/2019, revogou o § 2º do art. 150, que trazia as causas de aumento de pena para o crime de violação de domicílio quando cometido com abuso de autoridade.

Aqui o sujeito ativo é próprio, somente podem figurar como autor do crime previsto no art. 22 aquelas pessoas determinadas pelo art. 2º da Lei nº 13.869/2019:

> **Art. 2º** É sujeito ativo do crime de abuso de autoridade qualquer agente público, servidor ou não, da administração direta, indireta ou fundacional de qualquer dos Poderes da União, dos Estados, do Distrito Federal, dos Municípios e de Território, compreendendo, mas não se limitando a:
>
> I – servidores públicos e militares ou pessoas a eles equiparadas;
>
> II – membros do Poder Legislativo;
>
> III – membros do Poder Executivo;
>
> IV – membros do Poder Judiciário;
>
> V – membros do Ministério Público;
>
> VI – membros dos tribunais ou conselhos de contas.
>
> **Parágrafo único.** Reputa-se agente público, para os efeitos desta Lei, todo aquele que exerce, ainda que transitoriamente ou sem remuneração, por eleição, nomeação, designação, contratação ou qualquer outra forma de investidura ou vínculo, mandato, cargo, emprego ou função em órgão ou entidade abrangidos pelo *caput* deste artigo.

Note que o legislador, de forma diversa do art. 150, utilizou a expressão "imóvel alheio e suas dependências" em vez da expressão "casa". Entendemos, contudo, que podemos utilizar como parâmetro o conceito de casa trazido pelo art. 150 do CP, a fim de dar maior abrangência à garantia constitucional da inviolabilidade de domicílio.

Decifrando a prova

(Juiz Substituto TJ/RJ – FGV – 2021 – Adaptada) Em relação ao delito de invasão de domicílio, julgue o item a seguir:

O agente público, no exercício do seu cargo, que invade ou adentra, clandestinamente, imóvel alheio, sem determinação judicial, pratica o crime em tela na sua forma majorada.

( ) Certo   ( ) Errado

Gabarito comentado: nesse caso, estaríamos diante do crime de abuso de autoridade previsto no art. 22 da Lei nº 13.869/2019. Portanto, a assertiva está errada.

6.3 CRIMES CONTRA A INVIOLABILIDADE DE CORRESPONDÊNCIA

6.3.1 Violação de correspondência

Art. 151. Devassar indevidamente o conteúdo de correspondência fechada, dirigida a outrem:

Pena – detenção, de um a seis meses, ou multa.

Sonegação ou destruição de correspondência

§ 1º Na mesma pena incorre:

I – quem se apossa indevidamente de correspondência alheia, embora não fechada e, no todo ou em parte, a sonega ou destrói;

Violação de comunicação telegráfica, radioelétrica ou telefônica

II – quem indevidamente divulga, transmite a outrem ou utiliza abusivamente comunicação telegráfica ou radioelétrica dirigida a terceiro, ou conversação telefônica entre outras pessoas;

III – quem impede a comunicação ou a conversação referidas no número anterior;

IV – quem instala ou utiliza estação ou aparelho radioelétrico, sem observância de disposição legal.

§ 2º As penas aumentam-se de metade, se há dano para outrem.

§ 3º Se o agente comete o crime, com abuso de função em serviço postal, telegráfico, radioelétrico ou telefônico:

Pena – detenção, de um a três anos.

§ 4º Somente se procede mediante representação, salvo nos casos do § 1º, IV, e do § 3º.

Correspondência comercial

Art. 152. Abusar da condição de sócio ou empregado de estabelecimento comercial ou industrial para, no todo ou em parte, desviar, sonegar, subtrair ou suprimir correspondência, ou revelar a estranho seu conteúdo:

Pena – detenção, de três meses a dois anos.

Parágrafo único. Somente se procede mediante representação.

6.3.1.1 Noções gerais e classificação doutrinária

O sigilo das correspondências é direito fundamental constitucionalmente garantido, no art. 5º, inciso XII, da CF, *in verbis*:

Art. 5º (...)

XII – é inviolável o sigilo da correspondência e das comunicações telegráficas, de dados e das comunicações telefônicas, salvo, no último caso, por ordem judicial, nas hipóteses

Capítulo 6 • Dos crimes contra a liberdade individual **215**

e na forma que a lei estabelecer para fins de investigação criminal ou instrução processual penal; (...)

Antes de iniciar o estudo do tipo, devemos esclarecer que o *caput* do art. 151 do CP foi tacitamente revogado pela Lei nº 6.538/1978 (que dispõe sobre os serviços postais) e que em seu art. 40 dispõe:

Violação de correspondência

Art. 40. Devassar indevidamente o conteúdo de correspondência fechada dirigida a outrem:

Pena – detenção, até seis meses, ou pagamento não excedente a vinte dias-multa

Perceba que a Lei nº 6.538/1978 manteve a redação do art. 151 do Código Penal, alterando tão somente a pena.

Apesar de tacitamente revogado, o tipo será analisado, uma vez que traz a mesma figura típica do art. 40 da Lei de Serviços Postais.

Trata-se de crime comum em relação ao sujeito ativo e em relação ao sujeito passivo; doloso; comissivo; crime de mera conduta; instantâneo; plurissubsistente, de dupla subjetividade passiva.

Analisando-se a pena cominada, conclui-se que é admitida tanto a transação penal quanto a suspensão condicional do processo, previstas respectivamente nos arts. 76 e 89 da Lei nº 9.099/1990.

No caso da conduta prevista no § 3º do art. 151 do CP, são admitidos a suspensão condicional do processo, do art. 89 da Lei nº 9.099/1990, e o acordo de não persecução penal previsto no art. 28-A do Código de Processo Penal.

6.3.1.2 Bem jurídico tutelado e objeto material

O bem jurídico protegido é a liberdade individual do sigilo de correspondência.

O objeto material do crime será a correspondência.

6.3.1.3 Sujeitos do crime

Tratando-se de crime comum, tanto em relação ao sujeito ativo como em relação ao sujeito passivo, pode ser cometido por e praticado contra qualquer pessoa, não se exigindo deles qualidade especial.

Uma observação a ser feita com relação ao sujeito passivo é que o crime em análise é considerado crime de dupla subjetividade passiva, pois tanto o remetente da correspondência quanto seu destinatário são considerados vítimas.

6.3.1.4 Conduta e voluntariedade

A conduta punida pelo tipo penal é a devassa indevida do conteúdo da correspondência, seja por qual meio for. Pune-se a conduta daquele que devassa a correspondência alheia e toma conhecimento de seu conteúdo.

Por devassar, devemos entender tomar conhecimento do conteúdo. Esse conhecimento poderá ser total ou parcial.

Correspondência não se refere apenas à carta, mas também engloba bilhetes, telegramas, cartões, ou seja, uma comunicação pessoa a pessoa.

O art. 47 da Lei nº 6.538/1978 conceitua correspondência:

> **Art. 47.** Para os efeitos desta Lei, são adotadas as seguintes definições: (...)
>
> Correspondência – toda comunicação de pessoa a pessoa, por meio de carta, através da via postal, ou por telegrama.

Como alerta Rogério Sanches Cunha (2020, p. 280), para que se caracterize o crime, a correspondência deve estar fechada. Caso esteja aberta, não se pode caracterizar o crime, pois resta demonstrada a falta de interesse em manter seu conteúdo em sigilo.

- ◆ Questão interessante diz respeito à correspondência destinada a um dos cônjuges e aberta pelo outro consorte.

A maioria da doutrina entende que não haja crime nesse caso em razão da comunhão de interesses que envolve os cônjuges.

Nesse sentido, Nélson Hungria (*apud* GRECO, 2020, p. 528) aduz que a violação de correspondência, nessa hipótese, não constitui crime:

> (...) não passando o fato, num caso ou noutro, de simples indelicadeza. A comunhão de vida que decorre do casamento não permite, evidentemente, que se considere alheia a um dos cônjuges a correspondência do outro. (...) Não podem eles vedar-se reciprocamente a abertura e leitura das respectivas correspondências.

Outro não é o entendimento de Rogério Greco (2021, p. 528), para quem:

> Entre o casal não há segredos, ou pelo menos não pode haver. Não existe fundamento para que um cônjuge se preserve em relação ao outro, razão pela qual o seu comportamento não se amolda à figura típica que pressupõe a conduta de devassar indevidamente o conteúdo de correspondência fechada, pois numa relação conjugal, tudo deve ser compartilhado, não existindo a figura do meu, mas sim a do nosso.

Outra parcela da doutrina, no entanto, entende de forma diversa: não há entre os cônjuges uma presunção de consentimento tácito que permita a violação das correspondências de um pelo outro, sendo vedado o devassamento.[15]

Entendemos que a razão se encontra com a parcela minoritária da doutrina. O casamento ou a união estável não retira dos consortes seus direitos individuais e dentre eles se encontra a inviolabilidade de correspondência. Não se pode presumir que uma pessoa, ao

---

[15] Dentre os adeptos dessa corrente citamos Mirabete e Anibal Bruno mencionados por Rogerio Sanches (2021, p. 279).

compartilhar a vida com outra, abra mão de sua individualidade. Assim, praticaria o crime em análise o cônjuge que sem autorização devasse a correspondência do outro.

Importante deixar claro que nosso posicionamento acompanha a doutrina minoritária. Assim, em eventual prova de concurso, orientamos o leitor a seguir o posicionamento majoritário.

O crime é punido a título de dolo, não se exigindo qualquer finalidade especial do agente.

Por falta de previsão legal, não se pune a modalidade culposa.

6.3.1.5 Consumação e tentativa

Considera-se consumado o crime quando o sujeito ativo toma conhecimento do conteúdo da correspondência.

Tratando-se de crime plurissubsistente, em que o *iter criminis* pode ser fracionado, é admitida a tentativa. É o caso do agente que abre a carta, mas é surpreendido no momento em que começaria a ler seu conteúdo.

6.3.1.6 Figuras equiparadas

O parágrafo primeiro traz as figuras equiparadas à violação de correspondência.

6.3.1.6.1 *Sonegação ou destruição de correspondência*

Em seu inciso I, é veiculado o tipo conhecido como **sonegação ou destruição de correspondência**, que é figura equiparada à violação de correspondência:

> **Art. 151.** (...)
>
> § 1º Na mesma pena incorre:
>
> I – quem se apossa indevidamente de correspondência alheia, embora não fechada e, no todo ou em parte, a sonega ou destrói; (...)

Assim como o *caput* do art. 151, esse tipo penal foi tacitamente revogado pelo art. 40 da Lei nº 6.538/1978. Desta forma, como fizemos no *caput*, teceremos comentários com base na lei revogadora e naquilo que divergir do *caput*.

A conduta do agente nessa figura não é devassar a correspondência para tomar ciência de seu conteúdo. Sua conduta se destina a sonegar ou destruir a correspondência.

Basta que o agente se apodere da correspondência com a finalidade de destruí-la ou ocultá-la para que o crime esteja cometido, pouco importando se ele toma ou não conhecimento de seu conteúdo.

Além disso, trata-se de crime formal, apossando-se da correspondência, o crime está consumado, ainda que o agente não oculte ou destrua o objeto material.

Se além de se apossar da correspondência, antes de destruí-la ou ocultá-la, o agente tomar conhecimento de seu conteúdo, não restará caracterizado o crime previsto no *caput*. Responderá apenas pelo crime de sonegação ou destruição de correspondência.

218 Direito Penal Decifrado – Parte Especial

Os demais incisos trazem as figuras equiparadas conhecidas como **violação de comunicação telegráfica, radioelétrica ou telefônica.**

6.3.1.6.2 Violação de comunicação telegráfica, radioelétrica ou telefônica

Art. 151. (...)

II – quem indevidamente divulga, transmite a outrem ou utiliza abusivamente comunicação telegráfica ou radioelétrica dirigida a terceiro, ou conversação telefônica entre outras pessoas;

III – quem impede a comunicação ou a conversação referidas no número anterior;

IV – quem instala ou utiliza estação ou aparelho radioelétrico, sem observância de disposição legal.

§ 2º As penas aumentam-se de metade, se há dano para outrem.

§ 3º Se o agente comete o crime, com abuso de função em serviço postal, telegráfico, radioelétrico ou telefônico:

Pena – detenção, de um a três anos.

§ 4º Somente se procede mediante representação, salvo nos casos do § 1º, IV, e do § 3º.

Aqui, a conduta do agente recai sobre comunicação telegráfica, radioelétrica ou telefônica. Duas observações devem ser feitas.

A primeira parte do dispositivo "quem indevidamente divulga, transmite a outrem ou utiliza abusivamente comunicação telegráfica ou radioelétrica dirigida a terceiro" continua em vigor.

Note, porém, que a parte final do dispositivo foi derrogada pela Lei nº 9.296/1996, conhecida como Lei de Interceptações Telefônicas, que regulamenta o inciso XII do art. 5º da Constituição da República. Diz-se que foi derrogada porque continua a ser aplicada ao terceiro que não participou da interceptação, mas a divulgou.

O bem jurídico tutelado será o sigilo da comunicação.

A figura típica traz três verbos nucleares: divulgar, transmitir e utilizar. Temos, assim, um tipo misto alternativo. Ou seja, praticado no mesmo contexto fático mais de um verbo nuclear, estaremos diante de crime único.

O crime se consuma com a divulgação, transmissão ou utilização abusiva. Na modalidade divulgação, necessário se faz que um número indeterminado de pessoas tome conhecimento do conteúdo da comunicação.

6.3.1.6.3 Impedir comunicação telegráfica ou radioelétrica ou conversação

A figura prevista no inciso III pune a conduta do agente que obstrui a comunicação. Aqui, o agente de forma dolosa, sem amparo legal, impede a comunicação alheia. Pode se

Capítulo 6 ◆ Dos crimes contra a liberdade individual **219**

perfazer de diversas maneiras, quer seja cortando os fios telefônico, quer seja causando interferências, tratando-se de crime de forma livre, qualquer meio de execução será admitido.

6.3.1.6.4 Instalação ou utilização de estação ou aparelho radioelétrico, sem observância de disposição legal

O dispositivo previsto no inciso IV do § 1º foi revogado pelo art. 70, *caput* da Lei nº 4.117/1962, o chamado Código Brasileiro de Telecomunicações, o qual prevê:

> **Art. 70.** Constitui crime punível com a pena de detenção de 1 (um) a 2 (dois) anos, aumentada da metade se houver dano a terceiro, a instalação ou utilização de telecomunicações, sem observância do disposto nesta Lei e nos regulamentos.

O tipo tem como finalidade impedir que pessoas sem autorização legal procedam à instalação ou utilização de aparelho clandestino de telecomunicações.

Trata-se de crime formal que se consuma com a instalação do equipamento clandestino.

6.3.2 Correspondência comercial

> **Art. 152.** Abusar da condição de sócio ou empregado de estabelecimento comercial ou industrial para, no todo ou em parte, desviar, sonegar, subtrair ou suprimir correspondência, ou revelar a estranho seu conteúdo:
>
> **Pena** – detenção, de três meses a dois anos.
>
> **Parágrafo único.** Somente se procede mediante representação.

6.3.2.1 Noções gerais e classificação doutrinária

Temos aqui uma forma especial de violação de correspondência. Assim como no artigo anterior, tutela a inviolabilidade de correspondência.

Trata-se de crime próprio; doloso; comissivo; crime formal; instantâneo; plurissubsistente.

Analisando-se a pena cominada, conclui-se que é admitida tanto a transação penal quanto a suspensão condicional do processo, previstas respectivamente nos arts. 76 e 89 da Lei nº 9.099/1990.

Em razão do cabimento da transação penal, conforme disposto no art. 28-A, § 2º, inciso I, do Código de Processo Penal, não pode ser aplicado o acordo de não persecução.

O crime procede mediante ação penal pública condicionada à representação do ofendido.

6.3.2.2 Bem jurídico tutelado e objeto material

O bem jurídico protegido é a liberdade individual do sigilo de correspondência.

O objeto material do crime será a correspondência.

6.3.2.3 Sujeitos do crime

De maneira diversa do dispositivo anterior, temos nesse tipo um crime próprio.

Somente pode ser praticado por sócio ou empregado de estabelecimento comercial ou industrial.

O sujeito passivo será o estabelecimento comercial ou industrial remetente ou destinatário e os respectivos sócios.

6.3.2.4 Conduta e voluntariedade

A conduta punida pelo tipo penal é abusar da condição de sócio ou empregado de estabelecimento comercial ou industrial para desviar, sonegar, subtrair ou suprimir correspondência comercial ou revelar seu conteúdo a estranho.

Somente se pune a conduta dolosa, não havendo previsão de punição para conduta culposa.

6.3.2.5 Consumação e tentativa

O crime se consuma com a prática de um dos verbos nucleares do tipo. Trata-se de crime formal, não se exigindo produção de resultado naturalístico para sua consumação. Também não se exige que a conduta gere prejuízo à vítima.

Tratando-se de crime plurissubsistente, em que o *iter criminis* pode ser fracionado, é admitida a tentativa.

6.4 CRIMES CONTRA A INVIOLABILIDADE DE SEGREDOS

6.4.1 Noções gerais

Os crimes previstos na Seção IV (crimes contra a inviolabilidade de segredos) do Capítulo VI (crimes contra a liberdade individual) do Título I (crimes contra a pessoa) do Código Penal protegem o direito ao segredo.

O fundamento constitucional para essa proteção vem previsto no art. 5º, inciso X, da CF, que assegura proteção à honra e à vida privada. Vejamos seu teor:

> **Art. 5º** (...)
>
> X – são invioláveis a intimidade, a vida privada, a honra e a imagem das pessoas, assegurado o direito a indenização pelo dano material ou moral decorrente de sua violação;

Nas lições de Cezar Roberto Bitencourt (*apud* Cunha, 2021, p. 288):

> A proteção à liberdade não seria completa se não fosse assegurado ao indivíduo o direito de manter em sigilo determinados atos, fatos ou aspectos de sua vida particular e profissional, cuja divulgação possa produzir dano pessoal ou a terceiro.

Por segredo, podemos considerar aquele fato da vida privada que se tem interesse em não divulgar, em manter em sigilo. O segredo é um dos componentes do direito à intimidade.

A Exposição de Motivos do Código Penal, em seu item 54, esclarece o que levou o legislador a criminalizar as condutas que serão objeto de estudo na presente seção:

> **54.** Ao incriminar a violação arbitrária de segredos, o projeto mantém-se fiel aos "moldes" do Código em vigor, salvo uma ou outra modificação. Deixa à margem da proteção penal somente os segredos obtidos por confidência oral e não necessária. Não foi seguido o exemplo do Código italiano, que exclui da órbita do ilícito penal até mesmo a violação do segredo obtido por confidência escrita. Não é convincente a argumentação de Rocco: "Entre o segredo confiado oralmente e o confiado por escrito não há diferença substancial, e como a violação do segredo oral não constitui crime, nem mesmo quando o confidente se tenha obrigado a não revelá-lo, não se compreende porque a diversidade do meio usado, isto é, o escrito, deva tornar punível o fato". Ora, é indisfarçável a diferença entre divulgar ou revelar a confidência que outrem nos faz verbalmente e a que recebemos por escrito: no primeiro caso, a veracidade da comunicação pode ser posta em dúvida, dada a ausência de comprovação material; ao passo que, no segundo, há um *corpus*, que se impõe à credulidade geral. A traição da confiança, no segundo caso, é evidentemente mais grave do que no primeiro.
>
> Diversamente da lei atual, é incriminada tanto a publicação do conteúdo secreto de correspondência epistolar, por parte do destinatário, quanto o de qualquer outro documento particular, por parte do seu detentor, e não somente, quando daí advenha efetivo dano a alguém (como na lei vigente), senão também quando haja simples possibilidade de dano.

Importante fazer a distinção entre dois termos que são empregados como sinônimos, mas que guardam diferenças entre si, quais sejam, o segredo e o sigilo.

Tanto o segredo quanto o sigilo representam algo que não pode ser publicizado. O sigilo, no entanto, aponta para um dever legal, um dever de que o segredo não possa ser revelado.

Resumindo, por segredo entendemos aquilo que está oculto, reservado, não divulgado. Já o sigilo é um segredo que não pode ser violado.

Passemos a analisar os tipos penais que compõem a presente seção.

6.4.2 Divulgação de segredo

Art. 153. Divulgar alguém, sem justa causa, conteúdo de documento particular ou de correspondência confidencial, de que é destinatário ou detentor, e cuja divulgação possa produzir dano a outrem:

Pena – detenção, de um a seis meses, ou multa, de trezentos mil réis a dois contos de réis.

§ 1º Somente se procede mediante representação.

§ 1º-A. Divulgar, sem justa causa, informações sigilosas ou reservadas, assim definidas em lei, contidas ou não nos sistemas de informações ou banco de dados da Administração Pública:

222 Direito Penal Decifrado – Parte Especial

Pena – detenção, de 1 (um) a 4 (quatro) anos, e multa.

§ 2º Quando resultar prejuízo para a Administração Pública, a ação penal será incondicionada.

6.4.2.1 Noções gerais e classificação doutrinária

O tipo previsto no art. 153 do Código Penal recebeu o *nomen iuris* de divulgação de segredo.

O fundamento constitucional para a proteção do segredo, como mencionado, é o art. 5º, inciso X:

> **Art. 5º** (...)
>
> X – são invioláveis a intimidade, a vida privada, a honra e a imagem das pessoas, assegurado o direito a indenização pelo dano material ou moral decorrente de sua violação;

O tipo penal tipifica a conduta de divulgação de segredo a fim de proteger a intimidade da pessoa cuja inviolabilidade é constitucionalmente garantida.

Classificação doutrinária: Trata-se de crime próprio; crime doloso; formal; plurissubsistente; de forma livre; monossubjetivo.

Analisando-se a pena cominada, conclui-se que para a figura prevista no *caput*, é admitida tanto a transação penal quanto a suspensão condicional do processo, previstas respectivamente nos arts. 76 e 89 da Lei nº 9.099/1990.

Para a figura qualificada prevista no § 1º-A, é admitida a suspensão condicional do processo, prevista no art. 89 da Lei nº 9.099/1990 e o acordo de não persecução penal previsto no art. 28-A do Código de Processo Penal.

O crime se procede mediante ação penal pública condicionada à representação do ofendido. Excepcionalmente proceder-se-á mediante ação penal pública incondicionada se a revelação do segredo puder causar dano à Administração Pública.

🧩 Decifrando a prova

(Oficial de Inteligência – Abin – Cespe/Cebraspe – 2018) Julgue o item a seguir:

Em regra, o crime de divulgação de segredo se sujeita à ação penal pública condicionada. Todavia, quando resultar prejuízo para a administração pública, a ação penal será pública incondicionada.

( ) Certo   ( ) Errado

Gabarito comentado: como previsto no art. 153, § 2º, do CP, quando resultar prejuízo para a Administração Pública, a ação penal será incondicionada. Portanto, a assertiva está certa.

6.4.2.2 Bem jurídico tutelado e objeto material

O tipo penal visa a tutelar a liberdade individual, a inviolabilidade da intimidade e da vida privada (bem jurídico tutelado).

O objeto material será o próprio segredo (conteúdo de documento particular ou de correspondência confidencial). Somente os documentos escritos de natureza particular podem figurar como objeto material do crime.

6.4.2.3 Sujeitos do crime

Tratando-se de crime próprio tanto em relação ao sujeito ativo quanto em relação ao sujeito passivo, não podem figurar nessas posições quaisquer pessoas.

O sujeito ativo somente pode ser o destinatário ou detentor do documento particular ou da correspondência confidencial cuja divulgação possa produzir dano a outrem.

Já o sujeito passivo será a pessoa que pode vir a ser prejudicada com a divulgação do conteúdo confidencial. Pode ser o remetente, o destinatário ou outra pessoa qualquer que seja prejudicada com a divulgação.

6.4.2.4 Conduta e voluntariedade

O tipo pune a conduta de divulgar (tornar público), sem justa causa, conteúdo de documento particular ou de correspondência confidencial, de que é destinatário ou detentor e cuja divulgação possa produzir dano a outrem.

Para caracterização da figura típica, qualquer meio de execução é admitido para tornar público o segredo.

Além disso, necessário se faz que a divulgação indevida seja capaz de causar dano à vítima.

O conteúdo deve ser confidencial, deve ter o caráter sigiloso, além de estar revestido de importância significativa.

Importante destacar que a ausência de justa causa é elemento normativo do tipo. Ou seja, havendo justa causa para a divulgação do conteúdo, não se fala em crime. Podemos citar como exemplos de justa causa para divulgação do segredo a defesa de direito ou interesse legítimo, consentimento do interessado, comprovação de um crime.

Destaque-se que o tipo em estudo não será aplicado quando se tratar de documento público. A depender do caso concreto, a divulgação de conteúdo confidencial de documento público pode caracterizar o crime previsto no art. 325 do Código Penal.[16]

Por correspondência confidencial compreende-se o escrito, seja em forma de carta, bilhete, telegrama. Deve ter destinatário certo e conteúdo que não pode ser divulgado.

---

[16] "**Violação de sigilo funcional. Art. 325.** Revelar fato de que tem ciência em razão do cargo e que deva permanecer em segredo, ou facilitar-lhe a revelação: **Pena** – detenção, de seis meses a dois anos, ou multa, se o fato não constitui crime mais grave".

O crime é punido a título de dolo, que se consubstancia na vontade de divulgar, sem justa causa, conteúdo sigiloso de correspondência, não se exigindo qualquer finalidade especial do agente.

Por falta de previsão legal, não se pune a modalidade culposa.

6.4.2.5 Consumação e tentativa

O crime se consuma com a efetiva divulgação do conteúdo de documento particular ou correspondência confidencial para um número indeterminado de pessoas.

Não há necessidade de que o dano se produza para que o crime se considere consumado, estamos diante de um crime formal.

Tratando-se de crime plurissubsistente, em que o *iter criminis* pode ser fracionado, é admitida a tentativa.

6.4.2.6 Qualificadora violação de sigilo funcional de sistemas de informação

O § 1º-A foi inserido ao art. 153 pela Lei nº 9.983/2000 e prevê a modalidade qualificada do crime de violação de segredo.

Pune a conduta de divulgar, sem justa causa, informações sigilosas ou reservadas, assim definidas em lei, contidas ou não nos sistemas de informações ou banco de dados da Administração Pública.

Visa tutelar informações sigilosas de interesse da Administração Pública.

Informações sigilosas são dados sigilosos (secretos, confidenciais) sobre uma pessoa ou coisa. Já informações reservadas são aquelas com as quais se deva tomar cuidado sobre para quem serão divulgadas.

Temos aqui uma norma penal em branco, pois o dispositivo traz a expressão "assim definidas em lei" ao se referir a quais informações estão sob o manto de sua proteção.

Como exemplo de informações sigilosas, podemos citar o art. 20 do Código de Processo Penal, que prevê que a autoridade assegurará no inquérito o sigilo necessário à elucidação do fato ou exigido pelo interesse da sociedade.

O sujeito ativo dessa figura será qualquer pessoa que tenha ciência das informações sigilosas ou reservadas e que as divulgue, sem justa causa.

Não se faz necessário para caracterizar esse tipo penal que a conduta possa causar dano a outrem. Basta que haja a divulgação para restar caracterizado o crime.

O que diferencia essa conduta daquela prevista no art. 325 do CP é que na violação de sigilo funcional, o agente necessariamente será servidor público e divulgará fato ou segredo de que tenha ciência em razão do cargo.

6.4.3 Violação de segredo profissional

Art. 154. Revelar alguém, sem justa causa, segredo, de que tem ciência em razão de função, ministério, ofício ou profissão, e cuja revelação possa produzir dano a outrem:

Pena – detenção, de três meses a um ano, ou multa de um conto a dez contos de réis.

6.4.3.1 Noções gerais e classificação doutrinária

O tipo previsto no art. 154 do Código Penal recebeu o *nomen iuris* de divulgação de segredo profissional e pune a conduta de divulgar, sem justa causa, segredo de que tem ciência em razão de função, ministério, ofício ou profissão e cuja revelação possa produzir dano a outrem.

Protege o direito à inviolabilidade dos segredos profissionais.

O fundamento constitucional para a proteção do segredo, como mencionado, é o art. 5º, inciso X:

Art. 5º (...)

X – são invioláveis a intimidade, a vida privada, a honra e a imagem das pessoas, assegurado o direito a indenização pelo dano material ou moral decorrente de sua violação;

Classificação doutrinária: trata-se de crime próprio; crime doloso; formal; plurissubsistente; de forma livre; monossubjetivo.

Analisando-se a pena cominada, conclui-se que para a figura prevista no *caput*, é admitida tanto a transação penal quanto a suspensão condicional do processo, previstas respectivamente nos arts. 76 e 89 da Lei nº 9.099/1990.

Em razão do cabimento da transação penal, conforme disposto no art. 28-A, § 2º, inciso I, do Código de Processo Penal, não pode ser aplicado o acordo de não persecução.

O crime se procede mediante ação penal pública condicionada à representação do ofendido.

6.4.3.2 Bem jurídico tutelado e objeto material

O tipo penal visa a tutelar a liberdade individual, a inviolabilidade da intimidade e da vida privada (bem jurídico tutelado).

O objeto material será o próprio segredo que foi confiado ao profissional.

6.4.3.3 Sujeitos do crime

Tratando-se de crime próprio, o sujeito ativo somente pode ser a pessoa que, em razão da função, ministério, ofício ou profissão, divulgue segredo de que tenha conhecimento.

Por função entende-se a atividade imposta à pessoa por lei, por ordem judicial ou contrato. É o caso do tutor, do curador, do depositário judicial.

Ministério é o exercício de atividade oriunda de situação fática, podendo ser de ordem social ou religiosa. Citamos como exemplo o padre, a freira, a assistente social.

Ofício é a ocupação manual ou mecânica remunerada. Como exemplos temos uma faxineira, um sapateiro, um cozinheiro, cabeleireiro.

Por fim temos a profissão que vem a ser a atividade especializada, remunerada, normalmente de cunho intelectual. Como exemplos temos o advogado, médico, engenheiro.

Já o sujeito passivo será a pessoa que confiou o segredo ao agente e que pode ser prejudicada com sua divulgação.

6.4.3.4 Conduta e voluntariedade

O tipo pune a conduta de divulgar (tornar público), sem justa causa, segredo de que tenha ciência em razão de função, ministério, ofício ou profissão e cuja divulgação possa produzir dano a outrem.

Para caracterização do tipo em análise necessário se faz que a ciência do fato revelado tenha se dado em razão da função, ministério, ofício ou profissão do agente.

Além disso, necessário se faz que a divulgação indevida seja capaz de causar dano à vítima.

O conteúdo deve ser confidencial, deve ter o caráter sigiloso, além de estar revestido de importância significativa.

Importante destacar que a ausência de justa causa é elemento normativo do tipo. Ou seja, havendo justa causa para a divulgação do segredo, não se fala em crime. Podemos afirmar que se tem justa causa para divulgar o segredo quando o interesse público estiver acima do interesse profissional.

Veja que o sigilo profissional é protegido não apenas pelo Código Penal, mas também pelo Código de Processo Penal que em seu art. 206 considera proibidas de depor as pessoas que em razão de função, ministério, ofício ou profissão, devam guardar segredo, salvo se, desobrigadas pela parte interessada, quiserem dar seu testemunho.

O crime é punido a título de dolo, que se consubstancia na vontade de divulgar, sem justa causa, segredo de que tenha conhecimento em razão de função, ministério, ofício ou profissão, não se exigindo qualquer finalidade especial do agente.

Por falta de previsão legal, não se pune a modalidade culposa.

6.4.3.5 Consumação e tentativa

O crime se consuma com a revelação do segredo.

Não há necessidade de que o dano se produza para que o crime se considere consumado; estamos diante de um crime formal.

Tratando-se de crime plurissubsistente, em que o *iter criminis* pode ser fracionado, é admitida a tentativa.

6.4.4 Invasão de dispositivo informático

Art. 154-A. Invadir dispositivo informático de uso alheio, conectado ou não à rede de computadores, com o fim de obter, adulterar ou destruir dados ou informações sem autorização expressa ou tácita do usuário do dispositivo ou de instalar vulnerabilidades para obter vantagem ilícita:

Pena – reclusão, de 1 (um) a 4 (quatro) anos, e multa.

§ 1º Na mesma pena incorre quem produz, oferece, distribui, vende ou difunde dispositivo ou programa de computador com o intuito de permitir a prática da conduta definida no *caput*.

§ 2º Aumenta-se a pena de 1/3 (um terço) a 2/3 (dois terços) se da invasão resulta prejuízo econômico.

§ 3º Se da invasão resultar a obtenção de conteúdo de comunicações eletrônicas privadas, segredos comerciais ou industriais, informações sigilosas, assim definidas em lei, ou o controle remoto não autorizado do dispositivo invadido:

Pena – reclusão, de 2 (dois) a 5 (cinco) anos, e multa.

§ 4º Na hipótese do § 3º, aumenta-se a pena de um a dois terços se houver divulgação, comercialização ou transmissão a terceiro, a qualquer título, dos dados ou informações obtidos.

§ 5º Aumenta-se a pena de um terço à metade se o crime for praticado contra:

I – Presidente da República, governadores e prefeitos;

II – Presidente do Supremo Tribunal Federal;

III – Presidente da Câmara dos Deputados, do Senado Federal, de Assembleia Legislativa de Estado, da Câmara Legislativa do Distrito Federal ou de Câmara Municipal; ou

IV – dirigente máximo da administração direta e indireta federal, estadual, municipal ou do Distrito Federal.

Ação penal

Art. 154-B. Nos crimes definidos no art. 154-A, somente se procede mediante representação, salvo se o crime é cometido contra a administração pública direta ou indireta de qualquer dos Poderes da União, Estados, Distrito Federal ou Municípios ou contra empresas concessionárias de serviços públicos.

6.4.4.1 Noções gerais e classificação doutrinária

O tipo previsto no art. 154-A foi inserido ao Código Penal pela Lei nº 12.737/2012, que ficou popularmente conhecida como Lei Carolina Dieckmann, após a atriz ter seu computador pessoal invadido e suas fotos íntimas publicadas na rede mundial de computadores. O tipo sofreu recente alteração promovida pela Lei nº 14.155/2021.

Direito Penal Decifrado – Parte Especial

A Lei Carolina Dieckmann promoveu alteração no Código Penal a fim de incluir o tipo penal em análise que se trata de um crime virtual (delito informático).

A necessidade de tipificar crimes cometidos no ambiente virtual surgiu com o avanço tecnológico e a democratização digital, que facilitaram o acesso às redes sociais e, infelizmente, o crime também acompanhou essa modernização.

A Lei nº 12.737/2012 foi a primeira lei brasileira a tipificar crimes cibernéticos, visando a punir invasões indevidas em dispositivos informáticos. Foi a primeira a tratar especificamente de tal conduta.

A despeito da necessidade de se resguardar a segurança e a privacidade no ambiente virtual, a promulgação da lei em tão pouco tempo após a propositura de seu projeto (menos de um ano, fato que raramente ocorre no Legislativo nacional) traz algumas críticas, pois se trata de texto bastante subjetivo e que deixa margem a incertezas em sua interpretação.

Protege o direito à inviolabilidade dos segredos profissionais.

O fundamento constitucional para a proteção da privacidade, como mencionado, é o art. 5º, inciso X:

> **Art. 5º** (...)
>
> X – são invioláveis a intimidade, a vida privada, a honra e a imagem das pessoas, assegurado o direito a indenização pelo dano material ou moral decorrente de sua violação; (...)

Classificação doutrinária: Trata-se de crime próprio; doloso; formal; plurissubsistente; de dano; instantâneo; de forma vinculada; monossubjetivo.

O tipo sofreu recente alteração promovida pela Lei nº 14.155/2021, que modificou a redação do *caput* do art. 154-A, aumentou a pena em abstrato, as frações das causas de aumento de pena e alterou os patamares para a figura qualificada.

🧩 Decifrando a prova

(Delegado de Polícia – PC/MG – Fumarc – 2021 – Adaptada) Julgue o item a seguir: Agente que se aproveita da ausência momentânea de colega de trabalho para, no computador alheio, ligado sem nenhum tipo de dispositivo de segurança, acessar fotos íntimas, copiando-as para si, pratica o crime de invasão de dispositivo informático do art. 154-A do Código Penal.

( ) Certo   ( ) Errado

Gabarito comentado: a atual redação do art. 154-A do CP retirou do tipo a expressão "**mediante violação indevida de mecanismo de segurança**". Portanto, a assertiva está certa.

Analisando-se a pena cominada, conclui-se que para a figura prevista no *caput*, é admitida a suspensão condicional do processo, prevista no art. 89 da Lei nº 9.099/1990, bem como o acordo de não persecução penal previsto no art. 28-A do Código de Processo Penal.

Capítulo 6 ◆ Dos crimes contra a liberdade individual **229**

O crime se procede mediante ação penal pública condicionada à representação do ofendido, exceto quando for cometido contra a Administração Pública direta ou indireta de qualquer dos Poderes da União, Estados, Distrito Federal ou Municípios ou contra empresas concessionárias de serviços públicos, conforme previsto no art. 154-B.

> ### 🧩 Decifrando a prova
>
> **(Delegado de Polícia – PC/MG – Fumarc – 2021 – Adaptada)** Julgue o item a seguir: Em razão da necessária segurança coletiva e proteção de dados, os crimes de invasão de dispositivos informáticos, definidos no art. 154-A do Código Penal, são de ação penal pública incondicionada.
>
> ( ) Certo ( ) Errado
>
> **Gabarito comentado:** conforme previsão do art. 154-B do CP, o crime se procede mediante representação, salvo se é cometido contra a Administração Pública direta ou indireta de qualquer dos Poderes da União, Estados, Distrito Federal ou Municípios ou contra empresas concessionárias de serviços públicos. Portanto, a assertiva está errada.

6.4.4.2 Bem jurídico tutelado e objeto material

O bem jurídico tutelado será liberdade individual e o direito à intimidade, constitucionalmente garantidos.

O objeto material será o dispositivo informático invadido e os dados e informações nele contidos.

6.4.4.3 Sujeitos do crime

Em relação ao sujeito ativo, nenhuma condição especial é exigida da pessoa para que figure como autor, assim, é crime comum.

Em relação ao sujeito passivo, este será o usuário do dispositivo informático invadido. Podemos considerar como sujeito passivo a pessoa que tenha dados ou informações contidas no dispositivo informático, ainda que não seja proprietário do objeto, ou seja, o usuário do dispositivo.

Perceba que, em razão da recente alteração promovida pela Lei nº 14.155/2021, até mesmo o proprietário do dispositivo informático pode ser autor do delito, caso o aparelho esteja sendo usado por outra pessoa.

A depender da vítima, haverá incidência de aumento de pena constante no § 5º:

> **Art. 154-A. (...)**
>
> § 5º Aumenta-se a pena de um terço à metade se o crime for praticado contra:
>
> I – Presidente da República, governadores e prefeitos;

II – Presidente do Supremo Tribunal Federal;

III – Presidente da Câmara dos Deputados, do Senado Federal, de Assembleia Legislativa de Estado, da Câmara Legislativa do Distrito Federal ou de Câmara Municipal; ou

IV – dirigente máximo da administração direta e indireta federal, estadual, municipal ou do Distrito Federal.

6.4.4.4 Conduta e voluntariedade

O tipo pune a conduta de invadir dispositivo informático de uso alheio, conectado ou não à rede de computadores, com o fim de obter, adulterar ou destruir dados ou informações sem autorização expressa ou tácita do usuário do dispositivo ou instalar vulnerabilidades para obter vantagem ilícita.

A mencionada Lei nº 14.155/2021, além de modificar as penas do crime, alterou a redação do *caput* do art. 154-A para retirar a expressão "mediante violação indevida de mecanismo de segurança". Assim, após a alteração caracteriza-se o crime ainda que não haja violação de mecanismo de segurança.

A redação antiga previa a conduta de Invadir dispositivo informático **alheio**, conectado ou não à rede de computadores, **mediante violação indevida de mecanismo de segurança** e com o fim de obter, adulterar ou destruir dados ou informações sem autorização expressa ou tácita do **titular** do dispositivo ou instalar vulnerabilidades para obter vantagem ilícita (grifos nossos para explicitar a parte do texto que foi modificada pela Lei nº 14.155/2021).

Em razão da alteração promovida, até mesmo o proprietário do dispositivo informático pode ser autor do delito, caso o aparelho esteja sendo usado por outra pessoa.

Passemos a analisar especificamente a conduta veiculada pelo tipo. São dois os meios de execução previstos no artigo em estudo. Trata-se de tipo misto alternativo, apresentando dois verbos nucleares, podendo o agente praticar os dois verbos no mesmo contexto fático, respondendo por crime único.

- **Invadir o dispositivo informático para obter, adulterar ou destruir dados ou informações sem autorização do usuário**

Invadir é compreendido como violar, acessar, ingressar no dispositivo.

Por dispositivo informático compreende-se não apenas os equipamentos físicos (*hardware*), mas também os sistemas, dispositivos que funcionam por computação em nuvem, redes sociais, e-mail e outros. Outro não foi o entendimento do Tribunal de Justiça do Distrito Federal (TJ/DF) ao analisar a Apelação Criminal nº 0009088-86.2016.8.07.0016:

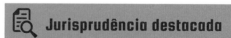 **Jurisprudência destacada**

APELAÇÃO CRIMINAL. INVASÃO DE DISPOSITIVO INFORMÁTICO. FORMA QUALIFICADA. TIPICIDADE CONFIGURADA. CONDENAÇÃO MANTIDA. DOSIMETRIA. CONSEQUÊNCIAS DO CRIME. ANÁLISE ESCORREITA. *QUANTUM*. READEQUAÇÃO. PENA PECUNIÁRIA. EXCLUSÃO.

> IMPOSSIBILIDADE. REDUÇÃO. PROPORCIONALIDADE COM A PENA CORPORAL. SUBSTITUIÇÃO. POSSIBILIDADE. I – A expressão "dispositivo informático" não se refere apenas aos equipamentos físicos (*hardware*), mas também aos sistemas, dispositivos que funcionam por computação em nuvem, Facebook, Instagram, e-mail e outros. II – O crime previsto no art. 154-A do CP possui dois núcleos de conduta típica não cumulativos: (i) invadir dispositivo informático alheio, com o fim de obter, adulterar ou destruir dados ou informações sem autorização do titular e (ii) instalar vulnerabilidades, visando obter vantagem ilícita. Pela literalidade do dispositivo, a ausência de violação de dispositivo de segurança impede a configuração típica apenas da conduta de invadir. III – Pratica a conduta tipificada no art. 154-A, § 3º, do CP aquele que, sem o conhecimento de sua então namorada, instala programa espião no notebook dela, com o fim de monitorar as conversas e atividades e, diante dessa vulnerabilidade, consegue violar os dispositivos de segurança e, com isso, ter acesso ao conteúdo das comunicações eletrônicas privadas e outras informações pessoais, inclusive diversas senhas. (...) (TJ/DF, 3ª Turma Criminal, 20160110635069/DF, 0009088-86.2016.8.07.2016, Rel. Nilsoni de Freitas Custódio, j. 19.09.2019).

A conduta resta caracterizada ainda que o agente não tenha necessitado quebrar barreiras de proteção, tais como senhas, criptografias, chaves de segurança.

Decifrando a prova

(Juiz Substituto – TJ/PR – FGV – 2021 – Adaptada) Sobre o crime de invasão de dispositivo informático (art. 154-A, inserido no Código Penal por meio da Lei nº 12.737/2012), a doutrina aponta a existência de alguns problemas que envolvem a incriminação, pois há exigências legais que deixam de fora certas condutas lesivas. Quanto à conduta criminosa, julgue o item a seguir:

O acesso a dispositivo informático desprovido de dispositivo de segurança, sem consentimento do seu possuidor ou com consentimento viciado, permite a configuração do crime;

( ) Certo   ( ) Errado

Gabarito comentado: para a configuração do crime previsto no art. 154-A do CP não importa se o acesso a dispositivo informático tenha ou não dispositivo de segurança. Não se exige a violação de mecanismo de segurança para o crime previsto no art. 154-A do CP. Portanto, a assertiva está certa.

Conforme lecionam Bruno Gilaberte e Marcus Montez (2021) a respeito dos dispositivos informáticos:

> São dispositivos informáticos os smartphones, computadores, discos rígidos externos, pen drives, aparelhos de GPS, smart TVs, consoles de videogames etc. O conceito não alcança aplicativos isoladamente considerados, plataformas digitais e afins. Todavia, esses softwares trabalham com dados que são armazenados em servidores, que são dispositivos informáticos de uso alheio. Assim, se uma pessoa consegue acesso aos ar-

quivos armazenados na "nuvem" por outra, ainda que não se valha da invasão de um dispositivo pertencente ao titular desses arquivos, invariavelmente atingirá o servidor da empresa que presta o serviço, um dispositivo usado por aquele que tem seus arquivos devassados. Ou seja, sepulta-se qualquer discussão que possa existir acerca da extensão da conduta.

> ### Decifrando a prova
>
> **(Juiz Substituto – TJ/PR – FGV – 2021 – Adaptada)** Sobre o crime de invasão de dispositivo informático (art. 154-A, inserido no Código Penal por meio da Lei nº 12.737/2012), a doutrina aponta a existência de alguns problemas que envolvem a incriminação, pois há exigências legais que deixam de fora certas condutas lesivas. Quanto à conduta criminosa, julgue o item a seguir:
>
> O acesso indevido ao sistema de "nuvem" (*cloud computing*), para obtenção de dados alheios, configura o crime, mesmo que o agente não saiba qual dispositivo está invadindo.
>
> ( ) Certo   ( ) Errado
>
> **Gabarito comentado:** para a configuração do crime previsto no art. 154-A do CP não importa se o dispositivo invadido é físico ou não. Portanto, a assertiva está certa.

◇ Indagação que pode ser feita a respeito da autorização para acessar os dados é a seguinte: O usuário de um notebook permite o acesso de um técnico em informática a seu dispositivo a fim de que ele promova algumas melhorias na máquina. Ocorre que, além de promover tais melhorias, o técnico obtém indevidamente informações acessando pastas de documentos pessoais ou coletando fotografias do usuário. O técnico praticou o crime previsto no art. 154-A do CP?

Rogério Sanches Cunha (2021, p. 299) responde negativamente. Segundo o doutrinador, a conduta não está abrangida no tipo, que pressupõe um ato de invasão. Se o usuário concedeu autorização para que o dispositivo fosse acessado, não há invasão e, ainda que o agente tenha se excedido, não se verifica o crime.

Ousamos discordar do renomado doutrinador. Entendemos que a autorização dada pelo usuário deve ser respeitada e deve pautar a conduta do técnico. O técnico recebeu autorização para promover melhorias no desempenho da máquina, no entanto, extrapolando os limites da autorização concedida, invade o dispositivo para praticar ato para o qual não foi autorizado, seja tomando conhecimento de informações pessoais, seja coletando fotografias do usuário, por exemplo. Dessa forma cremos que ao extrapolar os limites da autorização dada pelo usuário, ele passa a praticar a conduta descrita no tipo.

- ◆ **Instalar vulnerabilidades no dispositivo a fim de obter vantagem ilícita**

Na prática desse núcleo verbal, o agente instala vulnerabilidades no dispositivo, são os conhecidos *malwares, worms, bugs.* Por meio deles o agente, pode obter informações, destruir informações, atacar dados sem que seja visualizado pelo usuário.

Atente-se ao fato de que a conduta é a de instalar as vulnerabilidades com o fim de obter vantagem ilícita. Se o dispositivo já possui essas vulnerabilidades instaladas e o agente as usa para obter vantagem, não resta caracterizado o crime.

O § 1º do art. 154-A traz as figuras equiparadas:

> **Art. 154-A.** (...)
>
> **§ 1º** Na mesma pena incorre quem produz, oferece, distribui, vende ou difunde dispositivo ou programa de computador com o intuito de permitir a prática da conduta definida no *caput*.

O crime é punido a título de dolo, sendo exigida a finalidade específica a depender do verbo nuclear.

No núcleo invadir, o elemento subjetivo específico é "com o fim de obter vantagem ou destruir dados ou informações".

No núcleo instalar, o elemento subjetivo específico é "instalar vulnerabilidade para obter vantagem ilícita".

Se a intenção do agente ao invadir o dispositivo informático for subtrair valores de sua conta bancária, por exemplo, não estaremos diante do crime em análise, mas sim diante do crime de furto qualificado pela fraude por meio de dispositivo informático ou eletrônico, previsto no art. 155, § 4º-B, do Código Penal.[17]

Por falta de previsão legal, não se pune a modalidade culposa.

6.4.4.5 Consumação e tentativa

Tratando-se de crime formal, o crime se consuma com a invasão ao dispositivo informático ou a instalação de vulnerabilidades a ele. Não se reclama a produção do resultado naturalístico para a consumação do crime.

É admitida a tentativa, uma vez que estamos diante de crime plurissubsistente, em que o *iter criminis* pode ser fracionado.

6.4.4.6 Forma qualificada

O § 3º do art. 154-A do CP prevê a modalidade qualificada da conduta de invadir dispositivo informático.

> **Art. 154-A.** (...)
>
> **§ 3º** Se da invasão resultar a obtenção de conteúdo de comunicações eletrônicas privadas, segredos comerciais ou industriais, informações sigilosas, assim definidas em lei, ou o controle remoto não autorizado do dispositivo invadido:
>
> **Pena** – reclusão, de 2 (dois) a 5 (cinco) anos, e multa.

---

[17] **Código Penal.** "**Art. 155.** Subtrair, para si ou para outrem, coisa alheia móvel: (...) **§ 4º-B.** A pena é de reclusão, de 4 (quatro) a 8 (oito) anos, e multa, se o furto mediante fraude é cometido por meio de dispositivo eletrônico ou informático, conectado ou não à rede de computadores, com ou sem a violação de mecanismo de segurança ou a utilização de programa malicioso, ou por qualquer outro meio fraudulento análogo".

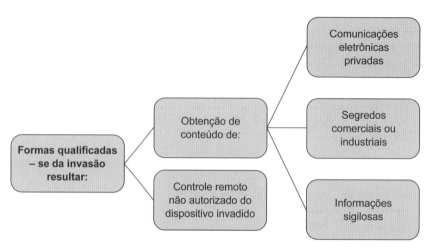

Duas são as figuras qualificadas:

- se da invasão resultar a obtenção de conteúdo de comunicações eletrônicas privadas, segredos comerciais, industriais, informações sigilosas, assim definidas em lei;
- se da invasão resultar o controle remoto não autorizado do dispositivo. Nessa conduta, o agente invade o dispositivo e instala um programa para acessar e controlar de maneira remota o dispositivo sem autorização da vítima.

6.4.4.7 Causas de aumento de pena

As causas de aumento de pena vêm previstas nos §§ 2º, 4º e 5º do art. 154-A do CP:

> **Art. 154-A.** (...)
>
> **§ 2º** Aumenta-se a pena de 1/3 (um terço) a 2/3 (dois terços) se da invasão resulta prejuízo econômico. (...)
>
> **§ 4º** Na hipótese do § 3º, aumenta-se a pena de um a dois terços se houver divulgação, comercialização ou transmissão a terceiro, a qualquer título, dos dados ou informações obtidas.
>
> **§ 5º** Aumenta-se a pena de um terço à metade se o crime for praticado contra:
>
> I – Presidente da República, governadores e prefeitos;
>
> II – Presidente do Supremo Tribunal Federal;
>
> III – Presidente da Câmara dos Deputados, do Senado Federal, de Assembleia Legislativa de Estado, da Câmara Legislativa do Distrito Federal ou de Câmara Municipal; ou
>
> IV – dirigente máximo da administração direta e indireta federal, estadual, municipal ou do Distrito Federal.

Capítulo 6 • Dos crimes contra a liberdade individual

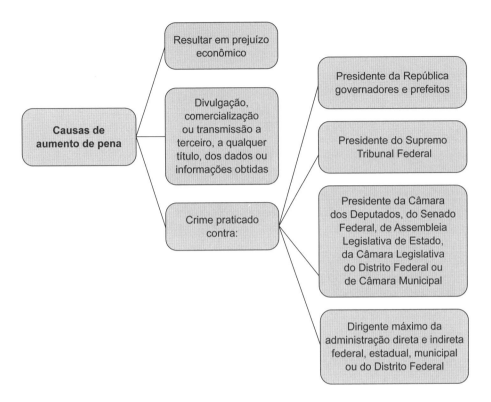

Em razão de sua localização topográfica, o aumento de pena previsto no § 2º somente tem incidência na figura típica do *caput* e no § 1º.

Decifrando a prova

(Delegado de Polícia Federal – PF Cespe/Cebraspe – 2018 – Adaptada) Julgue o seguinte item:
Situação hipotética: um hacker invadiu os computadores do Serpro e transferiu valores do Ministério do Planejamento para o seu próprio nome. Assertiva: nessa situação, o IP para apurar a autoria e a materialidade do crime de invasão de dispositivo informático só poderá ser instaurado após representação formalizada pelo Ministério do Planejamento ou pelo Serpro.
( ) Certo ( ) Errado

Gabarito comentado: a conduta descrita se amolda ao tipo penal previsto no art. 154-A do CP. Considerando que foi praticado em detrimento da Administração Pública direta, aplica-se o disposto no art. 154-B. Assim, a ação será pública incondicionada. Portanto, a assertiva está errada.

PARTE II

Dos Crimes Contra o Patrimônio

Do furto

7.1 FURTO

Art. 155. Subtrair, para si ou para outrem, coisa alheia móvel:

Pena – reclusão, de um a quatro anos, e multa.

§ 1º A pena aumenta-se de um terço, se o crime é praticado durante o repouso noturno.

§ 2º Se o criminoso é primário, e é de pequeno valor a coisa furtada, o juiz pode substituir a pena de reclusão pela de detenção, diminuí-la de um a dois terços, ou aplicar somente a pena de multa.

§ 3º Equipara-se à coisa móvel a energia elétrica ou qualquer outra que tenha valor econômico.

Furto qualificado

§ 4º A pena é de reclusão de dois a oito anos, e multa, se o crime é cometido:

I – com destruição ou rompimento de obstáculo à subtração da coisa;

II – com abuso de confiança, ou mediante fraude, escalada ou destreza;

III – com emprego de chave falsa;

IV – mediante concurso de duas ou mais pessoas.

§ 4º-A. A pena é de reclusão de 4 (quatro) a 10 (dez) anos e multa, se houver emprego de explosivo ou de artefato análogo que cause perigo comum. (Incluído pela Lei nº 13.654, de 2018.)

§ 4º-B. A pena é de reclusão, de 4 (quatro) a 8 (oito) anos, e multa, se o furto mediante fraude é cometido por meio de dispositivo eletrônico ou informático, conectado ou não à rede de computadores, com ou sem a violação de mecanismo de segurança ou a utilização de programa malicioso, ou por qualquer outro meio fraudulento análogo. (Incluído pela Lei nº 14.155, de 2021.)

§ 4º-C. A pena prevista no § 4º-B deste artigo, considerada a relevância do resultado gravoso: (Incluído pela Lei nº 14.155, de 2021.)

I – aumenta-se de 1/3 (um terço) a 2/3 (dois terços), se o crime é praticado mediante a utilização de servidor mantido fora do território nacional; (Incluído pela Lei nº 14.155, de 2021.)

II – aumenta-se de 1/3 (um terço) ao dobro, se o crime é praticado contra idoso ou vulnerável. (Incluído pela Lei nº 14.155, de 2021.)

§ 5º A pena é de reclusão de três a oito anos, se a subtração for de veículo automotor que venha a ser transportado para outro Estado ou para o exterior. (Incluído pela Lei nº 9.426, de 1996.)

§ 6º A pena é de reclusão de 2 (dois) a 5 (cinco) anos se a subtração for de semovente domesticável de produção, ainda que abatido ou dividido em partes no local da subtração. (Incluído pela Lei nº 13.330, de 2016.)

§ 7º A pena é de reclusão de 4 (quatro) a 10 (dez) anos e multa, se a subtração for de substâncias explosivas ou de acessórios que, conjunta ou isoladamente, possibilitem sua fabricação, montagem ou emprego. (Incluído pela Lei nº 13.654, de 2018.)

Furto de coisa comum

Art. 156. Subtrair o condômino, coerdeiro ou sócio, para si ou para outrem, a quem legitimamente a detém, a coisa comum:

Pena – detenção, de seis meses a dois anos, ou multa.

§ 1º Somente se procede mediante representação.

§ 2º Não é punível a subtração de coisa comum fungível, cujo valor não excede a quota a que tem direito o agente.

7.1.1 Considerações gerais

O segundo título da parte especial do Código Penal protege o patrimônio.

A ideia de patrimônio não é chancelada pelo direito penal, eis que depende de conceitos aproximados que, não rato, remetem ao direito civil.

E, para a tutela específica dos crimes patrimoniais, levaremos em consideração o patrimônio como tudo aquilo que pertence a alguém, e a que se pode atribuir um valor econômico, como por exemplo, um veículo, um aparelho celular, computador etc.

Luiz Regis Prado (2017) nos traz cinco concepções para conceituar patrimônio:

a. **concepção jurídica:** o patrimônio é composto do conjunto de direitos patrimoniais de uma pessoa, sendo a tutela penal um prolongamento dos direitos subjetivos. Tal concepção está "estritamente ligada ao Direito Civil e, por isso, identificada como a soma dos direitos subjetivos patrimoniais de uma pessoa";

b. **econômica:** o patrimônio deve ser interpretado como o conjunto de bens ou valores econômicos que se encontram sob o poder de disposição de uma pessoa avaliáveis pecuniariamente;

c. **jurídico-econômica ou mista:** segundo o entendimento jurídico-econômico ou misto, só integram o patrimônio as posições econômicas que obtenham reconhecimento jurídico, ou seja, "a soma dos valores econômicos à disposição de alguém sob a proteção do ordenamento jurídico";

d. **pessoal:** aqui, leva-se em consideração a pessoa do titular do bem e não a soma de valores econômicos. Em síntese, é o direito pessoal do titular do patrimônio em poder utilizar seus bens;

e. **funcional:** diz respeito à possibilidade de o patrimônio satisfazer as necessidades de seu titular.

Nessa toada, vale destacar que, para fins de direito penal, patrimônio será tudo aquilo que possui valor estimado, e que é de propriedade definida de uma outra pessoa.

Os crimes patrimoniais somente podem ser praticados com dolo, inexistindo qualquer previsão para delitos patrimoniais culposos.

Excepcionamos o latrocínio, hipótese em que o crime será classificado como preterdoloso (dolo no antecedente + culpa no consequente).

7.1.2 Sujeitos

O crime em estudo não exige uma condição especial do agente que o pratica, razão pela qual pode ser praticado por qualquer pessoa.

Há discussão acerca da (im)possibilidade de o proprietário do bem praticar a conduta. Prevalece o entendimento de que não. Sendo assim, se o proprietário subtrai coisa sua que se encontra na posse de terceiro, o titular do patrimônio responderá pelo crime do art. 345 ou do art. 346 do CP, qual seja, exercício arbitrário das próprias razões.

Guilherme Nucci (2014) entende que haverá o crime de furto ainda que a subtração seja de coisa já previamente furtada. É o furto de ladrão.

O sujeito passivo será o proprietário do bem.

7.1.3 Momento consumativo

O momento consumativo do furto é de intenso debate na seara doutrinária, mormente pelo fato de existirem diversas teorias sobre o tema:

a. **teoria da *contrectatio*:** o crime se consuma com o mero contato com a coisa, dispensando-se o deslocamento;

b. **teoria da *amotio* (ou *apprehensio*):** consuma-se o delito quando ocorre a inversão de posse, mesmo que por pequeno espaço de tempo e mesmo que não seja mansa e pacífica;

c. **teoria da *ablatio*:** o crime se consuma no momento em que o agente, após deter o domínio da coisa, logra êxito em deslocá-la para outro local;

d. **teoria da *ilatio*:** o crime estará consumado quando o agente conseguir deslocar a coisa até o local desejado.

Em que pese os acalorados embates já firmados, hoje há uniformidade na jurisprudência dos Tribunais Superiores[1] no sentido de que a lei brasileira encampou a teoria da *amotio*, considerando-se consumado o crime no momento em que houver a inversão da posse, ainda que não seja mansa e pacífica, ainda que seja por breves momentos ou, ainda, se houver perseguição.

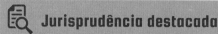

Consuma-se o crime de furto com a posse de fato da *res furtiva*, ainda que por breve espaço de tempo e seguida de perseguição ao agente, sendo prescindível a posse mansa e pacífica ou desvigiada (STJ, REsp nº 1.524.450/RJ – recurso repetitivo, 3ª Seção, Rel. Min. Nefi Cordeiro, j. 14.10.2015).

Assim, basta imaginar a conduta daquele que, sorrateiramente subtrai carteira de transeunte, momento em que é flagrado por policial à paisana, que emprega imediata perseguição contra o larápio, logrando êxito em capturá-lo. Nesse caso, temos a ocorrência de um furto consumado.

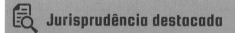

Neste aspecto, é possível aplicar analogicamente a Súmula nº 582 do STJ, que tem a seguinte redação: "Consuma-se o crime de roubo com a inversão da posse do bem mediante emprego de violência ou grave ameaça, ainda que por breve tempo e em seguida à perseguição imediata ao agente e recuperação da coisa roubada, sendo prescindível a posse mansa e pacífica ou desvigiada".

Neste espeque, também importante ressaltar a Súmula nº 567[2] do STJ, que dispõe que a existência de sistema de monitoramento eletrônico ou de segurança no interior de estabelecimento, por si só, não torna impossível a consumação do crime de furto.

Decifrando a prova

(Delegado de Polícia Federal – Cespe/Cebraspe – 2018) Em cada item a seguir, é apresentada uma situação hipotética, seguida de uma assertiva a ser julgada com base na legislação

---

[1] HC nº 135.674/PE (STF) e HC nº 347.785/SC (STJ).
[2] **STJ, Súmula nº 567.** Sistema de vigilância realizado por monitoramento eletrônico ou por existência de segurança no interior de estabelecimento comercial, por si só, não torna impossível a configuração do crime de furto".

Capítulo 7 • Do furto **243**

> de regência e na jurisprudência dos tribunais superiores a respeito de execução penal, lei penal no tempo, concurso de crimes, crime impossível e arrependimento posterior.
>
> Sílvio, maior e capaz, entrou em uma loja que vende aparelhos celulares, com o propósito de furtar algum aparelho. A loja possui sistema de vigilância eletrônica que monitora as ações das pessoas, além de diversos agentes de segurança. Sílvio colocou um aparelho no bolso e, ao tentar sair do local, um dos seguranças o deteve e chamou a polícia. Nessa situação, está configurado o crime impossível por ineficácia absoluta do meio, uma vez que não havia qualquer chance de Sílvio furtar o objeto sem que fosse notado.
>
> ( ) Certo   ( ) Errado
>
> **Gabarito comentado:** como já visto, a Súmula nº 567 do STJ não impede a consumação do furto no caso de existência de sistema de vigilância ou pela presença de seguranças. Portanto, a assertiva está errada.
>
> **(Delegado de Polícia Federal – Cespe/Cebraspe – 2021)** No que concerne aos crimes previstos na parte especial do Código Penal, julgue o item subsequente:
>
> A adoção de sistema de vigilância realizado por monitoramento eletrônico, por si só, não torna impossível a configuração do crime de furto.
>
> ( ) Certo   ( ) Errado
>
> **Gabarito comentado:** conforme se depreende da Súmula nº 567 do STJ, a adoção de sistema de vigilância ou a presença de vigilantes no interior do estabelecimento comercial não torna impossível a consumação do fato. Portanto, a assertiva está certa.

Aqui reforçamos a seguinte indagação: Cidadão que tem por objetivo subtrair, ardilosamente, dinheiro do bolso da calça de um transeunte, mas este não possui dinheiro no bolso, responde por qual crime?

Nenhum! Isso porque a situação caracteriza crime impossível (art. 17, CP) por absoluta impropriedade do objeto.

Bitencourt (2021) tem posição complementar, no sentido de que, se o transeunte não possui dinheiro nos bolsos da calça, haverá crime impossível. Todavia, se os valores estão em outro bolso, evidente que o patrimônio da vítima foi ameaçado, razão pela qual a impropriedade do objeto é relativa.

7.1.4 Conduta

O núcleo do tipo consiste em **subtrair** (assenhorar-se de maneira clandestina), para si ou para outrem (diretamente: pessoalmente ou indiretamente: valendo-se de interposta pessoa ou animal) coisa alheia móvel (objeto material).

O ato de subtrair consiste em apoderar-se, tomar para si, sem a anuência do titular do bem.

Importante destacar que, para a capitulação da conduta em estudo não pode haver violência contra pessoa, hipótese em que haverá o deslocamento da conduta para o crime de roubo (art. 157, CP).

Destaque-se que o patrimônio não abarca tão somente os bens economicamente considerados, mas, também, aqueles de valor afetivo/pessoal.

Direito Penal Decifrado – Parte Especial

O STJ[3] tem firmado jurisprudência no sentido de que folhas de cheque em branco são objeto material do crime de furto, já que possuem valor econômico intrínseco diante das inúmeras possibilidades de fraudes.

Nesse sentido, num caso envolvendo a denúncia de indivíduo por furto a folhas de talão de cheque em branco, sem assinatura, o STF afirmou que a coisa alheia móvel a que se refere o art. 155 do CP é tudo quanto, para a vítima, representa valor, sendo desnecessária a expressa referência a ponderável valor de comércio. Também o STJ[4] afastou a incidência do princípio da insignificância – abaixo analisado – no caso de coisa de valor sentimental, visto ser necessário se ponderar a importância e o valor sentimental de um determinado objeto para a vítima, sua condição econômica, as circunstâncias e o resultado do crime.

Ademais, somente pode ser objeto material do crime de furto a coisa móvel, assim entendida como aquela passível de deslocamento de um local para outro. Utiliza-se o sentido de imóvel próprio ao direito penal, diverso daquele estabelecido na lei civil. Assim, coisas imóveis para fins civis, tais como navios ou aviões, podem, evidentemente, ser objeto material do crime de furto. Do mesmo modo, o art. 81, II, do Código Civil, considera imóveis, para fins civis, os materiais provisoriamente destacados de um prédio para nele se reempregarem. No entanto, se a coisa for "destacável" do imóvel e, consequentemente, "transportável", poderá, sim, caracterizar o crime sob consideração. A propósito do tema, chamou a atenção da sociedade brasileira o fato de que pesadas vigas de aço, que compunham o então viaduto da Perimetral, no Rio de Janeiro, tenham sido subtraídas logo depois de iniciados os trabalhos de "desmonte" daquele imóvel.

Portanto, não há se falar de furto de coisa imóvel propriamente considerada. Em se tratando de coisa imóvel, a inversão indevida da posse poderá caracterizar-se, evidentemente, presentes outras elementares típicas – o crime de usurpação ou esbulho possessório (art. 161 e seu § 1º, do CP) ou, ainda, o crime de invasão de terras da União (art. 20 da Lei nº 4.947/1966).

Ademais, o furto de cadáver ou de suas peças anatômicas destacadas, tais como a arcada dentária, não caracteriza o crime de furto, mas de destruição, subtração ou ocultação de cadáver, definido no art. 211 do CP, o qual ofende o bem jurídico "respeito aos mortos". Entretanto, se o cadáver estiver na posse legítima de alguém, tal como aquele que integra, nos termos da lei, o acervo patrimonial de uma Faculdade de Medicina, ou, ainda, o que faz parte da exposição de um museu, poderá, neste caso, consubstanciar o objeto material do crime de furto.

A subtração de partes do corpo humano, como mechas de cabelo, dentes etc., poderá, na mesma esteira, caracterizar o delito de furto, quiçá roubo (por exemplo, cabelo cortado à força, quando uma jovem caminhava por uma rua da cidade).

---

[3] STJ, HC nº 110.587/DF, Rel. Min. Felix Fischer, 5ª Turma, *DJ* 24.11.2008.

[4] STJ, HC nº 36.947/SP, Rel. Min Laurita Vaz, 5ª Turma, *DJ* 14.11.2005.

Não obstante, cumpre ressaltar ser proibida a comercialização de órgãos e partes do corpo humano, conforme disposto na Lei nº 9.434/1997.

Outro ponto controverso refere-se às coisas abandonadas (*res derelicta*), não pertencentes a ninguém (*res nullius*), e perdidas (*res desperdicta*). Como visto, "coisa alheia" é uma elementar típica do crime de fruto. Assim, como a "coisa abandonada pelo dono" (*res derelicta*) e a "coisa que não pertence a ninguém" (*res nullius*) não consubstanciam o patrimônio de alguém, não podem ser objeto de furto. Nos dois mencionados casos, não estaremos diante de "coisa alheia", de modo a preencher o conceito do elemento normativo do tipo. Por fim, impende destacar que, quem acha coisa perdida e não a restitui, pode praticar o crime de apropriação de coisa achada, que será abordado em momento posterior.

7.1.5 Elemento subjetivo

O crime somente se processa mediante dolo.

Como discorrido anteriormente, o crime se consuma a partir do momento do assenhoreamento da coisa com *animus* de dono.

Inexiste previsão para o furto culposo.

7.1.6 Furto de uso

Denomina-se furto de uso a hipótese em que o agente subtrai coisa alheia móvel, com finalidade momentânea, seguida de pronta restituição.

Nesta modalidade, por mais curioso que soe, não há *animus* em ser proprietário da coisa. Há somente desejo momentâneo de possuir a coisa, com a restituição intacta do bem.

No escólio do professor Guilherme Nucci (2017):

> Furto de uso não se trata de crime, pois, como mencionado nos comentários feitos na análise do núcleo do tipo e do elemento subjetivo, há necessidade do ânimo de assenhoreamento. Se o agente retirar a coisa da posse da vítima apenas para usar por pouco tempo, devolvendo-a intacta, é de se considerar não ter havido crime. Cremos ser indispensável, entretanto, para a caracterização do furto de uso, a devolução da coisa em estado original, sem perda ou destruição do todo ou em parte.

Diante disso, entende-se que a restituição do bem, após o breve período de tempo deve ser integral e sem prejuízo à constituição da coisa.

Nesse aspecto, muito se discute acerca da restituição integral e intacta do bem. Há quem defenda, por exemplo, que, no caso do furto de uso de um veículo, é impossível a restituição integral na medida em que, havendo deslocamento do veículo, ele tem uma depreciação natural, além de haver desgaste nos pneus e consumo de combustível.

Todavia, pensamos que a análise casuística deva ser mais ponderada, de maneira que, havendo a devolução do bem ao proprietário original e estando a *res* com valor preservado, o fato será atípico por ausência de dolo de possuir o bem para si.

7.1.7 Furto famélico

O furto famélico constitui uma hipótese de furto praticado para saciar a fome. Nesse contexto prepondera a ideia de que estamos diante de situação elementar que autoriza a aplicação da excludente de ilicitude do estado de necessidade.

Entretanto, é imprescindível a presença dos seguintes requisitos:

a. que o fato seja praticado para saciar a fome;
b. que seja o único meio, ou última alternativa para se alimentar;
c. que a subtração ocorra numa situação de imediata possibilidade de consumo;
d. a falta de recurso financeiro ou impossibilidade de trabalhar.

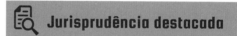

Jurisprudência destacada

Sobre os requisitos, o STJ não reconheceu o furto famélico na subtração de uma televisão, um liquidificador e um botijão de gás, sob a alegação de que, no caso, a coisa subtraída não permite reconhecer que o agente agiu em situação de falta de alimentação (HC nº 160.48/RJ).

Em dezembro do ano de 2021, a então deputada federal Talíria Petrone (PSOL/RJ), protocolou junto à mesa da Câmara dos Deputados um projeto de lei onde pugnava pela expressa descriminalização daquilo que chamou de "furto por necessidade" e "furto insignificante".

Pensamos que referido projeto de lei é obsoleto, tendo em vista que, como já discorrido, as duas figuras são encampadas pela jurisprudência, que, inclusive já as balizou com os requisitos necessários para sua aplicação.

7.1.8 Princípio da insignificância

É natural que, ao se tratar de delitos patrimoniais, o valor da *res* subtraída seja levado em consideração.

Referido princípio (também chamado de princípio da bagatela) está relacionado ao requisito da tipicidade do fato (estudado dentro do conceito de crime). Por oportuno, é prudente ressaltar que referido princípio será aplicado quando o resultado lesivo não for expressivo.

Porém, a sua aplicação não fica circunscrita ao valor da coisa subtraída, o Supremo Tribunal Federal fixou requisitos para sua aplicação, que estão intimamente ligados à personalidade do agente, meio/modo de execução, valor do resultado produzido e representação do bem para a vítima.

Dessa forma, apresentamos os requisitos que foram definidos pelo STF no julgamento do HC nº 84.412-0/SP.

Para quem se vale da utilização de mnemônicos, vale recordar o termo **MARI**:

a. Mínima ofensividade da conduta.
b. Ausência de periculosidade social da ação.
c. Reduzidíssimo grau de reprovabilidade do comportamento.
d. Inexpressividade da lesão.

Por essa razão, ratificamos o fato de o valor da coisa não ser o único requisito aplicável.

De antemão, já podemos também afastar, via de regra, a aplicação da insignificância aos crimes violentos, ao roubo, ao furto qualificado,[5] ao tráfico ilícito de entorpecentes, ao porte ilegal de arma de fogo...

Atenção

Vale destacar que o princípio da insignificância é aplicado ao crime de descaminho até o valor de R$ 20.000,00 (vinte mil reais), aplicando-se como parâmetro às disposições aplicadas às Execuções Fiscais, com base no art. 20 da Lei nº 10.522/2002, bem como no art. 1º, II, da Portaria nº 75/2012.

Ademais, não existe mais divergência de valores entre os Tribunais Superiores, que, a partir da edição da lei anteriormente mencionada, encontraram ponto de uniformidade.

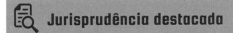

Jurisprudência destacada

Em decisão ainda mais recente, o Ministro Rogerio Schietti Cruz aplicou o princípio da insignificância para o caso de subtração de 2 steaks de frango, cujo valor alcançava R$ 4,00.

Inclusive, o nobre ministro sustentou ser um absurdo que as instâncias superiores tenham de dispender tempo e recursos no julgamento de demandas que, seguindo os requisitos já estabelecidos, estão fadadas ao reconhecimento da atipia material do fato (RHC nº 126.272/MG, j. 07.06.2021).

7.1.8.1 Princípio da insignificância e reincidência

A orientação atual do STJ é no sentido de que a simples reincidência, por si só, não impede a aplicação do princípio da insignificância.

O que impede a aplicação é a reincidência habitual (contumaz), conforme o HC nº 557.194, reproduzido a seguir, ou ainda, quando o réu faz do crime o seu meio de vida, independentemente do valor da coisa.[6]

---

[5] Embora existam entendimentos em sentido contrário (STJ, HC nº 553.872/SP, 5ª Turma, Rel. Min. Reynaldo Soares da Fonseca, j. 11.02.2020, *DJe* 17.02.2020, *Informativo* nº 665).

[6] STJ, HC nº 330.156/SC, Rel. Min. Jorge Mussi, 5ª Turma, j. 03.11.2015.

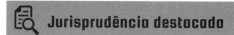

(...) Nos termos da jurisprudência recente do STJ, a reiteração delitiva pode perfeitamente impedir a incidência do princípio da insignificância, visto que o referido postulado não busca resguardar condutas habituais juridicamente desvirtuadas, mas sim impedir que desvios de conduta irrisórios e manifestamente irrelevantes sejam alcançados pelo Direito Penal. Isso porque comportamentos contrários à lei, ainda que isoladamente ínfimos, quando transformados pelo infrator em verdadeiro meio de vida, perdem a característica da bagatela e devem sujeitar-se ao Direito Penal (STJ, HC nº 557.194/MS/RJ, Rel. Min. Jorge Mussi, j. 02.06.2020).

7.1.8.2 Valor insignificante e pequeno valor

O denominado "pequeno valor" pode ser parâmetro para a aplicação do furto privilegiado (art. 155, § 2º, CP), e serão assim consideradas as situações em que a coisa subtraída tiver valor de até um salário mínimo (AgRg no AgRg no REsp nº 1.705.182/RJ, j. 28.05.2019).

E o pequeno valor não pode ser confundido com a ideia de insignificância, que também pode ser denominada delito de ninharia ou bagatela. Além disso, preenchidos os requisitos legais, o delito insignificante afastará a própria tipicidade material do fato.

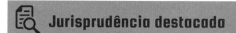

(...) Para efeito da aplicação do princípio da bagatela, é imprescindível a distinção entre valor insignificante e pequeno valor, uma vez que o primeiro exclui o crime e o segundo pode caracterizar o furto privilegiado (STJ, HC nº 318.043/MS, Rel. Min. Felix Fischer, 5ª Turma, j. 02.06.2015).

7.1.9 Causa de aumento – repouso noturno

O § 1º do art. 155 nos traz uma causa fixa de aumento de pena, dispondo que haverá aumento em 1/3 quando o fato for praticado durante o repouso noturno.

Por repouso noturno considera-se o momento que reflete o descanso da vítima. Não há um horário predeterminado. A casuística é fundamental para esta análise.

Seguindo as lições de Damásio de Jesus (2020b): "Repouso noturno é o período em que, à noite, pessoas se recolhem para descansar (...). Não há critério fixo para a conceituação dessa qualificadora. Depende do caso concreto, a ser decidido pelo juiz".

Referida doutrina labora com acerto, na medida em que, o que se entende por repouso noturno possui um viés extremamente variado. Na Rua Augusta, em São Paulo, por exemplo, nove horas da noite não é um momento de repouso, situação totalmente distinta de uma vida campesina, onde há o recolhimento, muitas vezes antes do horário mencionado, já que, no dia seguinte, o despertar é igualmente mais cedo do que da atividade da vida urbana.

Seguindo o posicionamento de Noronha, pensamos que a incidência da causa de aumento poderá incidir em qualquer compartimento habitado, tais como *trailers*, caminhões, barracas...

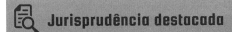

Importante asseverar que o STJ já reconheceu a possibilidade da incidência da causa de aumento para furtos praticados em estabelecimentos comerciais e locais não ocupados (REsp nº 1.193.074/MG, 6ª Turma, rel. Min. Maria Thereza de Assis Moura, *DJe* 15.03.2013).

Por derradeiro, destacamos que a causa de aumento é perfeitamente compatível com as hipóteses de furto qualificado.[7]

7.1.10 Furto privilegiado

O art. 155, § 2º, do CP traz previsão de que, sendo de pequeno valor a *res* e sendo o réu primário, poderá o magistrado seguir por três caminhos distintos: 1) substituir a pena de reclusão por detenção; 2) diminuir a pena de 1 a 2/3; ou 3) aplicar somente a pena de multa.

Seguindo a orientação predominante, por pequeno valor considera-se a coisa de até um salário mínimo,[8] sendo indiferente a sua restituição à vítima.

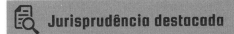

(...) Para o reconhecimento do crime de furto privilegiado é indiferente que o bem furtado tenha sido restituído à vítima, pois o critério legal para o reconhecimento do privilégio é somente o pequeno valor da coisa (STJ, HC nº 330.156/SC, Rel. Min. Jorge Mussi, 5ª Turma, j. 03.11.2015).

A primariedade do agente está condicionada ao fato de ele não ostentar condenação anterior com trânsito em julgado, conforme dispõem os arts. 63 e 64 do Código Penal.

Tema controvertido também diz respeito à (im)possibilidade de aplicação do furto privilegiado às qualificadoras do furto. O tema ganhou contornos de pacificidade com a edição da Súmula nº 511 do STJ, que dispõe que o privilégio do furto é compatível com as qualificadoras de ordem objetiva.

---

[7] HC nº 130.952/MG, Rel. Min. Dias Toffoli, *DJe* 20.02.2017.
[8] Não confundir o "pequeno valor" disposto aqui no furto privilegiado, com a coisa de valor insignificante, que é apta a afastar a tipicidade material do fato.

Isso se dá pelo fato de o próprio privilégio ser de natureza jurídica subjetiva, que são situações relacionadas à pessoa do agente.

Logo, qualificar um crime por circunstâncias relacionadas à pessoa (subjetiva) é absolutamente incompatível com uma causa de redução com a mesma natureza. Posto isso, o privilégio somente terá incidência com as qualificadoras objetivas (que refletem meios ou modo de execução).

Uma vez reconhecido o privilégio, para que o magistrado opte por uma das três situações dispostas no § 2º, é imprescindível a fundamentação idônea pela autoridade judiciária, não bastando a mera indicação da opção adotada.

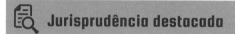

(...) É possível o reconhecimento do privilégio previsto no § 2º do art. 155 do CP nos casos de crime de furto qualificado, se estiverem presentes a primariedade do agente, o pequeno valor da coisa e a qualificadora for de ordem objetiva (Súmula nº 511/STJ) (STJ, HC nº 313.252/RJ, Rel. Min. Reynaldo Soares da Fonseca, 5ª Turma, j. 22.09.2015).

E, para facilitar a assimilação deste conteúdo, recorde que todas as qualificadoras são de ordem objetiva, **exceto**[9] o abuso de confiança.

7.1.10.1 Continuidade delitiva x privilégio x insignificância

Eventualmente, diante de um determinado contexto fático, é possível que o meliante subtraia, em continuidade delitiva, diversos bens cujos valores não sejam expressivos.

Dessa forma, o STJ nos orienta que, em casos de continuidade delitiva, para fins de definição de furto privilegiado, deverá ocorrer a soma dos bens subtraídos.

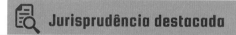

(...) Nos casos de continuidade delitiva o valor a ser considerado para fins de concessão do privilégio (art. 155, § 2º, do CP) ou do reconhecimento da insignificância é a soma dos bens subtraídos (STJ, AgRg no AREsp nº 712.222/MG, Rel. Min. Reynaldo Soares da Fonseca, 5ª Turma, j. 22.09.2015).

7.1.11 Equiparação energia elétrica à coisa alheia móvel

O § 3º do art. 155 equiparou a energia elétrica (ou qualquer outra que tenha valor econômico) à coisa alheia móvel.

---

[9] Rogério Sanches Cunha (2020) diverge, entendendo que todas as qualificadoras são de natureza objetiva.

Tal disposição já deriva daquilo que consta do item 56[10] da Exposição de Motivos da Parte Especial do Código Penal.

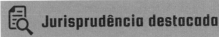

> Para o STJ, a realização de "gato", mediante ligação direta no poste, é considerada furto qualificado, pelo emprego de fraude (AgRg no AREsp nº 1.373.228/SP, *DJe* 05.04.2019).

Perceba que aqui a energia sequer passa pelo medidor.

Nesse sentido, caso ocorra a alteração no medidor de consumo, a tipificação passa para o crime de estelionato.[11]

Acerca da classificação, no furto de energia mediante fraude, o crime será permanente.

Sobre o tema, também é prudente destacar que no final do mês de novembro de 2021, a Câmara dos Deputados aprovou em regime de urgência o Projeto de Lei nº 239/2007, do Senado Federal, onde se busca tipificar o crime daquele que furta frequências de telefone celular e de sinal de televisão por assinatura, com o objetivo de obter lucro.

Referido projeto já foi aprovado na Comissão de Constituição e Justiça. Desta feita, considerando a aprovação urgente do pleito, é possível que o tema sofra alterações com a aprovação e sanção do projeto.

Decifrando a prova

(Delegado de Polícia Civil – PC/MA – Cespe/Cebraspe – 2018 – Adaptada) No interior de um estabelecimento comercial, João colocou em sua mochila diversos equipamentos eletrônicos, com a intenção de subtraí-los para si. Após conseguir sair do estabelecimento sem pagar pelos produtos, João foi detido, ainda nas proximidades do local, por agentes de segurança que visualizaram trechos de sua ação pelo sistema de câmeras de vigilância. Os produtos em poder de João foram recuperados e avaliados em R$ 1.200. Nessa situação hipotética, caracterizou-se uma tentativa inidônea de crime de furto.

( ) Certo   ( ) Errado

---

[10] Para afastar qualquer dúvida, é expressamente equiparada à coisa móvel e, como possível objeto de furto a energia elétrica ou suscetível de incidir no poder de disposição material e exclusiva de um indivíduo (como, por exemplo, a eletricidade, a radioatividade, a energia genética dos reprodutores etc.) pode ser incluída, mesmo do ponto de vista técnico, entre as coisas móveis, a cuja regulamentação jurídica, portanto, deve ficar sujeita.

[11] STJ, AREsp nº 1418119/DF, Rel. Min. Joel Ilan Paciornik, 5ª Turma, *DJe* 07.05.2019.

> **Gabarito comentado:** considerando que João teve contato com a coisa, o que consolidou a inversão de posse, o crime de furto restou consumado. Vale frisar que o Código Penal brasileiro adota a chamada **teoria da *amotio*** para fins de determinar o momento consumativo do furto, que considera a conduta consumada no exato momento em que ocorre a inversão da posse, ainda que por breve momento, que ocorra perseguição ou que o agente não tenha a posse mansa e pacífica do bem. Portanto, a assertiva está errada.

7.1.12 Qualificadoras (§§ 4º a 7º)

7.1.12.1 Destruição ou rompimento de obstáculo à subtração da coisa (§ 4º, I)

Aqui, a conduta será dotada de maior reprovabilidade quando houver a prática de um ato violento consistente em romper um obstáculo externo (janela, cadeado, parede, muro) para possibilitar acesso à coisa.

Curioso que, se o rompimento for de objeto inerente à coisa, não incidirá a qualificadora.

Exemplo clássico é a hipótese do agente que quebra o vidro de um veículo para subtrair bem que se encontra no seu interior. Naturalmente que, como o objeto do furto está no interior do veículo, podemos considerar a existência da qualificadora.

Todavia, em havendo rompimento do vidro do veículo para sua subtração, como o vidro compõe o próprio carro, não haverá a incidência da qualificadora.

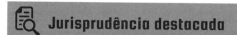 **Jurisprudência destacada**

> (...) O rompimento ou destruição do vidro do automóvel com a finalidade de subtrair objetos localizados em seu interior qualifica o furto (STJ, HC nº 2.732.228/SP, Rel. Min. Newton Trisotto – desembargador convocado do TJ/SC, 5ª Turma, j. 09.06.2015).

A constatação do rompimento do obstáculo deverá ser considerada por perícia técnica, ressalvado o desaparecimento dos vestígios. É o que ensinam os arts. 158 e 167 do Código de Processo Penal, hipótese em que a prova poderá ser substituída por outra hábil a comprovar o rompimento.

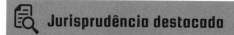 **Jurisprudência destacada**

> (...) O reconhecimento das qualificadoras da escalada e rompimento de obstáculo previstas no art. 155, § 4º, I e II, do CP exige a realização do exame pericial, salvo nas hipóteses de inexistência ou desaparecimento de vestígios, ou ainda se as circunstâncias do crime não permitirem a confecção do laudo (STJ, HC nº 330.156/SC, Rel. Min. Jorge Mussi, 5ª Turma, j. 03.11.2015).

Capítulo 7 ♦ Do furto   253

> **Decifrando a prova**
>
> **(Delegado de Polícia Civil – PC/SP – Vunesp – 2014 – Adaptada)** Para subtrair um automóvel, "X", de forma violenta, danificou a sua porta. Nesse caso, "X" deverá responder apenas pelo crime de furto, em razão do princípio da consunção.
> ( ) Certo   ( ) Errado
> **Gabarito comentado:** se o obstáculo rompido pertence a própria coisa, não haverá incidência da qualificadora. Portanto, a assertiva está certa.

Ademais, há o entendimento no STJ de que nesta modalidade de furto qualificado não há a possibilidade de aplicação do princípio da insignificância.

> **Jurisprudência destacada**
>
> (...) A prática do delito de furto qualificado por escalada, destreza, rompimento de obstáculo ou concurso de agentes indica a reprovabilidade do comportamento do réu, sendo inaplicável o princípio da insignificância (STJ, AgRg no AREsp nº 694.006/SP, Rel. Min. Jorge Mussi, 5ª Turma, j. 05.11.2015).

7.1.12.2 Abuso de confiança, fraude, escalada ou destreza

No **abuso de confiança** temos uma relação de confiança e lealdade depositada pela vítima no agente do fato, o que dispensaria uma vigilância ferrenha sobre o bem.

Destaque-se que o fato de a vítima ser conhecida do autor do fato, ou, ainda, a mera relação de emprego não têm o condão de atrair esta qualificadora.

O STJ[12] entendeu pela ocorrência de furto qualificado por abuso de confiança no caso de uma empregada doméstica que subtraiu o valor de R$ 120,00 da gaveta e da carteira do seu patrão.

Trabalhando com o cotidiano, podemos ilustrar que o furto com abuso de confiança é aquele em que uma pessoa qualquer não poderia praticá-lo. É imprescindível que exista o depósito de confiança entre a vítima e o agente.

A **fraude** é representada pela aplicação de um meio ardil, capaz de reduzir a esfera de vigilância da vítima sobre o bem. E, no caso, o núcleo da conduta é **subtrair**.

---

[12] STJ, REsp nº 1.179.690, Rel. Min. Og, *Informativo* nº 481, ago. 2011.

Atenção

É comum haver a confusão entre o furto mediante fraude e o estelionato. Todavia, analisando os núcleos já conseguimos chegar a uma conclusão segura. No furto, o agente aplica a fraude para reduzir a esfera de vigilância sobre o bem, como, por exemplo, uma pessoa que se passa por funcionário de operadora, e com este subterfúgio consegue entrar na casa da vítima, após inspecionar os aparelhos, solicita um copo de água. Enquanto a vítima desloca-se para apanhar um copo de água, o larápio subtrai pertences da residência.

No estelionato, por sua vez, há o induzimento da vítima em erro e a própria vítima entrega o objeto material do fato ao agente. Exemplo: Carlos se passa por um vendedor de panelas extremamente sofisticadas. Apresenta um mostruário da mercadoria, efetua a venda, mas entrega à vítima, em caixas fechadas, apenas réplicas de panelas normais, que não correspondem às que deveriam ter sido vendidas.

- ◆ A **escalada** consiste no ato pelo qual o agente, para acessar o interior de um imóvel, se vale de uma via paralela, podendo ser o transpasse de um muro, ou até mesmo um túnel, valendo-se de qualquer meio hábil para tal, como uma escada, guindaste, andaimes.

- ◆ A **destreza** pode ser facilmente caracterizada pela "mão leve" do agente, o popular batedor de carteira, que representa uma avantajada habilidade manual do agente.

Atenção

Tome cautela pois a orientação é a de que, se a habilidade manual não restar categoricamente demonstrada, não será possível aplicar a qualificadora.

É a hipótese daquele que subtrai celular de pessoa que está dormindo. Naturalmente, não haverá a aplicação da qualificadora em razão da não demonstração da destreza exigida.

Ou, ainda, indivíduo que percebe que terá a carteira surrupiada e impede com um soco que o agente leve sua carteira. Na hipótese, houve apenas tentativa de furto simples.

Agora, se a destreza é percebida por terceira pessoa, que, aos gritos interpela a vítima, teremos a presença da qualificadora no crime, seja tentado, seja consumado.

7.1.12.3 Emprego de chave falsa (§ 4º, III)

A chave falsa é considerada como todo instrumento que permite ao agente criminoso liberar uma fechadura, ainda que não tenha o formato de chave. Em resumo, é tudo aquilo que possa permitir o "desarme" da fechadura, como a chave micha, clipes, chave de fenda, ou outro instrumento similar.[13]

A realização de ligação direta para a prática do furto não qualifica o crime pelo emprego de chave falsa. Isso porque não há o emprego da chave adulterada ou outro instrumento análogo. Seja como for, existem decisões que consideram essa prática como furto qualificado por rompimento de obstáculo, mas é a situação fática que tornará possível uma correta tipificação.

7.1.12.4 Concurso de duas ou mais pessoas (§ 4°, IV)

Trata-se da concorrência de duas ou mais pessoas para a prática do crime de furto. Nesse contexto, não se leva em consideração se os comparsas não são identificados, se são menores ou se ostentem problemas psicológicos. Além disso, todos eles devem estar presentes no momento da prática da ação.

Registre-se que, se o crime for cometido por associação criminosa, o STJ[14] entende que, concorrendo a qualificadora em comento, com o crime do art. 288, não haverá *bis in idem*, na medida em que se trata de infrações autônomas, e que atentam contra bens jurídicos distintos (patrimônio e paz pública).

Por fim, importante destacar a Súmula nº 442[15] do STJ, que não permite a aplicação da causa de aumento (pelo concurso de pessoas) do roubo para a prática aqui discutida. Isso porque o concurso de pessoas qualifica o furto, enquanto representa uma causa de aumento para o roubo. Por terem naturezas jurídicas distintas (qualificadora no furto e causa de aumento no roubo), possuem aplicações isoladas aos tipos penais que regulamentam.

7.1.12.5 Emprego de explosivo ou de artefato análogo que cause perigo comum (§ 4°-A)

Aqui, temos uma nova qualificadora inserida pela Lei nº 13.654/2018, e que fora, inclusive, elevada à condição de crime hediondo pelo Pacote Anticrime.

Na hipótese, os sujeitos empregam explosivo ou qualquer outro artefato que possa gerar explosão e causar perigo como um meio para acessar o patrimônio subtraído.

Exemplo clássico ocorre quando o agente emprega o explosivo para acessar as cédulas de dinheiro de um caixa eletrônico.

Até que houvesse a alteração legislativa, os agentes respondiam pelo crime de furto qualificado pelo rompimento de obstáculo em concurso material com o delito de explosão (art. 251, CP).

---

13 STJ, HC nº 200.126/SP, Rel. Min. Gurgel de Faria, 5ª Turma, j. 28.04.2015, *DJe* 18.05.2015.

14 STJ, AgRg no AREsp nº 1.425.424/SP, Rel. Min. Jorge Mussi, 5ª Turma, j. 06.08.2019, *DJe* 19.08.2019.

15 "**STJ, Súmula nº 442.** É inadmissível aplicar, no furto qualificado, pelo concurso de agentes, a majorante do roubo".

256 Direito Penal Decifrado – Parte Especial

Todavia, com o acréscimo da qualificadora, naturalmente a explosão[16] constitui uma elementar do tipo, não podendo mais se falar em punição pelo crime de explosão sob pena de incorrermos em *bis in idem*.

Ponto de igual relevância diz respeito à possibilidade de cúmulo material desta figura qualificada com aquela prevista no art. 16, § 1º, III, do Estatuto do Desarmamento, que assim prevê:

> **Art. 16.** Possuir, deter, portar, adquirir, fornecer, receber, ter em depósito, transportar, ceder, ainda que gratuitamente, emprestar, remeter, empregar, manter sob sua guarda ou ocultar arma de fogo, acessório ou munição de uso restrito, sem autorização e em desacordo com determinação legal ou regulamentar:
>
> **Pena** – reclusão, de 3 (três) a 6 (seis) anos, e multa.
>
> **§ 1º** Nas mesmas penas incorre quem: (...)
>
> III – possuir, deter, fabricar ou empregar artefato explosivo ou incendiário, sem autorização ou em desacordo com determinação legal ou regulamentar; (...)

Aqui, entendemos que o crime do Estatuto do Desarmamento deve ter aplicação subsidiária, sendo que, tal qual ocorre com o crime de explosão, a posse ou detenção de artefato explosivo constitui uma elementar do tipo penal em comento.

Em síntese, se o indivíduo, por exemplo, fabrica um explosivo no quintal de sua sala e, horas após, o emprega para a prática do crime de furto qualificado pela sua aplicação, entendemos que haverá a absorção do crime-meio pelo crime-fim.

7.1.12.6 Furto por meio de dispositivo informático (§ 4º-B)

Esta figura é inovadora, e foi inserida pela Lei nº 14.155/2021, em razão das inúmeras fraudes e golpes que, diuturnamente são praticadas. Em resumo, podemos dizer que se trata da qualificadora do furto qualificado pela fraude, pois em sua redação consta a expressão "A pena é de reclusão, de 4 (quatro) a 8 (oito) anos, e multa, **se o furto mediante fraude** é cometido por meio de dispositivo eletrônico ou informático (...)" (grifos nossos).

Todavia, temos aqui uma figura especializada do furto mediante fraude.

Para tanto, incidirá a qualificadora em estudo quando o indivíduo subtrair valores de vítimas a partir de dispositivo eletrônico ou informático (computador, celular, *tablet* etc.), estando conectado ou não à internet e mesmo que não ocorra a violação de mecanismo de segurança ou sua utilização.

Também haverá a aplicação dessa qualificadora quando o agente usa de programa malicioso para capturar informações e, posteriormente, adentra a conta-corrente da vítima e promove a subtração.

Como exemplo, imaginemos que João possui uma loja para o conserto de aparelhos celulares. Certo dia, Celso comparece à sua loja solicitando reparo. João executa o serviço,

---

[16] Percebe-se aqui que o crime de explosão tem uma condição estritamente subsidiária.

mas instala ocultamente um aplicativo, que lhe permite obter as informações de senha do proprietário do aparelho. Munido dos dados bancários, João entra no aplicativo com os dados de Celso e promove a transferência de valores para sua conta. Evidentemente que aqui temos a hipótese do furto qualificado por meio de dispositivo informático.

7.1.12.6.1 Causa de aumento de pena específica (§ 4º-C)

O § 4º-C traz uma causa de aumento de pena específica para a situação acima prevista.

Assim, a pena será aumentada de um a dois terços se o crime é praticado mediante utilização de servidor mantido fora do território nacional.

Por servidor, compreenda-se o "sistema informático que permite o acesso a informação por parte de outros sistemas ou computadores dispostos em rede", ou o "computador que, numa rede de computadores, aloja esse tipo de sistema informático".[17]

Assim, basta que o servidor esteja hospedado no território estrangeiro, podendo perfeitamente o agente estar em território nacional.

A segunda causa de aumento de pena diz respeito às vítimas que ostentam uma maior vulnerabilidade. Assim, a pena será aumentada de um terço até o dobro se o crime é praticado contra pessoa idosa ou vulnerável.

O conceito de pessoa idosa é respaldado pela Lei nº 10.741/2003, e representa as pessoas que tenham idade igual ou superior a sessenta anos.

Por outro lado, vulnerável é aquele que não é digno de exprimir sua vontade, que ostenta uma limitação no aspecto intelectual e, justamente em razão desta dificuldade na acepção das situações do dia a dia, tem explorada pelo agente sua vulnerabilidade.

7.1.12.7 Subtração de veículo automotor que venha a ser transportado para outro estado ou para o exterior

Haverá a incidência da qualificadora para aquele que subtrai o veículo e o transporta para outro Estado da Federação ou para o estrangeiro.

Mas atente-se, é imprescindível que ocorra a transposição das fronteiras, não bastando para sua incidência a mera intenção do agente.

Rogério Sanches Cunha (2020) assim dispõe:

> Veja-se que se o agente conseguir consumar a subtração, mas for detido antes de chegar em outro Estado ou país, responderá por furto (simples ou qualificado por alguma das hipóteses do § 4º), mas não por tentativa de furto qualificado pelo § 5º, porque não se pode cogitar de tentativa em uma hipótese em que a subtração se consumou.

---

[17] Definição obtida através do acesso ao *Dicionário Priberam da Língua Portuguesa On-line*, acesso em: 24 nov. 2021.

Bitencourt (2021), acerca do momento consumativo, assim assevera:

> Essa qualificadora cria um problema sério sobre o momento consumativo da nova figura delitiva. Afinal, pode um tipo penal apresentar dois momentos consumativos distintos, um no momento da subtração e outro quando ultrapassar a fronteira de um Estado federado ou do próprio país? Com efeito, quando o agente pratica a subtração de um veículo automotor, em princípio é impossível saber, com segurança, se será transportado para outro Estado ou para fora do território nacional. Assim, essa qualificadora somente se consuma quando o veículo ingressa efetivamente em outro Estado ou em território estrangeiro. Na verdade, não basta que a subtração seja de veículo automotor. É indispensável que este "venha a ser transportado para outro Estado ou para o exterior", atividade que poderá caracterizar um posterius em ralação ao crime já consumado. Nessas circunstâncias, é impossível, em regra, reconhecer a tentativa da figura qualificada quando, por exemplo, um indivíduo é preso, no mesmo Estado, dirigindo um veículo furtado.

Outro ponto de debate gerado pela omissão legislativa diz respeito ao Distrito Federal, já que esta expressão não se encontra no tipo penal.

Todavia, laborando em interpretação extensiva, evidente que o legislador também considerou (embora olvidando a técnica) a Capital do País como apta a ensejar a incidência da qualificadora, embora o STJ[18] não encampe este entendimento quando decidiu situação análoga envolvendo o crime de dano.

Encontra-se em trâmite no Congresso Nacional um Projeto de Lei (nº 845/2019), de autoria do Deputado José Medeiros (PODE/MT), no qual busca incluir no texto legal a expressão "Distrito Federal", justamente para encerrar o impasse.

Decifrando a prova

(Defensor Público – DPE/RR – Cespe/Cebraspe – 2013 – Adaptada) André, maior de idade, capaz, visando subtrair bens deixados no interior de um veículo automotor estacionado em frente a sua residência, durante a madrugada, arrombou um vidro lateral do automóvel, nele ingressou e subtraiu objetos de seu interior. Tendo encontrado a chave reserva no interior do veículo, André levou o carro, mas foi interceptado pela polícia, horas depois, em cidade vizinha, próximo à divisa do Estado. À luz da legislação e da doutrina penal referentes aos crimes contra o patrimônio, os fatos narrados na situação apresentada ajustam-se ao tipo de furto consumado.

( ) Certo   ( ) Errado

Gabarito comentado: pela narrativa, a alternativa que melhor se adequa seria a de furto qualificado. Isso porque inexistem elementos a demonstrar qualquer qualificadora. O rompimento de obstáculo não incide, pois o agente, de fato, levou o automóvel. Já a qualificadora da transposição de fronteiras não restou caracterizada. Na hipótese, o repouso noturno poderia incidir, mas vale recordar que a natureza jurídica do instituto é de causa de aumento, e não uma qualificadora. Portanto, a assertiva está certa.

---

[18] STJ, HC nº 154.051/DF, Rel. Min. Maria Thereza de Assis Moura, j. 04.12.2012.

7.1.12.8 Furto de semovente domesticável de produção, ainda que abatido ou dividido em partes no local da subtração

Esta figura qualificada surgiu para dar tratamento diferenciado ao popular abigeato, que consiste no furto de animais.

A tutela do referido objeto material merece disposição específica, tendo em vista que a situação também é elementar. Naturalmente, a proteção visa atingir os criadores que, uma vez perdendo suas reses, têm prejuízos incalculáveis.

Haverá a incidência da qualificadora quando for subtraído animal que não é selvagem, e destinado à produção, tais como bois, vacas, galinhas, porcos, ovelhas etc.

Perceba também que configura uma elementar do tipo que os animais "sejam destinados à produção". Naturalmente, aqui já podemos excluir os animais domésticos, uma vez que não se enquadram na elementar do tipo penal.

7.1.12.9 Furto de substâncias explosivas ou acessórios

A última qualificadora do furto diz respeito ao furto de substâncias explosivas ou de acessórios que, conjunta ou isoladamente, possibilitem sua fabricação, montagem ou emprego.

Diferentemente do que ocorre na qualificadora do § 4º-A, na qual o explosivo é **meio**, temos que o objeto sobre o qual recai o furto é a substância explosiva ou qualquer acessório que permita sua fabricação ou montagem.

Essa conduta não é considerada hedionda, pois não fora inserida no rol da Lei nº 8.072/1990.

Por derradeiro, destacamos que não haverá absorção caso um agente subtraia explosivo para, posteriormente, aplicá-lo como meio para outra subtração. Prevalece a orientação de que haverá concurso de crimes entre dois furtos qualificados.

7.1.12.10 Furto e roubo no mesmo contexto fático

Dentro do cotidiano, não é raro nos depararmos com situações em que, diante de um mesmo contexto fático, ocorra roubo e furto.

Podemos exemplificar com uma situação na qual um agente, se passando por cliente, subtrai um celular que está sobre o balcão de uma loja. No dia seguinte, ao receber a informação de que havia grande quantidade de dinheiro na loja, o meliante retorna e, portando ostensivamente uma arma de fogo, anuncia o assalto.

Nesse caso, questiona-se a possibilidade de aplicação da figura da continuidade delitiva prevista no art. 71 do Código Penal.

A jurisprudência por muito tempo divergiu sobre o tema, admitindo, em algumas ocasiões, a possibilidade de aplicação.

Todavia, de forma a não mais gerar controvérsias, houve a uniformização da jurisprudência acerca do tema, tanto no STJ quanto no STF.

> **Jurisprudência destacada**
>
> Não há continuidade delitiva entre roubo e furto, porquanto, ainda que possam ser considerados delitos do mesmo gênero, não são da mesma espécie (STJ, HC nº 214.157/RS, Rel. Min. Laurita Vaz, 5ª Turma, j. 17.10.2013).

No mesmo sentido, e sob idêntico argumento, a 2ª Turma do STF, em julgado de lavra do Relator, Min. Gilmar Mendes (HC nº 97.057/RS), no qual aduziu que as espécies delitivas são distintas, praticadas com desígnios distintos, tornando necessária a aplicação da pena em concurso material, e não em continuidade delitiva.

7.2 FURTO DE COISA COMUM

Art. 156. Subtrair o condômino, coerdeiro ou sócio, para si ou para outrem, a quem legitimamente a detém, a coisa comum:
Pena – detenção, de seis meses a dois anos, ou multa.
§ 1º Somente se procede mediante representação.
§ 2º Não é punível a subtração de coisa comum fungível, cujo valor não excede a quota a que tem direito o agente.

7.2.1 Sujeitos

O crime é próprio, pois só pode ser praticado pelo condômino, sócio ou coerdeiro.

7.2.2 Conduta e momento consumativo

A conduta consiste em subtrair coisa comum de quem legitimamente a detém.
Em resumo, é como se o proprietário subtraísse coisa da qual também é dono.
Imaginemos, por exemplo, o sócio de uma empresa que passa a subtrair os bens que compõem o acervo da empresa, em prejuízo dos outros sócios.
O crime é material, eis que só se consuma com o efetivo prejuízo.

7.2.3 Elemento subjetivo

O crime somente é praticado mediante dolo.

7.2.4 Ação penal

O delito somente se processa mediante representação da vítima, sendo classificado como crime de ação penal pública condicionada.

7.2.5 Exclusão do crime

O agente não será punido quando a subtração for de um bem que possa ser substituído e o valor não exceder a quota-parte do agente.

Para essa configuração, devemos fazer uma análise acerca do valor do bem subtraído, bem como do percentual de direito que o sócio, condômino ou herdeiro possui.

Novamente ilustrando: João possui dois irmãos. Todos possuem um patrimônio de R$ 300.000,00 (trezentos mil reais) a serem partilhados. João, na posse legítima de todos os bens, subtrai um relógio avaliado em R$ 20.000,00 (vinte mil reais). Perceba que na hipótese não haverá crime, pois João terá direito a um patrimônio de R$ 100.000,00 e o bem subtraído pode ser substituído por outro de igual valor.

8 Do roubo e da extorsão

8.1 ROUBO

Art. 157. Subtrair coisa móvel alheia, para si ou para outrem, mediante grave ameaça ou violência a pessoa, ou depois de havê-la, por qualquer meio, reduzido à impossibilidade de resistência:

Pena – reclusão, de quatro a dez anos, e multa.

§ 1º Na mesma pena incorre quem, logo depois de subtraída a coisa, emprega violência contra pessoa ou grave ameaça, a fim de assegurar a impunidade do crime ou a detenção da coisa para si ou para terceiro.

§ 2º A pena aumenta-se de 1/3 (um terço) até metade:

I – (revogado); (Redação dada pela Lei nº 13.654, de 2018.)

II – se há o concurso de duas ou mais pessoas;

III – se a vítima está em serviço de transporte de valores e o agente conhece tal circunstância;

IV – se a subtração for de veículo automotor que venha a ser transportado para outro Estado ou para o exterior;

V – se o agente mantém a vítima em seu poder, restringindo sua liberdade;

VI – se a subtração for de substâncias explosivas ou de acessórios que, conjunta ou isoladamente, possibilitem sua fabricação, montagem ou emprego;

VII – se a violência ou grave ameaça é exercida com emprego de arma branca.

§ 2º-A. A pena aumenta-se de 2/3 (dois terços):

I – se a violência ou ameaça é exercida com emprego de arma de fogo;

II – se há destruição ou rompimento de obstáculo mediante o emprego de explosivo ou de artefato análogo que cause perigo comum.

§ 2º-B. Se a violência ou grave ameaça é exercida com emprego de arma de fogo de uso restrito ou proibido, aplica-se em dobro a pena prevista no *caput* deste artigo.

264 Direito Penal Decifrado – Parte Especial

§ 3º Se da violência resulta:

I – lesão corporal grave, a pena é de reclusão de 7 (sete) a 18 (dezoito) anos, e multa;

II – morte, a pena é de reclusão de 20 (vinte) a 30 (trinta) anos, e multa.

8.1.1 Sujeitos

O crime é comum, pois pode ser praticado por qualquer pessoa, exceto, naturalmente, o dono do bem subtraído.

8.1.2 Conduta e momento consumativo

Nesse artigo, laboramos com uma modalidade de crime complexo (tipo que se materializa pela junção de dois tipos penais: furto e constrangimento ilegal).

Há também uma complexidade sobre o bem tutelado, já que, aqui, a proteção recai sobre o patrimônio, a liberdade individual e a integridade física do agente.

Dentre as condutas previstas é considerado hediondo o roubo cometido com restrição à liberdade de locomoção da vítima, com emprego de arma de fogo (uso permitido, restrito ou proibido) ou do qual resulte lesão corporal grave ou morte.

Outro destaque importante é que, o roubo possui nove causas de aumento e apenas duas figuras qualificadas (dispostas no § 3º do art. 157). É importante essa menção pois, no furto, temos três causas de aumento e nove qualificadoras. Portanto, importante atentar para as disposições topográficas, pois, eventualmente, mencionar que uma determinada causa qualifica o roubo tornará a questão ou assertiva equivocada.

O roubo será consumado no momento em que ocorre a inversão da posse do bem, após o emprego da violência ou da grave ameaça, ainda que seja por breve espaço de tempo ou após perseguição imediata do agente, sendo desnecessária a posse mansa e pacífica do bem. Inclusive, esta disposição encontra guarida no entendimento sumular nº 582 do STJ.

Adota-se, pois, a teoria da *amotio* ou *apprehensio* para se definir o momento consumativo do delito, conforme explanado nas considerações iniciais do furto.

Decifrando a prova

(Delegado de Polícia Federal – PF – Cespe/Cebraspe – 2018) Em cada item seguinte, é apresentada uma situação hipotética seguida de uma assertiva a ser julgada com base na legislação de regência e na jurisprudência dos tribunais superiores a respeito de exclusão da culpabilidade, concurso de agentes, prescrição e crime contra o patrimônio.

Severino, maior e capaz, subtraiu, mediante o emprego de arma de fogo, elevada quantia de dinheiro de uma senhora, quando ela saía de uma agência bancária. Um policial que presenciou o ocorrido deu voz de prisão a Severino, que, embora tenha tentado fugir, foi preso pelo policial após breve perseguição. Nessa situação, Severino responderá por tentativa de roubo, pois não teve a posse mansa e pacífica do valor roubado.

> ( ) Certo ( ) Errado
>
> **Gabarito comentado:** como ocorre com o furto, para a consumação do roubo basta que o agente inverta a posse do bem, ainda que por breves momentos, que ocorra perseguição ou que não tenha a posse mansa e pacífica, em homenagem à teoria da *amotio*. Vale recordar que sobre o momento consumativo do roubo, temos a Súmula nº 582 do STJ. Portanto, a assertiva está errada.

A figura prevista no *caput* é descrita como "roubo próprio", que é aquela conduta em que o agente, para se apropriar do patrimônio alheio, aplica violência (violência direta contra o corpo do agente, que lhe cause lesão ou uma redução de determinada capacidade física); grave ameaça (intimidação) – o que se denomina violência própria; ou qualquer outro meio capaz de impossibilitar a vítima de resistir ou defender-se (esta última hipótese também chamada de violência imprópria – ex.: emprego de drogas, sonífero, hipnose, trancar a vítima em um cômodo, de maneira sorrateira).

No § 1º, temos a figura do roubo impróprio ou roubo por aproximação/equiparação, que se configura quando o agente se vale da violência ou grave ameaça não para subtrair a coisa, mas para assegurar a impunidade do crime ou a detenção da coisa que já está na sua posse. Resumindo, a conduta se amoldaria a um furto, todavia, para assegurar a posse mansa e pacífica do bem emprega-se a violência própria.

Atenção

Podemos trazer aqui um raciocínio importante.

A figura do *caput* é o roubo próprio, que admite tanto a violência própria como a imprópria.

Noutro norte, o roubo impróprio somente admite a violência própria.

8.1.2.1 Entendimentos relevantes

Importante também colacionar alguns entendimentos pertinentes:

a. Não cabe a aplicação do princípio da insignificância ao crime de roubo.[1]

b. É típica a conduta de roubar bem ilícito, pois a *res furtiva* tem relevância econômica para a vítima.[2]

c. O STF[3] entendeu que o roubo cometido contra mais de uma pessoa no mesmo contexto fático caracteriza concurso formal. O STJ[4] ratificou esse entendimento,

---

[1] STJ, HC nº 149.877/MG, Rel. Min. Napoleão Nunes Maia Filho, 5ª Turma, j. 17.06.2010.

[2] STJ, REsp nº 1.645.969/MG, Rel. Min. Sebastião Reis Junior, 6ª Turma, j. 06.12.2018.

[3] STF, HC nº 112.871/DF, Rel. Min. Rosa Weber, *DJe* 30.04.2013.

[4] STJ, HC nº 363.933/SP, Rel. Min. Ribeiro Dantas, 5ª Turma, *DJe* 20.06.2017.

266 Direito Penal Decifrado – Parte Especial

com ressalvas: havendo a interpelação de duas ou mais pessoas para subtração do patrimônio de apenas uma delas, teremos um crime único de roubo. Todavia, se for atingido o patrimônio de mais de uma pessoa, haverá o concurso formal.

Inclusive, o fato de as pessoas serem da mesma família não torna o crime único.

d. A ocasional inexistência de valores em poder da vítima de assalto, inviabilizando sua consumação, traduz caso de impropriedade **relativa** do objeto, o que caracteriza a tentativa e não a figura de crime impossível.[5]

8.1.3 Causas de aumento de pena e qualificadoras

Avançando para as hipóteses que representam um aumento da pena ou tratam de figuras qualificadoras, passemos à análise.

Primeiramente, analisaremos as causas de aumento do § 2º, que prevê um aumento de 1/3 até a metade, nas hipóteses abaixo destacadas.

O inciso I do § 2º, que laborava sobre o uso de arma, foi revogado tendo em vista que agora existem causas de aumento distintas para o emprego de arma branca e para o emprego de arma de fogo, que serão abordadas posteriormente.

O inciso II faz referência ao concurso de pessoas. Para sua incidência, é imprescindível que os agentes pratiquem o núcleo do tipo e, ainda, um mínimo de duas pessoas, devendo considerar possíveis inimputáveis ou agentes não identificados.

O inciso III traz a causa de aumento para situações em que o agente está em situação de transporte de valores (carro forte, correios, transportadora etc.).

O STJ tem decidido que o roubo cometido contra os Correios atrai esta majorante (REsp nº 1.309.966/RJ, j. 26.08.2014).

Redobre a atenção, pois, neste caso, nos termos do art. 109, IV, da CF, a competência para julgamento será da Justiça Federal.

Mas isso nem sempre será assim. Como é notório, os Correios também atuam em sistema de agências franqueadas, pessoas jurídicas de direito privado que alçam o *status* por conta de processo licitatório. Dessa forma se o fato atingir uma empresa franqueada, a competência será da Justiça Estadual. Mas este entendimento diz respeito ao patrimônio da agência propriamente dita.

Se a conduta atingir os bens transportados por Sedex – ainda que por agente terceirizado, o STJ[6] considera crime contra o serviço postal, atraindo a competência da Justiça Federal.

No inciso IV, temos a figura majorada do roubo quando o veículo tem por objetivo o deslocamento para outro Estado da Federação ou para outro país.

---

[5] STJ, HC nº 343.751/SP, Rel. Min. Reynaldo Soares da Fonseca, 5ª Turma, j. 23.02.2016.

[6] STJ, Conflito de Competência nº 156.789-MG, Rel. Min. Reynaldo Soares da Fonseca, 5ª Turma, *DJe* 20.03.2018.

Capítulo 8 ♦ Do roubo e da extorsão **267**

Como já mencionado para a hipótese do furto, é indispensável que ocorra a transposição de fronteiras para sua consumação. Não demonstrada a transposição de fronteiras, o roubo será simples, a menos que exista outra qualificadora na espécie.

O inciso V aumenta a pena para hipóteses em que o agente mantém a vítima em seu poder.

São hipóteses em que o agente, para consumar o crime ou garantir o sucesso da fuga, mantém a vítima em seu poder. Essa hipótese agora é considerada como crime hediondo.

Basta imaginar a conduta de três pessoas que entram em uma residência, anunciam o assalto e levam a camionete de propriedade do morador. Para isso, dois indivíduos permanecem na residência, cerceando o direito de ir e vir do morador, enquanto o outro comparsa desloca-se com a camionete até o Paraguai.

Naturalmente, haverá a incidência desta causa de aumento.

O inciso VI aumenta a pena se a subtração for de substâncias explosivas ou de acessórios que, conjunta ou isoladamente, possibilitem sua fabricação, montagem ou emprego.

Por fim, o inciso VII tem previsão de aumento de pena para o roubo cometido com emprego de arma branca (tais como: faca de cozinha, tesoura, navalha, pedra, vidro etc.). Esta hipótese foi remanejada para o inciso VII, para que possamos ter uma relação de proporcionalidade entre o meio empregado para assegurar o êxito do roubo.

O § 2º-A também consagra uma causa de aumento de pena (*quantum* fixo de 2/3) nas seguintes hipóteses:

No inciso I, incidirá o aumento se a violência ou a ameaça é exercida com **emprego** (não bastando o mero porte) de arma de fogo; ou

---

Atenção

Acerca do uso da arma de brinquedo, deve-se destacar que a Súmula nº 174 do STJ já foi há muito revogada (ano de 2001).

Além disso, o STJ e o STF entendem que, para a configuração da majorante, é desnecessária a apreensão da arma, desde que sua utilização seja ratificada por outros meios.

Entretanto, se a arma de fogo usada no crime for apreendida, periciada e se constatar sua ineficiência, não haverá que se falar em majorante.

Também aqui destacamos a divergência jurisprudencial existente no STJ acerca da (in)aplicabilidade da causa de aumento se a arma de fogo estiver desmuniciada.

Há um primeiro entendimento[7] que especifica que, para incidir a causa de aumento, a arma deve estar acompanhada da munição, pois, caso contrário, não estará apta a produzir o disparo, equiparando-se a um simulacro.

Noutro giro, há posição contrária, laborando que deve ser aplicada a causa de aumento, caso a arma seja apta a produzir lesões graves.[8]

---

[7] STJ, AgRg no Resp nº 1.536.939/SC, Rel. Min. Sebastião Reis Júnior, 6ª Turma, j. 15.10.2015, *DJe* 05.11.2015. No mesmo sentido, STJ, HC nº 397.107/MG, Rel. Min. Ribeiro Dantas, 5ª Turma, *DJe* 1º.08.2017.

[8] STJ, REsp nº 1.489.166/RJ, Rel. Min Gurgel de Farias, 5ª Turma, *DJe* 02.02.2016.

Em que pese se tratar de posicionamento minoritário ousamos concordar com a segunda posição, na medida em que, havendo o emprego efetivo de arma de fogo, há, de fato, uma redução na capacidade da vítima que resta atemorizada pelo emprego da arma.

Além disso, com o emprego da arma, a vítima, em razão do abalo mental, não possui condições de aferir se o armamento está ou não municiado.

Por essa razão, e partindo da premissa do próprio texto legal, havendo o emprego de arma de fogo e sendo esta apta a produzir disparos, deve incidir a causa de aumento.

O inciso II do § 2º-A dispõe que haverá o aumento caso ocorra a destruição ou rompimento de obstáculo mediante o emprego de explosivo ou de artefato análogo que cause perigo comum.

Destacamos que, por uma absurda incongruência o legislador ordinário não incluiu este inciso como crime hediondo. Isso se torna curioso, na medida em que o fez com relação ao furto (*modus operandi* menos grave).

A doutrina trata o tema como uma "omissão terrível".

Ora, é evidente que esta postura, além de causar uma insegurança jurídica terrível, demonstra o despreparo do legislador ao inserir o furto qualificado (pelo emprego de explosivo ou artefato análogo) como hediondo e desprezar o roubo com emprego de explosivo.

O § 2º-B prevê que a pena é aplicada **em dobro** se a violência ou grave ameaça é exercida com emprego de arma de fogo de uso restrito ou proibido.

Aqui, estamos diante de norma penal em branco, tendo em vista que os decretos que complementam o Estatuto do Desarmamento é que permitirão essa identificação.

Em resumo, as armas de fogo são aquelas de uso restrito das forças policiais, enquanto as armas de fogo de uso permitido são aquelas que possuem aparência de instrumento inofensivo, mas que são suscetíveis de causar o disparo de um projetil a partir da explosão causada pela expansão de gases.

Para a análise geral das causas de aumento, é imperioso ressaltar a Súmula nº 443 do STJ, que estabelece que a aplicação das causas de aumento deve ser devidamente fundamentada, não bastando a mera indicação do número de majorantes.

Por derradeiro, o § 3º traz duas figuras que (agora sim) qualificam o crime de roubo, a primeira, no que diz respeito à lesão corporal de natureza grave ou gravíssima (pena de reclusão de 7 a 18 anos) e a segunda hipótese, que se trata do resultado morte, o popular latrocínio (pena de 20 a 30 anos).

Para a ocorrência das qualificadoras, o resultado deve ter sido causado ao menos de forma culposa – naturalmente que também qualificará o roubo se o resultado lesão grave ou morte for causado a título de dolo.

Relevante atinar, de igual forma, que as majorantes dos §§ 2º, 2º-A e 2º-B têm exclusiva aplicação aos crimes de roubo próprio e impróprio, não se aplicando para as hipóteses de roubo qualificado.

E extraímos isto de duas situações: a primeira, diz respeito ao *quantum* de pena previsto, que, para o roubo qualificado apresenta pena de 20 a 30 anos. A segunda, diz respeito à disposição topográfica da qualificadora, que é prevista após as causas de aumento, logo, não possuindo aplicação.

Acerca do latrocínio, impende ressaltar que o crime é complexo, formado pela soma de um crime patrimonial e um crime contra a vida.

Morte consumada	Subtração consumada	Latrocínio consumado
Morte tentada	Subtração tentada	Latrocínio tentado
Morte consumada	Subtração tentada	Latrocínio consumado (*vide* Súmula nº 610, STF).
Morte tentada	Subtração consumada	Latrocínio tentado

Em resumo, se há a consumação da morte, ainda que a subtração não se materialize, estaremos diante do crime de homicídio.

Sobre a terceira situação, Rogério Greco (2018) discorda, entendendo que, caso ocorra homicídio consumado e subtração tentada, deveria o agente responder por tentativa de latrocínio e não por homicídio qualificado ou latrocínio consumado.

Noutro giro, havendo latrocínio com pluralidade de vítimas, de um lado, Bitencourt e o STF,[9] ao sustentarem que é desnecessário que a vítima da violência seja a mesma da subtração da coisa, desde que haja conexão entre os fatos, não haverá o desvirtuamento de crime único.

O STJ[10] tem, igualmente, entendimento contrário, que aduz que, na espécie, poder-se-ia estar diante de concurso formal impróprio, que implica, basicamente, em aplicar a regra do concurso material, em razão das unidades de desígnios autônomos.

Outro ponto que merece destaque é que o latrocínio se encontra previsto no rol dos crimes patrimoniais, por essa razão, sua ocorrência enseja a competência da Justiça Comum.[11]

O processamento do roubo, em todas as suas modalidades, opera-se mediante ação penal pública incondicionada.

8.1.4 Elemento subjetivo

O crime somente é praticado mediante dolo.

8.2 EXTORSÃO

Art. 158. Constranger alguém, mediante violência ou grave ameaça, e com o intuito de obter para si ou para outrem indevida vantagem econômica, a fazer, tolerar que se faça ou deixar de fazer alguma coisa:

---

[9] *Informativo* nº 699.

[10] STJ, RvCr nº 3.539/MG, *DJe* 13.09.2017.

[11] Evidente que, para a tipificação do roubo qualificado, é imprescindível que a lesão grave ou a morte ocorra diretamente no contexto do roubo. Caso contrário, havendo subsequente alteração do dolo (progressão criminosa), poderá ocorrer o concurso de crimes.

Pena – reclusão, de quatro a dez anos, e multa.

§ 1º Se o crime é cometido por duas ou mais pessoas, ou com emprego de arma, aumenta-se a pena de um terço até metade.

§ 2º Aplica-se à extorsão praticada mediante violência o disposto no § 3º do artigo anterior.

§ 3º Se o crime é cometido mediante a restrição da liberdade da vítima, e essa condição é necessária para a obtenção da vantagem econômica, a pena é de reclusão, de 6 (seis) a 12 (doze) anos, além da multa; se resulta lesão corporal grave ou morte, aplicam-se as penas previstas no art. 159, §§ 2º e 3º, respectivamente.

8.2.1 Sujeitos

O crime é comum, pois pode ser praticado por qualquer pessoa.

8.2.2 Conduta e momento consumativo

Este delito pune, num primeiro momento, o patrimônio da vítima e, num segundo plano, a inviolabilidade pessoal da vítima.

O objetivo do agente na extorsão é o de obter vantagem indevida (o núcleo do tipo é o verbo "constranger", que possui como sinônimo: obrigar, coagir, exigir...). Todavia, estamos diante de um delito formal,[12] que se consuma independentemente da obtenção desta vantagem.

Como se vê, constituem elementares do tipo penal a existência de violência ou grave ameaça.

A violência consiste na prática de uma agressão sobre a integridade corporal da vítima, já a grave ameaça constitui uma promessa de causar mal grave ao sujeito passivo caso não forneça o que lhe é exigido. Ressalve-se que a ameaça pode ser até mesmo com relação aos bens da vítima.

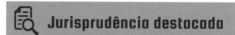
Jurisprudência destacada

No crime de extorsão, a ameaça a que se refere o *caput* do art. 158 do CP, exercida com o fim de obter a indevida vantagem econômica, pode ter por conteúdo grave dano aos bens da vítima (STJ, HC nº 343.825/SC, Rel. Min. Ribeiro Dantas, 5ª Turma, j. 15.09.2016).

Como já é classificada, a obtenção da vantagem representa apenas o exaurimento da conduta.

---

[12] "STJ, Súmula nº 96. O crime de extorsão consuma-se independentemente da obtenção da vantagem indevida".

> **Atenção**
>
> Se a exigência por vantagem indevida partir de um servidor público, não teremos o crime de extorsão, mais sim o de concussão (art. 316, CP). Porém, caso o servidor se valha de violência ou grave ameaça no seu intento, não haverá concussão, e sim extorsão. Por esta razão que uma boa análise do caso concreto faz a diferença.

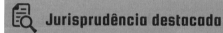 **Jurisprudência destacada**

> Comete o crime de extorsão e não o de concussão, o funcionário público que se utiliza de violência ou grave ameaça para obter vantagem indevida (STJ, HC nº 54.776/SP, Rel. Min. Nefi Cordeiro, 6ª Turma, j. 18.09.2014, *DJe* 03.10.2014).

Não há que se confundir o delito de extorsão com o roubo, pois, neste, o agente emprega a violência ou grave ameaça para subtrair o bem, buscando imediata vantagem, dispensando a participação da vítima.

Já no delito de extorsão, há o emprego de violência ou grave ameaça para fazer com que a vítima lhe conceda uma vantagem futura indevida.

Logo, não há que se confundir os delitos.

Vale a ressalva de que o STJ e o STF entenderam haver possibilidade de cumulação material das infrações, na hipótese em que o agente, após subtrair os bens da vítima mediante violência ou grave ameaça, a constrange a entregar o cartão bancário e a respectiva senha para sacar dinheiro de sua conta (STJ, AgRg no AREsp nº 323.029/DF, Rel. Min. Rogerio Schietti Cruz, 6ª Turma, j. 1º.09.2016, *DJe* 12.09.2016).

> **Decifrando a prova**
>
> **(Delegado de Polícia Federal – PF – Cespe/Cebraspe – 2021)** No que concerne aos crimes previstos na parte especial do Código Penal, julgue o item subsequente:
> Em se tratando de crime de extorsão, não se admite tentativa.
> ( ) Certo   ( ) Errado
> **Gabarito comentado:** o crime de extorsão, embora formal, ou de consumação antecipada, é classificado como plurissubsistente, ficando em evidência a tentativa, por exemplo, na hipótese de uma carta extorsionária. Portanto, a assertiva está errada.

A distinção é elementar. Recorde-se dos núcleos que compõem os tipos penais a fim de facilitar a compreensão sobre o tema.

Roubo	**Núcleo:** subtrair (faz-se necessária a presença das elementares, mediante violência ou grave ameaça ou, ainda, a redução da possibilidade de resistência da vítima).	Aqui, o bem é retirado da esfera de propriedade do seu titular contra a sua vontade.
Extorsão	**Núcleo:** constranger (faz-se necessária a presença da violência ou da ameaça).	Neste crime, o proprietário é constrangido a entregar a vantagem indevida ao criminoso. Logo, há participação do proprietário ou possuidor na entrega do bem.

8.2.3 Causa de aumento

Haverá causa de aumento de pena, equivalente a 1/3 à metade, se o crime é cometido por duas ou mais pessoas ou com o emprego de arma (branca ou de fogo), frisando que inimputáveis ou pessoas não identificadas servem para a contabilização do número de agentes.

Como a lei não fez distinção acerca do que se entende por arma, tanto a doutrina quanto os tribunais entendem que se aplica aqui o sentido amplo de arma, considerando-se como tal tudo aquilo capaz de causar temor à vítima.

Se da extorsão resulta lesão corporal grave, gravíssima ou morte, aplicam-se os regramentos do § 3º do art. 157, com as respectivas proporções. Essas modalidades previstas no § 3º são consideradas como crimes hediondos.

Para arrematar o crime de extorsão, vale o destaque à figura destacada no § 3º do referido artigo, que contempla a hipótese de sequestro-relâmpago.

Haverá a incidência da referida qualificadora quando o crime é cometido mediante a restrição da liberdade da vítima, e essa condição é necessária para a obtenção da vantagem econômica.

Assim, caso o agente tenha a liberdade suprimida e seja coagido a entregar vantagem indevida para outra pessoa, haverá o crime em tela. Como é o caso da pessoa que é levada até um banco e obrigada (aqui entra o constrangimento pela grave ameaça, lembrando que pode haver também a violência) a promover saque de valores e entregar à outra pessoa ou efetuar transações mediante PIX.

Decifrando a prova

(Delegado de polícia Civil – PC/RO – Funcab – 2014) De acordo com o Código Penal, a conduta conhecida como "sequestro-relâmpago" (em que os agentes abordam a vítima, restringem sua liberdade, e com ela deslocam-se a caixas eletrônicos, com o intuito de fazer saques em dinheiro) enquadra-se no crime de:

> A) roubo;
> B) extorsão mediante sequestro;
> C) constrangimento ilegal;
> D) extorsão;
> E) sequestro.
> **Gabarito comentado:** o popular "sequestro-relâmpago" é um crime que se amolda à extorsão qualificada, art. 158, § 3º, do CP. Portanto, a resposta é a letra D.

O STJ[13] entende pela possibilidade de aplicação das causas de aumento da extorsão para o § 3º, mesmo que a disposição topográfica leve a crer pela inaplicabilidade.

8.2.4 Elemento subjetivo

A extorsão só se pratica mediante dolo.

8.3 EXTORSÃO MEDIANTE SEQUESTRO

Art. 159. Sequestrar pessoa com o fim de obter, para si ou para outrem, qualquer vantagem, como condição ou preço do resgate:

Pena – reclusão, de oito a quinze anos.

§ 1º Se o sequestro dura mais de 24 (vinte e quatro) horas, se o sequestrado é menor de 18 (dezoito) ou maior de 60 (sessenta) anos, ou se o crime é cometido por bando ou quadrilha.

Pena – reclusão, de doze a vinte anos.

§ 2º Se do fato resulta lesão corporal de natureza grave:

Pena – reclusão, de dezesseis a vinte e quatro anos.

§ 3º Se resulta a morte:

Pena – reclusão, de vinte e quatro a trinta anos.

§ 4º Se o crime é cometido em concurso, o concorrente que o denunciar à autoridade, facilitando a libertação do sequestrado, terá sua pena reduzida de um a dois terços.

8.3.1 Sujeitos

O crime pode ser praticado por qualquer pessoa.

Como sujeito passivo (vítima), igualmente, qualquer pessoa pode ser vítima. Inclusive, o entendimento predominante é que a pessoa jurídica também pode ser vítima, como, por

---

[13] STJ, REsp nº 1.353.693/RS, Rel. Min. Reynaldo Soares da Fonseca, *DJe* 21.09.2016.

274 Direito Penal Decifrado – Parte Especial

exemplo, quando um dos sócios é sequestrado e o pagamento do resgate é feito com o patrimônio da empresa.

8.3.2 Conduta e momento consumativo

Neste crime, analisamos a conduta em que a privação da liberdade é meio necessário para a obtenção da vantagem indevida. Além disso, as figuras aqui contidas, tanto em sua forma simples quanto nas qualificadas, são todas denominadas hediondas.

Se ocorrer a privação de liberdade de um animal, constrangendo-se seu dono, mediante grave ameaça a pagar resgate, haverá a figura da extorsão simples.

Para a configuração do presente crime, basta o autor exigir qualquer vantagem (diferentemente dos anteriores, em que a vantagem deveria ser indevida).

O delito é classificado como permanente[14] e formal, consumando-se independentemente de a vantagem ser recebida.

8.3.3 Qualificadoras

O crime é qualificado se o sequestro durar mais de 24 horas ou se o agente tem menos de 18 anos ou mais de 60 e, ainda, se o crime é praticado por associação criminosa (neste último caso, não haverá *bis in idem* se for processado e condenado pela extorsão qualificada + associação criminosa), por se tratar de condutas autônomas e que tutelam bens jurídicos distintos.

O § 3º do art. 158 tem as mesmas considerações acerca do art. 157, § 3º, ao qual fazemos remessa.

> ### 🧩 Decifrando a prova
>
> **(Delegado de Polícia Civil – PC/SP – Vunesp – 2018)** O crime de extorsão mediante sequestro (CP, art. 159):
>
> A) é qualificado se do fato resulta lesão corporal grave ou morte;
>
> B) é qualificado se cometido contra vítima menor de 18 (dezoito) anos ou maior de 50 (cinquenta) anos;
>
> C) não admite a modalidade tentada;

---

[14] Acerca do crime permanente, importante recordar a Súmula nº 711 do STF: "A lei penal mais grave aplica-se ao crime continuado ou ao crime permanente, se a sua vigência é anterior à cessação da continuidade ou da permanência".

Capítulo 8 ◆ Do roubo e da extorsão **275**

> D) consuma-se quando o agente solicita vantagem como preço do resgate, por se tratar de crime contra o patrimônio;
>
> E) consuma-se quando o agente obtém vantagem como preço do resgate, por se tratar de crime contra o patrimônio.
>
> **Gabarito comentado:** de fato, o crime é qualificado se do fato há o resultado lesão grave ou morte, conforme o art. 159, §§ 2º e 3º. Portanto, a resposta é a letra A.

8.3.4 Causa de redução de pena

Por derradeiro, o § 4º apresenta uma hipótese de delação premiada, laborando em uma causa especial de redução de pena. Ressaltamos que aqui a delação não implicará em isenção de pena ou extinção da punibilidade.

Assim, a pena será reduzida no patamar de 1/3 a 2/3 se o agente que concorreu para a prática delitiva denunciar o fato à autoridade e, em decorrência da delação houver a facilitação na libertação do sequestrado.

Caso as informações não facilitem na liberação do sequestrado não haverá a incidência da minorante.

Pela gravidade e, ainda, por ser considerado hediondo, naturalmente a ação penal será pública incondicionada.

8.3.5 Elemento subjetivo

Somente se pratica o crime mediante dolo.

8.4 EXTORSÃO INDIRETA

> **Art. 160.** Exigir ou receber, como garantia de dívida, abusando da situação de alguém, documento que pode dar causa a procedimento criminal contra a vítima ou contra terceiro:
>
> **Pena** – reclusão, de um a três anos, e multa.

8.4.1 Sujeitos

O sujeito ativo será qualquer pessoa. Já o sujeito passivo é aquele que entrega o documento.

8.4.2 Conduta e momento consumativo

Trata-se de infração que não costuma ser muito explorada, entretanto, seus elementos possuem uma fácil compreensão.

Direito Penal Decifrado – Parte Especial

O tipo em estudo é uma infração que tem por objetivo a proteção patrimonial, sobretudo nas relações entre credores e devedores, nas quais o sujeito ativo, no caso de inadimplência, poderia ter uma vantagem exacerbada se em comparação com o devedor. É elementar do tipo, que a exigência do referido documento seja no intuito de garantir, através da figura da coação, o pagamento da dívida.

O crime que pode ser formal no núcleo "exigir" e material no "receber", consiste em praticar uma dessas condutas, abusando da situação de vulnerabilidade financeira de outrem, recebendo documento que possa dar causa a instauração de um procedimento criminal (inquérito policial ou processo penal) contra a vítima ou terceiro.

O documento entregue pela vítima deve ser suficiente para desaguar na propositura de um procedimento criminal, caso contrário, inexistirá o crime. O exemplo é a exigência da entrega de um cheque que, sabidamente, não possui fundos ou um cheque em branco. Havendo inadimplência, o credor preenche o cheque e apresenta a autoridade, alegando se tratar de um crime de estelionato.

A conduta só se pratica mediante dolo.

Na modalidade exigir, o crime é formal, enquanto na conduta de receber é material.

O crime se consuma independentemente da instauração do procedimento criminal contra a vítima, basta que seja possível seu andamento.

O crime processa-se mediante ação penal pública incondicionada.

Decifrando a prova

(Delegado de Polícia Civil de 1ª Classe – PC/CE – Vunesp – 2015) O filho de João tem grave problema de saúde e precisa realizar custoso procedimento cirúrgico, que a família não tem condição de pagar. Imagine que Pedro empresta R$ 50.000,00 a João, mas como garantia de tal dívida exige que João, de próprio punho e em documento escrito, confesse ter traído a própria esposa, bem como ter fraudado a empresa em que ambos trabalham, desviando recursos em proveito próprio. João cede à exigência a fim de obter o empréstimo. A conduta de Pedro:

A) é isenta de pena, por incidir causa supralegal que afasta a culpabilidade, qual seja, o consentimento da vítima;

B) configura exercício arbitrário das próprias razões;

C) é atípica, por ausência de previsão legal;

D) configura constrangimento ilegal;

E) configura extorsão indireta.

Gabarito comentado: a hipótese configura crime de extorsão indireta, já que o credor exigiu do devedor documento que pudesse dar ensejo a procedimento criminal. Portanto, a resposta é a letra E.

Da usurpação

9.1 ALTERAÇÃO DE LIMITES

Art. 161. Suprimir ou deslocar tapume, marco, ou qualquer outro sinal indicativo de linha divisória, para apropriar-se, no todo ou em parte, de coisa imóvel alheia:

Pena – detenção, de um a seis meses, e multa.

§ 1º Na mesma pena incorre quem:

Usurpação de águas

I – desvia ou represa, em proveito próprio ou de outrem, águas alheias;

Esbulho possessório

II – invade, com violência a pessoa ou grave ameaça, ou mediante concurso de mais de duas pessoas, terreno ou edifício alheio, para o fim de esbulho possessório.

§ 2º Se o agente usa de violência, incorre também na pena a esta cominada.

§ 3º Se a propriedade é particular, e não há emprego de violência, somente se procede mediante queixa.

9.1.1 Sujeitos

As condutas previstas no art. 161 e seu § 1º podem ser praticadas por qualquer pessoa.

9.1.2 Conduta e momento consumativo

A conduta da figura prevista no *caput* consiste em retirar ou mudar de lugar qualquer sinal identificador de linha divisória do terreno, com a finalidade de se apropriar do terreno de outra pessoa.

No § 1º, I, temos o crime de usurpação de águas, que consiste na conduta de alterar o curso normal ou armazenar água que pertença a outra pessoa. Naturalmente que essa

278 Direito Penal Decifrado – Parte Especial

conduta somente restará consumada se o titular do uso do recurso hídrico não tiver ciência do desvio ou represamento.

No 1º, II, há o crime de esbulho possessório, que tem como núcleo do tipo a invasão, mediante violência ou grave ameaça à pessoa, ou mediante a participação de mais de duas pessoas com a finalidade de deteriorar a propriedade alheia.

O § 2º preconiza que, havendo a violência, haverá cúmulo material de infrações.

Vale ressaltar que o crime em estudo tem como tutela principal o patrimônio alheio, de modo que, com a violência noticiada, por se tratar de bem jurídico de outra natureza, haverá a soma das penas.

Por derradeiro, o § 3º noticia que se a propriedade esbulhada é particular e não há a prática de violência, a ação penal será privada. Nas demais hipóteses, por ausência de disposição específica, a ação penal será pública incondicionada.

9.1.3 Elemento subjetivo

O crime somente é praticado mediante dolo, não existindo previsão para a modalidade culposa. Ademais, há a finalidade específica de se apropriar de fração de terra ou água que pertença a outrem.

9.2 SUPRESSÃO OU ALTERAÇÃO DE MARCA EM ANIMAIS

> **Art. 162.** Suprimir ou alterar, indevidamente, em gado ou rebanho alheio, marca ou sinal indicativo de propriedade:
>
> **Pena** – detenção, de seis meses a três anos, e multa.

9.2.1 Sujeitos

O crime é comum, podendo ser praticado por qualquer pessoa.

9.2.2 Conduta e momento consumativo

Como decorrência da tutela principal do Título II, protege-se o patrimônio. Nesse contexto, neste Capítulo, protege-se, sobretudo, o direito à propriedade e às criações, plantações e/ou outras atividades campesinas.

As condutas previstas no art. 162 do CP representam os atos de retirar ou modificar, sem a devida permissão, em gado ou qualquer outro rebanho que pertença a outrem, marca ou sinal indicativo de propriedade.

De fato, não são todos os rebanhos que possuem o sinal indicativo do local a que pertencem.

Todavia, os grandes pecuaristas têm por hábito marcar o gado (chamada marcação a fogo) a fim de identificarem que pertencem a determinado produtor.

Todavia, tal prática tem representado um prejuízo ao produtor, eis que aumentam os números de denúncias por maus-tratos, além de trazer um prejuízo ao couro do animal, que, após o abate, também é objeto de comercialização.

Logo, quem alterar ou retirar sinal indicativo de qualquer *res* do rebanho, pratica o crime em tela, que é classificado como formal.

9.2.3 Elemento subjetivo

O crime somente é praticado mediante dolo, não existindo previsão para a modalidade culposa.

10 Do dano

10.1 DANO

Art. 163. Destruir, inutilizar ou deteriorar coisa alheia:

Pena – detenção, de um a seis meses, ou multa.

Dano qualificado

Parágrafo único. Se o crime é cometido:

I – com violência à pessoa ou grave ameaça;

II – com emprego de substância inflamável ou explosiva, se o fato não constitui crime mais grave

III – contra o patrimônio da União, de Estado, do Distrito Federal, de Município ou de autarquia, fundação pública, empresa pública, sociedade de economia mista ou empresa concessionária de serviços públicos;

IV – por motivo egoístico ou com prejuízo considerável para a vítima:

Pena – detenção, de seis meses a três anos, e multa, além da pena correspondente à violência.

10.1.1 Sujeitos

O crime pode ser praticado por qualquer pessoa.

10.1.2 Conduta e momento consumativo

A tutela inserida neste dispositivo diz respeito à preservação do patrimônio alheio.

O delito de dano simples é considerado de menor potencial ofensivo, admitindo todos os benefícios da Lei do Juizado Especial Criminal (Lei nº 9.099/1995).

Direito Penal Decifrado – Parte Especial

O delito em estudo é subsidiário, configurando-se somente se o agente não tinha por intento a prática de um crime mais grave.

A conduta representa o ato de destruir, eliminar, tornar imprestável, coisa pertencente a outra pessoa.

O crime, evidentemente material, depende da demonstração de efetivo prejuízo, admitindo, igualmente, a tentativa.

10.1.3 Formas qualificadas

Os incisos trazem a forma qualificada do dano.

No inciso I, a pena em abstrato é elevada em razão do emprego de violência física ou de grave ameaça contra a pessoa. A violência ou grave ameaça aqui consistem num meio para a efetivação do dano.

Decifrando a prova

(Delegado de Polícia Civil – PC/PA – Funcab – 2016 – Adaptada) Bráulio, inconformado com uma mensagem privada de conteúdo romântico observada no aparelho de telefonia celular de sua namorada, decide dele se apossar como vingança. Contudo, enfrenta oposição da namorada, que se posta entre o autor e o aparelho. Assim, Bráulio, para assegurar seu intento, empurra com violência a namorada contra a parede, ferindo-a levemente. Assegurando a posse do telefone, Bráulio deixa a casa da namorada, vai até um terreno baldio e, pegando uma grande pedra que ali se encontra, com ela golpeia o aparelho, de modo a torná-lo inservível, o que era sua intenção desde o início. Analisando o caso proposto, pode-se dizer que houve concurso entre dano qualificado e lesão corporal.

( ) Certo   ( ) Errado

Gabarito comentado: como houve violência e grave ameaça, houve crime de dano qualificado mais a lesão corporal, com previsão no art. 163, parágrafo único, I. Portanto, a assertiva está certa.

No inciso II, a reprimenda é mais gravosa caso ocorra o emprego de substância explosiva. A hipótese contém a menção de subsidiariedade expressa, eis que somente será aplicada à figura em questão caso o fato não constitua crime mais grave (poderá, por exemplo, representar infração ao art. 251 do CP).

Já o inciso III prevê hipótese de o dano atingir patrimônio da União, de Estado, do Distrito Federal, de Município ou de autarquia, fundação pública, empresa pública, sociedade de economia mista ou empresa concessionária de serviço público.

Atenção, ocorrendo a hipótese descrita no inciso III, vale recordar que não será permitido a aplicação do princípio da insignificância (ex.: depredação de um telefone público ou de uma viatura).

A repressão de maior gravidade existe pelo fato de se preservar aquilo que é constituído por recursos públicos, que representam um interesse de toda coletividade, que contribui para o desenvolvimento público e social.

No inciso IV, talvez o que dependa de maior atenção, eis que manifestamente subjetivo, qualifica o dano quando praticado por motivo egoístico ou com prejuízo considerável para a vítima.

Acerca do motivo egoístico, Nélson Hungria (1958c) o definiu como:

> O motivo quando se prende ao desejo ou expectativa de um ulterior proveito pessoal indireto, seja econômico ou moral. Exemplo: o piloto automobilístico, na esperança de assegura-se o prêmio do Circuito da Gávea ou manter a sua reputação esportiva, destrói o carro em que iria correr um competidor perigoso.

Assim, o motivo egoístico é aquela elementar do delito, incomunicável, eis que estritamente pessoal, representa a conduta praticada com a finalidade de ter algum benefício indireto, de ordem – repise-se – pessoal.

Por derradeiro, acerca do inciso IV, temos a hipótese que representa um prejuízo considerável para a vítima.

Para a configuração desta modalidade de dano, basta avaliar o grau de representatividade que o bem (objeto material) representa para a vítima.

A título de ilustração, imaginemos que dois catadores de papelão são desafetos entre si. Um belo dia, um deles, com ânimo de danificar, destrói o aparelho celular do desafeto, que fora parcelado em 20 prestações, após muito sacrifício.

Ora, evidente que o prejuízo é considerável, tendo em vista o número de parcelas e o grau de representatividade daquele celular na esfera patrimonial da vítima.

Uma questão dotada de polêmica, diz respeito ao preso, que danifica a grade do cubículo para fugir. Prevalece a orientação de que o fato não constitui o crime de dano, na medida em que se trata de uma atividade meio para se alcançar a finalidade, que é a fuga. Esta posição[1] é prevalente, eis que mais atual.

10.1.4 Princípio da insignificância

Por se tratar de um delito patrimonial, naturalmente que, uma vez preenchidos os requisitos estabelecidos pelo Supremo Tribunal Federal, existe a possibilidade de aplicação do referido princípio para fins de afastar a tipicidade material do fato.

Entretanto, havendo dano ao patrimônio público, quando o prejuízo atingir bens de relevância social, restará evidenciado um maior grau de periculosidade social da ação e reprovabilidade da conduta, inviabilizando, dessa forma, sua aplicação.

---

[1]   STJ, HC nº 260.350/GO, Rel. Min. Maria Thereza de Assis Moura, *DJe* 21.05.2014.

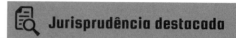

A figura típica do delito previsto no art. 163, parágrafo único, III, do Código Penal cuida-se de conduta que provoca lesão a bem jurídico de relevante valor social, afetando toda a coletividade, razão pela qual não cabe a aplicação do princípio da insignificância. Precedentes (STJ, AgRg no AREsp nº 1.006.934/MS, Rel. Min. Joel Ilan Paciornik, 5ª Turma, *DJe* 1º.12.2017).

10.1.5 Elemento subjetivo

O crime somente é praticado mediante dolo.

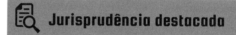

O STF entendeu que o elemento subjetivo aqui inserido não é um dolo específico (*animus nocendi*), pois, no caso real entendeu que comete o crime de dano qualificado o preso que, para evadir-se, danifica o estabelecimento prisional. Ademais, aduziram os julgadores que o dolo específico não é indispensável à caracterização do delito (STF, HC nº 73.189/MS, Rel. Min. Carlos Velloso, 2ª Turma, j. 23.02.1996).

Todavia, com a devida vênia ao entendimento esposado, que é datado de 1996, sendo a atual dogmática dotada de maior plausibilidade, e corresponde a uma interpretação sistemática da lei penal.

Em sentido contrário, Nélson Hungria e o STJ:

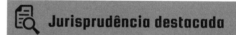

O delito de dano ao patrimônio público, quando praticado por preso para facilitar a fuga do estabelecimento prisional, demanda a demonstração do dolo específico de causar prejuízo ao bem público (*animus nocendi*), sem o qual a conduta é atípica (STJ, AgRg no AREsp nº 578.521/GO, Rel. Min. Jorge Mussi, 5ª Turma, j. 11.10.2016).

10.1.6 Ação penal

Art. 167. Nos casos do art. 163, do inciso IV do seu parágrafo e do art. 164, somente se procede mediante queixa.

Para o dano simples, dano qualificado pelo motivo egoístico, o crime somente se processará mediante ação penal privada, e, nas demais hipóteses, mediante ação penal pública incondicionada.

10.2 INTRODUÇÃO OU ABANDONO DE ANIMAL EM PROPRIEDADE ALHEIA

> **Art. 164.** Introduzir ou deixar animais em propriedade alheia, sem consentimento de quem de direito, desde que o fato resulte prejuízo:
> **Pena** – detenção, de quinze dias a seis meses, ou multa.

10.2.1 Sujeitos

O crime pode ser praticado por qualquer pessoa.

10.2.2 Conduta e momento consumativo

O crime consiste em inserir ou abandonar animais em propriedade alheia, sem o consentimento do responsável legal – admite tanto a forma comissiva como a omissiva. Todavia, o crime só se consuma se houver o efetivo prejuízo, o que já demonstra que o crime é material em sua essência.

O texto legal não faz distinção entre propriedade alheia ou rural, levando a crer que o crime se consumará independentemente da localização do imóvel.

Ao crime em comento se aplica o princípio da insignificância.

No mesmo contexto, em que pese o texto legal utilize o termo "animais", fato é que basta a introdução de apenas um para que o crime se consume.

É que o tipo penal utilizou a expressão no plural para se referir às diversas espécies e raças de animais, não as limitando a uma só. Sintetizando a ideia, inserir ou manter animal em propriedade alheia, causando prejuízo ao proprietário ou possuidor é o suficiente para caracterizar a infração em estudo.

10.2.3 Elemento subjetivo

O crime somente é praticado por dolo.

10.2.4 Ação penal

> **Art. 167.** Nos casos do art. 163, do inciso IV do seu parágrafo e do art. 164, somente se procede mediante queixa.

O crime somente se processa mediante ação penal privada.

10.3 DANO EM COISA DE VALOR ARTÍSTICO, ARQUEOLÓGICO OU HISTÓRICO

Art. 165. Destruir, inutilizar ou deteriorar coisa tombada pela autoridade competente em virtude de valor artístico, arqueológico ou histórico:

Pena – detenção, de seis meses a dois anos, e multa.

10.3.1 Considerações gerais

A conduta em tela é uma espécie do gênero **dano**. Todavia, trata-se de disposição específica, na medida em que tutela não somente o patrimônio público, mas sim o patrimônio cultural.

Os núcleos mencionados consistem nos mesmos dos crimes de dano. Todavia, o objeto não é apenas a "coisa alheia móvel", mas sim a coisa tombada ou que possua valor artístico.

Todavia, considerando a edição da Lei de Crimes Ambientais (Lei nº 9.605/1998), especialmente dentro da Seção IV do Capítulo V, onde estão previstos os crimes contra o ordenamento urbano e patrimônio cultural, temos que o art. 62 da referida lei revogou tacitamente este dispositivo da Lei Penal, conforme redação a seguir:

> **Art. 62.** Destruir, inutilizar ou deteriorar:
>
> I – bem especialmente protegido por lei, ato administrativo ou decisão judicial;
>
> II – arquivo, registro, museu, biblioteca, pinacoteca, instalação científica ou similar protegido por lei, ato administrativo ou decisão judicial:
>
> **Pena** – reclusão, de um a três anos, e multa.
>
> **Parágrafo único.** Se o crime for culposo, a pena é de seis meses a um ano de detenção, sem prejuízo da multa.

Tem-se, pois, que a disposição prevista na Lei de Crimes Ambientais é mais recente e mais específica, sendo desnecessário tecer comentários acerca de um tipo penal já revogado.

A nossa ressalva, contudo, é a de que a legislação supratranscrita permite a punição pelo delito, inclusive a título de culpa.

10.4 ALTERAÇÃO DE LOCAL ESPECIALMENTE PROTEGIDO

Art. 166. Alterar, sem licença da autoridade competente, o aspecto de local especialmente protegido por lei:

Pena – detenção, de um mês a um ano, ou multa.

10.4.1 Considerações gerais

Da mesma forma que a Lei nº 9.605/1998 revogou tacitamente o art. 165, temos que o art. 63 da referida lei, igualmente, revogou a disposição do art. 166 do CP, conforme a seguir reproduzido:

> **Art. 63.** Alterar o aspecto ou estrutura de edificação ou local especialmente protegido por lei, ato administrativo ou decisão judicial, em razão de seu valor paisagístico, ecológico, turístico, artístico, histórico, cultural, religioso, arqueológico, etnográfico ou monumental, sem autorização da autoridade competente ou em desacordo com a concedida:
>
> **Pena** – reclusão, de um a três anos, e multa.

Assim, desnecessários maiores comentários, eis que o tema deve ser minuciosamente abordado quando do estudo da legislação de regência.

Da apropriação indébita

II.I APROPRIAÇÃO INDÉBITA

Art. 168. Apropriar-se de coisa alheia móvel, de que tem a posse ou a detenção:
Pena – reclusão, de um a quatro anos, e multa.
Aumento de pena
§ 1º A pena é aumentada de um terço, quando o agente recebeu a coisa:
I – em depósito necessário;
II – na qualidade de tutor, curador, síndico, liquidatário, inventariante, testamenteiro ou depositário judicial;
III – em razão de ofício, emprego ou profissão.

II.I.I Sujeitos

O crime pode ser praticado por qualquer pessoa.

II.I.2 Conduta e momento consumativo

Trata-se de mais um delito que protege o patrimônio, a propriedade sobre determinado bem móvel.

A essência do tipo penal consiste em apropriar-se (inverter a posse, tomar para si, agir como se fosse o dono) de coisa alheia móvel de que tem a posse ou detenção prévia.

O crime só se pratica por dolo e exige a ocorrência dos seguintes requisitos:

a. a vítima deve entregar voluntariamente o bem, ou seja, a posse do sujeito deve ser legítima;
b. a posse deve ser confiada sem necessidade de vigilância;

290 Direito Penal Decifrado – Parte Especial

c. a conduta recai sobre bem alheio móvel;

d. inversão do *animus* da posse, ou seja, o sujeito que detinha a coisa passa a tratá-la como sua.

> **Jurisprudência destacada**
>
> Devemos ressalvar que o STJ entendeu que mesmo que o bem seja fungível (possa ser substituído por outro de igual qualidade), haverá o crime (RHC nº 10.436/PR, Rel. Min José Arnaldo da Fonseca, 5ª Turma, *DJ* 27.08.2001).

O mesmo STJ admitiu a aplicação do princípio da insignificância ao delito em questão.

Além disso, o ressarcimento do dano não exclui a tipicidade, apenas configura causa de redução de pena (arrependimento posterior), desde que preenchidos os requisitos do art. 16 do CP.

II.I.3 Causas de aumento

A pena será aumentada em 1/3 nas seguintes hipóteses:

a. quando o agente recebe a coisa em depósito necessário;

b. na qualidade de tutor, curador, síndico, liquidatário, inventariante, testamenteiro ou depositário judicial; ou

c. em razão de ofício, emprego ou profissão.

A questão envolvendo o agente que recebe a coisa em depósito necessário tem sido controvertida, pois, conforme o art. 647 do Código Civil, *in verbis*:

> **Art. 647.** É depósito necessário:
>
> I – o que se faz em desempenho de obrigação legal;
>
> II – o que se efetua por ocasião de alguma calamidade, como o incêndio, a inundação, o naufrágio ou o saque.

A primeira hipótese é classificada como depósito legal e a segunda, como depósito miserável.

Assim, percebe-se que o depósito legal é aquele endossado a um servidor público que se apropria da coisa, logo, ele é funcionário público e, uma vez que ele se apropria da coisa, pratica peculato, crime contra a Administração Pública.

Por essa razão, tem-se entendido que a causa de aumento somente incide na hipótese de depósito necessário miserável.

Capítulo 11 • Da apropriação indébita

Nélson Hungria (1958c) assim dispõe:

> Depósito necessário, de que cuida o inciso I, é, exclusivamente, o chamado miserável, isto é, imposto pela necessidade de pôr a salvo a coisa, na iminência ou no curso de algum acontecimento calamitoso, ou, como diz o art. 1.282 do Código Civil, "o que se efetua por ocasião de alguma calamidade, como o incêndio, a inundação, o naufrágio ou o saque". Não está incluído o depósito legal, de que é subespécie o depósito judicial (que a lei civil também considera coisa necessário). A infidelidade do depositário legal (*stricto sensu*), que é sempre um funcionário público, recebendo a coisa "em razão do cargo", constitui o crime de peculato (art. 312, CP). Quanto ao depositário judicial, é ele contemplado no inciso II, de modo que sua infidelidade é apropriação indébita qualificada, e não peculato; mas isto, bem entendido, quando seja um particular.

Naturalmente, não há como discordar da brilhante lição, tendo em vista que o art. 327 do CP é taxativo ao enumerar as hipóteses em que o servidor será considerado funcionário público. E nesse contexto, quando ele atua na condição de depositário judicial – para executar obrigação legal –, está em evidente atuação pública, sendo que qualquer espécie de apropriação fará atrair a figura específica do art. 312 do CP.

A segunda causa de aumento será aplicada para as hipóteses dos representantes legais, sendo eles: tutores (responsabilidade por menores, em caso de ausência dos pais), curadores (responsáveis por aqueles que não ostentam condições de exprimir sua vontade), síndicos (responsáveis por processos de liquidação judicial ou por condomínios), liquidatários (figura extirpada do ordenamento), inventariantes (responsável pelos bens deixados por uma pessoa falecida), testamenteiros (são as pessoas responsáveis pelo cumprimento da última disposição de vontade) ou depositário judicial (responsável por guardar e cuidar dos bens eventualmente apreendidos num processo – esta causa de aumento somente se aplica aos particulares).

O aumento se justifica em razão da credibilidade e da confiança que, muitas vezes, estas pessoas ostentam perante a vítima.

Por último, haverá o aumento quando a apropriação ocorrer em virtude do cargo, emprego ou função pelo autor do fato exercido.

Decifrando a prova

(Delegado de Polícia Civil – PC/SP – Vunesp – 2018 – Adaptada) O crime de apropriação indébita (CP, art. 168) torna-se qualificado quando a vítima é entidade de direito público ou instituto de economia popular, assistência social ou beneficência.

( ) Certo   ( ) Errado

Gabarito comentado: o objeto material no crime de apropriação indébita, segundo entendimento majoritário, é somente a coisa alheia móvel, já que o bem imóvel não pode ser apropriado, podendo, todavia, ser objeto material dos crimes de usurpação, alteração de limites, estelionato. Além disso, inexiste a qualificadora mencionada na assertiva. Portanto, a assertiva está errada.

II.I.4 Elemento subjetivo

O crime somente é praticado mediante dolo.

II.2 APROPRIAÇÃO INDÉBITA PREVIDENCIÁRIA

Art. 168-A. Deixar de repassar à previdência social as contribuições recolhidas dos contribuintes, no prazo e forma legal ou convencional:

Pena – reclusão, de 2 (dois) a 5 (cinco) anos, e multa.

§ 1º Nas mesmas penas incorre quem deixar de:

I – recolher, no prazo legal, contribuição ou outra importância destinada à previdência social que tenha sido descontada de pagamento efetuado a segurados, a terceiros ou arrecadada do público;

II – recolher contribuições devidas à previdência social que tenham integrado despesas contábeis ou custos relativos à venda de produtos ou à prestação de serviços;

III – pagar benefício devido a segurado, quando as respectivas cotas ou valores já tiverem sido reembolsados à empresa pela previdência social.

§ 2º É extinta a punibilidade se o agente, espontaneamente, declara, confessa e efetua o pagamento das contribuições, importâncias ou valores e presta as informações devidas à previdência social, na forma definida em lei ou regulamento, antes do início da ação fiscal.

§ 3º É facultado ao juiz deixar de aplicar a pena ou aplicar somente a de multa se o agente for primário e de bons antecedentes, desde que:

I – tenha promovido, após o início da ação fiscal e antes de oferecida a denúncia, o pagamento da contribuição social previdenciária, inclusive acessórios; ou

II – o valor das contribuições devidas, inclusive acessórios, seja igual ou inferior àquele estabelecido pela previdência social, administrativamente, como sendo o mínimo para o ajuizamento de suas execuções fiscais.

§ 4º A faculdade prevista no § 3º deste artigo não se aplica aos casos de parcelamento de contribuições cujo valor, inclusive dos acessórios, seja superior àquele estabelecido, administrativamente, como sendo o mínimo para o ajuizamento de suas execuções fiscais.

II.2.I Sujeitos

O sujeito ativo é a pessoa que tem o dever legal de repassar à Previdência Social a contribuição devida e os respectivos recolhimentos. O sujeito passivo é a previdência social, existindo também entendimento de que se trata da União.

II.2.2 Conduta e momento consumativo

O crime aqui consiste na omissão em recolher os valores devidos à Previdência Social, mesmo depois de formalizado o desconto do funcionário.

Assim, representa a conduta o ato de se apropriar dos valores descontados dos contribuintes (empregados), não promovendo o repasse para a Previdência Social.

Hipoteticamente, se o agente pratica a conduta de forma reiterada, o entendimento sedimentado é que responde em continuidade delitiva, ainda que se trate da gestão de empresas diferentes.

O crime somente é praticado mediante dolo e não há a necessidade de uma finalidade especial por parte do agente.

Segundo entendimento majoritário da doutrina, o crime é formal. Porém, **o STF entende que o crime é material, tendo em vista que, quando há a omissão daquele que deveria repassar o valor**, o agente enriquece ilicitamente, em detrimento da Previdência.[1]

O STJ também sustenta se tratar de delito material, uma vez que só restará consumado quando da constituição definitiva do crédito tributário, após o esgotamento da via administrativa.

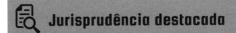

> A jurisprudência desta Corte Superior, a partir do julgamento do AgRg no Inq nº 2.537/GO pelo Supremo Tribunal Federal, orientou-se no sentido de que o crime de apropriação indébita previdenciária, previsto no art. 168-A do Código Penal, possui natureza de delito material, a exigir, para sua consumação, a ocorrência de resultado naturalístico consistente no efetivo dano à Previdência. Tem-se, portanto, que o momento consumativo do delito em apreço não correspondente àquele da supressão ou da redução do desconto da contribuição, mas, sim, ao momento da constituição definitiva do crédito tributário, com o exaurimento da via administrativa. Inúmeros precedentes (STJ, HC nº 271650/PE, Rel. Min. Reynaldo Soares da Fonseca, 5ª Turma, j. 03.03.2016).

Com todo o respeito ao entendimento consolidado pela farta jurisprudência, ousamos discordar, entendendo que o delito é, deveras, formal, uma vez que, sonegada a contribuição dos cofres públicos, já é cristalino o locupletamento ilícito, ainda que momentâneo do autor do fato.

Como o crime é omissivo próprio, unissubsistente e instantâneo, não há que se falar em tentativa.

---

[1] STF, Inq-AgR nº 2.537/GO, Ag. Reg. no Inquérito, Tribunal Pleno, Rel. Min. Marco Aurélio, j. 10.03.2008.

Decifrando a prova

(Delegado de Polícia Federal – PF – Cespe/Cebraspe – 2018) Pedro é o responsável pelo adimplemento das contribuições previdenciárias de uma empresa de médio porte. Nos meses de janeiro a junho de 2018, a empresa entregou a Pedro o numerário correspondente ao valor das contribuições previdenciárias de seus empregados, mas Pedro, com dolo, deixou de repassá-lo à previdência social. Pedro é primário e de bons antecedentes. Nessa situação hipotética:
Pedro praticou o crime de sonegação de contribuição previdenciária.
( ) Certo   ( ) Errado
Gabarito comentado: na hipótese, houve o crime de apropriação indébita previdenciária, previsto no art. 168-A do CP, na medida em que houve a retenção dos valores dos funcionários que, contudo, não restaram repassados à Previdência. Portanto, a assertiva está errada.

II.2.3 Extinção da punibilidade

O importante e relevante de se analisar diz respeito à possibilidade de extinção da punibilidade, desde que o agente, espontaneamente, declare, confesse e efetue o pagamento das contribuições, importâncias ou valores e, ainda, preste as informações devidas à previdência social, na forma definida em lei ou regulamento. Tudo isso, antes do início da ação de execução fiscal, que terá por objetivo recuperar os valores não repassados.

Vale destacar que o STF entende pela possibilidade de extinção da punibilidade do agente até mesmo após trânsito em julgado.

> **Lei nº 10.684/2003, art. 9º** É suspensa a pretensão punitiva do Estado, referente aos crimes previstos nos arts. 1º e 2º da Lei nº 8.137, de 27 de dezembro de 1990, e nos arts. 168-A e 337-A do Decreto-lei nº 2.848, de 7 de dezembro de 1940 – Código Penal, durante o período em que a pessoa jurídica relacionada com o agente dos aludidos crimes estiver incluída no regime de parcelamento. (...)
>
> **§ 2º** Extingue-se a punibilidade dos crimes referidos neste artigo quando a pessoa jurídica relacionada com o agente efetuar o pagamento integral dos débitos oriundos de tributos e contribuições sociais, inclusive acessórios.

Considerando que a referida legislação restou omissa quanto ao momento, tem-se entendido que, uma vez efetuado o pagamento do tributo sonegado, não há óbice à extinção da punibilidade.

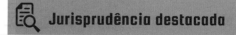

(...) 1. Tratando-se de apropriação indébita previdenciária (art. 168-A, § 1º, I, CP), o pagamento integral do débito tributário, ainda que após o trânsito em julgado da condenação, é causa

Capítulo 11 ◆ Da apropriação indébita **295**

de extinção da punibilidade do agente, nos termos do art. 9º, § 2º, da Lei nº 10.684/2003. Precedentes. 2. Na espécie, os documentos apresentados pelo recorrente ao juízo da execução criminal não permitem aferir, com a necessária segurança, se houve ou não quitação integral do débito. 3. Nesse diapasão, não há como, desde logo, se conceder o *writ* para extinguir sua punibilidade. 4. De toda sorte, afastado o óbice referente ao momento do pagamento, cumprirá ao juízo das execuções criminais declarar extinta a punibilidade do agente, caso demonstrada a quitação do débito, por certidão ou ofício do INSS. 5. Recurso parcialmente provido (STF, RHC nº 128.245, Rel. Min. Dias Toffoli, 2ª Turma, j. 23.08.2016, *DJe* 21.10.2016).

🧩 Decifrando a prova

(Delegado de Polícia Federal – PF – Cespe/Cebraspe – 2018) Pedro é o responsável pelo adimplemento das contribuições previdenciárias de uma empresa de médio porte. Nos meses de janeiro a junho de 2018, a empresa entregou a Pedro o numerário correspondente ao valor das contribuições previdenciárias de seus empregados, mas Pedro, com dolo, deixou de repassá-lo à Previdência Social. Pedro é primário e de bons antecedentes. Nessa situação hipotética: A punibilidade de Pedro será extinta se, antes do início da ação fiscal, ele declarar, confessar e efetuar o recolhimento das prestações previdenciárias, espontaneamente e na forma do regulamento do INSS.

( ) Certo   ( ) Errado

Gabarito comentado: a questão está certa pois o texto da assertiva é compatível com o art. 168-A, § 3º, do CP.

(Delegado de Polícia Federal – PF – Cespe/Cebraspe – 2018) Pedro é o responsável pelo adimplemento das contribuições previdenciárias de uma empresa de médio porte. Nos meses de janeiro a junho de 2018, a empresa entregou a Pedro o numerário correspondente ao valor das contribuições previdenciárias de seus empregados, mas Pedro, com dolo, deixou de repassá-lo à Previdência Social. Pedro é primário e de bons antecedentes. Nessa situação hipotética: Caso o repasse das contribuições previdenciárias ocorra após o início da ação fiscal e antes do oferecimento da denúncia, o juiz poderá deixar de aplicar a pena ou aplicar apenas a multa.

( ) Certo   ( ) Errado

Gabarito comentado: o art. 168-A, § 3º, I, do CP contém comando que se amolda ao texto da questão. Portanto, a assertiva está certa.

11.2.4 Perdão judicial/privilégio

O § 3º prevê a hipótese de perdão judicial ou privilégio.

Assim, prevê o referido dispositivo que o juiz deixe de aplicar a pena ou aplique somente a multa no caso de:

a. o agente ser primário e ostentar bons antecedentes;
b. o agente tenha promovido, após o início da ação fiscal e antes de oferecida a denúncia, o pagamento da contribuição social previdenciária, inclusive acessórios; ou
c. o valor das contribuições devidas, inclusive acessórios, seja igual ou inferior àquele estabelecido pela Previdência Social, administrativamente, como sendo o mínimo para o ajuizamento de suas execuções fiscais.

Porém, a discricionariedade, na hipótese de aplicação do perdão judicial ou privilégio, não será aplicada aos casos de parcelamento de contribuições cujo valor, inclusive dos acessórios, seja superior àquele estabelecido, administrativamente, como sendo o mínimo para o ajuizamento de suas execuções fiscais.

II.2.5 Princípio da insignificância

Em recente decisão, a Terceira Seção do STJ entendeu que não se aplica o princípio da insignificância à apropriação indébita previdenciária e à sonegação de contribuição previdenciária, ratificando entendimento exarado pelo STF, no sentido de que a Previdência Social é bem supraindividual, que representa um interesse público, sendo, portanto, insuscetível de aplicação do princípio da bagatela.[2-3]

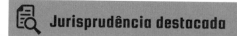

Jurisprudência destacada

A 3ª Seção desta Corte Superior concluiu que não é possível a aplicação do princípio da insignificância aos crimes de apropriação indébita previdenciária e de sonegação de contribuição previdenciária, independentemente do valor do ilícito, pois esses tipos penais protegem a própria subsistência da Previdência Social, de modo que é elevado o grau de reprovabilidade da conduta do agente que atenta contra este bem jurídico supraindividual. 3. Agravo regimental desprovido (STJ, AgRg no REsp nº 1.783.334/PB, Rel. Min. Laurita Vaz, 6ª Turma, j. 07.11.2019, DJe 02.12.2019).

II.2.6 Continuidade delitiva com o crime de sonegação previdenciária (art. 337-A do CP)

Embora se trate de crimes distintos, o *modus operandi* dos referidos delitos são similares e atingem o mesmo objeto jurídico.

Por essa razão é que se admite o reconhecimento de continuidade delitiva entre os dois delitos, ainda que praticados na administração de empresas distintas, mas que integrem o mesmo grupo econômico.

---

[2] STJ, AgRg na RvCr nº 4.881/RJ, 3ª Seção, Rel. Min. Felix Fischer, j. 22.05.2019.
[3] STF, ADPF nº 4.974/DF, Rel. Min Rosa Weber, Sessão Virtual de 11.10.2019 a 17.10.2019.

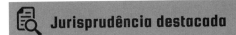

É possível o reconhecimento da continuidade delitiva de crimes de apropriação indébita previdenciária (art. 168-A do CP), bem como entre o crime de apropriação indébita previdenciária e o crime de sonegação previdenciária (art. 337-A do CP) praticados na administração de empresas distintas, mas pertencentes ao mesmo grupo econômico (STJ, AgRg no REsp nº 1.396.259/RS, Rel. Min. Reynaldo Soares da Fonseca, 5ª Turma, j. 17.03.2016).

II.2.7 Elemento subjetivo

O crime somente é praticado mediante omissão dolosa, sendo dispensável o dolo específico.

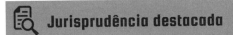

O delito de apropriação indébita previdenciária constitui crime omissivo próprio, que se perfaz com a mera omissão de recolhimento da contribuição previdenciária dentro do prazo e das formas legais, prescindindo, portanto, do dolo específico (STJ, AgRg no REsp nº 1.477.691/DF, Rel. Min. Nefi Cordeiro, 6ª Turma, j. 11.10.2016).

II.3 OUTRAS APROPRIAÇÕES

Apropriação de coisa havida por erro, caso fortuito ou força da natureza

Art. 169. Apropriar-se alguém de coisa alheia vinda ao seu poder por erro, caso fortuito ou força da natureza:

Pena – detenção, de um mês a um ano, ou multa.

Parágrafo único. Na mesma pena incorre:

Apropriação de tesouro

I – quem acha tesouro em prédio alheio e se apropria, no todo ou em parte, da quota a que tem direito o proprietário do prédio;

Apropriação de coisa achada

II – quem acha coisa alheia perdida e dela se apropria, total ou parcialmente, deixando de restituí-la ao dono ou legítimo possuidor ou de entregá-la à autoridade competente, dentro no prazo de quinze dias.

Art. 170. Nos crimes previstos neste Capítulo, aplica-se o disposto no art. 155, § 2º.

II.3.1 Considerações gerais

O art. 169 e seus desdobramentos apresentam hipóteses de apropriação indébita específicas, sendo que as elementares seguem tudo aquilo que preconiza o art. 168.

Aqui, novamente, não há que se confundir com o furto, tendo em vista que esta conduta possui o núcleo subtrair, enquanto na apropriação indébita a conduta consiste em "apropriar-se", ou seja, apoderar-se daquilo que está em sua posse ou daquilo que foi encontrado.

II.3.2 Sujeitos

As diversas formas de apropriação são classificadas como crime comum, pois podem ser praticadas por qualquer pessoa.

II.3.3 Conduta e elemento subjetivo

Na figura do art. 169, *caput*, temos a chamada apropriação-estelionato, onde o agente se apropria daquilo que recebeu por erro de outra pessoa.

Assevera Rogério Greco (2018) que: "(...) ao contrário do que ocorre na apropriação indébita, o agente não tinha licitamente, a posse ou a detenção da coisa. Aqui, ela vem ao seu poder por erro, caso fortuito ou força da natureza".

Portanto, para a hipótese, é imprescindível que o terceiro que dispõe da coisa, o faça de maneira voluntária. O "apropriador", igualmente, deve ter uma conduta passiva, pois, se ele empregar meio fraudulento para se apropriar da coisa, praticará o crime de estelionato.

A título de exemplo, basta imaginar que uma pessoa, ao pagar uma dívida, entrega valor a maior, por equívoco. O credor, percebendo a existência do acréscimo, nada faz, apropriando-se dos valores.

O crime estará consumado a partir do momento em que o agente passa a ter comportamento de dono, como na modalidade do art. 168.

Na figura do inciso I, temos a conduta daquele que se apropria da quota-parte de tesouro que pertence ao proprietário do prédio.

A conceituação de tesouro é haurida no art. 1.264 do Código Civil:

> **Art. 1.264.** O depósito antigo de coisas preciosas, oculto e de cujo dono não haja memória, será dividido por igual entre o proprietário do prédio e o que achar o tesouro casualmente.

Desta feita, o agente que se apropriar daquilo que competia ao proprietário do terreno, passando a agir como dono, praticará o crime em comento.

Sanches Cunha (2020) dispõe que é pressuposto do crime que o agente caminhe em propriedade alheia autorizado. Caso contrário, seu posterior apoderamento configurará o delito de furto.

A última disposição diz respeito à apropriação da coisa achada.

Por coisa perdida, podemos classificar a *res* que se encontra fora de disposição de seu proprietário, que se encontra em um espaço público, acessível a um número indeterminado de pessoas.

Imaginemos o exemplo: Joaquim perde uma corrente de ouro dentro de sua casa. Certo dia, ao promover uma festa, um de seus convidados, Carlos, encontra a referida corrente debaixo do sofá. Sorrateiramente, o convidado pega a corrente e a leva embora, passando a ostentá-la nos dias seguintes.

No exemplo concreto, a coisa não saiu da esfera de disposição da vítima. Por mais que estivesse perdida, estava dentro de seus limites de custódia, dentro de sua propriedade. Carlos, portanto, praticou o crime de furto.

Nélson Hungria (1958c), com o brilhantismo que lhe é peculiar, assevera:

> Para que se apresente o crime em questão, e não o furto, é preciso que o agente tenha razão (fundada no *id quod plerumque accidit*) que o certifique de que a coisa está perdida. Se há casos em que o perdimento é evidente *prima facie*, outros há em que é manifesto o não perdimento. Uma pedra preciosa que se depara caída numa sarjeta é, *ictu oculo*, uma *res desperdita*; mas não o são, sem a menor dúvida, por exemplo, os animais que costumam vaguear pelas ruas suburbanas, ainda quando se distanciem do quintal do *dominus* sem perderem a *consuetudo revertendi*.

O crime estará consumado quando o agente deixa de restituir a coisa ao dono, desde que detenha o conhecimento da propriedade ou, quando não souber, deixar de entregar a *res* à autoridade no prazo de 15 dias.

11.3.4 Elemento subjetivo

Os crimes anunciados somente se praticam mediante dolo.

11.3.5 Privilégio

Aos crimes previstos no Capítulo V (arts. 168 a 169), é possível aplicar o privilégio previsto no art. 155, § 2º, do CP.

Estelionato e outras fraudes

12.1 ESTELIONATO

Art. 171. Obter, para si ou para outrem, vantagem ilícita, em prejuízo alheio, induzindo ou mantendo alguém em erro, mediante artifício, ardil, ou qualquer outro meio fraudulento:

Pena – reclusão, de um a cinco anos, e multa, de quinhentos mil réis a dez contos de réis.

§ 1º Se o criminoso é primário, e é de pequeno valor o prejuízo, o juiz pode aplicar a pena conforme o disposto no art. 155, § 2º.

§ 2º Nas mesmas penas incorre quem:

Disposição de coisa alheia como própria

I – vende, permuta, dá em pagamento, em locação ou em garantia coisa alheia como própria;

Alienação ou oneração fraudulenta de coisa própria

II – vende, permuta, dá em pagamento ou em garantia coisa própria inalienável, gravada de ônus ou litigiosa, ou imóvel que prometeu vender a terceiro, mediante pagamento em prestações, silenciando sobre qualquer dessas circunstâncias;

Defraudação de penhor

III – defrauda, mediante alienação não consentida pelo credor ou por outro modo, a garantia pignoratícia, quando tem a posse do objeto empenhado;

Fraude na entrega de coisa

IV – defrauda substância, qualidade ou quantidade de coisa que deve entregar a alguém;

Fraude para recebimento de indenização ou valor de seguro

V – destrói, total ou parcialmente, ou oculta coisa própria, ou lesa o próprio corpo ou a saúde, ou agrava as consequências da lesão ou doença, com o intuito de haver indenização ou valor de seguro;

Fraude no pagamento por meio de cheque

VI – emite cheque, sem suficiente provisão de fundos em poder do sacado, ou lhe frustra o pagamento.

Fraude eletrônica

§ 2º-A. A pena é de reclusão, de 4 (quatro) a 8 (oito) anos, e multa, se a fraude é cometida com a utilização de informações fornecidas pela vítima ou por terceiro induzido a erro por meio de redes sociais, contatos telefônicos ou envio de correio eletrônico fraudulento, ou por qualquer outro meio fraudulento análogo.

§ 2º-B. A pena prevista no § 2º-A deste artigo, considerada a relevância do resultado gravoso, aumenta-se de 1/3 (um terço) a 2/3 (dois terços), se o crime é praticado mediante a utilização de servidor mantido fora do território nacional.

§ 3º A pena aumenta-se de um terço, se o crime é cometido em detrimento de entidade de direito público ou de instituto de economia popular, assistência social ou beneficência.

Estelionato contra idoso ou vulnerável

§ 4º A pena aumenta-se de 1/3 (um terço) ao dobro, se o crime é cometido contra idoso ou vulnerável, considerada a relevância do resultado gravoso.

§ 5º Somente se procede mediante representação, salvo se a vítima for:

I – a Administração Pública, direta ou indireta;

II – criança ou adolescente;

III – pessoa com deficiência mental; ou

IV – maior de 70 (setenta) anos de idade ou incapaz.

12.1.1 Sujeitos

Qualquer pessoa pode praticar este crime, não se exigindo nenhuma qualidade ou condição especial. A exceção fica por conta do art. 171, § 2º, II, em que o sujeito ativo é próprio, pois somente o proprietário poderá praticar a infração, já que consiste na disposição de bem próprio.

12.1.2 Conduta e momento consumativo

Já não é novidade que esta conduta se encontra disseminada e enraizada em nossa sociedade, principalmente pelo elevadíssimo número de pessoas que tem acesso a dispositivos remotos, estejam ou não conectados à internet, e que permitem o contato imediato com pessoas do mundo todo.

Assim, é praticamente uma tendência a prática de golpes pela internet. E em razão disso, é de extrema importância que o legislador mantenha os olhos abertos para que faça com que a lei possa alcançar tais condutas, tendo em vista que é justamente esta a função do direito penal, fragmentar-se e alcançar os bens jurídicos de maior relevância e apresentar punições coerentes para as condutas que assolam o meio social.

Tanto assim que o legislador inseriu no art. 171 a qualificadora do § 2º-A, em que a fraude é perpetrada por meio eletrônico. Tal inserção, que posteriormente será abordada, fora inserida no ordenamento jurídico pela Lei nº 14.155/2021. E a alteração legislativa neste tipo penal já não é novidade, há não muito tempo atrás, o Pacote Anticrime (representado pela Lei nº 13.964/2019) alterou a natureza jurídica da ação penal, o que será abordado.

O art. 171 do CP tutela a inviolabilidade patrimonial, que é afrontada através da prática de um ato enganoso. Ou seja, quando o agente criminoso emprega um artifício ardil, para obter vantagem indevida.

O crime só é punido mediante dolo e, para sua existência, é necessário o preenchimento de quatro elementos:

a. emprego de fraude;
b. manutenção da vítima em erro;
c. vantagem ilícita;
d. prejuízo alheio.

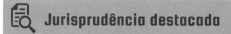 **Jurisprudência destacada**

É prudente ressaltar que, no crime de estelionato, o mesmo pode vir acompanhado de uma falsificação de documento. Nesse caso, tem prevalecido a orientação de que quando o falso se exaure no estelionato, sem mais potencialidade lesiva, fica por este absorvido, nos termos da Súmula nº 17 do STJ.

Vale ressaltar também que o crime é de duplo resultado, pois só se consuma após a obtenção de vantagem indevida e a lesão patrimonial de outrem, sendo classificado como crime patrimonial.

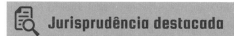 **Jurisprudência destacada**

Nas hipóteses de crime contra a economia popular por pirâmide financeira, a identificação de algumas das vítimas não enseja a responsabilização penal do agente pela prática de estelionato (STJ, RHC nº 132.655-RS, Rel. Min. Rogerio Schietti Cruz, 6ª Turma, por unanimidade, j. 28.09.2021, *DJe* 30.09.2021).

12.1.3 Privilégio

Sendo o criminoso primário e de pequeno valor o prejuízo para a vítima, autorizada está a aplicação do art. 155, § 2º, do CP.

12.1.4 Figuras equiparadas

No § 2º temos as figuras equiparadas, que representam a mesma ideia contida no *caput*.

No inciso I, temos que é equiparado ao crime de estelionato aquele que vende, troca, dá em pagamento, em locação ou em garantia, coisa alheia como própria.

Ora, aqui, o agente "dispõe" para outra pessoa de bem que não é de sua propriedade. Naturalmente, está-se obtendo uma vantagem indevida a partir da aplicação de um meio fraudulento contra outrem.

No inciso II a equiparação se dá pela conduta daquele que vende, troca, dá em pagamento ou em garantia coisa própria que não pode ser alienada em razão de um ônus ou disputa judicial. Também se insere nessa causa equiparadora aquele que pratica um dos núcleos relacionado a imóvel que prometeu vender a terceiro, mediante prestações, sem informar que a coisa era inalienável.

No inciso III, a figura corresponde ao ato de alienar coisa gravada de ônus (venda, doação, permuta) não autorizada pelo credor, quando o próprio devedor estava na posse do bem gravado.

O item IV também consiste numa prática que se verifica muito nos dias atuais. Trata-se da fraude na entrega de coisa, que nada mais é do que o agente que entrega produto em substância, qualidade ou quantidade distinta daquela que deveria entregar.

Como exemplo, podemos indicar a situação do agente que compra um aparelho celular, e recebe uma pedra, ou recebe um aparelho com valor infinitamente menor.

O inciso V traz a conhecida fraude para recebimento de indenização ou valor do seguro, que pode ser representada pela conduta daquele que destrói (total ou parcialmente) bem próprio, ou de qualquer forma lesa ou esconde seu bem/patrimônio, com o fim de obter indenização ou valor de seguro.

Note que o que aqui se pune não é a autolesão (lesão ao próprio patrimônio) – o que seria impossível, em razão do princípio da alteridade –, mas sim, a conduta de, a partir desta autolesão, objetivar-se o recebimento de um valor, que seria considerado ilegítimo, e, por consequência, ilegal.

A última hipótese, prevista no inciso VI, consiste na fraude no pagamento por meio de cheque, que é representada pelo ato de se emitir cheque sem ausência de fundos, ou promover o cancelamento da cártula antes do prazo previsto para a compensação.

A conduta mencionada somente pode ser punida a título de dolo, ou seja, mediante a demonstração da fraude, a intenção do agente em fraudar, caso contrário, incidirá a Súmula nº 246 do STF, com a seguinte redação:

Capítulo 12 • Estelionato e outras fraudes

> **🔍 Jurisprudência destacada**
>
> **STF, Súmula nº 246.** Comprovado não ter havido fraude, não se configura o crime de emissão de cheque sem fundos.

Além disso, importante destacar que, sobre o tema, devemos citar as Súmulas nºs 521 e 554, ambas do STF:

> **🔍 Jurisprudência destacada**
>
> **STF, Súmula nº 554.** O pagamento de cheque emitido sem provisão de fundos, após o recebimento da denúncia, não obsta ao prosseguimento da ação penal.

Analisando esta súmula, temos que, após o recebimento da denúncia, o pagamento do cheque não impede o andamento da ação penal.

Todavia, numa interpretação inversa, chegamos à conclusão de que o pagamento, antes do recebimento da denúncia, impediria o andamento da ação penal.

Ocorre que a redação da súmula é anterior a 11.07.1984, oportunidade em que começou a viger o instituto do arrependimento posterior ("Nos crimes cometidos sem violência ou grave ameaça à pessoa, reparado o dano ou restituída a coisa, até o recebimento da denúncia ou da queixa, por ato voluntário do agente, a pena será reduzida de um a dois terços").

Assim, resta a indagação: com o advento do arrependimento posterior, a súmula perdeu o efeito?

Entende majoritariamente a doutrina que não. Em resumo, a súmula é válida exclusivamente para a modalidade de estelionato mediante a emissão de cheques sem provisão de fundos, não se aplicando para as demais hipóteses.

O próprio STF[1] assim decidiu:

> **🔍 Jurisprudência destacada**
>
> O advento do art. 16 da Nova Parte Geral do Código Penal não é incompatível com a aplicação das Súmulas nºs 246 e 554, que devem ser entendidas complementarmente aos casos em que se verifiquem os seus pressupostos. Não há justa causa para a ação penal, se pago o cheque emitido sem suficiente provisão de fundos, antes da propositura da ação penal, a proposta acusatória não demonstra que houve fraude no pagamento por meio de cheque, não configurando, portanto, o crime do art. 171, § 2º, VI, do Código Penal (RTJ nº 119/1.063 e JUTACrim nº 89/476).

---

[1] RTJ nº 119/1.063 e JUTACrim nº 89/476.

Dessa forma, comungamos do entendimento de que, havendo o pagamento antes do recebimento da denúncia, haverá a atipicidade da conduta, não remanescendo razões para o prosseguimento da ação penal.

Por outro lado, a Súmula nº 521 dispõe sobre o foro competente para a propositura da demanda.

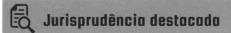 **Jurisprudência destacada**

STF, Súmula nº 521. O foro competente para o processo e julgamento dos crimes de estelionato, sob a modalidade da emissão dolosa de cheque sem provisão de fundos, é o do local onde se deu a recusa do pagamento pelo sacado.

Todavia, com a edição da Lei nº 14.155/2021, tal súmula foi revogada tacitamente com a disposição do art. 70, § 4º, do Código Processual Penal:

> **Art. 70.** A competência será, de regra, determinada pelo lugar em que se consumar a infração, ou, no caso de tentativa, pelo lugar em que for praticado o último ato de execução. (...)
>
> **§ 4º** Nos crimes previstos no art. 171 do Decreto-lei nº 2.848, de 7 de dezembro de 1940 (Código Penal), quando praticados mediante depósito, mediante emissão de cheques sem suficiente provisão de fundos em poder do sacado ou com o pagamento frustrado ou mediante transferência de valores, a competência será definida pelo local do domicílio da vítima, e, em caso de pluralidade de vítimas, a competência firmar-se-á pela prevenção.

Logo, com a recente alteração legislativa, a competência, nos casos de cheque sem a suficiência de fundos, será do foro de domicílio da vítima, a fim de facilitar a sua participação durante o andamento do feito.

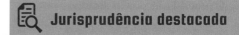 **Jurisprudência destacada**

Nos crimes de estelionato, quando praticados mediante depósito, por emissão de cheques sem suficiente provisão de fundos em poder do sacado ou com o pagamento frustrado ou por meio da transferência de valores, a competência será definida pelo local do domicílio da vítima, em razão da superveniência da Lei nº 14.155/2021, ainda que os fatos tenham sido anteriores à nova lei (STJ, CC nº 180.832/RJ, Rel. Min. Laurita Vaz, 3ª Seção, por unanimidade, j. 25.08.2021).

12.1.5 Qualificadora

Como mencionado na parte preambular deste crime, houve a necessidade de se editar uma figura que atingisse as "fraudes modernas" que são aplicadas nos dias atuais. E, neste cenário, a Lei nº 14.155/2021 inseriu o § 2º-A ao art. 171, que prevê a punição, com pena de reclusão de 4 a 8 anos e multa, para quem praticar a conduta, valendo-se de fraude, mediante obtenção de dados e informações pessoais a partir de redes sociais, contatos telefônicos ou envio de mensagem eletrônica fraudulenta, ou qualquer outro meio.

É óbvio que a tipificação dessa conduta representa ares de modernidade para a nossa legislação, na medida em que, quando concebida nossa legislação, esse tipo de fraude sequer era praticado.

Hoje em dia, existem diversas associações criminosas que atuam com a mera finalidade de obtenção de dados pessoais para contratação de empréstimos, financiamentos, entre outros.

Assim, parece-nos que o legislador agiu de forma acertada, pois representa uma punição com muito maior rigor do que a figura disposta no *caput*.

12.1.5.1 Causa de aumento de pena específica

O § 2º-B dispõe sobre uma causa de aumento específica para a fraude eletrônica (§ 2º-A), na qual a reprimenda será aumentada de 2 a 2/3, quando a fraude for praticada mediante a utilização de servidor mantido fora do território nacional.

Acerca da conceituação de servidor, já mencionamos quando da análise do § 4º-C do art. 155.

12.1.6 Estelionato previdenciário

O § 3º do art. 171 também tutela uma conduta que é muito disseminada nos dias atuais. Trata-se do estelionato previdenciário.

Contudo, se engana quem pensa que a figura só se realiza com o estelionato praticado contra a autarquia previdenciária.

Haverá aumento de 1/3 da pena se a conduta for praticada contra entidade de direito público ou de instituto de economia popular, assistência social ou beneficência, inclusive entidade autárquica (Súmula nº 24, STJ[2]). Para essa hipótese, também não há que se falar em aplicação do princípio da insignificância.

Nesse contexto, surge a discussão acerca da natureza do delito, se crime instantâneo ou crime permanente.

Assim, Rogério Sanches Cunha (2020) destaca duas hipóteses. A primeira, em que o benefício é fraudulento na sua concessão, ou seja, o agente obtém vantagem sem preencher os requisitos (ex.: falsificar documento para ter direito à aposentadoria). E a segunda, em que o benefício é legítimo, mas outra pessoa se mune do cartão do beneficiário para tirar vantagem (ex.: uma pessoa que recebia aposentadoria por tempo de contribuição falece, sendo que seus herdeiros passam a promover o saque mensal dos valores).

---

[2]   "**STJ, Súmula nº 24.** Aplica-se ao crime de estelionato, em que figure como vítima entidade autárquica da Previdência Social, a qualificadora do § 3º do art. 171 do Código Penal".

3 0 8 Direito Penal Decifrado – Parte Especial

Na primeira situação ventilada, o STF considera que o crime é instantâneo, de efeito permanente ou crime permanente. Será instantâneo quando quem promove a falsificação é um terceiro (HC nº 112.095/MA). E será permanente quando o agente se beneficia da fraude (HC nº 117.168/ES).

Já para a segunda situação, quando há o saque periódico por quem não é beneficiário, não há que se falar em crime permanente ou com efeito permanente, tendo em vista que há reiteradas práticas delitivas, já que quem se beneficia não é o titular. Nesse contexto, o STJ[3] entende pelo concurso de crimes, na figura do crime continuado.

Impende destacar também que ao estelionato previdenciário, independente da modalidade, não se aplica o princípio da insignificância, pois, em que pese ser um crime inserido dentro do título dos crimes contra o patrimônio, o bem jurídico violado é de entidade de direito público, o que impende na aplicação da Súmula nº 599 do STJ.

12.1.7 Estelionato contra pessoa idosa

Outra novidade inserida pela Lei nº 14.155/2021 diz respeito ao estelionato praticado contra pessoa idosa ou vulnerável. Assim, o § 4º dispõe que, se o fato é praticado contra pessoa idosa (maior de 60 anos) ou contra vulnerável, a pena será aumentada de 1/3 ao dobro.

12.1.8 Ação penal

A Lei nº 13.964/2019 alterou, de maneira surpreendente, a natureza da ação penal aplicada ao estelionato.

Como se sabe, em regra, a ação penal é pública, ressalvada previsão legal em sentido contrário.

Agora, via de regra, a ação penal é pública condicionada à representação do ofendido, **exceto** se o crime se der contra a Administração Pública, se a vítima for criança, adolescente, deficiente mental, incapaz ou maior de 70 anos, hipótese em que a ação penal será pública incondicionada, seguindo-se a regra.

12.1.8.1 Direito intertemporal

Considerando a alteração inserida pelo Pacote Anticrime, a ação penal, que antes era suscetível de ação penal pública incondicionada, agora passa a ser processável por ação penal pública condicionada à representação.

Nitidamente, trata-se de *novatio legis in mellius*, na medida em que impor uma condição para o exercício da ação penal é alocar um novo entrave à atuação estatal.

Nesse prisma, devemos nos questionar: e as ações penais anteriores já oferecidas, deverão ser suspensas, a fim de que seja sanada a condição de procedibilidade? E as novas denúncias, dependerão da representação para poderem ser admitidas?

---

[3] STJ, REsp nº 1.282.118/RS, Rel. Min. Maria Thereza de Assis Moura, *DJe* 12.03.2013.

Para sanar o impasse, a 3ª Seção do STJ, ratificando entendimento do STF,[4] estabeleceu que a exigência dessa condição de procedibilidade não retroage às ações já em trâmite.

Tal decisão restou apoiada, sobretudo, no princípio da segurança jurídica, na medida em que o legislador apenas inseriu a condição de procedibilidade, nada mencionou – o que poderia ter feito –, acerca da aplicação como regra procedimental para as ações penais já em curso.

Homenageando-se, pois, os princípios do direito adquirido e, sobretudo, da segurança jurídica, a fim de não se impor uma carga desnecessária ao Poder Judiciário, impôs-se pelo entendimento de irretroatividade da norma.

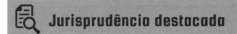

> PROCESSUAL PENAL. *HABEAS CORPUS* SUBSTITUTIVO. ESTELIONATO. LEI Nº 13.964/2019 (PACOTE ANTICRIME). RETROATIVIDADE. INVIABILIDADE. ATO JURÍDICO PERFEITO. CONDIÇÃO DE PROCEDIBILIDADE. *WRIT* INDEFERIDO. 1. A retroatividade da norma que previu a ação penal pública condicionada, como regra, no crime de estelionato, é desaconselhada por, ao menos, duas ordens de motivos. 2. A primeira é de caráter processual e constitucional, pois o papel dos Tribunais Superiores, na estrutura do Judiciário brasileiro é o de estabelecer diretrizes aos demais Órgãos jurisdicionais. Nesse sentido, verifica-se que o STF, por ambas as Turmas, já se manifestou no sentido da irretroatividade da lei que instituiu a condição de procedibilidade no delito previsto no art. 171 do CP. 3. Em relação ao aspecto material, tem-se que a irretroatividade do art. 171, § 5º, do CP, decorre da própria *mens legis*, pois, mesmo podendo, o legislador previu apenas a condição de procedibilidade, nada dispondo sobre a condição de prosseguibilidade. Ademais, necessário ainda registrar a importância de se resguardar a segurança jurídica e o ato jurídico perfeito (art. 25 do CPP), quando já oferecida a denúncia. 4. Não bastassem esses fundamentos, necessário registrar, ainda, prevalecer, tanto neste STJ quanto no STF, o entendimento "a representação, nos crimes de ação penal pública condicionada, não exige maiores formalidades, sendo suficiente a demonstração inequívoca de que a vítima tem interesse na persecução penal". 5. Dessa forma, não há necessidade da existência nos autos de peça processual com esse título, sendo suficiente que a vítima ou seu representante legal leve o fato ao conhecimento das autoridades (AgRg no HC nº 435.751/DF, Rel. Min. Nefi Cordeiro, 6ª Turma, j. 23.08.2018, *DJe* 04.09.2018). 6. *Habeas corpus* indeferido (STJ, HC nº 610.201/SP, Rel. Min. Ribeiro Dantas, 5ª Turma, j. 24.03.2021).

12.1.9 Elemento subjetivo

O crime somente é praticado mediante dolo.

---

[4] STF, ARE nº 1.230.095/AgR, Rel. Gilmar Mendes, 2ª Turma, j. 24.08.2020; HC nº 187.341, Rel. Alexandre de Moraes, 1ª Turma, j. 13.10.2020.

310 Direito Penal Decifrado – Parte Especial

Decifrando a prova

(Delegado de Polícia Civil Substituto – PC/RN – FGV – 2021) Haroldo convence Bruna a aplicarem um golpe no casal de noivos Marcos e Fátima, apresentando-se como organizadores de casamento. Após receberem do casal vultosa quantia para a organização das bodas, Haroldo e Bruna mudaram de cidade e trocaram de telefone. Percebendo que haviam sido vítimas de um golpe, Marcos e Fátima registraram os fatos na delegacia, demonstrando interesse em ver os autores responsabilizados pelo crime de estelionato. Após o registro da ocorrência, Bruna, arrependida, por conta própria, efetuou a devolução ao casal de parte do dinheiro que havia recebido. Considerando que houve reparação parcial do dano:

A) a conduta de Haroldo e Bruna tornou-se atípica, tratando-se de mero ilícito civil;

B) Haroldo responderá por estelionato consumado, enquanto Bruna terá sua tipicidade afastada pela reparação parcial do dano;

C) Haroldo e Bruna responderão por estelionato, devendo Bruna ter sua pena diminuída pelo arrependimento posterior;

D) Haroldo responderá por estelionato tentado, enquanto Bruna terá sua tipicidade afastada pela reparação parcial do dano;

E) Haroldo e Bruna responderão por estelionato, sem a causa de diminuição da pena pelo arrependimento posterior.

Gabarito comentado: o crime foi o de estelionato, que, contudo, não receberá a redução de pena pelo arrependimento posterior, pois este instituto exige a reparação integral do dano, o que não ocorreu. Portanto, a resposta certa é a letra E.

(Delegado de Polícia Civil – PC/PR – NC/UFPR – 2021) Suponha que um sujeito se passe por policial rodoviário para abordar motoristas numa estrada pouco movimentada e assim cobrar propina para não multar supostas irregularidades encontradas nos veículos. Essa conduta praticada pelo falso policial deve ser tipificada como:

A) corrupção passiva;

B) concussão;

C) extorsão;

D) furto;

E) estelionato.

Gabarito comentado: como o agente aplicou um artifício ardil para ludibriar as pessoas e, com isso, obter uma vantagem indevida, somente podemos falar em estelionato. Inclusive, aqui, o delito de estelionato absorverá o crime de usurpação de função pública. Portanto, a resposta certa é a letra E.

(Delegado de Polícia Civil – PC/PA – Funcab – 2016 – Prova anulada) Sobre os crimes contra o patrimônio, assinale a alternativa correta.

A) O crime de apropriação indébita pressupõe a posse ou detenção lícita, mas vigiada, do agente sobre coisa móvel alheia, com subsequente inversão do título da posse ou detenção.

B) Só se configura crime de estelionato quanto há prejuízo patrimonial a outrem, consistente em perder o que já se possui ou em deixar de ganhar o que é devido, não bastando a mera obtenção de uma vantagem indevida pelo agente.

> C) Ocorre alienação ou oneração fraudulenta de coisa própria quando o agente vende coisa de sua propriedade, todavia inalienável, crime do qual participa o adquirente que, cientificado de todas as circunstâncias que envolvem o negócio, opta por efetivá-lo.
>
> D) Constitui crime de esbulho possessório o ingresso clandestino de duas pessoas em edifício alheio, com a finalidade de usurpá-lo.
>
> E) Pratica crime de apropriação de coisa achada aquele que se apossa de uma carteira esquecida por colega sobre a mesa por este usada no escritório em que ambos trabalham.
>
> **Gabarito comentado:** o crime de estelionato é material, pois depende do efetivo prejuízo da parte contrária. Além disso, é imprescindível que alguém seja induzido e mantido em erro e, em consequência, entregue vantagem indevida para outra pessoa. Portanto, a resposta certa é a letra B.

12.2 DUPLICATA SIMULADA

Art. 172. Emitir fatura, duplicata ou nota de venda que não corresponda à mercadoria vendida, em quantidade ou qualidade, ou ao serviço prestado.

Pena – detenção, de 2 (dois) a 4 (quatro) anos, e multa.

Parágrafo único. Nas mesmas penas incorrerá aquele que falsificar ou adulterar a escrituração do Livro de Registro de Duplicatas.

12.2.1 Sujeitos

O crime é próprio, e só pode ser praticado pelo comerciante.

12.2.2 Conduta e momento consumativo

A partir do art. 172, teremos algumas condutas derivadas do estelionato que, entretanto, serão tipificadas em razão do princípio da especialidade.

A conduta aqui prevista consiste em emitir, ou seja, dar origem a um instrumento de cobrança que não corresponda à quantidade ou qualidade da mercadoria vendida ou, ainda, diversa do serviço prestado.

Pode praticar a conduta, igualmente, aquele que emite uma nota de pagamento relativamente a uma relação comercial inexistente.[5]

No parágrafo único, temos uma causa equiparada à do *caput*, que pune a conduta de quem falsifica ou altera, de qualquer forma, os registros nos Livros de Duplicatas – hoje todo informatizado. O objetivo desta tipificação é justamente evitar a alteração da contabilidade da empresa.

---

[5] STJ, REsp nº 1.267.626/PR, Rel. Min. Maria Thereza de Assis Moura, 6ª Turma, *DJe* 16.12.2013.

O crime é formal e se consuma independentemente da obtenção de vantagem.[6]

12.2.3 Elemento subjetivo

O crime somente é praticado mediante dolo.

12.3 ABUSO DE INCAPAZES

> **Art. 173.** Abusar, em proveito próprio ou alheio, de necessidade, paixão ou inexperiência de menor, ou da alienação ou debilidade mental de outrem, induzindo qualquer deles à prática de ato suscetível de produzir efeito jurídico, em prejuízo próprio ou de terceiro:
>
> **Pena** – reclusão, de dois a seis anos, e multa.

12.3.1 Sujeitos

O crime é comum, pois pode ser praticado por qualquer pessoa.

12.3.2 Conduta e momento consumativo

Trata-se de dispositivo que visa proteger o patrimônio daqueles que têm menos de 18 anos ou pessoas portadoras de algum problema mental.

Para que o tipo penal se materialize, não se faz necessário que o agente efetivamente obtenha vantagem indevida ou ilícita, sendo classificado como crime formal. Hipoteticamente, se o sujeito ativo obtém a pretensa vantagem, teremos o mero exaurimento do crime.

A conduta pressupõe, aliás, que, a partir da conduta do agente, o ato seja suscetível de produzir efeito ao menor ou à pessoa portadora de debilidade mental.

12.3.3 Elemento subjetivo

O crime somente é praticado mediante dolo.

12.4 INDUZIMENTO À ESPECULAÇÃO

> **Art. 174.** Abusar, em proveito próprio ou alheio, da inexperiência ou da simplicidade ou inferioridade mental de outrem, induzindo-o à prática de jogo ou aposta, ou à especulação com títulos ou mercadorias, sabendo ou devendo saber que a operação é ruinosa:
>
> **Pena** – reclusão, de um a três anos, e multa.

---

[6]   STJ, RHC nº 16.053/SP, Rel. Min. Paulo Medina, 6ª Turma, *DJ* 12.09.2005.

12.4.1 Sujeitos

O crime pode ser praticado por qualquer pessoa.

12.4.2 Conduta e momento consumativo

Aqui, o núcleo consiste em "abusar", ou seja, aproveitar-se, tentar tirar vantagem de outrem a partir da simplicidade ou pela falta de maturidade para determinada situação, induzindo-o à prática de jogo ou aposta, ou, ainda, tentando induzir à prática de atos envolvendo títulos (cheques, promissórias, jogos de azar) ou mercadorias, sendo que o agente deve saber que a operação é insuscetível de êxito.

A punição se dá para aquele que tenta tirar vantagem de quem é menos informado ou, pelas circunstâncias, não tem acesso à informação, como, por exemplo, um simples trabalhador rural, que não goza de todo o acesso aos meios eletrônicos possíveis.

12.4.3 Elemento subjetivo

O crime somente é praticado mediante dolo.

12.5 FRAUDE NO COMÉRCIO

Art. 175. Enganar, no exercício de atividade comercial, o adquirente ou consumidor:

I – vendendo, como verdadeira ou perfeita, mercadoria falsificada ou deteriorada;

II – entregando uma mercadoria por outra:

Pena – detenção, de seis meses a dois anos, ou multa.

§ 1º Alterar em obra que lhe é encomendada a qualidade ou o peso de metal ou substituir, no mesmo caso, pedra verdadeira por falsa ou por outra de menor valor; vender pedra falsa por verdadeira; vender, como precioso, metal de ou outra qualidade:

Pena – reclusão, de um a cinco anos, e multa.

§ 2º É aplicável o disposto no art. 155, § 2º.

12.5.1 Sujeitos

O crime pode ser praticado por qualquer pessoa, sendo classificado como crime comum.

12.5.2 Conduta e momento consumativo

O que se tutela no artigo em estudo são as diversas situações envolvendo as relações de consumo.

314 Direito Penal Decifrado – Parte Especial

Todavia, por mais que a disposição permaneça em vigência, temos que o dispositivo em tela restou revogado pelo Código de Defesa do Consumidor (Lei nº 8.078/1990), que possui uma tutela específica para os crimes contra o consumidor.

Todavia, caso não seja possível enquadrar a conduta na lei especial, permanece este dispositivo com efeito subsidiário.

As condutas representam, basicamente, um engano ao consumidor, substituindo-se a mercadoria verdadeira por uma falsa ou imprestável, ou, ainda, alterando-lhe a substância.

12.5.3 Elemento subjetivo

O crime somente é praticado mediante dolo.

12.6 OUTRAS FRAUDES

> **Art. 176.** Tomar refeição em restaurante, alojar-se em hotel ou utilizar-se de meio de transporte sem dispor de recursos para efetuar o pagamento:
>
> **Pena** – detenção, de quinze dias a dois meses, ou multa.
>
> **Parágrafo único.** Somente se procede mediante representação, e o juiz pode, conforme as circunstâncias, deixar de aplicar a pena.

12.6.1 Sujeitos

As condutas denominadas "outras fraudes" podem ser praticadas por qualquer pessoa.

12.6.2 Conduta e momento consumativo

Como as condutas anteriores, aqui temos algumas fraudes envolvendo relações de consumo, que são desdobramentos diretos do estelionato. Todavia, aqui, quem emprega a fraude é o próprio consumidor, que se alimenta em restaurante (de qualquer natureza) ou se hospeda em hotel ou qualquer outra localidade, ciente de que não ostenta recursos financeiros para efetuar o pagamento.

Todavia, a situação apresentada não se confunde com uma situação famélica, onde o agente toma a refeição para, efetivamente, saciar a fome. Para a conduta em estudo, o agente deve, intencionalmente e sem aparentar, representar pela intenção de pagar a conta. Todavia, ao final, afirma não possuir dinheiro ou, ainda, sair às escuras.

Para a tipificação adequada, é necessário cautela. Se um morador de rua se senta em um restaurante, evidente que dificilmente ostentará condições de promover o pagamento. Dessa forma, caso os responsáveis pelo estabelecimento admitam a sua presença, assumirão o risco de que ele não possua os referidos recursos para pagamento.

12.6.3 Ação penal e perdão judicial

Seguindo o que preconiza o parágrafo único, o crime somente se processa mediante representação do ofendido, caracterizando uma ação penal pública condicionada.

Ademais, a depender das circunstâncias fáticas, o magistrado poderá deixar de aplicar a pena.

12.6.4 Elemento subjetivo

O crime somente é praticado mediante dolo.

12.7 FRAUDES E ABUSOS NA FUNDAÇÃO OU ADMINISTRAÇÃO DE SOCIEDADE POR AÇÕES

Art. 177. Promover a fundação de sociedade por ações, fazendo, em prospecto ou em comunicação ao público ou à assembleia, afirmação falsa sobre a constituição da sociedade, ou ocultando fraudulentamente fato a ela relativo:

Pena – reclusão, de um a quatro anos, e multa, se o fato não constitui crime contra a economia popular.

§ 1º Incorrem na mesma pena, se o fato não constitui crime contra a economia popular:

I – o diretor, o gerente ou o fiscal de sociedade por ações, que, em prospecto, relatório, parecer, balanço ou comunicação ao público ou à assembleia, faz afirmação falsa sobre as condições econômicas da sociedade, ou oculta fraudulentamente, no todo ou em parte, fato a elas relativo;

II – o diretor, o gerente ou o fiscal que promove, por qualquer artifício, falsa cotação das ações ou de outros títulos da sociedade;

III – o diretor ou o gerente que toma empréstimo à sociedade ou usa, em proveito próprio ou de terceiro, dos bens ou haveres sociais, sem prévia autorização da assembleia geral;

IV – o diretor ou o gerente que compra ou vende, por conta da sociedade, ações por ela emitidas, salvo quando a lei o permite;

V – o diretor ou o gerente que, como garantia de crédito social, aceita em penhor ou em caução ações da própria sociedade;

VI – o diretor ou o gerente que, na falta de balanço, em desacordo com este, ou mediante balanço falso, distribui lucros ou dividendos fictícios;

VII – o diretor, o gerente ou o fiscal que, por interposta pessoa, ou conluiado com acionista, consegue a aprovação de conta ou parecer;

VIII – o liquidante, nos casos dos nºs I, II, III, IV, V e VII;

IX – o representante da sociedade anônima estrangeira, autorizada a funcionar no País, que pratica os atos mencionados nos nºs I e II, ou dá falsa informação ao Governo.

§ 2º Incorre na pena de detenção, de seis meses a dois anos, e multa, o acionista que, a fim de obter vantagem para si ou para outrem, negocia o voto nas deliberações de assembleia geral.

12.7.1 Considerações gerais

O tipo penal aqui previsto, de difícil aplicação, consiste na prática de fraudes e abusos na fundação ou administração de sociedades por ações, ou seja, aquelas cujo capital é dividido em frações, representadas por títulos denominados "ações", sendo, a mais tradicional, a sociedade anônima.

Como se sabe, as sociedades por ações e as disposições envolvendo a Economia Popular possuem legislações específicas, tais como as Leis nºs 1.521/1950, 7.492/1986, 10.303/2001 e 11.101/2005.

Assim, entendemos que estas disposições foram tacitamente revogadas pelas legislações supervenientes, estando, quando muito, dotadas de um caráter subsidiário.

12.8 EMISSÃO IRREGULAR DE CONHECIMENTO DE DEPÓSITO OU *WARRANT*

Art. 178. Emitir conhecimento de depósito ou *warrant*, em desacordo com disposição legal:

Pena – reclusão, de um a quatro anos, e multa.

12.8.1 Sujeitos

O crime pode ser praticado por qualquer pessoa.

12.8.2 Conduta e momento consumativo

Trata-se de mais uma fraude envolvendo a emissão de título de crédito.

A fim de esclarecimento, o conhecimento de depósito ou *warrant* é conhecido como título de armazenagem, emitido pelas empresas que atuam na condição de depositárias de grãos, e, posteriormente, entregue ao depositante, que com ele fica habilitado a negociar as mercadorias em depósito, passando assim a circular, não as mercadorias, mas o título que as representa.

O dispositivo consiste em norma penal em branco, devendo ser complementado pela legislação empresarial. No caso, trata-se do Decreto nº 1.102/1903. A fraude, em resumo, está condicionada à colocação em circulação desses títulos de maneira irregular, captando-se dinheiro sem que se disponha de mercadorias que lhes deem lastro, em prejuízo alheio.

Todavia, esse tipo penal já se demonstra manifestamente ultrapassado. Explicamos. Hodiernamente, quando se depositam grãos em uma empresa de armazenagem ou junto a uma cooperativa, tem-se que todos os trâmites deixaram de ser físicos.

As transações envolvendo transferência, pagamentos, penhora etc., são todas eletrônicas. Ou seja, as empresas dispõem de softwares adequados para regulamentar o montante que cada cliente ou cooperado possui armazenado e, conforme a necessidade, promove a baixa ou a inclusão da quantidade de grãos.

Temos, pois, que a própria tecnologia e o avanço social acabaram por revogar esse tipo penal.

12.8.3 Elemento subjetivo

O crime somente é praticado mediante dolo.

12.9 FRAUDE À EXECUÇÃO

Art. 179. Fraudar execução, alienando, desviando, destruindo ou danificando bens, ou simulando dívidas:

Pena – detenção, de seis meses a dois anos, ou multa.

Parágrafo único. Somente se procede mediante queixa.

12.9.1 Sujeitos

O crime é próprio, na medida em que só pode ser praticado pelo devedor, que é demandado em um processo executivo.

12.9.2 Conduta e momento consumativo

A derradeira das "outras fraudes" trata-se da prática dolosa de dilapidação patrimonial, visando frustrar uma ação de execução.

Antes de qualquer coisa, é prudente recordar que a ação executiva consiste num procedimento mais célere para o recebimento de uma dívida, baseada num título executivo, que pode ser judicial ou extrajudicial.

Resumindo, não se passará por todo um processo de conhecimento para validar a existência do débito. O próprio título já representa a certeza, a liquidez e a exequibilidade da cártula.

Assim, todo aquele que é demandado num processo executivo e, com isso, passa a alienar, vender ou transferir seu patrimônio pratica o crime em questão. Assim, o devedor pratica atos no intuito de se tornar insolvente e frustrar a expropriação de seus bens pelo credor.

12.9.3 Elemento subjetivo

O crime somente é praticado mediante dolo.

318 Direito Penal Decifrado – Parte Especial

12.10 RECEPTAÇÃO

Art. 180. Adquirir, receber, transportar, conduzir ou ocultar, em proveito próprio ou alheio, coisa que sabe ser produto de crime, ou influir para que terceiro, de boa-fé, a adquira, receba ou oculte:

Pena – reclusão, de um a quatro anos, e multa.

Receptação qualificada

§ 1º Adquirir, receber, transportar, conduzir, ocultar, ter em depósito, desmontar, montar, remontar, vender, expor à venda, ou de qualquer forma utilizar, em proveito próprio ou alheio, no exercício de atividade comercial ou industrial, coisa que deve saber ser produto de crime:[7]

Pena – reclusão, de três a oito anos, e multa.

§ 2º Equipara-se à atividade comercial, para efeito do parágrafo anterior, qualquer forma de comércio irregular ou clandestino, inclusive o exercício em residência.

§ 3º Adquirir ou receber coisa que, por sua natureza ou pela desproporção entre o valor e o preço, ou pela condição de quem a oferece, deve presumir-se obtida por meio criminoso:

Pena – detenção, de um mês a um ano, ou multa, ou ambas as penas.

§ 4º A receptação é punível, ainda que desconhecido ou isento de pena o autor do crime de que proveio a coisa.

§ 5º Na hipótese do § 3º, se o criminoso é primário, pode o juiz, tendo em consideração as circunstâncias, deixar de aplicar a pena. Na receptação dolosa aplica-se o disposto no § 2º do art. 155.

§ 6º Tratando-se de bens do patrimônio da União, de Estado, do Distrito Federal, de Município ou de autarquia, fundação pública, empresa pública, sociedade de economia mista ou empresa concessionária de serviços públicos, aplica-se em dobro a pena prevista no *caput* deste artigo.

Receptação de animal

Art. 180-A. Adquirir, receber, transportar, conduzir, ocultar, ter em depósito ou vender, com a finalidade de produção ou de comercialização, semovente domesticável de produção, ainda que abatido ou dividido em partes, que deve saber ser produto de crime:

Pena – reclusão, de 2 (dois) a 5 (cinco) anos, e multa.

---

[7] "Justifica-se a opção do legislador pela imposição de pena mais grave ao delito de receptação qualificada em relação à figura simples pois a comercialização ou industrialização do produto de origem ilícita lesiona o mercado e os consumidores" (STJ, AgRg no REsp nº 1.497.836/SC, Rel. Min. Reynaldo Soares da Fonseca, 5ª Turma, j. 20.09.2016).

12.10.1 Sujeitos

O crime em comento pode ser praticado por qualquer pessoa.

12.10.2 Conduta e momento consumativo

O tipo em estudo tem por objetivo a tutela do patrimônio alheio, evitando, dessa forma, que seja posto em circulação de maneira descabida.

Vale destacar que a receptação nas modalidades transportar, conduzir, ocultar e ter em depósito é crime permanente,[8] em que o flagrante perdura enquanto o agente se mantém na posse do bem.

Quanto aos demais núcleos, o crime será material.

A receptação pode ser própria (aquela em que o agente, sabendo que a coisa é produto de crime, a adquire, recebe, transporta, conduz ou oculta) ou imprópria (aquele que interfere para que terceiro, de boa-fé, adquira, receba ou oculte, coisa produto de crime – nesta última, o agente é o que estimula a propagação criminosa.

Atenção

Na receptação imprópria o crime é formal.

A receptação pode ocorrer ainda que o fato anterior seja ato infracional análogo a crime.

O STF tem entendimento de que somente a coisa **móvel** pode ser objeto material da receptação (no mesmo sentido, Nélson Hungria, Rogério Greco e Guilherme Nucci), além de ser inaplicável o princípio da insignificância.

Noutro giro, o STJ[9] tem entendimento de que o talonário de cheques tem valor econômico, razão pela qual pode ser objeto de receptação.

Importante acrescentar que, caso o bem seja apreendido em poder do acusado, a este compete, por meio de sua defesa técnica, demonstrar a origem não espúria do bem.

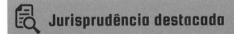 **Jurisprudência destacada**

No crime de receptação, se o bem houver sido apreendido em poder do acusado, caberá à defesa apresentar prova acerca da origem lícita da *res* ou de sua conduta culposa (art. 156 do CPP), sem que se possa falar em inversão do ônus da prova (STJ, HC nº 388.640/SP, Rel. Min. Ribeiro Dantas, 5ª Turma, j. 13.06.2017).

---

8   STJ, RHC nº 80.559/RS, Rel. Min. Reynaldo Soares da Fonseca, 5ª Turma, j. 18.04.2017.
9   STJ, AREsp nº 1.040.873/MG, *DJe* 08.05.2017.

A figura do *caput* e as equiparadas somente são punidas a título de dolo, enquanto a figura do § 3º é a denominada **receptação culposa**.

A receptação culposa consiste na conduta daquele que adquire ou recebe a coisa que, por sua natureza ou pela desproporção entre o valor e o preço, ou pela condição de quem o oferece, deve presumir-se ter sido obtida por meio criminoso.

Apesar, contudo, de a receptação ser um crime acessório ou parasitário, não é necessário se comprovar a autoria do crime antecedente. Inclusive, persiste a punição do agente mesmo quando extinta a punibilidade do crime anterior (art. 180, § 4º).

Impende ressaltar que a receptação será qualificada quando o agente adquirir, receber, transportar, conduzir, ocultar, ter em depósito, desmontar, montar, remontar, vender, expor à venda, ou, de qualquer outra forma, utilizar, em proveito próprio ou alheio, no exercício de atividade comercial[10] ou industrial, coisa que deve saber ser produto de crime.

A reprovabilidade e consequente punição do delito é mais gravosa, na medida em que o exercício comercial leva a crer pela lisura e pela credibilidade do comércio.

Impende destacar, da mesma forma, que o § 5º permite que, em sendo a receptação culposa, o magistrado poderá, a depender das circunstâncias, deixar de aplicar a pena, o que se manifesta como uma hipótese de perdão judicial.

Para a receptação dolosa, é aplicado o privilégio do furto (art. 155, § 2º).

12.10.3 Causas de aumento de pena

As penas serão aplicadas em dobro, caso a recepção seja de patrimônio da União, de Estado, do Distrito Federal, de Município ou de autarquia, fundação pública, empresa pública, sociedade de economia mista ou empresa concessionária de serviços públicos.

12.10.4 Receptação x porte ilegal de arma

Em havendo a receptação de arma de fogo, não há que se falar em absorção do crime ora estudado pelo crime previsto no art. 14 da Lei nº 10.826/2003.

Isso porque se trata de delitos autônomos, previstos em regulamentos distintos, devendo o agente responder pelos delitos em concurso material.

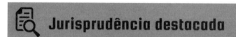

É inaplicável o princípio da consunção entre os crimes de receptação e porte ilegal de arma de fogo por serem delitos autônomos e de natureza jurídica distinta, devendo o agente responder por ambos os delitos em concurso material (STJ, AgRg no REsp nº 1.494.204/RS, Rel. Min. Jorge Mussi, 5ª Turma, j. 07.03.2017).

---

[10] Serão equiparados à atividade comercial até mesmo os comércios irregulares ou clandestinos, ainda que exercidos em residência.

12.10.5 Receptação de animal

A Lei nº 13.330/2016 inseriu o art. 180-A no Código Penal, no qual há, agora, a previsão para a receptação de animal, que funciona, na espécie, como uma qualificadora específica do crime de receptação.

Assim, o crime estará consumado quando alguém (qualquer pessoa) receber, adquirir, transportar, conduzir, ocultar, ter em depósito ou vender, com a finalidade específica de produção ou de comercialização, semovente domesticável de produção, ainda que abatido ou fracionado em partes, desde que o agente tenha ciência de que se trata de animal produto de crime anterior.

Percebe-se que ocorre o crime quando o agente:

a. pratica um dos núcleos do tipo;
b. com a finalidade de produção ou comercialização;
c. semovente domesticável de produção (excluem-se os animais domésticos);
d. ainda que abatido ou fracionado;
e. tem ciência de que o animal tem origem espúria.

Basta imaginar, portanto, um indivíduo, dono de uma pequena casa de carnes que compra carnes de um indivíduo que havia anunciado vender o animal por preço menor, pelo fato de ele ter sido furtado.

Ora, quem adquire, o faz para inserir em estabelecimento comercial, mas a principal situação é que o agente deve saber se tratar de produto de crime.

Para a receptação de animal só se pune a modalidade dolosa.

12.10.6 Elemento subjetivo

Para a figura do art. 180, o crime é praticado mediante dolo, admitindo a culpa na figura do § 3º.

Relativamente à figura do art. 180-A, o crime só é praticado com dolo.

12.11 DISPOSIÇÕES GERAIS AOS CRIMES CONTRA O PATRIMÔNIO – ESCUSAS ABSOLUTÓRIAS

> **Art. 181.** É isento de pena quem comete qualquer dos crimes previstos neste título, em prejuízo:
>
> I – do cônjuge, na constância da sociedade conjugal;
>
> II – de ascendente ou descendente, seja o parentesco legítimo ou ilegítimo, seja civil ou natural.

Art. 182. Somente se procede mediante representação, se o crime previsto neste título é cometido em prejuízo:

I – do cônjuge desquitado ou judicialmente separado;

II – de irmão, legítimo ou ilegítimo;

III – de tio ou sobrinho, com quem o agente coabita.

Art. 183. Não se aplica o disposto nos dois artigos anteriores:

I – se o crime é de roubo ou de extorsão, ou, em geral, quando haja emprego de grave ameaça ou violência à pessoa;

II – ao estranho que participa do crime.

III – se o crime é praticado contra pessoa com idade igual ou superior a 60 (sessenta) anos.

12.11.1 Imunidades absolutas

No art. 181, visando à manutenção dos laços familiares, existem causas pessoais de isenção de pena, denominadas imunidades absolutas, desde que:

a. a vítima seja cônjuge do agente, e na constância da unidade conjugal;

b. a vítima seja ascendente ou descendente, sendo irrelevante a natureza do parentesco.

12.11.2 Hipóteses de ação penal pública condicionada

No art. 182, temos a escusa relativa, que estabelece que o crime contra o patrimônio será processado mediante ação penal privada se o crime é cometido:

a. contra o cônjuge divorciado;

b. contra irmão, legítimo ou ilegítimo;

c. contra tio ou sobrinho, contra quem o agente coabita.

12.11.3 Inaplicabilidade das escusas

Por fim, o art. 183 traz situações em que as escusas não serão aplicadas, a saber:

a. crime de roubo ou extorsão ou quando haja emprego de grave ameaça ou violência à pessoa;

b. ao estranho que participa do crime, já que não possui vínculo familiar para preservar;

c. se a vítima tem mais de 60 anos.

Capítulo 12 ◆ Estelionato e outras fraudes **323**

Decifrando a prova

(Delegado de Polícia Civil Substituto – PC/RN – FGV– 2021) Renan convence Patrick a furtarem bens de uma residência, que estava desabitada. No dia seguinte, o dono da casa, João, 51 anos, toma conhecimento do ocorrido e aciona a polícia, que, após investigação, identifica Renan e Patrick, apurando no curso do inquérito que Renan sabia que o imóvel era de seu pai adotivo, o que Patrick desconhecia. Com base nessas informações, as condutas de Renan e Patrick pode-se dizer que Renan estará isento de pena, enquanto Patrick responderá por furto qualificado, pois a condição de descendente de Renan possui natureza subjetiva e não se comunica a Patrick.

( ) Certo   ( ) Errado

Gabarito comentado: na hipótese, aplicar-se-á a escusa absolutória prevista no art. 181 do Código Penal somente a Renan, o qual estará isento de pena. Já Patrick, por ser terceiro, estranho ao âmbito familiar, não será beneficiado, conforme consta do art. 183 do CP. Portanto, a resposta certa é a letra C.

PARTE III

Dos Crimes Contra a Propriedade Imaterial

Crimes contra a propriedade intelectual

13.1 VIOLAÇÃO DE DIREITO AUTORAL

Art. 184. Violar direitos de autor e os que lhe são conexos:

Pena – detenção, de 3 (três) meses a 1 (um) ano, ou multa.

§ 1º Se a violação consistir em reprodução total ou parcial, com intuito de lucro direto ou indireto, por qualquer meio ou processo, de obra intelectual, interpretação, execução ou fonograma, sem autorização expressa do autor, do artista intérprete ou executante, do produtor, conforme o caso, ou de quem os represente:

Pena – reclusão, de 2 (dois) a 4 (quatro) anos, e multa.

§ 2º Na mesma pena do § 1º incorre quem, com o intuito de lucro direto ou indireto, distribui, vende, expõe à venda, aluga, introduz no País, adquire, oculta, tem em depósito, original ou cópia de obra intelectual ou fonograma reproduzido com violação do direito de autor, do direito de artista intérprete ou executante ou do direito do produtor de fonograma, ou, ainda, aluga original ou cópia de obra intelectual ou fonograma, sem a expressa autorização dos titulares dos direitos ou de quem os represente.

§ 3º Se a violação consistir no oferecimento ao público, mediante cabo, fibra ótica, satélite, ondas ou qualquer outro sistema que permita ao usuário realizar a seleção da obra ou produção para recebê-la em um tempo e lugar previamente determinados por quem formula a demanda, com intuito de lucro, direto ou indireto, sem autorização expressa, conforme o caso, do autor, do artista intérprete ou executante, do produtor de fonograma, ou de quem os represente:

Pena – reclusão, de 2 (dois) a 4 (quatro) anos, e multa.

§ 4º O disposto nos §§ 1º, 2º e 3º não se aplica quando se tratar de exceção ou limitação ao direito de autor ou os que lhe são conexos, em conformidade com o previsto na Lei nº 9.610, de 19 de fevereiro de 1998, nem a cópia de obra intelectual ou fonograma, em um só exemplar, para uso privado do copista, sem intuito de lucro direto ou indireto.

13.1.1 Noções gerais e classificação doutrinária

O tipo previsto no art. 184 do Código Penal recebeu o *nomen iuris* de violação de direito autoral e teve sua redação alterada pela Lei nº 10.695/2003.

O fundamento constitucional para a proteção da propriedade intelectual é o art. 5º, inciso XXVII:

> **Art. 5º** (...)
>
> XXVII – aos autores pertence o direito exclusivo de utilização, publicação ou reprodução de suas obras, transmissível aos herdeiros pelo tempo que a lei fixa.

A Lei nº 9.610/1998 regula a matéria e em seu art. 1º prevê que direitos autorais são os direitos de autor e os que lhes são conexos. Segundo a lei, os direitos autorais são considerados bens móveis.[1]

Trata-se de crime próprio quanto ao sujeito passivo (apenas o autor da obra literária, artística ou científica, seus herdeiros e sucessores podem figurar como sujeito passivo) e comum quanto ao sujeito ativo; crime doloso; crime comissivo; plurissubsistente; de forma livre; monossubjetivo.

Analisando-se a pena cominada à figura prevista no *caput*, conclui-se que são admitidas tanto a transação penal quanto a suspensão condicional do processo, previstas, respectivamente, nos arts. 76 e 89 da Lei nº 9.099/1990. Em razão do cabimento da transação penal, conforme disposto no art. 28-A, § 2º, inciso I, do Código de Processo Penal, não pode ser aplicado o acordo de não persecução. O ANPP poderá ser aplicado, no entanto, às modalidades qualificadas previstas nos §§ 1º, 2º e 3º.

O crime se procede mediante queixa, no caso da conduta prevista no *caput* do art. 184; mediante ação penal pública incondicionada, no caso das figuras qualificadas previstas nos § 1º e 2º e quando for cometido em desfavor de entidades de direito público, autarquia, empresa pública, sociedade de economia mista ou fundação instituída pelo poder público; proceder-se-á, ainda, mediante representação no caso da conduta prevista no § 3º.

13.1.2 Bem jurídico tutelado e objeto material

O tipo visa a proteger a propriedade intelectual (bem jurídico tutelado). O objeto material será a obra literária, artística ou científica.

13.1.3 Sujeitos do crime

Em relação ao sujeito ativo, nenhuma condição especial é exigida da pessoa para que figure como autor, assim, é crime comum.

Em relação ao sujeito passivo, temos um crime próprio. Somente o autor da obra literária, artística ou científica, seus herdeiros e sucessores podem figurar como vítima.

---

[1] **Lei nº 9.610/1998.** "**Art. 3º** Os direitos autorais reputam-se, para os efeitos legais, bens móveis".

13.1.4 Conduta e voluntariedade

O tipo pune a conduta de violar os direitos autorais.

Temos uma norma penal em branco que depende do complemento previsto na Lei nº 9.610/1998 que trata dos direitos autorais.

A Lei nº 9.610/1998 traz alguns importantes conceitos em seu art. 5º:

> **Art. 5º** Para os efeitos desta Lei, considera-se:
>
> I – **publicação** – o oferecimento de obra literária, artística ou científica ao conhecimento do público, com o consentimento do autor, ou de qualquer outro titular de direito de autor, por qualquer forma ou processo;
>
> II – **transmissão ou emissão** – a difusão de sons ou de sons e imagens, por meio de ondas radioelétricas; sinais de satélite; fio, cabo ou outro condutor; meios óticos ou qualquer outro processo eletromagnético;
>
> III – **retransmissão** – a emissão simultânea da transmissão de uma empresa por outra;
>
> IV – **distribuição** – a colocação à disposição do público do original ou cópia de obras literárias, artísticas ou científicas, interpretações ou execuções fixadas e fonogramas, mediante a venda, locação ou qualquer outra forma de transferência de propriedade ou posse;
>
> V – **comunicação ao público** – ato mediante o qual a obra é colocada ao alcance do público, por qualquer meio ou procedimento e que não consista na distribuição de exemplares;
>
> VI – **reprodução** – a cópia de um ou vários exemplares de uma obra literária, artística ou científica ou de um fonograma, de qualquer forma tangível, incluindo qualquer armazenamento permanente ou temporário por meios eletrônicos ou qualquer outro meio de fixação que venha a ser desenvolvido;
>
> VII – **contrafação** – a reprodução não autorizada;
>
> VIII – **obra**:
>
> a) em coautoria – quando é criada em comum, por dois ou mais autores;
>
> b) anônima – quando não se indica o nome do autor, por sua vontade ou por ser desconhecido;
>
> c) pseudônima – quando o autor se oculta sob nome suposto;
>
> d) inédita – a que não haja sido objeto de publicação;
>
> e) póstuma – a que se publique após a morte do autor;
>
> f) originária – a criação primígena;
>
> g) derivada – a que, constituindo criação intelectual nova, resulta da transformação de obra originária;
>
> h) coletiva – a criada por iniciativa, organização e responsabilidade de uma pessoa física ou jurídica, que a publica sob seu nome ou marca e que é constituída pela participação de diferentes autores, cujas contribuições se fundem numa criação autônoma;

i) audiovisual – a que resulta da fixação de imagens com ou sem som, que tenha a finalidade de criar, por meio de sua reprodução, a impressão de movimento, independentemente dos processos de sua captação, do suporte usado inicial ou posteriormente para fixá-lo, bem como dos meios utilizados para sua veiculação;

IX – **fonograma** – toda fixação de sons de uma execução ou interpretação ou de outros sons, ou de uma representação de sons que não seja uma fixação incluída em uma obra audiovisual;

X – **editor** – a pessoa física ou jurídica à qual se atribui o direito exclusivo de reprodução da obra e o dever de divulgá-la, nos limites previstos no contrato de edição;

XI – **produtor** – a pessoa física ou jurídica que toma a iniciativa e tem a responsabilidade econômica da primeira fixação do fonograma ou da obra audiovisual, qualquer que seja a natureza do suporte utilizado;

XII – **radiodifusão** – a transmissão sem fio, inclusive por satélites, de sons ou imagens e sons ou das representações desses, para recepção ao público e a transmissão de sinais codificados, quando os meios de decodificação sejam oferecidos ao público pelo organismo de radiodifusão ou com seu consentimento;

XIII – **artistas intérpretes ou executantes** – todos os atores, cantores, músicos, bailarinos ou outras pessoas que representem um papel, cantem, recitem, declamem, interpretem ou executem em qualquer forma obras literárias ou artísticas ou expressões do folclore;

XIV – **titular originário** – o autor de obra intelectual, o intérprete, o executante, o produtor fonográfico e as empresas de radiodifusão. (Grifos nossos.)

São considerados **obras intelectuais** protegidas as criações do espírito, expressas por qualquer meio ou fixadas em qualquer suporte, tangível ou intangível, conhecido ou que se invente no futuro, tais como (art. 7º):

Lei nº 9.610/1998, art. 7º (...)

I – os textos de obras literárias, artísticas ou científicas;

II – as conferências, alocuções, sermões e outras obras da mesma natureza;

III – as obras dramáticas e dramático-musicais;

IV – as obras coreográficas e pantomímicas, cuja execução cênica se fixe por escrito ou por outra qualquer forma;

V – as composições musicais, tenham ou não letra;

VI – as obras audiovisuais, sonorizadas ou não, inclusive as cinematográficas;

VII – as obras fotográficas e as produzidas por qualquer processo análogo ao da fotografia;

VIII – as obras de desenho, pintura, gravura, escultura, litografia e arte cinética;

IX – as ilustrações, cartas geográficas e outras obras da mesma natureza;

X – os projetos, esboços e obras plásticas concernentes à geografia, engenharia, topografia, arquitetura, paisagismo, cenografia e ciência;

XI – as adaptações, traduções e outras transformações de obras originais, apresentadas como criação intelectual nova;

XII – os programas de computador;

XIII – as coletâneas ou compilações, antologias, enciclopédias, dicionários, bases de dados e outras obras, que, por sua seleção, organização ou disposição de seu conteúdo, constituam uma criação intelectual.

Além de proteger os direitos do autor, a lei protege os direitos que lhes são conexos.

O direito autoral alcança, ainda, os auxiliares da criação (intérpretes, músicos, produtores fotográficos, empresas de radiodifusão).

A lei define quais as produções estarão sujeitas aos direitos autorais e as hipóteses em que as obras poderão ser usadas sem que isso configure violação ao direito autoral (causas de exclusão da tipicidade).

Podemos dividir os direitos autorais em morais e patrimoniais. Os direitos morais garantem a autoria da criação ao autor da obra, não são suscetíveis de alienação, são intransferíveis e irrenunciáveis. Os direitos patrimoniais se relacionam à utilização econômica da obra, podendo ser cedidos para outras pessoas.

O crime é punido a título de dolo. Não se exige especial fim de agir do agente. Não se exige que o agente tenha o intuito de lucro para que se configure o crime. Aliás, se essa for sua finalidade, estaremos diante da forma qualificada do crime.

Não se admite a modalidade culposa por falta de previsão legal.

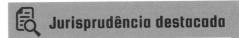

Para a configuração do delito de violação de direito autoral e a comprovação de sua materialidade, é suficiente a perícia realizada por amostragem do produto apreendido, nos aspectos externos do material, e é desnecessária a identificação dos titulares dos direitos autorais violados ou daqueles que os representem (Súmula nº 574 do STJ). 2. Comprovada a materialidade do crime previsto no § 2º do art. 184 do Código Penal por meio da perícia que atestou serem falsificados os DVDs apreendidos com o sentenciado, mostra-se totalmente dispensável e irrelevante a inquirição dos produtores das mídias a partir das quais teriam sido feitas as cópias com eles encontradas para confirmarem que seus direitos autorais teriam sido violados (STJ, AgRg no AREsp nº 1.427.679/SP, 2019/0010553-5, Rel. Min. Jorge Mussi, j. 04.04.2019, 5ª Turma, *DJe* 22.04.2019).

13.1.5 Consumação e tentativa

Conforme orienta Rogério Sanches Cunha (2021, p. 504), o momento consumativo dependerá da modalidade de violação:

a. pintura ou escultura: consuma-se com a exibição ao público;
b. reprodução de obra literária ou científica: consuma-se com a publicação;

332 Direito Penal Decifrado – Parte Especial

c. reprodução de fonograma ou videofonograma: consuma-se com a reprodução;

d. representação teatral ou musical: consuma-se com a execução ou representação.

É admitida a tentativa, por tratar-se de crime plurissubsistente.

13.1.6 Formas qualificadas

As modalidades qualificadas vêm previstas nos §§ 1º, 2º e 3º do art. 184 do CP:

> **Art. 184. (...)**
>
> **§ 1º** Se a violação consistir em reprodução total ou parcial, com intuito de lucro direto ou indireto, por qualquer meio ou processo, de obra intelectual, interpretação, execução ou fonograma, sem autorização expressa do autor, do artista intérprete ou executante, do produtor, conforme o caso, ou de quem os represente:
>
> **Pena** – reclusão, de 2 (dois) a 4 (quatro) anos, e multa.
>
> **§ 2º** Na mesma pena do § 1º incorre quem, com o intuito de lucro direto ou indireto, distribui, vende, expõe à venda, aluga, introduz no País, adquire, oculta, tem em depósito, original ou cópia de obra intelectual ou fonograma reproduzido com violação do direito de autor, do direito de artista intérprete ou executante ou do direito do produtor de fonograma, ou, ainda, aluga original ou cópia de obra intelectual ou fonograma, sem a expressa autorização dos titulares dos direitos ou de quem os represente.
>
> **§ 3º** Se a violação consistir no oferecimento ao público, mediante cabo, fibra ótica, satélite, ondas ou qualquer outro sistema que permita ao usuário realizar a seleção da obra ou produção para recebê-la em um tempo e lugar previamente determinados por quem formula a demanda, com intuito de lucro, direto ou indireto, sem autorização expressa, conforme o caso, do autor, do artista intérprete ou executante, do produtor de fonograma, ou de quem os represente:
>
> **Pena** – reclusão, de 2 (dois) a 4 (quatro) anos, e multa

As formas qualificadas punem a conduta de violar os direitos autorais com o intuito de obtenção de lucro.

Vamos analisar cada um dos parágrafos isoladamente:

A conduta prevista no art. 184, § 1º, é classificada como crime comum, podendo ser praticada por qualquer pessoa. O sujeito passivo será o detentor dos direitos autorais.

O objeto material da conduta prevista no § 1º serão a obra intelectual, interpretação, execução ou fonograma, cujos conceitos foram definidos pela Lei nº 9.610/1998 e que foram mencionados no tópico anterior.

O núcleo do tipo do § 1º consiste na reprodução total ou parcial de obra intelectual, interpretação, execução ou fonograma, sem autorização, com o intuito de obter lucro.

Por reprodução se entende a cópia de um ou vários exemplares de uma obra literária, artística ou científica ou de um fonograma, de qualquer forma tangível, incluindo qualquer armazenamento permanente ou temporário por meios eletrônicos ou qualquer outro meio de fixação que venha a ser desenvolvido.[2]

Além das obras intelectuais, a conduta do agente pode ter como objeto material, a interpretação, execução ou fonograma, sem autorização expressa do artista intérprete ou executante, do produtor, conforme o caso, ou de quem os represente.

As figuras qualificadas são punidas a título de dolo, sendo exigida a presença do elemento subjetivo específico do tipo, qual seja, a finalidade de obtenção de lucro.

No § 2º a proteção recai sobre a obra intelectual e o fonograma. Assim como no parágrafo anterior, o sujeito ativo pode ser qualquer pessoa, mesmo o não comerciante. O sujeito passivo será o detentor dos direitos autorais.

O tipo previsto no § 2º pune as seguintes condutas:

- distribuir, vender, expor a venda, alugar, introduzir no país, adquirir, ocultar, ter em depósito, original ou cópia de obra intelectual ou fonograma reproduzido com violação do direito de autor, do direito de artista intérprete ou executante ou do direito do produtor de fonograma;
- alugar original ou cópia de obra intelectual ou fonograma, sem a expressa autorização dos titulares dos direitos ou de quem os represente.

Assim como no parágrafo anterior, o crime é punido a título de dolo, sendo exigida a presença do elemento subjetivo específico do tipo, qual seja, a finalidade de obtenção de lucro.

O crime se consumará com a prática de quaisquer das condutas, pois trata-se de crime formal. A tentativa é admitida.

A respeito de eventual alegação de atipicidade da conduta em razão do princípio da adequação social, devemos nos atentar ao teor do Enunciado nº 502 da Súmula do STJ:

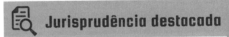

Jurisprudência destacada

STJ, Súmula nº 502. Presentes a materialidade e a autoria, afigura-se típica, em relação ao crime previsto no art. 184, § 2º, do CP, a conduta de expor à venda CDs e DVDs piratas.

Decifrando a prova

(Delegado de Polícia Civil – PC/MA – Cespe/Cebraspe – 2018 – Adaptada) Julgue o item a seguir:

---

[2] Art. 5º, inciso VI, da Lei nº 9.610/1998.

> A absolvição do réu no crime de violação de direito autoral é possível com base na teoria da adequação social e no princípio da insignificância.
> ( ) Certo   ( ) Errado
> **Gabarito comentado:** os Tribunais Superiores pacificaram o entendimento de que o princípio da adequação social não é aplicável aos crimes de violação autoral. Portanto, a assertiva está certa.

O STJ pacificou o entendimento no sentido de que não se aplicam os princípios da adequação social e da insignificância às condutas que se amoldem ao tipo penal previsto no art. 184, § 2º, do CP. Para a Corte Superior, há violação do direito autoral que repercute em lesão aos artistas, comerciantes, integrantes da indústria fonográfica e ao próprio Estado. Ainda que seja comum a exposição à venda de produtos pirateados, tanto fornecedores quanto consumidores têm noção da origem ilícita da mercadoria e das condutas praticadas, não podendo se falar em adequação social.

Atente-se ao Enunciado nº 574 da Súmula do STJ:

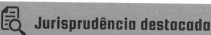

Jurisprudência destacada

> **STJ, Súmula nº 574.** Para a configuração do delito de violação de direito autoral e a comprovação de sua materialidade, é suficiente a perícia realizada por amostragem do produto apreendido, nos aspectos externos do material, e é desnecessária a identificação dos titulares dos direitos autorais violados ou daqueles que os representem.

Decifrando a prova

> **(Delegado de Polícia Civil – PC/PA – Instituto AOCP – 2021 – Adaptada)** Julgue o item a seguir:
> Para a configuração do delito de violação de direito autoral e a comprovação de sua materialidade, é suficiente a perícia realizada por amostragem do produto apreendido, nos aspectos externos do material, e é desnecessária a identificação dos titulares dos direitos autorais violados ou daqueles que os representem.
> ( ) Certo   ( ) Errado
> **Gabarito comentado:** conforme a Súmula nº 574, STJ: "Para a configuração do delito de violação de direito autoral e a comprovação de sua materialidade, é suficiente a perícia realizada por amostragem do produto apreendido, nos aspectos externos do material, e é desnecessária a identificação dos titulares dos direitos autorais violados ou daqueles que os representem". Portanto, a assertiva está certa.

A figura prevista no parágrafo terceiro pune a violação de direitos autorais por meio de oferecimento ao público, mediante cabo, fibra ótica, satélite, ondas ou qualquer outro

Capítulo 13 ◆ Crimes contra a propriedade intelectual **335**

sistema que permita ao usuário realizar a seleção da obra ou produção para recebê-la em um tempo e lugar previamente determinados por quem formula a demanda, com intuito de lucro, direto ou indireto, sem autorização expressa, conforme o caso, do autor, do artista intérprete ou executante, do produtor de fonograma, ou de quem os represente.

Como no parágrafo anterior, o sujeito ativo pode ser qualquer pessoa, mesmo o não comerciante. O sujeito passivo será o autor, intérprete ou produtor da obra.

O crime é punido a título de dolo, sendo exigida a presença do elemento subjetivo específico do tipo, qual seja, a finalidade de obtenção de lucro.

Trata-se de crime formal que se contenta com o oferecimento ao público para sua consumação, não sendo necessária a efetiva aferição do lucro.

13.1.7 Exclusão da tipicidade (das limitações aos direitos autorais)

Em seu art. 46, a Lei nº 9.610/1998 elenca as condutas que não constituem ofensa aos direitos autorais e que se aplicam a todos os dispositivos que versam sobre a violação aos direitos autorais (*caput* e parágrafos do art. 184 do CP):

> **Art. 46.** Não constitui ofensa aos direitos autorais:
>
> I – a reprodução:
>
> a) na imprensa diária ou periódica, de notícia ou de artigo informativo, publicado em diários ou periódicos, com a menção do nome do autor, se assinados, e da publicação de onde foram transcritos;
>
> b) em diários ou periódicos, de discursos pronunciados em reuniões públicas de qualquer natureza;
>
> c) de retratos, ou de outra forma de representação da imagem, feitos sob encomenda, quando realizada pelo proprietário do objeto encomendado, não havendo a oposição da pessoa neles representada ou de seus herdeiros;
>
> d) de obras literárias, artísticas ou científicas, para uso exclusivo de deficientes visuais, sempre que a reprodução, sem fins comerciais, seja feita mediante o sistema Braille ou outro procedimento em qualquer suporte para esses destinatários;
>
> II – a reprodução, em um só exemplar de pequenos trechos, para uso privado do copista, desde que feita por este, sem intuito de lucro;
>
> III – a citação em livros, jornais, revistas ou qualquer outro meio de comunicação, de passagens de qualquer obra, para fins de estudo, crítica ou polêmica, na medida justificada para o fim a atingir, indicando-se o nome do autor e a origem da obra;
>
> IV – o apanhado de lições em estabelecimentos de ensino por aqueles a quem elas se dirigem, vedada sua publicação, integral ou parcial, sem autorização prévia e expressa de quem as ministrou;
>
> V – a utilização de obras literárias, artísticas ou científicas, fonogramas e transmissão de rádio e televisão em estabelecimentos comerciais, exclusivamente para demonstração à clientela, desde que esses estabelecimentos comercializem os suportes ou equipamentos que permitam a sua utilização;

VI – a representação teatral e a execução musical, quando realizadas no recesso familiar ou, para fins exclusivamente didáticos, nos estabelecimentos de ensino, não havendo em qualquer caso intuito de lucro;

VII – a utilização de obras literárias, artísticas ou científicas para produzir prova judiciária ou administrativa;

VIII – a reprodução, em quaisquer obras, de pequenos trechos de obras preexistentes, de qualquer natureza, ou de obra integral, quando de artes plásticas, sempre que a reprodução em si não seja o objetivo principal da obra nova e que não prejudique a exploração normal da obra reproduzida nem cause um prejuízo injustificado aos legítimos interesses dos autores.

PARTE IV

Dos Crimes Contra a Organização do Trabalho

Crimes contra a organização do trabalho

14.1 NOÇÕES GERAIS

O presente título trata dos crimes contra a organização do trabalho.

Importante salientar que a Constituição da República tem como um de seus fundamentos os valores sociais do trabalho e da livre-iniciativa, além disso, em seu art. 5º, a livre-iniciativa de trabalho e a liberdade de associação são previstos como direitos fundamentais.

Os tipos penais previstos neste título tutelam tanto as relações individuais de trabalho quanto as coletivas.

De mais a mais, a própria Constituição Federal traz em seus arts. 7º a 11 um amplo rol de situações envolvendo o livre ambiente de trabalho. Nessa toada, é prudente interpretar as disposições da Lei Penal de maneira sistemática com a Constituição Federal.

Merece ser mencionado que a Constituição Federal de 1988, nos arts. 7º a 11, assegura diversos direitos sociais ao trabalhador, razão pela qual as disposições do Código Penal devem ser interpretadas à luz do texto constitucional.

Outro ponto de enfoque que gerou embate jurisprudencial, diz respeito à competência para processamento destes crimes.

Como se sabe, a CF, em seu art. 109, inciso VI, dispõe ser da Justiça Federal a competência para processar e julgar crimes contra a organização do trabalho.

Todavia, seguindo a jurisprudência majoritária, a competência federal será aplicada nos casos de infrações que afetem a pluralidade/coletividade de trabalhadores, no chamado aspecto "macro" ou "supraindividual".[1]

A competência para julgamento desses crimes poderá ser tanto da Justiça Estadual quanto da Federal. Havendo lesão aos direitos dos trabalhadores de forma coletiva ou ofen-

---

[1] STF, RE nº 587.530, 1ª Turma, Rel. Min. Dias Toffoli, *DJe* 25.08.2011. No mesmo sentido: STF, RE nº 599.943, 1ª Turma, Rel. Min. Cármen Lúcia, *DJe* 1º.02.2011; STJ, CC nº 118.436, 3ª Seção, Rel. Min. Alderita Oliveira (Des. Conv.), *DJe* 29.05.2013.

sa aos órgãos ou institutos que os preservam, a competência será da Justiça Federal. Caso os direitos atingidos sejam individuais ou de determinado grupo de trabalhadores, a competência será da Justiça Estadual.

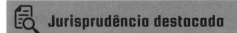

CONFLITO DE COMPETÊNCIAS. ATENTADO CONTRA A LIBERDADE DE TRABALHO (CP, ART. 197). COMPETÊNCIA DA JUSTIÇA COMUM DO ESTADO. I – No caso concreto, o fato tido como delituoso tem natureza individual. Logo, não pode ser acoimado de "crime contra a organização do trabalho", que tem como objeto direitos trabalhistas como um todo. Precedentes da Seção. II – Competência do Juízo Comum Estadual (STJ, CC nº 4.168/SP, 1993/0002596-1, Rel. Min. Adhemar Maciel, j. 17.06.1993, 3ª Seção, DJ 16.08.1993, p. 15950).

Analisaremos a partir de agora cada um dos tipos penais que compõem o título.

14.2 ATENTADO CONTRA A LIBERDADE DE TRABALHO

Art. 197. Constranger alguém, mediante violência ou grave ameaça:

I – a exercer ou não exercer arte, ofício, profissão ou indústria, ou a trabalhar ou não trabalhar durante certo período ou em determinados dias:

Pena – detenção, de um mês a um ano, e multa, além da pena correspondente à violência;

II – a abrir ou fechar o seu estabelecimento de trabalho, ou a participar de parede ou paralisação de atividade econômica:

Pena – detenção, de três meses a um ano, e multa, além da pena correspondente à violência.

14.2.1 Noções gerais e classificação doutrinária

O tipo previsto no art. 197 do Código Penal pune a conduta chamada de atentado contra a liberdade de trabalho. Pelo próprio *nomen iuris* do tipo já se conclui que ele tutela a liberdade de trabalho que vem prevista no art. 5º, inciso XIII, da Constituição da República.

Art. 5º (...)

XIII – é livre o exercício de qualquer trabalho, ofício ou profissão, atendidas as qualificações profissionais que a lei estabelecer; (...)

Trata-se de crime comum em relação ao sujeito ativo e próprio em relação ao sujeito passivo; doloso; comissivo; crime material; de forma livre; monossubjetivo; plurissubsistente.

14.2.2 Bem jurídico tutelado e objeto material

O bem jurídico tutelado é a liberdade de trabalho, constitucionalmente garantida.

O objeto material do crime é a pessoa contra quem recai a conduta.

14.2.3 Sujeitos do crime

Tratando-se de crime comum em relação ao sujeito ativo, pode ser praticado por qualquer pessoa.

Já em relação ao sujeito passivo, temos crime próprio, pois somente poderá ser vítima a pessoa física que tem sua liberdade de trabalho privada.

Rogério Sanches Cunha (2021, p. 515) leciona que o sujeito passivo irá variar a depender do comportamento delituoso, podendo ser tanto a pessoa constrangida quanto o proprietário do estabelecimento (primeira parte do inciso II).

Guilherme de Souza Nucci (*apud* GRECO, 2021a, p. 1006), acompanhado por Rogério Greco, entende que somente o ser humano pode ser vítima da violência ou da grave ameaça.

Magalhães Noronha (*apud* CUNHA, 2021, p. 514) discorda, afirmando que a pessoa jurídica pode figurar como sujeito passivo, ainda que a ação do agente recaia sobre as pessoas que dirigem o estabelecimento.

Acompanhamos o entendimento esposado por Nucci (*apud* GRECO, 2021a, p. 1006) e Greco (2021a), que, assim como Nélson Hungria (1947), observam que a pessoa jurídica não pode figurar como vítima do crime em estudo, até por se tratar de modalidade especial de constrangimento ilegal e somente a pessoa física poderia ser vítima de violência ou grave ameaça.

14.2.4 Conduta e voluntariedade

O tipo pune a conduta de constranger (esse é o núcleo do tipo) alguém, mediante violência ou grave ameaça, a exercer ou deixar de exercer arte, ofício, profissão ou indústria, ou a trabalhar ou não trabalhar durante certo período ou em determinados dias, ou ainda a abrir ou fechar seu estabelecimento de trabalho.

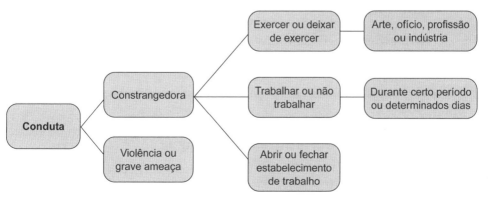

Atente-se ao fato de que o núcleo do tipo é "constranger", que deve ser praticado mediante violência ou grave ameaça. Não configura a grave ameaça apta a caracterizar o tipo penal a promessa feita pelo empregador de que rescindirá o contrato de trabalho, pois esse é um direito dele.

> **Decifrando a prova**
>
> **(Juiz Federal Substituto – TRF 2ª Região – 2018 – Adaptada)** Para a configuração típica do crime de atentado contra a liberdade de trabalho, a grave ameaça capaz de constranger alguém a trabalhar durante certo período de tempo ou em determinados dias, pode se consubstanciar na promessa, pelo empregador, de rescisão do contrato de trabalho.
>
> ( ) Certo   ( ) Errado
>
> **Gabarito comentado:** entende-se que a mera promessa, pelo empregador, de rescisão do contrato de trabalho, não constitui a grave ameaça apta a caracterizar o crime tipificado no art. 197 do Código Penal. Portanto, a assertiva está errada.

O crime é punido a título de dolo, sem que se exija qualquer finalidade específica do agente. Não se pune a modalidade culposa por falta de previsão legal.

Caso da violência empregada resulte lesão, o agente responderá pelo crime em estudo em cúmulo material com o crime correspondente à violência.

14.2.5 Consumação e tentativa

O crime se consuma quando a vítima, após ser constrangida, exerce ou deixa de exercer arte, ofício, profissão ou indústria, ou trabalha ou não trabalha durante certo período ou em determinados dias, ou ainda abre ou fecha seu estabelecimento de trabalho.

Por tratar-se de crime plurissubsistente, é admitida a tentativa.

14.3 ATENTADO CONTRA A LIBERDADE DE CONTRATO DE TRABALHO E BOICOTAGEM VIOLENTA

> **Art. 198.** Constranger alguém, mediante violência ou grave ameaça, a celebrar contrato de trabalho, ou a não fornecer a outrem ou não adquirir de outrem matéria-prima ou produto industrial ou agrícola:
>
> **Pena** – detenção, de um mês a um ano, e multa, além da pena correspondente à violência.

14.3.1 Noções gerais e classificação doutrinária

O tipo previsto no art. 198 do Código Penal pune a conduta chamada de atentado contra a liberdade de contrato de trabalho e boicotagem violenta.

A primeira parte do tipo prevê o atentado contra a liberdade de contrato de trabalho: o sujeito ativo obriga o trabalhador a firmar contrato de trabalho.

A segunda parte do tipo prevê a boicotagem violenta, em que o sujeito ativo constrange o sujeito passivo para que ele não forneça ou não adquira matéria-prima ou produto industrial agrícola de outrem.

Trata-se de crime comum em relação ao sujeito ativo e próprio em relação ao sujeito passivo (na modalidade boicotagem); doloso; comissivo; crime material; de forma livre; monossubjetivo; plurissubsistente.

A título de curiosidade, a origem do nome do crime boicotagem vem da Irlanda. James Boycott era um administrador agrícola que acabou forçado a emigrar para a América, após camponeses e fornecedores da região romperem ligações com ele, como forma de represália à sua atuação vexatória (HUNGRIA *apud* GRECO, 2021b, p. 1010).

14.3.2 Bem jurídico tutelado e objeto material

O bem jurídico tutelado é a liberdade de trabalho, constitucionalmente garantida.

O objeto material do crime é a pessoa contra quem recai a conduta, a quem é dirigido o constrangimento ilegal.

14.3.3 Sujeitos do crime

Tratando-se de crime comum em relação ao sujeito ativo, pode ser praticado por qualquer pessoa.

Já em relação ao sujeito passivo, temos crime próprio quando se tratar da boicotagem violenta, pois somente poderá ser vítima a pessoa que poderia fornecer matéria prima ou produto industrial ou agrícola. Na primeira parte, o sujeito passivo também é comum.

Rogério Sanches Cunha (2021, p. 516) leciona que o sujeito passivo pode ser qualquer pessoa.

Existe entendimento de que a pessoa jurídica pode ser sujeito passivo do crime de boicotagem violenta, mas não é o que prevalece (CUNHA, 2021, p. 517).

14.3.4 Conduta e voluntariedade

O tipo pune a conduta de constranger (esse é o núcleo do tipo) alguém, mediante violência ou grave ameaça, a celebrar contrato de trabalho ou a não fornecer a outrem ou não adquirir de outrem matéria-prima ou produto industrial ou agrícola.

A primeira parte do tipo prevê o **atentado contra a liberdade de contrato de trabalho**: o sujeito ativo obriga o trabalhador a firmar contrato de trabalho.

A segunda parte do tipo prevê a **boicotagem violenta**, em que o sujeito ativo constrange o sujeito passivo para que ele não forneça ou não adquira matéria-prima ou produto industrial agrícola de outrem.

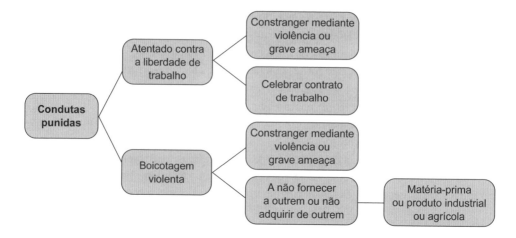

O crime é punido a título de dolo, sem que se exija qualquer finalidade específica do agente.

Não se pune a modalidade culposa por falta de previsão legal.

Veja que o tipo não pune a conduta de constranger a não celebrar contrato de trabalho. Em respeito à taxatividade, não se pode utilizar a analogia para suprir eventual lacuna.

Importante destacar que o rol de condutas previsto no tipo é taxativo. Assim, a negativa em fornecer crédito, por exemplo, não pode ser tipificada como o crime em estudo.

14.3.5 Consumação e tentativa

O crime se consuma na primeira parte quando a vítima celebra o contrato e, na segunda parte (boicotagem violenta) quando a vítima deixa de fornecer ou adquirir matéria-prima ou produtos agrícolas.

Por tratar-se de crime plurissubsistente é admitida a tentativa.

14.4 ATENTADO CONTRA A LIBERDADE DE ASSOCIAÇÃO

> **Art. 199**. Constranger alguém, mediante violência ou grave ameaça, a participar ou deixar de participar de determinado sindicato ou associação profissional:
> **Pena** – detenção, de um mês a um ano, e multa, além da pena correspondente à violência.

14.4.1 Noções gerais e classificação doutrinária

O tipo previsto no art. 199 do Código Penal pune a conduta chamada de atentado contra a liberdade de associação, que é constitucionalmente garantida no art. 5º, inciso XVII. Vejamos:

Art. 5º (...)

XII – é plena a liberdade de associação para fins lícitos, vedada a de caráter paramilitar;

Além do art. 5º da CF, o art. 8º, em seu inciso V, prevê que ninguém será obrigado a filiar-se ou a manter-se filiado a sindicato.

A liberdade sindical e a liberdade de associação são constitucionalmente garantidas.

Trata-se de crime comum em relação ao sujeito ativo e próprio em relação ao sujeito passivo; doloso; comissivo; crime material; de forma livre; monossubjetivo; plurissubsistente, permanente.

14.4.2 Bem jurídico tutelado e objeto material

O bem jurídico tutelado é a liberdade de associação e a filiação sindical, constitucionalmente garantidas.

O objeto material do crime é a pessoa contra quem recai a conduta, a quem é dirigido o constrangimento ilegal.

14.4.3 Sujeitos do crime

Tratando-se de crime comum em relação ao sujeito ativo, pode ser praticado por qualquer pessoa.

Já em relação ao sujeito passivo, temos crime próprio, pois somente pode ser vítima aqueles que podem se associar ou se filiar a um sindicato.

Rogério Sanches Cunha (2021, p. 516) leciona que o sujeito passivo pode ser qualquer pessoa.

14.4.4 Conduta e voluntariedade

O tipo pune a conduta de constranger (esse é o núcleo do tipo) alguém, mediante violência ou grave ameaça, a participar ou deixar de participar de sindicato ou associação profissional.

O constrangimento deve ser dirigido a obrigar ou impedir que a pessoa se filie a determinado sindicato, e não genericamente a qualquer sindicato.

Impedir que a pessoa se filie ou obrigá-la a se filiar a todo ou qualquer sindicato se amolda à figura do constrangimento ilegal.

🧩 Decifrando a prova

(Juiz do Trabalho Substituto – TRF 1ª região – 2016 – Adaptada) Sandro é patrão de Patrícia e Hugo. Patrícia e Hugo se filiam ao sindicato que representa os interesses da categoria profissional que integram, começam a participar das atividades e se tornam dirigentes da

> entidade. Sistematicamente, Sandro se recusa a liberar os dirigentes para participação nas reuniões do sindicato (inclusive uma que iria deliberar acerca de paralisação das atividades em sua fábrica), mesmo tendo Patrícia e Hugo sempre se comprometido a compensar no dia seguinte as horas que deixassem de trabalhar. Na frente de testemunhas, Sandro afirma para ambos: "Se vocês saírem antes serão descontados. Se repetirem, serão suspensos e se isso continuar vão ser dispensados por justa causa". A conduta de Sandro amolda-se ao previsto no art. 199 do Código Penal.
>
> ( ) Certo   ( ) Errado
>
> **Gabarito comentado:** Sandro não cometeu o crime, pois o empregador não proibiu os empregados de participarem de um sindicato específico. Apenas os advertiu de quais seriam as consequências de se ausentarem durante o horário de expediente com a finalidade de participarem das reuniões sindicais. Portanto, a assertiva está errada.

Podemos afirmar que o tipo penal em estudo é uma norma penal em branco, pois precisaremos de outras normas para definir o que é sindicato e associação.

Vamos nos valer da Consolidação das Leis de Trabalho (CTL) para conceituar associação e sindicato:

> **Art. 511.** É lícita a associação para fins de estudo, defesa e coordenação dos seus interesses econômicos ou profissionais de todos os que, como empregadores, empregados, agentes ou trabalhadores autônomos ou profissionais liberais exerçam, respectivamente, a mesma atividade ou profissão ou atividades ou profissões similares ou conexas.

> **Art. 561.** A denominação "sindicato" é privativa das associações profissionais de primeiro grau, reconhecidas na forma desta Lei.

O crime é punido a título de dolo, sem que se exija qualquer finalidade específica do agente.

Não se pune a modalidade culposa por falta de previsão legal.

14.4.5 Consumação e tentativa

O crime se consuma quando a vítima se associa ou se filia a determinado sindicato ou quando é impedida de se associar ou de se filiar.

Por tratar-se de crime plurissubsistente, é admitida a tentativa.

14.5 PARALISAÇÃO DE TRABALHO, SEGUIDA DE VIOLÊNCIA OU PERTURBAÇÃO DA ORDEM

> **Art. 200.** Participar de suspensão ou abandono coletivo de trabalho, praticando violência contra pessoa ou contra coisa:
>
> **Pena** – detenção, de um mês a um ano, e multa, além da pena correspondente à violência.

Parágrafo único. Para que se considere coletivo o abandono de trabalho é indispensável o concurso de, pelo menos, três empregados.

14.5.1 Noções gerais e classificação doutrinária

O tipo previsto no art. 200 do Código Penal pune a conduta chamada de paralisação de trabalho, seguida de violência ou perturbação da ordem.

Não se pune o direito constitucional de greve, previsto no art. 9º da CF:

> **Art. 9º** É assegurado o direito de greve, competindo aos trabalhadores decidir sobre a oportunidade de exercê-lo e sobre os interesses que devam por meio dele defender.
>
> **§ 1º** A lei definirá os serviços ou atividades essenciais e disporá sobre o atendimento das necessidades inadiáveis da comunidade.
>
> **§ 2º** Os abusos cometidos sujeitam os responsáveis às penas da lei.

O direito de greve é regulamentado pela Lei nº 7.783/1989, que dispõe a respeito dos direitos e dos serviços essenciais, dentre outros.

O que se pune com o artigo em comento é a conduta daqueles que integram o movimento grevista, porém atuam praticando violência contra pessoas e coisas.

Trata-se de crime comum; doloso; comissivo; crime material; de forma livre; monossubjetivo (ou plurissubjetivo no entendimento de Rogério Sanches Cunha, quando diante da modalidade abandono coletivo de trabalho); plurissubsistente, permanente.

14.5.2 Bem jurídico tutelado e objeto material

O bem jurídico tutelado é a objeto de divergência doutrinária.

Rogério Sanches Cunha (2021), acompanhando o entendimento de Damásio de Jesus e da maioria da doutrina, afirma que seria a liberdade de trabalho.

Já Cezar Roberto Bitencourt (2021), em posicionamento minoritário e seguido por Rogério Greco, entende que o bem jurídico tutelado é a correção e a moralidade que orientam os contratos de trabalho, o que, segundo eles, não se confunde com a liberdade de trabalho.

Nosso posicionamento se filia à doutrina majoritária, entendemos que a liberdade de trabalho é que se vê abalada com a conduta.

O objeto material do crime é a pessoa contra quem recai a conduta.

14.5.3 Sujeitos do crime

Em relação ao sujeito passivo, temos um crime comum, pode ser vítima tanto a pessoa física contra quem é dirigida a violência quanto a pessoa jurídica, quando a violência for dirigida à coisa.

Há entendimento de que o sujeito passivo seria toda a coletividade.

Direito Penal Decifrado – Parte Especial

Em relação ao sujeito ativo, qualquer pessoa pode figurar como autor do delito. No entanto, Rogério Sanches Cunha subdivide o tipo penal afirmando que quando estivermos diante de hipótese de abandono coletivo de trabalho, teremos um crime plurissubjetivo, sendo obrigatória a presença de no mínimo três empregados, conforme prevê o parágrafo único do tipo.

Na hipótese de suspensão do trabalho, conhecido por *lockout*, os sujeitos ativos serão os empregadores.

14.5.4 Conduta e voluntariedade

O tipo pune a conduta de participar (esse é o núcleo do tipo) de suspensão ou abandono coletivo de trabalho, praticando violência contra a pessoa ou coisa.

O tipo pune tanto a greve quanto o chamado *lockout* violentos. O *lockout* vem previsto no art. 17 da Lei nº 7.783/1989.

> **Art. 17.** Fica vedada a paralisação das atividades, por iniciativa do empregador, com o objetivo de frustrar negociação ou dificultar o atendimento de reivindicações dos respectivos empregados (*lockout*).
>
> **Parágrafo único.** A prática referida no *caput* assegura aos trabalhadores o direito à percepção dos salários durante o período de paralisação.

Como já mencionado, a lei não impede o direito de greve assegurado pela Constituição da República e regulamentado pela Lei nº 7.783/1989. E mais, a lei pune a participação violenta na greve, não se refere à grave ameaça.

O crime é punido a título de dolo, sem que se exija qualquer finalidade específica do agente.

Não se pune a modalidade culposa por falta de previsão legal.

14.5.5 Consumação e tentativa

O crime se consuma com a prática do ato violento.

Por tratar-se de crime plurissubsistente é admitida a tentativa.

14.6 PARALISAÇÃO DE TRABALHO DE INTERESSE COLETIVO

> **Art. 201.** Participar de suspensão ou abandono coletivo de trabalho, provocando a interrupção de obra pública ou serviço de interesse coletivo:
>
> **Pena** – detenção, de seis meses a dois anos, e multa.

14.6.1 Noções gerais e classificação doutrinária

O tipo previsto no art. 201 do Código Penal pune a conduta chamada de paralisação de trabalho de interesse coletivo.

Como mencionado, o direito de greve é assegurado pela Constituição da República, em seu art. 9º:

> **Art. 9º** É assegurado o direito de greve, competindo aos trabalhadores decidir sobre a oportunidade de exercê-lo e sobre os interesses que devam por meio dele defender.
>
> **§ 1º** A lei definirá os serviços ou atividades essenciais e disporá sobre o atendimento das necessidades inadiáveis da comunidade.
>
> **§ 2º** Os abusos cometidos sujeitam os responsáveis às penas da lei.

O direito de greve é regulamentado pela Lei nº 7.783/1989, que dispõe a respeito dos direitos e dos serviços essenciais, dentre outros.

Podemos afirmar que o tipo penal em estudo é uma norma penal em branco, pois precisaremos de outras normas para definir as atividades consideradas de interesse coletivo. Para tanto, vamos nos valer da Lei nº 7.783/1989[2] que define quais os serviços essenciais, em seu art. 10, *in verbis*:

> **Art. 10.** São considerados serviços ou atividades essenciais:
>
> I – tratamento e abastecimento de água; produção e distribuição de energia elétrica, gás e combustíveis;
>
> II – assistência médica e hospitalar;
>
> III – distribuição e comercialização de medicamentos e alimentos;
>
> IV – funerários;
>
> V – transporte coletivo;
>
> VI – captação e tratamento de esgoto e lixo;
>
> VII – telecomunicações;

---

[2]   Além dos arts. 10 e 11, devemos ter conhecimento dos demais artigos:
"**Art. 12.** No caso de inobservância do disposto no artigo anterior, o Poder Público assegurará a prestação dos serviços indispensáveis.
Art. 13. Na greve, em serviços ou atividades essenciais, ficam as entidades sindicais ou os trabalhadores, conforme o caso, obrigados a comunicar a decisão aos empregadores e aos usuários com antecedência mínima de 72 (setenta e duas) horas da paralisação.
Art. 14. Constitui abuso do direito de greve a inobservância das normas contidas na presente Lei, bem como a manutenção da paralisação após a celebração de acordo, convenção ou decisão da Justiça do Trabalho.
Parágrafo único. Na vigência de acordo, convenção ou sentença normativa não constitui abuso do exercício do direito de greve a paralisação que:
I – tenha por objetivo exigir o cumprimento de cláusula ou condição;
II – seja motivada pela superveniência de fatos novo ou acontecimento imprevisto que modifique substancialmente a relação de trabalho.
Art. 15. A responsabilidade pelos atos praticados, ilícitos ou crimes cometidos, no curso da greve, será apurada, conforme o caso, segundo a legislação trabalhista, civil ou penal.
Parágrafo único. Deverá o Ministério Público, de ofício, requisitar a abertura do competente inquérito e oferecer denúncia quando houver indício da prática de delito".

VIII – guarda, uso e controle de substâncias radioativas, equipamentos e materiais nucleares;

IX – processamento de dados ligados a serviços essenciais;

X – controle de tráfego aéreo e navegação aérea;

XI – compensação bancária;

XII – atividades médico-periciais relacionadas com o regime geral de previdência social e a assistência social;

XIII – atividades médico-periciais relacionadas com a caracterização do impedimento físico, mental, intelectual ou sensorial da pessoa com deficiência, por meio da integração de equipes multiprofissionais e interdisciplinares, para fins de reconhecimento de direitos previstos em lei, em especial na Lei nº 13.146/2015;

XIV – outras prestações médico-periciais da carreira de Perito Médico Federal indispensáveis ao atendimento das necessidades inadiáveis da comunidade;

XV – atividades portuárias.

Art. 11. Nos serviços ou atividades essenciais, os sindicatos, os empregadores e os trabalhadores ficam obrigados, de comum acordo, a garantir, durante a greve, a prestação dos serviços indispensáveis ao atendimento das necessidades inadiáveis da comunidade.

Parágrafo único. São necessidades inadiáveis, da comunidade aquelas que, não atendidas, coloquem em perigo iminente a sobrevivência, a saúde ou a segurança da população.

O que se pune com o artigo em comento é a conduta daqueles que integram o movimento grevista, porém atuam praticando violência contra pessoas e coisas.

Trata-se de crime próprio em relação ao sujeito ativo e comum em relação ao sujeito passivo; doloso; comissivo; crime material; de forma livre; instantâneo; plurissubsistente, permanente.

14.6.2 Bem jurídico tutelado e objeto material

O bem jurídico tutelado é a objeto de divergência doutrinária.

Rogério Sanches Cunha (2021), acompanhando o entendimento de Damásio de Jesus e da maioria da doutrina, afirma que seria a liberdade de trabalho.

Já Cezar Roberto Bitencourt (2019), em posicionamento minoritário e seguido por Rogério Greco, entende que o bem jurídico tutelado é a correção e a moralidade que orientam os contratos de trabalho, o que, segundo eles, não se confunde com a liberdade de trabalho.

Nosso posicionamento se filia à doutrina majoritária. Entendemos que a liberdade de trabalho é que se vê abalada com a conduta.

O objeto material do crime é a obra pública ou o serviço de interesse coletivo paralisado.

Capítulo 14 ♦ Crimes contra a organização do trabalho **351**

14.6.3 Sujeitos do crime

Em relação ao sujeito ativo, temos crime próprio, somente será cometido pelo empregado, quando na modalidade greve, ou pelo empregador, quando na modalidade *lockout*.

O sujeito passivo será a coletividade.

14.6.4 Conduta e voluntariedade

O tipo pune a conduta de participar (esse é o núcleo do tipo) de suspensão ou abandono coletivo de trabalho, provocando a interrupção de obra pública ou serviço de interesse coletivo.

Como mencionado quando da introdução, para definir o que são as obras públicas e serviços de interesse coletivo, devemos nos valer do art. 10 da Lei nº 7.783/1989, que define quais são os serviços essenciais que não podem ser paralisados.

O crime é punido a título de dolo, sem que se exija qualquer finalidade específica do agente.

Não se pune a modalidade culposa por falta de previsão legal.

14.6.5 Consumação e tentativa

O crime se consuma com a suspensão ou abandono da obra pública ou serviço de interesse coletivo.

Por tratar-se de crime plurissubsistente é admitida a tentativa.

14.7 INVASÃO DE ESTABELECIMENTO INDUSTRIAL, COMERCIAL OU AGRÍCOLA. SABOTAGEM

Art. 202. Invadir ou ocupar estabelecimento industrial, comercial ou agrícola, com o intuito de impedir ou embaraçar o curso normal do trabalho, ou com o mesmo fim danificar o estabelecimento ou as coisas nele existentes ou delas dispor:

Pena – reclusão, de um a três anos, e multa.

14.7.1 Noções gerais e classificação doutrinária

O tipo previsto no art. 202 do Código Penal pune a conduta chamada de invasão de estabelecimento industrial, comercial ou agrícola e a conduta de sabotagem. Ou seja, são punidos dois crimes contra a organização do trabalho.

Trata-se de crime próprio em relação ao sujeito passivo e comum em relação ao sujeito ativo; doloso; comissivo; crime formal; de forma livre; instantâneo; plurissubsistente, permanente.

14.7.2 Bem jurídico tutelado e objeto material

O bem jurídico tutelado será a organização do trabalho e a propriedade (patrimônio) da empresa.

O objeto material do crime é o estabelecimento industrial, comercial ou agrícola contra o qual recai a conduta do agente.

14.7.3 Sujeitos do crime

Trata-se de crime comum, podendo ser praticado por qualquer pessoa. Não se exige qualquer condição especial do agente.

O sujeito passivo será tanto a coletividade quanto o proprietário do estabelecimento.

14.7.4 Conduta e voluntariedade

O tipo prevê duas condutas distintas: a invasão ou ocupação de estabelecimento industrial, comercial ou agrícola e a sabotagem.

Na primeira parte, temos a invasão ou ocupação de estabelecimento industrial, comercial ou agrícola com a finalidade de impedir ou embaraçar o curso normal do trabalho.

Na segunda parte, temos a sabotagem, que pune a conduta de danificar o estabelecimento ou as coisas nele existentes ou delas dispor (vender) com a finalidade de impedir ou embaraçar o curso normal do trabalho.

O crime é punido a título de dolo, sendo exigido do agente uma finalidade especial de agir, qual seja, impedir ou embaraçar o curso normal do trabalho.

Não se pune a modalidade culposa por falta de previsão legal.

14.7.5 Consumação e tentativa

O crime se consuma com a invasão ou ocupação do estabelecimento, na primeira modalidade, ou com o efetivo dano ao estabelecimento ou suas coisas ou a disposição destes.

Por tratar-se de crime plurissubsistente é admitida a tentativa.

14.8 FRUSTRAÇÃO DE DIREITO ASSEGURADO POR LEI TRABALHISTA

Art. 203. Frustrar, mediante fraude ou violência, direito assegurado pela legislação do trabalho:

Pena – detenção de um ano a dois anos, e multa, além da pena correspondente à violência.

§ 1º Na mesma pena incorre quem:

I – obriga ou coage alguém a usar mercadorias de determinado estabelecimento, para impossibilitar o desligamento do serviço em virtude de dívida;

Capítulo 14 ◆ Crimes contra a organização do trabalho **353**

II – impede alguém de se desligar de serviços de qualquer natureza, mediante coação ou por meio da retenção de seus documentos pessoais ou contratuais.

§ 2º A pena é aumentada de um sexto a um terço se a vítima é menor de dezoito anos, idosa, gestante, indígena ou portadora de deficiência física ou mental.

14.8.1 Noções gerais e classificação doutrinária

O tipo previsto no art. 203 do Código Penal pune a conduta chamada de frustração de direito assegurado por lei trabalhista.

Temos mais um exemplo de norma penal em branco, pois devemos nos valer de outros dispositivos legais para definir direitos trabalhistas (CTL, CF, além da legislação extravagante).

Trata-se de crime comum; doloso; comissivo; material; de forma livre; instantâneo; plurissubsistente, permanente.

14.8.2 Bem jurídico tutelado e objeto material

O bem jurídico tutelado é a legislação que garante os próprios direitos trabalhistas, conforme entendimento majoritário na doutrina.

Atente-se ao fato de que o doutrinador Rogério Sanches Cunha (2021, p. 526), em posicionamento divergente, entende que o bem jurídico tutelado é a regular relação de trabalho. Segundo ele, a lei trabalhista não precisa de tutela do direito penal, uma vez que tem a característica da imperatividade. Dessa forma, ele entende que o objetivo da norma em apreço é a manutenção da regular relação de trabalho.

O objeto material do crime é a pessoa que tem seus direitos trabalhistas violados.

14.8.3 Sujeitos do crime

Trata-se de crime comum, podendo ser praticado por qualquer pessoa. Não se exige qualquer condição especial do agente.

O sujeito passivo será a pessoa prejudicada pela conduta do agente. E, levando em conta o posicionamento da maioria da doutrina em relação ao bem jurídico tutelado (legislação trabalhista), o sujeito passivo também é o Estado.

14.8.4 Conduta e voluntariedade

O tipo prevê norma penal em branco que deverá ser complementada pela legislação trabalhista, em especial pela CLT.

A conduta punida é frustrar (núcleo do tipo) mediante fraude ou violência, direito assegurado pela legislação trabalhista.

O § 1º do dispositivo prevê as condutas equiparadas:

354 Direito Penal Decifrado – Parte Especial

◆ obrigar ou coagir alguém a usar mercadorias de determinado estabelecimento, para impossibilitar o desligamento do serviço em virtude de dívida;

Aqui a coação é utilizada para que a vítima adquira mercadorias de determinado estabelecimento, fazendo com que ela seja obrigada a permanecer no serviço por possuir dívida no local.

Cuidado, pois essa figura pode ser facilmente confundida com o tipo penal previsto no art. 149 do CP (redução à condição análoga à de escravo). O que vai diferenciar as figuras típicas será o dolo do agente. Se o agente intentar restringir a liberdade de locomoção da vítima, estaremos diante do crime de redução à condição análoga à de escravo.[3]

◆ impedir alguém de se desligar de serviços de qualquer natureza, mediante coação ou por meio da retenção de seus documentos pessoais ou contratuais. Aqui temos a retenção dos documentos como forma de impedir o desligamento da vítima do serviço.

O crime é punido a título de dolo.

Na figura equiparada prevista no inciso I do § 1º, o agente atua com especial fim de agir, qual seja impossibilitar o desligamento do serviço em virtude de dívida.

Não se pune a modalidade culposa por falta de previsão legal.

14.8.5 Consumação e tentativa

O crime se consuma com a frustração do direito assegurado por legislação trabalhista. Por tratar-se de crime plurissubsistente é admitida a tentativa.

14.8.6 Causas de aumento de pena

O § 2º traz as majorantes aplicadas no caso de vítima menor de dezoito anos de idade, idosa, gestante, indígena ou portadora de deficiência física ou mental.

---

[3] **Código Penal:**
"**Art. 149.** Reduzir alguém a condição análoga à de escravo, quer submetendo-o a trabalhos forçados ou a jornada exaustiva, quer sujeitando-o a condições degradantes de trabalho, quer restringindo, por qualquer meio, sua locomoção em razão de dívida contraída com o empregador ou preposto:
Pena – reclusão, de dois a oito anos, e multa, além da pena correspondente à violência.
§ 1º Nas mesmas penas incorre quem:
I – cerceia o uso de qualquer meio de transporte por parte do trabalhador, com o fim de retê-lo no local de trabalho;
II – mantém vigilância ostensiva no local de trabalho ou se apodera de documentos ou objetos pessoais do trabalhador, com o fim de retê-lo no local de trabalho.
§ 2º A pena é aumentada de metade, se o crime é cometido:
I – contra criança ou adolescente;
II – por motivo de preconceito de raça, cor, etnia, religião ou origem".

Capítulo 14 ◆ Crimes contra a organização do trabalho **355**

Importante salientar que as condições da vítima (idade, portadora de deficiência, gestante) devem ingressar na esfera de conhecimento do agente para que seja aplicada a causa de aumento de pena.

Em relação ao indígena, entende-se que somente se aplicará a majorante quando ele não estiver inserido na sociedade, ou seja, é aquele índio isolado ou aquele em vias de integração. Para conceituar essas duas classificações, vejamos o art. 4º da Lei nº 6.001/1973 (Estatuto do Índio), que também nos traz, em seu art. 3º, o conceito de índio. Vejamos:

> **Art. 3º** Para os efeitos de lei, ficam estabelecidas as definições a seguir discriminadas:
>
> I – Índio ou Silvícola – É todo indivíduo de origem e ascendência pré-colombiana que se identifica e é identificado como pertencente a um grupo étnico cujas características culturais o distinguem da sociedade nacional;
>
> II – Comunidade Indígena ou Grupo Tribal – É um conjunto de famílias ou comunidades índias, quer vivendo em estado de completo isolamento em relação aos outros setores da comunhão nacional, quer em contatos intermitentes ou permanentes, sem, contudo, estarem neles integrados.
>
> **Art. 4º** Os índios são considerados:
>
> I – Isolados – Quando vivem em grupos desconhecidos ou de que se possuem poucos e vagos informes através de contatos eventuais com elementos da comunhão nacional;
>
> II – Em vias de integração – Quando, em contato intermitente ou permanente com grupos estranhos, conservam menor ou maior parte das condições de sua vida nativa, mas aceitam algumas práticas e modos de existência comuns aos demais setores da comunhão nacional, da qual vão necessitando cada vez mais para o próprio sustento;
>
> III – Integrados – Quando incorporados à comunhão nacional e reconhecidos no pleno exercício dos direitos civis, ainda que conservem usos, costumes e tradições característicos da sua cultura.

Para conceituar pessoa com deficiência, vamos utilizar a Lei Brasileira de Inclusão da Pessoa com Deficiência:[4]

---

[4] **Lei nº 13.146/2015:**
"Da Habilitação Profissional e Reabilitação Profissional
Art. 36. O poder público deve implementar serviços e programas completos de habilitação profissional e de reabilitação profissional para que a pessoa com deficiência possa ingressar, continuar ou retornar ao campo do trabalho, respeitados sua livre escolha, sua vocação e seu interesse.
§ 1º Equipe multidisciplinar indicará, com base em critérios previstos no § 1º do art. 2º desta Lei, programa de habilitação ou de reabilitação que possibilite à pessoa com deficiência restaurar sua capacidade e habilidade profissional ou adquirir novas capacidades e habilidades de trabalho.
§ 2º A habilitação profissional corresponde ao processo destinado a propiciar à pessoa com deficiência aquisição de conhecimentos, habilidades e aptidões para exercício de profissão ou de ocupação, permitindo nível suficiente de desenvolvimento profissional para ingresso no campo de trabalho.

Lei nº 13.146/2015

Art. 2º Considera-se pessoa com deficiência aquela que tem impedimento de longo prazo de natureza física, mental, intelectual ou sensorial, o qual, em interação com uma ou mais barreiras, pode obstruir sua participação plena e efetiva na sociedade em igualdade de condições com as demais pessoas.

Art. 34. A pessoa com deficiência tem direito ao trabalho de sua livre escolha e aceitação, em ambiente acessível e inclusivo, em igualdade de oportunidades com as demais pessoas.

---

§ 3º Os serviços de habilitação profissional, de reabilitação profissional e de educação profissional devem ser dotados de recursos necessários para atender a toda pessoa com deficiência, independentemente de sua característica específica, a fim de que ela possa ser capacitada para trabalho que lhe seja adequado e ter perspectivas de obtê-lo, de conservá-lo e de nele progredir.

§ 4º Os serviços de habilitação profissional, de reabilitação profissional e de educação profissional deverão ser oferecidos em ambientes acessíveis e inclusivos.

§ 5º A habilitação profissional e a reabilitação profissional devem ocorrer articuladas com as redes públicas e privadas, especialmente de saúde, de ensino e de assistência social, em todos os níveis e modalidades, em entidades de formação profissional ou diretamente com o empregador.

§ 6º A habilitação profissional pode ocorrer em empresas por meio de prévia formalização do contrato de emprego da pessoa com deficiência, que será considerada para o cumprimento da reserva de vagas prevista em lei, desde que por tempo determinado e concomitante com a inclusão profissional na empresa, observado o disposto em regulamento.

§ 7º A habilitação profissional e a reabilitação profissional atenderão à pessoa com deficiência.

Seção III

Da Inclusão da Pessoa com Deficiência no Trabalho

Art. 37. Constitui modo de inclusão da pessoa com deficiência no trabalho a colocação competitiva, em igualdade de oportunidades com as demais pessoas, nos termos da legislação trabalhista e previdenciária, na qual devem ser atendidas as regras de acessibilidade, o fornecimento de recursos de tecnologia assistiva e a adaptação razoável no ambiente de trabalho.

Parágrafo único. A colocação competitiva da pessoa com deficiência pode ocorrer por meio de trabalho com apoio, observadas as seguintes diretrizes:

I – prioridade no atendimento à pessoa com deficiência com maior dificuldade de inserção no campo de trabalho;

II – provisão de suportes individualizados que atendam a necessidades específicas da pessoa com deficiência, inclusive a disponibilização de recursos de tecnologia assistiva, de agente facilitador e de apoio no ambiente de trabalho;

III – respeito ao perfil vocacional e ao interesse da pessoa com deficiência apoiada;

IV – oferta de aconselhamento e de apoio aos empregadores, com vistas à definição de estratégias de inclusão e de superação de barreiras, inclusive atitudinais;

V – realização de avaliações periódicas;

VI – articulação intersetorial das políticas públicas;

VII – possibilidade de participação de organizações da sociedade civil.

Art. 38. A entidade contratada para a realização de processo seletivo público ou privado para cargo, função ou emprego está obrigada à observância do disposto nesta Lei e em outras normas de acessibilidade vigentes".

§ 1º As pessoas jurídicas de direito público, privado ou de qualquer natureza são obrigadas a garantir ambientes de trabalho acessíveis e inclusivos.

§ 2º A pessoa com deficiência tem direito, em igualdade de oportunidades com as demais pessoas, a condições justas e favoráveis de trabalho, incluindo igual remuneração por trabalho de igual valor.

§ 3º É vedada restrição ao trabalho da pessoa com deficiência e qualquer discriminação em razão de sua condição, inclusive nas etapas de recrutamento, seleção, contratação, admissão, exames admissional e periódico, permanência no emprego, ascensão profissional e reabilitação profissional, bem como exigência de aptidão plena.

§ 4º A pessoa com deficiência tem direito à participação e ao acesso a cursos, treinamentos, educação continuada, planos de carreira, promoções, bonificações e incentivos profissionais oferecidos pelo empregador, em igualdade de oportunidades com os demais empregados.

§ 5º É garantida aos trabalhadores com deficiência acessibilidade em cursos de formação e de capacitação.

Art. 35. É finalidade primordial das políticas públicas de trabalho e emprego promover e garantir condições de acesso e de permanência da pessoa com deficiência no campo de trabalho.

Parágrafo único. Os programas de estímulo ao empreendedorismo e ao trabalho autônomo, incluídos o cooperativismo e o associativismo, devem prever a participação da pessoa com deficiência e a disponibilização de linhas de crédito, quando necessárias.

Além da Lei de Inclusão, temos a própria Constituição da República, que, em seu art. 7º, inciso XXX, veda a discriminação da pessoa com deficiência no âmbito do trabalho.

14.9 FRUSTRAÇÃO DE LEI SOBRE A NACIONALIZAÇÃO DO TRABALHO

Art. 204. Frustrar, mediante fraude ou violência, obrigação legal relativa à nacionalização do trabalho:

Pena – detenção, de um mês a um ano, e multa, além da pena correspondente à violência.

14.9.1 Noções gerais e classificação doutrinária

O tipo previsto no art. 204 do Código Penal pune a conduta chamada de frustração de lei sobre a nacionalização do trabalho.

Temos mais um exemplo de norma penal em branco, pois devemos nos valer de outros dispositivos legais para definir as regras relativas à nacionalização do trabalho. Estas vêm previstas na CLT.

Existe o entendimento de que o presente dispositivo não foi recepcionado pela Constituição da República de 1988, uma vez que esta garante a igualdade de direitos entre brasileiros e estrangeiros residentes no país, em seu art. 12, § 2º, *in verbis*:

358 Direito Penal Decifrado – Parte Especial

Art. 12. (...)

§ 2º A lei não poderá estabelecer distinção entre brasileiros natos e naturalizados, salvo nos casos previstos nesta Constituição.

Apesar desse entendimento, como existe entendimento divergente, devemos estudá-lo.

Trata-se de crime comum em relação ao sujeito ativo e próprio em relação ao sujeito passivo; doloso; comissivo; material; de forma livre; instantâneo; plurissubsistente, permanente.

14.9.2 Bem jurídico tutelado e objeto material

O bem jurídico tutelado é o interesse do trabalhador brasileiro.

O objeto material do crime são os contratos trabalhistas celebrados com violação às regras referentes à nacionalização do trabalho.

14.9.3 Sujeitos do crime

Trata-se de crime comum em relação ao sujeito ativo, podendo ser praticado por qualquer pessoa. Não se exige qualquer condição especial do agente.

O sujeito passivo será o Estado.

14.9.4 Conduta e voluntariedade

O tipo prevê norma penal em branco que deverá ser complementada pela legislação trabalhista, em especial pela CLT.

A conduta punida é frustrar (núcleo do tipo) mediante fraude ou violência obrigação legal relativa à nacionalização do trabalho.

O crime é punido a título de dolo.

Não se pune a modalidade culposa por falta de previsão legal.

14.9.5 Consumação e tentativa

O crime se consuma com a frustração das regras relativas à nacionalização do trabalho.

Por tratar-se de crime plurissubsistente é admitida a tentativa.

14.10 EXERCÍCIO DE ATIVIDADE COM INFRAÇÃO DE DECISÃO ADMINISTRATIVA

Art. 205. Exercer atividade, de que está impedido por decisão administrativa:

Pena – detenção, de três meses a dois anos, ou multa.

14.10.1 Noções gerais e classificação doutrinária

O tipo previsto no art. 205 do Código Penal pune a conduta chamada de exercício de atividade com infração de decisão administrativa.

O tipo visa a assegurar o cumprimento e execução de decisões administrativas que se referem ao exercício de atividade.

Trata-se de crime próprio; doloso; comissivo; de mera conduta; de forma livre; instantâneo; plurissubsistente, habitual.

14.10.2 Bem jurídico tutelado e objeto material

O bem jurídico tutelado é o interesse do Estado em ver cumpridas suas decisões administrativas, a eficácia das decisões administrativas.

O objeto material do crime é a própria atividade.

14.10.3 Sujeitos do crime

Trata-se de crime próprio, uma vez que somente pode ser praticado pelo agente que está impedido de exercer a atividade.

O sujeito passivo será o Estado.

14.10.4 Conduta e voluntariedade

A conduta punida é exercer (desempenhar, praticar) atividade que está impedido em razão de decisão administrativa.

Perceba que existe a necessidade de uma decisão administrativa pretérita ao fato, impedindo que o agente exerça a atividade.

Trata-se de crime habitual, pois exercer pressupõe a habitualidade, a reiteração de condutas.

Por atividade entende-se qualquer trabalho, profissão ocupação, qualquer atividade reconhecida pelo Ministério do Trabalho e Emprego.

Como exemplo, podemos citar o advogado que teve sua inscrição (o exercício de sua profissão) suspensa pela OAB (Ordem dos Advogados do Brasil) e que, violando a decisão do Conselho, se mantém advogando.

O médico devidamente inscrito no Conselho de Medicina que tiver sua atividade suspensa por decisão administrativa responde pelo artigo em estudo. Agora, se formado e não inscrito no Conselho ou ainda não formado, responde pelo crime previsto no art. 282 do CP.

O descumprimento de decisão judicial não configura o crime em análise, mas sim o crime previsto no art. 359 do CP.

O crime é punido a título de dolo.

Não se pune a modalidade culposa por falta de previsão legal.

14.10.5 Consumação e tentativa

O crime se consuma com o exercício reiterado da atividade que o agente está impedido de exercer.

Como mencionado, é crime de mera conduta, assim, exaure-se com a prática do núcleo, sem que se exija um resultado naturalístico.

Por tratar-se de crime habitual, a grande maioria da doutrina entende não ser possível a tentativa.

14.11 ALICIAMENTO PARA O FIM DE EMIGRAÇÃO

Art. 206. Recrutar trabalhadores, mediante fraude, com o fim de levá-los para território estrangeiro.

Pena – detenção, de 1 (um) a 3 (três) anos e multa.

14.11.1 Noções gerais e classificação doutrinária

O tipo previsto no art. 206 do Código Penal pune a conduta do aliciamento de trabalhadores, mediante fraude, com o fim de levá-los para território estrangeiro.

Em sua redação original, o art. 206 punia apenas o aliciamento de trabalhadores com o fim de emigração.

O tipo teve sua redação alterada pela Lei nº 8.683/1993, que passou a exigir a fraude como elemento objetivo do tipo.

Trata-se de crime comum; doloso; comissivo; formal; de forma livre; instantâneo; plurissubsistente, instantâneo.

14.11.2 Bem jurídico tutelado e objeto material

O bem jurídico tutelado é o interesse do Estado em manter os trabalhadores brasileiros no país, pois acredita-se que a emigração dos trabalhadores pode ser prejudicial à economia brasileira.

Pode-se afirmar que, de maneira secundária, protege-se a boa-fé exigida das relações contratuais.

O objeto material do crime são os trabalhadores aliciados.

14.11.3 Sujeitos do crime

Trata-se de crime comum, podendo ser praticado por qualquer pessoa, não se exigindo dele qualidade especial.

O sujeito passivo também pode ser qualquer pessoa.

Capítulo 14 ◆ Crimes contra a organização do trabalho **361**

14.11.4 Conduta e voluntariedade

A conduta punida é a de recrutar trabalhadores, utilizando-se de fraude para levá-los para território estrangeiro.

Recrutar deve ser entendido no sentido de aliciar, seduzir, atrair.

Atente-se ao fato de que esse recrutamento deve ser praticado mediante fraude.

A fraude empregada pode ser uma falsa promessa de excelentes condições de trabalho, de altos salários, de cargos de alto nível no exterior, quando, na realidade, a pessoa exercerá atividade em condições precárias e por salário não correspondente ao prometido.

> ### Decifrando a prova
>
> **(Juiz do Trabalho Substituto – TRF 4ª Região – 2016 – Adaptada)** Constitui crime o recrutamento de trabalhadores, mediante fraude, com o fim de levá-los para território estrangeiro, exceto se para o trabalhador advier vantagem econômica.
> ( ) Certo   ( ) Errado
> **Gabarito comentado:** o crime se configura ainda que advenha vantagem patrimonial para o trabalhador. Portanto, a assertiva está errada.

Existem agentes que se utilizam do nome de grandes empresas multinacionais para atrair vítimas ou até mesmo aqueles que cobram valores do sujeito passivo alegando que será utilizada para pagamento da documentação exigida.

Merece destaque a expressão "trabalhadores" no plural, que gera dúvidas em relação à quantidade mínima de pessoas que devem figurar como vítimas.

Há quem entenda que bastam dois trabalhadores aliciados para que se configure o crime.

No entanto, em entendimento diverso, há aqueles que entendem que há necessidade de no mínimo três pessoas, uma vez que o Código Penal, quando exige apenas duas pessoas, o faz de maneira expressa, como é o caso dos arts. 150, § 1º, 155, § 4º, e 158, § 1º.

Acompanhamos a segunda corrente, que entende que há necessidade de três pessoas para que se configure o tipo penal, pois quando se exige duas pessoas, o Código Penal expressamente o faz.

O crime é punido a título de dolo. Exigindo-se do agente a finalidade de levar os trabalhadores ao território estrangeiro (elemento subjetivo específico).

Não se pune a modalidade culposa por falta de previsão legal.

> ### Decifrando a prova
>
> **(Delegado de Polícia – PC/BA – Vunesp – 2018 – Adaptada)** No crime de aliciamento para fins de emigração, haverá aumento de pena nos casos em que a vítima for menor de 18 anos, gestante, idosa, indígena ou portadora de deficiência física ou mental.

362 Direito Penal Decifrado – Parte Especial

( ) Certo   ( ) Errado

Gabarito comentado: essa causa de aumento de pena refere-se ao crime previsto no art. 207, e não no art. 206 do CP. Portanto, a assertiva está errada.

14.11.5 Consumação e tentativa

Tratando-se de crime formal, consuma-se com o recrutamento mediante fraude dos trabalhadores, não sendo exigido que os trabalhadores saiam do país para sua consumação.

A tentativa é admitida, por tratar-se de crime plurissubsistente.

14.12 ALICIAMENTO DE TRABALHADORES DE UM LOCAL PARA OUTRO DO TERRITÓRIO NACIONAL

Art. 207. Aliciar trabalhadores, com o fim de levá-los de uma para outra localidade do território nacional:

Pena – detenção de um a três anos, e multa.

§ 1º Incorre na mesma pena quem recrutar trabalhadores fora da localidade de execução do trabalho, dentro do território nacional, mediante fraude ou cobrança de qualquer quantia do trabalhador, ou, ainda, não assegurar condições do seu retorno ao local de origem.

§ 2º A pena é aumentada de um sexto a um terço se a vítima é menor de dezoito anos, idosa, gestante, indígena ou portadora de deficiência física ou mental.

14.12.1 Noções gerais e classificação doutrinária

O tipo previsto no art. 207 do Código Penal pune a conduta do aliciamento de trabalhadores, com o intuito de levá-los de uma localidade a outra do território nacional.

A finalidade do dispositivo é evitar o êxodo da população de locais com menos recursos para localidades mais desenvolvidas, especialmente os grandes centros, o que pode ocasionar desequilíbrio econômico e social.

O tipo não intenta punir a migração de trabalhadores entre as localidades, mas apenas o aliciamento dos trabalhadores para migrarem para outras regiões, assim como não exige o emprego de fraude para aliciar os trabalhadores.

Trata-se de crime comum; doloso; comissivo; formal; de forma livre; instantâneo; plurissubsistente, instantâneo.

14.12.2 Bem jurídico tutelado e objeto material

O bem jurídico tutelado é o interesse do Estado em preservar os trabalhadores em seus Estados de origem, a fim de evitar o desequilíbrio social e econômico de certas regiões do país, ocasionando superpovoamento de algumas localidades e despovoamento de outras.

O objeto material do crime são os trabalhadores aliciados.

14.12.3 Sujeitos do crime

Trata-se de crime comum, podendo ser praticado por qualquer pessoa, não se exigindo dele qualidade especial.

O sujeito passivo também pode ser qualquer pessoa.

14.12.4 Conduta e voluntariedade

A conduta punida é a de aliciar trabalhadores para levá-los a outra localidade do território nacional.

Recrutar deve ser entendido no sentido de aliciar, seduzir, atrair.

Perceba que, diferente do tipo penal previsto no artigo anterior, na conduta prevista no *caput* não se exige que esse recrutamento seja praticado mediante fraude.

Merece destaque a expressão "trabalhadores", no plural, que gera dúvidas em relação à quantidade mínima de pessoas que devem figurar como vítimas.

Há quem entenda que bastam dois trabalhadores aliciados para que se configure o crime.

No entanto, em entendimento diverso, há aqueles que entendem que há necessidade de no mínimo três pessoas, uma vez que o Código Penal, quando exige apenas duas pessoas, o faz de maneira expressa, como é o caso dos arts. 150, § 1º, 155, § 4º, 158, § 1º.

Acompanhamos a segunda corrente, que entende que há necessidade de três pessoas para que se configure o tipo penal, pois, quando são exigidas duas pessoas, o Código Penal expressamente o faz.

Além da conduta prevista no *caput*, temos o § 1º, que foi inserido pela Lei nº 9.777/1998 e traz as figuras equiparadas.

Decifrando a prova

(Oficial de Justiça Avaliador – TRF 8ª Região – Cespe/Cebraspe – 2016 – Adaptada) No crime de aliciamento de trabalhadores de um local para outro do território nacional, o recrutador que não assegurar condições de retorno do trabalhador ao local de origem estará sujeito a causa específica de aumento de pena.

( ) Certo   ( ) Errado

Gabarito comentado: trata-se tal conduta de figura equiparada, e não de causa de aumento de pena. Portanto, a assertiva está errada.

Estabelece o § 1º que incorre na mesma pena quem recrutar trabalhadores fora da localidade de execução do trabalho, dentro do território nacional, mediante fraude ou cobrança de qualquer quantia do trabalhador, ou, ainda, não assegurar condições do seu retorno ao local de origem.

De forma diversa do *caput*, o § 1º prevê como meios executórios a fraude ou a cobrança de quantia antecipada do trabalhador ou não assegurar as condições para o retorno do trabalhador ao local de origem.

A conduta típica é o aliciamento de trabalhadores. Não havendo esse aliciamento, não há se falar em crime. Assim, o simples transporte de trabalhadores de uma região para outra não caracteriza o tipo.

Pune-se o aliciamento dos trabalhadores por terceiros que os seduzem por meio de promessas de melhoria de vida e acabam sendo relegados a própria sorte, sem sequer conseguir retornar ao seu local de origem.

O emprego de fraude e a cobrança de valores do trabalhador são meios de execução previstos no § 1º e que são de fácil comprovação.

No entanto, a figura de não assegurar condições do retorno dos trabalhadores a seu local de origem, carece de meios de prova e faz com que seja de difícil definição do *iter criminis*.

O crime é punido a título de dolo. Exigindo-se do agente a finalidade de levar os trabalhadores de um local a outro do território nacional (elemento subjetivo específico).

Não se pune a modalidade culposa por falta de previsão legal.

14.12.5 Consumação e tentativa

Tratando-se de crime formal, consuma-se com o aliciamento dos trabalhadores.

Em relação ao *caput* e à primeira parte do § 1º é mais fácil se definir a consumação, que ocorrerá com o recrutamento dos trabalhadores.

Em relação à parte final do § 1º, tem-se dificuldade em definir o *iter criminis*, pois o crime ocorrerá quando o trabalhador não puder ou não tiver condições de retornar ao seu local de origem.

Entendemos que ao término do contrato de trabalho, o empregador deve fornecer ao empregado as condições para que ele retorne ao seu local de origem, caso não o faça, resta configurado o tipo em análise.

A tentativa é admitida, por tratar-se de crime plurissubsistente.

14.12.6 Causas de aumento de pena

O § 2º prevê que a pena será majorada de um sexto a um terço caso a vítima seja menor de dezoito anos, idosa, gestante, indígena ou portadora de deficiência física ou mental.

Importante salientar que as condições da vítima (idade, portadora de deficiência, gestante) devem ingressar na esfera de conhecimento do agente para que seja aplicada a causa de aumento de pena.

Em relação ao indígena, entende-se que somente se aplicará a majorante quando ele não estiver inserido na sociedade, ou seja, é aquele índio isolado ou aquele em vias de integração.

Para conceituar essas duas classificações, vejamos o art. 4º da Lei nº 6.001/1973 (Estatuto do Índio), que também nos traz, em seu art. 3º, o conceito de índio. Vejamos:

Art. 3º Para os efeitos de lei, ficam estabelecidas as definições a seguir discriminadas:

I – Índio ou Silvícola – É todo indivíduo de origem e ascendência pré-colombiana que se identifica e é identificado como pertencente a um grupo étnico cujas características culturais o distinguem da sociedade nacional;

II – Comunidade Indígena ou Grupo Tribal – É um conjunto de famílias ou comunidades índias, quer vivendo em estado de completo isolamento em relação aos outros setores da comunhão nacional, quer em contatos intermitentes ou permanentes, sem, contudo, estarem neles integrados.

Art. 4º Os índios são considerados:

I – Isolados – Quando vivem em grupos desconhecidos ou de que se possuem poucos e vagos informes através de contatos eventuais com elementos da comunhão nacional;

II – Em vias de integração – Quando, em contato intermitente ou permanente com grupos estranhos, conservam menor ou maior parte das condições de sua vida nativa, mas aceitam algumas práticas e modos de existência comuns aos demais setores da comunhão nacional, da qual vão necessitando cada vez mais para o próprio sustento;

III – Integrados – Quando incorporados à comunhão nacional e reconhecidos no pleno exercício dos direitos civis, ainda que conservem usos, costumes e tradições característicos da sua cultura.

Para conceituar pessoa com deficiência, vamos utilizar a Lei Brasileira de Inclusão da Pessoa com Deficiência:

Art. 2º Considera-se pessoa com deficiência aquela que tem impedimento de longo prazo de natureza física, mental, intelectual ou sensorial, o qual, em interação com uma ou mais barreiras, pode obstruir sua participação plena e efetiva na sociedade em igualdade de condições com as demais pessoas.

Art. 34. A pessoa com deficiência tem direito ao trabalho de sua livre escolha e aceitação, em ambiente acessível e inclusivo, em igualdade de oportunidades com as demais pessoas.

§ 1º As pessoas jurídicas de direito público, privado ou de qualquer natureza são obrigadas a garantir ambientes de trabalho acessíveis e inclusivos.

§ 2º A pessoa com deficiência tem direito, em igualdade de oportunidades com as demais pessoas, a condições justas e favoráveis de trabalho, incluindo igual remuneração por trabalho de igual valor.

§ 3º É vedada restrição ao trabalho da pessoa com deficiência e qualquer discriminação em razão de sua condição, inclusive nas etapas de recrutamento, seleção, contratação, admissão, exames admissional e periódico, permanência no emprego, ascensão profissional e reabilitação profissional, bem como exigência de aptidão plena.

366 Direito Penal Decifrado – Parte Especial

§ 4º A pessoa com deficiência tem direito à participação e ao acesso a cursos, treinamentos, educação continuada, planos de carreira, promoções, bonificações e incentivos profissionais oferecidos pelo empregador, em igualdade de oportunidades com os demais empregados.

§ 5º É garantida aos trabalhadores com deficiência acessibilidade em cursos de formação e de capacitação.

Art. 35. É finalidade primordial das políticas públicas de trabalho e emprego promover e garantir condições de acesso e de permanência da pessoa com deficiência no campo de trabalho.

Parágrafo único. Os programas de estímulo ao empreendedorismo e ao trabalho autônomo, incluídos o cooperativismo e o associativismo, devem prever a participação da pessoa com deficiência e a disponibilização de linhas de crédito, quando necessárias.

PARTE V

Dos Crimes Contra o Sentimento Religioso e Contra o Respeito aos Mortos

Crimes contra o sentimento religioso e contra o respeito aos mortos

15.1 NOÇÕES GERAIS

O presente título é dividido em dois capítulos e trata dos crimes contra o sentimento religioso e contra o respeito aos mortos.

Os tipos penais estão inseridos num mesmo título, pois, conforme menciona o item 68 da Exposição de Motivos do Código Penal:

> **68.** São classificados como *species* do mesmo *genus* os "crimes contra o sentimento religioso" e os "crimes contra o respeito aos mortos". É incontestável a afinidade entre uns e outros. O sentimento religioso e o respeito aos mortos são valores ético-sociais que se assemelham. O tributo que se rende aos mortos tem um fundo religioso. Idêntica, em ambos os casos, é a *ratio essendi* da tutela penal.

A Constituição da República em seu art. 5º, inciso VI, prevê:

> **Art. 5º** (...)
> VI – e inviolável a liberdade de consciência e de crença, sendo assegurado o livre exercício dos cultos religiosos e garantida, na forma da lei, a proteção aos locais de culto e a suas liturgias;

Temos, ainda, a vedação constante do art. 19, inciso I. Vejamos:

> **Art. 19.** É vedado à União, aos Estados, ao Distrito Federal e aos Municípios:
> I – estabelecer cultos religiosos ou igrejas, subvencioná-los, embaraçar-lhes o funcionamento ou manter com eles ou seus representantes relações de dependência ou aliança, ressalvada, na forma da lei, a colaboração de interesse público; (...)

O Brasil é, portanto, e por força constitucional, um Estado laico (também chamado não confessional), que não apoia nem discrimina qualquer religião, guardando respeito a todas elas.

Citando a Constituição e falando Estado laico, não há como deixar de mencionar o preâmbulo da Constituição que, em sua parte final, para alguns, teria violado a laicidade do Estado adotada. Vejamos seu texto:

> Nós, representantes do povo brasileiro, reunidos em Assembleia Nacional Constituinte para instituir um Estado Democrático, destinado a assegurar o exercício dos direitos sociais e individuais, a liberdade, a segurança, o bem-estar, o desenvolvimento, a igualdade e a justiça como valores supremos de uma sociedade fraterna, pluralista e sem preconceitos, fundada na harmonia social e comprometida, na ordem interna e internacional, com a solução pacífica das controvérsias, promulgamos, **sob a proteção de Deus**, a seguinte Constituição da República Federativa do Brasil. (Grifos nossos.)

A expressão "sob a proteção de Deus" seria violadora da laicidade do Estado?

Apesar de haver três correntes a respeito da natureza jurídica do preâmbulo, o Supremo Tribunal Federal firmou entendimento acompanhando a corrente que nega eficácia jurídica ao preâmbulo constitucional quando do julgamento da ADI nº 2.076.

Questionava-se na referida ADI a constitucionalidade da Constituição do Estado do Acre, que omitiu a expressão "sob a proteção de Deus". Ao julgar a ADI, o STF adotou a tese da irrelevância jurídica do preâmbulo, afirmando que ele não tem eficácia normativa e que não há obrigatoriedade na "evocação" da proteção de Deus nos textos das Constituições Estaduais.

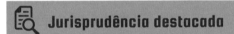

Jurisprudência destacada

CONSTITUCIONAL. CONSTITUIÇÃO: PREÂMBULO. NORMAS CENTRAIS. Constituição do Acre. I. – Normas centrais da Constituição Federal: essas normas são de reprodução obrigatória na Constituição do Estado-membro, mesmo porque, reproduzidas, ou não, incidirão sobre a ordem local. Reclamações nºs 370/MT e 383/SP (*RTJ* nº 147/404). II. – **Preâmbulo da Constituição: não constitui norma central**. Invocação da proteção de Deus: não se trata de norma de reprodução obrigatória na Constituição estadual, não tendo força normativa. III. – Ação direta de inconstitucionalidade julgada improcedente (STF, Tribunal Pleno, Rel. Min. Carlos Velloso, j. 15.08.2002, *DJe* 08.08.2003 – grifos nossos).

Dessa forma, baseado na ADI nº 2.076 não há se falar em ofensa à laicidade do Estado brasileiro quando o preâmbulo da Constituição evoca a proteção de Deus.

Feita tal introdução, devemos nos lembrar, ainda, do Pacto de San José da Costa Rica que em seu art. 12[1] prevê o direito à liberdade de consciência e de religião.

---

[1] Convenção Americana sobre Direitos Humanos (Pacto de São José da Costa Rica), de 22 de novembro de 1969:

Capítulo 15 ♦ Crimes contra o sentimento religioso e contra o respeito aos mortos **371**

A fim de atender aos preceitos constitucionais, então, o Código Penal tutela o sentimento religioso e a liberdade de culto.

Analisaremos a partir de agora cada um dos tipos penais que compõem o título.

"**Artigo 12.** Liberdade de Consciência e de Religião

1. Toda pessoa tem direito à liberdade de consciência e de religião. Esse direito implica a liberdade de conservar sua religião ou suas crenças, ou de mudar de religião ou de crenças, bem como a liberdade de professar e divulgar sua religião ou suas crenças, individual ou coletivamente, tanto em público como em privado.

2. Ninguém pode ser objeto de medidas restritivas que possam limitar sua liberdade de conservar sua religião ou suas crenças, ou de mudar de religião ou de crenças.

3. A liberdade de manifestar a própria religião e as próprias crenças está sujeita unicamente às limitações prescritas pelas leis e que sejam necessárias para proteger a segurança, a ordem, a saúde ou moral pública ou os direitos ou liberdades das demais pessoas.

4. Os pais, e quando for o caso os tutores, têm direito a que seus filhos ou pupilos recebam a educação religiosa e moral que esteja acorde com suas próprias convicções".

Dos crimes contra o sentimento religioso

16.1 ULTRAJE AO CULTO E IMPEDIMENTO OU PERTURBAÇÃO DE ATO A ELE RELATIVO

Art. 208. Escarnecer de alguém publicamente, por motivo de crença ou função religiosa; impedir ou perturbar cerimônia ou prática de culto religioso; vilipendiar publicamente ato ou objeto de culto religioso:

Pena – detenção, de um mês a um ano, ou multa.

Parágrafo único. Se há emprego de violência, a pena é aumentada de um terço, sem prejuízo da correspondente à violência.

16.1.1 Noções gerais e classificação doutrinária

O tipo previsto no art. 208 do Código Penal pune a conduta chamada ultraje a culto e impedimento ou perturbação de ato a ele relativo.

Conforme leciona Nélson Hungria (1947), sentimento religioso é a convicção, acentuada pelo sentimento, da existência de uma ordem universal que se eleva acima dos homens.

Além da previsão constitucional da inviolabilidade da liberdade de crença e consciência, prevista no art. 5º, incisos VI e VII, *in verbis*:

Art. 5º (...)

VI – é inviolável a liberdade de consciência e de crença, sendo assegurado o livre exercício dos cultos religiosos e garantida, na forma da lei, a proteção aos locais de culto e a suas liturgias;

VII – é assegurada, nos termos da lei, a prestação de assistência religiosa nas entidades civis e militares de internação coletiva; (...)

374 Direito Penal Decifrado – Parte Especial

Temos, ainda, a vedação constante do art. 19, inciso I, da CF/1988. Vejamos:

Art. 19. É vedado à União, aos Estados, ao Distrito Federal e aos Municípios:

I – estabelecer cultos religiosos ou igrejas, subvencioná-los, embaraçar-lhes o funcionamento ou manter com eles ou seus representantes relações de dependência ou aliança, ressalvada, na forma da lei, a colaboração de interesse público; (...)

O Brasil é, portanto, e por força constitucional, um Estado laico (também chamado não confessional), que não apoia nem discrimina qualquer religião, guardando respeito a todas elas.

Além da garantia constitucional, temos o Pacto de São José da Costa Rica, que em seu art. 12[1] prevê o direito à liberdade de consciência e de religião.

A fim de atender aos preceitos constitucionais, então, o Código Penal tutela o sentimento religioso e a liberdade de culto.

O crime previsto no art. 208 é classificado como crime comum ou próprio (a depender da modalidade); doloso; comissivo; formal; de forma livre; monossubjetivo; plurissubsistente; instantâneo.

16.1.2 Bem jurídico tutelado e objeto material

O bem jurídico tutelado é a liberdade de crença, o livre exercício dos cultos religiosos e o sentimento religioso.

O objeto material do crime pode ser pessoa contra quem recai a conduta, a cerimônia religiosa ou o objeto religioso.

16.1.3 Sujeitos do crime

Tratando-se de crime comum em relação ao sujeito ativo, pode ser praticado por qualquer pessoa.

---

[1] Convenção Americana sobre Direitos Humanos (Pacto de São José da Costa Rica), de 22 de novembro de 1969:

"**Artigo 12.** Liberdade de Consciência e de Religião

1. Toda pessoa tem direito à liberdade de consciência e de religião. Esse direito implica a liberdade de conservar sua religião ou suas crenças, ou de mudar de religião ou de crenças, bem como a liberdade de professar e divulgar sua religião ou suas crenças, individual ou coletivamente, tanto em público como em privado.

2. Ninguém pode ser objeto de medidas restritivas que possam limitar sua liberdade de conservar sua religião ou suas crenças, ou de mudar de religião ou de crenças.

3. A liberdade de manifestar a própria religião e as próprias crenças está sujeita unicamente às limitações prescritas pelas leis e que sejam necessárias para proteger a segurança, a ordem, a saúde ou moral pública ou os direitos ou liberdades das demais pessoas.

4. Os pais, e quando for o caso os tutores, têm direito a que seus filhos ou pupilos recebam a educação religiosa e moral que esteja acorde com suas próprias convicções".

Já em relação ao sujeito passivo, a vítima será a pessoa que sofreu a conduta (escarnecer de alguém), e nas duas últimas modalidades (impedir ou perturbar cerimônia ou prática de culto religioso; vilipendiar publicamente ato ou objeto de culto religioso) a coletividade religiosa será a vítima.

16.1.4 Conduta e voluntariedade

O tipo nos traz três núcleos a serem analisados: escarnecer de alguém publicamente, por motivo de crença ou função religiosa; impedir ou perturbar cerimônia ou prática de culto religioso; vilipendiar publicamente ato ou objeto de culto religioso.

Trata-se de tipo misto alternativo. Assim, a prática de mais de uma conduta acarreta o concurso de crimes.

a. escarnecer de alguém publicamente, por motivo de crença ou função religiosa;

Escarnecer tem o sentido de ridicularizar, zombar. Veja que esse escárnio deve ser motivado pela religião ou crença religiosa.

Crença religiosa é a fé, a crença em algo que não se materializa, é a ideia que se crê verdadeira e à qual se dá credibilidade sem questionamentos. A crença religiosa se funda na ideia de intervenção de um ser divino na vida das pessoas e em todos os fatos que ocorrem no universo.

Função religiosa é o ministério religioso assumido por quem participa de culto ou cerimônia religiosa.

A publicidade é elemento do tipo. Somente se configura o crime se o escárnio for feito na presença de várias pessoas, de forma pública, independentemente da presença da vítima.

b. impedir ou perturbar cerimônia ou prática de culto religioso;

Por culto religioso entende-se a manifestação coletiva, um conjunto de ritos pelos quais os fiéis expressam sua fé.

Por cerimônia religiosa entende-se um ato revestido de solenidade, um culto mais solene.

A prática religiosa é qualquer ato religioso, sem solenidades, sem rituais preestabelecidos.

Exige-se que a cerimônia ou culto sejam admitidas e que não contrariem a moral e preceitos éticos. No entanto, não se exige que a religião seja seguida por um número mínimo de fiéis.

c. vilipendiar publicamente ato ou objeto de culto religioso;

Por vilipendiar entende-se ultrajar, desprezar, aviltar.

Ato religioso abrange o culto e a cerimônia.

A publicidade é elemento do tipo. Somente se configura o crime se o vilipêndio for feito na presença de várias pessoas, de forma pública.

O vilipêndio recairá sobre atos ou abjetos consagrados ao culto. Não abrange o objeto religioso exposto à venda, por exemplo.

Direito Penal Decifrado – Parte Especial

O crime é punido a título de dolo, sem que se exija qualquer finalidade específica do agente.

Não se pune a modalidade culposa por falta de previsão legal.

16.1.5 Consumação e tentativa

O crime se consuma quando o sujeito ativo escarnece de alguém publicamente, ou no momento em que o agente impede ou atrapalha cerimônia ou prática de culto religioso.

Por tratar-se de crime plurissubsistente, é admitida a tentativa (no caso da figura do escárnio público, somente quando este for escrito será possível a tentativa).

16.1.6 Causa de aumento de pena

O parágrafo único prevê um aumento de um terço caso o crime seja praticado mediante violência, sem prejuízo da responsabilização pela violência (cúmulo material).

O agente responderá ao crime em estudo em cúmulo material com o crime correspondente à violência, seja ela praticada contra a pessoa ou contra a coisa.

17 Dos crimes contra o respeito aos mortos

17.1 NOÇÕES GERAIS

Os crimes previstos neste Capítulo tutelam o respeito aos mortos. Costuma-se dizer que a única certeza que se tem na vida é da morte. Para tutelar o respeito a esse período derradeiro é que o direito penal atua, tipificando os crimes do presente capítulo.

Para além da localização topográfica no Código Penal, os crimes contra o respeito aos mortos estão vinculados a preceitos religiosos, assim afirmava Magalhães Noronha (1969).

Ainda que o culto dos mortos esteja impregnado de sentimento religioso, os que não creem também demonstram respeito aos mortos, seja por piedade ou por respeito à dignidade humana.

Tutela-se o sentimento de respeito pelos mortos, que é tido como um interesse individual coletivo e como valor ético-social.

Como descrito na Exposição de Motivos do Código Penal em seu item 68. Vejamos:

> **Item 68.** São classificados como espécies do mesmo genus os "crimes contra o sentimento religioso" e os "crimes contra o respeito aos mortos". É incontestável a afinidade entre uns e outros. O sentimento religioso e o respeito aos mortos são valores ético-sociais que se assemelham. O tributo que se rende aos mortos tem um fundo religioso. Idêntica, em ambos os casos, é a *ratio essendi* da tutela penal.

17.2 IMPEDIMENTO OU PERTURBAÇÃO DE CERIMÔNIA FUNERÁRIA

Art. 209. Impedir ou perturbar enterro ou cerimônia funerária:

Pena – detenção, de um mês a um ano, ou multa.

Parágrafo único. Se há emprego de violência, a pena é aumentada de um terço, sem prejuízo da correspondente à violência.

17.2.1 Noções gerais e classificação doutrinária

O tipo previsto no art. 209 do Código Penal pune a conduta de impedir ou perturbar enterro ou cerimônia funerária.

Tutela-se o sentimento de respeito pelos mortos, que configura um interesse individual coletivo, bem como um valor ético-social.

Classificação doutrinária: trata-se de crime comum, vago, formal, de forma livre, unissubjetivo, plurissubsistente, instantâneo.

17.2.2 Bem jurídico tutelado e objeto material

O bem jurídico tutelado é o sentimento de respeito pelos mortos. Não se tutela os direitos ou a paz dos que já morreram, pois estes não mais figuram como sujeitos de direitos. O objeto tutelado é o sentimento que tem os vivos para com os que já morreram.

O objeto material do crime será a cerimônia funerária ou o enterro.

17.2.3 Sujeitos do crime

Tratando-se de crime comum em relação ao sujeito ativo, pode ser praticado por qualquer pessoa.

Já em relação ao sujeito passivo, a coletividade será a vítima. Estamos diante de um crime vago.

Como dito anteriormente, não se tutela os direitos ou a paz dos que já morreram, pois estes não mais figuram como sujeitos de direitos. O objeto tutelado é o sentimento que tem os vivos para com os que já morreram.

Não será o morto a vítima, mas, sim, aqueles que ainda estão vivos e que tenham relação com o morto.

17.2.4 Conduta e voluntariedade

O tipo criminaliza as condutas de impedir ou perturbar enterro ou cerimônia funerária.

Impedir é compreendido como não permitir a realização de enterro ou cerimônia funerária.

Perturbar é utilizado no sentido de causar algazarra, transtorno durante a cerimônia.

Por enterro entende-se a transladação do cadáver, com ou sem acompanhamento, para o lugar em que será inumado (HUNGRIA, 1947). Já a cerimônia funerária é a assistência ou a homenagem prestada ao morto.

Trata-se de tipo misto alternativo. Assim, a prática de mais de uma conduta acarreta o concurso de crimes.

Por ser crime classificado como de forma livre, pode ser cometido por qualquer meio de execução, até mesmo por omissão, como no exemplo trazido por Nélson Hungria (1947), do agente que deixa de fornecer a esquife, a viatura para o transporte ou as chaves do túmulo.

O crime é punido a título de dolo, sem que se exija qualquer finalidade específica do agente.

Atente-se ao fato de que há entendimento de que é exigida uma finalidade especial do agente, qual seja a de violar o sentimento de respeito aos mortos.

Não se pune a modalidade culposa por falta de previsão legal.

Decifrando a prova

(Juiz Substituto – TJ/PB – Cespe/Cebraspe – 2015 – Adaptada) Julgue o item a seguir:

No crime de impedimento ou perturbação de enterro ou cerimônia funerária, constitui causa de aumento de pena o fato de o agente praticar o referido crime mediante violência.

( ) Certo   ( ) Errado

Gabarito comentado: como previsto no parágrafo único do art. 209 do CP. Portanto, a assertiva está certa.

17.2.5 Consumação e tentativa

Tratando-se de crime formal, consumar-se-á com o efetivo impedimento ou perturbação do enterro ou cerimônia fúnebre.

Por tratar-se de crime plurissubsistente, é admitida a tentativa.

17.2.6 Causa de aumento de pena

O parágrafo único prevê um aumento de um terço caso o crime seja praticado mediante violência, sem prejuízo da responsabilização pela violência (cúmulo material).

O agente responderá pelo crime em estudo em cúmulo material com o crime correspondente à violência.

17.3 VIOLAÇÃO DE SEPULTURA

> **Art. 210**. Violar ou profanar sepultura ou urna funerária:
>
> **Pena** – reclusão, de um a três anos, e multa.

17.3.1 Noções gerais e classificação doutrinária

O tipo previsto no art. 210 do Código Penal pune a conduta de violar ou profanar sepultura ou urna funerária.

Tutela-se o sentimento de respeito pelos mortos, que configura um interesse individual coletivo, bem como um valor ético-social.

Classificação doutrinária: trata-se de crime comum, vago, formal, de forma livre, unis-subjetivo, plurissubsistente, instantâneo.

O crime se procede mediante ação penal pública incondicionada.

Analisando-se a pena cominada, conclui-se que são admitidos a suspensão condicional do processo, prevista no art. 89 da Lei nº 9.099/1990, e o acordo de não persecução penal, previsto no art. 28-A do Código de Processo Penal.

17.3.2 Bem jurídico tutelado e objeto material

O bem jurídico tutelado é o sentimento de respeito pelos mortos.

O objeto material do crime será a sepultura ou a urna funerária.

Por sepultura compreende-se não apenas a cova em que está enterrado o morto, mas também o túmulo, a lápide, a ornamentação permanente.

Já a urna funerária é aquela que contém as cinzas, conhecida como urna cinerária ou os ossos do morto, chamada de urna ossuária.

17.3.3 Sujeitos do crime

Tratando-se de crime comum em relação ao sujeito ativo, pode ser praticado por qualquer pessoa.

Já em relação ao sujeito passivo, a coletividade será a vítima. Estamos diante de um crime vago.

Como dito anteriormente, não se tutelam os direitos ou a paz dos que já morreram, pois estes não mais figuram como sujeitos de direitos. O objeto tutelado é o sentimento que têm os vivos para com os que já morreram.

Não será o morto a vítima, mas sim aqueles que ainda estão vivos e que tenham relação com o morto.

17.3.4 Conduta e voluntariedade

O tipo criminaliza as condutas de violar ou profanar sepultura ou urna funerária.

Violar é compreendido como quebrar, devassar, abrir, invadir a sepultura ou urna.

Profanar seria ofender, ultrajar, macular, tratar com desprezo e desrespeito.

Por sepultura compreende-se não apenas a cova em que está enterrado o morto, mas também o túmulo, a lápide, a ornamentação permanente.

Já a urna funerária é aquela que contém as cinzas, conhecida como urna cinerária ou os ossos do morto, chamada de urna ossuária.

Veja que, se a urna estiver vazia ou caso não contenha os restos mortais de alguém (como é o caso de monumentos à memória), estaremos diante de um crime impossível.

Magalhães Noronha (*apud* GRECO, 2021b) afirma que "uma sepultura vazia não está servindo a sua destinação e, portanto, acha-se fora da tutela do artigo".

O crime é punido a título de dolo, porém, em relação ao elemento subjetivo do tipo, temos divergência doutrinária:

- há quem entenda que é exigido especial fim de agir do autor, consistente no sentimento de desrespeito;
- outro entendimento é o de que apenas na modalidade profanar é exigido o especial fim de agir que se consubstancia no propósito de vilipendiar ou desrespeitar o sentimento de respeito ao morto; e
- o último posicionamento, ao qual nos filiamos, é no sentido de que é irrelevante a finalidade do agente, o motivo que o levou a praticar a conduta. É natural do ser humano saber que deve ser respeitado o sentimento em relação aos mortos.

Assim, no caso da mãe que, sentindo saudades do filho morto, viola sua sepultura para se sentir próxima ao filho e diminuir sua dor, cremos que ela comete, em tese, o tipo penal em estudo. Obviamente serão analisados os outros elementos constituintes do crime, mas num primeiro momento, pensando em tipicidade formal (fato amoldando-se à norma), temos um fato típico. Não apenas a mãe do morto tem o direito de ver a sepultura de seu filho respeitada, os demais familiares e pessoas a ele ligadas também o têm. Aqui podemos pensar na máxima do "meu direito termina onde começo o do outro".

Conduta que pode causar questionamentos é a do agente que viola sepultura para subtrair objetos do morto.

A despeito de haver doutrina que entende que nesse caso o agente responderia apenas pelo furto, ficando o crime do art. 210 absorvido, entendemos que nesse caso haverá concurso de crimes entre o furto e a violação da sepultura.

Em outro sentido é o entendimento esposado por Rogério Greco (2020, p. 1066), que afirma que aquele que viola sepultura para subtrair pertences do morto deve responder apenas pelo crime previsto no art. 210. Isso porque, segundo ele, os objetos foram deixados na sepultura pela família do morto e não pertencem a mais ninguém, sendo o caso de *res derelicta*. Esse também é o entendimento seguido por Guilherme de Souza Nucci.

Já no caso de violação da sepultura para subtração ou destruição do próprio cadáver podemos utilizar o mesmo raciocínio acima esposado e teremos as mesmas divergências doutrinárias. Lembrando que o crime de subtração ou destruição de cadáver vem previsto no art. 211, que será estudado a seguir.

Não se pune a modalidade culposa por falta de previsão legal.

17.3.5 Consumação e tentativa

Tratando-se de crime formal, consumar-se-á com a efetiva violação ou profanação da sepultura ou urna fúnebre, mesmo que não seja causada lesão ao sentimento de respeito aos mortos.

Por tratar-se de crime plurissubsistente, é admitida a tentativa.

17.4 DESTRUIÇÃO, SUBTRAÇÃO OU OCULTAÇÃO DE CADÁVER

Art. 211. Destruir, subtrair ou ocultar cadáver ou parte dele:

Pena – reclusão, de um a três anos, e multa.

17.4.1 Noções gerais e classificação doutrinária

O tipo previsto no art. 211 do Código Penal pune a conduta de destruir, subtrair ou ocultar cadáver ou parte dele.

Tutela-se o sentimento de respeito pelos mortos, que configura um interesse individual coletivo, bem como um valor ético-social.

Classificação doutrinária: trata-se de crime comum, vago, formal, de forma livre, unissubjetivo, plurissubsistente, instantâneo ou permanente (na modalidade ocultar).

O crime se procede mediante ação penal pública incondicionada.

Analisando-se a pena cominada, conclui-se que são admitidos a suspensão condicional do processo, prevista no art. 89 da Lei nº 9.099/1990, e o acordo de não persecução penal, previsto no art. 28-A do Código de Processo Penal.

17.4.2 Bem jurídico tutelado e objeto material

O bem jurídico tutelado é o sentimento de respeito pelos mortos.

O objeto material do crime será o cadáver ou parte dele. Cadáver é o corpo humano morto que ainda mantém suas características, sua aparência humana.

Entende a doutrina que a múmia não é tida como cadáver, mesmo que não tenha sido transformada em peça de museu ou posta à venda em comércio.

- ♦ O feto e o natimorto podem ser considerados cadáveres para fins de configuração do presente tipo penal?

Três correntes se formaram para responder a tal questionamento:

– os natimortos e o feto não são cadáveres, pois não tiveram vida extrauterina;

– os natimortos devem receber o mesmo tratamento do cadáver, pois a eles se tem o mesmo sentimento de respeito;

– o feto com mais de seis meses e o natimorto são considerados cadáveres, independentemente de vida extrauterina.

Nosso posicionamento: filiamo-nos ao segundo posicionamento. Os natimortos também merecem ter sua memória respeitada. Assim, acompanhando o entendimento de Heleno Fragoso (1953), compreendemos o natimorto como cadáver porque inspira sentimento de coisa sagrada; porque é tratado socialmente como um defunto.

Decifrando a prova

(Promotor de Justiça – MP/RO – Cespe/Cebraspe – 2013 – Adaptada) No que concerne aos crimes contra o sentimento religioso e contra o respeito aos mortos, analise a seguinte afirmação:

É objeto do crime de destruição, subtração ou ocultação de cadáver a múmia embalsamada, admitindo-se a modalidade tentada.

( ) Certo   ( ) Errado

Gabarito comentado: a múmia não é considerada cadáver. Assim, não suscita o sentimento de respeito para com os mortos e não será objeto desse tipo penal. Portanto, a assertiva está errada.

Jurisprudência destacada

RECURSO ESPECIAL. PENAL. REVISÃO CRIMINAL. CABIMENTO PARA REVISÃO DE PENA. OCULTAÇÃO DE CADÁVER. BEM JURÍDICO TUTELADO. RESPEITO AOS MORTOS. DOSIMETRIA DA PENA. MOTIVO. EVITAR PUNIÇÃO PELO DELITO DE HOMICÍDIO PREVIAMENTE PRATICADO. FUNDAMENTAÇÃO IDÔNEA. 1. A revisão criminal é uma ação autônoma de impugnação, que tem natureza constitutiva e busca desconstituir uma sentença penal condenatória ou absolutória imprópria transitada em julgado. Por buscar desconstituir a coisa julgada deve ser utilizada somente em situações excepcionais. 2. A alegação de que a fixação de pena foi desprovida de fundamentação adequada é argumento suficiente a ensejar o cabimento da revisão criminal. 3. **O bem jurídico tutelado no crime de ocultação de cadáver é o sentimento de respeito aos mortos. Assim, valoriza-se a reverência que os vivos prestam aos mortos.** 4. É possível valorar negativamente a circunstância judicial motivos do crime de ocultação de cadáver quando a finalidade buscada com a prática delituosa for evitar a punição pelo delito de homicídio previamente cometido. 5. Recurso especial provido (STJ, REsp nº 1.664.607/PR, 2017/0077384-5, Rel. Min. Maria Thereza de Assis Moura, j. 21.08.2018, 6ª Turma, *DJe* 03.09.2018 – grifo nosso).

17.4.3 Sujeitos do crime

Tratando-se de crime comum em relação ao sujeito ativo, pode ser praticado por qualquer pessoa.

Já em relação ao sujeito passivo, a coletividade será a vítima. Estamos diante de um crime vago.

Como dito acima, não se tutela os direitos ou a paz dos que já morreram, pois estes não mais figuram como sujeitos de direitos. O objeto tutelado é o sentimento que têm os vivos para com os que já morreram.

17.4.4 Conduta e voluntariedade

O tipo criminaliza as condutas de destruir, subtrair ou ocultar cadáver ou parte dele. Pode ser cometido por qualquer meio de execução, uma vez que estamos diante de crime de forma livre.

Trata-se de tipo misto alternativo. Assim, a prática de mais de uma conduta acarreta o concurso de crimes.

Como mencionado, o cadáver é o corpo humano sem vida que ainda guarda aparência humana. O tipo não tutela o corpo que já passou por processo de decomposição. Não são tutelados pelo tipo penal a múmia, o esqueleto, as cinzas, por exemplo.

O tipo protege, ainda, as partes do corpo, sendo estas consideradas as que se desprenderam do corpo humano em razão das circunstâncias da morte ou separadas do corpo após a morte.

A destruição de partes amputadas de ser humano vivo não se amolda ao presente tipo penal.

Por destruir, compreendemos a aniquilação, a supressão da forma original. Podemos citar o exemplo daquele que joga o cadáver ou parte dele em um forno industrial. Este será destruído, aniquilado.

Subtrair o cadáver é retirá-lo do local devido, pouco importando a intenção do agente.

Ocultar corresponde a esconder o cadáver sem destruí-lo.

◆ A subtração ou destruição de cadáver que está sendo utilizado para estudo ou pesquisa científica configura o tipo em análise?[1]

O cadáver não é considerado objeto material de crimes contra o patrimônio, pois prescinde de valor material. No entanto, quando utilizado para fins de estudo ou pesquisa científica, ele integra o patrimônio da instituição de ensino ou pesquisa, sendo assim, eventual subtração ou destruição acarretará crime contra o patrimônio (furto, dano, roubo).

◆ Outro ponto importante é diferenciar a conduta prevista no presente dispositivo daquela prevista no art. 14 da Lei nº 9.434/1997[2], a chamada Lei de Transplante de Órgãos.

---

[1] **Lei nº 8.501/1992:**
"**Art. 2º** O cadáver não reclamado junto às autoridades públicas, no prazo de trinta dias, poderá ser destinado às escolas de medicina, para fins de ensino e de pesquisa de caráter científico.
Art. 3º Será destinado para estudo, na forma do artigo anterior, o cadáver:
I – sem qualquer documentação;
II – identificado, sobre o qual inexistem informações relativas a endereços de parentes ou responsáveis legais".

[2] **Lei nº 9.434/1997:**
"**Art. 14.** Remover tecidos, órgãos ou partes do corpo de pessoa ou cadáver, em desacordo com as disposições desta Lei:
Pena – reclusão, de dois a seis anos, e multa, de 100 a 360 dias-multa".

O art. 14 da Lei nº 9.434/1997 traz a figura típica que pune a conduta de remover tecidos, órgãos ou partes do corpo de pessoa ou cadáver, em desacordo com as disposições legais. No crime previsto na Lei de Transplante de Órgãos, a intenção do agente é utilizar o cadáver ou parte dele que foram subtraídos para realizar transplante de órgãos. Caso ele não tenha essa intenção, o crime será o que estamos estudando.

Decifrando a prova

(Juiz Substituto – TJ/PB – Cespe/Cebraspe – 2015 – Adaptada) Acerca da disciplina legal dos crimes previstos na parte especial do CP, julgue o item a seguir:
A conduta de subtrair cadáver de sua sepultura configura crime de furto qualificado.
( ) Certo   ( ) Errado
Gabarito comentado: a conduta amolda-se ao tipo penal previsto no art. 210 do CP. Portanto, a assertiva está errada.

O crime é punido a título de dolo, não se exigindo qualquer finalidade especial do agente. Não se pune a modalidade culposa por falta de previsão legal.

17.4.5 Consumação e tentativa

Por se tratar de crime plurissubsistente, é admitida a tentativa.
A consumação do crime variará a depender da conduta praticada:

- destruir o cadáver: consuma-se com a efetiva destruição;
- subtração do cadáver: consuma-se quando o cadáver ou parte dele é retirado da esfera de proteção dos familiares, dos funcionários do local em que ele se encontra, ou de quem tem sua posse;
- ocultação: temos aqui hipótese de crime permanente em que a consumação se protrai no tempo. Este é o entendimento dos tribunais superiores.

Jurisprudência destacada

EMBARGOS DE DECLARAÇÃO NO RECURSO EM *HABEAS CORPUS*. OMISSÃO. NATUREZA PERMANENTE DO CRIME DE OCULTAÇÃO DE CADÁVER. HIPÓTESE QUE NÃO SE VERIFICA NO CASO EM CONCRETO. EMBARGOS PROVIDOS MAS SEM EFEITOS INFRINGENTES. 1. No art. 211 do Código Penal – CP há três núcleos do tipo penal, destruição, subtração e ocultação. Quanto às figuras da destruição e da subtração, não há divergência sobre se tratar de crime instantâneo. Contudo, a ocultação de cadáver dá azo à divergência. Aduz o Embargante que

386 Direito Penal Decifrado – Parte Especial

> se trata de crime permanente, perdurando a consumação enquanto o cadáver não for encontrado. 2. Da interpretação da doutrina, **somente é possível afirmar que a ação ocultar cadáver é permanente quando se depreender que o agente responsável espera, em um momento ou outro, que o corpo, objeto jurídico do crime, venha a ser encontrado.** (Grifo nosso.) 3. Dentro das circunstâncias fáticas delineadas nos autos, não é de se deduzir que a ocultação – excluindo a hipótese de destruição, como pretende a denúncia – praticada há 49 anos seja dotada de algum viés temporal. **Não pode, portanto, a conduta ser classificada como permanente, mas instantânea de efeitos permanentes.** 4. Embargos de declaração providos, todavia, sem feitos infringentes (STJ, RHC nº 57.799/RJ, 2015/0068683-1, autuado em 30.03.2015. Rel. Min. Joel Ilan Paciornik, j. 15.09.2020).
>
> O crime previsto no art. 211 do Código Penal, na forma ocultar, é permanente. Logo, se encontrado o cadáver após atingida a maioridade, o agente deve ser considerado imputável para todos os efeitos penais, ainda que a ação de ocultar tenha sido cometida quando era menor de 18 anos (STJ, REsp nº 900.509/PR, 2006/0224593-1, Rel. Min. Felix Fischer, j. 26.06.2007, 5ª Turma, *DJ* 27.08.2007, p. 287).

17.5 VILIPÊNDIO A CADÁVER

Art. 212. Vilipendiar cadáver ou suas cinzas:

Pena – detenção, de um a três anos, e multa.

17.5.1 Noções gerais e classificação doutrinária

O tipo previsto no art. 212 do Código Penal pune a conduta de vilipendiar cadáver.

Tutela-se o sentimento de respeito pelos mortos, que configura um interesse individual coletivo, bem como um valor ético-social.

Classificação doutrinária: trata-se de crime comum, vago, formal, de forma livre, unissubjetivo, plurissubsistente, instantâneo ou permanente (na modalidade ocultar).

O crime se procede mediante ação penal pública incondicionada.

Analisando-se a pena cominada, conclui-se que são admitidos a suspensão condicional do processo, prevista no art. 89 da Lei nº 9.099/1990, e o acordo de não persecução penal, previsto no art. 28-A do Código de Processo Penal.

17.5.2 Bem jurídico tutelado e objeto material

O bem jurídico tutelado é o sentimento de respeito pelos mortos.

O objeto material do crime será o cadáver ou suas cinzas. Cadáver é o corpo humano morto que ainda mantém suas características, sua aparência humana.

Entende a doutrina que a múmia não é tida como cadáver, mesmo que não tenha sido transformada em peça de museu ou posta à venda em comércio.

Capítulo 17 ◆ Dos crimes contra o respeito aos mortos **387**

O feto e o natimorto podem ser considerados cadáver para fins de configuração do presente tipo penal?

Três correntes se formaram para responder a tal questionamento:

- os natimortos e o feto não são cadáveres, pois não tiveram vida extrauterina;
- os natimortos devem receber o mesmo tratamento do cadáver, pois a eles se tem o mesmo sentimento de respeito;
- o feto com mais de seis meses e o natimorto são considerados cadáver, independentemente de vida extrauterina.

Filiamo-nos ao segundo posicionamento; os natimortos também merecem ter sua memória respeitada.

As cinzas do cadáver são os resíduos resultantes da combustão (cremação) do cadáver.

17.5.3 Sujeitos do crime

Tratando-se de crime comum em relação ao sujeito ativo, pode ser praticado por qualquer pessoa.

Já em relação ao sujeito passivo, a coletividade será a vítima. Estamos diante de um crime vago. Também podemos considerar como vítimas secundárias, os familiares e pessoas ligadas ao morto.

Como dito acima, não se tutela os direitos ou a paz dos que já morreram, pois estes não mais figuram como sujeitos de direitos. O objeto tutelado é o sentimento que têm os vivos para com os que já morreram.

17.5.4 Conduta e voluntariedade

O tipo criminaliza a conduta de vilipendiar o cadáver e suas cinzas.

Por vilipendiar, podemos conceituar o ato de desprezar, rebaixar, menosprezar, aviltar, ultrajar o cadáver ou suas cinzas.

Sendo considerado crime de forma livre, admite-se qualquer meio de execução, seja por atos, palavras ou escritos.

Como exemplo, podemos citar as condutas de cuspir no cadáver, retirar-lhe as vestes, urinar no cadáver, enfim, quaisquer atos que denotem vilipêndio, menosprezo pelo cadáver e pelo sentimento de respeito ao morto podem ser aptos a tipificar o crime.

Apesar de o tipo penal mencionar apenas o cadáver e suas cinzas, entende-se que a conduta também pode recair sobre partes do cadáver.

Nesse tipo penal também se enquadra a necrofilia. Necrofilia é a prática sexual com cadáveres. É classificada no campo da medicina legal como desvio ou perversão da sexualidade (GOMES, 2004, p. 474). Conforme leciona Hélio Gomes (2004, p. 474), a necrofilia "revela profunda anomalia do instinto. Alguns necrófilos vão ao ponto de penetrar nos cemitérios, abrir as covas, tirar corpos em decomposição para satisfazerem seu anômalo instinto".

388 Direito Penal Decifrado – Parte Especial

Se a conduta do agente ao profanar o cadáver imputar-lhe falsamente fato definido como crime, será responsabilizado também pelo crime previsto no art. 138, § 2º, do Código Penal.

O crime é punido a título de dolo, não se exigindo qualquer finalidade especial do agente.[3]

Não se pune a modalidade culposa por falta de previsão legal.

17.5.5 Consumação e tentativa

A consumação do crime se dará com a prática do ato de vilipendiar o cadáver.

Por se tratar de crime plurissubsistente, é admitida a tentativa.

---

[3] Atente-se ao fato de que há entendimento doutrinário no sentido de que se exige que o agente tenha o fim de aviltar o cadáver. É o posicionamento de Magalhães Noronha, por exemplo.

PARTE VI

Crimes Contra a Dignidade Sexual

18 Crimes contra a dignidade sexual

18.1 NOÇÕES INTRODUTÓRIAS

Após a alteração promovida no Código Penal pela Lei nº 12.015/2009, o Título IV passou a ser denominado "Dos crimes contra a dignidade sexual".

Andou bem o legislador ao alterar a nomenclatura. Isso porque crimes contra os costumes não mais refletiam o bem jurídico protegido por esses tipos penais.

O título dos crimes contra a dignidade sexual está dividido em sete capítulos, a saber:

- Capítulo I – Dos crimes contra a liberdade sexual.
- Capítulo I-A – Da exposição da intimidade sexual.
- Capítulo II – Dos crimes sexuais contra vulnerável.
- Capítulo III – Revogado pela Lei nº 11.106/2005.
- Capítulo IV – Disposições gerais.
- Capítulo V – Do lenocínio e tráfico de pessoas para fim de prostituição ou outra forma de exploração sexual.
- Capítulo VI – Do ultraje ao pudor público.
- Capítulo VII – Disposições gerais.

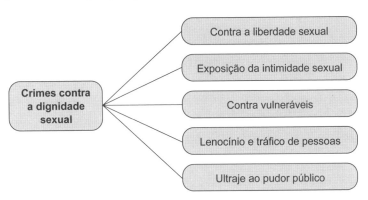

Dos crimes contra a liberdade sexual

19.1 ESTUPRO

Art. 213. Constranger alguém, mediante violência ou grave ameaça, a ter conjunção carnal ou a praticar ou permitir que com ele se pratique outro ato libidinoso:

Pena – reclusão, de 6 (seis) a 10 (dez) anos.

§ 1º Se da conduta resulta lesão corporal de natureza grave ou se a vítima é menor de 18 (dezoito) ou maior de 14 (catorze) anos:

Pena – reclusão, de 8 (oito) a 12 (doze) anos

§ 2º Se da conduta resulta morte:

Pena – reclusão, de 12 (doze) a 30 (trinta) anos.

19.1.1 Noções gerais e classificação doutrinária

A Lei nº 12.015/2009 alterou o art. 213 do Código Penal, que anteriormente tratava apenas da conjunção carnal, para incluir outros atos libidinosos que antes vinham previstos no revogado art. 214 do CP, que cuidava do crime de atentado violento ao pudor.

Assim, apesar da revogação do art. 214, o direito penal continua prevendo a conduta nele descrita como crime, porém, agora no art. 213 do CP.

Veja que não ocorreu *abolitio criminis*. A lei não deixou de tipificar a conduta de "constranger alguém, mediante violência ou grave ameaça, a praticar ou permitir a prática com o agente de ato libidinoso diverso da conjunção carnal". Apenas houve a incorporação da conduta ao tipo penal do art. 213.

Podemos afirmar, então, que o fenômeno observado foi o da continuidade normativa típica.

Além disso, o art. 213 somente tinha como sujeito passivo a mulher, pois tratava de conjunção carnal, cujo conceito segundo Nélson Hungria, citado por Rogério Greco

Direito Penal Decifrado – Parte Especial

(2020, p. 13) seria "a cópula *secundum maturam*, o ajuntamento do órgão genital do homem com o da mulher, a intromissão do pênis na cavidade vaginal".

Trata-se de crime comum (quando a conduta praticada for ato libidinoso diverso da conjunção carnal) ou de mão própria (quando a conduta praticada for a conjunção carnal); doloso, comissivo (ou omissivo impróprio, no caso do agente garantidor); crime de dano; crime material; monossubjetivo e plurissubsistente.

O bem jurídico tutelado é a liberdade sexual, a dignidade sexual, o direito a dispor de seu corpo. Diz-se ainda, que o estupro é um crime pluriofensivo, pois ao mesmo tempo tutela dois bens jurídicos: a liberdade sexual e a integridade corporal e liberdade individual.

O objeto material do crime será a pessoa sobre a qual recai a conduta.

19.1.2 Sujeitos do crime

Por se tratar de crime comum, qualquer pessoa pode figurar como sujeito ativo ou como sujeito passivo. Não se exige qualidade especial do agente ou da vítima.

Lembrando que se pode dizer que, se a conduta praticada for a conjunção carnal, há entendimento de que seria crime de mão própria, uma vez que a conjunção carnal, tal qual definiu Nélson Hungria (1947) (anteriormente citado), somente pode ser praticada por homem e mulher.

A depender da qualidade da vítima ou grau de parentesco entre ela e o agente, o crime terá a pena majorada, ou ainda pode ser classificado como qualificado (tais figuras serão estudadas adiante).

No caso de vítima menor de quatorze anos de idade, a conduta amoldar-se-á àquela prevista no art. 217-A do CP (estupro de vulnerável).[1]

19.1.3 Conduta e voluntariedade

Analisando o tipo penal, tem-se que o núcleo do tipo é o verbo "constranger". Constrangimento aqui empregado no sentido de obrigação, subjugamento da vítima.

---

[1] "**Art. 217-A.** Ter conjunção carnal ou praticar outro ato libidinoso com menor de 14 (catorze) anos:
Pena – reclusão, de 8 (oito) a 15 (quinze) anos.
§ 1º Incorre na mesma pena quem pratica as ações descritas no *caput* com alguém que, por enfermidade ou deficiência mental, não tem o necessário discernimento para a prática do ato, ou que, por qualquer outra causa, não pode oferecer resistência.
§ 2º (Vetado).
§ 3º Se da conduta resulta lesão corporal de natureza grave:
Pena – reclusão, de 10 (dez) a 20 (vinte) anos.
§ 4º Se da conduta resulta morte:
Pena – reclusão, de 12 (doze) a 30 (trinta) anos.
§ 5º As penas previstas no *caput* e nos §§ 1º, 3º e 4º deste artigo aplicam-se independentemente do consentimento da vítima ou do fato de ela ter mantido relações sexuais anteriormente ao crime".

Pune-se a conduta do agente que constrange a vítima a ter conjunção carnal ou a praticar ou permitir que com ele se pratique outro ato libidinoso, utilizando-se para tanto da violência ou da grave ameaça.

O crime de estupro é tipo penal complexo que se constitui do constrangimento ilegal mais a finalidade específica, qual seja, a prática de conjunção carnal ou outro ato libidinoso.

O constrangimento ilegal exigido no tipo pode ser caracterizado pela violência ou pela grave ameaça.

A violência é a utilização de força física, a chamada *vis corporalis* ou *vis absoluta*. A força física é empregada para subjugar a vítima.

A grave ameaça, por sua vez, também chamada de violência moral ou *vis compulsiva*, seria a promessa de mal, grave e futuro contra a vítima ou contra terceiros que sejam próximos a ela. Assim, a promessa de mal grave ao filho da vítima é o bastante para caracterizar o constrangimento ilegal exigido pelo tipo.

De maneira diversa do que ocorre no crime de ameaça (art. 147, CP), o mal prometido não necessariamente será injusto.

♦ Nesse ponto surge tema atual e interessante recentemente tratado pelo Superior Tribunal de Justiça: A simulação de arma de fogo seria apta a caracterizar a grave ameaça exigida pelo tipo penal em estudo?

Veja o caso concreto analisado: o agente, simulando que portava uma arma de fogo, adentrou no condomínio em que residia a vítima e a obrigou a com ele praticar atos libidinosos.

O agente foi condenado pelo crime de estupro e, após recurso, o TJ/RJ reformou a sentença para desclassificar o crime para importunação sexual sob o fundamento de que a simulação do porte de arma de fogo não teria o condão de caracterizar a grave ameaça exigida para a configuração do crime de estupro.

No entender da Corte estadual, haveria necessidade de que o perigo fosse real e concreto, o que não se configurou com o uso da arma imaginária. O autor jamais poderia efetivar a promessa de mal injusto e grave.[2]

O acórdão do tribunal carioca foi reformado pelo STJ nos autos do REsp nº 1.916.611/RJ, para afirmar que a simulação do emprego de arma de fogo, por si só, tem aptidão para caracterizar uma grave ameaça, justificando a capitulação dos fatos como estupro.

Jurisprudência destacada

RECURSO ESPECIAL. ESTUPRO. DESCLASSIFICAÇÃO. IMPORTUNAÇÃO SEXUAL. GRAVE AMEAÇA. SIMULAÇÃO DE PORTE DE ARMA. INVIÁVEL A DESCLASSIFICAÇÃO. RECURSO PROVIDO. EFEITO DEVOLUTIVO PLENO DA APELAÇÃO. REVISÃO DA DOSIMETRIA. 1. Consta dos autos que o recorrido foi condenado a 10 anos de reclusão, em regime inicial fechado, pela prática

---

[2] Texto retirado da coluna Questão de Gênero do dia 19.11.2021 – *Conjur*.

> do delito previsto no art. 213, *caput*, do Código Penal, mas o Tribunal de origem, provendo em parte a apelação da defesa, desclassificou a conduta para o art. 215-A do CP, redimensionando a reprimenda para 1 ano e 3 meses de reclusão, em regime inicial aberto, por entender que a arma utilizada pelo agente não era real, tudo não passando de uma simulação de uso de arma de fogo. 2. A controvérsia constante no caso concreto está relacionada à elementar do tipo de estupro, qual seja, a grave ameaça. Diante do substrato fático-probatório dos autos, reconhecido pelas instâncias ordinárias, verifica-se a ocorrência do elementar "grave ameaça" do crime de estupro, uma vez que, tanto a sentença quanto o Tribunal estadual, reconheceram que a conduta foi perpetrada "fazendo-a falsamente acreditar que o implicado estaria armado ao adentrar o condomínio em que a mesma residia", configurando, assim, grave violência. 3. Esta Corte Superior tem entendido que a simulação de arma de fogo, fato comprovado e confirmado pelas instâncias ordinárias, pode sim configurar a "grave ameaça", para os fins do tipo do art. 213 do Código Penal, pois esse é de fato o real e efetivo sentimento provocado no espírito da vítima subjugada. 4. Provimento do Recurso Especial. Restabelecimento da sentença condenatória. Devolução dos autos à origem, a fim de avaliar, dentro do efeito devolutivo pleno da apelação, decorrente do pedido de absolvição por insuficiência de prova, a dosimetria da pena aplicada na sentença, que partiu de pena-base igual ao máximo legal do tipo (STJ, REsp nº 1.916.611/RJ, Rel. Min. Olindo Menezes (Des. Conv. do TRF 1ª Região), 6ª Turma, j. 28.09.2021, *DJe* 11.10.2021).

Extrai-se, ainda, do referido julgado que a grave ameaça (elementar do crime de estupro) tem a ver com o sentimento unilateral que surge na vítima que se vê subjugada, ele não depende do risco objetivo e concreto a que ela tenha efetivamente sido submetida.

Assim, a vítima, no momento do fato, não tinha ciência de que o autor efetivamente não portava uma arma de fogo e, em sua ótica, estava realmente se sentindo ameaçada de forma grave. Isso é o bastante para caracterizar a elementar da grave ameaça.

Ainda sobre a grave ameaça, a doutrina clássica tende a considerar que sua gravidade será analisada do ponto de vista do chamado "homem médio".

No nosso ponto de vista, esse entendimento não deve ser adotado. Entendemos que a gravidade da ameaça deve ser analisada no caso concreto, com base nas características e qualidades daquela vítima em especial.

Esse posicionamento vai ao encontro do já mencionado entendimento exposto pelos tribunais superiores, qual seja, a ameaça refere-se ao sentimento unilateral da vítima que se vê subjugada. Se a conduta do agente foi apta a causar-lhe temor a ponto de permitir que ela abrisse mão de sua liberdade sexual, deve ser considerada grave o bastante.

Como bem alerta Rogério Sanches Cunha (2021, p. 555):

> Se as penas do direito penal recaem sobre pessoas concretas, se as ofensas incidem sobre pessoas concretas, o juízo valorativo do juiz não pode ter por objeto pessoas abstratas (que não vão para a cadeia, que não sofrem o constrangimento, que não possuem carne e osso).[3]

---

[3]   Isso porque a configuração da referida elementar diz respeito à ocorrência do sentimento unilateral que surge na vítima subjugada, e que não depende do risco objetivo e concreto a que esta foi

Outro ponto importante a ser analisado é a necessidade (ou não) do contato físico para caracterizar o crime. Entendem a maioria da doutrina e o STJ que não há necessidade de que haja contato físico entre agressor e vítima para que se configure o crime de estupro. E como seria a conduta nesse caso? Podemos exemplificar como o agente que, a fim de satisfazer sua lascívia, mediante grave ameaça, determine que a vítima se masturbe para que ele possa comtemplar (a chamada contemplação lasciva).

Jurisprudência destacada

PENAL. AGRAVO REGIMENTAL NO RECURSO ESPECIAL. ESTUPRO DE VULNERÁVEL. DESCLASSIFICAÇÃO DO CRIME DO ART. 217-A PARA O CRIME DO ART. 215-A DO CP. PRÁTICA DE ATOS LIBIDINOSOS DIVERSOS DA CONJUNÇÃO CARNAL COM MENOR DE 14 ANOS. ELEMENTO ESPECIALIZANTE DO CRIME DO ART. 217-A. PLEITO DE RESTABELECIMENTO DA CONDENAÇÃO. POSSIBILIDADE. PRECEDENTES. SÚMULA Nº 568/STJ. AGRAVO REGIMENTAL DESPROVIDO. I – Ato libidinoso, atualmente descrito nos arts. 213 e 217-A do Código Penal, não é só o coito anal ou o sexo oral, mas podem ser caracterizados mediante toques, beijo lascivo, contatos voluptuosos, contemplação lasciva, dentre outros. Isto porque, o legislador, com a alteração trazida pela Lei nº 12.015/2009, optou por consagrar que no delito de estupro a prática de conjunção carnal ou outro ato libidinoso, não havendo rol taxativo ou exemplificativo acerca de quais atos seriam considerados libidinosos. II – Com efeito, "a Terceira Seção desta Corte Superior sedimentou a jurisprudência, então já dominante, pela presunção absoluta da violência em casos da prática de conjunção carnal ou ato libidinoso diverso com pessoa menor de 14 anos" (REsp nº 1.320.924/MG, Rel. Min. Rogerio Schietti Cruz, 6ª Turma, j. 16.08.2016, *DJe* 29.08.2016), de modo que é "inaplicável o art. 215-A do CP para a hipótese fática de ato libidinoso diverso de conjunção carnal praticado com menor de 14 anos, pois tal fato se amolda ao tipo penal do art. 217-A do CP, devendo ser observado o princípio da especialidade" (STJ, AgRg nos EDcl no AREsp nº 1.225.717/RS, 5ª Turma, Rel. Min. Joel Ilan Paciornik, *DJe* 06/03/2019).

Se é possível que o crime seja cometido sem que haja contato físico, cremos que o chamado **estupro virtual** também possa existir.

A fim de facilitar o entendimento, vejamos um exemplo: o agente, utilizando-se de webcam, mantém conversa com outra pessoa e, mediante grave ameaça, que pode ser dirigida à vítima ou a terceiro, exige que ela retire sua roupa e se masturbe para que ele possa contemplar (satisfazer sua lascívia).

Para exemplificar a grave ameaça dirigida a terceiro, podemos citar o agente que mantém a mãe da vítima sob a mira de uma arma de fogo, exige que ela retire sua roupa e se masturbe para que ele possa contemplar.

---

efetivamente submetida. Em outras palavras, a Vítima, no momento em que ocorria a prática do crime, não sabia que se tratava de simulacro de arma de fogo e, portanto, sob o seu ponto de vista, sentiu-se gravemente ameaçada. É o suficiente para configurar a elementar "grave ameaça".

Nesse caso, estão preenchidos todos os elementos exigidos pelo tipo: o constrangimento, mediante grave ameaça com a finalidade de que a vítima pratique ato libidinoso para satisfazer sua lascívia.

Ora, ainda que a distância, a conduta perfeitamente se amolda ao tipo penal. Assim, não há se falar em ofensa ao princípio da legalidade. Todos os elementos do tipo estão presentes, apenas se alterou o meio como foi cometido. Aliás, ressalva há que ser feita em relação à nomenclatura utilizada: o estupro em si é real, o meio empregado é que é virtual.

O direito, como ciência social que é, deve se adaptar ao avanço tecnológico da sociedade. Se a cada dia que passa mais inseridos estamos no mundo virtual, assim também deve ser o direito.

Questão que passou a suscitar dúvidas após a alteração feita pela Lei nº 12.015/2009 é em relação ao beijo lascivo, se quando obtido mediante violência ou grave ameaça seria apto a ser considerado ato libidinoso a caracterizar o crime de estupro.

Lascivo é o beijo prolongado, invasivo, erótico. Havendo oposição (resistência) da vítima, subjugação da vítima, o beijo lascivo pode ser considerado elemento apto a constituir o crime de estupro.

Esse foi o entendimento espojado pelo Superior Tribunal de Justiça quando da análise do RHC nº 93.906/PA. Vejamos:

> **Jurisprudência destacada**
>
> O beijo lascivo ingressa no rol dos atos libidinosos e, se obtido mediante violência ou grave ameaça, importa na configuração do crime de estupro. Evidentemente, não são lascivos os beijos rápidos lançados na face ou mesmo nos lábios, sendo preciso haver beijos prolongados e invasivos, com resistência da pessoa beijada, ou então beijos eróticos lançados em partes impudicas do corpo da vítima. Por conseguinte, verificar-se-á estupro mediante violência caso a conduta do beijo invasivo busque a satisfação da lascívia, desde que haja intuito de subjugar, humilhar, submeter a vítima à força do agente, consciente de sua superioridade física. (...) 5. No caso, resta evidente a utilização de força física, conquanto ausentes vestígios de lesão, para beijar a vítima contra sua vontade, e ainda lhe esfregar o órgão genital ereto, tendo o recorrente parado apenas por ter sido impedido por testemunha. Em tese, tal conduta amolda-se à hipótese típica do crime de estupro, para realização de atos libidinosos, cometido por meio de violência, consistente no emprego de força física contra a vítima, subjugando-a pela superioridade física do agente, até porque aquela possui limitações físicas decorrentes da ataxia cerebelar (RHC nº 93.906/PA, Rel. Min. Ribeiro Dantas, 5ª Turma, j. 21.03.2019, *DJe* 26.03.2019).

Voluntariedade: a conduta é punida a título de dolo (vontade livre e consciente de praticar a conduta descrita no tipo). Esse dolo é o de manter conjunção carnal ou outro ato libidinoso com a vítima.

Não se admite a modalidade culposa, uma vez que não há previsão legal.

19.1.4 Consumação e tentativa

O crime se consuma com a prática do ato libidinoso após o constrangimento da vítima.

Por se tratar de crime plurissubsistente (o *iter criminis* pode ser fracionado), é admitida a tentativa.

Assim, se o agente, com a intenção de praticar conjunção carnal, ameaça a vítima, começa a retirar-lhe as vestes, momento em que é surpreendido por policiais, podemos admitir que houve um crime de estupro tentado. Ele iniciou a execução dos atos criminosos, mas não o consuma por motivos alheios a sua vontade.

Situação que gera questionamentos é aquela em que o agente, com o intuito de praticar conjunção carnal com a vítima, a ameaça, passa a mão em suas partes íntimas, em seus seios e quando iria iniciar a conjunção carnal, é surpreendido e impedido de consumar o ato.

Nessa hipótese estamos diante de estupro tentado ou consumado? A dúvida é pertinente, pois antes de iniciar a conjunção carnal, o agente praticou atos libidinosos com a vítima, o que, em tese, já caracterizaria o crime de estupro.

Há entendimento no sentido de que nesse caso estaríamos diante de estupro consumado, pois os atos preliminares já caracterizam o delito. Esse não é o entendimento majoritário.

Acompanhando a maioria da doutrina, dentre eles Rogério Greco (2021b, p. 16), entendemos que seria hipótese de tentativa de estupro. Os atos praticados anteriormente são antecedentes naturais ao delito de estupro, cuja finalidade era a conjunção carnal. O próprio Supremo Tribunal Federal já se posicionou no sentido de que se trata de tentativa de estupro (HC nº 100.314).

Ainda a respeito de consumação e tentativa, cabe a indagação: É possível desistência voluntária no crime de estupro?

A desistência voluntária é instituto previsto no art. 15 do Código Penal:

> **Art. 15**. O agente que, voluntariamente, desiste de prosseguir na execução ou impede que o resultado se produza, só responde pelos atos já praticados.

Devemos aqui fazer o mesmo raciocínio feito quando da análise da tentativa de estupro. Se a intenção do agente era praticar conjunção carnal e ele resolve desistir, sem que tenha praticado atos libidinosos relevantes que sejam aptos a caracterizar um estupro consumado, teremos o crime em sua forma tentada.

19.1.5 Formas qualificadas

As formas qualificadas vêm previstas nos §§ 1º e 2º do art. 213 do CP:

> **Art. 213.** (...)
>
> **§ 1º** Se da conduta resulta lesão corporal de natureza grave ou se a vítima é menor de 18 (dezoito) ou maior de 14 (catorze) anos:
>
> **Pena** – reclusão, de 8 (oito) a 12 (doze) anos.

§ 2º Se da conduta resulta morte:
Pena – reclusão, de 12 (doze) a 30 (trinta) anos

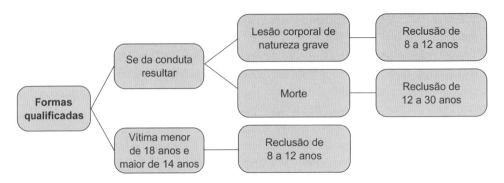

Temos claro exemplo de crime preterdoloso. Os resultados somente serão atribuídos ao agente a título de culpa.

Se o agente tiver a intenção de praticar o estupro e agir ainda com intenção de lesionar gravemente ou matar a vítima, devemos pensar em concurso de crimes, e não na figura qualificada.

19.1.6 Ação penal

Conforme disposto no art. 225 do Código Penal, o crime é promovido mediante ação penal pública incondicionada:

> **Art. 225.** Nos crimes definidos nos Capítulos I e II deste Título, procede-se mediante ação penal pública incondicionada.

19.2 VIOLAÇÃO SEXUAL MEDIANTE FRAUDE

> **Art. 215.** Ter conjunção carnal ou praticar outro ato libidinoso com alguém, mediante fraude ou outro meio que impeça ou dificulte a livre manifestação de vontade da vítima:
> **Pena** – reclusão, de 2 (dois) a 6 (seis) anos.
> **Parágrafo único.** Se o crime é cometido com o fim de obter vantagem econômica, aplica-se também multa.

19.2.1 Noções gerais e classificação doutrinária

O art. 215, na redação que conhecemos hoje, foi inserido no Código Penal pela Lei nº 12.015/2009. Trata-se de uma junção dos antigos arts. 215 e 216 do CP.

O art. 215 previa a chamada posse sexual mediante fraude e o art. 216 trazia o atentado violento ao pudor mediante fraude.

Capítulo 19 • Dos crimes contra a liberdade sexual **401**

Antes ainda, até o ano de 2005, o art. 215 trazia a arcaica redação que previa a conduta de "manter conjunção carnal com **mulher honesta**, mediante fraude". Sim, por mais absurdo que possa parecer, a malfadada expressão "mulher honesta" vigeu em nosso Código até o ano de 2005, quando foi retirada do tipo penal.

O tipo penal previsto na atual redação do art. 215 também é conhecido por estelionato sexual. Isso porque é utilizada a fraude (ou outro meio que impeça ou dificulte a manifestação de vontade de vítima) como meio para se conseguir a conjunção carnal ou outro ato libidinoso.

Trata-se de crime comum (quando a conduta for praticada for ato libidinoso diverso da conjunção carnal) ou de mão própria (quando a conduta praticada for a conjunção carnal); doloso, comissivo (ou omissivo impróprio, no caso do agente garantidor); crime de dano; crime material; monossubjetivo e plurissubsistente.

O bem jurídico tutelado é a liberdade sexual, a dignidade sexual, o direito a dispor de seu corpo.

O objeto material do crime será a pessoa sobre a qual recai a conduta.

19.2.2 Sujeitos do crime

Por se tratar de crime comum, qualquer pessoa pode figurar como sujeito ativo ou como sujeito passivo. Não se exige qualidade especial do agente ou da vítima.

Lembrando que se pode dizer que se a conduta praticada for a conjunção carnal, há entendimento de que seria crime de mão própria, uma vez que a conjunção carnal, tal qual definiu Nélson Hungria (1947) (anteriormente citado) somente pode ser praticada por homem e mulher.

A depender da qualidade da vítima ou grau de parentesco entre ela e o agente, o crime terá a pena majorada, ou ainda pode ser classificado como qualificado (tais figuras serão estudadas posteriormente).

No caso de vítima menor de quatorze anos de idade, a conduta amoldar-se-á àquela prevista no art. 217-A do CP (estupro de vulnerável).[4]

---

[4] "**Art. 217-A.** Ter conjunção carnal ou praticar outro ato libidinoso com menor de 14 (catorze) anos:
Pena – reclusão, de 8 (oito) a 15 (quinze) anos.
§ 1º Incorre na mesma pena quem pratica as ações descritas no *caput* com alguém que, por enfermidade ou deficiência mental, não tem o necessário discernimento para a prática do ato, ou que, por qualquer outra causa, não pode oferecer resistência.
§ 2º (Vetado).
§ 3º Se da conduta resulta lesão corporal de natureza grave:
Pena – reclusão, de 10 (dez) a 20 (vinte) anos.
§ 4º Se da conduta resulta morte:
Pena – reclusão, de 12 (doze) a 30 (trinta) anos.
§ 5º As penas previstas no *caput* e nos §§ 1º, 3º e 4º deste artigo aplicam-se independentemente do consentimento da vítima ou do fato de ela ter mantido relações sexuais anteriormente ao crime."

19.2.3 Conduta e voluntariedade

Analisando o tipo penal, tem-se que é punida a conduta do agente que, utilizando-se de fraude ou outro meio que impeça ou dificulte a vítima de livremente manifestar sua vontade, com ela mantenha conjunção carnal ou outro ato libidinoso.

Veja que não há emprego de violência ou grave ameaça, como no crime de estupro. Aqui, o meio empregado será a fraude, daí surgiu o nome "estelionato sexual".

A fraude empregada vicia o consentimento da vítima que, incorrendo em erro, mantém conjunção carnal ou pratica outro ato libidinoso que não praticaria se soubesse da verdade.

Um exemplo claro do tipo em análise é o caso de um líder religioso que, a pretexto de curar ou de solucionar os problemas da vítima fiel que o procura, sugere que para que ela receba a cura, mantenha com ele conjunção carnal. A vítima, enganada, acreditando que somente será curada se fizer o que o agente determinou, mantém relação sexual com ele.

Outro exemplo pode ser o médico que, a pretexto de examinar a paciente, começa a tocar-lhe de forma inadequada a fim de satisfazer a própria lascívia.

A título de curiosidade, um exemplo bastante comum é o do agente que contrata uma garota de programa acordando que os serviços serão pagos ao término. Após o ato sexual, o agente se recusa a pagar pelo serviço. Estamos diante de estelionato sexual (o crime em estudo).

Importante destacar que a fraude deve viciar o consentimento da vítima, mas nunca o anular por completo. Como aduz Rogério Sanches Cunha (2021, p. 563), a fraude não pode anular a capacidade de resistência da vítima, se assim o fizer, estaremos diante do crime de estupro de vulnerável.

Dessa forma, o agente que se utiliza de drogas ilícitas para cessar a resistência da vítima e com ela praticar atos sexuais, responde pelo crime de estupro de vulnerável, previsto no art. 217-A do Código Penal.

A fraude empregada deve ser hábil a enganar a vítima, para analisar, devem ser levadas em conta as características e qualidades daquela vítima em específico e não se basear no chamado "homem médio".

O crime somente é punido a título de dolo, não havendo previsão de modalidade culposa. A conduta do agente é dirigida a manter conjunção carnal ou praticar outro ato libidinoso, utilizando-se como meio a fraude (ou outro meio que impeça ou dificulte a livre manifestação de vontade da vítima).

Caso o agente atue com a finalidade específica de obter vantagem econômica será aplicada ainda a pena de multa.

19.2.4 Consumação e tentativa

O crime consuma-se com a prática do ato sexual (seja ele conjunção carnal ou outro ato libidinoso).

Tratando-se de crime plurissubsistente, é admitida a tentativa.

19.3 IMPORTUNAÇÃO SEXUAL

Art. 215-A. Praticar contra alguém e sem a sua anuência ato libidinoso com o objetivo de satisfazer a própria lascívia ou a de terceiro:
Pena – reclusão, de 1 (um) a 5 (cinco) anos, se o ato não constitui crime mais grave.

19.3.1 Noções gerais e classificação doutrinária

O art. 215-A foi inserido no Código Penal pela Lei nº 13.718/2018 a fim de tipificar condutas libidinosas que com frequência eram praticadas, em especial dentro de transportes coletivos, e que acabavam ficando sem punição ou com punição aquém da gravidade da conduta.

Isso porque tais condutas não configuravam o crime de estupro e, para tipificá-las, costumava-se usar o revogado art. 65 da Lei de Contravenções Penais,[5] que trazia uma pena máxima de dois meses.

Como claro exemplo do tipo penal, podemos citar o caso do agente que, no interior de um ônibus, masturbava-se e ejaculava nas vestes de outras passageiras.

Outro exemplo é o do sujeito que, valendo-se de um local lotado, esfrega seu corpo no corpo de outras pessoas a fim de satisfazer sua libido.

Trata-se de crime comum; doloso, comissivo (ou omissivo impróprio, no caso do agente garantidor); crime de mera conduta; monossubjetivo e plurissubsistente.

O bem jurídico tutelado é a liberdade sexual, a dignidade sexual, o direito a dispor de seu corpo.

O objeto material do crime será a pessoa sobre a qual recai a conduta.

O tipo previsto no art. 215-A é crime subsidiário, como se denota da redação da parte final do preceito secundário do artigo: "se o ato não constitui crime mais grave".

HABEAS CORPUS. INSTÂNCIA. SUPRESSÃO. Revelando o *habeas corpus* parte única – o paciente, personificado pelo impetrante –, o instituto da supressão de instância há de ser tomado, no que visa beneficiá-la, com as cautelas próprias. ESTUPRO DE VULNERÁVEL. DESCLASSIFICAÇÃO. IMPORTUNAÇÃO SEXUAL. INADEQUAÇÃO. O tipo penal previsto no art. 215-A do Código Penal, além de constituir **crime subsidiário**, insuscetível de afastar a configuração de delito mais grave, não alcança atos libidinosos cometidos contra vulneráveis, os quais não dispõem de capacidade para consentir a prática de condutas sexuais (STF, HC nº 182.075/RO, Rel. Min. Marco Aurélio, j. 08.06.2020, 1ª Turma, *DJe*-155, 22.06.2020 – grifo nosso).

---

[5] "**Art. 65.** Molestar alguém ou perturbar-lhe a tranquilidade, por acinte ou por motivo reprovável: Pena – prisão simples, de quinze dias a dois meses, ou multa."

19.3.2 Sujeitos do crime

Por se tratar de crime comum, qualquer pessoa pode figurar como sujeito ativo ou como sujeito passivo. Não se exige qualidade especial do agente ou da vítima.

Importante ressaltar que se o ato for praticado na presença de menor de 14 anos, o crime será o previsto no art. 218-A do CP.

Conforme o art. 226 do CP, incidirá aumento de pena se a conduta for praticada por ascendente, padrasto ou madrasta, tio, irmão, cônjuge, companheiro, tutor, curador, preceptor ou empregador da vítima ou por qualquer outro título tiver autoridade sobre ela.

Entende-se que se a conduta for praticada contra pessoas consideradas vulneráveis (conceito a ser extraído do art. 217-A do CP) o crime será o previsto naquele tipo penal, e não no tipo em análise.[6]

19.3.3 Conduta e voluntariedade

O crime pune a conduta de praticar ato libidinoso contra alguém ou sem sua anuência com o intuito de satisfazer a própria lascívia.

Por ato libidinoso entende-se aquele que objetiva a satisfação da libido do agente.

> ### Decifrando a prova
>
> **(Juiz de Direito Substituto – TJ/RO – Vunesp – 2019 – Adaptada)** Analise a seguinte proposição:
>
> Tícia, de 16 anos, há dois anos namora Caio, de 19 anos. Tícia é virgem e está decidida a apenas manter relação sexual após o casamento, já marcado para ocorrer no dia em que ela completará 18 anos. Quando estavam sozinhos, na sala, assistindo TV, Caio, aproveitando-se que Tícia cochilava, masturbou-se e ejaculou no corpo da namorada que, imediatamente, acordou. Sentindo-se profundamente violada e agredida, Tícia grita e acorda os pais, que dormiam no quarto da casa. Os pais, vendo a filha suja e em pânico, impedem Caio de fugir e decidem chamar a polícia. Acionada a polícia, Caio é preso, em flagrante delito e, encerradas as investigações, denunciado pelo crime sexual praticado. Diante da situação hipotética, Caio poderá ser processado pelo crime de importunação sexual.
>
> ( ) Certo   ( ) Errado
>
> **Gabarito comentado:** a conduta de Caio amolda-se àquela prevista no art. 215-A do CP. Portanto, a assertiva está certa.

---

[6] "AGRAVO REGIMENTAL NO RECURSO ESPECIAL. ESTUPRO DE VULNERÁVEL. PRESUNÇÃO ABSOLUTA DE VIOLÊNCIA. DESCLASSIFICAÇÃO PARA O CRIME DE IMPORTUNAÇÃO SEXUAL (ART. 215-A DO CP). IMPOSSIBILDADE. AGRAVO IMPROVIDO. 1. Tratando-se de crime sexual praticado contra menor de 14 anos, a vulnerabilidade é presumida, independentemente de violência ou grave ameaça, bem como de eventual consentimento da vítima, o que afasta o crime de importunação sexual. 2. Agravo regimental improvido" (STJ, Agravo Regimental no Recurso Especial nº 1.830.026/RJ, Rel. Min. Nefi Cordeiro, 6ª Turma, j. 26.11.2019).

Para diferenciar o crime em estudo do crime de ato obsceno, devemos verificar o sujeito passivo. Aqui temos vítima determinada, no crime previsto no art. 233 do CP não há vítima determinada, não é a conduta praticada contra alguém.

> **Decifrando a prova**
>
> **(Delegado de Polícia – PC/MS – Faepec – 2021 – Adaptada)** No que concerne à legislação penal, a jurisprudência dos Tribunais Superiores e a doutrina acerca dos crimes contra a dignidade sexual, julgue o item a seguir:
> Para a configuração do crime de importunação sexual (art. 215-A do Código Penal), o contato físico não é imprescindível, assim como não é necessário que a conduta seja direcionada especificamente a uma ou algumas pessoas.
> ( ) Certo   ( ) Errado
> **Gabarito comentado:** a primeira parte da assertiva está correta, pois não se exige o contato físico. No entanto, a conduta deve ser direcionada a pessoa ou pessoas determinadas. Portanto, a assertiva está errada.

Atente-se ao fato de que não deve haver constrangimento da vítima. Constrangimento é empregado no mesmo sentido do empregado no delito de estupro, anteriormente estudado. Caso haja violência ou grave ameaça, estaremos diante de outra figura típica.

Um exemplo trazido pelo professor Rogério Greco (2021b, p. 78) ilustra bem o que dissemos:

> Imagine a hipótese em que, no interior de um veículo coletivo, um homem perceba que uma mulher esteja vestida com uma saia e, valendo-se dessa situação, dela se aproxima e coloca sua mão entre as pernas da vítima, chegando a vagina. Nesse caso não poderemos falar tão somente em importunação sexual, mas sim em crime de estupro.

> **Jurisprudência destacada**
>
> APELAÇÃO CRIMINAL. ESTUPRO DE VULNERÁVEL NO CONTEXTO DE VIOLÊNCIA DOMÉSTICA E FAMILIAR CONTRA A MULHER. ALEGAÇÃO DE INSUFICIÊNCIA DE PROVAS. SUPOSTA CONTRARIEDADE NOS DEPOIMENTOS DAS TESTEMUNHAS. NEGATIVA DE AUTORIA. CONJUNTO PROBATÓRIO QUE CORROBORA A VERSÃO DA ACUSAÇÃO. AUTORIA E MATERIALIDADE COMPROVADAS. PLEITO DESCLASSIFICATÓRIO. IMPOSSIBILIDADE. PRECEDENTES DO C. STJ. RECURSO CONHECIDO E DESPROVIDO. 1. Em que pese a negativa de autoria por parte do réu, a versão da vítima somada aos demais elementos de prova coligidos aos autos, entre eles a palavra de testemunhas, todos produzidos na fase processual com observância do contraditório e da ampla defesa, possuem o condão de estabelecer autoria e a materialidade do delito e embasar um decreto condenatório, não havendo que se falar em insuficiência de provas. 2. A palavra da vítima tem especial importância em processos relacionados à violência doméstica e familiar contra a mulher, notadamente quando se trata de estupro de vulnerável cometido

> pelo próprio avô. Assim, encontrando-se em consonância com outras provas coligidas nos autos, a condenação é medida que se impõe. 3. "Quanto ao pleito de desclassificação da conduta", a Lei nº 13.718, de 24 de setembro 2018, entre outras inovações, tipificou o crime de importunação sexual, punindo-o de forma mais branda do que o estupro, na forma de praticar ato libidinoso, sem violência ou grave ameaça. (...). Contudo, **esta Corte Superior de Justiça firmou o entendimento no sentido de que a prática de conjunção carnal ou outro ato libidinoso configura o crime previsto no art. 217-A do Código Penal, independentemente de violência ou grave ameaça, bem como de eventual consentimento da vítima.** Precedentes (AgRg no AREsp nº 1.361.865/MG, Rel. Min. Laurita Vaz, Sexta Turma, DJe 1º.03.2019 – grifos nossos).

 Decifrando a prova

(Promotor de Justiça – MPE/PI – Cespe/Cebraspe – 2019 – Adaptada) Em regra, o crime de importunação sexual pode ter como agente passivo pessoa vulnerável, dados a especificidade da conduta e seu caráter de crime não subsidiário.
( ) Certo   ( ) Errado
Gabarito comentado: como já mencionado e conforme entendimento jurisprudencial, tem-se crime de estupro. Portanto, a assertiva está errada.

O crime é punido a título de dolo, não se admitindo a modalidade culposa. O tipo exige do agente um especial fim de agir, qual seja, a satisfação da própria lascívia ou de terceiros.

19.3.4 Consumação e tentativa

O crime resta consumado com a prática de qualquer ato libidinoso contra a vítima, sem sua anuência, objetivando a satisfação da própria lascívia ou de terceiros.

Apesar de ser tecnicamente admitida a tentativa, torna-se de difícil configuração. Podemos pensar no exemplo daquele que, intentando passar a mão nas partes íntimas da vítima, é impedido por populares.

19.4 ASSÉDIO SEXUAL

Art. 216-A. Constranger alguém com o intuito de obter vantagem ou favorecimento sexual, prevalecendo-se o agente da sua condição de superior hierárquico ou ascendência inerentes ao exercício de emprego, cargo ou função:
Pena – detenção, de 1 (um) a 2 (dois) anos. (...)
§ 2º A pena é aumentada em até um terço se a vítima é menor de 18 (dezoito) anos.

19.4.1 Noções gerais e classificação doutrinária

O art. 216-A foi inserido na legislação penal por meio da Lei nº 10.224/2001. Já seu § 2º foi inserido ao diploma pela Lei nº 12.015/2009. Note que não existe um § 1º. O legislador inseriu um § 2º ao artigo que não possuía um § 1º.

Trata-se de crime pluriofensivo que tutela ao mesmo tempo a liberdade sexual e a liberdade de exercício do trabalho.

Classificação doutrinária: trata-se de crime próprio (tanto em relação ao sujeito ativo quanto em relação ao sujeito passivo); doloso, formal (não há necessidade de que o agente obtenha a vantagem ou favorecimento sexual para que o crime se consume) comissivo (ou omissivo impróprio, no caso do agente garantidor); monossubjetivo e plurissubsistente.

O bem jurídico tutelado como mencionado é a liberdade sexual, mas também a liberdade de exercício livre do trabalho.

O objeto material do crime será a pessoa sobre a qual recai a conduta.

19.4.2 Sujeitos do crime

Como dito, é crime próprio, sendo exigida condição especial tanto do sujeito ativo quanto do sujeito passivo.

O sujeito ativo será o superior hierárquico ou ascendente inerente ao emprego, cargo ou função.

O sujeito passivo, por sua vez, será aquele sobre o qual o sujeito ativo tenha ascendência em relação ao cargo, emprego ou função ou que seja inferior hierárquico do agente.

Veja que para ser sujeito ativo, o agente deve estar em função de nível superior ao da vítima, jamais em nível inferior. Ou seja, o subalterno não será sujeito passivo desse crime. Assim como o funcionário de mesmo nível hierárquico também não o será.

É exigida essa relação de superioridade entre o sujeito ativo e o sujeito passivo.

Não pode figurar como agente ativo o líder espiritual (seja qual religião for). Então, um pastor (ou padre ou pai de santo) não pode exigir vantagem sexual de um fiel sob o pretexto de expulsá-lo da congregação (igreja, terreiro). Nesse caso, podemos pensar no crime de constrangimento ilegal ou até mesmo violação sexual mediante, a depender do caso concreto.

19.4.3 Conduta e voluntariedade

Pune-se a conduta daquele que se utiliza de sua posição de superior hierárquico ou de ascendência inerentes ao cargo, emprego ou função, para exigir da vítima vantagem de natureza sexual.

O núcleo do tipo é o verbo constranger, aqui empregado de forma diversa daquela empregada no art. 213 do CP (estupro). Aqui, não se exige que o constrangimento seja por meio de violência ou grave ameaça.

Apesar de não exigir uma ameaça, o constrangimento aqui empregado pode soar ameaçador à vítima. Imagine o caso do chefe que sugere à subordinada que com ele mantenha relação sexual e em seguida diz a ela: "Não se esqueça de que a empresa está enxugando o quadro de funcionários, temos mais duas pessoas exercendo a mesma função que você, mas só temos uma vaga". Ora, a funcionária certamente sentirá que seu emprego está ameaçado caso ela não ceda ao chefe.

O constrangimento pode ser entendido no tipo como a perseguição, a insistência, a importunação exercida pelo superior, a conduta de causar embaraço, criar uma situação constrangedora, vexatória para a vítima.

Seguindo na análise do tipo, temos a superioridade hierárquica que tanto pode existir em uma relação de trabalho no âmbito público quanto no âmbito privado. Já a ascendência pressupõe uma relação de domínio, respeito e temor reverencial.

Note que o professor Guilherme de Souza Nucci (*apud* CUNHA, 2021, p. 570) entende de forma diversa. Para ele, a superioridade hierárquica pressupõe uma relação laboral no âmbito público, enquanto a ascendência refere-se à relação laboral no âmbito privado.

O STJ parece ter adotado o posicionamento ao qual nos filiamos. Vejamos:

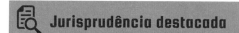

Jurisprudência destacada

RECURSO ESPECIAL. ASSÉDIO SEXUAL. ART. 216-A, § 2º, DO CP. SÚMULA Nº 7 DO STJ. NÃO APLICAÇÃO. PALAVRA DA VÍTIMA. HARMONIA COM DEMAIS PROVAS. RELAÇÃO PROFESSOR-ALUNO. INCIDÊNCIA. RECURSO ESPECIAL CONHECIDO E NÃO PROVIDO. 1. Não se aplica o enunciado sumular nº 7 do STJ nas hipóteses em que os fatos são devidamente delineados no voto condutor do acórdão recorrido e sobre eles não há controvérsia. Na espécie, o debate se resume à aplicação jurídica do art. 216-A, § 2º, do CP aos casos de assédio sexual por parte de professor contra aluna. 2. O depoimento de vítima de crime sexual não se caracteriza como frágil, para comprovação do fato típico, porquanto, de acordo com a jurisprudência deste Tribunal Superior, a palavra da ofendida, nos delitos sexuais, comumente praticados às ocultas, possui especial relevância, desde que esteja em consonância com as demais provas que instruem o feito, situação que ocorreu nos autos. 3. **Insere-se no tipo penal de assédio sexual a conduta de professor que, em ambiente de sala de aula, aproxima-se de aluna e, com intuito de obter vantagem ou favorecimento sexual, toca partes de seu corpo (barriga e seios), por ser propósito do legislador penal punir aquele que se prevalece de sua autoridade moral e intelectual – dado que o docente naturalmente suscita reverência e vulnerabilidade e, não raro, alcança autoridade paternal – para auferir a vantagem de natureza sexual, pois o vínculo de confiança e admiração criado entre aluno e mestre implica inegável superioridade, capaz de alterar o ânimo da pessoa constrangida** (grifo nosso). 4. É patente a aludida "ascendência", em virtude da "função" desempenhada pelo recorrente – também elemento normativo do tipo –, devido à atribuição que tem o professor de interferir diretamente na avaliação e no desempenho acadêmico do discente, contexto que lhe gera, inclusive, o receio da reprovação. Logo, a "ascendência" constante do tipo penal objeto deste recurso não deve se limitar à ideia de relação empregatícia entre as partes. Interpretação teleológica que se dá ao texto legal (STJ, REsp nº 1.759.135/SP, Rel. Min. Sebastião Reis Júnior, Rel. p/ acórdão Min. Rogerio Schietti Cruz, 6ª Turma, j. 13.08.2019, *DJe* 1º.10.2019).

Capítulo 19 ◆ Dos crimes contra a liberdade sexual **409**

O crime é punido a título de dolo. Dolo de constranger a vítima para obter vantagem ou favorecimento sexual (especial fim de agir).

O dolo do agente deve ser dirigido a todos os elementos do tipo. Deve o agente constranger a vítima para obter vantagem sexual, sabendo que o está fazendo em razão de sua superioridade hierárquica.

Não existe previsão de modalidade culposa.

19.4.4 Consumação e tentativa

Como mencionado, trata-se de crime formal que se consuma com o efetivo constrangimento da vítima, ainda que ela não ceda à chantagem. Se a vantagem sexual for realizada pela vítima, será exaurimento do crime.

Decifrando a prova

(Juiz de Direito Substituto – TJ/RO – Vunesp – 2019 – Adaptada) Analise a seguinte proposição:

Paulo, diretor da sociedade empresária na qual Joana exercia a função de secretária, determina que ela compareça à sua sala, pois tinha uma solicitação para lhe fazer. Lá chegando, Paulo informa que estaria com a demissão dela sobre a mesa, faltando apenas assinar. Ao saber da informação, Joana se desespera, na medida em que o trabalho era fundamental para o pagamento de suas despesas pessoais e de sua filha pequena. Diante do choro de Joana, Paulo informa que poderia reverter a demissão, caso ela aceitasse se relacionar sexualmente com ele, ali mesmo. Joana, constrangida e indignada com a proposta feita por Paulo, sai correndo da sala e procura a Delegacia da área. Diante dos fatos apresentados, acerca da responsabilização penal de Paulo, pode-se afirmar que:

Paulo praticou o crime de assédio sexual consumado, uma vez que apesar de não ter conseguido a vantagem sexual pretendida, o crime é formal, consumando-se apenas com o constrangimento visando a vantagem sexual.

( ) Certo   ( ) Errado

Gabarito comentado: como visto, o crime de assédio sexual é crime formal ou de consumação antecipada, consumando-se com a prática do constrangimento objetivando vantagem sexual. Portanto, a assertiva está certa.

Apesar de admitida a tentativa, é de difícil caracterização o momento em que ela ocorreria.

Importante mencionar que há parcela da doutrina que entende que o crime seja habitual e, nesse caso, não seria admitida a tentativa.

19.4.5 Causas de aumento de pena

O parágrafo segundo (que na realidade deveria ser único, uma vez que inexistente o § 1º) prevê que a pena será majorada de até um terço caso a vítima seja menor de dezoito anos.

A idade da vítima deve ingressar na esfera de conhecimento do autor para que a causa de aumento tenha incidência. Ela será comprovada mediante documento de identificação civil.

Da exposição da intimidade sexual

20.1 REGISTRO NÃO AUTORIZADO DE INTIMIDADE SEXUAL

Art. 216-B. Produzir, fotografar, filmar ou registrar, por qualquer meio, conteúdo com cena de nudez ou ato sexual ou libidinoso de caráter íntimo e privado sem autorização dos participantes:

Pena – detenção, de 6 (seis) meses a 1 (um) ano, e multa.

Parágrafo único. Na mesma pena incorre quem realiza montagem em fotografia, vídeo, áudio ou qualquer outro registro com o fim de incluir pessoa em cena de nudez ou ato sexual ou libidinoso de caráter íntimo.

20.1.1 Noções gerais e classificação doutrinária

O art. 216-B foi inserido ao Código Penal pela Lei nº 13.772/2018 e tem o objetivo de punir aquele que, sem autorização dos participantes, registra a prática de atos sexuais entre terceiros em ambiente privado.

Trata-se de crime comum; doloso, comissivo (ou omissivo impróprio, no caso do agente garantidor); de mera conduta; monossubjetivo e plurissubsistente.

A Lei nº 13.772/2018,[1] que ficou conhecida como Lei Rose Leonel, reconhece que a violação da intimidade da mulher configura violência doméstica e familiar e criminaliza

---

[1] Rose Leonel, jornalista e mãe de dois filhos, teve imagens íntimas vazadas em 2005 pelo ex-noivo após o fim de um relacionamento de quatro anos. O conteúdo foi divulgado em sites do Brasil e do exterior, com o número do telefone de Rose e do filho (menor de idade) vinculados. Além disso, o homem divulgou também as imagens por meio de CDs, que distribuiu na cidade de Maringá. As ações deixaram marcas profundas na vida da vítima e de seus filhos. Rose perdeu o emprego e amigos, além de desenvolver problemas psicológicos. Os filhos foram também ridicularizados devido ao acontecido.
Na busca por justiça, naquela época Rose poderia contar com o art. 5º, inciso X, da Constituição Federal (que diz respeito à inviolabilidade da intimidade), o art. 7º, inciso II, da Lei Maria da Pe-

412 Direito Penal Decifrado – Parte Especial

o registro não autorizado de conteúdo com cena de nudez ou ato sexual ou libidinoso de caráter íntimo e privado.

20.1.2 Objeto material e bem jurídico tutelado

O bem jurídico tutelado é a intimidade sexual. Também se protege a dignidade sexual. O objeto material do crime será a pessoa sobre a qual recai a conduta.

20.1.3 Sujeitos do crime

Por se tratar de crime comum, não se exige qualquer qualidade especial do sujeito ativo ou do sujeito passivo.

20.1.4 Conduta e voluntariedade

O tipo pune a conduta daquele que produz, fotografa, filma ou registra cenas de nudez ou de ato sexual ou libidinoso, de caráter íntimo e privado, sem a autorização dos participantes.

Qualquer cena de caráter íntimo pode ser elemento do tipo, não apenas a de cunho sexual. Assim, filmar uma pessoa despida no interior do banheiro pode caracterizar a conduta.

A vítima deve estar em local restrito ao público. Assim aquele casal que mantém relação sexual na areia da praia não pode ser vítima deste crime. Ou seja, aquele que filmar a cena não estará praticando este tipo penal.

Se o agente, além de filmar, resolver fotografar a cena, responderá por crime único. Assim, praticando um ou mais verbos do tipo, responderá por crime único. Temos aqui um tipo misto alternativo.

Já no parágrafo único, a conduta punida é daquele que produz montagens fotográficas, vídeos, colocando o rosto da pessoa em cenas de cunho sexual ou de nudez.

O crime é punido a título de dolo, não se exigindo nenhum especial fim de agir.

20.1.5 Consumação e tentativa

O crime se consuma com a prática de qualquer dos verbos constantes do tipo penal. A tentativa é admitida, uma vez que o *iter criminis* pode ser fracionado.

---

nha e o art. 953 do Código Civil (que diz respeito à injúria, difamação e calúnia). Disponível em: https://megaminas.com.br/colunistas/seguranca-e-cidadania/lei-rose-leonel-e-a-criminalizacao--do-vazamento-de-imagens-intimas.

Já no ano de 2012, a Lei Carolina Dieckmann (12.737/2012) já tratava do tema, no entanto, focava na ação de hackers, e não da divulgação de fotos da forma como ocorreu com Rose e como ocorre com tantas outras mulheres, principalmente ao fim de relacionamentos.

20.1.6 Figuras previstas no Estatuto da Criança e do Adolescente

A Lei nº 8.069/90 (Estatuto da Criança e do Adolescente), em seu art. 240,[2] pune a conduta daquele que produz ou dirige representação teatral, televisiva, cinematográfica, atividade fotográfica ou de qualquer outro meio visual, utilizando-se de criança ou adolescente em cena pornográfica, de sexo explícito ou vexatória.

Já o art. 241-C[3] do estatuto pune a conduta daquele que simula a participação de criança ou adolescente em cena de sexo explícito ou pornográfica por meio de adulteração, montagem ou modificação de fotografia, vídeo ou qualquer outra forma de representação visual.

Em se tratando a vítima de criança ou adolescente, em razão do princípio da especialidade, aplicar-se-á o previsto no ECA, e não o tipo penal em estudo.

---

[2] "**Art. 240.** Produzir ou dirigir representação teatral, televisiva, cinematográfica, atividade fotográfica ou de qualquer outro meio visual, utilizando-se de criança ou adolescente em cena pornográfica, de sexo explícito ou vexatória:
Pena – reclusão, de 2 (dois) a 6 (seis) anos, e multa."

[3] "**Art. 241-C.** Simular a participação de criança ou adolescente em cena de sexo explícito ou pornográfica por meio de adulteração, montagem ou modificação de fotografia, vídeo ou qualquer outra forma de representação visual:
Pena – reclusão, de 1 (um) a 3 (três) anos, e multa.
Parágrafo único. Incorre nas mesmas penas quem vende, expõe à venda, disponibiliza, distribui, pública ou divulga por qualquer meio, adquire, possui ou armazena o material produzido na forma do *caput* deste artigo."

21 Dos crimes sexuais contra vulnerável

21.1 ESTUPRO DE VULNERÁVEL

Art. 217-A. Ter conjunção carnal ou praticar outro ato libidinoso com menor de 14 (catorze) anos:

Pena – reclusão, de 8 (oito) a 15 (quinze) anos.

§ 1º Incorre na mesma pena quem pratica as ações descritas no *caput* com alguém que, por enfermidade ou deficiência mental, não tem o necessário discernimento para a prática do ato, ou que, por qualquer outra causa, não pode oferecer resistência.

§ 2º (Vetado.)

§ 3º Se da conduta resulta lesão corporal de natureza grave:

Pena – reclusão, de 10 (dez) a 20 (vinte) anos.

§ 4º Se da conduta resulta morte:

Pena – reclusão, de 12 (doze) a 30 (trinta) anos.

§ 5º As penas previstas no *caput* e nos §§ 1º, 3º e 4º deste artigo aplicam-se independentemente do consentimento da vítima ou do fato de ela ter mantido relações sexuais anteriormente ao crime.

21.1.1 Noções gerais e classificação doutrinária

O art. 217-A foi inserido ao Código Penal pela Lei nº 12.015/2009 para punir aquele que pratica estupro contra pessoa em situação de vulnerabilidade.

Além de inserir a figura típica no Código Penal, a Lei nº 12.015/2009 o inseriu no rol taxativo do art. 1º da Lei nº 8.072/1990 (Lei dos Crimes Hediondos). O crime de estupro de vulnerável é crime hediondo.

O bem jurídico tutelado é a dignidade sexual. O objeto material será a pessoa contra quem recai a conduta.

O tipo penal presume a violência quando estivermos diante de pessoas vulneráveis. Estas são aquelas previstas no art. 217-A, quais sejam, o menor de 14 anos de idade, aquele que, por enfermidade ou deficiência mental, não tem o necessário discernimento para a prática do ato, ou que, por qualquer outra causa, não pode oferecer resistência.

Assim, a Lei nº 12.015/2009 buscou encerrar discussão que existia a respeito da violência presumida na prática de ato sexual com pessoa menor de 14 anos. A discussão girava em torno do caráter absoluto ou relativo dessa presunção.

Trata-se de crime comum em relação ao sujeito ativo e crime próprio em relação ao sujeito passivo (deve ser vulnerável nos termos da lei); doloso, comissivo (ou omissivo impróprio, no caso do agente garantidor); crime de dano; monossubjetivo e plurissubsistente.

21.1.2 Bem jurídico tutelado e objeto material do crime

O bem jurídico tutelado é a liberdade sexual, a dignidade sexual, o direito a dispor de seu corpo.

O objeto material do crime será a pessoa sobre a qual recai a conduta.

21.1.3 Sujeitos do crime

O sujeito ativo pode ser qualquer pessoa, não se exigindo dele qualquer qualidade especial. É crime comum em relação ao sujeito ativo.

Já o sujeito passivo deve ser aquele que a lei considera vulnerável: o menor de 14 anos de idade, aquele que, por enfermidade ou deficiência mental, não tem o necessário discernimento para a prática do ato ou que, por qualquer outra causa, não pode oferecer resistência.

O agente deve ter conhecimento da idade da vítima ou de qualquer das condições elencadas no art. 217-A, § 1º, do CP. Caso não seja de conhecimento do sujeito ativo, pode incorrer em erro de tipo.

Vítima menor de 14 anos, mas que já tenha vida sexual ativa também é considerada vulnerável para efeitos da aplicação do tipo penal.

Isso porque o Código Penal adota o critério objetivo de vulnerabilidade em relação à idade da vítima. Por questões de política criminal foi adotada a idade de 14 anos. E não há que se questionar se a vítima já não era mais virgem, se já era até mesmo prostituída.

A lei penal entende que a criança e o adolescente de até 14 anos de idade não possui discernimento e desenvolvimento suficientes a consentir atos sexuais.

Não é outro o entendimento sumulado do Superior Tribunal de Justiça:

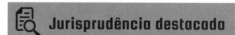 Jurisprudência destacada

STJ – Súmula nº 593 – O crime de estupro de vulnerável se configura com a conjunção carnal ou prática de ato libidinoso com menor de 14 anos, sendo irrelevante eventual consentimento da vítima para a prática do ato, sua experiência sexual anterior ou existência de relacionamento amoroso com o agente.

Capítulo 21 ◆ Dos crimes sexuais contra vulnerável **417**

> ## 🧩 Decifrando a prova
>
> **(Delegado de Polícia – PC/MS – Fapems – 2017 – Adaptada)** A dignidade sexual integra o princípio maior da dignidade da pessoa humana e recebe do Estado proteção especial cujas normas penais e sanções passaram nos últimos tempos por grandes modificações, a fim de se adequarem à nova realidade, que envolve em particular a liberdade sexual das pessoas, garantindo a sua livre manifestação e reprimindo quem de alguma forma lhe cause limitação ou aflição. No que diz respeito aos crimes de estupro e estupro de vulnerável, julgue o item a seguir: O consentimento da vítima, maior e capaz, obtido por meio de constrangimento praticado em face de grave ameaça perpetrado pelo autor, não afasta a tipicidade formal do crime de estupro.
> ( ) Certo   ( ) Errado
> **Gabarito comentado:** como estudado, o consentimento obtido por meio de ameaça é considerado inválido. Portanto, a assertiva está certa.

A respeito da pessoa que possui enfermidade ou deficiência mental,[1] esta deve retirar-lhe o necessário discernimento para a prática do ato sexual para caracterizar o crime.

O intuito da lei não foi proibir pessoas que possuam enfermidade ou deficiência mental de se relacionarem e manterem relações sexuais saudáveis. A intenção da lei é proteger a pessoa com deficiência e não a impedir de socializar-se e de se relacionar com outras pessoas.

As condições da pessoa portadora de deficiência devem ser analisadas no caso concreto, por profissional da área, a fim de saber se ela possui ou não discernimento suficiente para consentir atos sexuais.

Caso se comprove que a pessoa com deficiência possui discernimento necessário para os atos sexuais e que praticou uma relação consentida, impõe-se a absolvição do agente.

Agora, se ausente o discernimento, resta configurado o crime.

Assim, necessário se diferenciar a pessoa que é portadora de deficiência mental, mas que de forma consentida (e válida) praticou o ato sexual, daquela pessoa com deficiência que, utilizada pelo agente, se aproveitou de sua condição mental para com ela satisfazer a própria lascívia.

---

[1] **Lei nº 13.146/2015:**
"**Art. 2º** Considera-se pessoa com deficiência aquela que tem impedimento de longo prazo de natureza física, mental, intelectual ou sensorial, o qual, em interação com uma ou mais barreiras, pode obstruir sua participação plena e efetiva na sociedade em igualdade de condições com as demais pessoas.
§ 1º A avaliação da deficiência, quando necessária, será biopsicossocial, realizada por equipe multiprofissional e interdisciplinar e considerará:
I – os impedimentos nas funções e nas estruturas do corpo;
II – os fatores socioambientais, psicológicos e pessoais;
III – a limitação no desempenho de atividades; e
IV – a restrição de participação".

418 Direito Penal Decifrado – Parte Especial

Até porque a pessoa com deficiência, obviamente também é sujeito de direitos e goza de dignidade sexual, e se ela puder exercer essa dignidade e liberdade sexual, não deve o Estado impedi-la.

Podemos dizer, então, que, em relação ao portador de doença mental, a lei penal adotou um critério biopsicológico. Para que a pessoa seja sujeito passivo do crime, não basta a doença mental, deve se fazer presente a falta de discernimento para consentir.

Não custa relembrar que a legislação penal deve ser interpretada de forma sistemática com todo o ordenamento jurídico, sempre no sentido de conferir maior amplitude aos princípios e garantias constitucionais.

Assim, o Código Penal deve ser analisado ao lado do chamado Estatuto da Pessoa com Deficiência (Lei nº 13.146/2015) que, dentre outras disposições, alterou o Código Civil no que tange à capacidade.

Não mais se considera absolutamente incapaz aquele que por enfermidade ou deficiência mental não tiver o necessário discernimento para a prática dos atos da vida civil. Atualmente, conforme previsão do art. 4º do Código Civil, essas pessoas são consideradas relativamente incapazes se não puderem expressar sua vontade.

Além disso, o Estatuto da Pessoa com Deficiência, em seu art. 6º, prevê:

Art. 6º A deficiência não afeta a plena capacidade civil da pessoa, inclusive para:

I – casar-se e constituir união estável;

II – **exercer direitos sexuais** e reprodutivos;

III – exercer o direito de decidir sobre o número de filhos e de ter acesso a informações adequadas sobre reprodução e planejamento familiar;

IV – conservar sua fertilidade, sendo vedada a esterilização compulsória;

V – exercer o direito à família e à convivência familiar e comunitária; e

VI – exercer o direito à guarda, à tutela, à curatela e à adoção, como adotante ou adotando, em igualdade de oportunidades com as demais pessoas (grifo nosso).

Fato é que o § 5º do art. 217-A do CP ao estabelecer que: "As penas previstas no *caput* e nos §§ 1º, 3º e 4º deste artigo aplicam-se independentemente do consentimento da vítima ou do fato de ela ter mantido relações sexuais anteriormente ao crime", acaba por entrar em conflito com o Estatuto da Pessoa com Deficiência.

A Lei nº 13.146/2015 tem o objetivo de assegurar e promover, em condições de igualdade, o exercício dos direitos e das liberdades fundamentais por pessoa com deficiência, visando à sua inclusão social e cidadania. Como podemos então conciliar esse objetivo com a previsão exposta no § 5º do art. 217-A?

Nesse ponto, estaria a disposição impedindo que a pessoa com deficiência pratique atos sexuais, ou melhor, impediria que sua capacidade de discernimento fosse avaliada no caso concreto?

Cremos que não. Entendemos que o disposto no § 5º deve ser interpretado de maneira sistemática, sempre levando em conta o princípio da dignidade da pessoa humana que perpassa pela dignidade sexual e da qual é sujeito a pessoa com deficiência.

Como mencionado, a intenção do legislador não foi impedir que pessoas com deficiência mantenham relações sexuais e que tenham vida sexual ativa, o que se quer impedir é que pessoas se aproveitem de sua condição para satisfazer a própria lascívia sem, contudo, possuir consentimento válido.

Impedir que uma pessoa, pelo fato de ser portadora de deficiência mental, tenha relacionamentos, seria o mesmo que retirar-lhe uma parcela de sua dignidade.

21.1.4 Conduta e voluntariedade

O tipo pune a conduta daquele que pratica conjunção carnal ou outro ato libidinoso com alguma das pessoas mencionadas no art. 217-A, *caput* e § 1º.

A respeito da vulnerabilidade das pessoas elencadas na lei, trouxemos as discussões quando da análise do tópico anterior (sujeitos do crime), ao qual remetemos o leitor a fim de evitar repetições.

O crime pode ser cometido pela conjunção carnal ou por outro ato libidinoso. Por ato libidinoso podemos entender qualquer ato que tenha finalidade de satisfação da lascívia do agente.

Ressalte-se que, como já mencionado quando do estudo do crime de estupro, não se exige o contato físico para a caracterização do crime em análise. Assim, a chamada contemplação lasciva pode muito bem se amoldar ao tipo penal. Aquele que, a fim de satisfazer sua lascívia, determina que a vítima se masturbe para que ele possa contemplar, mesmo que ele não toque nela, está cometendo o crime.

Podem ser incluídos dentre os atos libidinosos então, além da cópula vaginal, o sexo anal, o sexo oral, a masturbação, toques, beijos lascivos, contemplação lasciva.

Importante destacar que não se admite a desclassificação do crime de estupro de vulnerável para o crime de importunação sexual, em razão do princípio da especialidade. Isso porque a importunação sexual é praticada sem violência ou grave ameaça. No estupro de vulnerável, essa violência é ínsita ao tipo penal.

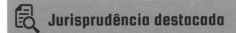
Jurisprudência destacada

A Terceira Seção desta Corte Superior sedimentou a jurisprudência, então já dominante, pela presunção absoluta da violência em casos da prática de conjunção carnal ou ato libidinoso diverso com pessoa menor de 14 anos (REsp nº 1.320.924/MG, Rel. Min. Rogerio Schietti Cruz, 6ª Turma, j. 16.08.2016, *DJe* 29.08.2016, grifei), de modo que é "**inaplicável o art. 215-A do CP para a hipótese fática de ato libidinoso diverso de conjunção carnal praticado com menor de 14 anos,** pois tal fato se amolda ao tipo penal do **art. 217-A do CP**, devendo ser observado o princípio da especialidade" (STJ, AgRg nos EDcl no AREsp nº 1.225.717/RS, 5ª Turma, Rel. Min. Joel Ilan Paciornik, *DJe* 06.03.2019).

Além dos menores de 14 anos, que por enfermidade ou deficiência mental não tem o necessário discernimento para a prática do ato, o tipo penal pune a conduta daquele que mantém conjunção carnal ou outro ato libidinoso com pessoa que, **por qualquer outra causa, não pode oferecer resistência.**

Essa expressão, um tanto quanto aberta, em nosso entendimento deve ser interpretada de maneira ampla, devendo englobar aqueles que por qualquer motivo não possam oferecer resistência ao ato sexual, podendo ser causa permanente ou temporária.

Assim, incluímos aqui o paciente que está sob efeito de anestesia, a pessoa que está em estado de coma, a pessoa que está sob o efeito de drogas, pessoa desacordada após agressão.

Veja que não importa se foi a própria vítima que se colocou na situação ou se foi o agente que provocou a situação.

Podemos exemplificar com o caso de uma pessoa que em uma festa ingere bebidas alcoólicas, por livre e espontânea vontade e, ao retornar para casa, pega carona com um conhecido. Este, aproveitando-se do estado de embriaguez do outro, com ele mantém relações sexuais. No dia seguinte, a pessoa embriagada acorda, na cama, sem as vestes, afirmando não se recordar do que ocorreu na noite anterior.

Ora, seu estado de embriaguez era tamanho que ela sequer se recordou do que ocorreu, como poderia então manifestar consentimento válido? Vislumbra-se aí a hipótese de estupro de vulnerável.

Mais uma vez: pouco importa que a própria vítima tenha se colocado em estado de embriaguez. Tal fato não será hábil a descaracterizar sua vulnerabilidade.

Como afirmam Fernanda Moretzsohn e Patrícia Burin em artigo publicado na revista eletrônica *Consultor Jurídico (Conjur)*:

> O contrário do que tradicionalmente se afirmava, no sentido de que a resistência da vítima teria de ser inequívoca, inequívoco deve ser o consenso para os atos da vida sexual. Há crime ainda que não haja oposição veemente ao ato sexual.
>
> E isso parece até intuitivo, pois uma pessoa alcoolizada não tem condições de exercer resistência enérgica, forte, a uma abordagem de natureza sexual. O crime, insista-se, persiste.
>
> Ressalte-se que a pessoa embriagada não possui condições de manifestar emoções, desejos e tomar decisões e muito menos de consentir um ato sexual, ou seja, é uma pessoa considerada vulnerável pelo § 1º do artigo 217-A do Código Penal.

Pelas autoras também é muito bem lembrado que ainda que a vítima seja casada com o agente ou que com ele mantenha relacionamento amoroso, se ela estiver em estado de embriaguez que retire sua capacidade de livre consentimento, restará caracterizado o crime de estupro de vulnerável.

As mesmas considerações feitas quando da análise do crime de estupro, com relação à continuidade delitiva, valem para o estupro de vulnerável. Assim, o agente que num mesmo contexto fático, pratique conjunção carnal e sexo oral com a vítima, responderá por crime único. Trata-se do crime de tipo misto alternativo. O agente responde por um crime de estupro, mas a diversidade das condutas será analisada pelo juiz quando da dosimetria da pena.

O crime somente é punido a título de dolo. O agente deve ter conhecimento da idade e/ou da condição da vítima para que a ele seja imputado o crime.

> ### 🧩 Decifrando a prova
>
> **(Delegado de Polícia – PC/RN – FGV – 2021 – Adaptada)** Maicon, 25 anos, e Maria, 13 anos, que não era mais virgem, iniciaram relacionamento amoroso, com a concordância dos pais da menor. Após dois meses de namoro, ainda antes do aniversário de 14 anos de Maria, o casal praticou relação sexual, o que ocorreu com o consentimento de Joana, mãe da adolescente, que, após conversar com Maicon, incentivou o ato sexual entre os dois como prova de amor. Tomando conhecimento do ocorrido dias depois, André, pai de Maria, ficou indignado com o ato sexual e registrou o fato na delegacia. Diante desse quadro, é correto afirmar que ambos Joana responderão por estupro de vulnerável, na forma majorada.
>
> ( ) Certo   ( ) Errado
>
> **Gabarito comentado:** no caso em análise, Maicon cometeu crime de estupro de vulnerável, assim como Joana que o incentivou a manter conjunção carnal com a filha. De acordo com o art. 29 do CP: "Quem de qualquer modo, concorre para o crime incide nas penas a este cominadas, na medida de sua culpabilidade". A pena será majorada conforme art. 226. Portanto, a assertiva está certa.

21.1.5 Consumação e tentativa

O crime se consuma com a prática da conjunção carnal ou outro ato libidinoso, sendo perfeitamente admissível a tentativa.

Estamos diante de crime plurissubsistente, ou seja, o *iter criminis* pode ser fracionado, sendo admitida a tentativa.

21.1.6 Formas qualificadas

As formas qualificadas vêm previstas nos §§ 3º e 4º do art. 217-A do CP. Vejamos:

Art. 217-A. (...)

§ 3º Se da conduta resulta lesão corporal de natureza grave:

Pena – reclusão, de 10 (dez) a 20 (vinte) anos.

§ 4º Se da conduta resulta morte:

Pena – reclusão, de 12 (doze) a 30 (trinta) anos.

Temos claro exemplo de crimes preterdolosos. Os resultados somente serão atribuídos ao agente a título de culpa.

Se o agente tiver a intenção de praticar o estupro e agir ainda com intenção de lesionar gravemente ou matar a vítima, devemos pensar em concurso de crimes e não na figura qualificada.

21.1.7 Ação penal

Conforme disposto no art. 225 do Código Penal, o crime se promove mediante ação penal pública incondicionada:

> **Art. 225.** Nos crimes definidos nos Capítulos I e II deste Título, procede-se mediante ação penal pública incondicionada.

21.1.8 Causas de aumento de pena

As causas de aumento de pena vêm previstas no art. 226 do Código Penal e no art. 234-A, também do CP. Ambos serão estudados ao final do capítulo, uma vez que se referem a todos os crimes previstos no Título VI.

> **Art. 226.** A pena é aumentada:
>
> I – de quarta parte, se o crime é cometido com o concurso de 2 (duas) ou mais pessoas;
>
> II – de metade, se o agente é ascendente, padrasto ou madrasta, tio, irmão, cônjuge, companheiro, tutor, curador, preceptor ou empregador da vítima ou por qualquer outro título tiver autoridade sobre ela;
>
> (...)
>
> IV – de 1/3 (um terço) a 2/3 (dois terços), se o crime é praticado;
>
> **Estupro coletivo**
>
> a) mediante concurso de 2 (dois) ou mais agentes;
>
> **Estupro corretivo**
>
> b) para controlar o comportamento social ou sexual da vítima.

🧩 Decifrando a prova

(Delegado de Polícia – PC/MS – Fapems – 2017 – Adaptada) A dignidade sexual integra o princípio maior da dignidade da pessoa humana e recebe do Estado proteção especial cujas normas penais e sanções passaram nos últimos tempos por grandes modificações, a fim de se adequarem à nova realidade, que envolve em particular a liberdade sexual das pessoas, garantindo a sua livre manifestação e reprimindo quem de alguma forma lhe cause limitação ou aflição. No que diz respeito aos crimes de estupro e estupro de vulnerável, julgue o item a seguir:

O consentimento da vítima, maior e capaz, obtido por meio de constrangimento praticado em face de grave ameaça perpetrado pelo autor, não afasta a tipicidade formal do crime de estupro.

( ) Certo   ( ) Errado

Gabarito comentado: como estudado, o consentimento obtido por meio de ameaça é considerado inválido. Portanto, a assertiva está certa.

21.2 CORRUPÇÃO DE MENORES

Art. 218. Induzir alguém menor de 14 (catorze) anos a satisfazer a lascívia de outrem:

Pena – reclusão, de 2 (dois) a 5 (cinco) anos.

Parágrafo único. (Vetado).

21.2.1 Noções gerais e classificação doutrinária

O art. 218 foi alterado pela Lei nº 12.015/2009, trazendo uma espécie de lenocínio, a mediação de um menor para satisfazer a lascívia de outrem. Tem-se a corrupção de menores na conduta de induzir alguém menor de 14 anos a satisfazer a lascívia de outrem.

Trata-se de crime comum em relação ao sujeito ativo e crime próprio em relação ao sujeito passivo (menor de 14 anos de idade); doloso, comissivo (ou omissivo impróprio, no caso do agente garantidor); crime material; monossubjetivo e plurissubsistente.

21.2.2 Bem jurídico tutelado e objeto material do crime

O bem jurídico tutelado é a liberdade sexual, a dignidade sexual, o direito a dispor de seu corpo.

O objeto material do crime será a pessoa sobre a qual recai a conduta.

21.2.3 Sujeitos do crime

Tratando-se de crime comum em relação ao sujeito ativo, qualquer pessoa pode ser autor.

Já o sujeito passivo será o menor de 14 anos. Temos crime próprio em relação ao sujeito passivo.

Veja que existe, ainda, outra figura que faz parte do crime: será o terceiro (outrem). Temos o sujeito ativo, o sujeito passivo e aquele a quem se dirige o menor de idade.

Esse terceiro, que terá sua lascívia satisfeita pela conduta do sujeito ativo, não será autor do crime previsto no art. 218 do CP.

21.2.4 Conduta e voluntariedade

Pune-se a conduta de induzir, aliciar, convencer pessoa menor de 14 anos a satisfazer a lascívia de outra pessoa.

Atente-se ao fato de que por satisfazer a lascívia de outrem não se pode compreender a conjunção carnal ou outro ato libidinoso. Isso porque, se assim o fizesse, estaríamos diante de crime de estupro de vulnerável, e não do crime em análise.

Diversamente do que entende Guilherme de Souza Nucci (*apud* CUNHA, 2021, p. 590), para quem o dispositivo em análise caracteriza uma exceção pluralística à teoria monística,

424 Direito Penal Decifrado – Parte Especial

entendemos que se o agente praticar conjunção carnal ou ato libidinoso com o menor, teremos a figura do estupro de vulnerável.

Se o art. 29 do Código Penal,[2] ao tratar do concurso de pessoas, adotou a teoria monística, aquele que induz menor a praticar conjunção carnal ou outro ato libidinoso com outrem responderá pelo crime previsto no art. 217-A do CP.

Nosso entendimento alia-se ao de Rogério Sanches Cunha, Cezar Roberto Bitencourt e Rogério Greco.

Dessa forma, resta caracterizado o crime em análise quando o agente induz menor a satisfazer a lascívia de outrem por meio de exibicionismo, práticas contemplativas, utilização de fantasias eróticas, fazer *strip-tease*.

Importante esclarecer que o agente (chamado de proxeneta) não tem a intenção de satisfazer a própria lascívia, mas sim a de terceiro. Esse é seu dolo.

O crime somente é punido a título de dolo, não havendo previsão legal de modalidade culposa.

21.2.5 Consumação e tentativa

O crime se consuma com a prática do ato para satisfação da lascívia do terceiro.

Tratando-se de crime plurissubsistente, é admitida a tentativa.

21.3 SATISFAÇÃO DE LASCÍVIA NA PRESENÇA DE CRIANÇA OU ADOLESCENTE

Art. 218-A. Praticar, na presença de alguém menor de 14 (catorze) anos, ou induzi-lo a presenciar, conjunção carnal ou outro ato libidinoso, a fim de satisfazer lascívia própria ou de outrem:

Pena – reclusão, de 2 (dois) a 4 (quatro) anos.

21.3.1 Noções gerais e classificação doutrinária

O art. 218-A foi inserido no Código Penal pela Lei nº 12.015/2009 e preencheu uma lacuna existente anteriormente. O art. 218, em sua antiga redação, punia a conduta daquele que corrompia ou facilitava a corrupção de pessoa maior de 14 anos e menor de dezoito anos. Não havia tipo penal que punisse a conduta daquele que corrompesse ou facilitasse a corrupção do menor de 14 anos, fazendo com que ele presenciasse atos sexuais.

---

[2] **Código Penal:**
"**Art. 29.** Quem, de qualquer modo, concorre para o crime incide nas penas a este cominadas, na medida de sua culpabilidade.
§ 1º Se a participação for de menor importância, a pena pode ser diminuída de um sexto a um terço.
§ 2º Se algum dos concorrentes quis participar de crime menos grave, ser-lhe-á aplicada a pena deste; essa pena será aumentada até metade, na hipótese de ter sido previsível o resultado mais grave".

Capítulo 21 • Dos crimes sexuais contra vulnerável **425**

A conduta do agente que fizesse com que menor de 14 anos presenciasse atos sexuais era atípica por ausência de previsão legal.

Trata-se de crime comum em relação ao sujeito ativo e crime próprio em relação ao sujeito passivo (menor de 14 anos de idade); doloso, comissivo (ou omissivo impróprio, no caso do agente garantidor); crime de mera conduta; crime de perigo; de forma vinculada; monossubjetivo e plurissubsistente.

Os bens jurídicos tutelados são a dignidade sexual e o desenvolvimento sexual do menor de 14 anos de idade.

O objeto material do crime será a pessoa sobre a qual recai a conduta, aquela que presencia a prática de atos libidinosos.

21.3.2 Sujeitos do crime

Tratando-se de crime comum em relação ao sujeito ativo, qualquer pessoa pode ser autor.

Já o sujeito passivo será o menor de 14 anos. Temos crime próprio em relação ao sujeito passivo.

O fato de o agente ser ascendente, padrasto, madrasta, tio, irmão, cônjuge, companheiro, tutor, curador, preceptor ou empregador da vítima ou por qualquer outro título tiver autoridade sobre ela configura causa de aumento de pena prevista no art. 226 do CP.

21.3.3 Conduta e voluntariedade

Duas são as condutas punidas pelo tipo penal: a prática de conjunção carnal ou outro ato libidinoso na presença de menor de 14 anos e induzir a vítima a presenciar tais atos.

A vítima não participa dos atos sexuais, apenas os presencia.

Importante ressaltar que o tipo penal não requer a presença física da criança ou adolescente. Assim, o tipo pode restar configurado quando o agente, por exemplo, induzir o menor de idade a assistir via webcam um casal praticando atos sexuais e estes também tiverem visão do menor.

A conduta somente é punida a título de dolo. Não havendo previsão legal de modalidade culposa.

Do agente é exigido o especial fim de agir, qual seja, a satisfação da lascívia própria ou de terceiros.

A idade da vítima deve ingressar na esfera de conhecimento do agente para que seja caracterizado o presente tipo penal.

Questão polêmica diz respeito à situação de famílias que residem em locais de cômodo único ou, até mesmo, pessoas em situação de rua. Se um casal que reside em condições de miséria, em que todos moram, dormem, fazem suas necessidades no mesmo ambiente, da mesma forma o farão quando intencionarem manter relação sexual.

Se o casal está mantendo relação sexual enquanto os filhos dormem ao lado e o filho acordar, eles responderão pelo tipo em análise?

Cremos que não. O casal não parece ter a intenção de satisfazer a lascívia própria com o fato da presença do filho. Eles apenas intentavam manter relação sexual, porém, em razão das condições que vivem, não podem fazê-lo sem a presença do filho menor de 14 anos. Eles não tinham o dolo exigido pelo tipo penal.

21.3.4 Consumação e tentativa

O crime se consuma com a presença do menor assistindo ao ato libidinoso, ou, ainda, quando a conduta do agente se fizer no núcleo induzir, consumado estará o delito com a mera indução do menor a presenciar o ato.

Tratando-se de crime plurissubsistente, é admitida a tentativa.

21.4 FAVORECIMENTO DA PROSTITUIÇÃO OU DE OUTRA FORMA DE EXPLORA-ÇÃO SEXUAL DE CRIANÇA OU ADOLESCENTE OU DE VULNERÁVEL

Art. 218-B. Submeter, induzir ou atrair à prostituição ou outra forma de exploração sexual alguém menor de 18 (dezoito) anos ou que, por enfermidade ou deficiência mental, não tem o necessário discernimento para a prática do ato, facilitá-la, impedir ou dificultar que a abandone:

Pena – reclusão, de 4 (quatro) a 10 (dez) anos.

§ 1º Se o crime é praticado com o fim de obter vantagem econômica, aplica-se também multa.

§ 2º Incorre nas mesmas penas:

I – quem pratica conjunção carnal ou outro ato libidinoso com alguém menor de 18 (dezoito) e maior de 14 (catorze) anos na situação descrita no *caput* deste artigo;

II – o proprietário, o gerente ou o responsável pelo local em que se verifiquem as práticas referidas no *caput* deste artigo.

§ 3º Na hipótese do inciso II do § 2º, constitui efeito obrigatório da condenação a cassação da licença de localização e de funcionamento do estabelecimento.

21.4.1 Noções gerais e classificação doutrinária

O art. 218-B foi inserido no Código Penal pela Lei nº 12.015/2009, porém teve seu *nomen iuris* alterado pela Lei nº 13.978/2014, passando a ser chamado de favorecimento da prostituição ou de outra forma de exploração sexual de criança ou adolescente ou vulnerável.

O tipo penal previsto no art. 218-B é considerado crime hediondo,[3] conforme prevê o inciso VIII do art. 1º da Lei nº 8.072/1990.

---

3   **Lei nº 8.072/1990:**
"**Art. 1º** São considerados hediondos os seguintes crimes, todos tipificados no Decreto-Lei nº 2.848, de 7 de dezembro de 1940 – Código Penal, consumados ou tentados: (...)

Capítulo 21 ♦ Dos crimes sexuais contra vulnerável **427**

Trata-se de crime comum em relação ao sujeito ativo e crime próprio em relação ao sujeito passivo; doloso, comissivo (ou omissivo impróprio, no caso do agente garantidor); crime material; de forma livre; monossubjetivo e plurissubsistente.

21.4.2 Bem jurídico tutelado e objeto material

O bem jurídico tutelado é a liberdade sexual, a dignidade sexual, o direito a dispor de seu corpo.

O objeto material do crime será a pessoa sobre a qual recai a conduta.

21.4.3 Sujeitos do crime

Tratando-se de crime comum em relação ao sujeito ativo, qualquer pessoa pode ser autor.

Já o sujeito passivo será o menor de dezoito anos ou aquele que por enfermidade ou deficiência mental não tiver o necessário discernimento para a prática do ato. Temos crime próprio em relação ao sujeito passivo.

21.4.4 Conduta e voluntariedade

O tipo penal pune a conduta daquele que submeter, induzir ou atrair à prostituição ou outra forma de exploração sexual alguém menor de 18 (dezoito) anos ou que, por enfermidade ou deficiência mental, não tem o necessário discernimento para a prática do ato, facilitá-la, impedir ou dificultar que a abandone.

Por prostituição conceituamos a atividade de comércio sexual (troca de atos sexuais por pagamento em espécie ou outra forma de pagamento).

A exploração sexual é gênero do qual são espécies a prostituição, o turismo sexual, a pornografia e o tráfico para fins sexuais.

O tipo pune não apenas o favorecimento da prostituição, mas também de outras formas de exploração sexual.

O turismo sexual pode ser conceituado como o comércio sexual praticado em locais turísticos, possui organização e muitas vezes os turistas viajam apenas intencionando contratar serviços sexuais.

Os verbos nucleares do tipo são: submeter (no sentido de subjugar a vítima a se prostituir ou ser de outra forma sexualmente explorada); induzir (instigar, incutir a ideia); atrair (aliciar); facilitar a prostituição ou outra forma de exploração sexual.

VIII – favorecimento da prostituição ou de outra forma de exploração sexual de criança ou adolescente ou de vulnerável (**art. 218-B, *caput*, e §§ 1º e 2º**)".

Ainda se pune a conduta daquele que impede ou dificulta que alguém abandone a situação de exploração sexual. Aqui, a vítima já se encontra na situação de exploração sexual, já se encontra prostituída.

O STJ, no julgamento do REsp nº 1.530.637, de relatoria do Ministro Ribeiro Dantas, entendeu que: "O delito previsto no art. 218-B, § 2º, inciso I, do Código Penal, na situação de exploração sexual, não exige a figura do terceiro intermediador".

🔍 Jurisprudência destacada

A controvérsia diz respeito à interpretação conferida ao delito previsto no art. 218-B, § 2º, I, do Código Penal ("favorecimento da prostituição ou outra forma de exploração sexual de criança ou adolescente ou de vulnerável"), que assim dispõe: "Art. 218-B. Submeter, induzir ou atrair à prostituição ou outra forma de exploração sexual alguém menor de 18 (dezoito) anos ou que, por enfermidade ou deficiência mental, não tem o necessário discernimento para a prática do ato, facilitá-la, impedir ou dificultar que a abandone: Pena – reclusão, de 4 (quatro) a 10 (dez) anos. (...) § 2º Incorre nas mesmas penas: I – quem pratica conjunção carnal ou outro ato libidinoso com alguém menor de 18 (dezoito) e maior de 14 (catorze) anos na situação descrita no *caput* deste artigo; (...)". No acórdão impugnado (REsp nº 1.530.637/SP), entendeu a Sexta Turma que a configuração do delito em questão não pressupõe a existência de terceira pessoa, bastando que o agente, por meio de pagamento, convença a vítima, maior de 14 e menor de 18 anos, a praticar com ele conjunção carnal ou outro ato libidinoso, de modo a satisfazer a sua própria lascívia. Já no aresto paradigma (AREsp nº 1.138.200/GO), concluiu a Quinta Turma que o tipo penal descrito no art. 218-B, § 2º, inciso I, do Código Penal exige necessariamente a figura do intermediário ou agenciador, não abarcando a conduta daquele que aborda diretamente suas vítimas para a satisfação de lascívia própria. Note-se que, apesar de o *nomen juris* do tipo em questão ter deixado de ser "favorecimento da prostituição ou outra forma de exploração sexual de vulnerável" para evitar confusão terminológica com a figura do vulnerável do art. 217-A do CP, é inegável que o legislador, em relação à pessoa menor de 18 e maior de 14 anos, trouxe uma espécie de presunção relativa de vulnerabilidade. Nesse ensejo, a exploração sexual é verificada sempre que a sexualidade da pessoa menor de 18 e maior de 14 anos é tratada como mercancia. A norma penal não exige a figura do intermediador, além disso, o ordenamento jurídico reconhece à criança e ao adolescente o princípio constitucional da proteção integral, bem como o respeito à condição peculiar de pessoa em desenvolvimento. Assim, é lícito concluir que a norma traz uma espécie de presunção relativa de maior vulnerabilidade das pessoas menores de 18 e maiores de 14 anos. Logo, quem, se aproveitando da idade da vítima, oferece-lhe dinheiro em troca de favores sexuais está a explorá-la sexualmente, pois se utiliza da sexualidade de pessoa ainda em formação como mercancia, independentemente da existência ou não de terceiro explorador (STJ, EREsp nº 1.530.637/SP, Rel. Min. Ribeiro Dantas, 3ª Seção, por maioria, j. 24.03.2021).

O § 2º do art. 218-B traz as figuras no *caput*, são elas:

◆ praticar conjunção carnal ou outro ato libidinoso com pessoa menor de dezoito anos e maior de 14 anos na situação descrita no *caput* do artigo;

Capítulo 21 ◆ Dos crimes sexuais contra vulnerável **429**

O que se pune nesse inciso não é a prática de relações sexuais com pessoa entre 14 e 18 anos de idade, mas a conduta daquele que mantém relação sexual com pessoa entre 14 e 18 anos de idade, sabendo que ela é sexualmente explorada.

◆ o proprietário, o gerente ou responsável pelo local em que se verifiquem as práticas descritas no *caput*. Conforme o § 3º, na hipótese de condenação de um deles, será efeito automático a cassação da licença de localização e de funcionamento do estabelecimento.

Atente-se ao fato de que o agente somente responderá pelas figuras equiparadas quando tiver ciência da idade da vítima e de que ela é sexualmente explorada. No caso do inciso II, o proprietário, gerente ou responsável pelo local deve saber que ali são sexualmente exploradas pessoas entre 14 e 18 anos de idade.

> ### 🧩 Decifrando a prova
>
> **(Delegado de Polícia – PC/PA – Funcab – 2016 – Adaptada)** Hospedando-se em uma cidade conhecida por seu intenso turismo sexual, Romildo entra em contato telefônico com Demétrio, notório intermediador de encontros sexuais entre clientes e adolescentes submetidas à prostituição, e solicita os serviços de uma prostituta, deixando clara sua preferência por mulheres que não tenham completado 18 anos. Demétrio, assim, encaminha Maitê, adolescente de 16 anos de idade, ao hotel em que Romildo se encontra hospedado. No local, a adolescente é barrada pelo gerente Gastão, que, percebendo nela uma profissional do sexo, questiona sua idade, sendo-lhe respondido por Maitê que conta com 18 anos. Gastão acredita na mentira contada pela adolescente, precoce em seus atributos corporais, embora não tome o cuidado de solicitar seu documento de identidade, autorizando-a a subir ao quarto de Romildo. Efetivamente, Romildo e a adolescente mantêm relações sexuais mediante remuneração, sendo parcela do lucro auferido por Maitê posteriormente repassado a Demétrio.
>
> Analisando o caso concreto, é correto afirmar que Demétrio cometeu o crime de favorecimento da prostituição ou de outra forma de exploração sexual de criança ou adolescente ou de vulnerável (art. 218-B, § 1º, CP); Romildo cometeu crime equiparado ao favorecimento da prostituição ou de outra forma de exploração sexual de criança ou adolescente ou de vulnerável (art. 218-B, § 2º, I, CP); Gastão não cometeu crime.
>
> ( ) Certo   ( ) Errado
>
> **Gabarito comentado:** Demétrio cometeu o delito de favorecimento da prostituição ou de outra forma de exploração sexual de criança ou de adolescente ou vulnerável do art. 218-B do Código Penal, pois é incontestável que a exploração foi por ele intermediada.
>
> Romildo praticou a conduta do art. 218-B, § 2º, inciso I, pois, apesar de a vítima possuir mais de 14 anos, sendo portanto, em regra, fato atípico manter relações sexuais com ela, Romildo tinha ciência da exploração sexual por ela sofrida. Portanto, a assertiva está certa.

O crime é punido a título de dolo. Existe divergência doutrinária no que diz respeito à necessidade ou não da presença de finalidade específica do agente. Há quem sustente, como é o caso de Mirabete, que se exige o intuito de satisfação da lascívia de outrem. Outros, como Heleno Fragoso, afirmam que não se exige finalidade específica do agente.

Por falta de previsão legal, não se pune a modalidade culposa.

21.4.5 Consumação e tentativa

O momento consumativo variará a depender da modalidade. No caso dos verbos nucleares submeter, induzir, atrair e facilitar, a consumação se dá quando a vítima se coloca no comércio, quando inicia-se na prostituição, ainda que não tenha praticado qualquer ato sexual.

Já as modalidades impedir ou dificultar, se consumam quando a vítima tenta deixar a prostituição e é impedida ou tem sua saída dificultada. Trata-se de crime permanente neste caso.

Tratando-se de crime plurissubsistente, em que o *iter criminis* pode ser fracionado, é admitida a tentativa.

21.5 DIVULGAÇÃO DE CENA DE ESTUPRO OU DE CENA DE ESTUPRO DE VULNE-RÁVEL, DE CENA DE SEXO OU DE PORNOGRAFIA

> **Art. 218-C.** Oferecer, trocar, disponibilizar, transmitir, vender ou expor à venda, distribuir, publicar ou divulgar, por qualquer meio – inclusive por meio de comunicação de massa ou sistema de informática ou telemática –, fotografia, vídeo ou outro registro audiovisual que contenha cena de estupro ou de estupro de vulnerável ou que faça apologia ou induza a sua prática, ou, sem o consentimento da vítima, cena de sexo, nudez ou pornografia:
>
> **Pena** – reclusão, de 1 (um) a 5 (cinco) anos, se o fato não constitui crime mais grave.
>
> **Aumento de pena**
>
> § 1º A pena é aumentada de 1/3 (um terço) a 2/3 (dois terços) se o crime é praticado por agente que mantém ou tenha mantido relação íntima de afeto com a vítima ou com o fim de vingança ou humilhação.
>
> **Exclusão de ilicitude**
>
> § 2º Não há crime quando o agente pratica as condutas descritas no *caput* deste artigo em publicação de natureza jornalística, científica, cultural ou acadêmica com a adoção de recurso que impossibilite a identificação da vítima, ressalvada sua prévia autorização, caso seja maior de 18 (dezoito) anos.

21.5.1 Noções gerais e classificação doutrinária

O art. 218-C foi inserido no Código Penal pela Lei nº 13.718/2018, a fim de tentar frear uma prática que infelizmente é corriqueira nos dias atuais: a indevida divulgação de cenas de sexo, nudez ou pornografia sem o consentimento dos envolvidos e, ainda, a divulgação de cenas de estupro.

Tais condutas, antes do advento da lei, por vezes restavam impunes ou punidas aquém do esperado, pois não havia um tipo específico para tanto. Em se tratando de vítima criança ou adolescente, havia tipo penal previsto na Lei nº 8.069/1990, porém, em se tratando de maior de idade, no máximo poderia caracterizar o crime de difamação caso comprovado que a intenção do agente era atingir a honra da vítima.

O crime previsto no art. 218-C consiste na divulgação, venda, distribuição, publicação ou exposição de foto, vídeo ou registro audiovisual de uma cena de estupro, de estupro de vulnerável, de sexo ou de pornografia sem o consentimento da vítima.

Também é punida a conduta conhecida como *revenge porn* (pornografia de revanche), prevista no § 1º do dispositivo legal.

Trata-se de crime comum; comissivo; crime de mera conduta; de forma livre; monossubjetivo e plurissubsistente.

O tipo previsto no art. 215-A é crime subsidiário, como se denota da redação da parte final do preceito secundário do artigo: "Se o ato não constitui crime mais grave".

21.5.2 Bem jurídico tutelado e objeto material

Os bens jurídicos tutelados serão a liberdade sexual e a dignidade sexual.

Os objetos materiais do crime são as fotografias, vídeos ou registros audiovisuais que contenham cena de estupro ou de estupro de vulnerável ou que façam apologia ou induzam a sua prática, ou, sem o consentimento da vítima, cena de sexo, nudez ou pornografia.

21.5.3 Sujeitos do crime

Tratando-se de crime comum tanto em relação ao sujeito ativo quanto em relação ao sujeito passivo, qualquer pessoa pode ser autor e vítima.

Não é exigida qualquer qualidade especial da vítima, porém, se esta mantém ou manteve relação íntima de afeto com o autor, aumenta-se a pena de um a dois terços, conforme dispõe o § 1º do art. 218-C.

Sendo a vítima menor de dezoito anos, a conduta do agente poderá configurar crime previsto no estatuto da criança e adolescente.

Conforme disposição do art. 226, inciso II, do Código Penal, o fato de o agente ser ascendente, padrasto, madrasta, tio, irmão, cônjuge, companheiro, tutor, curador, preceptor ou empregador da vítima ou por qualquer outro título tiver autoridade sobre ela configura causa de aumento de pena.

21.5.4 Conduta e voluntariedade

O tipo pune a conduta daquele que:

- ◆ oferecer;
- ◆ trocar;
- ◆ disponibilizar;
- ◆ transmitir;

- vender;
- expor à venda;
- distribuir;
- publicar; ou
- divulgar, por qualquer meio, fotografia, vídeo ou outro registro audiovisual que contenha:
  - cena de estupro ou de estupro de vulnerável;
  - cena que faça apologia ou induza a prática de estupro ou estupro de vulnerável; e
  - cena de sexo, nudez ou pornografia, sem o consentimento da vítima.

Como bem salienta Rogério Greco (2021a, p. 155), o tipo penal não pune a prática do *sexting* (que é a troca de fotos, vídeos de conteúdo erótico). Essa prática continua não sendo crime e manifesta aspecto de liberdade sexual. Em se tratando de mídia envolvendo adultos, não há se falar em crime, não se veda nem mesmo o armazenamento de tais imagens. O que se veda é a divulgação posterior dessas imagens.

Decifrando a prova

(Defensor Público – DPE/BA – FCC/2021 – Adaptada) Julgue o item a seguir:

Sobre o crime de divulgação de cena de estupro ou de cena de estupro de vulnerável, de cena de sexo ou de pornografia, é correto afirmar que quando a vítima for mulher, seu consentimento é incapaz de excluir a ilicitude da conduta, dada a especial proteção de gênero prevista pela norma.

( ) Certo ( ) Errado

Gabarito comentado: o consentimento da vítima afasta a própria tipicidade, uma vez que se trata de elementar do tipo (art. 218-C do CP). Portanto, a assertiva está errada.

Trata-se de tipo misto alternativo. Assim, a prática de mais de um verbo do tipo caracteriza crime único, porém, haverá análise da diversidade de condutas quando da dosimetria da pena pelo julgador.

O crime é punido a título de dolo, não se exigindo qualquer finalidade especial do agente.

Por falta de previsão legal, não se pune a modalidade culposa.

A divulgação das cenas pode se dar por qualquer meio, inclusive por comunicação em massa, sistema de informática ou telemática, fotografias ou outro registro audiovisual.

Por meios de comunicação em massa entende-se as veiculações feitas pelas mídias tradicionais simultaneamente para um grande número de pessoas.

Sistema de informática e telemática é o que permite a transmissão de dados pela internet ou outro meio e a transmissão de informações por meio de uso combinado de sistemas de computador e de telecomunicação (redes sociais, Skype, Messenger, WhatsApp, Telegram, *streaming*).

a) Divulgação de cena de estupro ou de cena de estupro de vulnerável;

Tem-se aqui um crime de estupro efetivamente ocorrendo que é registrado e depois divulgado. Quando o dispositivo menciona estupro de vulnerável, devemos excluir a pessoa menor de 14 anos, pois apesar de ser vítima do crime de estupro de vulnerável, a divulgação do registro amoldar-se-á às figuras previstas nos arts. 240 ou 241-A do Estatuto da Criança e do Adolescente.[4]

Caso a cena divulgada refira-se a outros crimes contra a dignidade sexual que não o estupro ou o estupro de vulnerável, estaremos diante de fato atípico ou da conduta prevista no art. 154-A do Código Penal, a depender do caso concreto.

b) Divulgação de cena com apologia ao estupro;

A conduta punida é a divulgação de material que faça referência, apologia ou que induza à prática de estupro.

Não se exige que o material contenha cena de sexo, cena de estupro ou cena de cunho pornográfico para que se caracterize a conduta em análise. Basta que se veicule material apoiando, induzindo ou fazendo apologia ao crime de estupro.

Podemos citar uma situação hipotética de uma pessoa que utilize uma rede social para afirmar, por exemplo, que uma mulher que foi a uma festa, ingeriu bebidas alcoólicas em demasia e depois foi estuprada, não teria sido vítima de crime, pois não se caracterizaria como uma mulher decente e que mereceu sofrer o crime.

Não se exige que o fato a que se faz referência tenha efetivamente ocorrido, para que se caracterize a apologia, basta que mencione o crime em tese.

c) Divulgação de cena de sexo ou de pornografia.

A conduta punida é a de divulgar, sem autorização da vítima, cena de sexo ou cena pornográfica. Podemos citar como exemplo uma pessoa que permite que outra a filme durante o ato sexual e esta pessoa, sem seu consentimento, divulga o vídeo.

21.5.5 Consumação e tentativa

Considera-se consumado o crime quando um dos verbos nucleares do tipo é praticado.

Tratando-se de crime plurissubsistente, em que o *iter criminis* pode ser fracionado, é admitida a tentativa. Ressalva se faz em relação ao núcleo oferecer, pois este não pode ser fracionado e não poderá ser tentado.

---

[4]   **Estatuto da Criança e do Adolescente:**
"**Art. 240.** Produzir, reproduzir, dirigir, fotografar, filmar ou registrar, por qualquer meio, cena de sexo explícito ou pornográfica, envolvendo criança ou adolescente:
Pena – reclusão, de 4 (quatro) a 8 (oito) anos, e multa".

21.5.6 Causa de aumento de pena

O § 1º do art. 218-C veicula majorante no caso de crime praticado por agente que mantém ou tenha mantido relação íntima de afeto com a vítima ou com o fim de vingança ou humilhação.

a) Por quem mantém ou tenha mantido relação íntima de afeto com a vítima;

Aqui o autor deve manter ou ter mantido uma relação de afeto com a vítima, tal como um namoro, um casamento, união estável. A maior punição se justifica pela quebra de confiança entre pessoas que deveriam respeito uma a outra, em razão do relacionamento afetivo.

> ### Decifrando a prova
>
> **(Defensor Público – DPE/BA – FCC – 2021 – Adaptada)** Julgue o item a seguir:
> Sobre o crime de divulgação de cena de estupro ou de cena de estupro de vulnerável, de cena de sexo ou de pornografia, é correto afirmar que a prévia relação íntima de afeto, por constituir elementar do tipo, não pode incidir como motivação para aumento de pena.
> ( ) Certo   ( ) Errado
> **Gabarito comentado:** nos termos do § 1º do art. 218-C do CP, trata-se de causa de aumento de pena. Portanto, a assertiva está errada.

b) Com o fim de vingança ou humilhação;

Temos aqui o chamado *revenge porn*, ou pornografia de revanche, em que o agente, com o intuito de se vingar de outra pessoa, seja por ciúmes, seja porque não aceita o término do relacionamento, divulga cenas íntimas da vítima. Não se exige que autor e vítima tenham relação íntima de afeto.

> ### Decifrando a prova
>
> **(Defensor Público – DPE/BA – FCC – 2021 – Adaptada)** Julgue o item a seguir:
> Sobre o crime de divulgação de cena de estupro ou de cena de estupro de vulnerável, de cena de sexo ou de pornografia, é correto afirmar que o especial fim de vingança ou humilhação é causa de aumento de pena de um terço a dois terços.
> ( ) Certo   ( ) Errado
> **Gabarito comentado:** nos termos do § 1º do art. 218-C do CP, a assertiva está certa.

Apesar de não se exigir que exista um relacionamento pretérito entre autor e vítima, normalmente a conduta ocorre após os términos de relacionamentos, em que um dos envolvidos divulga material produzido (fotografias, vídeos) durante a relação e, ao término, como que para punir o outro, divulga o material.

Na atualidade, esse tipo de conduta acaba tomando proporções ainda mais devassadoras para a vítima em razão do avanço tecnológico. Em poucos minutos o material pode estar circulando por todas as redes sociais mundiais, levando a vítima a situações de tamanho desespero que não raro são os casos de problemas psicológicos e até mesmo tentativas de suicídio após a divulgação das cenas.

21.5.7 Exclusão da ilicitude

O § 2º traz expressamente as causas que excluem a ilicitude quando o agente pratica as condutas previstas no *caput* do art. 218-C do Código Penal:

> **Art. 218-C.** (...)
>
> **§ 2º** Não há crime quando o agente pratica as condutas descritas no *caput* deste artigo em publicação de natureza jornalística, científica, cultural ou acadêmica com a adoção de recurso que impossibilite a identificação da vítima, ressalvada sua prévia autorização, caso seja maior de 18 (dezoito) anos.

Somente haverá a exclusão da ilicitude nos casos de publicações de natureza jornalística, científica, cultural ou acadêmica. E ainda, desde que a vítima seja maior de dezoito anos e que tenha expressamente autorizado a divulgação. Deve o agente, ainda, cuidar para que se dificulte a identificação da vítima.

22 Disposições gerais

22.1 AÇÃO PENAL

Art. 225. Nos crimes definidos nos Capítulos I e II deste Título, procede-se mediante ação penal pública incondicionada.

Parágrafo único. (Revogado).

Após a reforma feita pela Lei nº 12.015/2009, os crimes previstos nos Capítulos I e II eram crimes em que se procedia mediante ação penal pública condicionada à representação. Sendo que seria de ação penal pública incondicionada o crime em que a vítima fosse menor de 18 anos de idade ou pessoa vulnerável.

Lembramos que, em sua redação original, o art. 225 do CP previa que, em regra, a ação penal seria privada e excepcionalmente seria pública incondicionada ou condicionada à representação.

Com o advento da Lei nº 13.718/2018, novamente houve alteração na natureza da ação penal nos crimes contra a dignidade sexual, passando a ser, então ação penal pública incondicionada, em qualquer caso.

Essa última alteração trouxe diversas críticas, especialmente no que diz respeito à autonomia da vítima.

Sempre se admitiu que nos crimes contra a dignidade sexual, a vítima (maior, não vulnerável) pudesse decidir sobre o início ou não da persecução penal contra o agressor.

Isso se devia ao fato de que, muitas vezes, o fardo da persecução penal para a vítima era tão ou mais pesado do que o crime em si. Em razão do risco de revitimização, muitas vítimas preferiam o silêncio.

Com a alteração legislativa, essa autonomia da vítima foi suprimida.

Alterando a natureza das ações penais nos crimes contra a dignidade sexual, de condicionada para incondicionada, teve o legislador a intenção de garantir a punição do autor dos fatos, deixando de lado a vontade da vítima, que deveria ser a maior interessada.

438 Direito Penal Decifrado – Parte Especial

Dessa forma, cremos que andou mal o legislador ao fazer tal alteração, pois retirando da vítima sua liberdade de escolha sobre querer ver ou não processado o autor do delito, acaba por violar ainda mais seus direitos. Processo penal deve ser instrumento que garanta a proteção aos direitos da vítima, e não mais uma forma de violá-los.

Talvez a intenção do legislador tenha sido de diminuir a malfadada cifra oculta existente nos crimes contra a dignidade sexual, ou seja, diminuir a subnotificação nos casos desse tipo de crime.

Porém, há que se ter em mente que nos crimes contra a dignidade sexual, em razão das consequências físicas e psicológicas que dele resultam, a vítima prefere suportar tudo calada a ter que enfrentar o "escândalo do processo" (*strepitus judicii*) que pode ser mais prejudicial a ela.

Por esse motivo, sentimos que, a despeito de ampliar a proteção à vítima, a alteração na natureza da ação penal acabou por menosprezar sua autonomia, sua liberdade de escolha. Ora, a vítima já teve sua liberdade (sexual) violada pela prática do crime e agora, tem sua liberdade mais uma vez violada por quem deferia protegê-la, o próprio Estado que menosprezou sua decisão em situação que afeta sobremaneira sua intimidade e liberdade sexual.

Ademais, parece meio contraditório que o Estado reconheça a liberdade sexual da vítima, mas entenda que ela não tem a liberdade para decidir a respeito da persecução penal.

Decifrando a prova

(Delegado de Polícia – PC/BA – Vunesp – 2018) A respeito dos crimes sexuais, previstos no Título VI, do Código Penal, assinale a alternativa correta.

A) Não se tipifica crime de estupro se o agente é cônjuge da vítima, já que o casamento impõe aos cônjuges o dever de prestação sexual.

B) A prática de conjunção carnal ou outro ato libidinoso com menor de 18 (dezoito) anos é estupro de vulnerável, previsto no art. 217-A do Código Penal.

C) A prática de conjunção carnal ou qualquer outro ato libidinoso com adolescente de idade entre 14 (catorze) e 18 (dezoito) anos, em situação de prostituição, é atípica.

D) Os crimes sexuais, com exceção do estupro de vulnerável, são processáveis mediante ação penal pública condicionada à representação.

E) Haverá aumento de pena se o agente transmite à vítima doença sexualmente transmissível de que sabe ou deveria saber ser portador.

Gabarito comentado: a alternativa A está errada, pois, neste caso, comete crime de estupro o cônjuge que constrange o outro a com ele manter relação sexual ou outro ato libidinoso.

A alternativa B está errada. O crime de estupro de vulnerável, previsto no art. 217-A, tipifica a prática de conjunção carnal ou outro ato libidinoso com menor de 14 anos de idade.

A alternativa C está errada. A conduta amolda-se àquela prevista no art. 218-B do Código Penal.

A alternativa D está errada, uma vez que, conforme o art. 225 do CP, a ação será pública incondicionada.

A alternativa E está certa, como prevê o art. 234-A do Código Penal.

22.2 CAUSAS DE AUMENTO DE PENA

Art. 226. A pena é aumentada:

I – de quarta parte, se o crime é cometido com o concurso de 2 (duas) ou mais pessoas;

II – de metade, se o agente é ascendente, padrasto ou madrasta, tio, irmão, cônjuge, companheiro, tutor, curador, preceptor ou empregador da vítima ou por qualquer outro título tiver autoridade sobre ela;

III – (Revogado).

IV – de 1/3 (um terço) a 2/3 (dois terços), se o crime é praticado:

Estupro coletivo

a) mediante concurso de 2 (dois) ou mais agentes;

Estupro corretivo

b) para controlar o comportamento social ou sexual da vítima.

22.2.1 Noções gerais

O art. 226 do CP traz as causas de aumento de pena referentes aos crimes contra a liberdade sexual.

No inciso I tem-se a majorante para o concurso de pessoas. A pena será aumentada da quarta parte (1/4) no caso de crime cometido por duas ou mais pessoas.

No inciso II tem-se a majorante relativa ao grau de parentesco entre autor e vítima. Assim, sendo o agente ascendente, padrasto ou madrasta, tio, irmão, cônjuge, companheiro, tutor, curador, preceptor ou empregador da vítima ou que por qualquer outro título tenha autoridade sobre ela, terá a pena aumentada da metade.

A justificativa para a causa de aumento de pena do inciso II é o fato de que nesses casos, o agente se aproveita de relações de parentesco, familiares, de confiança para praticar o crime.

A última parte do inciso II ("por qualquer outro título tiver autoridade sobre ela") pode ser exemplificada pela relação aluno e professor. Aliás, tal hipótese já foi analisada pelo Superior Tribunal de Justiça no REsp 1.699.724/SP:

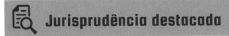

AGRAVO REGIMENTAL NO RECURSO ESPECIAL. ESTUPRO DE VULNERÁVEL. CAUSA DE AUMENTO DA PENA. PROFESSOR. RELAÇÃO DE AUTORIDADE COM A MENOR. APLICABILIDADE. 1. A jurisprudência desta Corte Superior firmou-se no sentido de que a majorante do art. 226, inciso II, do CP não possui sua aplicação restrita apenas às relações afetivas, mas toda aquela que, de alguma forma, imponha reverência e temor, como no caso apresentado nos autos. 2. Reconhecida a autoridade que o acusado exerce sobre a vítima, considerando a sua condição de professor, incide a causa de aumento prevista no inciso II do art. 226 do Código Penal.

Direito Penal Decifrado – Parte Especial

> 3. Agravo regimental desprovido (STJ, AgRg nos EDcl no AgRg nos EDcl no Recurso Especial nº 1.699.724/SP, 2017/0246828-2, Rel. Min. Jorge Mussi, j. 19.03.2019, *DJe* 28.03.2019).

Também podemos exemplificar a autoridade do agente sobre a vítima como a relação entre padrinho (madrinha) e afilhado.

22.2.1.1 Estupro coletivo

O inciso IV foi inserido no Código Penal pela Lei nº 13.718/2018 e traz a hipótese do **estupro coletivo**:

* A pena será aumentada de 1/3 a 2/3 se o estupro é praticado mediante o concurso de dois ou mais agentes.

No ano de 2016, um caso de repercussão nacional ganhou destaque na mídia: uma jovem, de doze anos de idade, moradora do Rio de Janeiro, foi sexualmente violentada por mais de dez homens, após sair de uma festa. Toda a ação criminosa foi filmada e as imagens circularam por redes sociais. Infelizmente, não se trata de fato isolado. Há notícias de diversas outras vítimas.

A fim de punir tais atos de forma mais repressiva, foi inserida essa causa de aumento de pena que somente se aplica ao crime de estupro (e estupro de vulnerável).

Decifrando a prova

(Promotor de Justiça Substituto – MPE/MT – FCC – 2019 – Adaptada) Julgue o item a seguir:

Segundo a legislação brasileira, o estupro coletivo é aquele praticado mediante concurso de três ou mais pessoas.

( ) Certo ( ) Errado

Gabarito comentado: como previsto no inciso IV do art. 226, tem-se o estupro coletivo quando praticado por dois ou mais agentes. Portanto, a assertiva está errada.

Veja que não há incompatibilidade entre a causa de aumento prevista no inciso I e a prevista no inciso IV. Enquanto a majorante do inciso IV será aplicada ao crime de estupro e estupro de vulnerável, a majorante do inciso I será aplicada aos demais crimes contra a dignidade sexual.

22.2.1.2 Estupro corretivo

A alínea *b* do inciso IV traz a causa de aumento de pena para o chamado estupro corretivo, que vem a ser aquele cometido com a intenção de "corrigir" uma característica da vítima, na maioria das vezes sua orientação sexual ou identidade de gênero.

Tal tipo de violência sexual não é novidade, porém só passou a constar do Código Penal como causa de aumento de pena com o advento da Lei nº 13.718/2018.

Esse crime normalmente é praticado contra mulheres transgênero, lésbicas, bissexuais e é motivado por preconceito, com o intuito de controlar o comportamento sexual da vítima.

O agente acredita que poderá "curar" a vítima de algo que ele entende ser doentio (homossexualidade, diversidade de gênero). Frases bastante utilizadas pelos autores desse crime são: "é lésbica porque não conheceu homem de verdade" ou "vou mostrar a ela o que é homem de verdade". Além de demonstrar enorme preconceito, demonstra total falta de conhecimento a respeito de diversidade sexual e de gênero.

Além dessa motivação para o estupro corretivo, podemos exemplificar o caso do chefe do tráfico que estupra a moradora da comunidade que namora um policial.

Tanto na hipótese da alínea *a* quanto da alínea *b* do inciso IV, a pena será aumentada de um a dois terços.

23 Do lenocínio e do tráfico de pessoa para fim de prostituição ou outra forma de exploração sexual

23.1 MEDIAÇÃO PARA SERVIR A LASCÍVIA DE OUTREM

Art. 227. Induzir alguém a satisfazer a lascívia de outrem:

Pena – reclusão, de um a três anos.

§ 1º Se a vítima é maior de 14 (catorze) e menor de 18 (dezoito) anos, ou se o agente é seu ascendente, descendente, cônjuge ou companheiro, irmão, tutor ou curador ou pessoa a quem esteja confiada para fins de educação, de tratamento ou de guarda:

Pena – reclusão, de dois a cinco anos.

§ 2º Se o crime é cometido com emprego de violência, grave ameaça ou fraude:

Pena – reclusão, de dois a oito anos, além da pena correspondente à violência.

§ 3º Se o crime é cometido com o fim de lucro, aplica-se também multa.

23.1.1 Noções gerais e classificação doutrinária

O art. 227, inserido no Código Penal no ano de 2005 pela Lei nº 11.106/2005, trata do crime conhecido como lenocínio.

Visa a proteger a moral sexual, assim como a dignidade sexual, que se vê abalada após o proxeneta (nome dado àquele que pratica o lenocínio) induzir a vítima a satisfazer a lascívia de outrem.

Trata-se de crime comum (tanto em relação ao sujeito ativo quanto ao sujeito passivo), doloso, material, de forma livre, crime instantâneo, monossubjetivo e plurissubsistente.

Os bens jurídicos tutelados serão a moral sexual e a dignidade sexual.

O objeto material do crime será a pessoa sobre a qual recai a conduta.

O tipo necessita da participação de três pessoas, o sujeito ativo, o sujeito passivo e o terceiro (outrem) a quem será destinada a satisfação da lascívia.

23.1.2 Sujeitos do crime

Tratando-se de crime comum tanto em relação ao sujeito ativo quanto em relação ao sujeito passivo, qualquer pessoa pode ser autor e vítima.

Não é exigida qualquer qualidade especial da vítima, porém, em se tratando de vítima com idade entre 14 e 18 anos ou se o agente for ascendente, descendente, cônjuge, companheiro, irmão, tutor, curador ou pessoa a quem ela esteja confiada para fins de educação, tratamento ou guarda, conforme previsão do § 1º, o crime passa a ser da forma qualificada.

O destinatário do lenocínio ("outrem") não será autor deste crime, mesmo que tenha instigado o proxeneta a induzir a vítima. Veja que o tipo fala em satisfazer a lascívia de outrem e não a lascívia própria.

23.1.3 Conduta e voluntariedade

O tipo pune a conduta daquele que induz alguém a satisfazer a lascívia de terceiro. O agente convence a vítima a satisfazer a lascívia de outrem.

Devemos entender "satisfazer a lascívia" como atos da natureza sexual que tenham a finalidade de satisfazer o desejo sexual.

O terceiro ("outrem") deve ser pessoa determinada. Caso seja pessoa indeterminada, podemos estar diante do crime de favorecimento à prostituição ou outra forma de exploração sexual.

Importante destacar que a vítima não receberá qualquer tipo de compensação por satisfazer a lascívia do terceiro, ou então restará caracterizada a prostituição.

O crime é punido a título de dolo, que será dirigido a satisfação da lascívia de alguém. Assim, podemos dizer que o agente atua com especial fim de agir.

23.1.4 Consumação e tentativa

O crime se consuma com a prática do ato que satisfaça a lascívia do terceiro (como dito, trata-se de crime material). Não é necessário que o terceiro se sinta satisfeito.

Se crime plurissubsistente, é admitida a tentativa.

23.1.5 Formas qualificadas

Os §§ 1º e 2º trazem as modalidades qualificadas do lenocínio:

> **Art. 227.** (...)
>
> **§ 1º** Se a vítima é maior de 14 (catorze) e menor de 18 (dezoito) anos, ou se o agente é seu ascendente, descendente, cônjuge ou companheiro, irmão, tutor ou curador ou pessoa a quem esteja confiada para fins de educação, de tratamento ou de guarda:
>
> **Pena** – reclusão, de dois a cinco anos.

No caso de vítima menor de 14 anos de idade, estaremos diante do crime previsto no art. 218 do Código Penal.

O rol trazido pela lei é taxativo, não sendo permitida ampliação. A segunda parte do § 1º traz o chamado lenocínio familiar.

> **Art. 227.** (...)
>
> **§ 2º** Se o crime é cometido com emprego de violência, grave ameaça ou fraude:
>
> **Pena** – reclusão, de dois a oito anos, além da pena correspondente à violência.

Aqui no § 2º temos o lenocínio praticado com violência ou grave ameaça. Perceba que essa figura muito se assemelha à figura típica prevista no art. 213 do CP. No entanto, como bem sinaliza Rogério Greco (2021, p. 175), no tipo em análise, ainda que a vítima seja induzida a força ao ato que tenha por finalidade satisfazer a lascívia de terceiro, haverá resquício de sua vontade.

23.1.6 Lenocínio mercenário

> **Art. 227.** (...)
>
> **§ 3º** Se o crime é cometido com o fim de lucro, aplica-se também multa.

A figura trazida pelo § 3º é conhecida como lenocínio mercenário; é aquele que tem a finalidade de obtenção de lucro. Além da pena privativa de liberdade, será aplicada pena de multa ao agente.

Difere do crime previsto no art. 230 do Código Penal, pois no rufianismo, além de ser exigida a habitualidade, a vítima exerce a prostituição.

23.2 FAVORECIMENTO DA PROSTITUIÇÃO OU OUTRA FORMA DE EXPLORAÇÃO SEXUAL

> **Art. 228.** Induzir ou atrair alguém à prostituição ou outra forma de exploração sexual, facilitá-la, impedir ou dificultar que alguém a abandone:
>
> **Pena** – reclusão, de 2 (dois) a 5 (cinco) anos, e multa.
>
> **§ 1º** Se o agente é ascendente, padrasto, madrasta, irmão, enteado, cônjuge, companheiro, tutor ou curador, preceptor ou empregador da vítima, ou se assumiu, por lei ou outra forma, obrigação de cuidado, proteção ou vigilância:
>
> **Pena** – reclusão, de 3 (três) a 8 (oito) anos.
>
> **§ 2º** Se o crime, é cometido com emprego de violência, grave ameaça ou fraude:
>
> **Pena** – reclusão, de quatro a dez anos, além da pena correspondente à violência.
>
> **§ 3º** Se o crime é cometido com o fim de lucro, aplica-se também multa.

23.2.1 Noções gerais e classificação doutrinária

Inicialmente, importante destacar que a legislação brasileira não pune a prática da prostituição. Aliás, a prostituição é atividade reconhecida pelo Ministério do Trabalho e Emprego e consta da Classificação Brasileira de Ocupações.

Podemos conceituar a prostituição como sendo um negócio, um comércio, uma prestação de serviços, em que atividades sexuais são realizadas em troca de um valor (preço). É a atividade de comércio sexual (troca de atos sexuais por pagamento em espécie ou outra forma de pagamento).

Como afirmado, a prática da prostituição não caracteriza figura típica. O crime se dá pela exploração, pelo favorecimento da prostituição.

Não se pune a pessoa que está comercializando o próprio corpo.

A prostituição é espécie de exploração sexual.

A exploração sexual é gênero do qual são espécies a prostituição, o turismo sexual, a pornografia e o tráfico para fins sexuais.

O tipo pune não apenas o favorecimento da prostituição, mas também de outras formas de exploração sexual.

O bem jurídico protegido é a dignidade sexual (moralidade sexual).

Trata-se de crime comum (ou próprio no caso da forma qualificada), doloso, material, de forma livre, monossubjetivo, plurissubsistente.

23.2.2 Sujeitos do crime

Tratando-se de crime comum tanto em relação ao sujeito ativo quanto em relação ao sujeito passivo, qualquer pessoa pode ser autor ou vítima.

Não é exigida qualquer qualidade especial da vítima.

Em relação ao sujeito ativo, este também é comum, porém, em se tratando o agente de ascendente, padrasto, madrasta, irmão, enteado, cônjuge, companheiro, tutor ou curador, preceptor ou empregador da vítima, ou se assumiu, por lei ou outra forma, obrigação de cuidado, proteção ou vigilância, conforme previsão do § 1º, o crime passa a ser da forma qualificada (punido com reclusão de 3 a 8 anos).

23.2.3 Conduta e voluntariedade

Os verbos nucleares do tipo são: induzir (instigar, incutir a ideia); atrair (aliciar); facilitar a prostituição ou outra forma de exploração sexual.

Ainda se pune a conduta daquele que impede ou dificulta que alguém abandone a situação de exploração sexual. Aqui, a vítima já se encontra na situação de exploração sexual, já se encontra prostituída.

Admite-se a conduta comissiva e omissiva (quando o agente tem o dever jurídico de cuidado).

O crime é punido a título de dolo, não se admitindo a modalidade culposa.

23.2.4 Consumação e tentativa

Para tratar do momento consumativo, devemos separar os verbos nucleares do tipo. Nas modalidades induzir, atrair e facilitar, o crime se consuma quando a vítima passa a se prostituir, quando ela se propõe a ser explorada.

Nas modalidades impedir e dificultar, a vítima já está sendo explorada, o crime vai se consumar quando ela decidir deixar de ser explorada e o agente a impedir.

Sendo crime plurissubsistente, é admitida a tentativa.

23.2.5 Formas qualificadas

Os §§ 1º e 2º trazem as modalidades qualificadas do lenocínio:

> **Art. 227.** (...)
>
> **§ 1º** Se a vítima é maior de 14 (catorze) e menor de 18 (dezoito) anos, ou se o agente é seu ascendente, descendente, cônjuge ou companheiro, irmão, tutor ou curador ou pessoa a quem esteja confiada para fins de educação, de tratamento ou de guarda:
>
> **Pena** – reclusão, de dois a cinco anos

No caso de vítima menor de 14 anos de idade, estaremos diante do crime previsto no art. 218 do Código Penal.

O rol trazido pela lei é taxativo, não sendo permitida ampliação. A segunda parte do § 1º traz o chamado lenocínio familiar.

> **Art. 227.** (...)
>
> **§ 2º** Se o crime é cometido com emprego de violência, grave ameaça ou fraude:
>
> **Pena** – reclusão, de dois a oito anos, além da pena correspondente à violência.

Aqui no § 2º, temos o proxenetismo praticado com violência ou grave ameaça. Perceba que essa figura muito se assemelha à figura típica prevista no art. 213 do CP.

23.2.6 Proxenetismo mercenário

> **Art. 227.** (...)
>
> **§ 3º** Se o crime é cometido com o fim de lucro, aplica-se também multa.

A figura trazida pelo § 3º é conhecida como proxenetismo mercenário, é aquele que tem a finalidade de obtenção de lucro. Além da pena privativa de liberdade, será aplicada pena de multa ao agente.

448 Direito Penal Decifrado – Parte Especial

23.3 CASA DE PROSTITUIÇÃO – ESTABELECIMENTO PARA EXPLORAÇÃO SEXUAL

> **Art. 229**. Manter, por conta própria ou de terceiro, estabelecimento em que ocorra exploração sexual, haja, ou não, intuito de lucro ou mediação direta do proprietário ou gerente:
>
> **Pena** – reclusão, de dois a cinco anos, e multa.

23.3.1 Noções gerais e classificação doutrinária

O art. 229 do Código Penal teve redação alterada pela Lei nº 12.015/2009. Como já mencionado, a legislação brasileira não pune a prática da prostituição. Aliás, a prostituição é atividade reconhecida pelo Ministério do Trabalho e Emprego e consta da Classificação Brasileira de Ocupações.

Podemos conceituar a prostituição como sendo um negócio, um comércio, uma prestação de serviços, em que atividades sexuais são realizadas em troca de um valor (preço). É a atividade de comércio sexual (troca de atos sexuais por pagamento em espécie ou outra forma de pagamento).

A redação antiga do art. 229 do Código Penal previa que era crime manter, por conta própria ou de terceiro, casa de prostituição ou lugar destinado a encontros para fins libidinosos.

Com o advento da Lei nº 12.015/2009 passou a ser crime "manter por conta própria ou de terceiro, estabelecimento em que ocorra exploração sexual, haja, ou não, intuito de lucro ou mediação direta do proprietário ou gerente".

🧩 Decifrando a prova

(Delegado de Polícia – PC/MS – Fapec/2021 – Adaptada) Julgue o item a seguir:

Segundo a jurisprudência do Superior Tribunal de Justiça, após as alterações legislativas introduzidas no Código Penal pela Lei nº 12.015/2009, a conduta consistente em manter casa para fins libidinosos, por si só, não mais caracteriza crime de casa de prostituição (art. 229 do Código Penal), sendo necessário, para a configuração do delito, que haja exploração sexual, assim entendida a violação à liberdade das pessoas que ali exercem a mercancia carnal.

( ) Certo   ( ) Errado

Gabarito comentado: conforme previsão do art. 229 do CP. Portanto, a assertiva está certa.

Assim, com a nova redação, somente se pune o gerente ou o proprietário de tais estabelecimentos se neles ocorrer exploração sexual, quando houver violação à dignidade sexual da pessoa.

Como exemplo, podemos imaginar a prostituta que trabalha em estabelecimento em que tem que fazer um número determinado de programas por dia, que não possui condições mínimas de higiene.

Como mencionado anteriormente, a prostituição é profissão regulamentada pelo Ministério do Trabalho e Emprego, permitida a pessoas maiores de 18 anos de idade, sendo inclusive recolhidas contribuições previdenciárias.

O bem jurídico tutelado é a dignidade sexual da pessoa explorada, e não a moral pública, como alguns acreditavam anteriormente.

Classificação doutrinária: crime comum, formal, de forma livre, comissivo (em regra), habitual, unissubjetivo e plurissubsistente.

23.3.2 Sujeitos do crime

Tratando-se de crime comum tanto em relação ao sujeito ativo quanto em relação ao sujeito passivo, qualquer pessoa pode ser autor e vítima.

Sendo a vítima menor de 18 anos e maior de 14, estaremos diante do crime previsto no art. 218-B do Código Penal. Sendo menor de 14 anos a vítima, podemos imaginar participação no crime de estupro de vulnerável.

Importante mencionar que existem doutrinadores, a exemplo de Rogerio Greco (2021b), que entendem que o sujeito passivo será a coletividade, uma vez que para ele a moralidade pública sexual é o bem jurídico tutelado pelo tipo.

Ousamos discordar do brilhante doutrinador. Temos que a vítima será a pessoa explorada, é ela quem tem sua dignidade sexual atacada. Aliás, o tipo penal está inserido no título dos crimes contra a dignidade sexual e esta é própria da pessoa e não da coletividade.

Esse último também foi o entendimento do Superior Tribunal de Justiça quando do julgamento do REsp 1.683.375/SP:

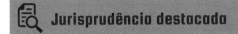

(...) Nesse sentido, o bem jurídico tutelado não é a moral pública, mas sim a dignidade sexual como, aliás, o é em todos os crimes constantes do Título VI da Parte Especial do Código Penal, dentre os quais, o do art. 229. E o sujeito passivo do delito não é a sociedade, mas sim a pessoa explorada, vítima da exploração sexual. Assim, se não se trata de estabelecimento voltado exclusivamente para a prática de mercancia sexual, tampouco há notícia de envolvimento de menores de idade, nem comprovação de que o recorrido tirava proveito, auferindo lucros da atividade sexual alheia mediante ameaça, coerção, violência ou qualquer outra forma de violação ou tolhimento à liberdade das pessoas, não há falar em fato típico a ser punido na seara penal (STJ, REsp nº 1.683.375/SP, Rel. Min. Maria Thereza de Assis Moura, por unanimidade, j. 14.08.2018, *DJe* 29.08.2018).

23.3.3 Conduta e voluntariedade

O tipo pune a conduta de manter estabelecimento em que ocorra a exploração sexual.

Conforme leciona Guilherme de Souza Nucci (2014), a exploração sexual é conceito de difícil elaboração, em razão da grande carga de subjetivismo:

Explorar significa tirar proveito em detrimento de outrem. A exploração sexual simboliza o proveito extraído de alguém no campo da lascívia. Em primeiro lugar, a própria prostituição não caracteriza, necessariamente, uma forma de exploração de uma pessoa sobre outra. A prostituição, quando praticada individualmente, é atividade lícita. Cuida-se de uma avença entre cliente e profissional do sexo para a satisfação da lascívia do primeiro mediante pagamento ao segundo. Cada um que visualize como quiser tal relacionamento – se moral ou imoral – mas o Direito não deve intervir. Portanto, conceituar exploração sexual, fora do campo da prostituição, é tarefa inglória. Pode-se argumentar com o uso de fraude para enganar alguém a praticar ato libidinoso com outra pessoa, viciando sua vontade.

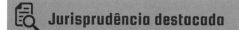
Jurisprudência destacada

O estabelecimento que não se volta exclusivamente à prática de mercancia sexual, tampouco envolve menores de idade ou do qual se comprove retirada de proveito, auferindo lucros da atividade sexual alheia mediante ameaça, coerção, violência ou qualquer outra forma de violação ou tolhimento à liberdade das pessoas, não dá origem a fato típico a ser punido na seara penal (STJ, REsp nº 1.683.375-SP, Rel. Min. Maria Thereza de Assis Moura, por unanimidade, j. 14.08.2018, *DJe* 29.08.2018).[1]

O crime é punido a título de dolo, não se admitindo a modalidade culposa.

O crime pode ser praticado diretamente (por conta própria) ou por intermédio de terceiro.

Atente-se ao fato de que o terceiro somente será responsabilizado se tiver conhecimento da prática da exploração sexual.

---

[1] A questão de direito delimitada na controvérsia trata da interpretação dada ao art. 229 do Código Penal. Registre-se que, mesmo após a alteração legislativa introduzida pela Lei nº 12.015/2009, a conduta consistente em manter casa de prostituição segue sendo crime. Todavia, com a novel legislação, passou-se a exigir a "exploração sexual" como elemento normativo do tipo, de modo que a conduta consistente em manter casa para fins libidinosos, por si só, não mais caracteriza crime, sendo necessário, para a configuração do delito, que haja exploração sexual, assim entendida como a violação à liberdade das pessoas que ali exercem a mercancia carnal. Dessa forma, crime é manter pessoa em condição de explorada, obrigada, coagida, não raro em más condições, ou mesmo em condição análoga à de escravidão, impondo-lhe a prática de sexo sem liberdade de escolha, ou seja, com tolhimento de sua liberdade sexual e em violação de sua dignidade sexual. Nesse sentido, o bem jurídico tutelado não é a moral pública, mas sim a dignidade sexual como, aliás, o é em todos os crimes constantes do Título VI da Parte Especial do Código Penal, dentre os quais, o do art. 229. E o sujeito passivo do delito não é a sociedade, mas sim a pessoa explorada, vítima da exploração sexual. Assim, se não se trata de estabelecimento voltado exclusivamente para a prática de mercancia sexual, tampouco há notícia de envolvimento de menores de idade, nem comprovação de que o recorrido tirava proveito, auferindo lucros da atividade sexual alheia mediante ameaça, coerção, violência ou qualquer outra forma de violação ou tolhimento à liberdade das pessoas, não há falar em fato típico a ser punido na seara penal.

Não é exigida a finalidade de lucro para que se configure o crime.
Tem-se aqui um crime habitual.

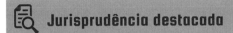

> Mesmo após as alterações legislativas introduzidas pela Lei nº 12.015/2009, a conduta consistente em **manter "Casa de Prostituição"** segue sendo crime tipificado no art. 229 do Código Penal. Todavia, com a novel legislação, passou-se a exigir a "exploração sexual" como elemento normativo do tipo, de modo que a conduta consistente em **manter casa para fins libidinosos, por si só, não mais caracteriza crime**, sendo necessário, para a configuração do delito, que haja **exploração sexual**, assim entendida como a **violação à liberdade das pessoas** que ali exercem a mercancia carnal (STJ, REsp nº 1.683.375/SP, Rel. Min. Maria Thereza de Assis Moura, 6ª Turma, j. 14.08.2018).

23.3.4 Consumação e tentativa

Tratando-se de crime habitual, entende-se que não é admitida a tentativa.
O crime se consuma com o funcionamento da casa destinada à exploração sexual.

23.4 RUFIANISMO

Art. 230. Tirar proveito da prostituição alheia, participando diretamente de seus lucros ou fazendo-se sustentar, no todo ou em parte, por quem a exerça:

Pena – reclusão, de um a quatro anos, e multa.

§ 1º Se a vítima é menor de 18 (dezoito) e maior de 14 (catorze) anos ou se o crime é cometido por ascendente, padrasto, madrasta, irmão, enteado, cônjuge, companheiro, tutor ou curador, preceptor ou empregador da vítima, ou por quem assumiu, por lei ou outra forma, obrigação de cuidado, proteção ou vigilância:

Pena – reclusão, de 3 (três) a 6 (seis) anos, e multa.

§ 2º Se o crime é cometido mediante violência, grave ameaça, fraude ou outro meio que impeça ou dificulte a livre manifestação da vontade da vítima.

Pena – reclusão, de 2 (dois) a 8 (oito) anos, sem prejuízo da pena correspondente à violência.

23.4.1 Noções gerais e classificação doutrinária

O art. 230 do Código Penal pune o chamado rufianismo, que é a prática de tirar proveito da prostituição alheia, seja participando efetivamente dos lucros, seja fazendo-se sustentar por quem a exerça.

452 Direito Penal Decifrado – Parte Especial

Trata-se de crime comum em relação ao sujeito ativo e próprio em relação ao sujeito passivo (somente aquele que se prostitui pode ser vítima); crime doloso; material; de forma livre; monossubjetivo; plurissubsistente; crime habitual.

O bem jurídico tutelado é a dignidade sexual.

Assim como no crime estudado anteriormente, existem doutrinadores, a exemplo de Rogerio Greco, que entendem que o bem jurídico tutelado é a moralidade pública.

Ousamos discordar do brilhante doutrinador. Temos que o bem jurídico tutelado é a dignidade sexual. O tipo penal está inserido no título dos crimes contra a dignidade sexual e esta é própria da pessoa, e não da coletividade.

O objeto material do crime é a pessoa explorada.

23.4.2 Sujeitos do crime

Qualquer pessoa pode ser sujeito ativo do crime, não se exige qualquer qualidade especial dele.

Se o agente for ascendente, padrasto, madrasta, irmão, enteado, cônjuge, companheiro, tutor ou curador, preceptor ou empregador da vítima, ou por quem assumiu, por lei ou outra forma, obrigação de cuidado, proteção ou vigilância, estaremos diante da forma qualificada do delito.

O sujeito passivo será a pessoa que se prostitui e que é explorada pelo rufião.

Assim como dissemos no estudo do artigo anterior, discordamos da parcela da doutrina que entende que a coletividade também figura como sujeito passivo.

23.4.3 Conduta e voluntariedade

O crime pune a conduta de tirar proveito e fazer-se sustentar pela prostituição alheia.

Esse proveito é de natureza econômica. Não se trata de vantagem sexual.

Temos duas modalidades de rufianismo: ativo e passivo.

Rufianismo ativo: o agente diretamente tira proveito da prostituição alheia, recebe diretamente os lucros.

Rufianismo passivo: o agente é sustentado pela vítima. Tira proveito indiretamente da prostituição. O agente vive às custas da prostituta. Popularmente conhecido como gigolô.

Temos hipótese de crime habitual. Assim, a habitualidade deve ser comprovada.

O crime é punido a título de dolo, sem que se exija qualquer finalidade de agir especial do agente.

23.4.4 Consumação e tentativa

O crime se consuma com a reiteração de condutas do agente, uma vez que, como mencionado, trata-se de crime habitual.

Consumar-se-á, então, com a conduta de se aproveitar do lucro da prostituição alheia.

Não se admite a tentativa por se tratar de crime habitual.

23.5 PROMOÇÃO DE MIGRAÇÃO ILEGAL

Art. 232-A. Promover, por qualquer meio, com o fim de obter vantagem econômica, a entrada ilegal de estrangeiro em território nacional ou de brasileiro em país estrangeiro:

Pena – reclusão, de 2 (dois) a 5 (cinco) anos, e multa.

§ 1º Na mesma pena incorre quem promover, por qualquer meio, com o fim de obter vantagem econômica, a saída de estrangeiro do território nacional para ingressar ilegalmente em país estrangeiro.

§ 2º A pena é aumentada de 1/6 (um sexto) a 1/3 (um terço) se:

I – o crime é cometido com violência;

II – a vítima é submetida a condição desumana ou degradante.

§ 3º A pena prevista para o crime será aplicada sem prejuízo das correspondentes às infrações conexas.

23.5.1 Noções gerais e classificação doutrinária

O art. 232-A foi inserido ao Código Penal por meio da Lei nº 13.445/2017, a fim de tipificar a conduta chamada de promoção de migração ilegal.

A Lei nº 13.445/2017, conhecida como Lei da Migração, foi criada para dispor sobre os direitos e os deveres do migrante e do visitante, regular a sua entrada e estada no País e estabelecer princípios e diretrizes para as políticas públicas para o emigrante.

Além da inserção do tipo penal, a Lei nº 13.445/2017 revogou o Estatuto do Estrangeiro (Lei nº 6.815/1980), que era basicamente voltado à segurança nacional, e revogou, também, a Lei nº 818/1949, que tratava da aquisição, perda da nacionalidade e perda de direitos políticos.

Alguns conceitos básicos são trazidos pela lei:

- **imigrante:** pessoa nacional de outro país ou apátrida que trabalha ou reside e se estabelece temporária ou definitivamente no Brasil;
- **emigrante:** brasileiro que se estabelece temporária ou definitivamente no exterior;
- **residente fronteiriço:** pessoa nacional de país limítrofe ou apátrida que conserva a sua residência habitual em município fronteiriço de país vizinho;
- **visitante:** pessoa nacional de outro país ou apátrida que vem ao Brasil para estadas de curta duração, sem pretensão de se estabelecer temporária ou definitivamente no território nacional;
- **apátrida:** pessoa que não seja considerada como nacional por nenhum Estado, segundo a sua legislação, nos termos da Convenção sobre o Estatuto dos Apátridas, de 1954.

A doutrina critica a inserção do tipo penal na posição topográfica em que foi feita, no Capítulo referente ao lenocínio e ao tráfico de pessoas para fins de prostituição ou outra forma de exploração sexual, dentro do Título dos crimes contra a dignidade sexual. Isso porque, o tipo não se confunde com o tráfico de pessoas para exploração sexual.

Não se trata a migração de fenômeno atual, no entanto, em razão da globalização, a migração ganhou proporções infinitamente maiores demandando, assim uma maior flexibilização das legislações que tratam da mobilidade da população.

A fim de garantir sua soberania nacional e a segurança interna, os países devem adotar regras para regular a entrada e saída de seus territórios.

A respeito da objetividade jurídica do tipo, Rogério Sanches Cunha (2021, p. 632) leciona:

> A tutela penal recai, sobretudo, na manutenção da soberania nacional, da qual deriva toda a disciplina para entrada e saída de pessoas do território brasileiro. É com base no poder pleno de autodeterminação, ou seja, não condicionado a nenhum outro poder de origem externa ou interna, que o Estado estabelece as regras para o trânsito de pessoas no território nacional. Ignorar essas regras atenta, portanto, contra o poder de autodeterminação.

Classificação doutrinária: trata-se de crime comum; crime material, doloso, de forma livre, monossubjetivo, plurissubsistente.

23.5.2 Sujeitos do crime

Tratando-se de crime comum, pode ser praticado por qualquer pessoa.

O sujeito passivo será o Estado, que é quem realmente é prejudicado com a conduta e que tem o controle de entrada e saída de estrangeiros de seu território abalado.

23.5.3 Conduta e voluntariedade

O tipo pune a conduta de promover a entrada de estrangeiros de maneira ilegal no território nacional ou a entrada de brasileiros em território estrangeiro, com a intenção de obter vantagem econômica.

Essa promoção é compreendida de maneira ampla. Para entender o núcleo promover, podemos nos valer do Protocolo Adicional à Convenção das Nações Unidas contra o Crime Organizado Transnacional, relativo ao Combate ao Tráfico de Migrantes por Via Terrestre, Marítima e Aérea. Tal protocolo adicional complementa a Convenção das Nações Unidas contra o Crime Organizado Transnacional (Convenção de Palermo) e será interpretado em conjunto com ela.

O protocolo adicional tem o intuito de prevenir e combater o tráfico de migrantes, bem como promover a cooperação entre os Estados Partes com esse fim, protegendo ao mesmo tempo os direitos dos migrantes objeto desse tráfico.

Algumas definições trazidas pelo protocolo:

> Para efeitos do presente Protocolo:
>
> a) A expressão "tráfico de migrantes" significa a promoção, com o objetivo de obter, direta ou indiretamente, um benefício financeiro ou outro benefício material, da en-

trada ilegal de uma pessoa num Estado Parte do qual essa pessoa não seja nacional ou residente permanente;

b) A expressão "entrada ilegal" significa a passagem de fronteiras sem preencher os requisitos necessários para a entrada legal no Estado de acolhimento;

c) A expressão "documento de viagem ou de identidade fraudulento" significa qualquer documento de viagem ou de identificação:

(i) Que tenha sido falsificado ou alterado de forma substancial por uma pessoa ou uma entidade que não esteja legalmente autorizada a fazer ou emitir documentos de viagem ou de identidade em nome de um Estado; ou

(ii) Que tenha sido emitido ou obtido de forma irregular, através de falsas declarações, corrupção ou coação ou qualquer outro meio ilícito; ou

(iii) Que seja utilizado por uma pessoa que não seja seu titular legítimo;

d) O termo "navio" significa todo o tipo de embarcação, incluindo embarcações sem calado e hidroaviões, utilizados ou que possam ser utilizados como meio de transporte sobre a água, com excepção dos vasos de guerra, navios auxiliares da armada ou outras embarcações pertencentes a um Governo ou por ele exploradas, desde que sejam utilizadas exclusivamente por um serviço público não comercial.

Chega-se ao conceito de estrangeiro, por exclusão, analisando-se o conceito de brasileiro adotado pela Constituição da República, em seu art. 12:

Art. 12. São brasileiros:

I – natos:

a) os nascidos na República Federativa do Brasil, ainda que de pais estrangeiros, desde que estes não estejam a serviço de seu país;

b) os nascidos no estrangeiro, de pai brasileiro ou mãe brasileira, desde que qualquer deles esteja a serviço da República Federativa do Brasil;

c) os nascidos no estrangeiro de pai brasileiro ou de mãe brasileira, desde que sejam registrados em repartição brasileira competente ou venham a residir na República Federativa do Brasil e optem, em qualquer tempo, depois de atingida a maioridade, pela nacionalidade brasileira;

II – naturalizados:

a) os que, na forma da lei, adquiram a nacionalidade brasileira, exigidas aos originários de países de língua portuguesa apenas residência por um ano ininterrupto e idoneidade moral;

b) os estrangeiros de qualquer nacionalidade, residentes na República Federativa do Brasil há mais de quinze anos ininterruptos e sem condenação penal, desde que requeiram a nacionalidade brasileira.

Assim, os que não forem considerados brasileiros (natos ou naturalizados), são considerados estrangeiros.

Além do conceito de estrangeiro, impende sabermos o conceito de território: o território nacional compreende o espaço jurídico e o espaço físico.

456 Direito Penal Decifrado – Parte Especial

Apesar de o art. 5º do Código Penal[2] considerar como território nacional as embarcações e aeronaves brasileiras, de natureza pública ou a serviço do governo brasileiro onde quer que se encontrem, bem como as aeronaves e as embarcações brasileiras, mercantes ou de propriedade privada, que se achem, respectivamente, no espaço aéreo correspondente ou em alto-mar, cremos que para fins de aplicação do tipo penal deve ser considerado apenas o território físico.

O território físico é o espaço geográfico que compreende todo território marítimo (12 milhas), terrestre e aéreo (coluna atmosférica), os quais estão subordinados ao Estado.

Além da entrada de estrangeiros em território brasileiro, o tipo penal pune a conduta de promover a entrada de brasileiro em território estrangeiro. Como exemplo temos a ação dos chamados coiotes.

O crime é punido a título de dolo.

Atente-se ao fato de que a conduta exige um especial fim de agir do agente (elemento subjetivo do tipo), qual seja, o intuito de obter vantagem econômica.

23.5.4 Consumação e tentativa

O crime se consuma com a entrada ilegal do estrangeiro em território nacional ou entrada ilegal de brasileiro no estrangeiro.

É admitida a tentativa, uma vez que o *iter criminis* pode ser fracionado (crime plurissubsistente).

23.5.5 Causas de aumento de pena

O § 2º traz as causas de aumento de pena:

> **Art. 232-A.** (...)
>
> **§ 2º** A pena é aumentada de 1/6 (um sexto) a 1/3 (um terço) se:
>
> I – o crime é cometido com violência;
>
> II – a vítima é submetida a condição desumana ou degradante.

Não raro, vemos notícias de imigrantes ilegais submetidos a condições sub-humanas e degradantes por pessoas que se aproveitam da necessidade ou desespero para obter lucro. Esses terão a punição mais rigorosa.

---

[2] **Código Penal:**
"**Art. 5º** (...)
§ 1º Para os efeitos penais, consideram-se como extensão do território nacional as embarcações e aeronaves brasileiras, de natureza pública ou a serviço do governo brasileiro onde quer que se encontrem, bem como as aeronaves e as embarcações brasileiras, mercantes ou de propriedade privada, que se achem, respectivamente, no espaço aéreo correspondente ou em alto-mar".

24 Do ultraje público ao pudor

24.1 ATO OBSCENO

Art. 233. Praticar ato obsceno em lugar público, ou aberto ou exposto ao público:
Pena – detenção, de três meses a um ano, ou multa.

24.1.1 Noções gerais e classificação doutrinária

O art. 233 do CP pune a prática de ato obsceno em lugar público ou aberto ou exposto ao público.

Visa a proteger a moralidade coletiva, a moralidade pública. O tipo foi criado com o intuito de evitar a prática de condutas que causem indignação, constrangimento (no sentido de ser vexatório para quem observa).

O conceito de ato obsceno é bastante fluido e depende de juízo de valor do intérprete. Depende, ainda, da sociedade e da época em que é praticado.

Como bem jurídico tutelado, tem-se o pudor público. O objeto material será a pessoa ou grupo de pessoas contra quem foi dirigido o ato e até mesmo toda a coletividade.

Como leciona Magalhães Noronha (1980), pudor coletivo abrange as regras e princípios consuetudinariamente observados pela generalidade dos homens que dão conteúdo ao pudor.

Um ato que ofende ao pudor em determinada localidade, pode passar despercebido em outra.

Classificação doutrinária: trata-se de crime comum; doloso; comissivo; formal; de forma livre; monossubjetivo, plurissubsistente.

24.1.2 Sujeitos do crime

Tratando-se de crime comum, pode ser praticado por qualquer pessoa, não se exigindo qualidade especial de autor ou vítima.

Como mencionado, além da vítima (ou grupo de vítimas) para quem é dirigida a conduta, também figura no polo passivo toda a coletividade.

24.1.3 Conduta e voluntariedade

A conduta punida é a de praticar ato obsceno, em lugar público ou aberto ou exposto ao público.

O conceito de ato obsceno é bastante subjetivo e relativo. A depender da época, da sociedade, da localidade, da evolução cultural, o conceito irá se alterar. Como dito, é um conceito fluido.

Como lecionado por Bento de Faria (1961), ato obsceno é aquele que pode ofender o pudor dos cidadãos, causar escândalo e ferir a honestidade dos que forem testemunhas.

Para que se configure o crime previsto no art. 233 do CP, há necessidade de que o ato obsceno seja praticado em local público, aberto ou exposto ao público.

Por lugar público compreendemos aquele acessível a qualquer pessoa de forma quase irrestrita. É o caso das ruas, vias públicas, praças.

Aberto ao público será o local que tem acesso permitido ao público, porém com certas restrições, certas condições. Podemos exemplificar como cinemas, teatros, restaurantes.

Já o local exposto ao público é o que pode ser privado, porém, que seja de visão permitida a pessoas de fora. É o caso de varandas, sacadas de apartamentos. Ou seja, locais fechados, mas que permitam que seu interior seja visto por quem está de fora.

Questão que sempre vem à tona em certas épocas do ano, como é o caso do carnaval ou festas de *réveillon*: urinar em público pode ser considerado crime de ato obsceno?

Entendemos que a conduta deve ser analisada no caso concreto. Uma pessoa que, sentindo necessidade de se aliviar durante um bloco de carnaval, vai até um muro, vira-se de costas e, na medida do possível, tenta impedir que outros vejam seus órgãos genitais, em nosso sentir, não pratica o crime.

Diferente é a situação daquele que, no meio desse mesmo bloco, abre a braguilha, exibe seu órgão genital, sem qualquer pudor e urina na rua.

Porém, como já salientado, deve ser analisado o caso concreto, por se tratar de conceito fluido.

O crime é punido a título de dolo, que se resume em vontade de praticar o ato obsceno em público.

Parcela da doutrina, a exemplo de Guilherme de Souza Nucci (*apud* CUNHA, 2021, p. 638), entende que o sujeito deve atuar com especial fim de agir, com a finalidade de ofender ao pudor alheio.

24.1.4 Consumação e tentativa

O crime se consuma com a prática do ato considerado obsceno, ainda que não tenha atingido efetivamente o pudor alheio.

Sendo o *iter criminis* fracionável, é admitida a tentativa.

24.1.5 Ato obsceno x importunação sexual

Estudado quando da análise do art. 215-A[1] do Código Penal, o crime de importunação sexual consiste na conduta de praticar ato libidinoso contra alguém ou sem sua anuência com o intuito de satisfazer a própria lascívia.

Por ato libidinoso entende-se aquele que objetiva a satisfação da libido do agente.

Para diferenciar os crimes de ato obsceno e importunação sexual, devemos verificar o sujeito passivo. Na importunação sexual, temos vítima determinada, no crime previsto no art. 233 do CP, não há vítima determinada, não é a conduta praticada contra alguém.

24.2 ESCRITO OU OBJETO OBSCENO

Art. 234. Fazer, importar, exportar, adquirir ou ter sob sua guarda, para fim de comércio, de distribuição ou de exposição pública, escrito, desenho, pintura, estampa ou qualquer objeto obsceno:

Pena – detenção, de seis meses a dois anos, ou multa.

Parágrafo único. Incorre na mesma pena quem:

I – vende, distribui ou expõe à venda ou ao público qualquer dos objetos referidos neste artigo;

II – realiza, em lugar público ou acessível ao público, representação teatral, ou exibição cinematográfica de caráter obsceno, ou qualquer outro espetáculo, que tenha o mesmo caráter;

III – realiza, em lugar público ou acessível ao público, ou pelo rádio, audição ou recitação de caráter obsceno.

24.2.1 Noções gerais e classificação doutrinária

O art. 234 do CP pune a conduta de fazer, importar, exportar, adquirir ou ter sob sua guarda, para fim de comércio, de distribuição ou de exposição pública, escrito, desenho, pintura, estampa ou qualquer objeto obsceno, ou ainda, aquele que vende, distribui ou expõe à venda ou ao público qualquer dos objetos referidos neste artigo; realiza, em lugar público ou acessível ao público, representação teatral, ou exibição cinematográfica de caráter obsceno, ou qualquer outro espetáculo, que tenha o mesmo caráter, ou pelo rádio, audição ou recitação de caráter obsceno.

---

[1] **Código Penal:**
"**Art. 215-A.** Praticar contra alguém e sem a sua anuência ato libidinoso com o objetivo de satisfazer a própria lascívia ou a de terceiro:
Pena – reclusão, de 1 (um) a 5 (cinco) anos, se o ato não constitui crime mais grave".

Perceba que tal tipo penal, nos dias atuais, chega a causar estranheza, pois nada mais comum do que vermos nas redes sociais, televisões e bancas de jornais publicações de cunho sexual.

O bem jurídico tutelado é o pudor público, a moralidade pública.

Sendo este o bem jurídico tutelado, maior a razão para entendermos não mais se fazer necessário tal tipo penal.

Hodiernamente, as publicações, exibições de materiais de cunho obsceno não chegam a atingir o bem jurídico, por serem tolerados e muitas vezes estimulados pela sociedade.

Classificação doutrinária: trata-se de crime comum; doloso; comissivo; formal; de ação múltipla (conteúdo variado); de forma livre; permanente; monossubjetivo, plurissubsistente.

24.2.2 Sujeitos do crime

Tratando-se de crime comum em relação ao sujeito ativo, qualquer pessoa pode ser autor do crime.

O sujeito passivo é a coletividade e a pessoa que tenha contato com a publicação (escrito ou objeto obsceno).

24.2.3 Conduta e voluntariedade

O crime pune as condutas de fazer, importar, exportar, adquirir ou ter sob sua guarda, para fim de comércio, de distribuição ou de exposição pública, escrito, desenho, pintura, estampa ou qualquer objeto obsceno.

O legislador utilizou-se da interpretação analógica ao finalizar o tipo com a expressão "ou qualquer objeto obsceno".

O crime é punido a título de dolo, não sendo punida a modalidade culposa.

Rogério Sanches Cunha (2021, p. 640) alerta para o fato de ser necessária a presença de dois elementos subjetivos especiais do injusto: a finalidade de comércio, de distribuição ou de exposição pública e o propósito de ofender a moralidade pública.

O parágrafo único traz as figuras equiparadas ao *caput*:

- aquele que vende, distribui ou expõe à venda ou ao público qualquer dos objetos referidos neste artigo;
- aquele que realiza, em lugar público ou acessível ao público, representação teatral, ou exibição cinematográfica de caráter obsceno, ou qualquer outro espetáculo, que tenha o mesmo caráter;
- aquele que realiza, em lugar público ou acessível ao público, ou pelo rádio, audição ou recitação de caráter obsceno.

A doutrina entende que os incisos II e II do parágrafo único não são compatíveis com a Constituição da República, em especial com o direito fundamental à liberdade de expressão da atividade intelectual, artística, científica e de comunicação.

Capítulo 24 • Do ultraje público ao pudor **461**

24.2.4 Consumação e tentativa

O crime se consuma com a prática de quaisquer dos verbos nucleares do tipo, sendo possível a tentativa em razão de tratar-se de crime plurissubsistente.

24.2.5 Escrito ou objeto obsceno e o Estatuto da Criança e do Adolescente

Caso as condutas praticadas pelo agente envolvam crianças ou adolescentes, não mais se amoldarão ao tipo em análise, mas sim, aos crimes previstos no Estatuto de Criança e do Adolescente (Lei nº 8.069/1990), em seus arts. 240 a 241-E:

Art. 240. Produzir, reproduzir, dirigir, fotografar, filmar ou registrar, por qualquer meio, cena de sexo explícito ou pornográfica, envolvendo criança ou adolescente:

Pena – reclusão, de 4 (quatro) a 8 (oito) anos, e multa.

§ 1º Incorre nas mesmas penas quem agencia, facilita, recruta, coage, ou de qualquer modo intermedeia a participação de criança ou adolescente nas cenas referidas no *caput* deste artigo, ou ainda quem com esses contracena.

§ 2º Aumenta-se a pena de 1/3 (um terço) se o agente comete o crime:

I – no exercício de cargo ou função pública ou a pretexto de exercê-la;

II – prevalecendo-se de relações domésticas, de coabitação ou de hospitalidade; ou

III – prevalecendo-se de relações de parentesco consanguíneo ou afim até o terceiro grau, ou por adoção, de tutor, curador, preceptor, empregador da vítima ou de quem, a qualquer outro título, tenha autoridade sobre ela, ou com seu consentimento.

Art. 241. Vender ou expor à venda fotografia, vídeo ou outro registro que contenha cena de sexo explícito ou pornográfica envolvendo criança ou adolescente:

Pena – reclusão, de 4 (quatro) a 8 (oito) anos, e multa.

Art. 241-A. Oferecer, trocar, disponibilizar, transmitir, distribuir, publicar ou divulgar por qualquer meio, inclusive por meio de sistema de informática ou telemático, fotografia, vídeo ou outro registro que contenha cena de sexo explícito ou pornográfica envolvendo criança ou adolescente:

Pena – reclusão, de 3 (três) a 6 (seis) anos, e multa.

§ 1º Nas mesmas penas incorre quem:

I – assegura os meios ou serviços para o armazenamento das fotografias, cenas ou imagens de que trata o *caput* deste artigo;

II – assegura, por qualquer meio, o acesso por rede de computadores às fotografias, cenas ou imagens de que trata o *caput* deste artigo.

§ 2º As condutas tipificadas nos incisos I e II do § 1º deste artigo são puníveis quando o responsável legal pela prestação do serviço, oficialmente notificado, deixa de desabilitar o acesso ao conteúdo ilícito de que trata o *caput* deste artigo.

462 Direito Penal Decifrado – Parte Especial

Art. 241-B. Adquirir, possuir ou armazenar, por qualquer meio, fotografia, vídeo ou outra forma de registro que contenha cena de sexo explícito ou pornográfica envolvendo criança ou adolescente:

Pena – reclusão, de 1 (um) a 4 (quatro) anos, e multa.

§ 1º A pena é diminuída de 1 (um) a 2/3 (dois terços) se de pequena quantidade o material a que se refere o *caput* deste artigo.

§ 2º Não há crime se a posse ou o armazenamento tem a finalidade de comunicar às autoridades competentes a ocorrência das condutas descritas nos arts. 240, 241, 241-A e 241-C desta Lei, quando a comunicação for feita por:

I – agente público no exercício de suas funções;

II – membro de entidade, legalmente constituída, que inclua, entre suas finalidades institucionais, o recebimento, o processamento e o encaminhamento de notícia dos crimes referidos neste parágrafo;

III – representante legal e funcionários responsáveis de provedor de acesso ou serviço prestado por meio de rede de computadores, até o recebimento do material relativo à notícia feita à autoridade policial, ao Ministério Público ou ao Poder Judiciário.

§ 3º As pessoas referidas no § 2º deste artigo deverão manter sob sigilo o material ilícito referido.

Art. 241-C. Simular a participação de criança ou adolescente em cena de sexo explícito ou pornográfica por meio de adulteração, montagem ou modificação de fotografia, vídeo ou qualquer outra forma de representação visual:

Pena – reclusão, de 1 (um) a 3 (três) anos, e multa.

Parágrafo único. Incorre nas mesmas penas quem vende, expõe à venda, disponibiliza, distribui, publica ou divulga por qualquer meio, adquire, possui ou armazena o material produzido na forma do *caput* deste artigo.

Art. 241-D. Aliciar, assediar, instigar ou constranger, por qualquer meio de comunicação, criança, com o fim de com ela praticar ato libidinoso:

Pena – reclusão, de 1 (um) a 3 (três) anos, e multa.

Parágrafo único. Nas mesmas penas incorre quem:

I – facilita ou induz o acesso à criança de material contendo cena de sexo explícito ou pornográfica com o fim de com ela praticar ato libidinoso;

II – pratica as condutas descritas no *caput* deste artigo com o fim de induzir criança a se exibir de forma pornográfica ou sexualmente explícita.

Art. 241-E. Para efeito dos crimes previstos nesta Lei, a expressão "cena de sexo explícito ou pornográfica" compreende qualquer situação que envolva criança ou adolescente em atividades sexuais explícitas, reais ou simuladas, ou exibição dos órgãos genitais de uma criança ou adolescente para fins primordialmente sexuais.

25

Disposições gerais

25.1 CAUSAS DE AUMENTO DE PENA

Art. 234-A. Nos crimes previstos neste Título a pena é aumentada:
I – (Vetado).
II – (Vetado).
III – de metade a 2/3 (dois terços), se do crime resulta gravidez;
IV – de 1/3 (um terço) a 2/3 (dois terços), se o agente transmite à vítima doença sexualmente transmissível de que sabe ou deveria saber ser portador, ou se a vítima é idosa ou pessoa com deficiência.

Art. 234-B. Os processos em que se apuram crimes definidos neste Título correrão em segredo de justiça.

O art. 234-A, inserido no Código Penal pela Lei nº 13.718/2018, traz duas causas de aumento de pena aplicáveis aos crimes previstos no título VI.

Na realidade, o artigo prevê quatro incisos, porém, os incisos I e II foram objeto de veto. Restaram apenas os incisos III e IV, que aumentam a pena em caso de transmissão de doença sexualmente transmissível, em caso de vítima idosa, pessoa com deficiência ou se resultar gravidez.

Vamos analisá-los separadamente.

III – se do crime resultar gravidez;

Neste caso, a pena será aumentada de dois terços. Merece maior reprovação penal a conduta que resulte em gravidez. Além de ter sido vítima de crime contra sua dignidade sexual, a vítima carregará o fruto daquele ato consigo até que faça o aborto ou, caso decida manter a gravidez, para toda a sua vida.

Lembrando que o art. 128, II, do Código Penal[1] permite o aborto legal em caso de gravidez resultante de estupro.

Dois questionamentos surgem quando pensamos na mulher autora de estupro que engravide:

- ◆ Será aplicado o aumento de pena previsto no art. 234-A, inciso III?

Rogério Sanches Cunha (2021, p. 57), discordando de Cezar Roberto Bitencourt, entende ser cabível o aumento, já que a lei não diferencia a pessoa grávida.

Bitencourt, por outro lado, entende ser inaplicável a majorante, pois seria o mesmo que punir uma espécie de autolesão, que não representaria maior desvalor do resultado para a vítima.

Nosso entendimento acompanha o do professor Rogério Sanches Cunha. Ora, a gravidez representa, sim, maior desvalor da conduta da autora. A gravidez da autora poderá gerar na vítima (o pai) responsabilidades na esfera civil, causará enorme repercussão moral e social. Além disso, uma criança será gerada fruto de um crime, e podendo ser considerada, ainda que de forma indireta, uma vítima.

- ◆ O outro questionamento diz respeito à possibilidade de a mulher autora do estupro se submeter ao abortamento legal previsto no art. 128, inciso II, do CP.

Entendemos negativamente. A regra contida no art. 128, II, do CP é norma de exceção, devendo ser interpretada de maneira restritiva.

Assim, a possibilidade de interrupção da gravidez da mulher autora do estupro não é possível. Somente no caso de mulher vítima é que se pode admitir o abortamento legal.

Rogério Greco (2021b) aduz, ainda:

> Entendemos como impossível o pedido que possa ser levado a efeito judicialmente pela vítima, com a finalidade de compelir a autora de estupro o aborto, sob o argumento de que não desejava a gravidez e, consequentemente, o fruto dessa relação sexual criminosa. Isso porque devemos preservar, *in casu*, o direito à vida do feto, já que não se confunde com o crime praticado pela mãe, ou mesmo com as pretensões morais da vítima.

Falamos em dois questionamentos, mas temos um terceiro: O filho fruto desse estupro praticado pela mulher pode requerer pensão alimentícia e ter direitos sucessórios em relação ao pai que foi vítima do estupro?

Apesar de parecer bastante "incoerente" com a vítima do estupro (que no caso é o pai da criança) entendemos que sim. A criança fruto do estupro não pode ser penalizada por um crime cometido por sua mãe.

---

[1] **Código Penal:**
"**Art. 128**. Não se pune o aborto praticado por médico:
Aborto necessário
I – se não há outro meio de salvar a vida da gestante;
Aborto no caso de gravidez resultante de estupro
II – se a gravidez resulta de estupro e o aborto é precedido de consentimento da gestante ou, quando incapaz, de seu representante legal".

Vejamos o **princípio do melhor interesse da criança**, sacramentado pela Constituição da República em seu art. 227, que estabelece que a responsabilidade de garantir os direitos de crianças e adolescentes é compartilhada entre Estado, famílias e sociedade, *in verbis*:

> **Art. 227.** É dever da família, da sociedade e do Estado assegurar à criança, ao adolescente e ao jovem, com absoluta prioridade, o direito à vida, à saúde, à alimentação, à educação, ao lazer, à profissionalização, à cultura, à dignidade, ao respeito, à liberdade e à convivência familiar e comunitária, além de colocá-los a salvo de toda forma de negligência, discriminação, exploração, violência, crueldade e opressão.

Com a adoção de tal princípio, todo o ordenamento jurídico se compromete a adotar uma compreensão ampla do que é melhor para a criança e o adolescente, deixando de lado crenças pessoais e entendimentos morais, a fim de atender o que efetivamente for o mais adequado ao menor de idade, que é uma pessoa em formação.

Crianças e adolescentes são sujeitos de direito em desenvolvimento que devem receber proteção integral e ter seu melhor interesse garantido.

Quando falamos a respeito da doutrina da proteção integral, devemos ter em mente que esta assegura, além dos direitos fundamentais conferidos a todas as pessoas, os direitos específicos que lhe sejam peculiares. Assim, deve-se buscar a alternativa que sempre garanta que a criança e o adolescente estejam em primeiro lugar.

Assim, entendemos que esse pai que foi vítima do estupro tem, sim, o dever de arcar com a pensão alimentícia do filho fruto do crime, que não pode ser penalizado por atitudes criminosas de sua mãe.

Entendemos, ainda, que este pai poderá ser réu em ação de alimentos e, até mesmo preso pelo não pagamento.

Vale levantar a hipótese de que este pai pode ser acionado judicialmente caso não cumpra com suas obrigações paternas, incluindo aí o dever de afeto. Ou seja, poderá ser réu em ação de indenização fundada no abandono afetivo.

IV – se o agente transmite à vítima doença sexualmente transmissível de que sabe ou deveria saber ser portador, ou se a vítima é idosa ou pessoa com deficiência;

Esse inciso recebeu nova redação dada pela Lei nº 13.718/2018, a qual aumentou a majoração de 1/6 até 1/2 para 1/3 e 2/3, além de acrescentar duas outras condições: vítima idosa ou deficiente.

Vamos analisar a primeira parte do inciso, que diz respeito à **transmissão de doença sexualmente transmissível**.

Inicialmente, cumpre informar que a terminologia Infecções Sexualmente Transmissíveis (IST) (BRASIL, 2020a) passa a ser adotada em substituição à expressão Doenças Sexualmente Transmissíveis (DST), porque destaca a possibilidade de uma pessoa ter e transmitir uma infecção, mesmo sem sinais e sintomas.

> As Infecções Sexualmente Transmissíveis (IST) são causadas por vírus, bactérias ou outros microrganismos.

Elas são transmitidas, principalmente, por meio do contato sexual (oral, vaginal, anal) sem o uso de camisinha masculina ou feminina, com uma pessoa que esteja infectada. A transmissão de uma IST pode acontecer, ainda, da mãe para a criança durante a gestação, o parto ou a amamentação. De maneira menos comum, as IST também podem ser transmitidas por meio não sexual, pelo contato de mucosas ou pele não íntegra com secreções corporais contaminadas.

O tratamento das pessoas com IST melhora a qualidade de vida e interrompe a cadeia de transmissão dessas infecções. O atendimento, o diagnóstico e o tratamento são gratuitos nos serviços de saúde do SUS.

Existem diversos tipos de infecções sexualmente transmissíveis, mas os exemplos mais conhecidos são: herpes genital; cancroide, HPV, doença inflamatória pélvica, donovanose, gonorreia, infecção por clamídia, sífilis, infecção pelo HTLV, tricomoníase.

É importante ressaltar que, mesmo que não haja sinais e sintomas, as IST podem estar presentes e ser, inclusive, transmissíveis. Ultimamente, o manejo das infecções assintomáticas está se beneficiando de novas tecnologias diagnósticas – algumas já em uso, como os testes rápidos para sífilis e para o HIV, além de outras menos acessíveis até o momento, mas que contam com a possibilidade de implantação, como os testes para gonorreia e clamídia (BRASIL, 2020b).

Como já mencionado em outros tópicos, discute-se a respeito da transmissão do vírus HIV. Isso porque a Aids não necessariamente será considerada como IST, uma vez que pode ser transmitida por outras formas do contato sexual.

Se durante o crime contra a dignidade sexual o agente transmitir o vírus HIV à vítima, incidirá a majorante em análise?

Devemos nos lembrar de que o STJ já firmou entendimento no sentido de que a transmissão do vírus HIV configura crime de lesão corporal de natureza gravíssima.

Se o crime contra a dignidade sexual foi o estupro ou o estupro de vulnerável, teremos duas possibilidades: crime sexual qualificado pela lesão grave ou concurso de crimes entre lesão corporal e estupro.

Tais possibilidades surgem em razão da qualificadora prevista no art. 213, § 1º, do CP e no art. 217-A, § 3º, do CP – os crimes de estupro e estupro de vulnerável são qualificados pelo resultado lesão corporal de natureza grave, que engloba a de natureza gravíssima.

Assim, se o agente transmitir o vírus HIV de maneira culposa, teremos as figuras típicas previstas nos arts. 213, § 1º, e 217-A, § 3º, do Código Penal.

No entanto, se o agente dolosamente transmitir o vírus HIV durante a prática do crime contra a dignidade sexual, estaremos diante dos crimes de estupro ou estupro de vulnerável na forma simples (*caput*) em concurso formal impróprio com o crime de lesão corporal de natureza gravíssima.

Outra será a solução no caso dos demais crimes contra a dignidade sexual. Se a transmissão do vírus HIV se der de forma dolosa, teremos concurso formal impróprio com o crime de lesão corporal de natureza gravíssima.

Se a transmissão for culposa, teremos concurso formal próprio com o crime de lesão corporal culposa.

Outro questionamento interessante diz respeito ao uso de preservativo pelo agente. Se o autor do crime contra a dignidade sexual utilizar preservativo e ainda assim a vítima engravidar ou se for transmitida doença sexualmente transmissível, ele responderá pelo crime com a incidência das majorantes previstas nos incisos III e IV do art. 234?

Da análise tanto do inciso III quanto do inciso IV, se conclui que as majorantes são aplicadas quando o resultado do crime for a gravidez ou a transmissão da doença sexualmente transmissível. Pouco importa se o agente foi precavido. O dolo do agente era de cometer o crime contra a dignidade sexual. O resultado majorado ser-lhe-á imputado quer ele tenha se precavido, quer não.

Além de majorar a pena do crime no caso de transmissão de doença sexualmente transmissível, o inciso IV traz como causa de aumento o fato de a vítima ser pessoa idosa ou com deficiência.

Por pessoa idosa entende-se a pessoa com 60 anos ou mais, conforme inteligência do art. 1º da Lei nº 10.741/2003.

Por pessoa com deficiência entende-se aquela que tem impedimento de longo prazo de natureza física, mental, intelectual ou sensorial, o qual, em interação com uma ou mais barreiras, pode obstruir sua participação plena e efetiva na sociedade em igualdade de condições com as demais pessoas.[2]

25.2 SEGREDO DE JUSTIÇA

> **Art. 234-B.** Os processos em que se apuram crimes definidos neste Título correrão em segredo de justiça.

O art. 234-B, inserido no Código Penal por meio da Lei nº 12.015/2009, prevê que a apuração dos crimes contra a dignidade sexual correrá em segredo de justiça, objetivando a preservação da intimidade dos envolvidos no processo.

---

[2] **Lei nº 13.143/2015:**
"**Art. 2º** Considera-se pessoa com deficiência aquela que tem impedimento de longo prazo de natureza física, mental, intelectual ou sensorial, o qual, em interação com uma ou mais barreiras, pode obstruir sua participação plena e efetiva na sociedade em igualdade de condições com as demais pessoas.
§ 1º A avaliação da deficiência, quando necessária, será biopsicossocial, realizada por equipe multiprofissional e interdisciplinar e considerará:
I – os impedimentos nas funções e nas estruturas do corpo;
II – os fatores socioambientais, psicológicos e pessoais;
III – a limitação no desempenho de atividades; e
IV – a restrição de participação".

A legislação penal impôs o sigilo de todos os crimes previstos no título VI do CP, quais sejam:

- estupro;
- violação sexual mediante fraude;
- importunação sexual;
- assédio sexual;
- estupro de vulnerável;
- corrupção de menores;
- satisfação da lascívia mediante a presença de criança ou adolescente;
- favorecimento da prostituição ou de outra forma de exploração sexual de criança ou adolescente ou de vulnerável;
- divulgação de cena de estupro ou de cena de estupro de vulnerável, de cena de sexo ou de pornografia;
- mediação para servir a lascívia de outrem;
- favorecimento da prostituição ou outra forma de exploração sexual;
- casa de prostituição;
- rufianismo;
- ato obsceno;
- escrito ou objeto obsceno.

Saliente-se que esse segredo de justiça não abrange apenas a vítima dos crimes contra a dignidade sexual, mas também o autor. Este é o entendimento que prevalece no Superior Tribunal de Justiça:

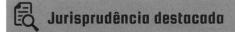 **Jurisprudência destacada**

HABEAS CORPUS SUBSTITUTIVO DE RECURSO PRÓPRIO. IMPOSSIBILIDADE. ESTUPRO DE VULNERÁVEL. PENA-BASE FIXADA NO MÍNIMO LEGAL. INSTÂNCIAS ORDINÁRIAS QUE CONSIDERARAM AS CONSEQUÊNCIAS DO CRIME "INERENTES AO TIPO PENAL". PRIMARIEDADE. REGIME INICIAL MAIS SEVERO QUE O PREVISTO NO ART. 33 DO CÓDIGO PENAL – CP. *HABEAS CORPUS* NÃO CONHECIDO. ORDEM CONCEDIDA DE OFÍCIO. 1. Diante da hipótese de *habeas corpus* substitutivo de recurso próprio, a impetração sequer deveria ser conhecida, segundo orientação jurisprudencial do Supremo Tribunal Federal (STF) e do próprio Superior Tribunal de Justiça (STJ). Contudo, considerando as alegações expostas na inicial, razoável a análise do feito para verificar a existência de eventual constrangimento ilegal que justifique a concessão da ordem de ofício. 2. O Supremo Tribunal Federal, no julgamento do HC nº 111.840/ES, Rel. Min. Dias Toffoli, *DJe* 17.12.2013, declarou inconstitucionalidade do § 1º do art. 2º da Lei nº 8.072/1990, com a redação que lhe foi dada pela Lei nº 11.464/2007, afastando, dessa forma, a obrigatoriedade do regime inicial fechado para os condenados por crimes hediondos e equiparados. 3. No caso em tela, a pena-base foi fixada no mínimo legal, sendo as consequências do crime consideradas "inerentes ao tipo penal". Logo, o regime inicial deveria ser fixado nos termos do art. 33, § 2º, do Código Penal. 4. Tratando-se de paciente primário, cuja pena-base foi fixada no mínimo legal, totalizando exatamente 8 anos de reclusão, nos termos da legislação penal e da Súmula nº 440, desta Corte Superior, o regime inicial deve ser o semiaberto. 5. Não prospera o pedido Ministerial de retificação da autuação para que conste por extenso o nome do paciente/acusado, conforme o decido na Questão de Ordem no julgamento do REsp nº 1.397.236/PB, tendo esta Corte firmado "o entendimento de que segredo de justiça determinado pelo art. 234-B do Código Penal se destina ao processo como um todo, não fazendo distinção entre réu e vítima". 6. *Habeas Corpus* não conhecido, ordem concedida, de ofício, para fixar o regime inicial semiaberto (STJ, HC nº 539.181/SP, Rel. Min. Joel Ilan Paciornik, 5ª Turma, j. 05.05.2020, *DJe* 13.05.2020).

[...] 5. Deve ser indeferido o pedido ministerial referente à alteração da autuação do presente recurso, com inclusão do nome por extenso do acusado. A jurisprudência desta Corte Superior de Justiça é no sentido de que o segredo de justiça determinado pelo art. 234-B do Código Penal se destina ao processo como um todo, não fazendo distinção entre réu e vítima. 6. *Habeas corpus* não conhecido (STJ, HC nº 423.016/SC, Rel. Min. Reynaldo Soares da Fonseca, 5ª Turma, j. 20.02.2018, *DJe* 27.02.2018).

 Decifrando a prova

(Inspetor de Polícia Civil – PC/CE – Idecan – 2021 – Adaptada) De acordo com o Código Penal, o crime de estupro ocorre quando há a seguinte conduta: "constranger alguém, mediante violência ou grave ameaça, a ter conjunção carnal ou a praticar ou permitir que com ele se pratique outro ato libidinoso" (art. 213, *caput*). O Superior Tribunal de Justiça já se manifestou várias vezes sobre o crime de estupro. Analisando a afirmativa a seguir, julgue se está de acordo com a jurisprudência do STJ:

O segredo de justiça previsto no art. 234-B do Código Penal abrange apenas a vítima de crimes sexuais, devendo constar da autuação somente as iniciais de seu nome.

( ) Certo   ( ) Errado

Gabarito comentado: conforme entendimento do STJ: "O segredo de justiça previsto no art. 234-B do Código Penal abrange o autor e a vítima de crimes sexuais, devendo constar da autuação apenas as iniciais de seus nomes". Portanto, a assertiva está errada.

 Jurisprudência destacada

[...] 5. O art. 234-B do Código Penal determina o segredo de justiça nos processos de apuração dos crimes contra a dignidade sexual, não fazendo distinção entre vítima e acusado. Deve o processo correr integralmente em segredo de justiça, preservando-se a intimidade do acusado em reforço à intimidade da própria vítima (STJ, REsp nº 1.767.902/RJ, Rel. Min. Sebastião Reis Júnior, 6ª Turma, j. 13.12.2018, *DJe* 04.02.2019).

470 Direito Penal Decifrado – Parte Especial

O segredo de justiça deve abranger não apenas o processo criminal, mas deve vigorar desde a fase pré-processual. Assim, o inquérito policial que verse sobre crimes previstos neste título também correrá em segredo de justiça. Outro não é o entendimento do doutrinador Guilherme de Souza Nucci (2014, p. 878-879):

> Os processos envolvendo os crimes sexuais (Título VI) devem correr em segredo de justiça. Acompanha-se, assim, a tendência natural de se resguardar a dignidade do agente (presumido inocente até condenação definitiva) e da vítima. Somente o juiz, o órgão acusatório e a defesa terão acesso aos autos. O segredo de justiça deve imperar desde a fase do inquérito policial, embora o art. 234-B refira-se somente aos processos. Trata--se de consequência lógica da ideia de resguardar as informações sobre o delito sexual ocorrido.

Esse segredo de justiça conferido aos crimes do presente título não afronta o princípio da publicidade previsto nos arts. 5º, inciso LX, e 93, inciso IX, da CF, os quais devem ceder quando a publicidade possa causar violação à intimidade e à dignidade da pessoa.

PARTE VII

Dos Crimes Contra a Família

26 Crimes contra a família

26.1 BIGAMIA

Art. 235. Contrair alguém, sendo casado, novo casamento:
Pena – reclusão, de dois a seis anos.
§ 1º Aquele que, não sendo casado, contrai casamento com pessoa casada, conhecendo essa circunstância, é punido com reclusão ou detenção, de um a três anos.
§ 2º Anulado por qualquer motivo o primeiro casamento, ou o outro por motivo que não a bigamia, considera-se inexistente o crime.

26.1.1 Considerações gerais

Como nosso país é adepto à monogamia, aquele que, sendo casado, contrai, formalmente, novo matrimônio, responde pelo delito em estudo.

26.1.2 Sujeitos

A figura do *caput* é considerada crime próprio, só podendo ser praticado por aquele que é casado, sendo esta uma condição especial do agente.

Vale registrar que já há entendimento consolidado no sentido de que não se pode abarcar a pessoa que convive em união estável, pena de se considerar analogia *in malam partem*.

A figura presente no § 1º corresponde à pessoa não casada, que contrai matrimônio com pessoa casada, conhecendo esta condição do parceiro.

Configura-se o crime também se um dos nubentes é casado no exterior.

O parágrafo segundo traz hipóteses de afastamento de tipicidade, sendo quando o casamento anterior for anulado ou anulado o segundo casamento, desde que o fundamento não seja a bigamia.

474 Direito Penal Decifrado – Parte Especial

> **Importante**
>
> Destaca-se que, para contrair novo matrimônio, o contraente deve mentir perante o Tabelionato sobre sua real condição civil. Nesse contexto, entende a doutrina que a bigamia não representa necessariamente concurso material com a falsidade ideológica (ato de mentir sobre o estado civil).

O crime somente é praticado mediante dolo e o crime será consumado quando é declarado o ato, dispensando-se a lavratura do termo.

A ação penal será pública incondicionada.

26.2 INDUZIMENTO A ERRO ESSENCIAL E OCULTAÇÃO DE IMPEDIMENTO

Art. 236. Contrair casamento, induzindo em erro essencial o outro contraente, ou ocultando-lhe impedimento que não seja casamento anterior:

Pena – detenção, de seis meses a dois anos.

Parágrafo único. A ação penal depende de queixa do contraente enganado e não pode ser intentada senão depois de transitar em julgado a sentença que, por motivo de erro ou impedimento, anule o casamento.

O crime pode ser praticado por qualquer pessoa e consiste em casar-se, induzindo o companheiro em erro essencial (situações relacionadas ao sexo da pessoa, doença, cometimento de crimes, entre outras situações previstas no art. 1.557 do CC), ou ocultando impedimento (causas previstas nos arts. 1.521 e 1.522 do Código Civil), que não seja casamento anterior (hipótese que poderá caracterizar o crime de bigamia).

Evidentemente, trata-se de uma norma penal em branco, tendo em vista que o casamento é norma de direito civil, assim, todas as informações referente aos impedimentos legais encontram-se dispostas.

O crime somente se pratica mediante dolo.

26.3 CONHECIMENTO PRÉVIO DE IMPEDIMENTO

Art. 237. Contrair casamento, conhecendo a existência de impedimento que lhe cause a nulidade absoluta:

Pena – detenção, de três meses a um ano.

Trata-se de crime de menor potencial ofensivo, no qual identificamos o objetivo da proteção da família e do casamento.

Como dito no item 26.2, os impedimentos legais encontram-se inseridos nos arts. 1.521

Capítulo 26 • Crimes contra a família **475**

e 1.522 do Código Civil. Nesses termos, qualquer pessoa que contraia matrimônio tendo prévio conhecimento desses impedimentos, praticará o crime em questão.

O que difere esta conduta do crime do art. 236 é que, neste, há a existência de fraude, consistente em induzir em erro essencial o outro nubente. Já no art. 237, a conduta consiste em se casar mesmo sabendo da existência de um impedimento anterior.

O crime somente se pratica mediante dolo, e prevalece o entendimento de que a tentativa é perfeitamente possível.

26.4 SIMULAÇÃO DE AUTORIDADE PARA CELEBRAÇÃO DE CASAMENTO

Art. 238. Atribuir-se falsamente autoridade para celebração de casamento:

Pena – detenção, de um a três anos, se o fato não constitui crime mais grave.

A ideia do presente crime, além de proteger a família e a lisura do casamento, também pretende tutelar a segurança jurídica do agente que irá celebrar a união conjugal.

Isso porque o Estado deve designar e capacitar as pessoas, nos termos do que preconiza a Constituição Federal, em seu art. 98, para celebrar o casamento, o chamado juiz de paz.

Diante disso, qualquer pessoa que se autodenomine competente para celebrar a união, naturalmente, sem deter essa competência, praticará o crime em questão.

O crime é comum, subsidiário e somente se pratica mediante dolo. Entende-se que a tentativa é possível, mas de difícil configuração.

26.5 SIMULAÇÃO DE CASAMENTO

Art. 239. Simular casamento mediante engano de outra pessoa:

Pena – detenção, de um a três anos, se o fato não constitui elemento de crime mais grave.

O objeto jurídico chancelado pela norma é o instituto do casamento, bem como a família.

Entendemos que o crime é comum, sendo que qualquer pessoa que simule, finja se casar, pratica o crime em questão. Ademais, é imprescindível que da simulação do casamento alguma pessoa seja enganada, podendo ou não ser o nubente, tendo em vista que o texto de lei não deixa claro acerca da "pessoa ludibriada".

Perceba, pela leitura completa do dispositivo, que, se o objetivo da simulação do casamento é praticar crime mais grave, o agente responderá somente por este, em homenagem ao princípio da subsidiariedade.

O crime somente se pratica mediante dolo, admitindo-se a tentativa.

26.6 REGISTRO DE NASCIMENTO INEXISTENTE

Art. 241. Promover no registro civil a inscrição de nascimento inexistente:

Pena – reclusão, de dois a seis anos.

Trata-se de crime comum, que consiste em promover o registro e a inscrição de nascimento de pessoa inexistente.

Consiste no ato de enganar o tabelião, lavrando-se ato acerca de pessoa que não existe.

A conduta também abrange o registro de pessoa natimorta.

O crime somente é praticado mediante dolo e a prescrição corre do momento em que o fato tornou-se conhecido (dependendo de cada caso).

26.7 PARTO SUPOSTO. SUPRESSÃO OU ALTERAÇÃO DE DIREITO INERENTE AO ESTADO CIVIL DE RECÉM-NASCIDO

Art. 242. Dar parto alheio como próprio; registrar como seu o filho de outrem; ocultar recém-nascido ou substituí-lo, suprimindo ou alterando direito inerente ao estado civil:

Pena – reclusão, de dois a seis anos.

Parágrafo único. Se o crime é praticado por motivo de reconhecida nobreza:

Pena – detenção, de um a dois anos, podendo o juiz deixar de aplicar a pena.

O crime em estudo pode ser praticado mediante quatro condutas distintas:

1. dar parto alheio como próprio: nessa conduta, a mulher atribui a si a maternidade que não foi por ela parida;

2. registrar como seu filho de outrem: aqui, a pessoa recebe filho de terceiro e registra como seu. A conduta visa evitar a chamada adoção à brasileira;

3. ocultar recém-nascido, suprimindo ou alterando direito inerente ao estado civil: trata-se da não formalização do nascimento;

4. agente substitui o recém-nascido, suprimindo ou alterando direito inerente ao estado civil: nesta modalidade, há uma substituição do recém-nascido.

Todas as condutas se praticam mediante dolo, sendo que, nas duas últimas, entende a doutrina que se exige também um especial fim de agir (alterar direito inerente ao estado civil).

O parágrafo único prevê hipótese de redução de pena, quando o fato é cometido por motivo de reconhecida nobreza (causa que depende de um complemento valorativo para ser identificada: ex.: pai que cede o filho em razão da extrema pobreza).

A ação penal é pública incondicionada.

26.8 SONEGAÇÃO DE ESTADO DE FILIAÇÃO

Art. 243. Deixar em asilo de expostos ou outra instituição de assistência filho próprio ou alheio, ocultando-lhe a filiação ou atribuindo-lhe outra, com o fim de prejudicar direito inerente ao estado civil:

Pena – reclusão, de um a cinco anos, e multa.

O crime pode ser praticado por qualquer pessoa, à exceção de ser o filho o próprio, pois, nessa hipótese, será próprio.

A conduta consiste em abandonar, deixando ao desamparo, em instituição de assistência, filho próprio ou alheio, não informando o estado de filiação.

> ### Atenção!
>
> Se o abandono não se der junto a uma instituição, tal qual discorrido no tipo penal, teremos o crime de abandono de incapaz ou abandono de recém-nascido, conforme arts. 133 e 134 do CP.

O crime somente é praticado mediante dolo de abandono, com ocultação do estado de filiação, e a ação penal é pública incondicionada.

26.9 ABANDONO MATERIAL

Art. 244. Deixar, sem justa causa, de prover a subsistência do cônjuge, ou de filho menor de 18 (dezoito) anos ou inapto para o trabalho, ou de ascendente inválido ou maior de 60 (sessenta) anos, não lhes proporcionando os recursos necessários ou faltando ao pagamento de pensão alimentícia judicialmente acordada, fixada ou majorada; deixar, sem justa causa, de socorrer descendente ou ascendente, gravemente enfermo:

Pena – detenção, de 1 (um) a 4 (quatro) anos e multa, de uma a dez vezes o maior salário mínimo vigente no País.

Parágrafo único. Nas mesmas penas incide quem, sendo solvente, frustra ou ilide, de qualquer modo, inclusive por abandono injustificado de emprego ou função, o pagamento de pensão alimentícia judicialmente acordada, fixada ou majorada.

Podem praticar o crime os cônjuges, os genitores ou os descendentes da vítima (crime próprio).

A primeira conduta consiste em o agente deixar de providenciar os meios necessários à subsistência da vítima (cônjuge, filho ou ascendente incapazes).

Ora, é obrigação do genitor ou do cônjuge que labora zelar pelo sustento do filho menor ou inapto para o trabalho, do cônjuge ou de ascendente inválido ou sexagenário.

A segunda conduta consiste em faltar com pagamento de pensão alimentícia judicialmente acordada, fixada ou majorada.

Como última conduta, há a previsão de deixar de prestar auxílio necessário a ascendente ou descendente gravemente enfermo (portador de doença física ou mental).

As condutas são punidas a título de dolo.

O crime, em todas as suas modalidades de conduta é classificado como omissivo próprio, logo, não admite a tentativa.

O parágrafo único prevê a conduta daquele que, tendo condições (devedor solvente) frustra o pagamento da pensão alimentícia judicialmente fixada.

A ação é pública incondicionada.

26.10 ENTREGA DE FILHO MENOR A PESSOA INIDÔNEA

Art. 245. Entregar filho menor de 18 (dezoito) anos a pessoa em cuja companhia saiba ou deva saber que o menor fica moral ou materialmente em perigo:

Pena – detenção, de 1 (um) a 2 (dois) anos.

§ 1º A pena é de 1 (um) a 4 (quatro) anos de reclusão, se o agente pratica delito para obter lucro, ou se o menor é enviado para o exterior.

§ 2º Incorre, também, na pena do parágrafo anterior quem, embora excluído o perigo moral ou material, auxilia a efetivação de ato destinado ao envio de menor para o exterior, com o fito de obter lucro.

O crime em estudo prevê a punição do genitor (crime próprio) que permite que o filho permaneça na companhia da pessoa que não tenha legitimidade moral para exercer os cuidados do menor.

Conforme se depreende do próprio texto, a conduta é praticada a título de dolo genérico ou eventual.

Os §§ 1º e 2º preveem a forma qualificada da conduta, que, todavia, seguindo o entendimento majoritário, foi tacitamente revogado pelos arts. 238 e 239 do ECA.

A ação penal é pública incondicionada.

26.11 ABANDONO INTELECTUAL

Art. 246. Deixar, sem justa causa, de prover à instrução primária de filho em idade escolar:

Pena – detenção, de quinze dias a um mês, ou multa.

O art. 229 da CF preceitua como uma obrigação da família promover o direito à educação de seus filhos.

O crime é classificado como próprio, pois só pode ser praticado pelos pais.

O crime se pratica mediante dolo.

Importante ressaltar que o STF entendeu que a educação domiciliar, praticada pelos genitores não supre a necessidade de se matricular o filho na rede regular de ensino, tendo em vista que, além da educação, a criança tem a necessidade de se desenvolver no contexto social, garantindo-se a convivência comunitária do infante.

A ação é pública incondicionada.

Decifrando a prova

(Delegado de Polícia Civil – PC/AC – Ibade – 2017 – Adaptada) Comete crime de abandono material quem, sendo solvente e sem motivo justo, com o único propósito de deixar de pagar pensão alimentícia fixada em acordo judicialmente homologado, abandona o emprego, gerando situação de necessidade – não suprida por outrem – para o alimentando.

( ) Certo   ( ) Errado

Gabarito comentado: a alternativa se amolda ao texto do art. 246 do CP. Portanto, a assertiva está certa.

(Delegado de Polícia Civil – PC/MS – Fapems – 2017) Com base no caso, assinale a alternativa correta.

Miriam, mãe de Rodrigo, e José, tutor de João, receberam convocação da Promotoria de Justiça da Infância e da Juventude da respectiva Comarca para comparecem à audiência pública destinada a tratar específico programa para prevenir a evasão escolar. Na carta, havia advertência, em negrito e sublinhado, que a presença seria obrigatória, sob pena de incorrerem pais e/ou responsáveis legais em apuração de responsabilização criminal por abandono intelectual (CP, art. 246). Miriam não compareceu, pois, no horário da reunião, realizou procedimento cirúrgico de emergência em Maria, colega de escola de Rodrigo. Tampouco José se fez presente, porquanto decidiu acompanhar um jogo do time do colégio de João. Ciente das ausências, o Promotor de Justiça requisitou instauração de investigação para apurar a responsabilidade de ambos. Assim, Miriam e José não poderão ser indiciados pelo crime de abandono intelectual.

( ) Certo   ( ) Errado

Gabarito comentado: não há que se falar em crime de abandono intelectual na medida em que o tipo penal do art. 246 do CP tem como núcleo deixar de prover, sem justa causa, a instrução primária do filho. Na hipótese, não restou caracterizada esta conduta, eis que os pais apenas não compareceram a uma reunião para tratar da evasão escolar. Portanto, a assertiva está certa.

26.12 ABANDONO MORAL

Art. 247. Permitir alguém que menor de dezoito anos, sujeito a seu poder ou confiado à sua guarda ou vigilância:

I – frequente casa de jogo ou mal-afamada, ou conviva com pessoa viciosa ou de má vida;

480 Direito Penal Decifrado – Parte Especial

II – frequente espetáculo capaz de pervertê-lo ou de ofender-lhe o pudor, ou participe de representação de igual natureza;

III – resida ou trabalhe em casa de prostituição;

IV – mendigue ou sirva a mendigo para excitar a comiseração pública:

Pena – detenção, de um a três meses, ou multa.

O crime é próprio pois somente responderá por ele os genitores ou quem detenha a guarda legal do menor.

O tipo é bastante objetivo e consiste em permitir que o menor frequente determinados locais considerados não saudáveis ao seu desenvolvimento, bem como para evitar o desenvolvimento de qualquer tipo de vício ou sequela na sua formação intelectual.

O crime somente é praticado mediante dolo, exceto na hipótese do inciso IX, em que se exige dolo específico.

A ação penal é pública incondicionada.

26.13 INDUZIMENTO A FUGA, ENTREGA ARBITRÁRIA OU SONEGAÇÃO DE INCAPAZES

Art. 248. Induzir menor de dezoito anos, ou interdito, a fugir do lugar em que se acha por determinação de quem sobre ele exerce autoridade, em virtude de lei ou de ordem judicial; confiar a outrem sem ordem do pai, do tutor ou do curador algum menor de dezoito anos ou interdito, ou deixar, sem justa causa, de entregá-lo a quem legitimamente o reclame:

Pena – detenção, de um mês a um ano, ou multa.

O crime em estudo pune aquele que induz (cria meios, facilita) que menor, sujeito a tutela de alguém fuja do local onde se encontra por ordem judicial. Há também a previsão da conduta de confiar a outrem a posse da criança sem autorização do genitor e daquele que deixa de entregar, sem causa justificada, o menor a quem o reclame.

O sujeito ativo é qualquer pessoa. O crime se pratica mediante dolo. A ação é pública incondicionada.

26.14 SUBTRAÇÃO DE INCAPAZES

Art. 249. Subtrair menor de dezoito anos ou interdito ao poder de quem o tem sob sua guarda em virtude de lei ou de ordem judicial:

Pena – detenção, de dois meses a dois anos, se o fato não constitui elemento de outro crime.

§ 1º O fato de ser o agente pai ou tutor do menor ou curador do interdito não o exime de pena, se destituído ou temporariamente privado do pátrio poder, tutela, curatela ou guarda.

§ 2º No caso de restituição do menor ou do interdito, se este não sofreu maus-tratos ou privações, o juiz pode deixar de aplicar pena.

O crime é comum e pode ser praticado por qualquer pessoa, inclusive pelo genitor que fora destituído do poder familiar.

O crime em questão tem como verbo a conduta de subtrair o menor de 18 anos ou o interdito. Sintetizando, é a retirada da esfera da vigilância de quem a exerça legalmente.

O crime se pratica mediante dolo, mas se exige a finalidade especial.

Segundo o teor do art. 249, § 1º, do CP, o fato de ser o agente pai ou tutor do menor ou curador do interdito não o exime de pena, se destituído ou temporariamente privado do pátrio poder, tutela, curatela ou guarda.

No art. 249, § 2º, do CP, no caso de restituição do incapaz, se este não sofreu maus-tratos ou privações, o juiz poderá deixar de aplicar pena. Cuida-se de causa extintiva da punibilidade (art. 107, IX, do CP).

A ação penal é pública incondicionada.

PARTE VIII

Dos Crimes Contra a Incolumidade Pública

27 Dos crimes de perigo comum

27.1 CONSIDERAÇÕES GERAIS

As disposições previstas neste título correspondem à proteção coletiva, que representam um significado de segurança ou firmeza para todos os membros da sociedade.

Seguindo as lições do *Dicionário Online de português* (2009), "incolumidade", do latim, *incolumitas*, significa alguma circunstância em que se está protegido, ou seja, pretende consagrar uma ideia de tutela, proteção coletiva.

27.2 DOS CRIMES EM ESPÉCIE

27.2.1 Incêndio

> **Art. 250.** Causar incêndio, expondo a perigo a vida, a integridade física ou o patrimônio de outrem:
> **Pena** – reclusão, de três a seis anos, e multa.
> **Aumento de pena**
> § 1º As penas aumentam-se de um terço:
> I – se o crime é cometido com intuito de obter vantagem pecuniária em proveito próprio ou alheio;
> II – se o incêndio é:
> a) em casa habitada ou destinada a habitação;
> b) em edifício público ou destinado a uso público ou a obra de assistência social ou de cultura;
> c) em embarcação, aeronave, comboio ou veículo de transporte coletivo;
> d) em estação ferroviária ou aeródromo;
> e) em estaleiro, fábrica ou oficina;

486 Direito Penal Decifrado – Parte Especial

f) em depósito de explosivo, combustível ou inflamável;

g) em poço petrolífico ou galeria de mineração;

h) em lavoura, pastagem, mata ou floresta.

Incêndio culposo

§ 2º Se culposo o incêndio, é pena de detenção, de seis meses a dois anos.

27.2.1.1 Sujeitos

O crime é comum, pois pode ser praticado por qualquer pessoa, inclusive o dono da coisa incendiada.

Consiste na prática de causar ou provocar incêndio de forma que exponha a perigo a vida e a integridade física de pessoas.

27.2.1.2 Conduta e momento consumativo

Trata-se de **crime de perigo comum**, ou seja, expõe a perigo de vida um número indeterminado de pessoas. Alguns autores entendem que pode ser também **crime de perigo concreto**, e neste caso deve ser avaliado no caso concreto.

Sobre o assunto, o STJ tem o seguinte entendimento:

> É consabido que o crime de incêndio, previsto no art. 250 do Código Penal, é um delito de perigo concreto, bastando, para sua configuração, que o fogo tenha a potencialidade de colocar em risco os bens jurídicos tutelados: a incolumidade pública, a vida, a integridade física ou o patrimônio de terceiros – o que ocorreu no caso, uma vez que o fogo não se alastrou para os prédios vizinhos devido a pronta intervenção do corpo de bombeiros impediu essa ocorrência. – Cumpre assinalar, ainda, que o delito em questão é um crime de perigo comum, sendo prescindível que a conduta seja dirigida a determinadas vítimas. – Com efeito, verifica-se que se as instâncias originárias, soberanas na análise do conjunto probatório, concluíram pela existência de incêndio provocado, que expôs "a perigo a vida e a integridade física ou o patrimônio de outrem" (fls. 133), a modificação de tal entendimento, acolhendo a tese de atipicidade flagrante do incêndio majorado, demandaria profunda incursão no material probatório produzido nos autos, providência incabível com a estreita via do *habeas corpus*. – Agravo regimental a que se nega provimento (STJ, AgRg no HC nº 192.574/ES, 2010/0225708-7, Rel. Min. Marilza Maynard, Des. Conv. do TJ/SE, j. 25.06.2013, 5ª Turma, *DJe* 1º.08.2013).

A consumação ocorre quando o "incêndio expõe a perigo a vida, a integridade física ou patrimonial de pessoas", consistindo em um **crime material** (para consumação é necessário o resultado naturalístico).

Pode ser cabível a tentativa. Vale mencionar os exemplos de tentativa citados pelos autores Rogério Sanches Cunha (2019) e Nélson Hungria (1954):

> A mecha acesa é atirada para dentro de uma casa, mas não se comunica o fogo a objeto algum, porque os moradores conseguiram retirá-la a tempo; o fogo da mecha comu-

nica-se a um móvel da casa, mas, antes de atingir a construção, é apagado por outrem; já predisposto o meio de eclosão do incêndio, é descoberto e inutilizado por terceiros.

27.2.1.3 Causas de aumento de pena

- **(inciso I) – o crime é cometido com o intuito de obter vantagem pecuniária em proveito próprio ou alheio;**

A pena é aumentada se o crime é praticado com o intuito de obter vantagem pecuniária em proveito próprio ou alheio. Consiste em um **elemento subjetivo específico**. Neste caso, para sua consumação não é necessária a efetiva obtenção da vantagem pecuniária, bastando apenas o "intuito" do agente (**crime formal**).

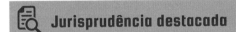

O crime de incêndio, conforme dicção do art. 250 do Código Penal, exige que o agente tenha a intenção em causar dano ao patrimônio alheio, expondo a perigo de vida. Trata-se do dolo de perigo, onde o sujeito deve, voluntariamente, provocar o incêndio, podendo resultar em perigo comum e prejudicar terceiros. 2. No caso em tela, restou configurado o dolo da apelante ao atear fogo na casa da vítima, situação que colocou em risco a vida da vítima, sua família e vizinhança. Assim, não merece guarida a tese defensiva de desclassificação para o delito de dano (TJ/MG, Ap. Crim. 0001581-76.2010.8.10.0024/MA, 3ª Câmara Criminal, Rel. José de Ribamar Froz Sobrinho, 20.07.2015, v.u.).

- **(inciso II) – se o incêndio é: a) em casa habitada ou destinada a habitação;**

Cumpre esclarecer, primeiramente, o que seria "casa", que se trata de um local destinado a moradia de pessoas.

Em relação a esta causa de aumento de pena a legislação aponta que deve ser "casa habitada" ou "destinada a habitação", ou seja, mesmo que não esteja ocupada no momento do incêndio, a sua mera "destinação de habitação" já configura o aumento de pena.

Portanto, é dispensável que esteja ocupada na ocasião que esteja ocorrendo o incêndio, bastando que sua destinação seja para fins de habitação/moradia.

- **(inciso II) – se o incêndio é: b) em edifício público ou destinado a uso público ou a obra de assistência social ou de cultura;**

Conforme esclarece o autor Jamil Alves (2020), "edifício público é aquele de propriedade do Poder Público (união, Estados, Distrito Federal e Municípios) ou afetado a uma finalidade pública", ou seja, consiste em **edifício público** qualquer propriedade do Estado ou, então, que tenha por finalidade sua destinação pública ou em obra de assistência social ou de cultura. Caso o agente provoque o incêndio em uma dessas hipóteses, estará configurado o aumento de pena.

- **(inciso II) – se o incêndio é: c) em embarcação, aeronave, comboio ou veículo de transporte coletivo;**

Pelas palavras do ilustre autor Guilherme Nucci (2017b):

> **Embarcação** é "toda construção destinada a navegar sobre a água"; **aeronave** é "todo aparelho manobrável em voo, que possa sustentar-se e circular no espaço aéreo, mediante reações aerodinâmicas, apto a transportar pessoas ou coisas" (art. 106 do Código Brasileiro de Aeronáutica); **comboio** significa trem; **veículo de transporte coletivo** é "qualquer meio utilizado para conduzir várias pessoas de um lugar para outro (ônibus, por exemplo)".

Portanto, causar incêndio em um desses meios de transporte configura causa de aumento de pena.

- **(inciso II) – se o incêndio é: d) em estação ferroviária ou aeródromo;**

Estação ferroviária é um local onde se mantém passagem de trens. Já o **aeródromo** é o mesmo que **aeroporto**.

- **(inciso II) – se o incêndio é: e) em estaleiro, fábrica ou oficina;**

Estaleiro consiste em um local onde se constroem ou fazem reparação de navios ou embarcações.

Fábrica é um local industrial destinado a produção de bens de consumo.

Oficina é um local onde se fazem reparação, manutenção ou conserto de objetos ou coisas em geral.

- **(inciso II) – se o incêndio é: f) em depósito de explosivo, combustível ou inflamável;**

Depósito é um local onde se guarda ou armazena objeto ou coisa.

Explosivo é uma substância que pode gerar um estouro ou detonação.

Combustível consiste em uma substância capaz de produzir chamas.

Inflamável é uma substância altamente suscetível de entrar em combustão.

- **(inciso II) – se o incêndio é: g) em poço petrolífico ou galeria de mineração;**

"**Poço petrolífero** é a cavidade funda, aberta na terra, que atinge lençol de combustível líquido natural; **galeria de mineração** é a passagem subterrânea, extensa e larga, destinada à extração de minérios" (NUCCI, 2019).

- **(inciso II) – se o incêndio é: h) em lavoura, pastagem, mata ou floresta.**

Por fim, segue a definição dada pelo autor Guilherme Nucci (2019):

> **Lavoura** é plantação ou terreno cultivado; **pastagem** é o terreno onde há erva para o gado comer; **mata** é o terreno onde se desenvolvem árvores silvestres; **floresta** é o terreno onde há grande quantidade de árvores unidas pelas copas. Essa figura está derrogada pelo art. 41 da Lei nº 9.605/1998, no tocante a causar incêndio em mata ou floresta. Aplicam-se os princípios da especialidade e da sucessividade. Restam, apenas, os incêndios provocados em lavoura e pastagem.

27.2.1.4 Incêndio culposo

O crime previsto no art. 250 do CP também aceita a modalidade culposa, por exemplo, no caso em que o agente faz uma fogueira para celebrar a festa de São João (Festa Junina) e, porventura, esquece de apagá-la ocasionando assim um incêndio, estará cometendo o crime de incêndio na modalidade culposa.

Desta forma, se o agente agir sem o devido cuidado, por imprudência, negligência ou imperícia estará incorrendo em culpa (quando não há intenção de produzir o resultado danoso).

27.2.2 Explosão

Art. 251. Expor a perigo a vida, a integridade física ou o patrimônio de outrem, mediante explosão, arremesso ou simples colocação de engenho de dinamite ou de substância de efeitos análogos:

Pena – reclusão, de três a seis anos, e multa.

§ 1º Se a substância utilizada não é dinamite ou explosivo de efeitos análogos:

Pena – reclusão, de um a quatro anos, e multa.

Aumento de pena

§ 2º As penas aumentam-se de um terço, se ocorre qualquer das hipóteses previstas no § 1º, I, do artigo anterior, ou é visada ou atingida qualquer das coisas enumeradas no nº II do mesmo parágrafo.

Modalidade culposa

§ 3º No caso de culpa, se a explosão é de dinamite ou substância de efeitos análogos, a pena é de detenção, de seis meses a dois anos; nos demais casos, é de detenção, de três meses a um ano.

27.2.2.1 Sujeitos

O crime é comum, pois pode ser praticado por qualquer pessoa.

27.2.2.2 Conduta e momento consumativo

O núcleo do tipo penal deste crime é "**expor**" a perigo a vida, a integridade física patrimonial de outrem mediante o emprego de explosão, logo, a simples conduta de "expor" a vida de outrem a perigo já configura o crime do art. 251 do CP.

Explosão é conceituada pelo autor Jamil Alves (2020) como "súbita e violenta liberação de energia em curto espaço de tempo, geralmente acompanhada de forte estrondo, deslocamento de ar e altas temperaturas".

Qualquer forma, como arremesso ou colocação de dinamite, que cause uma detonação expondo a perigo de vida, a integridade física ou patrimonial de pessoas é considerada crime de explosão como mencionado.

490 Direito Penal Decifrado – Parte Especial

O crime de explosão consiste em **crime material**, a sua consumação depende da ocorrência do resultado naturalístico, ou seja, a explosão, arremesso ou colocação de dinamite.

Alguns doutrinadores entendem ser possível a tentativa, porém, na prática essa hipótese é de difícil acontecimento.

27.2.2.3 Forma privilegiada

O legislador possibilitou a forma privilegiada do crime de explosão, quando a utilização da substância não for dinamite ou explosivo de efeitos análogos, conforme disposto no art. 251, § 1º, do CP. Podemos citar os exemplos dados pelo autor Hungria de substância que não é de dinamite ou explosivo, pólvora pícrica, algodão-pólvora ou piroxilina, e demais produtos com composto do cloreto de potássio.

27.2.2.4 Causa de aumento de pena

As penas do delito de explosão são aumentadas quando cometidas "com intuito de obter vantagem pecuniária em proveito próprio ou alheio" quando visada ou atingida qualquer das coisas enumeradas no art. 250, § 1º, inciso II, do CP.

27.2.2.5 Modalidade culposa

Admite-se a forma culposa do crime de explosão. Quando for por "dinamite ou substância de efeitos análogos", terá pena de detenção de 6 meses a 2 anos, e nos demais casos de 3 meses a 1 ano.

Portanto, pune-se a conduta culposa do agente que praticou a explosão por negligência, imprudência ou imperícia.

27.2.3 Uso de gás tóxico ou asfixiante

> **Art. 252.** Expor a perigo a vida, a integridade física ou o patrimônio de outrem, usando de gás tóxico ou asfixiante:
> **Pena** – reclusão, de um a quatro anos, e multa.
> **Modalidade culposa**
> **Parágrafo único.** Se o crime é culposo:
> **Pena** – detenção, de três meses a um ano.

27.2.3.1 Sujeitos

O crime pode ser praticado por qualquer pessoa.

27.2.3.2 Conduta e momento consumativo

A conduta criminosa neste crime é "**expor**" a perigo de vida a integridade física ou patrimonial de outrem, usando "**gás tóxico ou asfixiante**".

De acordo com Guilherme Nucci: "**Gás tóxico** é o fluido compressível que envenena; **gás asfixiante** é o produto químico que provoca sufocação no organismo".

Este crime é de **perigo concreto**, isto é, não há necessidade da efetiva ocorrência do dano, bastando colocar a vida ou integridade física de alguém em perigo já configura o delito em questão.

Nélson Hungria (1958c) ainda destaca:

> O perigo, porém, tal como no tocante ao incêndio e à explosão, tem de ser averiguado ou comprovado *in concreto*, isto é, cumpre demonstrar que a vida, integridade física ou patrimônio de outrem correu efetivo risco.

ATENÇÃO!

Uso de gás lacrimogêneo pela polícia: se usado de forma moderada para impelir a injusta agressão (atual ou iminente) não configura crime, conforme podemos verificar no art. 252 do CP. Trata-se, portanto, de uma excludente de ilicitude (legítima defesa – art. 25 do CP).

A consumação se realiza quando se faz o uso de gás tóxico ou asfixiante, gerando perigo a vida ou a integridade física de outrem. Admite-se, também, a tentativa.

27.2.3.3 Modalidade culposa

A modalidade culposa, como nos demais crimes, é praticada por culpa do agente (existindo previsibilidade do resultado) quando deixa de observar os devidos cuidados, ou seja, com negligência, imprudência ou imperícia.

27.2.4 Fabrico, fornecimento, aquisição, posse ou transporte de explosivos ou gás tóxico ou asfixiante

Art. 253. Fabricar, fornecer, adquirir, possuir ou transportar, sem licença da autoridade, substância ou engenho explosivo, gás tóxico ou asfixiante, ou material destinado à sua fabricação:

Pena – detenção, de seis meses a dois anos, e multa.

27.2.4.1 Sujeitos

O crime é comum, pois pode ser praticado por qualquer pessoa.

27.2.4.2 Conduta e momento consumativo

Há cinco núcleos deste tipo penal, quais sejam: **fabrico, fornecimento, aquisição, posse** ou **transporte**. Podemos conceituá-los da seguinte forma:

- **Fabrico**: produzir, fazer ou construir coisas.
- **Fornecer**: entregar, dar ou prover.
- **Adquirir**: receber, obter ou comprar algo.
- **Possuir**: ter a posse ou usufruir de algo.
- **Transportar**: levar de um lugar a outro.

Trata-se de **crime misto alternativo**, praticando mais de uma conduta na mesma relação fática configura-se apenas um único crime.

Além disso, consiste em **crime de perigo abstrato**, aquele que não exige lesão ao bem jurídico tutelado, o simples fato de expor a perigo ou risco concreto já caracteriza o delito. Um exemplo que podemos citar seria o porte ilegal de arma de fogo.

Ocorrerá a consumação quando o agente "fabricar, fornecer, adquirir, possuir ou transportar", gás tóxico ou asfixiante, ou material destinado à sua fabricação.

Nesse caso, podemos afirmar que se trata de **crime formal**, haja vista não ser necessário o resultado naturalístico para sua consumação, expor a perigo já configura o crime.

A tentativa é admitida, porém, como menciona o autor Rogério Sanches Cunha (2019), é de difícil configuração, já que a preparação do material destinado à fabricação do gás ou do explosivo já consumará o crime.

27.2.5 Inundação

Art. 254. Causar inundação, expondo a perigo a vida, a integridade física ou o patrimônio de outrem:

Pena – reclusão, de três a seis anos, e multa, no caso de dolo, ou detenção, de seis meses a dois anos, no caso de culpa.

27.2.5.1 Sujeitos

O crime é comum, pois pode ser praticado por qualquer pessoa.

27.2.5.2 Conduta e momento consumativo

A característica desse delito é "**causar**" inundação, expondo a perigo a vida e a integridade física e patrimonial de outrem, portanto, o tipo penal é "causar" ou provocar inundação.

O que seria **inundação**? É o alagamento de um local. Para o ilustre autor Hungria (1954), "entende-se por *inundação* o alagamento de um local de notável extensão, não destinado a receber águas (...), sendo necessário que não esteja mais no poder do agente dominar a força natural das águas, cujo desencadeamento provocou, criando uma situação de perigo comum", ainda menciona que "é o alagamento provocado pela saída das águas de seus limites naturais ou artificiais, em volume e extensão tais que ocasionem perigo comum" (apud FRAGOSO, 1959, v. 3).

É um **crime comum** (pode ser praticado por qualquer pessoa); **crime material** (necessária a produção do resultado naturalístico); **comissivo** (exige uma ação do agente); de **perigo comum e concreto** (coloca um número indeterminado de pessoas em perigo, neste caso, deve ser analisado em cada caso); **instantâneo**; **unissubjetivo** (pode ser praticado apenas por um agente); **plurissubsistente** (pode ser praticado por vários atos); **unissubsistente** (pode ser praticado por um único ato) e de **forma livre**.

Este crime se consuma quando o agente causa ou provoca a inundação, gerando perigo de vida a outrem.

É admissível a tentativa, uma vez que o crime é plurissubsistente (poder ser fracionado).

27.2.5.3 Modalidade culposa

Pode ocorrer a modalidade culposa quando o agente não tem a intenção de provocar o dano, porém, age com imprudência, negligência ou imperícia, neste caso, o legislador prevê a pena de detenção de seis meses a dois anos.

27.2.6 Perigo de inundação

> **Art. 255.** Remover, destruir ou inutilizar, em prédio próprio ou alheio, expondo a perigo a vida, a integridade física ou o patrimônio de outrem, obstáculo natural ou obra destinada a impedir inundação:
>
> **Pena** – reclusão, de um a três anos, e multa.

27.2.6.1 Sujeitos

O crime é comum, pois pode ser praticado por qualquer pessoa.

27.2.6.2 Conduta e momento consumativo

A figura típica do delito consiste em "**remover, destruir ou inutilizar**, em prédio próprio ou alheio" causando perigo a vida, a integridade física ou patrimonial de outrem.

Em relação ao conceito deste crime, o autor Guilherme Nucci (2017a) define que:

> **Remover** (mudar de um lugar para outro ou afastar), **destruir** (arruinar ou fazer desaparecer) ou **inutilizar** (tornar inútil ou invalidar) são condutas que se compõem com o verbo expor, que, como já dissemos, significa arriscar.

Classifica-se em **crime comum** (pode ser praticado por qualquer pessoa), **crime formal** (não é necessária a produção do resultado naturalístico, com a existência do perigo ou dano já configura o delito); **comissivo** (exige uma ação do agente); de **perigo comum e concreto** (coloca um número indeterminado de pessoas em perigo, neste caso, deve ser analisado em cada caso); **instantâneo**; **unissubjetivo** (pode ser praticado apenas por um agente); **plurissubsistente** (pode ser praticado por vários atos); **unissubsistente** (pode ser praticado por um único ato) e de **forma livre**.

Consuma-se o crime quando o agente expõe a perigo a vida, a integridade física ou patrimonial de outrem.

Para os autores Rogério Sanches Cunha (2019) e Heleno Fragoso, é cabível a tentativa. Vejamos o exemplo citado por Fragoso (1959):

> A tentativa do crime de inundação pode corresponder materialmente ao crime de perigo de inundação consumado (como, por exemplo, na forma de destruição de diques ou barragens. A diferença entre um e outro caso reside no elemento subjetivo, pois no perigo de inundação o agente não quer o alagamento, nem assume o risco de produzi-lo.

Para os autores Guilherme Nucci (2017a) e Jamil Alves (2020), não é admissível a tentativa, haja vista que o resultado do delito é involuntário, pois já se punem os atos preparatórios.

27.2.6.3 Quadro comparativo inundação x perigo de inundação

	Inundação (art. 254)	Perigo de Inundação (art. 255)
Consumação e tentativa	Consumação: efetiva inundação. Tentativa: cabível.	Consumação: expor a perigo de inundação. Tentativa: não é cabível.
Elemento subjetivo	Dolo direto ou eventual. Culpa (inundação culposa).	Dolo.
Penas	Reclusão, de três a seis anos, e multa, no caso de dolo, ou detenção, de seis meses a dois anos, no caso de culpa.	Reclusão, de um a três anos, e multa.
Núcleo do tipo penal	"Causar, expondo..."	"Remover, destruir ou inutilizar, em prédio próprio ou alheio, expondo..."

27.2.7 Desabamento ou desmoronamento

Art. 256. Causar desabamento ou desmoronamento, expondo a perigo a vida, a integridade física ou o patrimônio de outrem:

Pena – reclusão, de um a quatro anos, e multa.

Parágrafo único. Se o crime é culposo:

Pena – detenção, de seis meses a um ano.

Consiste na prática de "causar" desabamento ou desmoronamento, expondo a perigo a vida, a integridade física ou patrimonial de outrem. Revela-se em **dolo** de perigo, ou seja, a intenção de praticar tal conduta pelo agente.

27.2.7.1 Sujeitos

O crime é comum, pois pode ser praticado por qualquer pessoa.

27.2.7.2 Conduta e momento consumativo

Consuma-se o delito quando ocorre o desmoronamento ou desabamento expondo a perigo de vida, a integridade física ou patrimonial de outrem.

Admite, também, a tentativa, quando iniciados os atos executórios e não se consuma o crime por circunstâncias alheias a vontade do agente.

Classifica-se em **crime comum** (pode ser praticado por qualquer pessoa); **crime material** (necessária a produção do resultado naturalístico); **comissivo** (exige uma ação do agente); de **perigo comum e concreto** (coloca um número indeterminado de pessoas em perigo, e deve ser analisado em cada caso); **instantâneo**; **unissubjetivo** (pode ser praticado apenas por um agente); **plurissubsistente** (pode ser praticado por vários atos); e de **forma livre**.

27.2.7.3 Modalidade culposa

Há a possibilidade do delito na modalidade culposa, neste caso, o legislador apenou com detenção de seis meses a um ano.

27.2.8 Subtração, ocultação ou inutilização de material de salvamento

> **Art. 257.** Subtrair, ocultar ou inutilizar, por ocasião de incêndio, inundação, naufrágio, ou outro desastre ou calamidade, aparelho, material ou qualquer meio destinado a serviço de combate ao perigo, de socorro ou salvamento; ou impedir ou dificultar serviço de tal natureza:
>
> **Pena** – reclusão, de dois a cinco anos, e multa.

27.2.8.1 Sujeitos

Trata-se de crime comum, pois pode ser praticado por qualquer pessoa.

Ocorre o delito do art. 257 do CP quando o agente "**subtrai**, **oculta** ou **inutiliza**", por ocasião de incêndio, inundação, naufrágio, ou outro desastre ou calamidade, aparelho, material ou qualquer meio destinado a serviço de combate ao perigo, de socorro ou salvamento; ou **impede** ou **dificulta** serviço de tal natureza. Há cinco núcleos do tipo penal: **subtrair, ocultar ou inutilizar; impedir ou dificultar**. Vejamos a definição dada pelo autor Guilherme Nucci (2019):

> **Subtrair** (tirar ou apoderar-se), **ocultar** (esconder ou encobrir) e **inutilizar** (tornar inútil ou danificar) são as condutas que têm por objeto aparelho, material ou outro meio destinado ao serviço de combate ao perigo, de socorro ou salvamento. **Impedir** (colocar obstáculo ou embaraçar) e **dificultar** (tornar mais custoso) conjugam-se com serviço de tal natureza.

27.2.8.2 Conduta e momento consumativo

Por ser crime formal, ou seja, não ser necessária a produção do resultado naturalístico, bastando a existência do perigo ou dano para configurar o delito, consuma-se no momento em que o agente "**subtrai**, **oculta** ou **inutiliza**", material ou qualquer meio destinado a serviço de combate ao perigo, de socorro ou salvamento; ou "**impede** ou **dificulta**" serviço de tal natureza.

É admissível a tentativa.

Classifica-se em **crime comum** (pode ser praticado por qualquer pessoa); **crime formal** (não é necessária a produção do resultado naturalístico, com a existência do perigo ou dano já configura o delito); **comissivo** (exige uma ação do agente); de **perigo comum e abstrato** (coloca um número indeterminado de pessoas em perigo, neste caso, presume-se o risco de dano ou lesão ao bem jurídico tutelado); **instantâneo** ou **permanente**; **unissubjetivo** (pode ser praticado apenas por um agente); **plurissubsistente** (pode ser praticado por vários atos); e de **forma livre**.

27.2.9 Formas qualificadas de crime de perigo comum

> Art. 258. Se do crime doloso de perigo comum resulta lesão corporal de natureza grave, a pena privativa de liberdade é aumentada de metade; se resulta morte, é aplicada em dobro. No caso de culpa, se do fato resulta lesão corporal, a pena aumenta-se de metade; se resulta morte, aplica-se a pena cominada ao homicídio culposo, aumentada de um terço.

Todos os crimes citados até aqui podem ser majorados conforme disposto no art. 258 do CP, se do crime resultar lesão corporal de natureza grave (ou gravíssima), a pena privativa de liberdade é aumentada de metade; se resulta morte, é aplicada em dobro.

Evidentemente, trata-se de "**crimes preterdolosos**, havendo dolo na conduta e culpa no resultado que agrava especialmente a pena", isto é, dolo no antecedente e culpa no consequente (crime qualificado pelo resultado).

Porém, em relação à conduta antecedente ser culposa, não há essa compatibilidade, pois, conforme afirma o autor Guilherme Nucci (2019), "é natural que o resultado mais grave possa ser, também, imputado ao agente a título de culpa, pois inexiste incompatibilidade".

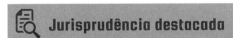

Jurisprudência destacada

Os crimes de perigo comum são qualificados pelo resultado, nos termos do art. 258 do Código Penal. Exige-se dolo ou culpa na conduta antecedente, devendo a conduta consequente ser culposa. Dessa forma, incabível a tese defensiva de que inexistiu dolo na conduta consequente, visto que se existisse o animus necandi seria um crime contra a vida e não crime de incêndio (STJ, REsp nº 945.311/SP, Rel. Min. rel. Laurita Vaz, 5ª Turma, *DJe* 27.03.2008).

27.2.10 Difusão de doença ou praga

Art. 259. Difundir doença ou praga que possa causar dano a floresta, plantação ou animais de utilidade econômica:

Pena – reclusão, de dois a cinco anos, e multa.

Sobre o tipo penal do art. 259, é necessário ter uma certa atenção, uma vez que houve **revogação tácita** do dispositivo pelo art. 61 da Lei dos Crimes Ambientais (Lei nº 9.605/1998). Vejamos:

Art. 61. Disseminar doença ou praga ou espécies que possam causar dano à agricultura, à pecuária, à fauna, à flora ou aos ecossistemas:

Pena – reclusão, de um a quatro anos, e multa.

Podemos perceber que a lei em comento é mais abrangente que o disposto no art. 259 do CP, porém a pena foi consideravelmente reduzida para reclusão de 2 a 5 anos e multa.

Além disso, a modalidade culposa foi suprimida pela legislação especial. Nesse caso, a conduta agora é atípica, ocorrendo a chamado *abolitio criminis*.

Dos crimes contra a segurança dos meios de comunicação e transporte e outros serviços públicos

28.1 PERIGO DE DESASTRE FERROVIÁRIO

Art. 260. Impedir ou perturbar serviço de estrada de ferro:

I – destruindo, danificando ou desarranjando, total ou parcialmente, linha férrea, material rodante ou de tração, obra-de-arte ou instalação;

II – colocando obstáculo na linha;

III – transmitindo falso aviso acerca do movimento dos veículos ou interrompendo ou embaraçando o funcionamento de telégrafo, telefone ou radiotelegrafia;

IV – praticando outro ato de que possa resultar desastre:

Pena – reclusão, de dois a cinco anos, e multa.

28.1.1 Sujeitos

O crime é comum, podendo ser praticado por qualquer pessoa.

28.1.2 Conduta e momento consumativo

Este delito consiste na conduta de "impedir ou perturbar serviço de estrada de ferro, sendo punido aquele que destrói, danifica ou perturba a ordem das ferrovias. O conceito de "estrada de ferro" foi definido pelo § 3º do art. 260 do CP, entendendo ser qualquer via de comunicação em que circulem veículos de tração mecânica, em trilhos ou por meio de cabo aéreo.

Art. 260. (...)

§ 3º Para os efeitos deste artigo, entende-se por estrada de ferro qualquer via de comunicação em que circulem veículos de tração mecânica, em trilhos ou por meio de cabo aéreo.

Os incisos I a IV ilustram o que seria as maneiras de "impedir ou destruir serviço de estrada de ferro". Vejamos:

- **(inciso I) destruindo, danificando ou desarranjando, total ou parcialmente, linha férrea, material rodante ou de tração, obra de arte ou instalação;**

As condutas referentes a esse inciso são (PRADO, 2021):

> **Destruir** (arruinar ou fazer desaparecer); **danificar** (causar dano ou deteriorar); **desarranjar** (alterar a boa ordem ou embaraçar), tendo por objeto linha férrea, material rodante ou de tração, obra de arte ou instalação. Pode se dar **total** ou **parcialmente**: significa que a destruição, danificação ou desarranjo pode ser completo ou incompleto, dando margem, de qualquer forma, à configuração do crime.

Os objetos deste delito são linha férrea/ferrovia; **material rodante** (que são os veículos não ferroviários) ou **de tração** (locomotivas ou rebocados); bem como, **obra de arte** (estruturas que se repetem ao longo de uma estrada ou linha férrea, tais como pontes, viadutos, túneis, muros de arrimo e outros) e **instalação** (objetos necessários para condução e funcionamento do serviço férreo, por exemplo, cabos, cancelas, chaves de desvio, entre outros).

- **(inciso II) colocando obstáculo na linha;**

Trata-se da prática de colocar obstáculo na linha férrea para impedir seu regular funcionamento.

- **(inciso III) transmitindo falso aviso acerca do movimento dos veículos ou interrompendo ou embaraçando o funcionamento de telégrafo, telefone ou radiotelegrafia;**

Pune-se, também, o agente que **transmitir falso aviso** quanto ao movimento dos veículos, além da conduta de interromper ou embaraçar (atrapalhar ou confundir) **o funcionamento de telégrafo, telefone ou radiotelegrafia** (meios de comunicação ou de transmissão de informação).

- **(inciso IV) praticando outro ato de que possa resultar desastre.**

Neste inciso é necessário realizar uma interpretação analógica, pois trata-se de condutas que possam causar perigo aos serviços de transportes, que porventura possam vir a causar um acidente ou prejuízo considerável.

De acordo com Damásio de Jesus (2020b):

> O crime consuma-se com a ocorrência de desastre grave em estrada de ferro. No caso de **desastre ferroviário preterdoloso, a tentativa não será admissível**, visto que os crimes preterdolosos não admitem a forma tentada. O desastre ferroviário culposo não admite, por igual, a tentativa. Admite-se a forma tentada se o elemento subjetivo do desastre ferroviário é o dolo. Nesse caso, podendo o *iter criminis* ser fracionado, a tentativa estará configurada se, iniciados os atos executórios, o crime não alcança consumação por circunstâncias alheias à vontade do agente.

Classifica-se em **crime comum** (pode ser praticado por qualquer pessoa); **crime formal** (não é necessária a produção do resultado naturalístico, com a existência do perigo ou dano

Capítulo 28 • Dos crimes contra a segurança dos meios de comunicação e transporte **501**

já se configura o delito); de **perigo comum e concreto** (coloca um número indeterminado de pessoas em perigo, devendo-se analisar em cada caso o efetivo dano); **comissivo** (exige uma ação do agente); **instantâneo**; **unissubjetivo** (pode ser praticado por um único agente); **plurissubsistente** (pode ser praticado por vários atos); e de **forma livre**.

28.1.3 Forma qualificada (desastre ferroviário)

Se ocorrer desastre (acidente ou grave prejuízo), é prevista a pena de reclusão de 4 a 12 anos e multa; trata-se de uma forma qualificada do delito de perigo de desastre.

28.1.4 Modalidade culposa

Também foi prevista a modalidade culposa, no entanto, só ocorrerá essa possibilidade quando sobrevier o desastre por culpa do agente causador, caso não ocorra o desastre não será punido, trata-se de um **crime condicionado pelo resultado**.

28.2 ATENTADO CONTRA A SEGURANÇA DE TRANSPORTE MARÍTIMO, FLUVIAL OU AÉREO

Art. 261. Expor a perigo embarcação ou aeronave, própria ou alheia, ou praticar qualquer ato tendente a impedir ou dificultar navegação marítima, fluvial ou aérea:

Pena – reclusão, de dois a cinco anos.

28.2.1 Sujeitos

O crime é comum, podendo ser praticado por qualquer pessoa.

28.2.2 Conduta e momento consumativo

Protege-se a incolumidade pública, especificamente a segurança dos meios de transportes coletivos marítimo, fluvial e aéreo. Deste modo, configura crime a conduta de "expor" a perigo embarcação ou aeronave, própria ou alheia, ou praticar qualquer ato tendente a impedir ou dificultar navegação marítima, fluvial ou aérea.

Trata-se de **crime formal**, não exigindo o efetivo dano (resultado naturalístico), bastando a exposição a perigo do bem jurídico tutelado, portanto, consuma-se o delito no momento que "**expõe**" a perigo embarcação ou aeronave de outrem, ou então, "**pratica**" qualquer ato que impeça ou dificulta a navegação marítima, fluvial ou aérea. É admissível a tentativa.

Classifica-se em **crime comum** (pode ser praticado por qualquer pessoa); **crime formal** (não é necessária a produção do resultado naturalístico, com a existência do perigo ou dano já configura o delito); de **perigo comum e concreto** (coloca um número indeterminado de pessoas em perigo, devendo-se analisar em cada caso o efetivo dano); **comissivo** (exige uma ação do agente); **instantâneo**; **unissubjetivo** (pode ser praticado por um único agente); **plurissubsistente** (pode ser praticado por vários atos); e de **forma livre**.

28.2.3 Forma qualificada

28.2.3.1 Sinistro em transporte marítimo, fluvial ou aéreo

Se da prática do delito resulta naufrágio, submersão ou encalhamento de embarcação, ou a queda ou destruição de aeronave, a pena é de 4 a 12 anos.

28.2.3.2 Prática do crime com o fim de lucro

Há também a qualificadora se o agente pratica o delito com a finalidade de obter vantagem econômica, para si ou para outrem, será apenado com detenção de 6 meses a 2 anos.

28.2.4 Modalidade culposa

> **Art. 261.** (...)
>
> **§ 3º** No caso de culpa, se ocorre o sinistro:
>
> **Pena** – detenção, de seis meses a dois anos.

Ocorre a modalidade culposa quando o agente, de maneira imprudente, negligente ou imperita, causa o resultado descrito no tipo penal do art. 261 do CP, sendo necessário que da conduta resulte o dano.

28.3 ATENTADO CONTRA A SEGURANÇA DE OUTRO MEIO DE TRANSPORTE

> **Art. 262.** Expor a perigo outro meio de transporte público, impedir-lhe ou dificultar-lhe o funcionamento:
>
> **Pena** – detenção, de um a dois anos.
>
> **§ 1º** Se do fato resulta desastre, a pena é de reclusão, de dois a cinco anos.
>
> **§ 2º** No caso de culpa, se ocorre desastre:
>
> **Pena** – detenção, de três meses a um ano.

28.3.1 Sujeitos

Trata-se de crime comum, pois pode ser praticado por qualquer pessoa.

Capítulo 28 • Dos crimes contra a segurança dos meios de comunicação e transporte **503**

28.3.2 Conduta e momento consumativo

O art. 262 trata do delito de expor a perigo outro meio de transporte público, impedir-lhe ou dificultar-lhe o funcionamento. Consuma-se com o simples ato de "expor" a perigo outros meios de transporte não descritos no dispositivo legal, neste caso, utiliza-se a interpretação analógica para esclarecer sobre "outro meio" de transporte.

Classifica-se em **crime comum** (pode ser praticado por qualquer pessoa); **crime formal** (não é necessária a produção do resultado naturalístico, com a existência do perigo ou dano já configura o delito); de **perigo comum e concreto** (coloca um número indeterminado de pessoas em perigo, devendo-se analisar em cada caso o efetivo dano); **comissivo** (exige uma ação do agente); **instantâneo**; **unissubjetivo** (pode ser praticado por um único agente); **plurissubsistente** (pode ser praticado por vários atos) e de **forma livre**.

28.3.3 Forma qualificada

Se com a conduta dolosa do agente o fato resulta em desastre, a pena será de reclusão de 2 a 5 anos.

28.3.4 Modalidade culposa

O legislador também dispôs sobre a modalidade culposa no § 2º; se por culpa (imprudência, negligência ou imperícia) do agente resultar desastre, a pena será de detenção de 3 meses a 1 ano.

28.4 FORMA QUALIFICADA

> **Art. 263.** Se de qualquer dos crimes previstos nos arts. 260 a 262, no caso de desastre ou sinistro, resulta lesão corporal ou morte, aplica-se o disposto no art. 258.

Trata-se da forma qualificada disposta no art. 258 aos arts. 260 a 262, ou seja, apenas faz remissão sobre a conduta do agente de que resultar lesão corporal grave ou morte.

> **Art. 258.** Se do crime doloso de perigo comum resulta lesão corporal de natureza grave, a pena privativa de liberdade é aumentada de metade; se resulta morte, é aplicada em dobro. No caso de culpa, se do fato resulta lesão corporal, a pena aumenta-se de metade; se resulta morte, aplica-se a pena cominada ao homicídio culposo, aumentada de um terço.

28.5 ARREMESSO DE PROJÉTIL

> **Art. 264.** Arremessar projétil contra veículo, em movimento, destinado ao transporte público por terra, por água ou pelo ar:

Pena – detenção, de um a seis meses.

Parágrafo único. Se do fato resulta lesão corporal, a pena é de detenção, de seis meses a dois anos; se resulta morte, a pena é a do art. 121, § 3º, aumentada de um terço.

28.5.1 Sujeitos

O crime é comum, pois pode ser praticado por qualquer pessoa.

28.5.2 Conduta e momento consumativo

Refere-se ao crime de "arremessar projétil contra veículo, em movimento, destinado ao transporte público por terra, por água ou pelo ar". Este delito consiste em lançar qualquer objeto sólido que seja apto a causar lesões ou danos a pessoas ou coisas. Todavia, o dispositivo legal informa, especificamente, ser arremesso de projetil contra veículo público em movimento.

Conforme define Nucci (2019), "**projétil** é qualquer objeto sólido que serve para ser arremessado, inclusive por arma de fogo ou instrumento similar, como armas de *airsoft* ou *paintball*".

Ocorre a consumação no momento em que é "**arremessado**" ou "**lançado**" projétil contra qualquer veículo público em movimento. É possível a tentativa quando por circunstâncias alheias a vontade do agente não se consuma o delito.

Lembramos que, se o arremesso de objeto for para atingir, especialmente, uma pessoa, o crime não é o do art. 264, mas sim o do art. 121 ou do art. 129 do CP.

Classifica-se em **crime comum** (pode ser praticado por qualquer pessoa); **crime formal** (não é necessária a produção do resultado naturalístico, com a existência do perigo ou dano já se configura o delito); de **perigo comum e abstrato** (coloca um número indeterminado de pessoas em perigo, neste caso, presume-se o risco de dano ou lesão ao bem jurídico tutelado); **comissivo** (exige uma ação do agente); **instantâneo**; **unissubjetivo** (pode ser praticado por um único agente); **plurissubsistente** (pode ser praticado por vários atos); **unissubsistente** (pode ser praticado por um único ato) e de **forma livre**.

28.5.3 Forma qualificada

Se da prática do crime resultar lesão corporal, aplica-se a pena de detenção de 6 meses a 2 anos, e no caso de morte a pena será aquela do art. 121, § 3º, do CP, aumentada de um terço.

28.6 ATENTADO CONTRA A SEGURANÇA DE SERVIÇO DE UTILIDADE PÚBLICA

Art. 265. Atentar contra a segurança ou o funcionamento de serviço de água, luz, força ou calor, ou qualquer outro de utilidade pública:

Capítulo 28 ♦ Dos crimes contra a segurança dos meios de comunicação e transporte **505**

Pena – reclusão, de um a cinco anos, e multa.

Parágrafo único. Aumentar-se-á a pena de 1/3 (um terço) até a metade, se o dano ocorrer em virtude de subtração de material essencial ao funcionamento dos serviços.

28.6.1 Sujeitos

O crime é comum, pois pode ser praticado por qualquer pessoa.

28.6.2 Conduta e momento consumativo

Ocorre tal delito quando o agente atenta contra a segurança ou o funcionamento de serviço de utilidade pública (de água, luz, força ou calor, ou qualquer outro serviço de interesse da coletividade). "**Atentar** contra a segurança é praticar qualquer ato tendente a tornar insegura a prestação do serviço, necessário que o ato seja idôneo a perturbar a segurança ou o funcionamento de qualquer serviço de utilidade pública" (JESUS, 2020).

Consuma-se no momento que o agente pratica o ato de atentar contra o funcionamento de qualquer serviço de utilidade pública, fazendo com que o serviço seja paralisado ou prejudicado de certa forma. É possível a tentativa, apesar de difícil ocorrência na prática.

Classifica-se em **crime comum** (pode ser praticado por qualquer pessoa); **crime formal** (não é necessária a produção do resultado naturalístico, com a existência do perigo ou dano já se configura o delito); de **perigo comum e abstrato** (coloca um número indeterminado de pessoas em perigo, neste caso, presume-se o risco de dano ou lesão ao bem jurídico tutelado); **comissivo** (exige uma ação do agente); **instantâneo**; **unissubjetivo** (pode ser praticado por um único agente); **plurissubsistente** (pode ser praticado por vários atos); e de **forma livre**.

28.6.3 Forma qualificada

Ocorre a forma qualificada se o agente causa o dano por meio de subtração de material essencial ao funcionamento do serviço público. Nesse caso, a pena será aumentada de um terço até a metade. É necessária a comprovação do efetivo dano, para fins de aplicação deste aumento de pena.

28.7 INTERRUPÇÃO OU PERTURBAÇÃO DE SERVIÇO TELEGRÁFICO, TELEFÔNICO, INFORMÁTICO, TELEMÁTICO OU DE INFORMAÇÃO DE UTILIDADE PÚBLICA

Art. 266. Interromper ou perturbar serviço telegráfico, radiotelegráfico ou telefônico, impedir ou dificultar-lhe o restabelecimento:

Pena – detenção, de um a três anos, e multa.

§ 1º Incorre na mesma pena quem interrompe serviço telemático ou de informação de utilidade pública, ou impede ou dificulta-lhe o restabelecimento.

§ 2º Aplicam-se as penas em dobro se o crime é cometido por ocasião de calamidade pública.

28.7.1 Sujeitos

O crime é comum, pois pode ser praticado por qualquer pessoa.

28.7.2 Conduta e momento consumativo

Consiste na conduta de "interromper ou perturbar serviço telegráfico, radiotelegráfico ou telefônico, impedir ou dificultar-lhe o restabelecimento". Deste modo, o núcleo do tipo penal é "**interromper** ou **perturbar**", bastando a sua ocorrência para a consumação deste delito. Admite-se a tentativa.

Segundo Nucci (2019):

> O serviço telegráfico, radiotelegráfico ou telefônico é o desempenho de atividades ligadas aos sistemas de transmissão de mensagens entre pontos diversos, mediante o envio de sinais (telegrafia), de telegrafia sem fio, por ondas eletromagnéticas (radiotelegrafia) e de transmissão da palavra falada a certa distância (telefonia).

Classifica-se em **crime comum** (pode ser praticado por qualquer pessoa); **crime formal** (não é necessária a produção do resultado naturalístico, com a existência do perigo ou dano já se configura o delito); de **perigo comum e abstrato** (coloca um número indeterminado de pessoas em perigo, neste caso, presume-se o risco de dano ou lesão ao bem jurídico tutelado); **comissivo** (exige uma ação do agente); **instantâneo**; **unissubjetivo** (pode ser praticado por um único agente); **plurissubsistente** (pode ser praticado por vários atos); e de **forma livre**.

28.7.3 Causa de aumento de pena

Se o crime é praticado durante situação de calamidade pública, a pena será aplicada em dobro.

29 Dos crimes contra a saúde pública

29.1 EPIDEMIA

Art. 267. Causar epidemia, mediante a propagação de germes patogênicos:
Pena – reclusão, de dez a quinze anos.
§ 1º Se do fato resulta morte, a pena é aplicada em dobro.
§ 2º No caso de culpa, a pena é de detenção, de um a dois anos, ou, se resulta morte, de dois a quatro anos.

29.1.1 Sujeitos

O crime é comum, e pode ser praticado por qualquer pessoa.

29.1.2 Conduta e momento consumativo

O tipo penal deste delito é "**causar**" epidemia mediante **propagação** ou **disseminação** de germes patogênicos.

E o que seria uma **epidemia** e **germes patogênicos**? Segundo Nucci (2019):

> Significa uma doença que acomete, em curto espaço de tempo e em determinado lugar, várias pessoas. Exemplos: peste, sarampo, varíola, tifo, febre amarela, dengue e suas variantes, gripe H1N1, difteria etc. **Germes patogênicos** são os microrganismos capazes de gerar doenças, como os vírus, os bacilos e as bactérias, entre outros.

A consumação ocorre no momento que há a disseminação da moléstia (**crime material**). Admite-se ocorrência da tentativa.

Inclusive, o crime em tela foi muito discutido relativamente aos anos de 2020 e 2021, tendo em vista que diversos artistas descumpriram as medidas impostas pelas gestões federais, estaduais ou municipais, ao promoverem festa com um grande número de pessoas,

508 Direito Penal Decifrado – Parte Especial

enquanto a área de saúde era corroída, dia a dia, com a inflação do setor pelo acúmulo de casos.

Este crime pode ser classificado em **crime comum** (pode ser praticado por qualquer pessoa); **crime material** (necessária a produção do resultado naturalístico); **comissivo** (exige uma ação do agente); **crime de dano** (deve haver a comprovação de efetiva lesão ao bem jurídico tutelado); **instantâneo; unissubjetivo** (pode ser praticado por um único agente); **plurissubsistente** (pode ser praticado por vários atos); **unissubsistente** (pode ser praticado por um único ato) e de **forma livre**.

Vale mencionar que o **crime é de perigo concreto**, já que tutela a incolumidade coletiva, além de ser crime contra a saúde pública, e não individual. Logo, a ocorrência da doença em alguns faz parte do perigo concreto determinado pelo tipo penal.

Caso a conduta do agente fosse voltada somente a alguns indivíduos, estaríamos diante de um crime de lesão corporal, cuja pena é muito menor.

29.1.3 Causa de aumento de pena

Aumenta-se a pena quando ocorre o resultado morte como destaca o art. 267, § 1º, do CP. Nesse caso, aplica-se o dobro da pena.

29.1.4 Modalidade culposa

É prevista a modalidade culposa em duas situações: sem resultado morte e com resultado morte, a primeira configura pena de detenção e a segunda pena de 2 a 4 anos.

29.2 INFRAÇÃO DE MEDIDA SANITÁRIA PREVENTIVA

> **Art. 268.** Infringir determinação do poder público, destinada a impedir introdução ou propagação de doença contagiosa:
>
> **Pena** – detenção, de um mês a um ano, e multa.
>
> **Parágrafo único.** A pena é aumentada de um terço, se o agente é funcionário da saúde pública ou exerce a profissão de médico, farmacêutico, dentista ou enfermeiro.

29.2.1 Sujeitos

O crime é comum, pois pode ser praticado por qualquer pessoa.

29.2.2 Conduta e momento consumativo

Trata-se de crime em que o agente infringe determinação legal quando destinado a impedir introdução ou prorrogação de doença contagiosa.

Capítulo 29 ◆ Dos crimes contra a saúde pública **509**

A "determinação do poder público" significa descumprimento de lei, decreto, portaria, regulamentos, entre outros, proferidos por qualquer autoridade pública.

O tipo penal deste delito é "**infringir**", consumando-se no momento em que o agente "infringe" a determinação legal dada por autoridade pública a fim de impedir introdução ou propagação de doença contagiosa (ou seja, transmissão de uma pessoa a outro por contato direto ou indireto).

Importante destacar que se trata de **norma penal em branco**, já que depende de norma regulamentadora.

Classifica-se em **crime comum** (pode ser praticado por qualquer pessoa); **crime formal** (não é necessária a produção do resultado naturalístico, com a existência do perigo ou dano já se configura o delito); de **perigo comum e abstrato** (coloca um número indeterminado de pessoas em perigo, neste caso, presume-se o risco de dano ou lesão ao bem jurídico tutelado); **instantâneo**; **unissubjetivo** (pode ser praticado por um único agente); **plurissubsistente** (pode ser praticado por vários atos); e de **forma livre**.

29.2.3 Causa de aumento de pena

Ocorre o aumento de pena quando o crime é praticado por funcionário de saúde pública ou aquele que exerce a profissão de médico, farmacêutico, dentista ou enfermeiro. A pena é aumentada de um terço.

29.3 OMISSÃO DE NOTIFICAÇÃO DE DOENÇA

> **Art. 269.** Deixar o médico de denunciar à autoridade pública doença cuja notificação é compulsória:
> **Pena** – detenção, de seis meses a dois anos, e multa.

29.3.1 Sujeitos

O crime é próprio, pois somente o médico pode pratica-lo, conforme exigência do próprio texto legal.

29.3.2 Conduta e momento consumativo

Revela-se em crime contra incolumidade pública realizado, particularmente, por médico no âmbito da saúde pública, quando este deixa de denunciar à autoridade pública doença que deve ser compulsoriamente comunicada.

Notificação compulsória consiste na comunicação obrigatória aos devidos órgãos públicos. Trata-se de um tipo penal em branco, pois as normativas do Ministério da Saúde é que determinarão quais são as doenças suscetíveis de notificação.

Hoje em dia, a regulamentação se dá pela Portaria nº 264/2020 (BRASIL, 2020) do Ministério da Saúde.

O elemento do núcleo penal é **"deixar de comunicar"**, ou seja, não passar ou comunicar a informação sobre determinada doença à autoridade competente.

Informação adicional: a portaria sobre as doenças que devem ser comunicadas é a Portaria nº 204, de 17 de fevereiro de 2016, que regulamenta a Lei nº 6.259/1975.

Portanto, trata-se, também, de uma **norma penal em branco**.

Consuma-se no momento que o agente se omite **"deixando"** de denunciar. Além disso, consiste em **crime omissivo puro**, **não admitindo a tentativa**, haja vista a impossibilidade de o crime ser fracionado (**unissubjetivo**).

É classificado em **crime próprio** (exige uma condição especial do agente, ou seja, ser médico); **crime de mera conduta** (consumando o delito com a prática da conduta, não necessitando de resultado naturalístico); **omissivo** (exige uma omissão do agente – deixar de fazer algo – conduta negativa); de **perigo comum e abstrato** (coloca um número indeterminado de pessoas em perigo, neste caso, presume-se o risco de dano ou lesão ao bem jurídico tutelado); de forma vinculada (só pode ser cometido por meio indicado no dispositivo legal: o não envio da notificação à autoridade pública) **instantâneo**; **unissubjetivo** (pode ser praticado por um único agente); **unissubsistente** (pode ser praticado por um único ato) e de **forma livre**.

29.3.3 Elemento subjetivo

O crime só se pratica mediante dolo.

29.4 ENVENENAMENTO DE ÁGUA POTÁVEL OU DE SUBSTÂNCIA ALIMENTÍCIA OU MEDICINAL

Art. 270. Envenenar água potável, de uso comum ou particular, ou substância alimentícia ou medicinal destinada a consumo:

Pena – reclusão, de dez a quinze anos.

§ 1º Está sujeito à mesma pena quem entrega a consumo ou tem em depósito, para o fim de ser distribuída, a água ou a substância envenenada.

§ 2º Se o crime é culposo:

Pena – detenção, de seis meses a dois anos.

29.4.1 Sujeitos

O crime é comum, podendo ser praticado por qualquer pessoa.

29.4.2 Conduta e momento consumativo

Consiste em crime no qual o agente envenena água potável, de uso comum ou particular, ou substância alimentícia ou medicinal destinada a consumo.

Sobre seus elementos o autor Guilherme Nucci (2019) conceitua:

Água potável é a água boa para beber, sem risco à saúde;

Envenenar significa misturar substância que altera ou destrói as funções vitais do organismo em alguma coisa ou intoxicar;

Uso comum ou particular, significando que pode a água estar situada numa fonte, lago ou qualquer lugar de livre acesso público, portanto, de uso comum, ou mesmo em propriedade particular, sendo de uso privativo de alguém;

Substância alimentícia é a matéria que se destina a nutrir e sustentar o organismo;

Substância medicinal é a matéria voltada à cura de algum mal orgânico.

Ocorre a consumação no momento em que a pessoa "envenena" água potável, substância alimentícia ou medicinal de consumo, causando dano à saúde de outrem. É cabível a tentativa.

Classifica-se em **crime comum** (pode ser praticado por qualquer pessoa); **crime formal** (não é necessária a produção do resultado naturalístico, com a existência do perigo ou dano já se configura o delito); de **perigo comum e abstrato** (coloca um número indeterminado de pessoas em perigo, neste caso, presume-se o risco de dano ou lesão ao bem jurídico tutelado); **comissivo** (exige uma ação do agente); **instantâneo**; **unissubjetivo** (pode ser praticado por um único agente); **plurissubsistente** (pode ser praticado por vários atos); **unissubsistente** (pode ser praticado por um único ato) e de **forma livre**.

29.4.3 Modalidade culposa

Há a modalidade culposa quando o agente age com imprudência, negligência ou imperícia. Nesse caso, é prevista a pena de detenção de 6 meses a 2 anos.

29.4.4 Elemento subjetivo

O crime admite dolo e culpa.

29.5 CORRUPÇÃO OU POLUIÇÃO DE ÁGUA POTÁVEL

Art. 271. Corromper ou poluir água potável, de uso comum ou particular, tornando-a imprópria para consumo ou nociva à saúde:

Pena – reclusão, de dois a cinco anos.

Parágrafo único. Se o crime é culposo:

Pena – detenção, de dois meses a um ano.

512 Direito Penal Decifrado – Parte Especial

29.5.1 Sujeitos

O crime é comum, podendo ser praticado por qualquer pessoa.

29.5.2 Conduta e momento consumativo

O núcleo do tipo penal deste delito é "**corromper**" ou "**poluir**" água potável, de uso comum ou particular, tornando-a imprópria para consumo ou nociva à saúde. Corromper significa estragar, adulterar ou infectar, e poluir significa sujar ou degradar.

Aqui ocorre a consumação quando o agente corrompe ou polui, causando perigo à vida ou integridade física de outrem. Admite-se a tentativa.

Classifica-se em **crime comum** (pode ser praticado por qualquer pessoa); **crime formal** (não é necessária a produção do resultado naturalístico, com a existência do perigo ou dano já se configura o delito); de **perigo comum e abstrato** (coloca um número indeterminado de pessoas em perigo; neste caso, presume-se o risco de dano ou lesão ao bem jurídico tutelado); **comissivo** (exige uma ação do agente); **instantâneo**; **unissubjetivo** (pode ser praticado por um único agente); **plurissubsistente** (pode ser praticado por vários atos); **unissubsistente** (pode ser praticado por um único ato) e de **forma livre**.

29.5.3 Modalidade culposa

Admite-se a modalidade culposa deste delito, sendo aplicada a pena de detenção de 2 meses a 1 ano.

29.5.4 Elemento subjetivo

O crime admite dolo e culpa.

29.6 FALSIFICAÇÃO, CORRUPÇÃO, ADULTERAÇÃO OU ALTERAÇÃO DE SUBSTÂNCIA OU PRODUTOS ALIMENTÍCIOS

Art. 272. Corromper, adulterar, falsificar ou alterar substância ou produto alimentício destinado a consumo, tornando-o nociva à saúde ou reduzindo-lhe o valor nutritivo:

Pena – reclusão, de 4 (quatro) a 8 (oito) anos, e multa.

§ 1º-A. Incorre nas penas deste artigo quem fabrica, vende, expõe à venda, importa, tem em depósito para vender ou, de qualquer forma, distribui ou entrega a consumo a substância alimentícia ou o produto falsificado, corrompido ou adulterado.

§ 1º Está sujeito às mesmas penas quem pratica as ações previstas neste artigo em relação a bebidas, com ou sem teor alcoólico.

Modalidade culposa

§ 2º Se o crime é culposo:

Pena – detenção, de 1 (um) a 2 (dois) anos, e multa.

29.6.1 Sujeitos

O crime é comum, podendo ser praticado por qualquer pessoa.

29.6.2 Conduta e momento consumativo

Neste crime, há quatro núcleos do tipo penal: "**corromper** (estragar, viciar a composição), **adulterar** (deturpar, piorar a qualidade), **falsificar** (reproduzir por imitação, dando aparência de genuíno ao que não é) e **alterar** (modificar, transformar)". Desse modo, ocorre a consumação do crime quando praticado pelo agente um dos verbos anteriormente mencionados.

Além disso, todas essas condutas devem tornar a substância ou produto alimentício nocivo à saúde de pessoas, ou então, reduzir o valor nutritivo do alimento.

Nocivo à saúde significa algo prejudicial às normais funções orgânicas, físicas e mentais.

Valor nutritivo corresponde à qualidade de servir para alimentar e sustentar, própria dos alimentos.

Ainda, pode ser caracterizado como **tipo misto alternativo,** se o agente praticar mais de uma conduta na mesma situação fática estará caracterizado apenas um crime.

Classifica-se em **crime comum** (pode ser praticado por qualquer pessoa); **crime formal** (não é necessária a produção do resultado naturalístico, com a existência do perigo ou dano já se configura o delito); de **perigo comum e abstrato** (coloca um número indeterminado de pessoas em perigo; neste caso, presume-se o risco de dano ou lesão ao bem jurídico tutelado); **comissivo** (exige uma ação do agente); **instantâneo; unissubjetivo** (pode ser praticado por um único agente); **plurissubsistente** (pode ser praticado por vários atos); **unissubsistente** (pode ser praticado por um único ato) e de **forma livre.**

29.6.3 Formas equiparadas

O legislador tratou, ainda, das formas equiparadas no § 1º-A do art. 272 no CP, vejamos:

> **Fabricar** significa manufaturar ou construir; **vender,** alienar por certo preço; **expor à venda,** pôr à vista para ser alienado; **importar,** trazer de fora para dentro do País; **ter em depósito para vender,** manter guardado até que seja alienado; **distribuir,** espalhar ou entregar a uns e outros; **entregar a consumo,** passar às mãos de alguém para que seja ingerido. O objeto das condutas é a substância alimentícia ou o produto falsificado, corrompido ou adulterado.

29.6.4 Modalidade culposa

É prevista a modalidade culposa no caso de negligência, imprudência ou imperícia do agente, sendo apenada com detenção de 1 a 2 anos, além de multa.

29.6.5 Elemento subjetivo

A conduta pode ser praticada mediante dolo ou culpa.

29.7 FALSIFICAÇÃO, CORRUPÇÃO, ADULTERAÇÃO OU ALTERAÇÃO DE PRODUTO DESTINADO A FINS TERAPÊUTICOS OU MEDICINAIS

Art. 273. Falsificar, corromper, adulterar ou alterar produto destinado a fins terapêuticos ou medicinais:

Pena – reclusão, de 10 (dez) a 15 (quinze) anos, e multa.

§ 1º Nas mesmas penas incorre quem importa, vende, expõe à venda, tem em depósito para vender ou, de qualquer forma, distribui ou entrega a consumo o produto falsificado, corrompido, adulterado ou alterado.

§ 1º-A. Incluem-se entre os produtos a que se refere este artigo os medicamentos, as matérias-primas, os insumos farmacêuticos, os cosméticos, os saneantes e os de uso em diagnóstico.

§ 1º-B. Está sujeito às penas deste artigo quem pratica as ações previstas no § 1º em relação a produtos em qualquer das seguintes condições: (...)

II – em desacordo com a fórmula constante do registro previsto no inciso anterior;

III – sem as características de identidade e qualidade admitidas para a sua comercialização;

IV – com redução de seu valor terapêutico ou de sua atividade;

V – de procedência ignorada;

VI – adquiridos de estabelecimento sem licença da autoridade sanitária competente.

Modalidade culposa

§ 2º Se o crime é culposo:

Pena – detenção, de 1 (um) a 3 (três) anos, e multa.

29.7.1 Sujeitos

O crime é comum, podendo ser praticado por qualquer pessoa.

29.7.2 Conduta e momento consumativo

Consiste no crime de falsificar, adulterar, corromper ou alterar produto destinado a fins medicinais ou terapêuticos. Trata-se de substância voltada a curar, tratar ou aliviar dor ou doença, ou mesmo, a prevenir moléstias.

Este crime é classificado como **tipo misto alternativo**, ocorrendo um ou mais condutas do tipo penal no mesmo contexto fático configurará apenas um único delito.

Para sua consumação basta o agente praticar qualquer um dos núcleos deste tipo penal, quais sejam: **falsificar**, **corromper**, **adulterar** ou **alterar**. É aceita a modalidade tentada.

Classifica-se em **crime comum** (pode ser praticado por qualquer pessoa); **crime formal** (não é necessária a produção do resultado naturalístico, com a existência do perigo ou dano já se configura o delito); de **perigo comum e abstrato** (coloca um número indeterminado de pessoas em perigo, neste caso, presume-se o risco de dano ou lesão ao bem jurídico tutelado); **comissivo** (exige uma ação do agente); **instantâneo**; **unissubjetivo** (pode ser praticado por um único agente); **plurissubsistente** (pode ser praticado por vários atos); **unissubsistente** (pode ser praticado por um único ato) e de **forma livre**.

29.7.3 Formas equiparadas

O § 1º do art. 273 elenca as formas equiparadas ao delito de falsificar ou alterar produtos terapêuticos e medicinais. Necessária se faz a leitura na íntegra do dispositivo legal.

> **Importar** (trazer algo de fora para dentro do País); **vender** (alienar por certo preço); **expor à venda** (colocar à vista com o fim de alienar a certo preço); **ter em depósito para vender** (manter algo guardado com o fim de alienar a certo preço); **distribuir** (dar para várias pessoas em várias direções ou espalhar); **entregar a consumo** (passar algo às mãos de terceiros para que seja ingerido ou gasto). O objeto é produto falsificado, corrompido, adulterado ou alterado.

Sobre o inciso V do § 1º-B do art. 273 do CP, temos o seguinte julgado do STJ:

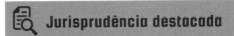

(...) O crime de ter em depósito, para venda, produto destinado a fins terapêuticos ou medicinais de procedência ignorada é de perigo abstrato e independe da prova da ocorrência de efetivo risco para quem quer que seja. E a indispensabilidade do dano concreto à saúde do pretenso usuário do produto evidencia ainda mais a falta de harmonia entre o delito e a pena abstratamente cominada (de 10 a 15 anos de reclusão) se comparado, por exemplo, com o crime de tráfico ilícito de drogas – notoriamente mais grave e cujo bem jurídico também é a saúde pública. 5. A ausência de relevância penal da conduta, a desproporção da pena em ponderação com o dano ou perigo de dano à saúde pública decorrente da ação e a inexistência de consequência calamitosa do agir convergem para que se conclua pela falta de razoabilidade da pena prevista na lei. A restrição da liberdade individual não pode ser excessiva, mas compatível e proporcional à ofensa causada pelo comportamento humano criminoso. 6. Arguição acolhida para declarar inconstitucional o preceito secundário da norma (STJ, AI no HC nº 239.363/PR, 2012/0076490-1, Rel. Min. Sebastião Reis Júnior, j. 26.02.2015, Corte Especial, *DJe* 10.04.2015).

No mesmo sentido, o STF, sob a seguinte alegação:

 Jurisprudência destacada

É inconstitucional a aplicação do preceito secundário do art. 273 do Código Penal, com a redação dada pela Lei nº 9.677/1998 – reclusão de 10 a 15 anos – à hipótese prevista no seu § 1º-B, inciso I, que versa sobre a importação de medicamento sem registro no órgão de vigilância sanitária. Para esta situação específica, fica repristinado o preceito secundário do art. 273, na redação originária – reclusão de um a três anos e multa (STF, RE nº 979.962/RS, j. 24.03.2021).

 Decifrando a prova

(Delegado de Polícia Civil – PC/RS – Fundatec – 2018 – Adaptada) Larapius foi preso em flagrante pela prática de um crime de roubo. Ao ser apresentado na Delegacia de Polícia para ser autuado, atribui-se identidade falsa. Nessa hipótese, de acordo com o entendimento do Superior Tribunal de Justiça, estará cometendo o crime de falsa identidade.
( ) Certo   ( ) Errado
Gabarito comentado: na hipótese, devemos recordar o enunciado sumular 522 do STJ, que estabelece que "a conduta de atribuir-se falsa identidade perante autoridade policial é típica, ainda que em situação de alegada autodefesa". Portanto, a assertiva está certa.

(Delegado de Polícia Civil – PC/SE – Cespe/Cebraspe – 2020) A respeito de tóxicos e entorpecentes, julgue o item que se segue.
É crime o comércio, em território brasileiro, de medicamento sem registro no órgão de vigilância sanitária competente, ainda que o medicamento seja registrado em congêneres internacionais e tenha reconhecimento científico.
( ) Certo   ( ) Errado
Gabarito comentado: a assertiva está certa, eis que representa o conteúdo do art. 273, § 1º-B, I, do CP. Além disso, o STJ admite a aplicação do § 4º do art. 33 da Lei de Drogas para o crime em questão.

 Jurisprudência destacada

É cabível o manejo da revisão criminal fundada no art. 621, I, do Código de Processo Penal, para aplicação da minorante prevista no § 4º do art. 33 da Lei nº 11.343/2006 nos crimes previstos no art. 273, § 1º-B, do CP (STJ, RvCr nº 5.627-DF, Rel. Min. Joel Ilan Paciornik, 3ª Seção, por unanimidade, j. 13.10.2021, *DJe* 22.10.2021).

Em resumo, ainda que não haja expressa previsão legal, pode-se dizer que os Tribunais Superiores têm equiparado a conduta do art. 273 ao tráfico de drogas, sendo uma conduta manifestamente subsidiária. Assim, permitem a aplicação da benesse do tráfico privilegiado.

29.7.4 Modalidade culposa

Ocorre a modalidade culposa quando a conduta do agente for praticada com imprudência, negligência ou imperícia e a ela aplica-se a pena de detenção de 1 ano a 3 anos, além de multa.

> **Atenção!**
>
> **Competência jurisdicional:** em regra, a competência é da **Justiça Estadual**, mas se o crime incorrer na importação de produto (internacionalidade) nestes moldes apresentados no disposto do art. 273 e demais parágrafos do CP, entende o STJ ser da competência da **Justiça Federal**.

Vejamos a jurisprudência relacionada:

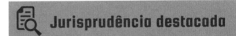

Jurisprudência destacada

A jurisprudência desta Corte Superior é firme em assinalar que o simples fato de colocar à venda medicamentos estrangeiros de uso proibido em território nacional não atrai a competência da Justiça Federal para apuração da suposta prática do delito previsto no art. 273, §§ 1º e 1º-B, I, do Código Penal. Faz-se necessária, ainda, a demonstração da internacionalidade do delito, ou seja, a indicação de elementos aptos a evidenciar que o acusado adquiriu tais produtos no exterior. Precedentes. 2. A moldura fática delineada na denúncia e no acórdão evidencia que o corréu admitiu que buscava, pessoalmente, os medicamentos com ele apreendidos no Paraguai. Logo, em relação a esse acusado, não restam dúvidas da competência da Justiça Federal. 3. Ainda que se admita que o recorrente não soubesse que os medicamentos eram trazidos do Paraguai pelo coinvestigado, está configurada hipótese de prorrogação legal da competência, diante da nítida conexão probatória. 4. Recurso não provido (STJ, RHC nº 65.435/SP, 2015/0282397-5, Rel. Min. Rogerio Schietti Cruz, j. 09.10.2018, 6ª Turma, *DJe* 30.10.2018).

29.8 EMPREGO DE PROCESSO PROIBIDO OU DE SUBSTÂNCIA NÃO PERMITIDA

Art. 274. Empregar, no fabrico de produto destinado a consumo, revestimento, gaseificação artificial, matéria corante, substância aromática, antisséptica, conservadora ou qualquer outra não expressamente permitida pela legislação sanitária:

Pena – reclusão, de 1 (um) a 5 (cinco) anos, e multa.

29.8.1 Sujeitos

O crime é comum, pois pode ser praticado por qualquer pessoa.

29.8.2 Conduta e momento consumativo

Trata-se do crime de empregar ("fazer uso de algo ou aplicar"), sendo o objeto o fabrico de produto destinado ao consumo, gaseificação artificial, matéria corante, substância aromática, antisséptica, conservadora ou qualquer outra não expressamente permitida. Vejamos os exemplos deste crime dados pelo autor Jamil Alves (2020, p. 462):

> Empregar brometo de potássio no preparo de produtos de panificação; usar amianto na confecção de uma caixa d'água; utilizar substância aromática não permitida pela legislação sanitária na fabricação de um brinquedo ou de um perfume.

Por ser **crime formal**, consuma-se o delito no momento que há o efetivo "**emprego**" do processo ou substância não permitida em legislação sanitária, mesmo que não ocorra o efetivo dano ou lesão a vida de outrem. Admite-se a tentativa.

Classifica-se em **crime comum** (pode ser praticado por qualquer pessoa); **crime formal** (não é necessária a produção do resultado naturalístico, com a existência do perigo ou dano já configura o delito); de **perigo comum e abstrato** (coloca um número indeterminado de pessoas em perigo, neste caso, presume-se o risco de dano ou lesão ao bem jurídico tutelado); **comissivo** (exige uma ação do agente); **instantâneo**; **unissubjetivo** (pode ser praticado por um único agente); **plurissubsistente** (pode ser praticado por vários atos); **unissubsistente** (pode ser praticado por um único ato) e de **forma livre**.

29.8.3 Elemento subjetivo

O crime somente é praticado mediante dolo.

29.9 INVÓLUCRO OU RECIPIENTE COM FALSA INDICAÇÃO

> **Art. 275.** Inculcar, em invólucro ou recipiente de produtos alimentícios, terapêuticos ou medicinais, a existência de substância que não se encontra em seu conteúdo ou que nele existe em quantidade menor que a mencionada:
>
> **Pena** – reclusão, de 1 (um) a 5 (cinco) anos, e multa.

29.9.1 Sujeitos

O crime é comum, pois pode ser praticado por qualquer pessoa.

Capítulo 29 • Dos crimes contra a saúde pública **519**

29.9.2 Conduta e momento consumativo

Este delito consiste na conduta de "**inculcar**", isto é, indicar ou citar na embalagem, rótulo ou qualquer outra forma equiparada, a existência de substância que não se encontra em seu conteúdo ou que nele existe em quantidade menor que a mencionada.

Nucci (2019) conceitua os elementos deste tipo penal da seguinte forma:

> **Inculcar** significa apontar, citar, gravar ou imprimir.
>
> **Invólucro** é tudo aquilo que serve para encerrar ou conter alguma coisa, como capa plástica ou de papel; **recipiente** é o objeto destinado a encerrar em si substâncias líquidas ou sólidas, como frascos ou sacos plásticos.
>
> **Produtos alimentícios, terapêuticos e medicinais** são as substâncias destinadas a nutrir ou sustentar o organismo (alimentícias), a aliviar ou curar doenças (terapêuticos) ou a combater males e enfermidades (medicinais).

A consumação ocorre quando o agente **falsamente indica** a existência de substância que não há no produto ou quando menciona a quantidade menor que a existente.

Classifica-se em **crime comum** (pode ser praticado por qualquer pessoa); **crime formal** (não é necessária a produção do resultado naturalístico, com a existência do perigo ou dano já se configura o delito); de **perigo comum e abstrato** (coloca um número indeterminado de pessoas em perigo, neste caso, presume-se o risco de dano ou lesão ao bem jurídico tutelado); **comissivo** (exige uma ação do agente); **instantâneo**; **unissubjetivo** (pode ser praticado por um único agente); **plurissubsistente** (pode ser praticado por vários atos); e de **forma livre**.

29.9.3 Elemento subjetivo

Somente se pratica mediante dolo.

29.10 PRODUTO OU SUBSTÂNCIA NAS CONDIÇÕES DOS DOIS ARTIGOS ANTERIORES

> **Art. 276.** Vender, expor à venda, ter em depósito para vender ou, de qualquer forma, entregar a consumo produto nas condições dos arts. 274 e 275.
>
> **Pena** – reclusão, de 1 (um) a 5 (cinco) anos, e multa.

29.10.1 Sujeitos

O crime é comum, na medida em que pode ser praticado por qualquer pessoa.

29.10.2 Conduta e momento consumativo

O objeto material deste delito se refere às condições apresentadas nos arts. 274 ou 275 do mesmo diploma legal, caracterizando-se pela conduta de **vender**, **expor à venda**, **ter em**

520 Direito Penal Decifrado – Parte Especial

depósito para vender ou, de qualquer forma, **entregar** a consumo produto nas condições dos arts. 274 e 275.

Consuma-se quando é praticada qualquer das condutas tratadas anteriormente "**vender, expor à venda, ter em depósito para vender ou entregar**". Neste caso, também, admite-se a tentativa.

Classifica-se em **crime comum** (pode ser praticado por qualquer pessoa); **crime formal** (não é necessária a produção do resultado naturalístico, com a existência do perigo ou dano já configura o delito); de **perigo comum e abstrato** (coloca um número indeterminado de pessoas em perigo, neste caso, presume-se o risco de dano ou lesão ao bem jurídico tutelado); **comissivo** (exige uma ação do agente); **instantâneo**; **unissubjetivo** (pode ser praticado por um único agente); **plurissubsistente** (pode ser praticado por vários atos); e de **forma livre**.

29.11 SUBSTÂNCIA DESTINADA À FALSIFICAÇÃO

Art. 277. Vender, expor à venda, ter em depósito ou ceder substância destinada à falsificação de produtos alimentícios, terapêuticos ou medicinais:
Pena – reclusão, de 1 (um) a 5 (cinco) anos, e multa.

29.11.1 Sujeitos

O crime é comum, na medida em que qualquer pessoa pode praticá-lo.

29.11.2 Conduta e momento consumativo

Trata-se do crime em que o agente "vende, expõe à venda, tem em depósito ou cede substância destinada à falsificação de produtos alimentícios, terapêuticos ou medicinais", ocorrendo a sua consumação no momento que se pratica um dos núcleos deste tipo penal: "**vender, expor à venda, ter em depósito ou ceder**". É aceita a tentativa.

Conforme esclarece o ilustre autor Nucci (2019):

> A substância deve ser *especificamente* voltada a falsificação, embora se deva verificar essa finalidade no caso concreto, e não de maneira geral. Assim, quando uma substância tiver múltipla destinação, sendo uma delas a de produzir alimentos ou remédios falsos, é preciso que fique bem demonstrado na situação concreta ser essa a razão de agir do autor. No mais, parece-nos extremado rigorismo pretender que a substância sirva *unicamente* para falsificar os produtos mencionados. É o mesmo modo de interpretar utilizado no caso do art. 253 ("substância ou engenho explosivo, gás tóxico ou asfixiante, ou material destinado à sua fabricação"). Há posição em sentido contrário, exigindo que a substância tenha finalidade *inequívoca* de falsificação.

Classifica-se em **crime comum** (pode ser praticado por qualquer pessoa); **crime formal** (não é necessária a produção do resultado naturalístico, com a existência do perigo ou dano já se configura o delito); de **perigo comum e abstrato** (coloca um número indeterminado de pessoas em perigo, neste caso, presume-se o risco de dano ou lesão ao bem jurídico tutelado); **comissivo** (exige uma ação do agente); **instantâneo**; **unissubjetivo** (pode ser praticado por um único agente); **plurissubsistente** (pode ser praticado por vários atos); e de **forma livre**.

29.11.3 Elemento subjetivo

O crime somente é praticado mediante dolo.

29.12 OUTRAS SUBSTÂNCIAS NOCIVAS À SAÚDE PÚBLICA

Art. 278. Fabricar, vender, expor à venda, ter em depósito para vender ou, de qualquer forma, entregar a consumo coisa ou substância nociva à saúde, ainda que não destinada à alimentação ou a fim medicinal:

Pena – detenção, de um a três anos, e multa.

Parágrafo único. Se o crime é culposo:

Pena – detenção, de dois meses a um ano.

29.12.1 Sujeitos

O crime é comum.

29.12.2 Conduta e momento consumativo

Aqui o delito é referente a coisa ou substância nociva à saúde de outrem, a conduta é **fabricar**, **vender**, **expor** à venda, **ter em depósito** para vender ou, de qualquer forma, **entregar** a consumo coisa ou substância nociva à saúde, ainda que não destinada à alimentação ou a fim medicinal, consumando-se no momento que se pratica qualquer uma destas condutas. É admitida a tentativa, já que os atos podem ser fracionados (*iter criminis*).

Pode ser classificado em **crime comum** (pode ser praticado por qualquer pessoa); **crime formal** (não é necessária a produção do resultado naturalístico, com a existência do perigo ou dano já se configura o delito); de **perigo comum e abstrato** (coloca um número indeterminado de pessoas em perigo, neste caso, presume-se o risco de dano ou lesão ao bem jurídico tutelado); **comissivo** (exige uma ação do agente); **instantâneo**; **unissubjetivo** (pode ser praticado por um único agente); **plurissubsistente** (pode ser praticado por vários atos); e de **forma livre**.

29.12.3 Modalidade culposa

É prevista a modalidade culposa com pena de detenção de 2 meses a 1 ano.

29.12.4 Elemento subjetivo

Trata-se do dolo.

29.13 MEDICAMENTO EM DESACORDO COM RECEITA MÉDICA

Art. 280. Fornecer substância medicinal em desacordo com receita médica:

Pena – detenção, de um a três anos, ou multa.

Parágrafo único. Se o crime é culposo:

Pena – detenção, de dois meses a um ano.

29.13.1 Sujeitos

O crime é comum, podendo ser praticado por qualquer pessoa.

29.13.2 Conduta e momento consumativo

Consiste no crime de fornecer substância medicinal em desacordo com receita médica, podendo ser praticado por qualquer pessoa e consumando-se no momento em que "**fornece**" a substância medicinal.

Pode ser classificado em **crime comum** (pode ser praticado por qualquer pessoa); **crime formal** (não é necessária a produção do resultado naturalístico, com a existência do perigo ou dano já se configura o delito); de **perigo comum e abstrato** (coloca um número indeterminado de pessoas em perigo, neste caso, presume-se o risco de dano ou lesão ao bem jurídico tutelado); **comissivo** (exige uma ação do agente); **instantâneo**; **unissubjetivo** (pode ser praticado por um único agente); **plurissubsistente** (pode ser praticado por vários atos); e de **forma livre**.

29.13.3 Modalidade culposa

Há previsão da modalidade culposa do delito, sendo aplicada a pena de detenção de 2 meses a 1 ano.

O crime culposo estará configurado quando o agente, desprovido do dever de cuidado, der causa ao resultado lesivo resultante do fornecimento do medicamento em desacordo com receita médica.

29.13.4 Elemento subjetivo

O crime se pratica mediante dolo ou culpa.

Capítulo 29 • Dos crimes contra a saúde pública **523**

29.14 EXERCÍCIO ILEGAL DA MEDICINA, ARTE DENTÁRIA OU FARMACÊUTICA

Art. 282. Exercer, ainda que a título gratuito, a profissão de médico, dentista ou farmacêutico, sem autorização legal ou excedendo-lhe os limites:

Pena – detenção, de seis meses a dois anos.

Parágrafo único. Se o crime é praticado com o fim de lucro, aplica-se também multa.

29.14.1 Sujeitos

O crime é comum, podendo ser praticado por qualquer pessoa.

29.14.2 Conduta e momento consumativo

O exercício da profissão é regulado pela nossa Constituição Federal, especificamente, no art. 5º, inciso XIII, estabelecendo que "é livre o exercício de qualquer trabalho, ofício ou profissão, atendidas as qualificações profissionais que a lei estabelecer", ou seja, algumas profissões são reguladas por lei, devendo ser exercidas conforme seu regulamento, isto para garantir a saúde, a integridade física, moral e patrimonial da coletividade.

O legislador destacou algumas profissões como a de médico, dentista ou farmacêutico, em que devem ser observadas as disposições legais visando a saúde pública. Deste modo, tipificando a conduta de "exercer, ainda que a título gratuito, a profissão de médico, dentista ou farmacêutico, sem autorização legal ou excedendo-lhe os limites".

Consequentemente, consuma-se o delito quando uma pessoa que não tem autorização legal "**exerce**" a profissão de médico, dentista e farmacêutico, podendo esse exercício ser tanto de forma onerosa como gratuita. Entende-se que **não é cabível a tentativa**, pois a característica do crime é a sua habitualidade, ou seja, a reiteração dos atos, neste caso o crime já estaria consumado. No entanto, há doutrinadores, como Pierangelli, que entendem de forma contrária, admitindo a modalidade tentada.

Importante destacar que se trata de **crime habitual**, haja vista a exigência da reiteração de atos do agente, devendo ser um hábito, um modo de vida não tolerado pela lei. Portanto, a prática de forma esporádica, de alguns atos, não configura o delito em questão.

29.14.3 Forma qualificada

O legislador destacou, ainda, a figura típica qualificada quando o crime é praticado com fim de lucro, aplicando-se de forma cumulativa a multa.

Segundo o autor Damásio de Jesus (2020b):

> Não é necessário que o sujeito aufira, efetivamente, o lucro visado. Basta que pratique, reiteradamente, atos privativos das profissões de médico, dentista ou farmacêutico, visando lucro, para que incida a qualificadora.

524 Direito Penal Decifrado – Parte Especial

Pode ser classificado em **crime comum** (pode ser praticado por qualquer pessoa); **crime formal** (não é necessária a produção do resultado naturalístico, com a existência do perigo ou dano já se configura o delito); de **perigo comum e abstrato** (coloca um número indeterminado de pessoas em perigo, neste caso, presume-se o risco de dano ou lesão ao bem jurídico tutelado); **comissivo** (exige uma ação do agente); **crime habitual** (pressupõe a reiteração de atos, praticado de forma habitual); **unissubjetivo** (pode ser praticado por um único agente); **plurissubsistente** (pode ser praticado por vários atos); e de **forma livre**.

29.14.4 Elemento subjetivo

O crime somente é praticado mediante dolo.

29.15 CHARLATANISMO

> **Art. 283.** Inculcar ou anunciar cura por meio secreto ou infalível:
> **Pena** – detenção, de três meses a um ano, e multa.

29.15.1 Sujeitos

O crime é comum, podendo ser praticado por qualquer pessoa.

29.15.2 Conduta e momento consumativo

Consiste na prática de

> "**inculcar** ou **anunciar cura** por meio secreto ou infalível, 'inculta' corresponde a **apregoar** ou dar a entender, e **anunciar** é divulgar. O agente anuncia ou promete algo que muitas das vezes é ineficaz, fazendo a vítima acreditar ser algo infalível.
>
> O delito consuma-se com a inculcação ou anúncio da cura, independentemente de qualquer outro resultado. A tentativa é admissível, desde que, tendo o charlatão iniciado a execução do delito, é interrompido e obstado de alcançar o momento consumativo do delito por circunstâncias alheias à sua vontade" (JESUS, 2020, v. 3).

Admite-se a tentativa.

Diferentemente do crime de exercício ilegal da medicina, no qual é necessária a habitualidade, o "crime de charlatanismo não exige a habitualidade da conduta criminosa. Basta à configuração do delito a prática, ainda que só uma vez, do ato descrito no tipo", conforme destaca o ilustre autor Damásio de Jesus (2020, v. 3).

Classifica-se em **crime comum** (pode ser praticado por qualquer pessoa); **crime formal** (não é necessária a produção do resultado naturalístico, com a existência do perigo ou dano já configura o delito); de **perigo comum e abstrato** (coloca um número indeterminado de pessoas em perigo, neste caso, presume-se o risco de dano ou lesão ao bem jurídico tutelado);

Capítulo 29 • Dos crimes contra a saúde pública **525**

comissivo (exige uma ação do agente); **instantâneo**; **unissubjetivo** (pode ser praticado por um único agente); **plurissubsistente** (pode ser praticado por vários atos); e de **forma livre**.

29.15.3 Elemento subjetivo

Trata-se do dolo.

29.16 CURANDEIRISMO

> **Art. 284.** Exercer o curandeirismo:
>
> I – prescrevendo, ministrando ou aplicando, habitualmente, qualquer substância;
>
> II – usando gestos, palavras ou qualquer outro meio;
>
> III – fazendo diagnósticos:
>
> **Pena** – detenção, de seis meses a dois anos.
>
> **Parágrafo único.** Se o crime é praticado mediante remuneração, o agente fica também sujeito à multa.

29.16.1 Sujeitos

O crime é comum.

29.16.2 Conduta e momento consumativo

Configura-se como crime a prática de exercer o curandeirismo, ou seja, o agente não possui qualquer noção ou conhecimento sobre medicina ou farmácia, e se presta a curar pessoas sem qualquer título profissional.

Conforme destaca Nucci (2019):

> O termo **curandeirismo** já possui uma significação peculiar, que é a atividade desempenhada pela pessoa que promove curas sem ter qualquer título ou habilitação para tanto, fazendo-o, geralmente, por meio de reza ou emprego de magia. Não haveria, em tese, necessidade de existir o complemento dado pelos incisos, mas, no caso presente, o tipo é de forma vinculada, exigindo que os atos somente sejam considerados penalmente relevantes quando tiverem a roupagem prescrita em lei.

A forma de exercício do curandeirismo é prevista nos incisos I, II e III do art. 284 do CP, o núcleo do tipo penal é "**exercer**", "**prescrever, ministrar** ou **aplicar**", habitualmente, qualquer substância; "**usando gestos, palavras** ou **qualquer outro meio**"; "**fazer diagnósticos**".

Consumam-se os delitos pela reiteração dos atos descritos nos incisos I, II e III do art. 284 do CP, isto é, pela sua habitualidade, do mesmo modo que ocorre no delito do exercício ilegal da profissão. Portanto, não é cabível a tentativa, pois como há reiteração dos atos o crime já foi consumado.

526 Direito Penal Decifrado – Parte Especial

Classifica-se em **crime comum** (pode ser praticado por qualquer pessoa); **crime formal** (não é necessária a produção do resultado naturalístico, com a existência do perigo ou dano já configura o delito); de **perigo comum e abstrato** (coloca um número indeterminado de pessoas em perigo, neste caso, presume-se o risco de dano ou lesão ao bem jurídico tutelado); **comissivo** (exige uma ação do agente); **crime habitual** (pressupõe a reiteração de atos, praticado de forma habitual); **unissubjetivo** (pode ser praticado por um único agente); **plurissubsistente** (pode ser praticado por vários atos); e de **forma livre**.

29.16.3 Elemento subjetivo

O crime somente é praticado com dolo.

29.17 FORMA QUALIFICADA

> **Art. 285.** Aplica-se o disposto no art. 258 aos crimes previstos neste Capítulo, salvo quanto ao definido no art. 267.

O legislador possibilitou, ainda, a forma qualificada aos delitos contra a saúde pública, aplicando-se o disposto no art. 258 do CP, excepcionando o delito do art. 267.

> **Art. 258.** Se do crime doloso de perigo comum resulta lesão corporal de natureza grave, a pena privativa de liberdade é aumentada de metade; se resulta morte, é aplicada em dobro. No caso de culpa, se do fato resulta lesão corporal, a pena aumenta-se de metade; se resulta morte, aplica-se a pena cominada ao homicídio culposo, aumentada de um terço.

PARTE IX

Dos Crimes Contra a Paz Pública

Crimes contra a paz pública

30.1 INCITAÇÃO AO CRIME

Art. 286. Incitar, publicamente, a prática de crime:

Pena – detenção, de três a seis meses, ou multa.

Parágrafo único. Incorre na mesma pena quem incita, publicamente, animosidade entre as Forças Armadas, ou delas contra os poderes constitucionais, as instituições civis ou a sociedade.

O crime é comum e consiste na conduta daquele que induz, estimula, provoca, publicamente, a prática de determinado **crime.**

Veja que o legislador não fez referência à contravenção penal ou a atos imorais.

A conduta deve atingir número indeterminado de pessoas.

Ademais, há o entendimento de que o agente deve apontar fatos determinados, especificando os atos a serem praticados, não bastando defender a descriminalização de uma conduta, por exemplo.

O crime é praticado mediante dolo e é considerado como um crime de ação livre.

O parágrafo único trata-se de novidade legislativa, que foi inserida no ano de 2021, e também incrimina a conduta daquele que, publicamente, incita (promove a ideia conflituosa entre as Forças Armadas – constantes do art. 142 da CF) ou, ainda, que estimula a utilização das Forças Armadas contra os poderes constitucionalmente instituídos (Executivo, Legislativo ou Judiciário).

30.2 APOLOGIA DE CRIME OU DE CRIMINOSO

Art. 287. Fazer, publicamente, apologia de fato criminoso ou de autor de crime:

Pena – detenção, de três a seis meses, ou multa.

O crime é comum, pois pode ser praticado por qualquer pessoa.

530 Direito Penal Decifrado – Parte Especial

A conduta consiste basicamente em fazer publicamente apologia de **fato criminoso ou a pessoa de criminoso.**

Não existe apologia à contravenção.

Além disso, a apologia deve ser de delito doloso passado, na medida em que, se o fato se referir a crime futuro, teremos o crime previsto no art. 286 do CP.

O crime é praticado mediante dolo de fazer exposição ao fato criminoso.

Vale frisar que o STF, na ADPF nº 187, decidiu ser legal e lícita a **marcha da maconha.**

A ação penal é pública incondicionada.

30.3 ASSOCIAÇÃO CRIMINOSA

> **Art. 288.** Associarem-se 3 (três) ou mais pessoas, para o fim específico de cometer crimes:
>
> **Pena** – reclusão, de 1 (um) a 3 (três) anos.
>
> **Parágrafo único.** A pena aumenta-se até a metade se a associação é armada ou se houver a participação de criança ou adolescente.

É o antigo delito denominado quadrilha ou bando.

Trata-se de crime comum, pois pode ser praticado por qualquer pessoa. Todavia, é delito classificado como plurissubjetivo ou de concurso necessário, pois para sua configuração exige-se a presença de, pelo menos, três pessoas.

Não há necessidade de divisão de funções ou de os associados se conhecerem. Identificando-se o vínculo associativo estável e permanente, haverá o crime em tela.

Vale frisar que a reunião de pessoas deve se dar para a prática de **crimes.**

O crime é praticado mediante dolo.

O parágrafo único traz causa de aumento de pena de 1/2 para a hipótese de a associação ser armada ou se houver participação de criança ou adolescente.

Há, ainda, a previsão para a forma qualificada do delito, conforme o art. 8º da Lei nº 8.072, que dispõe:

> **Art. 8º** Será de três a seis anos de reclusão a pena prevista no art. 288 do Código Penal, quando se tratar de crimes hediondos, prática da tortura, tráfico ilícito de entorpecentes e drogas afins ou terrorismo.

Poderá também haver redução para situação de delação premiada (parágrafo único do art. 8º da Lei de Crimes Hediondos):

> **Parágrafo único.** O participante e o associado que denunciar à autoridade o bando ou quadrilha, possibilitando seu desmantelamento, terá a pena reduzida de um a dois terços.

A ação penal para o delito é pública incondicionada.

Capítulo 30 ◆ Crimes contra a paz pública **531**

> ### ⚡ Decifrando a prova
>
> **(Delegado de Polícia Civil – PC/RO – Funcab – 2014 – Adaptada)** De acordo com a atual redação do art. 288 do Código Penal, o crime de "associação criminosa" estará configurado quando se associarem 2 (duas) ou mais pessoas, para o fim específico de cometer crimes.
> ( ) Certo   ( ) Errado
> **Gabarito comentado:** o crime de associação criminosa é considerado plurissubjetivo, eis que para sua consumação exige-se a presença de, pelo menos, três pessoas, com a finalidade específica de praticar crimes. Portanto, a assertiva está errada.

30.4 CONSTITUIÇÃO DE MILÍCIA PRIVADA

Art. 288-A. Constituir, organizar, integrar, manter ou custear organização paramilitar, milícia particular, grupo ou esquadrão com a finalidade de praticar qualquer dos crimes previstos neste Código:

Pena – reclusão, de 4 (quatro) a 8 (oito) anos.

A lei penal, com esta tipificação, buscou recrudescer o tratamento ao crime organizado e à constituição de milícias.

Para tanto, por milícia privada entenda-se pela participação de quatro ou mais pessoas.

O tipo é misto alternativo e o objetivo é centralizar o poder de punir e de oferecer serviços básicos ao Estado.

O crime somente é praticado mediante dolo e a ação penal é pública incondicionada.

> ### ⚡ Decifrando a prova
>
> **(Delegado de Polícia Civil – PC/PI – Nucepe – 2014 – Adaptada)** O crime de constituição de milícia privada não exige, para sua configuração, um elemento subjetivo especial, podendo a prática recair sobre qualquer crime previsto no ordenamento jurídico brasileiro.
> ( ) Certo   ( ) Errado
> **Gabarito comentado:** o crime do art. 288-A exige finalidade específica para a prática de qualquer crime previsto no Código Penal, e não no ordenamento jurídico brasileiro. Portanto, a assertiva está errada.
>
> **(Delegado de Polícia Civil – PC/PE – Cespe/Cebraspe – 2016)** A conduta de constituir, organizar, integrar, manter ou custear organização paramilitar, milícia particular, grupo ou esquadrão com a finalidade de praticar qualquer dos crimes previstos no CP configura crime contra a paz pública, sendo considerada como crime vago, uma vez que o sujeito passivo é a coletividade.
> ( ) Certo   ( ) Errado
> **Gabarito comentado:** a alternativa se amolda ao conceito doutrinário da conduta descrita no art. 288-A do CP. Portanto, a assertiva está certa.

PARTE X

Dos Crimes Contra a Fé Pública

Crimes contra a fé pública

31.1 CONSIDERAÇÕES INICIAIS

No Título X do Código Penal tutela-se a fé pública e a credibilidade junto ao Estado, relativamente à moeda, sendo que esta proteção recai não só sobre o interesse dos particulares, mas também do Estado, que tem a responsabilidade de fazer circular sua moeda.

Nas palavras de Guilherme Nucci (2017b), a fé pública representa "a confiança estabelecida pela sociedade em certos símbolos ou signos, que, com o decurso do tempo, ganham determinada significação, muitas das vezes impostas pelo Estado".

E a ideia em se tutelar a fé pública é a de proteger a moralidade e a credibilidade do Estado perante os jurisdicionados.

Assim, o que aqui se tutela é a falsificação de selos, símbolos ou papéis que deveriam ser emitidos somente pelo Estado.

Impende destacar que, conforme leciona Damásio de Jesus (2020a), é imprescindível que a contrafação seja apta a ludibriar outra pessoa, entendendo não haver o delito de falso sem a potencialidade lesiva (possibilidade de dano). Arremata sustentando que é preciso que a conduta permita o engano de outra pessoa. Sendo o falso grosseiro, incapaz de enganar outrem, não haverá ofensa à fé pública.

31.2 CONSIDERAÇÕES ESPECÍFICAS

Para os crimes previstos neste título, a orientação predominante é a de que não se aplica o princípio da insignificância, ainda que ínfimo o valor, tendo em vista que a credibilidade do papel-moeda que circula no país está em foco.

Assim, consideram-se crimes formais, de perigo abstrato, já que não há a necessidade de prejuízo para que o delito se consume.

Os crimes deste título somente se praticam mediante dolo, não existindo previsão para a modalidade culposa.

Além disso, para a configuração dos crimes previstos neste título, não é necessário que o agente coloque os produtos falsificados em circulação.

Em arremate, seguindo precedentes jurisprudenciais (*Informativo* nº 554 do STJ), não é compatível com este crime a figura do arrependimento posterior, conforme a seguir:

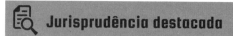

Não se aplica o instituto do arrependimento posterior ao crime de moeda falsa. No crime de moeda falsa – cuja consumação se dá com a falsificação da moeda, sendo irrelevante eventual dano patrimonial imposto a terceiros –, a vítima é a coletividade como um todo, e o bem jurídico tutelado é a fé pública, que não é passível de reparação. Desse modo, os crimes contra a fé pública, semelhantes aos demais crimes não patrimoniais em geral, são incompatíveis com o instituto do arrependimento posterior, dada a impossibilidade material de haver reparação do dano causado ou a restituição da coisa subtraída (STJ, REsp nº 1.242.294-PR, Rel. originário Min. Sebastião Reis Júnior, Rel. para acórdão Min. Rogerio Schietti Cruz, j. 18.11.2014, *DJe* 03.02.2015).

31.3 DOS CRIMES EM ESPÉCIE

31.3.1 Moeda falsa

Art. 289. Falsificar, fabricando-a ou alterando-a, moeda metálica ou papel-moeda de curso legal no país ou no estrangeiro:
Pena – reclusão, de três a doze anos, e multa.
§ 1º Nas mesmas penas incorre quem, por conta própria ou alheia, importa ou exporta, adquire, vende, troca, cede, empresta, guarda ou introduz na circulação moeda falsa.
§ 2º Quem, tendo recebido de boa-fé, como verdadeira, moeda falsa ou alterada, a restitui à circulação, depois de conhecer a falsidade, é punido com detenção, de seis meses a dois anos, e multa.
§ 3º É punido com reclusão, de três a quinze anos, e multa, o funcionário público ou diretor, gerente, ou fiscal de banco de emissão que fabrica, emite ou autoriza a fabricação ou emissão:
I – de moeda com título ou peso inferior ao determinado em lei;
II – de papel-moeda em quantidade superior à autorizada.
§ 4º Nas mesmas penas incorre quem desvia e faz circular moeda, cuja circulação não estava ainda autorizada.

Crimes assimilados ao de moeda falsa
Art. 290. Formar cédula, nota ou bilhete representativo de moeda com fragmentos de cédulas, notas ou bilhetes verdadeiros; suprimir, em nota, cédula ou bilhete recolhidos,

para o fim de restituí-los à circulação, sinal indicativo de sua inutilização; restituir à circulação cédula, nota ou bilhete em tais condições, ou já recolhidos para o fim de inutilização:

Pena – reclusão, de dois a oito anos, e multa.

Parágrafo único. O máximo da reclusão é elevado a doze anos e multa, se o crime é cometido por funcionário que trabalha na repartição onde o dinheiro se achava recolhido, ou nela tem fácil ingresso, em razão do cargo.

31.3.1.1　Sujeitos do crime

O crime em estudo é comum, na medida em que pode ser praticado por qualquer pessoa.

31.3.1.2　Momento consumativo

O crime em tela se consuma quando o objeto material, qual seja, a moeda metálica ou o papel-moeda for falsificado, fabricado ou alterado.

Vale destacar que o objeto material da conduta é tanto a moeda que circula em território nacional como aquela que circula no estrangeiro.

A falsificação de papel-moeda já não mais em trânsito não é apta a configurar o crime em questão, eis que uma das exigências do tipo penal é que a moeda seja a de curso legal.

31.3.1.3　Conduta

As condutas descritas no *caput* do art. 289 e em seu § 1º dizem respeito ao ato específico de falsificar o papel-moeda ou a moeda metálica. Falsificar significa conferir aparência de moeda verdadeira, seja nacional, seja estrangeira.

Como um dos núcleos, tem-se a **alteração**, que consiste em atribuir valor diverso ao papel-moeda, como, por exemplo, transformar uma nota de 10,00 em uma de 100,00.

Prevalece o entendimento doutrinário de que somente se configura o crime se a alteração foi no sentido de atribuir maior valor à cédula ou à moeda metálica.

Outro ponto que merece realce – e mesmo que soe repetitivo – é que, para que o crime se consume, a falsificação deve ser convincente, ou seja, apta a confundir ou ludibriar pessoa capaz.

Em se tratando de falsificação grosseira, não teremos crime, na medida em que se trata de crime impossível.

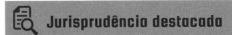
Jurisprudência destacada

Porém, mesmo se tratando de crime impossível relativamente ao atingimento à fé pública, poderá ocorrer o crime de estelionato, conforme preconiza a Súmula nº 73 do STJ: "A utilização de papel-moeda grosseiramente falsificado configura, em tese, o crime de estelionato, de competência da Justiça Estadual".

538 Direito Penal Decifrado – Parte Especial

O crime se consuma no momento da fabricação ou alteração, sendo perfeitamente admissível a tentativa.

No § 1º, temos a forma equiparada, que pune com a mesma pena do *caput* aquele que importa (traz para dentro do país), exporta (envia para fora do país), vende (comercializa a moeda), adquire (ato de aquisição onerosa), cede (fornece a outra pessoa), empresta (dispõe para outra pessoa sob promessa de ter restituída), guarda (armazena) ou introduz em circulação moeda falsa.

Nessa toada, exceto no verbo vender (em que o crime é material), temos que o crime é formal, independendo de resultado naturalístico (prejuízo de outrem) para sua consumação.

Decifrando a prova

(Delegado de Polícia Federal – PF – Cespe/Cebraspe – 2021) Com relação aos crimes contra a fé pública, julgue o item que se segue:

O crime de moeda falsa é incompatível com o instituto do arrependimento posterior.

( ) Certo   ( ) Errado

Gabarito comentado: conforme o *Informativo* nº 554 do STJ, não se aplica o instituto do arrependimento posterior ao crime de moeda falsa, já que o que aqui se tutela é a moralidade da União, sendo que esta é insuscetível de reparação. Portanto, a assertiva está certa.

31.3.1.4 Elemento subjetivo

O crime somente é praticado mediante dolo.

31.3.1.5 Figura privilegiada

No § 2º do art. 289 do CP temos a figura privilegiada da conduta de moeda falsa, que consiste na conduta do indivíduo que, após receber uma moeda falsa e, com o manifesto intuito de minimizar seu prejuízo, reintroduz a moeda falsa em circulação.

A pena prevista para este delito é mais branda se comparada com a figura do *caput*, punível com pena de detenção.

O fundamento dessa figura privilegiada é a menor reprovabilidade da conduta, pois o agente é vítima de falsidade anterior.

Assim, o que se pretende, naturalmente, é evitar o prejuízo financeiro. Todavia, analisando a cadeia de atos, está-se apenas passando o prejuízo para adiante.

A cautela nunca é demais, pois, como mencionado nas considerações iniciais deste título, não existe figura culposa nos crimes contra a fé pública. Por esta razão, se uma pessoa tem ciência de que recebeu uma nota falsificada e, culposamente a introduz em circulação, estaremos diante de um fato atípico.

31.3.1.6 Forma qualificada

No § 3º do art. 289 temos uma figura qualificada, que é classificada como **crime próprio**, pois praticada pelo funcionário público ou diretor, gerente, ou fiscal de banco de emissão. Assim, o sujeito ativo é dotado de uma característica especial.

Para esclarecimento sobre o tema, o § 3º, I, dispõe que a conduta será punida para uma das pessoas autorizadas que permita a emissão de moeda com texto divergente do estabelecido pela entidade responsável, ou com peso inferior ao determinado em lei.

Noutro giro, o incido II do § 3º do art. 289 qualifica a conduta quando é impresso papel-moeda em quantidade superior à autorizada. Dessa forma, caso o agente fabrique moeda metálica em quantidade superior à autorizada, a conduta será atípica, já que o texto legal fez inserir apenas a informação "papel-moeda". Evidente, pois que, ao se interpretar o tipo nessas condições, está se proibindo a analogia *in malam partem*.

E o § 4º traz uma figura equiparada à qualificada, que consiste em permitir-se a circulação de moeda que ainda dependia de autorização. Trata-se de uma conduta de antecipar a circulação de moeda.

31.3.2 Crimes assimilados

A conduta prevista no art. 290 corresponde ao fato de o agente formar novas cédulas de papel-moeda a partir de fragmentos de moeda legítima, ou suprimir (retirar) o sinal indicador de que a cédula havia sido retirada de circulação ou, ainda, recolocar em circulação moeda ou papel-moeda que já havia sido recolhida para ser inutilizada/destruída.

Haverá a forma qualificada deste delito se o crime é praticado por funcionário que trabalhe na repartição onde o dinheiro se achava recolhido, ou possui, em razão do cargo, fácil acesso às cédulas.

Neste último caso, o crime será próprio, pois o criminoso se vale das facilidades que o cargo lhe proporciona.

31.3.2.1 Sujeitos

O crime é comum, pois pode ser praticado por qualquer pessoa.

31.3.2.2 Conduta e momento consumativo

A conduta consiste em criar uma nova cédula, nota ou bilhete a partir de fragmentos legítimos de outras cédulas, notas ou bilhetes verdadeiros. Em resumo, a partir de fragmentos de notas legítimas, se constrói uma nova cédula, naturalmente, inexistente no comércio nacional.

Há ainda uma segunda conduta que consiste em suprimir o sinal indicativo de inutilização da moeda com o fim de restituí-la em circulação.

Como terceira e última conduta temos a conduta de restituir à circulação cédula, nota ou bilhete com sinal indicativo de inutilização suprimido, ou ainda, pôr em circulação papel-moeda já recolhido para o fim de inutilização.

540 Direito Penal Decifrado – Parte Especial

31.3.2.3 Elemento subjetivo

É o dolo, sendo que haverá finalidade específica de restituídos à circulação na segunda conduta.

31.3.3 Petrechos para falsificação de moeda

O crime de petrechos para falsificação de moeda está previsto no art. 291 do Código Penal nos seguintes termos:

> **Art. 291.** Fabricar, adquirir, fornecer, a título oneroso ou gratuito, possuir ou guardar maquinismo, aparelho, instrumento ou qualquer objeto especialmente destinado à falsificação de moeda:
>
> **Pena** – reclusão, de dois a seis anos, e multa.

31.3.3.1 Sujeitos

O crime é comum, pois pode ser praticado por qualquer pessoa.

31.3.3.2 Conduta e momento consumativo

O tipo penal pune a conduta do agente que pratica um dos núcleos do tipo penal relacionados ao objeto especialmente destinado à falsificação de moeda.

Assim, são condutas: fabricar (construir); adquirir (obter onerosamente), fornecer (dar, entregar a outrem), mediante contraprestação ou de forma gratuita, possuir (ter a posse para si) ou guardar (tomar conta) maquinismo ou qualquer outro aparelho destinado à fabricação de moeda.

Trata-se de tipo misto alternativo, que visa coibir a disseminação e prática de crimes daquele que auxilie a fomentar a produção de moeda falsa.

Como visto na parte geral do direito penal (art. 31 do CP), em regra, as condutas são punidas a partir dos atos executórios. Contudo, temos aqui uma exceção à regra. Trata-se de um ato meramente preparatório que recebe a chancela do direito penal.

Inclusive, impende destacar que, para a consumação do delito não se faz necessário o efetivo uso do maquinismo, basta possuí-lo ou tê-lo guardado que o crime restará consumado.[1]

Segundo a jurisprudência pacífica dos Tribunais Superiores, não é possível o concurso de crimes caso o agente seja surpreendido na posse de moeda falsa e maquinário para sua fabricação, este será absorvido, devendo o autor responder apenas pelo tipo penal do art. 289 do Código Penal.

---

[1] "Para tipificar o crime descrito no art. 291 do CP, basta que o agente detenha a posse de petrechos com o propósito de contrafação da moeda, sendo prescindível que o maquinário seja de uso exclusivo para tal fim" (STJ, REsp nº 1.758.958-SP, Rel. Min. Sebastião Reis Júnior, por unanimidade, j. 11.09.2018, *DJe* 25.09.2018).

Exemplo: em cumprimento ao mandado de busca e apreensão, a equipe policial logrou encontrar na residência de "A" grande quantidade de cédulas falsas, bem como impressora jato de tinta de alta performance e arquivos digitais contendo moldes de cédulas correntes.

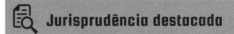

Segundo o STJ, objeto especialmente destinado à falsificação não se trata de equipamento desenvolvido exclusivamente para a falsificação de moeda, tal entendimento esvaziaria o tipo penal. Dessa forma, entende-se como objeto especialmente destinado à falsificação de moeda aquele em que o agente dá uso à essa contrafação. Por exemplo: "(...) a posse de impressora, ainda que manufaturada visando ao uso doméstico, mas com o propósito de a utilizar precipuamente para contrafação da moeda, incorre no referido crime" (STJ, REsp nº 0015338-22.2013.4.03.06181/SP, 2018/0110605-4).

31.3.3.3 Elemento subjetivo

É o dolo.

31.3.3.4 Tentativa

O entendimento é o de que o crime do art. 291 do CP é unissubsistente, dessa forma, não admite tentativa.

Nucci assevera que, tendo em vista que o crime consiste em uma fórmula para a punição de crime posterior, o que é, por evidência, uma exceção no ordenamento jurídico brasileiro, razão pela qual não admite a forma tentada.

31.3.4 Emissão de título ao portador sem permissão legal

Art. 292. Emitir, sem permissão legal, nota, bilhete, ficha, vale ou título que contenha promessa de pagamento em dinheiro ao portador ou a que falte indicação do nome da pessoa a quem deva ser pago:

Pena – detenção, de um a seis meses, ou multa.

Parágrafo único. Quem recebe ou utiliza como dinheiro qualquer dos documentos referidos neste artigo incorre na pena de detenção, de quinze dias a três meses, ou multa.

31.3.4.1 Sujeitos

Trata-se de crime comum, pois pode ser praticado por qualquer pessoa.

31.3.4.2 Conduta e momento consumativo

O crime é considerado consumado quando alguém (qualquer pessoa) emite sem permissão legal, nota, bilhete, ficha, vale ou qualquer outro título que contenha uma promessa de pagamento em dinheiro ao portador ou que falte a indicação do nome da pessoa que deverá receber.

A ideia do delito em comento é de evitar a substituição do papel-moeda para outros títulos que possam concorrer com o papel-moeda.

31.3.4.3 Elemento subjetivo

Dolo geral de se emitir os papéis, sem a permissão legal.

31.3.4.4 Figura privilegiada

Será igualmente responsabilizado pelo delito em tela, mas com a pena abrandada (figura privilegiada) aquele que recebe ou utiliza como dinheiro os documentos mencionados no *caput*.

31.3.5 Falsidade de títulos e outros papéis públicos

Falsificação de papéis públicos

Art. 293. Falsificar, fabricando-os ou alterando-os:

I – selo destinado a controle tributário, papel selado ou qualquer papel de emissão legal destinado à arrecadação de tributo;

II – papel de crédito público que não seja moeda de curso legal;

III – vale postal;

IV – cautela de penhor, caderneta de depósito de caixa econômica ou de outro estabelecimento mantido por entidade de direito público;

V – talão, recibo, guia, alvará ou qualquer outro documento relativo a arrecadação de rendas públicas ou a depósito ou caução por que o poder público seja responsável;

VI – bilhete, passe ou conhecimento de empresa de transporte administrada pela União, por Estado ou por Município:

Pena – reclusão, de dois a oito anos, e multa.

§ 1º Incorre na mesma pena quem:

I – usa, guarda, possui ou detém qualquer dos papéis falsificados a que se refere este artigo;

II – importa, exporta, adquire, vende, troca, cede, empresta, guarda, fornece ou restitui à circulação selo falsificado destinado a controle tributário;

III – importa, exporta, adquire, vende, expõe à venda, mantém em depósito, guarda, troca, cede, empresta, fornece, porta ou, de qualquer forma, utiliza em proveito próprio ou alheio, no exercício de atividade comercial ou industrial, produto ou mercadoria:

Capítulo 31 • Crimes contra a fé pública **543**

a) em que tenha sido aplicado selo que se destine a controle tributário, falsificado;

b) sem selo oficial, nos casos em que a legislação tributária determina a obrigatoriedade de sua aplicação.

§ 2º Suprimir, em qualquer desses papéis, quando legítimos, com o fim de torná-los novamente utilizáveis, carimbo ou sinal indicativo de sua inutilização:

Pena – reclusão, de um a quatro anos, e multa.

§ 3º Incorre na mesma pena quem usa, depois de alterado, qualquer dos papéis a que se refere o parágrafo anterior.

§ 4º Quem usa ou restitui à circulação, embora recebido de boa-fé, qualquer dos papéis falsificados ou alterados, a que se referem este artigo e o seu § 2º, depois de conhecer a falsidade ou alteração, incorre na pena de detenção, de seis meses a dois anos, ou multa.

§ 5º Equipara-se a atividade comercial, para os fins do inciso III do § 1º, qualquer forma de comércio irregular ou clandestino, inclusive o exercido em vias, praças ou outros logradouros públicos e em residências.

31.3.5.1 Sujeitos

O crime é comum, pois pode ser praticado por qualquer pessoa.

31.3.5.2 Conduta e momento consumativo

A conduta consiste em falsificar (alterar-lhe a substância), mediante fabricação ou alteração de selo destinado a controle tributário, papel selado ou qualquer papel de emissão legal destinado à arrecadação de tributo; papel de crédito público que não seja moeda de curso legal; vale postal; cautela de penhor, caderneta de depósito de caixa econômica ou de outro estabelecimento mantido por entidade de direito público; talão, recibo, guia, alvará ou qualquer outro documento relativo a arrecadação de rendas públicas ou a depósito ou caução por que o poder público seja responsável; bilhete, passe ou conhecimento de empresa de transporte administrada pela União, por Estado ou por Município.

A tutela deste dispositivo tem por fim evitar a falsificação de selos, carimbos ou outros documentos, que tenham por finalidade comprovar o pagamento de um imposto ou tributo. A ideia, como a essência de todo o estudo dos crimes contra a fé pública é a de proteger a moralidade e a credibilidade do Estado para que não tenha as suas marcas ou chancelas utilizadas e aplicadas indevidamente.

31.3.5.3 Figuras equiparadas

Responderá pelas mesmas penas previstas no *caput* aquele que usa, guarda, possui ou detém qualquer dos papéis falsificados a que se refere este artigo; importa, exporta, adquire, vende, troca, cede, empresta, guarda, fornece ou restitui à circulação selo falsificado destinado a controle tributário; importa, exporta, adquire, vende, expõe à venda, mantém em depósito, guarda, troca, cede, empresta, fornece, porta ou, de qualquer forma, utiliza em

Direito Penal Decifrado – Parte Especial

proveito próprio ou alheio, no exercício de atividade comercial ou industrial, produto ou mercadoria: a) em que tenha sido aplicado selo que se destine a controle tributário, falsificado; b) sem selo oficial, nos casos em que a legislação tributária determina a obrigatoriedade de sua aplicação.

Novamente tutela-se a credibilidade do Estado perante os jurisdicionados.

31.3.5.4 Primeira figura privilegiada

Responde com pena de reclusão de um a quatro anos e multa aquele que suprime, nos papéis legítimos, com o específico fim de torná-los utilizáveis, carimbo ou sinal indicativo de sua inutilização.

Há previsão de responsabilização também daquele que usa, depois de alterado, qualquer dos papéis mencionados.

31.3.5.5 Segunda figura privilegiada

Há uma segunda figura privilegiadora, que pune com muito menos rigor, a conduta daquele que, tendo recebido de boa-fé, usa ou restitui à circulação, qualquer dos papéis mencionados no art. 293 e § 2º, depois de ter reconhecido a falsidade.

A conduta é punida com um menor rigor, na medida em que o legislador certamente levou em consideração o fato de que é praticada por uma vítima anterior, que recebeu o papel falsificado e, ao restituir em circulação, pretende, tão somente, minimizar seu prejuízo.

31.3.5.6 Equiparação à atividade comercial

O § 5º equipara à atividade comercial para fins do que está previsto no inciso III do § 1º qualquer forma de comércio irregular ou clandestino, ainda que exercido em vias, praças ou outros logradouros públicos e também aquele exercido em residências.

31.3.5.7 Elemento subjetivo

É o dolo, exceto na disposição contida no art. 293, § 2º, do Código Penal, em que há a finalidade específica de torná-lo utilizável. Sem essa finalidade a conduta será atípica.

31.3.6 Petrechos de falsificação

Art. 294. Fabricar, adquirir, fornecer, possuir ou guardar objeto especialmente destinado à falsificação de qualquer dos papéis referidos no artigo anterior:

Pena – reclusão, de um a três anos, e multa.

Art. 295. Se o agente é funcionário público, e comete o crime prevalecendo-se do cargo, aumenta-se a pena de sexta parte.

Capítulo 31 ◆ Crimes contra a fé pública **545**

31.3.6.1 Sujeitos

O crime pode ser praticado por qualquer pessoa.

Atenção que, em hipótese de o crime ser cometido por funcionário público (*vide* art. 327 do CP), haverá causa de aumento de pena de 1/6.

31.3.6.2 Conduta e momento consumativo

A conduta se assemelha ao que consta do art. 293, todavia, o que difere os delitos é o objeto material, já que aqui serão objeto do delito todos os papéis mencionados no art. 293.

31.3.6.3 Elemento subjetivo

O crime somente é praticado mediante dolo.

31.3.7 Falsificação do selo ou sinal público

Art. 296. Falsificar, fabricando-os ou alterando-os:

I – selo público destinado a autenticar atos oficiais da União, de Estado ou de Município;

II – selo ou sinal atribuído por lei a entidade de direito público, ou a autoridade, ou sinal público de tabelião:

Pena – reclusão, de dois a seis anos, e multa.

§ 1º Incorre nas mesmas penas:

I – quem faz uso do selo ou sinal falsificado;

II – quem utiliza indevidamente o selo ou sinal verdadeiro em prejuízo de outrem ou em proveito próprio ou alheio.

III – quem altera, falsifica ou faz uso indevido de marcas, logotipos, siglas ou quaisquer outros símbolos utilizados ou identificadores de órgãos ou entidades da Administração Pública.

§ 2º Se o agente é funcionário público, e comete o crime prevalecendo-se do cargo, aumenta-se a pena de sexta parte.

31.3.7.1 Sujeitos

O crime é comum, pois pode ser praticado por qualquer pessoa.

31.3.7.2 Conduta e momento consumativo

O crime é denominado formal, na medida em que a simples falsificação, mediante fabricação ou alteração de sua substância, independentemente de qualquer resultado naturalístico basta para a sua consumação.

E as condutas narradas pelo tipo penal podem consistir na falsificação, mediante fabricação ou alteração:

a. de selo público destinado a autenticar atos oficiais da União, Estado ou Município. Ora, aqui, o objetivo é proteger a credibilidade do ente ao autenticar um documento. Tal contrafação viola a tão protegida moralidade administrativa e credibilidade da Administração perante os cidadãos;

b. selo ou sinal atribuído por lei a entidade de direito público ou a autoridade, ou sinal público de tabelião. Por evidente, que aqui também se tutela a legitimidade dos serviços prestados pelos funcionários que representam o Estado. Assim, pode praticar esta conduta quem falsifica um selo de reconhecimento de firma, uma marca d'água de um documento etc.

O crime, embora formal, admite tentativa, eis que plurissubsistente.

31.3.7.3 Figuras equiparadas

Receberá as mesmas penas previstas do *caput* aquele que:

a. fizer o uso (doloso) de selo ou sinal falsificado;

b. utilizar indevidamente o selo ou sinal verdadeiro em prejuízo de outra pessoa, ou ainda, em proveito próprio. Exemplo: cidadão que retira uma etiqueta legítima aposta em um documento particular e o insere noutro documento, a fim de validá-lo;

c. quem altera, falsifica ou faz uso indevido de marcas, logotipos, siglas ou quaisquer outros símbolos identificadores de órgãos ou entidades da Administração Pública. Aqui, a título de exemplo, um escritório de advocacia que faz uso da logo do INSS na intenção de capturar clientes.

31.3.7.4 Causa de aumento de pena

Haverá causa de aumento de pena de 1/6 quando o crime é praticado por funcionário público prevalecendo-se do cargo.

31.3.7.5 Elemento subjetivo

É o dolo.

31.3.8 Falsificação de documento público

Art. 297. Falsificar, no todo ou em parte, documento público, ou alterar documento público verdadeiro:

Pena – reclusão, de dois a seis anos, e multa.

§ 1º Se o agente é funcionário público, e comete o crime prevalecendo-se do cargo, aumenta-se a pena de sexta parte.

§ 2º Para os efeitos penais, equiparam-se a documento público o emanado de entidade paraestatal, o título ao portador ou transmissível por endosso, as ações de sociedade comercial, os livros mercantis e o testamento particular.

§ 3º Nas mesmas penas incorre quem insere ou faz inserir:

I – na folha de pagamento ou em documento de informações que seja destinado a fazer prova perante a previdência social, pessoa que não possua a qualidade de segurado obrigatório;

II – na Carteira de Trabalho e Previdência Social do empregado ou em documento que deva produzir efeito perante a previdência social, declaração falsa ou diversa da que deveria ter sido escrita;

III – em documento contábil ou em qualquer outro documento relacionado com as obrigações da empresa perante a previdência social, declaração falsa ou diversa da que deveria ter constado.

§ 4º Nas mesmas penas incorre quem omite, nos documentos mencionados no § 3º, nome do segurado e seus dados pessoais, a remuneração, a vigência do contrato de trabalho ou de prestação de serviços.

31.3.8.1 Considerações gerais

Antes de analisar especificamente os dispositivos que tutelam os crimes relacionados à falsidade documental, é imperioso destacar que existem três tipos de falsidades relevantes para o direito penal.

Num primeiro plano, temos a falsidade material, que consiste em falsificar a estrutura de um documento público.

É como quando, por exemplo, um agente imprime uma carteira de habilitação falsa, com uma impressora de altíssima resolução. Aqui, temos que a própria estrutura do documento restou falsificada.

Num segundo momento, impende destacar a falsidade ideológica, que corresponde à conduta de inserir informações falsas em um documento legítimo. Assim, podemos ilustrar a conduta daquele que faz inserir informações inverídicas em sua declaração de imposto de renda.

Por último, a falsidade pessoal, que corresponde ao ato de se passar por outra pessoa.

31.3.8.2 Sujeitos

O crime previsto neste artigo pode ser praticado por qualquer pessoa.

31.3.8.3 Conduta e momento consumativo

Trata-se de tipo penal que busca reprimir a conduta do agente que falsifica, no todo ou em parte, documento emanado da Administração Pública brasileira ou estrangeira, ou daquele que altera (modifica) documento público verdadeiro já existente.

Como já destacado anteriormente, a principal característica do tipo penal é ser classificado como falso material.

O falso material ocorre quando a falsificação se refere à própria estrutura do documento. Em resumo, o agente **cria** um documento público. Exemplo: agente que, possuindo uma impressora com alta capacidade, imprime uma cédula de identidade.

> **Atenção!**
>
> A substituição da foto no documento de identidade é classificada como crime de falsidade de documento.[2]

Para a constatação da falsificação de documento público, não se exige, a perícia, embora a regra seja a sua realização. O entendimento é o de que não se exigirá a perícia quando existirem outros elementos probatórios que permitam ao magistrado amparar a condenação.[3]

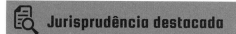

> **STJ, Súmula nº 17** – Quando o falso se exaure no estelionato, sem mais potencialidade lesiva, é por este absorvido.

Em razão da súmula apresentada, destacamos que nem sempre o crime-fim possuirá pena mais elevada, já que a pena da falsificação de documento público tem pena prevista de reclusão de 2 a 6 anos e multa, enquanto o estelionato tem pena de 1 a 5 anos e multa.

O crime é classificado como formal, admitindo a tentativa, por ser plurissubsistente.

Outro ponto de relevância e que já restou destacado anteriormente é que, para que o crime atinja a forma consumada, vale destacar que a falsificação deve ser hábil a enganar outra pessoa, pena de configurar crime impossível.

31.3.8.4 Causa de aumento

Haverá aumento da pena em 1/6 quando o agente for funcionário público e praticar o fato prevalecendo-se da função exercida.

---

[2] Tese 308. FALSIFICAÇÃO DE DOCUMENTO PÚBLICO. DOCUMENTO DE IDENTIFICAÇÃO. TROCA DE FOTOGRAFIA. TIPICIDADE. ART. 297 DO CÓDIGO PENAL. Caracteriza o crime do art. 297 do Código Penal a troca de fotografia em documento público de identificação (*DOE* 11.02.2009, p. 51). Disponível em: http://www.mpsp.mp.br/portal/page/portal/recursos_extraordinarios/teses/ ORDEMALFABETICA_New/Tese-308.pdf. Acesso em: 10 dez. 2021.

[3] STF, HC nº 108.463/MG, Rel. Min. Teori Zavascki.

31.3.8.5 Documentos particulares equiparados a documentos públicos

O art. 297, § 2º, do Código Penal, apresenta um rol de documentos particulares que, para fins penais, são equiparados a documento público, sendo eles:

a. documento emanado de entidade paraestatal: são entidades paraestatais as empresas públicas, as sociedades de economia mista e os serviços sociais autônomos (Sesi, Sesc, Senac);

b. o título ao portador ou transmissível por endosso: o título ao portador consiste no documento em que o possuidor tem o direito a um crédito, ainda que seu nome não conste como seu beneficiário. O título transmissível por endosso, a exemplo do cheque, é aquele que pode ser endossado pelo beneficiário, funcionando como um direito de crédito para o endossado;

c. as ações de sociedade comercial: são as ações de empresa que é regulamentada na forma de sociedade anônima ou companhia;

d. os livros mercantis: formas pelas quais os empresários podem escriturar suas atividades;

e. o testamento particular: documento de transmissão voluntária de parte do patrimônio a um legitimado, que pode ser qualquer pessoa.

Decifrando a prova

(Delegado de Polícia Civil Substituto – PC/GO – Cespe/Cebraspe – 2017) Durante a instrução de determinado processo judicial, foi comprovada falsificação da escrituração em um dos livros comerciais de uma sociedade limitada, em decorrência da criação do chamado "caixa dois". A sentença proferida condenou pelo crime apenas o sócio com poderes de gerência. Na situação, configura-se crime de falsificação de documento público.

( ) Certo   ( ) Errado

Gabarito comentado: os livros mercantis são considerados documentos públicos para fins de direito penal. Portanto, a assertiva está certa.

31.3.8.6 Figuras equiparadas

O art. 297, §§ 3º e 4º, do Código Penal apresenta os tipos penais equiparados à falsificação de documento público, considerando, para tanto, aquele que insere ou faz inserir:

a. na folha de pagamento ou em documento de informações que seja destinado a

550 Direito Penal Decifrado – Parte Especial

fazer prova perante a Previdência Social, pessoa que não possua a qualidade de segurado obrigatório;[4]

b. na Carteira de Trabalho e Previdência Social do empregado ou em documento que deva produzir efeito perante a Previdência Social, declaração falsa ou diversa da que deveria ter sido escrita;

c. em documento contábil ou em qualquer outro documento relacionado com as obrigações da empresa perante a Previdência Social, declaração falsa ou diversa da que deveria ter constado.

Ainda, a última figura equiparada corresponde à conduta daquele que omite, nos documentos mencionados nos itens *a*, *b* e *c*, *supra*, o nome do segurado e seus dados pessoais, a remuneração, a vigência do contrato de trabalho ou de prestação de serviços.

Qual é o juízo competente para julgar o crime do art. 297, § 4º, do Código Penal?

O art. 297, § 4º, do Código Penal trata da omissão de anotação de vínculo empregatício na CTPS.

Duas correntes existem sobre o tema. Para o STJ[5] (em posição majoritária), o sujeito passivo do tipo penal é a Previdência Social, pois a omissão na CTPS leva ao não recolhimento de contribuições sociais devidas pelo vínculo empregatício. Dessa forma, a competência seria da Justiça Federal.

Em sentido contrário, a 1ª Turma do STF sustenta não haver lesão a bem ou interesse da União a fim de gerar o deslocamento para a Justiça Federal.

31.3.8.7 Elemento subjetivo

É o dolo.

31.3.9 Falsificação de documento particular

Art. 298. Falsificar, no todo ou em parte, documento particular ou alterar documento particular verdadeiro:

Pena – reclusão, de um a cinco anos, e multa.

Falsificação de cartão

Parágrafo único. Para fins do disposto no *caput*, equipara-se a documento particular o cartão de crédito ou débito.

---

[4] De acordo com as Leis nº 8.212/1990 e nº 8.213/1990, é considerado segurado obrigatório todo aquele trabalhador que exerce atividade remunerada, mesmo que sem vínculo empregatício, e, como decorrência, deve custear o INSS.

[5] STJ, CC nº 135.200-SP, Rel. originário Min. Nefi Cordeiro, Rel. para acórdão Min. Sebastião Reis Júnior, 3ª Seção, j. 22.10.2014 (*Informativo* nº 554).

31.3.9.1 Sujeitos

O crime é comum, eis que pode ser praticado por qualquer pessoa.

31.3.9.2 Conduta e momento consumativo

Trata-se de tipo penal que busca reprimir a conduta do agente que falsifica ou altera documento particular.

O conceito de documento particular é alcançado por exclusão, ou seja, será particular todo documento que não se amoldar ao conceito de documento público ou equiparado.

Assim, todos os desdobramentos e classificações empregadas para a falsificação de documento público a este se estendem, especialmente o fato de a falsificação ter de ser grosseira para ser consumada.

Importante destacar a Lei nº 12.737/2012, consolidando o que já era aplicado pela jurisprudência na ocasião, que acrescentou o parágrafo único ao art. 298, sedimentando a ideia do cartão de crédito ou débito como documento particular.

Vale consignar duas ressalvas, a primeira é a de que o cheque somente será considerado documento particular quando for recusado por ausência de fundos e contiver o carimbo da instituição bancária. Diz-se isso pois, até que ele seja apresentado, pode ser transferido via endosso, o que o torna um documento público, conforme art. 297, § 2º, do CP.

A segunda ressalva, que, inclusive, é bastante cobrada em certames públicos, diz respeito às fotocópias sem autenticação, documentos impressos em assinatura ou, ainda documentos anônimos, que, segundo orientação predominante no STJ[6], não podem ser equiparados a documentos particulares, em razão da incerteza acerca da existência da contrafação, não sendo, portanto, possível constatar-se a tipicidade da conduta.

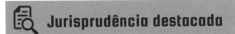
Jurisprudência destacada

Neste espeque, é importante ter cuidado, na medida em que o STJ também possui entendimento no sentido de que não pode se confundir a falsificação de uma fotocópia da falsificação praticada por uma fotocópia. Na ocasião, o documento, ao invés de ser adulterado por meio da impressão de um novo, é fotocopiado, resultando numa peça distinta do original, e que pode ser apta a produzir resultado penalmente relevante (STJ, AgRg nos EDcl no AREsp nº 929.123/SC, j. 25.09.2018).

---

[6] STJ, HC nº 325.746/RN, Rel. Min. Jorge Mussi, 5ª Turma, j. 24.11.2015.

552 Direito Penal Decifrado – Parte Especial

> ### Decifrando a prova
>
> **(Escrivão e Inspetor de Polícia – PC/RS – Fundatec – 2018 – Adaptada)** Em relação à falsificação de documento particular e à falsidade ideológica, reza o Código Penal que a falsificação do documento particular consiste em falsificar, no todo ou em parte, documento particular ou alterar documento particular verdadeiro.
> ( ) Certo   ( ) Errado
> **Gabarito comentado:** como vimos, o melhor entendimento é o de que apenas será possível a decretação da prisão preventiva (art. 313, III, CPP) caso já exista medida protetiva de urgência concedida anteriormente, seguida do seu descumprimento, ou seja, a prisão cautelar mencionada não poderá ser ordenada de forma independente. Portanto, a assertiva está certa.

31.3.9.3 Elemento subjetivo

O crime somente é praticado mediante dolo.

31.3.10 Falsidade ideológica

Art. 299. Omitir, em documento público ou particular, declaração que dele devia constar, ou nele inserir ou fazer inserir declaração falsa ou diversa da que devia ser escrita, com o fim de prejudicar direito, criar obrigação ou alterar a verdade sobre fato juridicamente relevante:

Pena – reclusão, de um a cinco anos, e multa, se o documento é público, e reclusão de um a três anos, e multa, de quinhentos mil réis a cinco contos de réis, se o documento é particular.

Parágrafo único. Se o agente é funcionário público, e comete o crime prevalecendo-se do cargo, ou se a falsificação ou alteração é de assentamento de registro civil, aumenta-se a pena de sexta parte.

31.3.10.1 Considerações gerais

Ao contrário dos tipos penais vistos anteriormente, a conduta do art. 299 do CP é classificada como um falso ideológico.

Repise-se que nos crimes anteriores, a falsidade recai sobre o próprio documento (sua parte exterior), enquanto a ideológica diz respeito ao seu conteúdo.

Aqui, pune-se a conduta daquele que omite em documento público ou particular, declaração que dele devia constar, ou nele inserir ou fazer inserir declaração falsa ou diversa da que devia ser escrita.

Exemplos das condutas:

    a. indicação de condutor que não conduzia o veículo em infrações de trânsito;

b. declarações inverídicas no imposto de renda;
c. preenchimento de declaração de ITCMD com valores que não correspondem ao real.

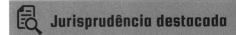

A falsa declaração de pobreza para obter a gratuidade de Justiça configura o crime de falsidade ideológica segundo o entendimento do STJ, conforme reproduzido abaixo: "PROCESSUAL PENAL. *HABEAS CORPUS* SUBSTITUTIVO DE RECURSO ORDINÁRIO. DESCABIMENTO. CRIMES DE USO DE DOCUMENTO FALSO E FALSIDADE IDEOLÓGICA. DECLARAÇÃO DE POBREZA PARA OBTENÇÃO DA JUSTIÇA GRATUITA. CONDUTA ATÍPICA. TRANCAMENTO DA AÇÃO PENAL. AUSÊNCIA DE JUSTA CAUSA. CONSTRANGIMENTO ILEGAL EVIDENCIADO. ORDEM NÃO CONHECIDA. *HABEAS CORPUS* CONCEDIDO DE OFÍCIO. O Superior Tribunal de Justiça, seguindo o entendimento da 1ª Turma do Supremo Tribunal Federal, passou a inadmitir *habeas corpus* substitutivo de recurso próprio, ressalvando, porém, a possibilidade de concessão da ordem de ofício nos casos de flagrante constrangimento ilegal. – O entendimento do Superior Tribunal de Justiça é no sentido de que a mera declaração de estado de pobreza para fins de obtenção dos benefícios da justiça gratuita não é considerada conduta típica, diante da presunção relativa de tal documento, que comporta prova em contrário. *Habeas corpus* não conhecido. Ordem concedida de ofício para determinar o trancamento da ação penal" (STJ, HC nº 261.074/MS, Rel. Min. Marilza Maynard, Des. Conv. do TJ/SE, 6ª Turma, j. 05.08.2014, DJe 18.08.2014).

31.3.10.2 Sujeitos

O crime é comum, pois pode ser praticado por qualquer pessoa.

Atenção, nos arts. 301, 302 e 303 do Código Penal temos algumas modalidades especiais de falsidade ideológica que, oportunamente, serão abordados.

31.3.10.3 Conduta e momento consumativo

A falsidade ideológica exige para sua consumação o ato de omitir, em documento público ou particular, declaração que dela deveria constar ou inserir informação falsa, com o fim de prejudicar direito, criar obrigação ou alterar a verdade sobre fato juridicamente relevante. Ademais, é preciso que o documento com informações inverídicas tenha a aptidão de fazer prova por si mesmo.

No mesmo sentido, para a consumação do delito não basta que o agente insira ou omita a informação falsa no documento público ou particular, é necessário que aja com a intenção de prejudicar direito, criar obrigação ou alterar a verdade sobre fato juridicamente relevante, o que é denominado dolo específico.

Na modalidade "omitir", o crime é unissubsistente sendo que, dessa forma, não admite tentativa. Todavia, pensamos poder existir a possibilidade nas demais, ainda que de difícil configuração e comprovação.

554 Direito Penal Decifrado – Parte Especial

> ### 🧩 Decifrando a prova
>
> **(Delegado de Polícia Federal – PF – Cespe/Cebraspe – 2021)** No que concerne aos crimes previstos na parte especial do Código Penal, julgue o item subsequente:
> Em se tratando do crime de falsidade ideológica, o prazo prescricional se reinicia com a eventual reiteração de seus efeitos.
> ( ) Certo ( ) Errado
> **Gabarito comentado:** conforme o *Informativo* nº 672 do STJ: "A falsidade ideológica é crime formal e instantâneo, cujos efeitos podem se protrair no tempo. A despeito dos efeitos que possam, ou não, gerar, a falsidade ideológica se consuma no momento em que é praticada a conduta. Diante desse contexto, o termo inicial da contagem do prazo da prescrição da pretensão punitiva é o momento da consumação do delito (e não o da eventual reiteração de seus efeitos)" (STJ, Rev. Crim. nº 5.233/DF, Min. Rel. Reynaldo Soares da Fonseca, 5ª Turma, j. 13.05.2020). Portanto, a assertiva está errada.

31.3.10.4 Causa de aumento de pena

Haverá aumento de pena em 1/6 se o agente for funcionário público, e cometer o crime prevalecendo-se do cargo, ou se a falsificação ou alteração é de assentamento de registro civil.

31.3.10.5 A folha em branco previamente assinada

Questão que traz uma interessante polêmica diz respeito à possibilidade de haver falsidade em folha de papel em branco assinada para preenchimento posterior. E nesse sentido existem três posições distintas.

A primeira delas entende se tratar de falsidade ideológica, se a folha foi abusivamente preenchida pelo agente, que detinha a posse anterior legítima.

A segunda, sustentada por Regis Prado e Bitencourt, dispõe que a folha estava sob a guarda do agente, ou foi obtida de maneira criminosa, tendo sido preenchida de maneira fraudulenta na sequência, há o crime de falsificação de documento público ou particular.

Por derradeiro, a terceira corrente entende que, quando o agente dispõe da folha legitimamente em razão de um contrato de representação, mas posteriormente ocorre a revogação ou término de um mandato com posterior preenchimento, haverá, igualmente, falso material.

Nesse contexto, considerando que, a partir de uma folha em branco assinada, diversos documentos podem ser constituídos, tais como confissão de dívida, nota promissória, contrato, entre outros, entendemos que o preenchimento de documento em branco previamente assinado constitui crime de falso material, já que o preenchimento constitui o nascimento de um documento, que não se sabe qual será.

31.3.11 Falso reconhecimento de firma ou letra

Art. 300. Reconhecer, como verdadeira, no exercício de função pública, firma ou letra que o não seja:

Pena – reclusão, de um a cinco anos, e multa, se o documento é público; e de um a três anos, e multa, se o documento é particular.

31.3.11.1 Sujeitos

O crime é próprio, pois só pode ser praticado por aquele agente público que goza de poderes específicos para promover o reconhecimento de firmas ou letras.

31.3.11.2 Conduta e momento consumativo

Consiste em delito que tutela a fé pública, mormente o fato da legitimidade dos documentos legitimados pelos tabeliães.

A conduta suscetível de punição é o reconhecimento como verdadeiro de firma ou letra que não seja verdadeira.

Em resumo, o tabelião reconhecerá como autêntica uma letra ou sinal que, em verdade, não o é. Registre-se que o crime em questão somente será consumado com a intenção de reconhecer assinatura que não seja compatível com a verdadeira.

Além disso, o crime é formal, sendo desnecessária a existência de dano perante terceiros.

A nosso ver, a tentativa é perfeitamente possível, desde que seja descoberta antes da aposição do selo de autenticação no documento e antes ou enquanto durar a assinatura por parte do tabelião.

31.3.11.3 Especificidades acerca da pena

A pena será mais gravosa se o reconhecimento for em documento público.

Isso porque se tutela de maneira ferrenha, como já dito, a credibilidade daqueles documentos que deveriam ser expedidos pelo Estado.

31.3.12 Certidão ou atestado ideologicamente falso

Art. 301. Atestar ou certificar falsamente, em razão de função pública, fato ou circunstância que habilite alguém a obter cargo público, isenção de ônus ou de serviço de caráter público, ou qualquer outra vantagem:

Pena – detenção, de dois meses a um ano.

31.3.12.1 Sujeitos

O crime é próprio, na medida em que só pode ser praticado pelo funcionário público que tenha capacidade para atestar ou certificar fato ou circunstância que habilite alguém a

556 Direito Penal Decifrado – Parte Especial

obter cargo público ou isenção de ônus ou de serviço público ou, ainda, para que o indivíduo obtenha qualquer vantagem.

31.3.12.2 Conduta e momento consumativo

Este delito tutela a autenticidade de atestados emitidos com a finalidade de habilitar uma pessoa a obter cargo público ou isentá-la de qualquer ônus ou serviço público, como por exemplo, atestar ou certificar falsamente uma informação para que um jovem adulto não seja habilitado no serviço militar obrigatório.

Atestar representa a ideia de representar por escrito, enquanto certificar seria uma conduta de representar algo que corresponde, de fato, com a realidade.

Deve-se destacar aqui que, para a consumação da conduta é indispensável que o documento seja idôneo para:

a. habilitar a pessoa a obter cargo público;

b. isentar a pessoa de qualquer ônus;

c. isentar a pessoa de serviço de caráter público;

d. obtenção de outra vantagem.

31.3.12.3 Elemento subjetivo

É o dolo, sendo que existe a finalidade específica de promover um dos quatro benefícios acima listados.

31.3.13 Falsidade material de atestado ou certidão

Art. 301. (...)

§ 1º Falsificar, no todo ou em parte, atestado ou certidão, ou alterar o teor de certidão ou de atestado verdadeiro, para prova de fato ou circunstância que habilite alguém a obter cargo público, isenção de ônus ou de serviço de caráter público, ou qualquer outra vantagem:

Pena – detenção, de três meses a dois anos.

§ 2º Se o crime é praticado com o fim de lucro, aplica-se, além da pena privativa de liberdade, a de multa.

Trata-se de modalidade específica de falsidade, que consiste na conduta de falsificar atestado ou certidão ou alterar teor de documento verdadeiro para provar falsamente que alguém encontra-se apto a obter cargo público, para se isentar de algum ônus, isentar de serviço de caráter público ou para que o indivíduo obtenha qualquer outra vantagem.

As classificações aqui são basicamente as mesmas da figura prevista no *caput*. Entretanto, somente diferimos que aqui o crime é comum, eis que pode ser praticado por qualquer pessoa.

Ainda, se o crime é praticado com finalidade de lucro também será aplicada a pena de multa.

O crime é formal, ou seja, consuma-se com o simples ato da falsificação, sem a necessidade de obtenção de lucro pelo agente.

31.3.14 Falsidade de atestado médico

> **Art. 302.** Dar o médico, no exercício da sua profissão, atestado falso:
>
> **Pena** – detenção, de um mês a um ano.
>
> **Parágrafo único.** Se o crime é cometido com o fim de lucro, aplica-se também multa.

31.3.14.1 Sujeitos

O crime é próprio, pois só pode ser praticado pelo médico, conforme se depreende da leitura do *caput*.

31.3.14.2 Conduta e momento consumativo

Trata-se de um tipo especial de falsidade ideológica que é praticado pelo médico (crime próprio).

> ### Atenção!
>
> Se o atestado for emitido por um dentista, médico veterinário ou outro profissional da área da saúde, não estaremos diante da conduta do art. 302, em razão da proibição da analogia *in malam partem*. Como consequência, poderá haver a responsabilização pelo crime de falsidade ideológica.

O crime se consuma no momento em que o médico fornece ou entrega o atestado para a pessoa que fará uso daquele documento, sendo perfeitamente admissível a tentativa.

> ### Atenção!
>
> Importante destacar que o atestado médico deve corresponder a situações clínicas (de saúde) do paciente, ainda que de outra área de especialidade do paciente.
>
> Ex.: um médico cardiologista pode conceder um atestado médico acerca de uma condição clínica de uma gestante.
>
> Se o atestado é falso, haverá a ocorrência do crime. Em sentido oposto, não haverá crime se o médico atesta acerca da conduta social do agente.

Caso o médico que repassa o atestado seja funcionário público, responderá pelo crime do art. 301 do CP, em razão do princípio da especialidade.

558 Direito Penal Decifrado – Parte Especial

> **Decifrando a prova**
>
> **(Delegado de Polícia Civil – PC/AC – Ibade – 2017)** O crime de falsidade de atestado médico resta caracterizado quando uma pessoa adultera um atestado verdadeiro, a fim de ampliar seus dias de afastamento do trabalho.
> ( ) Certo   ( ) Errado
> **Gabarito comentado:** a falsidade de atestado médico representa uma modalidade especial de falsidade ideológica. Portanto, a assertiva está errada.

31.3.14.3 Elemento subjetivo

O crime é essencialmente doloso.

31.3.15 Reprodução ou adulteração de selo ou peça filatélica

> **Art. 303.** Reproduzir ou alterar selo ou peça filatélica que tenha valor para coleção, salvo quando a reprodução ou a alteração está visivelmente anotada na face ou no verso do selo ou peça:
>
> **Pena** – detenção, de um a três anos, e multa.
>
> **Parágrafo único.** Na mesma pena incorre quem, para fins de comércio, faz uso do selo ou peça filatélica.

Entendemos que esse tipo penal, embora conste do Código Penal, foi revogado pelo art. 39 da Lei nº 6.535/1978.

31.3.16 Uso de documento falso

> **Art. 304.** Fazer uso de qualquer dos papéis falsificados ou alterados, a que se referem os arts. 297 a 302:
>
> **Pena** – a cominada à falsificação ou à alteração.

31.3.16.1 Sujeitos

O crime é comum, pois pode ser praticado por qualquer pessoa.

31.3.16.2 Conduta e momento consumativo

Trata-se de tipo penal que pune a conduta do agente que utiliza o documento público ou particular falso.

O crime de uso de documento falso se consuma com a simples utilização de documento comprovadamente falso, sendo considerado um crime formal, desprezando a ocorrência de efetivo prejuízo a terceiro.

Atenção!

Impende destacar que há a patente necessidade de que o documento seja utilizado voluntariamente pelo agente.

A pena para o crime em estudo, depende da natureza do documento utilizado. Temos aqui a chamada norma penal em branco secundariamente remetida, na medida em que o preceito primário é bem definido, havendo, tão somente uma remessa de pena.

Atenção!

Segundo o STJ (*Informativo* nº 553), é possível a condenação pelo crime de uso de documento falso com outros elementos de prova que não sejam necessariamente a prova pericial.

O art. 304 do Código Penal não se configura caso o agente tenha sido o responsável pela falsificação do documento utilizado, hipótese em que responderá pelo falso, sendo a utilização do documento mero exaurimento do crime.

Em relação à competência para julgamento do delito em estudo, há o entendimento sumulado do STJ:

STJ – Súmula nº 546 – A competência para processar e julgar o crime de uso de documento falso é firmada em razão da entidade ou órgão ao qual foi apresentado o documento público, não importando a qualificação do órgão expedidor.

Exemplo: João apresenta uma CNH falsa para uma equipe de policiais rodoviários federais. Nesse caso, a competência será da Justiça Federal, em razão do agente público a quem foi apresentado o documento falso.

Atenção!

Ponto de fundamental relevância diz respeito ao **encontro fortuito do documento falso**. Como, por exemplo, numa situação de abordagem e revista pessoal, por parte da equipe policial.

Imagine que, após a abordagem policial, o servidor solicita do condutor do automóvel o seu documento de identificação onde apresenta seu RG e, após ser solicitada a apresentação de

560 Direito Penal Decifrado – Parte Especial

> sua CNH afirma não possuir – embora possua uma falsificada em sua carteira. Desconfiado, o policial rodoviário realiza uma revista pessoal no condutor e encontra uma CNH falsa em sua carteira.
>
> Para o exemplo narrado, entende-se que o encontro eventual do documento falso em poder de alguém (como ocorre por ocasião de uma revista policial) não é suficiente para configurar o tipo penal, tendo em vista que o núcleo do tipo corresponde à conduta de "**fazer uso**".

Decifrando a prova

(Delegado de Polícia Civil – PC/ES – Instituto Acesso – 2019 – Adaptada) No dia 09.07.2017, Henrique foi parado em uma fiscalização da Operação Lei Seca. Após solicitar a Carteira Nacional de Habilitação (CNH) de Henrique, o policial militar que participava da operação suspeitou do documento apresentado. Procedeu então à verificação na base de dados do Detran e confirmou a suspeita, não encontrando o número de registro que constava na CNH, embora as demais informações (nome e CPF), a respeito de Henrique, estivessem corretas. Questionado pelo policial, Henrique confessou que havia adquirido o documento com Marcos, seu vizinho, que atuava como despachante, tendo pago R$ 2.000,00 pelo documento. Afirmou ainda que sequer havia feito prova no Detran. Acrescente-se que, durante a instrução criminal, ficou comprovado que, de fato, Henrique obteve o documento de Marcos, sendo este o autor da contrafação. Além disso, foi verificado por meio de perícia judicial que, no estado em que se encontra o documento, e em face de sua aparência, pode iludir terceiros como se documento idôneo fosse. Logo, pode-se afirmar que a conduta de Henrique se amolda ao crime de uso de documento falso, previsto no art. 304 do Código Penal.

( ) Certo   ( ) Errado

Gabarito comentado: de fato, a conduta praticada representa o uso de documento falso. Portanto, a assertiva está certa.

(Delegado de Polícia Federal – PF – Cespe/Cebraspe – 2021) Com relação aos crimes contra a fé pública, julgue o item que se segue:

O indivíduo foragido do sistema carcerário que utiliza carteira de identidade falsa perante a autoridade policial para evitar ser preso pratica o crime de falsa identidade.

( ) Certo   ( ) Errado

Gabarito comentado: o indivíduo pratica o crime de uso de documento falso. Portanto, a assertiva está errada.

31.3.16.3 Elemento subjetivo

Trata-se do dolo.

31.3.17 Supressão de documento

> **Art. 305.** Destruir, suprimir ou ocultar, em benefício próprio ou de outrem, ou em prejuízo alheio, documento público ou particular verdadeiro, de que não podia dispor:
>
> **Pena** – reclusão, de dois a seis anos, e multa, se o documento é público, e reclusão, de um a cinco anos, e multa, se o documento é particular.

31.3.17.1 Sujeitos

O crime é comum, pois pode ser praticado por qualquer pessoa.

31.3.17.2 Conduta e momento consumativo

O crime em estudo diz respeito à conduta daquele que destrói (danifica totalmente), suprime (retira parte do conteúdo) ou oculta, em benefício próprio ou de terceira pessoa, ou em prejuízo de terceiro, documento público ou particular, legítimos, de que não poderia dispor.

É classificado como crime próprio, bastando a prática de um dos núcleos do tipo para a infração restar configurada.

Cuidado, pois a sanção será distinta para os delitos a depender da natureza documento. A pena será mais grave se o documento é público.

Analisando as elementares, trata-se de um crime que se assemelha ao crime de dano. Sendo que o dispositivo sofre inúmeras críticas por neste título ter sido inserido.

31.3.17.3 Elemento subjetivo

É o dolo, havendo finalidade específica em beneficiar a si ou a terceiro, ou ainda, com a finalidade de prejudicar outrem.

31.3.18 Falsificação do sinal empregado no contraste de metal precioso ou na fiscalização alfandegária, ou para outros fins

> **Art. 306.** Falsificar, fabricando-o ou alterando-o, marca ou sinal empregado pelo poder público no contraste de metal precioso ou na fiscalização alfandegária, ou usar marca ou sinal dessa natureza, falsificado por outrem:
>
> **Pena** – reclusão, de dois a seis anos, e multa.
>
> **Parágrafo único.** Se a marca ou sinal falsificado é o que usa a autoridade pública para o fim de fiscalização sanitária, ou para autenticar ou encerrar determinados objetos, ou comprovar o cumprimento de formalidade legal:
>
> **Pena** – reclusão ou detenção, de um a três anos, e multa.

31.3.18.1 Sujeitos

O crime é comum pois pode ser praticado por qualquer pessoa.

31.3.18.2 Conduta e momento consumativo

O crime em tela consiste em falsificar, mediante fabricação ou alteração, marca ou sinal empregado pelo poder público no contraste de metal precioso ou na fiscalização alfandegária, ou, ainda, usar marca ou sinal dessa natureza falsificado por outrem.

A falsificação aqui recai sobre a marca ou sinal, em resumo, os carimbos ou marcas identificadoras para marcar metais preciosos (marca feita no metal, que representa seu peso e quilate) ou na fiscalização alfandegária (exemplo: carimbo de mercadoria apreendida ou liberada).

O crime é formal, e independe de prejuízo. Admite-se a tentativa.

31.3.18.3 Privilégio

O parágrafo único traz uma figura privilegiada, que trata da falsificação de marca ou sinal utilizado pela autoridade pública para fiscalização sanitária ou para autenticar ou encerrar determinados objetos ou comprovar o cumprimento de formalidade legal (por exemplo, uma vistoria).

31.3.18.4 Elemento subjetivo

Trata-se do dolo.

31.3.19 Falsa identidade

Art. 307. Atribuir-se ou atribuir a terceiro falsa identidade para obter vantagem, em proveito próprio ou alheio, ou para causar dano a outrem:

Pena – detenção, de três meses a um ano, ou multa, se o fato não constitui elemento de crime mais grave.

Art. 308. Usar, como próprio, passaporte, título de eleitor, caderneta de reservista ou qualquer documento de identidade alheia ou ceder a outrem, para que dele se utilize, documento dessa natureza, próprio ou de terceiro:

Pena – detenção, de quatro meses a dois anos, e multa, se o fato não constitui elemento de crime mais grave.

31.3.19.1 Sujeitos

O crime é comum, pois pode ser praticado por qualquer pessoa.

31.3.19.2 Conduta e momento consumativo

No art. 307, o crime é praticado mediante a autoatribuição ou a atribuição a terceiro de falsa identidade (pessoa que sabe que não o é), com o fim de obter vantagem (própria ou de terceiro), ou, ainda, para causar dano a outrem.

Em resumo, o crime restará consumado quando uma pessoa se passar por outra com a finalidade de ter algum benefício ou para causar dano a outrem.

Podemos ilustrar da seguinte forma: Joaquim e Bernardo são irmãos gêmeos. O primeiro tem contra si um mandado de prisão em aberto. Em certo dia, em operação de rotina, é capturado, mas se passa por seu irmão, Bernardo, no intuito de não ser preso.

Naturalmente, restou consumado o crime previsto no art. 307.

Vale destacar que, nos termos do que estabelece a Súmula nº 522 do STJ: "A conduta de atribuir-se falsa identidade perante autoridade policial é típica, ainda que em situação de alegada autodefesa".

Além disso, o crime é formal e, em nossa concepção, não admite tentativa, embora exista corrente em sentido contrário. Também podemos classificá-lo como um delito subsidiário.

Noutro giro, no art. 308, temos a conduta que também recebe a alcunha de falsa identidade, mas, neste, consiste em se utilizar como se próprio fosse de passaporte, título de eleitor, certificado de reservista ou qualquer documento de identidade alheia, ou ceder a outrem, para que dele se utilize, documento próprio ou de terceiro.

Em linhas gerais, haverá o crime sempre que houver o uso dos documentos mencionados, ou ocorrer a cessão do mesmo para que outrem dele se utilize.

31.3.19.3 Elemento subjetivo

É o dolo, sendo que, para a figura do art. 307, é necessária a finalidade específica de obtenção de vantagem para si ou para terceiro ou ainda, para prejudicar, causando dano a outrem.

31.3.20 Fraude de lei sobre estrangeiro

> **Art. 309.** Usar o estrangeiro, para entrar ou permanecer no território nacional, nome que não é o seu:
>
> **Pena** – detenção, de um a três anos, e multa.
>
> **Parágrafo único.** Atribuir a estrangeiro falsa qualidade para promover-lhe a entrada em território nacional:
>
> **Pena** – reclusão, de um a quatro anos, e multa.
>
> **Art. 310.** Prestar-se a figurar como proprietário ou possuidor de ação, título ou valor pertencente a estrangeiro, nos casos em que a este é vedada por lei a propriedade ou a posse de tais bens:
>
> **Pena** – detenção, de seis meses a três anos, e multa.

31.3.20.1 Sujeitos

A figura do *caput* do art. 309 prevê somente o estrangeiro, sendo, portanto, crime próprio. Na qualificadora do parágrafo único, o crime é comum, eis que pode ser praticado por qualquer pessoa.

Relativamente ao art. 310, o crime é comum.

31.3.20.2 Conduta e momento consumativo

Para a consumação do crime previsto no art. 309, o estrangeiro deve fazer uso, para entrar ou permanecer em território nacional (art. 5º, CP) de nome que não seja o seu.

No parágrafo único, temos a conduta daquele que atribui a estrangeiro falsa qualidade para facilitar sua entrada em território nacional.

O crime será consumado no exato momento em que o estrangeiro fizer uso de nome que não é o seu próprio, ou, na figura qualificada, quando houver a atribuição de qualidade que não confira com as daquele que pretende ingressar no país.

Relativamente ao art. 310, temos a conduta daquele que está disposto a agir como proprietário ou possuidor de valores, bens, títulos, ou outras disposições pecuniárias pertencente a estrangeiro, nos casos em que a ele é proibida por lei a propriedade ou posse.

O crime restará configurado quando a pessoa se comprometer a figurar como proprietária daquilo que não é permitido ao estrangeiro.

31.3.20.3 Elemento subjetivo

Trata-se do dolo.

31.3.21 Adulteração de sinal identificador de veículo automotor

Art. 311. Adulterar ou remarcar número de chassi ou qualquer sinal identificador de veículo automotor, de seu componente ou equipamento:

Pena – reclusão, de três a seis anos, e multa.

§ 1º Se o agente comete o crime no exercício da função pública ou em razão dela, a pena é aumentada de um terço.

§ 2º Incorre nas mesmas penas o funcionário público que contribui para o licenciamento ou registro do veículo remarcado ou adulterado, fornecendo indevidamente material ou informação oficial.

31.3.21.1 Sujeitos

O crime é comum, pois pode ser praticado por qualquer pessoa.

31.3.21.2 Conduta e momento consumativo

O crime consiste em falsificar ou volver a marcar o número do chassi ou de qualquer outro sinal identificador de veículo automotor.

Assim, a falsificação ou remarcação dos sinais característicos, como a placa do veículo, sinais do chassi que ficam na estrutura do veículo ou nos vidros, é conduta hábil de ser sancionada pelo direito penal.

31.3.21.3 Aumento de pena

A pena será aumentada em 1/3 se o agente cometer o crime no exercício da função pública ou em razão dela.

31.3.21.4 Figura equiparada

Responderá pelas mesmas penas do *caput* aquele funcionário público que contribui para o licenciamento ou registro do veículo remarcado ou adulterado, fornecendo indevidamente material ou informação oficial.

Para esta modalidade, o crime será próprio, pois somente pode ser praticado por funcionário público.

31.3.21.5 Elemento subjetivo

Trata-se do dolo.

31.3.22 Fraudes em certames de interesse público

Art. 311-A. Utilizar ou divulgar, indevidamente, com o fim de beneficiar a si ou a outrem, ou de comprometer a credibilidade do certame, conteúdo sigiloso de:

I – concurso público;

II – avaliação ou exame públicos;

III – processo seletivo para ingresso no ensino superior; ou

IV – exame ou processo seletivo previstos em lei:

Pena – reclusão, de 1 (um) a 4 (quatro) anos, e multa.

§ 1º Nas mesmas penas incorre quem permite ou facilita, por qualquer meio, o acesso de pessoas não autorizadas às informações mencionadas no *caput*.

§ 2º Se da ação ou omissão resulta dano à administração pública:

Pena – reclusão, de 2 (dois) a 6 (seis) anos, e multa.

§ 3º Aumenta-se a pena de 1/3 (um terço) se o fato é cometido por funcionário público.

31.3.22.1 Sujeitos

O crime é comum pois pode ser praticado por qualquer pessoa.

31.3.22.2 Conduta e momento consumativo

As disposições relativas a este dispositivo foram inseridas pela Lei nº 12.550/2011 como uma *novatio legis in pejus*, agora prevendo punição para indivíduos que fraudem certames de interesse público ou de acesso ao nível superior ou qualquer outro exame para acesso a determinado cargo (concurso público, Enem, vestibular, Exame da OAB etc.).

De maneira direta, o legislador procurou suprir uma lacuna, tendo em vista que referida conduta, com o avanço da tecnologia, não encontrava respaldo no ordenamento jurídico.

Por muito tempo, os tribunais superiores discutiam acerca da "cola eletrônica". Para algumas turmas, consistia no crime de estelionato, para outros, falsidade ideológica e, para uma terceira posição, seria fato atípico.

Com a ausência de disposição específica, prevaleceu a posição de que o fato seria atípico por ausência de preenchimento dos elementos dos tipos penais.

Especificamente com relação ao crime, ele é comum, pois pode ser praticado por qualquer pessoa, enquanto o sujeito passivo é o Estado, titular do bem jurídico fé pública. Secundariamente, entende-se que pode ser vítima do delito o concorrente prejudicado com a fraude ou a instituição que promove o certame.

Os núcleos do tipo consistem em utilizar ou divulgar o **conteúdo sigiloso** de concurso público; avaliação ou exame público; processo seletivo para ingresso no ensino superior; ou o exame ou processo seletivo previsto em lei.

Atenção!

Registre-se, por exemplo, que aquele que vaza o gabarito de um certame, uma prova de concurso, pratica o crime em questão.

Por outro lado, se há a utilização de ponto, onde o participante do concurso repassa as questões para que expert a realize e devolva o gabarito, estaremos diante de fato atípico.

Todavia, se quem passa as informações leva ao candidato o conteúdo sigiloso do gabarito, haverá o crime em tela.

O crime em questão somente é praticado mediante dolo, devendo existir especial fim de agir, consistente em beneficiar a si ou terceiro ou comprometer a lisura do certame.

Trata-se de crime formal, razão pela qual se consuma independentemente de prejuízo. O caminho do crime pode ser fracionado, admitindo-se a tentativa, por ser possível o fracionamento do *iter criminis*.

Há ainda previsão de causa de aumento de pena (1/3), quando quem pratica o núcleo do tipo é funcionário público, prevalecendo-se de suas funções.

A ação penal é pública incondicionada.

31.3.22.3 Figura equiparada

O § 1º do art. 311-A traz uma figura equiparada, aplicando a mesma pena do *caput* para quem permite ou facilita, por qualquer meio, o acesso de pessoas não autorizadas às informações sigilosas de certames de interesse público.

31.3.22.4 Qualificadora

Se da ação ou omissão resulta dano a Administração Pública, a pena é de reclusão, de dois a seis anos e multa, forma qualificada do delito.

31.3.22.5 Causa de aumento de pena

Haverá ainda, aumento de pena em 1/3 se o sujeito ativo for funcionário público.

31.3.22.6 Elemento subjetivo

Trata-se do dolo.

PARTE XI

Dos Crimes Contra a Administração Pública

32 Considerações gerais sobre crimes contra a Administração Pública

Antes de adentrarmos nos tipos penais propriamente ditos, é mister ressaltar que aqui estaremos diante dos crimes funcionais, ou seja, aqueles em que o agente, no exercício de suas funções, ou a pretexto dela, aproveita-se da facilidade e do grau de confiança de sua função para tirar um algum proveito ilícito.

Naturalmente que, embora os crimes não envolvam necessariamente o uso de violência, mostram-se reprováveis na medida em que quebram um dever de lealdade do servidor para com a Administração Pública.

Rogério Greco (2018), em sua obra, assevera:

> O último título da Parte Especial do Código Penal diz respeito aos crimes contra a Administração Pública. Nele são catalogadas algumas das infrações penais mais nefastas e devastadoras, uma vez que, geralmente, mesmo atingindo diretamente a Administração Pública, indiretamente, causam dano a um número indeterminado de pessoas.

E a veemência do comentário diz respeito ao fato de que, por muitas vezes, a infração contra a Administração Pública acaba por produzir um efeito cascata que deságua por toda a teia do funcionalismo público, até chegar ao contribuinte, que será, igualmente, lesado.

Basta imaginar, por exemplo, o emprego irregular de verbas públicas, que adiante será minuciosamente detalhado.

Perceba, num primeiro momento, o funcionário público – cujo conceito também será explorado posteriormente – dá destinação diversa à verba, daquela previsão contida em lei.

Evidentemente, aqui teremos como autor do delito um funcionário público, mas o prejuízo também será das instituições eventualmente não beneficiadas com os recursos, assim como os cidadãos que dependem daquele serviço para sobreviver.

Inclusive, a reprovabilidade destes delitos é de tamanha dimensão que a orientação jurisprudencial é no sentido de não permitir a aplicação do princípio da insignificância (Súmula nº 599, STJ).

572 Direito Penal Decifrado – Parte Especial

> **Jurisprudência destacada**
>
> O princípio da insignificância é inaplicável aos crimes cometidos contra a Administração Pública, ainda que o valor seja irrisório, porquanto a norma penal busca tutelar não somente o patrimônio, mas também a moral administrativa (STJ, AgRg no AREsp nº 487.715/CE, Rel. Min. Gurgel de Faria, 5ª Turma, j. 18.08.2015).

Existem, entretanto, precedentes que permitem a aplicação do referido princípio.

O STJ já permitiu a aplicação da insignificância – em situação excepcional – a um indivíduo que danificou um cone, bem como a um indivíduo que se apropriou de clips da repartição, conforme a seguir.

Na ocasião, um senhor de 83 anos furou um bloqueio policial e atropelou um cone, avaliado em R$ 20,00. À época, o STJ[1] afastou a aplicação do princípio da insignificância por entender que o valor do bem (equivalente a 3% do salário mínimo), bem como a forma como a situação ocorreu, autorizava o reconhecimento da atipicidade do fato.

Veja que, justamente nesse sentido, seguimos o posicionamento de Fernando Capez (2018) e da própria 2ª Turma do STF, que entendem que a Súmula nº 599 do STJ deve ser mitigada, e não aplicada a ferro e fogo.

É preciso uma interpretação sistemática da situação, a fim de não submeter o cidadão a uma persecução penal, que pode ter todos os efeitos deletérios que dela decorrem – reincidência, maus antecedentes, impossibilidade de contratar com o serviço público – por uma situação irrisória.

O disparate também se verifica quando se permite a aplicação do princípio da insignificância ao descaminho quando o valor do tributo sonegado é de até R$ 20.000,00.

Ora, é absolutamente irrazoável imaginar que, quem subtrai um pacote de folhas pertencentes à Administração Pública, avaliado em R$ 16,00 não seria agraciado com o referido princípio, enquanto aquele que pratica o descaminho, caso sonegue R$ 12.000,00 não será processado.

É evidente que esta discussão deve ser colocada em pauta. A interpretação da lei penal e dos institutos deve ser sistemática, sem margens para flexibilizações.

32.1 POSSIBILIDADE DE AGRAVAMENTO DA PENA-BASE COM FUNDAMENTO NO PREJUÍZO

Quando se fala da aplicação da pena, há entendimento consolidado para aumento da pena-base, quando houver elevado prejuízo causado aos cofres públicos em razão das consequências do crime.

---

[1] STJ, RHC nº 85.272/RS (2017/0131630-4), Rel. Min. Nefi Cordeiro, 6ª Turma, j. 14.08.2018, *DJe* 23.08.2018.

> **Jurisprudência destacada**
>
> É possível o agravamento da pena-base nos delitos praticados contra a Administração Pública com fundamento no elevado prejuízo causado aos cofres públicos, a título de consequências do crime (STJ, AgRg no AREsp nº 455.203/DF, Rel. Min. Maria Thereza de Assis Moura, 6ª Turma, j. 15.10.2015).

32.2 INAPLICABILIDADE DA AGRAVANTE DO ART. 61, II, *G*, DO CP

Nos termos do que prevê o art. 61, II, *g*, do Código Penal, temos que poderá ser agravada a pena quando o crime for praticado com abuso de poder ou violação de dever inerente a cargo, ofício, ministério ou profissão.

Nesse sentido, a agravante não se aplica nos casos envolvendo crimes contra a Administração Pública, em razão de configurar uma elementar do crime.

> **Jurisprudência destacada**
>
> A agravante prevista no art. 61, II, *g*, do Código Penal não é aplicável nos casos em que o abuso de poder ou a violação de dever inerente ao cargo configurar elementar do crime praticado contra a Administração Pública (STJ, REsp nº 297.569/RJ, Rel. Min. Celso Limongi Desembargador Convocado do TJ/SP, 6ª Turma, j. 14.12.2010).

32.3 CRIMES FUNCIONAIS PRÓPRIOS E IMPRÓPRIOS

Além disso, os crimes funcionais comportam a divisão entre:

a. crimes funcionais próprios (puros); e

b. crimes funcionais impróprios (impuros).

Serão próprios aqueles em que, faltando a qualidade de funcionário público ao autor, o fato passa a ser tratado como conduta atípica. É o que acontece, por exemplo, com o crime de prevaricação do art. 319 do CP ("Retardar ou deixar de praticar, indevidamente, ato de ofício, ou praticá-lo contra disposição expressa de lei, para satisfazer interesse ou sentimento pessoal").

Neste caso, pode-se dizer que, afastando a condição funcional do agente, estaremos diante de situação que revela a atipicidade absoluta da conduta. Tendo em vista que, se um particular pratica uma conduta semelhante à descrita no art. 319, não haverá crime.

Por outro lado, os crimes funcionais impróprios são aqueles em que, não mais subsistindo a qualidade de servidor do agente, desaparece o crime funcional, ocorrendo porém uma responsabilidade subsidiária (atipicidade relativa), como, por exemplo, o peculato, do art. 312 do CP ("Apropriar-se o funcionário público de dinheiro, valor ou qualquer outro bem móvel, público ou particular, de que tem a posse em razão do cargo, ou desviá-lo, em proveito próprio ou alheio").

Assim, pode-se dizer que, caso um particular se aproprie de bens de terceiros, figura idêntica à do art. 312, poderá não responder pelo crime funcional (agindo solitariamente), mas sim por apropriação indébita.

Nessa mesma toada, é importante esclarecer algumas situações acerca do particular.

Existe grande dúvida acerca da (im)possibilidade de o particular praticar crime contra a Administração Pública. E a resposta advém da parte geral do Código Penal, mais precisamente do art. 30.

Tal dispositivo enuncia que as circunstâncias de caráter pessoal são incomunicáveis, exceto se forem consideradas elementares do crime.

Nesse giro, podemos imaginar dois sujeitos que praticam o crime em concurso de pessoas, em que um deles é reincidente e possui maus antecedentes.

Ora, essas circunstâncias são incomunicáveis, pois manifestamente subjetivas e relacionadas à vida pregressa dos agentes.

Imagine agora uma situação onde, dois cidadãos, com unidade de desígnios – sendo um deles funcionário público –, resolvem subtrair pertences da repartição em que o servidor trabalha. Aqui, podemos ter dois cenários distintos:

a. caso o comparsa tenha conhecimento da condição funcional do companheiro, ambos responderão pelo crime funcional, pois a elementar – relacionada ao crime –, nesse caso, se comunica;

b. caso o comparsa não tenha conhecimento da condição de funcionário público do outro agente, cada qual responderá na medida de sua culpabilidade, ou seja, o funcionário público pelo crime funcional (peculato furto) e o civil pelo delito de furto.

32.4 CONCEITO DE FUNCIONÁRIO PÚBLICO

Certamente é o ponto crucial do presente título, na medida em que a responsabilização pelo delito funcional passa pelo conceito de funcionário público. E tal conceito deriva do art. 327 do CP, conforme a seguir:

> **Art. 327.** Considera-se funcionário público, para os efeitos penais, quem, embora transitoriamente ou sem remuneração, exerce cargo, emprego ou função pública.
>
> § 1º Equipara-se a funcionário público quem exerce cargo, emprego ou função em entidade paraestatal, e quem trabalha para empresa prestadora de serviço contratada ou conveniada para a execução de atividade típica da Administração Pública.
>
> § 2º A pena será aumentada da terça parte quando os autores dos crimes previstos neste Capítulo forem ocupantes de cargos em comissão ou de função de direção ou assessoramento de órgão da administração direta, sociedade de economia mista, empresa pública ou fundação instituída pelo poder público.

Capítulo 32 ◆ Considerações gerais sobre crimes contra a Administração Pública **575**

A inversão da ordem dos artigos do Código Penal é de extrema e relevante necessidade, pois é a partir desta norma explicativa ou conceitual que toda a extensão dos crimes irá se relacionar. Além disso, o § 2º traz uma causa de aumento de pena genérica, cuja análise também é importante neste momento introdutório.

Perceba que, destoando da técnica empregada pelo direito administrativo, o Código Penal emprega um conceito em sentido amplo daquilo que se entende por funcionário público. Assim, todos que exerçam uma atividade ligada ao serviço público, serão considerados funcionários públicos. E, como exemplos básicos, podemos destacar o jurado, o mesário, o médico que presta serviços em hospital vinculado ao Sistema Único de Saúde.

Destacamos também que as figuras equiparadoras atingem todos aqueles que possuam uma vinculação para realização de uma função típica de estado. O que não ocorre, todavia, para a empresa que é contratada para a realização de uma função atípica (ex.: empregados de uma empresa contratada para preparar refeições para uma comitiva estrangeira). As organizações paraestatais são consideradas *lato sensu* como as empresas públicas, as sociedades de economia mista e os serviços sociais autônomos (Sesi, Sesc, Senac).

Relativamente ao § 2º, é importante tecer dois comentários de extrema relevância:

a. o legislador não incluiu as autarquias neste rol, não podendo a situação se estender para esta, sob pena de analogia *in malam partem*;

b. o STF tem entendimento consolidado no sentido de que prefeitos, governadores e Presidente da República, quando autores de crimes funcionais, estão incluídos na causa de aumento.

🧩 Decifrando a prova

(Delegado de Polícia Federal – PF – Cespe/Cebraspe – 2021) No que se refere aos crimes contra a Administração Pública, julgue o próximo item.

Um médico de hospital particular conveniado ao Sistema Único de Saúde pode ser equiparado a funcionário público, para fins de responsabilização penal.

( ) Certo   ( ) Errado

Gabarito comentado: pode ser considerado funcionário por extensão, na medida em que está exercendo atividade típica de estado. Portanto, a assertiva está certa.

Dos crimes praticados por funcionário público contra a administração em geral

33.1 PECULATO

Art. 312. Apropriar-se o funcionário público de dinheiro, valor ou qualquer outro bem móvel, público ou particular, de que tem a posse em razão do cargo, ou desviá-lo, em proveito próprio ou alheio:

Pena – reclusão, de dois a doze anos, e multa.

§ 1º Aplica-se a mesma pena, se o funcionário público, embora não tendo a posse do dinheiro, valor ou bem, o subtrai, ou concorre para que seja subtraído, em proveito próprio ou alheio, valendo-se de facilidade que lhe proporciona a qualidade de funcionário.

Peculato culposo

§ 2º Se o funcionário concorre culposamente para o crime de outrem:

Pena – detenção, de três meses a um ano.

§ 3º No caso do parágrafo anterior, a reparação do dano, se precede à sentença irrecorrível, extingue a punibilidade; se lhe é posterior, reduz de metade a pena imposta.

Peculato mediante erro de outrem

Art. 313. Apropriar-se de dinheiro ou qualquer utilidade que, no exercício do cargo, recebeu por erro de outrem:

Pena – reclusão, de um a quatro anos, e multa.

Inserção de dados falsos em sistema de informações

Art. 313-A. Inserir ou facilitar, o funcionário autorizado, a inserção de dados falsos, alterar ou excluir indevidamente dados corretos nos sistemas informatizados ou bancos de dados da Administração Pública com o fim de obter vantagem indevida para si ou para outrem ou para causar dano:

Pena – reclusão, de 2 (dois) a 12 (doze) anos, e multa.

Modificação ou alteração não autorizada de sistema de informações

Art. 313-B. Modificar ou alterar, o funcionário, sistema de informações ou programa de informática sem autorização ou solicitação de autoridade competente:

Pena – detenção, de 3 (três) meses a 2 (dois) anos, e multa.

Parágrafo único. As penas são aumentadas de um terço até a metade se da modificação ou alteração resulta dano para a Administração Pública ou para o administrado.

Podemos classificar o peculato em seis espécies:

a. peculato-apropriação → art. 312, *caput*, 1ª parte;

b. peculato-desvio → art. 312, *caput*, 2ª parte;

c. peculato-furto (impróprio) → art. 312, § 1º;

d. peculato culposo → art. 312, § 2º;

e. peculato mediante erro de outrem ou peculato-estelionato → art. 313;

f. peculato-eletrônico → arts. 313-A e 313-B.

Decifrando a prova

(Delegado de Polícia Civil – PC/PA – Instituto AOCP – 2021 – Adaptada) Analise a seguinte situação hipotética: Romeu, funcionário público, praticou dois crimes de peculato (art. 312, *caput*, CP), devendo o segundo, pelas condições de tempo, local, modo de execução e outras semelhantes, ser considerado continuação do primeiro. Foi regularmente processado e condenado, com a aplicação da pena privativa de liberdade no patamar mínimo. Nesse caso, considerando que ocorreu o trânsito em julgado da sentença penal condenatória para ambas as partes, a extinção da punibilidade pela prescrição ocorrerá em quatro anos.

( ) Certo   ( ) Errado

Gabarito comentado: considerando que a pena mínima é de dois anos, a prescrição ocorrerá em quatro anos. Portanto, a assertiva está certa.

33.1.1 Sujeitos

Antes de adentrarmos especificamente em cada figura, é prudente uma análise de circunstâncias comuns, que se aplicam a todos os delitos.

O peculato é crime próprio, na medida em que só pode ser praticado por funcionário público. Porém, mesmo sendo próprio, admite-se o concurso de pessoas para punir igualmente o particular se este detiver conhecimento da condição funcional do coautor, caso contrário, responderá por modalidade de apropriação indébita.

O sujeito passivo do delito é o Estado, que é lesado na sua esfera patrimonial.

33.1.2 Modalidades de peculato, conduta e momento consumativo

Na figura do **peculato-apropriação** (art. 312, 1ª parte), o agente apropria-se de dinheiro, valor ou qualquer outro bem móvel (público ou particular[1]) do qual detenha a posse legítima, passando, contudo, a comportar-se como se fosse dono da coisa. Tornando prático: trata-se de uma modalidade especial da apropriação indébita.

A consumação do crime ocorre no momento em que se dá a inversão da posse do objeto do delito.[2]

> **Decifrando a prova**
>
> **(Delegado de Polícia Civil – PC/GO – UEG – 2018 – Adaptada)** Sobre o crime de peculato, previsto no Código Penal, verifica-se que, na modalidade **apropriação**, pode se dar em favor de terceira pessoa.
> ( ) Certo   ( ) Errado
> **Gabarito comentado:** tanto o peculato-apropriação quanto o peculato-desvio e o furto admitem que o favorecido seja o próprio autor do crime ou terceira pessoa. Portanto, a assertiva está certa.

No **peculato-desvio** (também chamado de malversação), o funcionário público dá destinação diversa à coisa, em benefício próprio ou de outrem, auferindo vantagem de qualquer natureza. Inclusive, frise-se que essa modalidade exige um dolo específico, que é a finalidade de obter proveito próprio ou alheio.

Esta modalidade de peculato se consuma no momento em que o funcionário desvia a quantia ou o bem em proveito próprio ou alheio, ainda que não obtenha, efetivamente, a vantagem indevida.

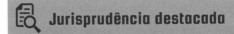

> A consumação do crime de peculato-desvio (art. 312, *caput*, 2ª parte, do CP) ocorre no momento em que o funcionário efetivamente desvia o dinheiro, valor ou outro bem móvel, em proveito próprio ou de terceiro, ainda que não obtenha a vantagem indevida (STJ, RHC 36.755/AP, Rel. Min. Jorge Mussi, 5ª Turma, j. 16.12.2014, *DJe* 03.02.2015).

---

[1] Aqui, inclui-se o bem particular, na medida em que ele pode estar acautelado pelo Poder Público. Ex.: um celular que se encontra apreendido para passar por perícia.
[2] STJ, AgRg no AREsp nº 531.930/SC, Rel. Min. Sebastião Reis Júnior, 6ª Turma, j. 03.02.2015.

580 Direito Penal Decifrado – Parte Especial

Como já ressaltado em momento anterior, ao crime em comento não se aplica o princípio da insignificância, por força da Súmula nº 599 do STJ.

Não obstante, vale destacar que no peculato doloso não haverá extinção da punibilidade pela reparação integral do dano. O que pode ocorrer, em verdade, é a figura do arrependimento posterior (art. 16, CP).[3]

Atente, pois o instituto do arrependimento posterior, que ostenta natureza jurídica de causa de redução de pena, aplica-se ao crime contra a Administração Pública, o que não é possível nos crimes contra a Fé Pública.

No § 1º, temos a figura do **peculato-furto** (ou peculato impróprio), que consiste na prática de subtração de bem móvel ou qualquer valor que se encontra sob a guarda ou custódia da Administração. Em resumo, o agente, servidor público, não tem a posse do bem, mas vale-se da facilidade que a função lhe proporciona e subtrai – ou concorre para que seja subtraída –, coisa do ente público ou de particular depositada junto à Administração.

> A posse, a que se refere o texto legal, deve ser entendida em sentido amplo, compreendendo a simples detenção, bem como a posse indireta (disponibilidade jurídica sem detenção material, ou poder de disposição exercível mediante ordens, requisições ou mandados (NUCCI, 2017c, p. 467).

Outra figura prevista, com punição abrandada (art. 312, § 2º), é o **peculato culposo**. Nela, o agente, por meio de manifesta quebra de dever objetivo de cuidado (negligência, imprudência ou imperícia), cria condições favoráveis para a prática de outro crime por outro agente.

Exemplificando, podemos considerar o agente policial que, por um descuido, deixa a viatura aberta enquanto vai almoçar em um determinado estabelecimento. Aproveitando-se da situação, outro agente – sem unidade de desígnios, registre-se – aproveita-se da oportunidade para subtrair o aparelho de som do veículo, além de dois coletes balísticos.

Vale frisar que para o peculato culposo (somente para o culposo), o § 3º prevê que se o agente promove a reparação do dano antes da sentença transitada em julgado, haverá extinção de punibilidade. Se a reparação do dano é posterior ao trânsito em julgado, não haverá extinção da punibilidade, mas sim redução da metade da pena imposta.

🧩 Decifrando a prova

(Delegado de Polícia Federal – PF – Cespe/Cebraspe – 2021) No que se refere aos crimes contra a Administração Pública, julgue o próximo item.

Na hipótese de crime de peculato doloso, o ressarcimento do dano exclui a punibilidade.

( ) Certo   ( ) Errado

Gabarito comentado: a única forma de extinção da punibilidade no peculato será na sua modalidade culposa. Portanto, a assertiva está errada.

---

3   STJ, HC nº 239.127/RS, Rel. Min. Sebastião Reis Júnior, 6ª Turma, j. 05.06.2014.

Capítulo 33 ◆ Dos crimes praticados por funcionário público contra a administração em geral **581**

> **(Delegado de Polícia Civil – PC/PI – Nucepe – 2018 – Adaptada)** Um funcionário público comete o crime de peculato culposo quando concorre, mesmo que culposamente, para o crime de outrem.
>
> ( ) Certo   ( ) Errado
>
> **Gabarito comentado:** a figura do § 2º do art. 312 prevê que o funcionário público pratica peculato culposo quando concorre para que outrem pratique o crime. Portanto, a assertiva está certa.

O **peculato mediante erro de outrem**, também chamado de peculato-estelionato, previsto no *caput* do art. 313, é uma forma especial da apropriação havida por erro de outrem. Aqui, o agente se apodera do bem ou valor em razão de erro de outra pessoa. Ou seja, a vantagem a ser percebida não estava anteriormente na posse do agente.

Quer-se dizer que, aqui, o dolo do agente é superveniente, na medida em que este não existe no momento em que o agente recebe a coisa por erro, mas sim no momento em que dela se apropria.

Para as hipóteses descritas, impende destacar a possibilidade de ocorrer o **peculato de uso**, quando o agente tem *animus* de utilizar a coisa, sem contudo, havê-la para si. Entende-se majoritariamente, nesse caso, que o agente tem apenas a intenção de usar o bem e posteriormente restituí-lo. Assim, poderá haver uma sanção administrativa, ou punição de acordo com a Lei de Improbidade Administrativa, mas jamais poderá ocorrer a tipificação da conduta por peculato.

Destacamos que as hipóteses de peculato previstas nos arts. 312 e 313 do CP são formais. Nas hipóteses de peculato-eletrônico o crime é classificado como formal.

O peculato-eletrônico se divide em duas modalidades:

a. a primeira, disposta no art. 313-A do CP, corresponde à tutela da proteção dos dados, que somente podem ser alterados para atender ao interesse público;

Aqui, o sujeito ativo é o **funcionário público autorizado**, ou seja, o que está investido na função de cuidar dos sistemas informatizados.

As condutas consistem em "inserir" ou "facilitar" a inserção de dados falsos, alterar ou excluir indevidamente dados corretos nos sistemas informatizados ou bando de dados da Administração Pública. Ademais, há o elemento subjetivo específico de obtenção de vantagem para si ou para outrem, ou ainda, com a intenção de causar dano.

b. a segunda modalidade (art. 313-B) diz respeito à modificação ou alteração, praticada por funcionário, em sistema de informações ou programa de informática sem autorização ou solicitação da autoridade responsável.

O sujeito ativo aqui é qualquer funcionário público que modifique ou altere o sistema de informações ou programa de informática sem autorização ou solicitação da pessoa competente.

Traçando um paralelo entre as condutas, diferentemente do que ocorre com a figura do art. 313-A, que protege os dados de um sistema, na figura do art. 313-B tutela-se o próprio sistema de informações ou programa de informática, por isso é mais branda.

Para a modalidade de peculato-eletrônico trabalhada no item b, haverá aumento de pena de um terço até a metade se da modificação ou alteração resulta dano para a Administração Pública ou para o administrado.

33.1.3 Elemento subjetivo

O peculato, essencialmente se pratica mediante dolo. Vale recordar duas disposições:
a. o peculato admite forma culposa, *vide* art. 312, § 2º, única hipótese em que não se admitirá a tentativa; e
b. no peculato-eletrônico, descrito no art. 313-A, exige-se o elemento subjetivo específico de ter benefício ou de causar dano.

33.1.4 Peculato e sonegação fiscal – ausência de *bis in idem*

Quando se fala em peculato-apropriação, temos que o funcionário público (ou particular que com ele concorra) toma a posse definitiva de bens móveis ou valores de que tinha a posse em razão do cargo.

Naturalmente, com esta apropriação haverá a incorporação de um patrimônio ilícito no acervo do agente. Logo, temos a ocorrência de dois crimes: peculato-apropriação e sonegação fiscal.

Assim, entende o STJ que a instauração de dupla ação penal pelos referidos crimes não constituirá *bis in idem*.

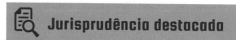
Jurisprudência destacada

A instauração de ação penal individualizada para os crimes de peculato e sonegação fiscal em relação aos valores indevidamente apropriados não constitui *bis in idem* (STJ, HC nº 166.089/ES, Rel. Min. Laurita Vaz, 5ª Turma, j. 26.08.2014, *DJe* 02.09.2014).

E nesse mesmo contexto, a competência para julgamento do crime de peculato será da Justiça Federal.

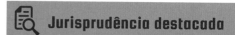
Jurisprudência destacada

Compete à Justiça Federal o julgamento do crime de peculato se houver possibilidade de utilização da prova do referido delito para elucidar sonegação fiscal consistente na falta de declaração à Receita Federal do recebimento dos valores indevidamente apropriados (STJ, CC nº 135.010/SP, Rel. Min. Rogerio Schietti Cruz, 3ª Seção, j. 14.10.2015).

33.1.5 Peculato-desvio e funcionário fantasma

Outro ponto de grande relevância que merece o devido destaque, diz respeito ao funcionário fantasma, que consiste em situações onde um agente nomeia (agente nomeante) funcionário que, na verdade, não presta os serviços para a Administração Pública.

Evidentemente que o tema ganhou contornos de destaque pois é manifesto o prejuízo à Administração Pública, que dispende seus recursos para um funcionário, em verdade, inexistente.

Nesse sentido, a jurisprudência tem desmembrado as situações para enquadrar pela tipicidade ou não de um fato.

Assim, na Ação Penal nº 475, julgada pela Corte Especial do STJ, sob a relatoria da Ministra Eliana Calmon, houve a denúncia de um desembargador que nomeou dois filhos para assessoria de gabinete. Os agentes nomeados jamais compareceram, todavia receberam os valores.

Para a ministra, os agentes que foram nomeados receberam os valores de maneira legal, na medida em que o ato de nomeação e demais trâmites necessários estavam dentro da normalidade. Assim, entendeu que o ato não seria suficiente para caracterizar peculato, mas sim, falta funcional gravíssima, que poderia ensejar ato de improbidade administrativa.

Noutro giro, o mesmo STJ entendeu que o agente nomeante que percebe as remunerações do funcionário fantasma, por evidente, pratica a conduta típica de peculato.

> ### 🔍 Jurisprudência destacada
>
> Assim, com a nomeação do funcionário fantasma e retenção dos valores pecuniários pagos em razão do cargo, comprovou-se que o objeto material do crime era a própria remuneração do servidor. Nesse interim, o agente político teve, em razão do cargo que ocupava, a posse mediata da coisa, que num primeiro momento era lícita para pagamento de serviços "prestados" ao Município, que, frise-se, sequer foram realizados, mas que, posteriormente, passou à fruição do agente nomeante como se dele fosse. Desse modo, entendo por configurada a conduta delituosa estampada no art. 312, *caput* – primeira parte –, do Código Penal (peculato-apropriação), pois, não obstante os valores de contraprestação de serviço público não tenham sido transferidos diretamente ao recorrente, foram a ele repassados e divididos para destinações próprias, que não a bem do serviço público (STJ, REsp nº 1.723.969/PR, Rel. Min. Joel Ilan Paciornik, 5ª Turma, j. 16.05.2019, *DJe* 27.05.2019).

Recentemente, tal entendimento fora ratificado, sem alteração do argumento, pelo julgamento do HC nº 466.378, de relatoria do Min. Sebastião Reis Junior, em dezembro de 2020.

Visando uniformizar o entendimento, o STF tem reiteradamente decidido que, para que ocorra ou não a consumação do crime pelo agente nomeante, deve-se demonstrar a vantagem econômica obtida.

A primeira constatação é oriunda do Inquérito nº 3.006, de relatoria do Ministro Dias Toffoli:

Jurisprudência destacada

Não se cuida, na espécie, de hipótese de utilização do servidor público para a realização de serviços privados ao denunciado, mas situação totalmente diversa daquelas narradas nas hipóteses antes indicadas, nas quais o objeto material da conduta eram os valores pecuniários desviados pelos denunciados (dinheiro correspondente à remuneração de pessoa como assessor ou auxiliar) (STF, Inquérito nº 3.006, Rel. Min. Dias Toffoli, 1ª Turma, j. 24.06.2014, *DJe* 22.09.2014).

E também no Inquérito nº 3.776, de relatoria da Ministra Rosa Weber:

 Jurisprudência destacada

Situação diversa ocorre quando o dinheiro público é desviado para o pagamento de empregado que, apenas formalmente, está vinculado à Administração Pública, mas que, na verdade, desempenha e executa serviços para outro servidor público no interesse particular deste último (STF, Inquérito nº 3.776, Rel. Min. Rosa Weber, 1ª Turma, j. 07.10.2014, *DJe* 04.11.2014).

No mesmo sentido o Inquérito nº 3.701, de relatoria do Ministro Alexandre de Moraes:

 Jurisprudência destacada

(...) prestavam para o acusado, antes mesmo de sua nomeação, serviços de natureza privada completamente dissociados da função para a qual foram nomeadas, os quais não são custeados ou sequer custeáveis pelos cofres públicos(...) (STF, Inquérito nº 3.701, Rel. Min. Alexandre de Moraes, 1ª Turma, j. 11.02.2020, *DJe* 23.06.2020).

33.1.6 Uso de funcionário público para prestação de serviços privados

Aqui, recomendamos cautela.

Isso porque, em regra, a utilização de funcionário público para prestação de serviços privados não configura o crime de peculato.

Diz-se em regra porque este serviço não pode ser habitual. Sintetizando o entendimento do STF no julgamento da Ação Penal nº 504/DF, de relatoria da Ministra Cármen Lúcia:

Capítulo 33 ◆ Dos crimes praticados por funcionário público contra a administração em geral **585**

> **🔍 Jurisprudência destacada**
>
> Apelação. Ação penal. Peculato-desvio (art. 312, CP). Deputado federal. Utilização de secretária parlamentar para fins particulares. Prática de inúmeros atos na condição de administradora, de fato, da empresa da qual o parlamentar é sócio. Funcionária pública que também exerceu as atribuições inerentes a seu cargo. Inteligência do art. 8º do Ato da Mesa nº 72/97, da Câmara dos Deputados. Atividades que não se circunscreveram ao interesse exclusivamente particular do apelante nem se restringiram àquelas típicas de secretário parlamentar. Fato penalmente atípico. Recurso provido, para o fim de se absolver o apelante, com fundamento no art. 386, III, do Código de Processo Penal. 1. Como já decidido pelo Supremo Tribunal Federal, existe significativa "diferença entre usar funcionário público em atividade privada e usar a Administração Pública para pagar salário de empregado particular, o que configura peculato" (Inq nº 3.776/TO, 1ª Turma, Rel. Min. Rosa Weber, *DJe* 04.11.2014). 2. A atividade de secretário parlamentar não se limita ao desempenho de tarefas burocráticas (pareceres, estudos, expedição de ofícios, acompanhamento de proposições, redação de minutas de pronunciamento, emissão de passagens aéreas, emissão de documentos, envio de mensagens eletrônicas oficiais etc.), compreendendo outras atividades de apoio intrinsecamente relacionadas ao exercício do mandato parlamentar, como o atendimento à população (STF, Ação Penal nº 504/DF, Rel. Min. Cármen Lúcia, 2ª Turma, j. 09.08.2016).

A ideia central do referido julgamento é que, em havendo a nomeação para que a funcionária exercesse exclusivamente atividades privadas, poderia ocorrer o crime. Todavia, havendo sua regular nomeação para o exercício da função pública e, em paralelo, exercer uma ou outra função da atividade privada, não configuraria o delito em estudo.

33.2 EXTRAVIO, SONEGAÇÃO OU INUTILIZAÇÃO DE LIVRO OU DOCUMENTO

Art. 314. Extraviar livro oficial ou qualquer documento, de que tem a guarda em razão do cargo; sonegá-lo ou inutilizá-lo, total ou parcialmente:

Pena – reclusão, de um a quatro anos, se o fato não constitui crime mais grave.

33.2.1 Sujeitos

O crime somente pode ser praticado por funcionário público.

33.2.2 Conduta e momento consumativo

A conduta narrada no *caput* (tida por subsidiária) do artigo pode ser considerada em dois momentos:

a. quando o funcionário público extravia (perde; não possibilita a chegada ao destino final) livro oficial ou qualquer documento de interesse da Administração de que tenha a guarda em razão do cargo;

586 Direito Penal Decifrado – Parte Especial

b. quando o funcionário público sonega (omite sua existência) ou inutiliza (tornar sem valor) total ou parcialmente o livro oficial ou o documento de que tenha a posse em razão do cargo.

Vale destacar que o crime é formal, ou seja, se consuma independentemente de efetivo prejuízo. Admite-se, em hipóteses remotas, a tentativa.

33.2.3 Elemento subjetivo

Trata-se do dolo.

33.3 EMPREGO IRREGULAR DE VERBAS OU RENDAS PÚBLICAS

Art. 315. Dar às verbas ou rendas públicas aplicação diversa da estabelecida em lei:

Pena – detenção, de um a três meses, ou multa.

33.3.1 Considerações gerais

O presente dispositivo merece especial atenção, na medida em que a conduta foi mencionada até mesmo na Exposição de Motivos da Parte Especial, conforme item 84 abaixo:

84. Em último lugar, cuida o projeto dos crimes contra a administração pública, repartidos em três subclasses: "crimes praticados por funcionário público contra a administração em geral", "crimes praticados por particular contra a administração em geral" e "crimes contra a administração da justiça". Várias são as inovações introduzidas, no sentido de suprir omissões ou retificar fórmulas da legislação vigente. Entre os fatos incriminados como lesivos do interesse da administração pública, figuram os seguintes, até agora, injustificadamente, deixados à margem da nossa lei penal: emprego irregular de verbas e rendas públicas; advocacia administrativa (isto é, "patrocinar, direta ou indiretamente, interesse privado junto à administração pública, valendo-se da qualidade de funcionário"); violação do sigilo funcional; violação do sigilo de proposta em concorrência pública; exploração de prestígio junto à autoridade administrativa ou judiciária (*venditio fumi*); obstáculo ou fraude contra concorrência ou hasta pública; inutilização de editais ou sinais oficiais de identificação de objetos; motim de presos; falsos avisos de crime ou contravenção; autoacusação falsa; coação no curso de processo judicial; fraude processual; exercício arbitrário das próprias razões; favorecimento *post factum* a criminosos (o que a lei atual só parcialmente incrimina como forma de cumplicidade); tergiversação do procurador judicial; reingresso de estrangeiro expulso.

E a importância da referida figura, visa, preponderantemente, tutelar a proteção e lisura da aplicação dos recursos públicos, evitando qualquer tipo de defasagem no investimento de interesse coletivo.

Capítulo 33 ♦ Dos crimes praticados por funcionário público contra a administração em geral **587**

33.3.2 Sujeitos

O sujeito ativo é o funcionário público que tem por incumbência o poder de administrar as verbas públicas.

33.3.3 Conduta e momento consumativo

O crime em questão tem o objetivo de evitar o emprego indiscriminado da verba em setor único.

Assim, será punida a conduta daquele que dá destinação para outro setor, que não o devido. O delito é material, admitindo tentativa.

Exemplo, funcionário público responsável pela gestão da verba pública, que emprega todo o valor disponível, exclusivamente para o setor do esporte, deixando de lado a saúde, segurança etc.

Vale o registro de que a aprovação das contas pelos órgãos fiscalizadores somente tem o condão de dar regularidade administrativa ao ato, podendo, ainda assim, subsistir a responsabilização criminal.

33.3.4 Elemento subjetivo

É o dolo.

33.4 CONCUSSÃO

> **Art. 316.** Exigir, para si ou para outrem, direta ou indiretamente, ainda que fora da função ou antes de assumi-la, mas em razão dela, vantagem indevida:
>
> **Pena** – reclusão, de 2 (dois) a 12 (doze) anos, e multa.

33.4.1 Considerações gerais

De plano, e antes de analisar a conduta em si, vale destacar que a pena do delito em questão foi alterada pelo Pacote Anticrime (Lei nº 13.964/2019), isso porque, pela redação anterior, a pena prevista era de reclusão de 2 a 8 anos.

Porém, esta pena era menor do que a pena prevista para a corrupção passiva (art. 317, CP – 2 a 12 anos).

Nesse contexto, visando uniformizar a Lei Penal, especialmente trazendo um regramento mais rigoroso para as condutas mais graves, houve por bem o acréscimo de pena, o que se mostra justo e razoável.

A nova lei deve ser considerada como uma *novatio legis in pejus,* eis que trata de maneira mais rigorosa a penalidade prevista.

Fazendo coro ao que preconiza o art. 5º, XL, da Constituição Federal, temos então que a nova lei terá apenas efeitos *pro futuro* (após sua vigência), sendo que, quem praticou o fato antes do seu início de vigência (23.01.2020) ficará suscetível à penalidade prevista pela lei anterior, ou seja, lei da data do fato – a partir do fenômeno da ultratividade.

> ## Decifrando a prova
>
> **(Delegado de Polícia Civil Substituto – PC/RN – FGV – 2021 – Adaptada)** João, fiscal de um Município do Estado Alfa, passava por uma rua de comércio popular com a família, quando seu filho avistou um comerciante vendendo balões de personagens infantis e insistiu que queria um. João, então, se dirigiu ao vendedor e exigiu que ele lhe desse o balão pretendido pelo filho, que estava sendo vendido para outro casal, dizendo que trabalhava para a Prefeitura e que, se não fosse atendido, chamaria a Guarda Municipal para apreender os objetos e lavrar o auto próprio. Ao proceder da forma narrada, João praticou, em tese, a conduta tipificada como extorsão.
>
> ( ) Certo   ( ) Errado
>
> **Gabarito comentado:** como a conduta praticada pelo funcionário público consistia no núcleo "exigir", o crime foi o de concussão. Portanto, a assertiva está certa.

33.4.2 Sujeitos

É o funcionário público.

33.4.3 Conduta e momento consumativo

Responderá pela conduta em estudo o funcionário público, incluindo-se também aquele que, mesmo nomeado, ainda não esteja no exercício da função mas atue em razão dela.

O núcleo do tipo é "exigir", ou seja, trata-se do ato de impor de maneira ríspida, ordenar de maneira impositiva, diretamente, ou por interposta pessoa, uma vantagem indevida.

Na exigência, deve haver algum tipo de coação, influência sobre o ofendido. O agente impõe, ordena, de forma que intimide a vítima, a ter a vantagem que almeja, vantagem esta indevida.

Ressaltamos que a vantagem pode ser financeira ou não.

Além disso, para consumar o crime não se exige que o funcionário esteja em serviço, bastando agir em razão dela.

Vale registrar que a pena será aumentada da terça parte quando os autores dos crimes previstos neste Capítulo forem ocupantes de cargos em comissão ou de função de direção ou assessoramento de órgão da Administração direta, sociedade de economia mista, empresa pública ou fundação instituída pelo Poder Público.

Atenção!

Importante trazer cinco particularidades que não devem ser esquecidas:

- caso o autor do fato simule a qualidade de agente público, sem atender aos atributos necessários ao cargo, praticará o delito de extorsão;
- o crime é classificado como formal, estando consumado independentemente da obtenção da vantagem indevida;
- eventual recebimento da vantagem indevida será considerado mero exaurimento;
- o particular poderá praticar a conduta em comento, desde que conheça a circunstância subjetiva de ser o coautor funcionário público;
- embora de difícil verificação, admite-se a tentativa, como, por exemplo, na carta extorsionária.

Acerca do momento consumativo, esclarecemos que, seguindo o entendimento do STJ, quando a entrega dos valores for em momento posterior à exigência, teremos mero exaurimento e impossibilidade de flagrante.

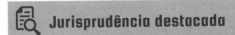

Não há flagrante quando a entrega de valores ocorre em momento posterior a exigência, pois o crime de concussão é formal e o recebimento se consubstancia em mero exaurimento (STJ, APn nº 825/DF, Rel. Min. Herman Benjamin, Corte Especial, j. 02.12.2015, *DJe* 02.02.2016).

33.4.4 Elemento subjetivo

O crime só é praticado por dolo, ou seja, o agente, de modo voluntário e consciente, deve exigir para si ou para outrem a vantagem indevida, excedendo-se da função exercida.

33.5 EXCESSO DE EXAÇÃO

Art. 316. (...)

§ 1º Se o funcionário exige tributo ou contribuição social que sabe ou deveria saber indevido, ou, quando devido, emprega na cobrança meio vexatório ou gravoso, que a lei não autoriza:

Pena – reclusão, de 3 (três) a 8 (oito) anos, e multa.

§ 2º Se o funcionário desvia, em proveito próprio ou de outrem, o que recebeu indevidamente para recolher aos cofres públicos:

Pena – reclusão, de dois a doze anos, e multa.

33.5.1 Sujeitos

O crime é próprio, sendo praticado por funcionário público.

33.5.2 Conduta e momento consumativo

A conduta prevista no § 1º do art. 316 é uma figura especial da concussão, que também pode ser dividida em dois momentos.

Pela redação do tipo, percebe-se que a ideia é evitar, a todo custo, a arbitrariedade e o abuso de poder do servidor, que atua em nome do Estado.

Assim, apresentamos as formas de conduta:

a. funcionário público que exige tributo que sabe ou deveria saber ser indevido; e

b. funcionário público que emprega meio vexatório ou gravoso para a cobrança de tributo devido.

Percebemos então que, se o funcionário exige um tributo manifestamente indevido ou inexistente, poderá violar a primeira forma do dispositivo. Aqui, o agente público imporá uma ordem para receber valores que não deveriam ser pagos por aquele contribuinte.

Na segunda forma de conduta, o funcionário público aplica um meio vexatório (que causa constrangimento ao devedor) para cobrar um tributo legítimo, devido.

Como ocorre no *caput*, o crime é formal e, na cobrança indevida, consumar-se-á no exato momento em que houver o emprego da exigência ilegal. Na segunda parte do § 1º, a consumação ocorrerá no exato momento em que for empregado o meio vexatório.

O entendimento que predomina é que, havendo dúvida escusável diante da complexidade de determinada lei tributária, não haverá a ocorrência do delito. Resumindo, o crime somente se consumará quando houver o elemento subjetivo dolo, consistente em cobrar tributo inexistente ou aplicar meio vexatório na cobrança.

Na dúvida, o dolo não pode ser presumido, pois isso significaria atribuir responsabilidade penal objetiva ao registrador que interprete equivocadamente a legislação tributária.

Jurisprudência destacada

Ademais, frisa-se que os elementos probatórios delineados pela Corte de origem evidenciam que, embora o réu possa ter cobrado de forma errônea os emolumentos, o fez por mero erro de interpretação da legislação tributária no tocante ao método de cálculo do tributo, e não como resultado de conduta criminosa. Temerária, portanto, a sua condenação à pena de 4 anos de reclusão e à gravosa perda do cargo público (STJ, REsp nº 1.943.262-SC, Rel. Min. Antônio Saldanha Palheiro, 6ª Turma, por unanimidade, j. 05.10.2021).

Capítulo 33 ◆ Dos crimes praticados por funcionário público contra a administração em geral **591**

33.5.3 Figura qualificada

Caso o funcionário público desvie em proveito próprio ou de outrem o que recebeu indevidamente, a pena será a mesma da concussão.

33.5.4 Elemento subjetivo

A conduta em análise só pode ser praticada por dolo.

33.6 CORRUPÇÃO PASSIVA

> **Art. 317.** Solicitar ou receber, para si ou para outrem, direta ou indiretamente, ainda que fora da função ou antes de assumi-la, mas em razão dela, vantagem indevida, ou aceitar promessa de tal vantagem:
>
> **Pena** – reclusão, de 2 (dois) a 12 (doze) anos, e multa.
>
> **§ 1º** A pena é aumentada de um terço, se, em consequência da vantagem ou promessa, o funcionário retarda ou deixa de praticar qualquer ato de ofício ou o pratica infringindo dever funcional.
>
> **§ 2º** Se o funcionário pratica, deixa de praticar ou retarda ato de ofício, com infração de dever funcional, cedendo a pedido ou influência de outrem:
>
> **Pena** – detenção, de três meses a um ano, ou multa.

33.6.1 Considerações gerais

Sem dúvida, se trata de um dos delitos mais cobrados por ocasião de provas e concursos públicos, especialmente pela possibilidade de alteração dos termos (núcleos) ou mesclas com outros delitos, principalmente na concussão e na corrupção ativa.

O bem jurídico protegido é a moralidade administrativa. Naturalmente, o objetivo destas normas é zelar pelo bom andamento da máquina pública, especialmente fazendo valer os princípios constitucionais relacionados à Administração Pública.

Em resumo, aqui, o servidor solicita, recebe ou aceita, para si ou para outrem, direta ou indiretamente, mesmo que fora da função, mas em razão dela, vantagem indevida.

Nos núcleos solicitar ou aceitar, o crime é formal, pois se consuma com a mera solicitação ou aceitação.[4] Já no recebimento, o crime é material.

Além disso, deve se destacar que no caso concreto deve haver nexo de causalidade entre a conduta do servidor e a realização de ato que seja da competência do autor do fato.

---

[4] STJ, Apn nº 675/GO, Rel. Min. Nancy Andrighi, Corte Especial, j. 18.11.2015, *DJe* 02.02.2016.

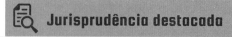

No crime de corrupção passiva, é indispensável haver nexo de causalidade entre a conduta do servidor e a realização de ato funcional de sua competência (STJ, AgRg no REsp nº 1.519.531/SP, Rel. Min. Sebastião Reis Júnior, 6ª Turma, j. 23.06.2015).

O crime em tela gera confusão com a conduta praticada no art. 333 do CP, que consiste no crime de corrupção ativa. Neste, o particular pratica o fato contra a Administração Pública ao oferecer ou prometer vantagem ao funcionário.

Imaginemos um contexto em que o particular solicita valores de um particular e este efetua o pagamento.

Teremos na hipótese apenas um crime, sendo que o pagamento da propina solicitada é mero exaurimento da conduta anterior.

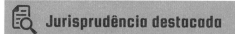

Não há bilateralidade entre os crimes de corrupção passiva e ativa, uma vez que estão previstos em tipos penais distintos e autônomos, são independentes e a comprovação de um deles não pressupõe a do outro (STJ, HC nº 306.397/DF, Rel. Min. Gurgel de Faria, 5ª Turma, j. 24.02.2015).

33.6.2 Sujeitos

Acerca do sujeito ativo, aplica-se o mesmo regramento da concussão, inclusive, no que diz respeito à possibilidade de concurso de agentes – imprescindível, o conhecimento da condição de funcionário público.

33.6.3 Conduta e momento consumativo

Embora o presente tipo penal tenha semelhança com o tipo da concussão, os núcleos aqui apresentados são mais brandos do que os do delito de concussão, e consistem em três hipóteses: **solicitar**, **receber** ou **aceitar promessa**. As condutas devem sempre ser praticadas no exercício da função ou em relação com ela.

A vantagem indevida solicitada ou recebida pode ser de qualquer espécie, embora exista doutrina que considere apenas a vantagem financeira.

Nas modalidades solicitar e aceitar promessa de vantagem o crime é formal. Noutro giro, na modalidade receber o crime é material, exigindo-se o enriquecimento ilícito do agente.

Importante frisar que o recebimento de presentes em épocas de Páscoa ou Natal, por parte do funcionário público, por si só, não autoriza a responsabilização do agente, se ele não pratica um dos núcleos do tipo com o *animus* de vantagem indevida.

A oferta chamada de impossível também não caracteriza o crime, devendo ser uma situação plausível de ser cumprida.

O § 1º prevê uma causa majorante para o corrupto que, em razão da vantagem ou promessa deixa de praticar ato de ofício ou o pratica infringindo o seu dever funcional.

Já o § 2º prevê uma causa privilegiada para a corrupção passiva, na medida em que o funcionário público cede a pedido, pressão ou influência de outrem, também denominado de favor administrativo. Esta figura em questão pode receber a nomenclatura de corrupção passiva privilegiada. Mas cuidado, é imprescindível que, para que esta conduta se consume, o funcionário deixe ou prorrogue a sua atuação oficial, a partir de um pedido ou influência de outrem.

33.6.4 Elemento subjetivo

O crime somente é praticado mediante dolo.

33.6.5 Corrupção passiva e reembolso de despesas médicas

Como já assinalado, um médico que trabalha em sistema de convênio com o Sistema Único de Saúde pode ser considerado funcionário público para fins penais.

Neste aspecto, quando se realiza uma cirurgia, pode haver procedimentos ou etapas que não são cobertas pelo SUS, assim, o médico cobra do paciente o reembolso por aquilo que não se encontra previsto na regulamentação administrativa.

E neste prisma, o STJ adotou entendimento de que tal cobrança, desde que destinada ao reembolso de valores com os custos operacionais, não representa crime, na medida em que se entendeu que a vantagem não era indevida.

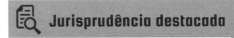
Jurisprudência destacada

> Para tipificação do art. 317 do Código Penal – corrupção passiva –, deve ser demonstrada a solicitação ou recebimento de vantagem indevida pelo agente público, não configurada quando há mero ressarcimento ou reembolso de despesa (...) Não se ignora que a Lei Orgânica do Sistema Único de Saúde (Lei nº 8.080/1990) e a Portaria nº 113/1997 do Ministério da Saúde vedam a cobrança de valores do paciente ou familiares a título de complementação, dado o caráter universal e gratuito do sistema público de saúde, entendimento reforçado pelo STF no julgamento do RE nº 581.488/RS, com repercussão geral, em que se afastou a possibilidade de "diferença de classe" em internações hospitalares pelo SUS (Rel. Min. Dias Toffoli, Plenário, *DJe* 08.04.2016). Assim, sob o aspecto administrativo, se eventualmente comprovada a exigência de complementação de honorários médicos ou a dupla cobrança por ato médico realizado, estaria configurada afronta à legislação citada, bem como aos arts. 65 e 66 do Código de Ética Médica.

> Todavia, a tipificação do art. 317 do CP exige a comprovação de recebimento de vantagem indevida pelo médico, não configurada quando há mero ressarcimento ou reembolso de despesas, conquanto desatendidas as normas administrativas (STJ, HC nº 541.447-SP, Rel. Min. João Otávio de Noronha, 5ª Turma, por unanimidade, j. 14.09.2021, *DJe* 20.09.2021).

33.7 FACILITAÇÃO DE CONTRABANDO OU DESCAMINHO

Art. 318. Facilitar, com infração de dever funcional, a prática de contrabando ou descaminho (art. 334):

Pena – reclusão, de 3 (três) a 8 (oito) anos, e multa.

33.7.1 Sujeitos

O sujeito ativo é o funcionário que tem a responsabilidade de impedir a prática do contrabando e do descaminho. Notadamente é possível a participação de terceiros, particulares ou outros servidores, desde que tenham o domínio do fato e conheçam a condição do agente.

33.7.2 Conduta e momento consumativo

Inicialmente, impende destacar que, por se tratar de crime praticado em detrimento dos interesses da União[5], o processo e julgamento compete à Justiça Federal, ainda que o funcionário criminoso seja estadual.

O núcleo do tipo é "facilitar", assim, basta que o agente alfandegário, dolosamente permita que a prática do contrabando ou descaminho ocorra, e o crime estará consumado.

O crime é formal, ou seja, se consuma independentemente de prejuízo ao erário, bastando que ocorra a prática do núcleo do tipo.

33.7.3 Elemento subjetivo

Trata-se do dolo.

---

[5] O STJ, ao julgar o conflito de competência nº 160.748, entendeu que ao caso em tela deve ser aplicado, analogicamente, o teor da Súmula nº 151 do STJ ("A competência para o processo e julgamento por crime de contrabando ou descaminho define-se pela prevenção do juízo federal do lugar da apreensão dos bens").

Capítulo 33 • Dos crimes praticados por funcionário público contra a administração em geral **595**

> ### 🧩 Decifrando a prova
>
> **(Delegado de Polícia Federal – PF – Cespe/Cebraspe – 2021)** No que se refere aos crimes contra a Administração Pública, julgue o próximo item:
>
> O crime de facilitação de contrabando e descaminho se consuma com a efetiva facilitação, não sendo necessária a consumação do contrabando ou descaminho.
>
> ( ) Certo   ( ) Errado
>
> **Gabarito comentado:** conforme entendimento do STJ: "O crime do art. 318 do CP é formal e consuma-se com a efetiva concreção da conduta descrita no tipo penal, vale dizer, com a facilitação, mediante infração de dever funcional, da prática do descaminho, independentemente da consumação do crime de descaminho" (REsp nº 1.304.871/SP, Rel. Min. Rogerio Schietti Cruz, 6ª Turma, j. 18.06.2015, *DJe* 1º.07.2015). Portanto, a assertiva está certa.

33.8 PREVARICAÇÃO

Art. 319. Retardar ou deixar de praticar, indevidamente, ato de ofício, ou praticá-lo contra disposição expressa de lei, para satisfazer interesse ou sentimento pessoal:

Pena – detenção, de três meses a um ano, e multa.

Art. 319-A. Deixar o Diretor de Penitenciária e/ou agente público, de cumprir seu dever de vedar ao preso o acesso a aparelho telefônico, de rádio ou similar, que permita a comunicação com outros presos ou com o ambiente externo:

Pena – detenção, de 3 (três) meses a 1 (um) ano.

33.8.1 Sujeitos

O sujeito ativo é o funcionário público.

33.8.2 Conduta e momento consumativo

A ideia intrínseca ao delito é a proteção da moralidade administrativa frente a funcionários desidiosos.

O delito é de menor potencial ofensivo, e admite a aplicação dos benefícios elencados na Lei nº 9.099/1995.

A conduta consiste no fato de o funcionário público, **voluntariamente** (sem influência ou pedido de outrem), retardar ou deixar de praticar ato de ofício ou praticar em desacordo com a legislação. Além disso, é imprescindível que a conduta do agente seja para satisfazer interesse ou sentimento pessoal, o que configura um elemento subjetivo especial.

Em resumo, o funcionário público faz ou deixa de fazer algo movido por um sentimento pessoal. Não há nenhum tipo de vantagem, mas tão somente uma expectativa de favorecimento.

No art. 319-A, temos a previsão da **prevaricação imprópria**. Neste delito, o funcionário público, diretor da penitenciária ou a pessoa que tem a incumbência de cuidar dos presos, dolosamente, "faz vista grossa" para permitir a entrada dentro do complexo de aparelho telefônico, rádio ou similar, que permita a comunicação com presos distantes ou com o meio externo.

Vale destacar que o STJ (HC nº 619.776) entende não ser crime o ingresso em presídio portando *chip* de celular, muito embora tal conduta possa representar a ocorrência de falta grave.

33.8.3 Elemento subjetivo

Os crimes previstos nos arts. 319 e 319-A somente se praticam mediante dolo. Vale ressaltar que não existe previsão para prevaricação ou prevaricação imprópria na modalidade culposa.

33.9 CONDESCENDÊNCIA CRIMINOSA

Art. 320. Deixar o funcionário, por indulgência, de responsabilizar subordinado que cometeu infração no exercício do cargo ou, quando lhe falte competência, não levar o fato ao conhecimento da autoridade competente:

Pena – detenção, de quinze dias a um mês, ou multa.

33.9.1 Sujeitos

O sujeito ativo da conduta é o funcionário público, superior hierárquico do infrator ou com responsabilidade para aplicar sanção.

33.9.2 Conduta e momento consumativo

O crime em tela tem como núcleo o ato de o funcionário público deixar, por indulgência (sentimento de clemência, dó, pena, tolerância, aceitação), de responsabilizar o inferior hierárquico que praticou uma infração no **exercício do cargo**.

Eventuais irregularidades praticadas pelo subordinado fora do cargo e toleradas pelo superior hierárquico não ensejarão a prática de crime.

Além da conduta supranarrada, também estará configurado o crime quando o funcionário público, por indulgência, e desde que não tenha capacidade de punir o subordinado, deixa de levar o fato a conhecimento da autoridade competente.

Este crime tem por intuito coibir qualquer tipo de favorecimento àqueles que pratiquem infrações no exercício funcional.

Capítulo 33 ◆ Dos crimes praticados por funcionário público contra a administração em geral **597**

33.9.3 Elemento subjetivo

A conduta se pratica mediante dolo.

33.10 ADVOCACIA ADMINISTRATIVA

Art. 321. Patrocinar, direta ou indiretamente, interesse privado perante a administração pública, valendo-se da qualidade de funcionário:

Pena – detenção, de um a três meses, ou multa.

Parágrafo único. Se o interesse é ilegítimo:

Pena – detenção, de três meses a um ano, além da multa.

33.10.1 Sujeitos

O crime em tela é praticado por funcionário público.

33.10.2 Conduta e momento consumativo

A conduta consiste em patrocinar (representar, advogar), de maneira direta ou por meio de interposta pessoa, um interesse privado perante a Administração Pública.

A ideia da conduta é evitar que os funcionários tutelem interesses particulares no bojo da Administração Pública.

Tal interesse privado não necessariamente será ilícito, mas o simples fato de se defender o interesse de outrem basta para a consumação do delito, que é classificado como formal.

Ademais, o interesse deve ser privado e alheio, sendo que, se o agente sustenta interesse próprio, não haverá crime.

33.10.3 Qualificadora

O intervalo de pena é elevado quando houver o patrocínio de interesse ilícito.

33.10.4 Elemento subjetivo

O crime somente é praticado por dolo.

33.11 VIOLÊNCIA ARBITRÁRIA

Art. 322. Praticar violência, no exercício de função ou a pretexto de exercê-la:

Pena – detenção, de seis meses a três anos, além da pena correspondente à violência.

33.II.I Considerações gerais

Em que pese a doutrina sustentar que o tipo em apreço foi tacitamente revogado por dispositivos constantes da Lei de Abuso de Autoridade, prevalece o entendimento do STJ[6] que o tipo penal ainda se encontra em vigência e deve ser utilizado como soldado de reserva, no sentido de que, se não for possível a tipificação e acordo com as condutas constantes dos arts. 13, 22, § 1º, e 24 da Lei nº 13.869/2019, haverá a prática da violência arbitrária.

> **Art. 13.** Constranger o preso ou o detento, mediante violência, grave ameaça ou redução de sua capacidade de resistência, a:
>
> I – exibir-se ou ter seu corpo ou parte dele exibido à curiosidade pública;
>
> II – submeter-se a situação vexatória ou a constrangimento não autorizado em lei;
>
> III – produzir prova contra si mesmo ou contra terceiro:
>
> **Pena** – detenção, de 1 (um) a 4 (quatro) anos, e multa, sem prejuízo da pena cominada à violência.
>
> **Art. 22.** Invadir ou adentrar, clandestina ou astuciosamente, ou à revelia da vontade do ocupante, imóvel alheio ou suas dependências, ou nele permanecer nas mesmas condições, sem determinação judicial ou fora das condições estabelecidas em lei:
>
> **Pena** – detenção, de 1 (um) a 4 (quatro) anos, e multa.
>
> **§ 1º** Incorre na mesma pena, na forma prevista no *caput* deste artigo, quem:
>
> I – coage alguém, mediante violência ou grave ameaça, a franquear-lhe o acesso a imóvel ou suas dependências; (...).
>
> **Art. 24.** Constranger, sob violência ou grave ameaça, funcionário ou empregado de instituição hospitalar pública ou privada a admitir para tratamento pessoa cujo óbito já tenha ocorrido, com o fim de alterar local ou momento de crime, prejudicando sua apuração:
>
> **Pena** – detenção, de 1 (um) a 4 (quatro) anos, e multa, além da pena correspondente à violência.

Restou, pois, o delito de violência arbitrária como delito manifestamente subsidiário, na medida em que a conduta somente será praticada quando não for possível o enquadramento típico no crime de abuso de autoridade

Todavia, com a devida vênia ao entendimento do Egrégio Tribunal, entendemos que a nova Lei de Abuso de Autoridade revogou tacitamente o dispositivo, sendo que a conduta narrada no Código Penal encontra-se intrínseca ao texto da legislação.

---

[6] STJ, HC nº 48.083, rel. Min. Laurita Vaz, 5ª Turma, *DJe* 07.04.2008.

Capítulo 33 ◆ Dos crimes praticados por funcionário público contra a administração em geral **599**

33.12 ABANDONO DE FUNÇÃO

Art. 323. Abandonar cargo público, fora dos casos permitidos em lei:

Pena – detenção, de quinze dias a um mês, ou multa.

§ 1º Se do fato resulta prejuízo público:

Pena – detenção, de três meses a um ano, e multa.

§ 2º Se o fato ocorre em lugar compreendido na faixa de fronteira:

Pena – detenção, de um a três anos, e multa.

33.12.1 Sujeitos

O crime é praticado pelo funcionário público.

33.12.2 Conduta e momento consumativo

Trata-se da conduta daquele que deixa o cargo público, por um lapso juridicamente relevante.

O Estatuto dos Servidores Públicos Federais (Lei nº 8.112/1990) estabelece em seu art. 3º:

> **Art. 3º** Cargo público é o conjunto de atribuições e responsabilidades previstas na estrutura organizacional que devem ser cometidas a um servidor.
>
> **Parágrafo único.** Os cargos públicos, acessíveis a todos os brasileiros, são criados por lei, com denominação própria e vencimento pago pelos cofres públicos, para provimento em caráter efetivo ou em comissão.

Registre-se que o crime será qualificado se houver prejuízo à Administração Pública ou, ainda, se o funcionário que abandona o cargo está lotado em faixa de fronteira.

Acerca do instituto da greve, o entendimento predominante é o de que não caracteriza o ilícito quando se tratar de ato coletivo buscando reivindicações de categoria.

Para ilustrar, considerando a subjetividade do dispositivo, é imperioso analisar a lei que institui cada cargo.

Não obstante, o STJ entende:

> A jurisprudência desta Corte reconhece que para a tipificação da infração administrativa de abandono de cargo, punível com demissão, faz-se necessário investigar a intenção deliberada do servidor de abandonar o cargo (AgInt nos EDcl no RMS nº 57.202/MS, Rel. Min. Benedito Gonçalves, 1ª Turma, j. 10.05.2021, *DJe* 13.05.2021).

Dessa forma, o entendimento consolidado desde a ideia de Nélson Hungria (1954), Nucci (2017b), Greco (2018), Sanches (2019) é que o prazo para configurar o abandono é de 30 dias, que é o mesmo prazo previsto na Lei nº 8.112/1990, art. 138.[7]

---

[7] **Lei nº 8.112/1990:**
"**Art. 138.** Configura abandono de cargo a ausência intencional do servidor ao serviço por mais de trinta dias consecutivos".

600 Direito Penal Decifrado – Parte Especial

Também, deve-se ponderar que o abandono ocorrerá quando o servidor deixar de comparecer, e sem justo motivo.

Outrossim, a simples alegação de que existia substituto legal também não prevalece, tendo em vista que não é pressuposto do *caput* a efetiva ocorrência de lesão.

Rogerio Greco (2018), em obra citada anteriormente, releva que o crime é de perigo concreto, sendo que, sua consumação está atrelada ao perigo de dano para a Administração Pública. Inocorrendo possibilidade de dano, o fato deverá ser resolvido somente na esfera administrativa, em homenagem ao princípio da intervenção mínima.

33.12.3 Elemento subjetivo

É o dolo.

33.13 EXERCÍCIO FUNCIONAL ILEGALMENTE ANTECIPADO OU PROLONGADO

Art. 324. Entrar no exercício de função pública antes de satisfeitas as exigências legais, ou continuar a exercê-la, sem autorização, depois de saber oficialmente que foi exonerado, removido, substituído ou suspenso:

Pena – detenção, de quinze dias a um mês, ou multa.

33.13.1 Sujeitos

O crime é praticado pelo funcionário público.

33.13.2 Conduta e momento consumativo

O crime é de fácil assimilação.

Para isto, basta que o funcionário público já aprovado, nomeado, mas antes da posse, comece a praticar as suas funções.

Outra forma de se infringir o disposto é continuar exercendo a função (o que pressupõe a realização de serviço anterior), sem autorização, depois de ter ciência inequívoca, por meio oficial, de que foi exonerado, removido, substituído ou suspenso.

33.13.3 Elemento subjetivo

A conduta somente é praticado mediante dolo.

33.14 VIOLAÇÃO DE SIGILO FUNCIONAL

Art. 325. Revelar fato de que tem ciência em razão do cargo e que deva permanecer em segredo, ou facilitar-lhe a revelação:

Capítulo 33 • Dos crimes praticados por funcionário público contra a administração em geral **601**

Pena – detenção, de seis meses a dois anos, ou multa, se o fato não constitui crime mais grave.

§ 1º Nas mesmas penas deste artigo incorre quem:

I – permite ou facilita, mediante atribuição, fornecimento e empréstimo de senha ou qualquer outra forma, o acesso de pessoas não autorizadas a sistemas de informações ou banco de dados da Administração Pública;

II – se utiliza, indevidamente, do acesso restrito.

§ 2º Se da ação ou omissão resulta dano à Administração Pública ou a outrem:

Pena – reclusão, de 2 (dois) a 6 (seis) anos, e multa.

33.14.1 Sujeitos

O crime é praticado pelo funcionário público.

33.14.2 Conduta e momento consumativo

Trata-se do ato de dar publicidade ou confidenciar a outrem segredo que sabe em razão do cargo, ou facilitar o acesso de outrem a esta informação.

Destacamos que até mesmo o servidor aposentado pode praticar este crime, na medida em que, mesmo após a aposentadoria, ainda guarda informações decorrentes da função outrora exercida.

33.14.3 Figuras equiparadas

Também responderá pelo crime aquele que permite ou facilita, mediante designação, fornecimento e empréstimo de senha ou qualquer outro tipo de acesso, a pessoa não autorizada a sistemas de informações ou banco de dados da Administração Pública.

Nessa conduta, podemos enquadrar os servidores que, sorrateiramente, permitem o acesso, ou "vendem" as listas de informações, para que bancos possam entrar em contato para a concessão de empréstimos consignados ou outras vantagens.

Também será punido aquele que se utiliza indevidamente do acesso restrito, capturando informações que não são para o uso do funcionalismo público.

33.14.4 Figura qualificada

A pena será de reclusão de 2 a 6 anos quando da ação ou omissão ocorrer prejuízo à Administração Pública ou qualquer outra pessoa.

33.14.5 Elemento subjetivo

Trata-se do dolo.

33.15 VIOLAÇÃO DO SIGILO DE PROPOSTA DE CONCORRÊNCIA

Art. 326. Devassar o sigilo de proposta de concorrência pública, ou proporcionar a terceiro o ensejo de devassá-lo:

Pena – detenção, de três meses a um ano, e multa.

33.15.1 Considerações gerais

O crime em questão encontra-se tacitamente revogado.

Primeiramente, a conduta fora revogada pelo art. 94 da Lei nº 8.666/1993.

Ocorre que, com a nova Lei de Licitações (Lei nº 14.113/2021), houve a designação de um capítulo próprio para os crimes praticados durante processo licitatório ou em contrato administrativo. Assim, a conduta migrou para o art. 337-J do Código Penal.

Por essas razões, o crime será abordado em momento posterior.

Dos crimes praticados por particular contra a Administração em geral

Este capítulo elenca condutas praticadas por pessoas particulares contra a Administração Pública.

34.1 USURPAÇÃO DE FUNÇÃO PÚBLICA

> **Art. 328.** Usurpar o exercício de função pública:
> **Pena** – detenção, de três meses a dois anos, e multa.
> **Parágrafo único.** Se do fato o agente aufere vantagem:
> **Pena** – reclusão, de dois a cinco anos, e multa.

34.1.1 Sujeitos

Trata-se de crime comum, que pode ser praticado por qualquer pessoa, inclusive por funcionário público, quando venha a exercer uma função que não lhe compete.

34.1.2 Conduta e momento consumativo

A partir deste artigo serão analisados os crimes praticados por particulares contra a Administração Pública.

A conduta que se pretende reprimir é a do sujeito que se apropria de maneira ilegítima e ilegal de função reservada a qualquer agente público. A ideia do núcleo "usurpar" significa exercer sem ter o direito, imiscuir-se sem autorização.

Pode praticar o crime em estudo aquele que "invade" as funções de servidor público, de natureza vitalícia, efetiva, temporária ou delegada, sejam elas civis ou militares.

Vale frisar que se o agente alega que é titular de uma função pública, mas não realiza nenhum ato a ela inerente, não há delito, mas, apenas, a contravenção do art. 45[1] da Lei das Contravenções Penais.

Se o agente obtém vantagem moral ou material, para si ou para terceiro, em razão da usurpação, o crime é qualificado, com elevação do intervalo da pena em abstrato.

> ### Decifrando a prova
>
> **(Analista Judiciário – Direito – TJ/PA – Cespe/Cebraspe – 2020)** Antônio e Breno, bacharéis em direito, fazendo-se passar por oficiais de justiça, compareceram em determinada joalheria alegando que teriam de cumprir mandado judicial de busca e apreensão de parte da mercadoria, por suspeita de crime tributário. Para não cumprir os mandados, solicitaram a quantia de R$ 10.000, que foi paga pelo dono do estabelecimento.
> Nessa situação, Antônio e Breno responderão pelo crime de usurpação de função pública.
> ( ) Certo   ( ) Errado
> **Gabarito comentado:** na medida em que os agentes se passam por servidor no intuito de solicitar vantagem indevida, somente podem responder pela figura do art. 328 do CP. Portanto, a assertiva está certa.

34.1.3 Elemento subjetivo

O crime só se pratica mediante dolo.

34.2 RESISTÊNCIA

Art. 329. Opor-se à execução de ato legal, mediante violência ou ameaça a funcionário competente para executá-lo ou a quem lhe esteja prestando auxílio:

Pena – detenção, de dois meses a dois anos.

§ 1º Se o ato, em razão da resistência, não se executa:

Pena – reclusão, de um a três anos.

§ 2º As penas deste artigo são aplicáveis sem prejuízo das correspondentes à violência.

34.2.1 Sujeitos

O crime é praticado por qualquer pessoa.

---

[1] **Lei das Contravenções Penais:**
"**Art. 45.** Fingir-se funcionário público:
Pena – prisão simples, de um a três meses, ou multa, de quinhentos mil réis a três contos de réis".

34.2.2 Conduta e momento consumativo

Trata-se da conduta daquele que quer se opor à execução de um ato **legal**, como, por exemplo, impedir um oficial de justiça de cumprir um mandado, exercendo violência ou ameaça (não precisa ser grave) contra ele.

Atenção!

Destacamos que a "oposição" referida no dispositivo legal deve ser uma resistência denominada **ativa**, não caracterizando o delito em tela a resistência passiva, que é o ato de esbravejar, espernear ou manifestar discordância contra o ato praticado.

O crime em tela tem por objetivo proteger a higidez e credibilidade dos servidores públicos.

Além disso, se a resistência se dá para evitar um ato ilegal, estaremos diante de fato atípico, na medida em que o particular estará agindo amparado por alguma excludente de ilicitude.

Decifrando a prova

(Agente Federal de Execução Penal – Cargo 8 – Depen – Cespe/Cebraspe – 2021) Com relação a crimes contra a Administração Pública, julgue o item que se segue.

A oposição passiva à execução de ato legal praticado por funcionário público não caracteriza o crime de resistência.

( ) Certo   ( ) Errado

Gabarito comentado: de fato, a oposição que gera a responsabilização do agente no crime de resistência, é a denominada resistência ativa, que consiste numa investida intencional do agente contra a vítima. Portanto, a assertiva está certa.

34.2.3 Figura qualificada

O crime será qualificado se o ato do funcionário público não for realizado. Além disso, a pena do crime de resistência será somada à pena de eventual violência, aplicando-se a regra do concurso material de infrações.

34.2.4 Elemento subjetivo

O crime só se pratica com dolo.

34.3 DESOBEDIÊNCIA

Art. 330. Desobedecer a ordem legal de funcionário público:
Pena – detenção, de quinze dias a seis meses, e multa.

34.3.1 Sujeitos

O crime pode ser praticado por qualquer pessoa, sendo denominado crime comum.

34.3.2 Conduta e momento consumativo

Diferentemente do que ocorre no crime anterior, na desobediência o que existe é o simples descumprimento de ordem legal de funcionário público. Por isso, é muito comum que, havendo resistência, haverá desobediência.

Todavia, é possível desobedecer sem resistir, já que a resistência é condicionada à existência de violência ou ameaça ao servidor que cumpre ato legal.

Nesse contexto, não obedecer a ordem **legal** do funcionário público (ficar parado, em silêncio ou outra conduta) configura o crime em estudo. Partindo de uma lógica inversa, caso a ordem emanada do servidor público seja ilegal e ocorra a desobediência, o fato será atípico.

Atenção!

Ponto de destaque é que o entendimento majoritário é no sentido de até mesmo o servidor público poder cometer este crime, desde que a ordem não seja relacionada às suas funções.

34.3.3 Elemento subjetivo

O crime só se pratica mediante dolo de desobedecer a ordem legal do servidor.

Decifrando a prova

(Delegado de Polícia Federal – PF – Cespe/Cebraspe – 2021) No que se refere aos crimes contra a Administração Pública, julgue o próximo item:
A fuga do réu após a ordem de parada dos policiais para abordagem configura crime de desobediência.
( ) Certo   ( ) Errado
Gabarito comentado: para a configuração do crime de desobediência, basta que alguém desobedeça a ordem legal emitida por um funcionário público. Portanto, a assertiva está certa.

34.4 DESACATO

Art. 331. Desacatar funcionário público no exercício da função ou em razão dela:

Pena – detenção, de seis meses a dois anos, ou multa.

34.4.1 Sujeitos

O crime é praticado por qualquer pessoa.

34.4.2 Conduta e momento consumativo

O crime em tela também pretende proteger a moralidade, a dignidade e o prestígio da função pública.

Embora nos idos de 2016 o STJ (REsp nº 1.640.084), tenha se posicionado pela inconstitucionalidade deste delito, por – de acordo com o entendimento da ocasião – violar o direito de liberdade de expressão, prevalece, hodiernamente, a orientação do STF (ADPF nº 496) de que todos os direitos comportam mitigação, razão pela qual o delito contido no art. 331 é plenamente constitucional e tem por objetivo proteger a Administração Pública.

Para a caracterização deste crime, o agente deve humilhar, zombar, desprestigiar, menosprezar, achincalhar o funcionário público quando este estiver exercendo suas funções ou, ainda, quando for ofendido em razão delas.

Assim, para que se configure desacato faz-se necessário que a ofensa seja dirigida diretamente a ele (funcionário público).

Entende-se também que não é admissível que o crime de desacato seja cometido por telefone, fax, telegrama, correspondência eletrônica, carta ou pela imprensa. Nessas situações estaremos diante de crimes contra a honra.

> **Importante**
>
> O entendimento predominante é que um funcionário público pode praticar o crime em tela quando desacatar outro, pouco importando a posição hierárquica (*JTACrSP* 73/235; *RT* 656/334).

Em resumo, é elementar para a consumação do crime que a conduta seja realizada contra funcionário público **no exercício da função ou em razão dela, vale dizer, o chamado nexo funcional**.

34.4.3 Elemento subjetivo

O crime só se pratica com dolo.

34.5 TRÁFICO DE INFLUÊNCIA

Art. 332. Solicitar, exigir, cobrar ou obter, para si ou para outrem, vantagem ou promessa de vantagem, a pretexto de influir em ato praticado por funcionário público no exercício da função:

Pena – reclusão, de 2 (dois) a 5 (cinco) anos, e multa.

Parágrafo único. A pena é aumentada da metade, se o agente alega ou insinua que a vantagem é também destinada ao funcionário.

34.5.1 Sujeitos

O crime pode ser praticado por qualquer pessoa.

34.5.2 Conduta e momento consumativo

O crime em tela, também conhecido como "vender fumaça" (*venditio fumi*), consiste na conduta daquele indivíduo que cobra por uma suposta influência a ser exercida sobre funcionário público.

Assim, possui como núcleos os verbos solicitar, exigir, cobrar ou obter, para si ou para outrem, vantagem ou promessa de vantagem, sob a alegação de que haverá a influência sobre funcionário público no exercício funcional.

A nomenclatura "vender fumaça" diz respeito ao fato de ser a prometida influência não necessariamente exercida, trata-se de uma promessa vazia.

O crime é formal, sendo material apenas no núcleo "obter".

34.5.3 Causa de aumento de pena

A pena será aumentada da metade se o agente que pratica a conduta afirma ou dá a entender que a vantagem também será repassada ao funcionário que deveria ser influenciado.

 Decifrando a prova

(Delegado de Polícia Civil – PC/SP – Vunesp – 2018 – Adaptada) Historicamente, a expressão *venditio fumi* é identificada com o crime de usurpação de função pública.
( ) Certo   ( ) Errado

Gabarito comentado: a expressão *venditio fumi* está relacionada ao crime de tráfico de influência e exploração de prestígio, e significa "vender fumaça", ou seja, quando uma pessoa cobra valores a pretexto de influir em outrem. Portanto, a assertiva está errada.

34.6 CORRUPÇÃO ATIVA

Art. 333. Oferecer ou prometer vantagem indevida a funcionário público, para determiná-lo a praticar, omitir ou retardar ato de ofício:

Pena – reclusão, de 2 (dois) a 12 (doze) anos, e multa.

Parágrafo único. A pena é aumentada de um terço, se, em razão da vantagem ou promessa, o funcionário retarda ou omite ato de ofício, ou o pratica infringindo dever funcional.

34.6.1 Sujeitos

Trata-se de crime comum, que pode ser praticado também por funcionário público, quando não no exercício da função e nem tenha relação com ela.

34.6.2 Conduta e momento consumativo

Os núcleos consistem em "oferecer" ou "prometer" vantagem indevida a funcionário público, a fim de compeli-lo a praticar, omitir ou postergar a prática de ato de ofício.

Aqui, temos a velha ideia enraizada do "cafezinho". Situações em que se subentende que o particular, oferecendo ou entregando a vantagem indevida ao funcionário público, este deixaria de praticar sua função.

A título de exemplo, podemos ilustrar um caminhoneiro que, para não ser multado, oferece dinheiro a um policial rodoviário. Este aceita a quantia oferecida.

Diante deste cenário, temos que o caminhoneiro praticou o crime de **corrupção ativa** (ofereceu vantagem indevida para não ser multado), enquanto o funcionário público praticou **corrupção passiva** (recebeu a vantagem indevida para não multar).

Agora, imaginemos outro cenário: em uma abordagem, o policial solicita vantagem indevida para não multar um condutor. Este, a fim de não ser autuado, efetua a entrega dos valores.

Questiona-se: Ambos praticaram crimes?

A resposta é negativa, na medida em que apenas o funcionário público praticou corrupção passiva – **cuidado**, havendo o verbo "exigir", a conduta poderá ser deslocada para concussão –, enquanto o condutor não praticou crime já que o texto legal não proíbe a conduta de "dar" ou "entregar".

Podemos então afirmar que a corrução ativa e a passiva podem ocorrer num mesmo contexto fático, entretanto, a consumação de uma não depende efetivamente da consumação da outra.

Além disso, o crime é formal, na medida em que o mero oferecimento ou promessa da referida vantagem indevida, basta para a configuração do delito.

610 Direito Penal Decifrado – Parte Especial

34.6.3 Elemento subjetivo

Trata-se do dolo.

34.7 DESCAMINHO

Art. 334. Iludir, no todo ou em parte, o pagamento de direito ou imposto devido pela entrada, pela saída ou pelo consumo de mercadoria:

Pena – reclusão, de 1 (um) a 4 (quatro) anos.

§ 1º Incorre na mesma pena quem:

I – pratica navegação de cabotagem, fora dos casos permitidos em lei;

II – pratica fato assimilado, em lei especial, a descaminho;

III – vende, expõe à venda, mantém em depósito ou, de qualquer forma, utiliza em proveito próprio ou alheio, no exercício de atividade comercial ou industrial, mercadoria de procedência estrangeira que introduziu clandestinamente no País ou importou fraudulentamente ou que sabe ser produto de introdução clandestina no território nacional ou de importação fraudulenta por parte de outrem;

IV – adquire, recebe ou oculta, em proveito próprio ou alheio, no exercício de atividade comercial ou industrial, mercadoria de procedência estrangeira, desacompanhada de documentação legal ou acompanhada de documentos que sabe serem falsos.

§ 2º Equipara-se às atividades comerciais, para os efeitos deste artigo, qualquer forma de comércio irregular ou clandestino de mercadorias estrangeiras, inclusive o exercido em residências.

§ 3º A pena aplica-se em dobro se o crime de descaminho é praticado em transporte aéreo, marítimo ou fluvial.

34.7.1 Sujeitos

O crime pode ser praticado por qualquer pessoa.

34.7.2 Conduta e momento consumativo

O crime de descaminho hoje encontra previsão isolada mas, ao longo do tempo sempre fora trabalhado em conjunto com o contrabando. Entretanto, em 2014, com a edição da Lei nº 13.008/2014, houve a cisão do dispositivo, que passou a prever as condutas em dispositivos apartados (separados), notadamente por se perceber um maior grau de reprovabilidade do contrabando, que é punido com maior rigor.

Em rápida síntese, é necessário apresentar distinções breves entre descaminho e contrabando.

O primeiro crime consiste na fraude no pagamento de impostos devidos para o mesmo fim (entrada ou saída de mercadorias permitidas do País), enquanto contrabando significa a importação ou exportação de mercadoria proibida no Brasil.

Capítulo 34 ♦ Dos crimes praticados por particular contra a Administração em geral   611

No crime em estudo protege-se o interesse tributário e alfandegário, enquanto, no contrabando, a conduta atinge a Administração Pública no aspecto de fiscalização e controle dos serviços de saúde, segurança pública, moralidade etc.

> **Atenção!**
>
> O funcionário público que concorre com o crime, facilitando-o com infração de dever funcional, pratica a conduta do art. 318 do CP, uma evidente exceção à teoria monista ou unitária.

Como dito, o descaminho protege a regularidade tributária no país. Por exemplo, na importação é obrigatório o pagamento do Imposto de Importação e, eventualmente, do ICMS. Na saída da mercadoria são devidos, em regra, o Imposto de Exportação e a tributação reflexa. Como se vê, na conduta, o agente ilude a arrecadação tributária da União e, eventualmente, dos Estados.

Importante destacar que, conforme entendimento jurisprudencial mais do que consolidado, o pagamento ou parcelamento de débito tributário não tem, por si só, o condão de extinguir a punibilidade do delito.

No máximo, esta postura poderá representar a redução de pena do arrependimento posterior.

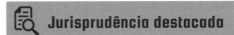

> O pagamento ou o parcelamento dos débitos tributários não extingue a punibilidade do crime de descaminho, tendo em vista a natureza formal do delito (STJ, HC nº 271.650/PE, Rel. Min. Reynaldo Soares da Fonseca, 5ª Turma, j. 03.03.2016).

Decifrando a prova

(Delegado de Polícia Federal – PF – Cespe/Cebraspe – 2021) No que se refere aos crimes contra a Administração Pública, julgue o próximo item.
O pagamento do tributo devido extingue a punibilidade do crime de descaminho.
( ) Certo   ( ) Errado
Gabarito comentado: como vimos, no crime de descaminho, o pagamento do tributo não extingue a punibilidade. No máximo, pode representar o arrependimento posterior. Portanto, a assertiva está errada.

34.7.3 Figuras equiparadas

Há ainda figuras que recebem a mesma pena do *caput*, estando elas dispostas no § 1º do artigo. A primeira é a navegação de cabotagem fora dos casos permitidos em lei (§ 1º, I). Essa hipótese delitiva consiste numa norma penal em branco, dependente de uma norma extrapenal para dar os contornos da tipificação, disciplinando, assim, a navegação de cabotagem (ou seja, aquela circunscrita ao território nacional, tendo por escopo a comunicação e o comércio entre os portos do país).

A segunda é a prática de fato assimilado, em lei especial, a descaminho (§ 1º, II). Trata-se de outra norma penal em branco, exigindo preceito em lei especial que a complemente.

A terceira é o uso comercial ou industrial de mercadoria que o próprio agente importou ou introduziu, ou que sabe ser produto de importação fraudulenta (§ 1º, III). Esse inciso trata de condutas múltiplas, relacionadas, na primeira parte, com atividade comercial ou industrial, ainda que irregular ou clandestina (§ 2º), mas sempre revestida de habitualidade ou continuidade.

Observe-se que o tipo descreve condutas do próprio autor do contrabando ou descaminho. Nesse caso, pelo princípio da especialidade, o conflito aparente se resolve pela aplicação exclusiva do § 1º, "I", afastando a incidência do *caput*.

Na segunda parte, definem-se fatos que deveriam ser, em tese, crime de receptação. O agente vende mercadoria objeto de contrabando ou descaminho cometido por terceiro ("ou que sabe ser produto de introdução clandestina no território nacional ou de importação fraudulenta por parte de outrem"). Nesse caso, não basta a realização de um dos vários verbos, mas deve haver, necessariamente, ciência da origem delituosa da coisa para que se complete o elemento do dolo direto. Pelo mesmo princípio da especialidade, o dispositivo afasta a aplicação do art. 180 do CP.

Por fim, a quarta figura assimilada é a receptação de produtos de descaminho (§ 1º, IV). Nela, encontram-se definidas várias condutas, igualmente praticadas no exercício de atividade comercial ou industrial, que constituiriam, a rigor, o tipo de receptação do art. 180, § 1º, do CP, mas que, em razão da regra da especialidade, serão punidas pelo presente dispositivo.

As ações, no caso, pressupõem a entrada ilícita no país de mercadoria estrangeira, que chega ao sujeito: a) sem a documentação exigida pela lei; b) com documentação falsa, de conhecimento do agente. Há, portanto, a exigência de dolo na ação do comerciante etc. Se ele age culposamente, violando dever de cuidado, há a incidência da receptação culposa do art. 180, § 3º, do CP.

A conduta deve ser praticada no exercício de atividade comercial ou industrial, ainda que irregular ou clandestina (§ 2º). Exige-se, pois, a continuidade ou habitualidade do comportamento, vale dizer, reiterada prática delituosa, com destinação comercial ou industrial da mercadoria.

O crime só se pratica mediante dolo.

O crime é considerado formal, bastando a entrada ou saída da mercadoria do território nacional para que a conduta se materialize.

Atenção!

Considerando a natureza estabelecida para o crime, segundo jurisprudência do STF, para a configuração do delito em estudo não se faz necessária a constituição definitiva do crédito.

Jurisprudência destacada

É dispensada a existência de procedimento administrativo fiscal com a posterior constituição do crédito tributário para a configuração do crime de descaminho (CP, art. 334), tendo em conta sua natureza formal (HC nº 121.798/BA, rel. Min. Marco Aurélio, 1ª Turma, j. 29.05.2018). "1. Não procede a alegação de omissão no julgado, tendo sido feita menção expressa sobre o atual entendimento jurisprudencial desta Corte Superior e que foi adotado no caso concreto. 2. Ficou destacado no voto do Ministro Gurgel de Faria que 'a constituição definitiva do crédito tributário não é pressuposto ou condição objetiva de punibilidade para a instauração da ação penal pela prática do delito previsto no art. 334 do Código Penal. Com efeito, o crime de descaminho é de natureza formal, sendo prescindível, portanto, a conclusão do processo administrativo-fiscal para a sua caracterização'" (STJ, EDcl no HC nº 216.427/SP, Rel. Min. Joel Ilan Paciornik, 5ª Turma, j. 17.05.2018).

Ademais, para o crime de descaminho impõe-se o limite de R$ 20.000,00 (vinte mil reais) para a aplicação do princípio da insignificância – posicionamento uniforme dos Tribunais Superiores.

Embora este seja o entendimento atual, por muito tempo houve divergência jurisprudencial sobre o tema.

Inicialmente, o STF sempre adotava o posicionamento que o princípio da insignificância deveria ser aplicado ao crime de descaminho quando o montante do débito sonegado não ultrapassasse R$ 20.000,00 (vinte mil reais), conforme aresto a seguir:

Jurisprudência destacada

PENAL. *HABEAS CORPUS*. CRIME DE DESCAMINHO. VALOR SONEGADO INFERIOR AO FIXADO NO ART. 20 DA LEI Nº 10.522/2002, ATUALIZADO PELAS PORTARIAS 75/2012 E 130/2012 DO MINISTÉRIO DA FAZENDA. PRINCÍPIO DA INSIGNIFICÂNCIA. APLICAÇÃO. REITERAÇÃO DA CONDUTA NÃO VERIFICADA NOS AUTOS. AUSÊNCIA DE CONSTITUIÇÃO DE CRÉDITO TRIBUTÁRIO. REEXAME DE FATOS E PROVAS EM RECURSO ESPECIAL. IMPOSSIBILIDADE. PRECEDENTES. ORDEM CONCEDIDA. I – Nos termos da jurisprudência deste Tribunal, o princípio da insignificância deve ser aplicado ao delito de descaminho quando o valor sonegado for inferior ao estabelecido no art. 20 da Lei nº 10.522/2002, com as atualizações feitas pelas Portarias 75 e 130, ambas do Ministério da Fazenda. Precedentes. II – A busca por procedimentos administrativos estranhos ao caso em concreto, demanda o reexame de fatos e provas pelo

> Superior Tribunal de Justiça, o que é vedado em recurso especial, conforme disposto na Súmula nº 7 daquele Tribunal Superior. III – Mesmo que o suposto delito tenha sido praticado antes das referidas portarias, conforme assenta a doutrina e jurisprudência, norma posterior mais benéfica retroage em favor do acusado. IV – Ordem concedida para trancar a ação penal (STF, HC nº 136.843/MG, Rel. Min. Ricardo Lewandowski, 2ª Turma, j. 08.08.2017, *DJe* 10.10.2017).

O que se percebe é que, com a edição das Portarias 75 e 130, do Ministério da Fazenda, o STF aderiu ao que consta do comando normativo, estendendo o valor para aplicação do princípio da insignificância para o teto mencionado.

Todavia, o STJ não aderiu, de imediato, à alteração constante do ato administrativo e, por muito tempo, adotou posicionamento diverso do Pretório Excelso, aplicando o *quantum* de R$ 10.000,00.

Jurisprudência destacada

> (...) 3. Sem embargo, o Superior Tribunal de Justiça, ao julgar o Recurso Especial Representativo de Controvérsia nº 1.112.748/TO, rendeu-se ao entendimento firmado no Supremo Tribunal Federal no sentido de que incide o princípio da insignificância no crime de descaminho quando o valor dos tributos iludidos não ultrapassar o montante de R$ 10.000,00, de acordo com o disposto no art. 20 da Lei nº 10.522/2002. Ressalva pessoal do relator. 4. A partir da Lei nº 10.522/2002, o Ministro da Fazenda não tem mais autorização para, por meio de simples portaria, alterar o valor definido como teto para o arquivamento de execução fiscal sem baixa na distribuição. E a Portaria MF nº 75/2012, que fixa, para aquele fim, o novo valor de R$ 20.000,00 – o qual acentua ainda mais a absurdidade da incidência do princípio da insignificância penal, mormente se considerados os critérios usualmente invocados pela jurisprudência do STF para regular hipóteses de crimes contra o patrimônio – não retroage para alcançar delitos de descaminho praticados em data anterior à vigência da referida portaria, porquanto não é esta equiparada a lei penal, em sentido estrito, que pudesse, sob tal natureza, reclamar a retroatividade benéfica, conforme disposto no art. 2º, parágrafo único, do CPP (STJ, REsp nº 1.401.424/PR, Rel. Min. Rogerio Schietti Cruz, 3ª Seção, j. 12.11.2014).

Porém, o entendimento do STJ remontava ao ano de 2014.

Decorridos três anos, em 2017, portanto, visando pacificar a jurisprudência das mais altas Cortes do Poder Judiciário, houve por bem a necessidade de revisão dos parâmetros adotados pelo Superior Tribunal de Justiça, para que fosse adotado o já há muito aceito no STF.

Para tanto, a Terceira Seção, em março de 2018, adequou o entendimento da Corte ao entendimento do STF, sob o seguinte argumento:

Capítulo 34 ◆ Dos crimes praticados por particular contra a Administração em geral

> ### 🔍 Jurisprudência destacada
>
> RECURSO ESPECIAL. PROPOSTA DE AFETAÇÃO PARA FINS DE REVISÃO DO TEMA Nº 157. APLICAÇÃO DO PRINCÍPIO DA INSIGNIFICÂNCIA AOS CRIMES TRIBUTÁRIOS FEDERAIS E DE DESCAMINHO, CUJO DÉBITO NÃO EXCEDA R$ 10.000,00 (DEZ MIL REAIS). ART. 20 DA LEI Nº 10.522/2002. ENTENDIMENTO QUE DESTOA DA ORIENTAÇÃO CONSOLIDADA NO STF, QUE TEM RECONHECIDO A ATIPICIDADE MATERIAL COM BASE NO PARÂMETRO FIXADO NAS PORTARIAS Nº 75 E 130/MF – R$ 20.000,00 (VINTE MIL REAIS). AFETADO O RECURSO PARA FINS DE ADEQUAÇÃO DO ENTENDIMENTO. Considerando os princípios da segurança jurídica, da proteção da confiança e da isonomia, nos termos do art. 927, § 4º, do Código de Processo Civil, afetou-se recurso especial para fins de revisão da tese fixada no REsp nº 1.112.748/TO (representativo da controvérsia) – Tema 157 (Rel. Min. Felix Fischer, *DJe* 13.10.2009), a fim de adequá-la ao entendimento externado pela Suprema Corte, o qual tem considerado o parâmetro fixado nas Portarias nº 75 e 130/MF – R$ 20.000,00 (vinte mil reais) para aplicação do princípio da insignificância aos crimes tributários federais e de descaminho (STJ, 3ª Seção, Rel. Min. Sebastião Reis Junior, j. 05.03.2018).

Sem divergências, atualmente temos, portanto, que o limite estabelecido para aplicação do princípio da insignificância para fins do crime de descaminho é de até R$ 20.000,00.

34.7.4 Destaques recentes

Por se tratar de um delito que possui ampla repercussão, e que é rotina dentro do meio policial, não é raro encontrarmos decisões judiciais acerca do tema. Para tanto, dedicamos um subtópico a fim de tecer comentários sobre alguns julgados que tenham afetação prática.

34.7.4.1 Princípio da insignificância em tributos estaduais

Como vimos, o princípio da insignificância e o crime de descaminho geraram ao longo do tempo uma série de embates doutrinários e jurisprudenciais a fim de balizar o limite de sua aplicação.

Consoante **entendimento do STJ, é possível a incidência do princípio da insignificância aos crimes contra a ordem tributária e também ao de descaminho** quando o valor dos tributos sonegados não ultrapassar o montante de R$ 20.0000 (previsto no art. 20 da Lei nº 10.522/2002, atualizado pelas Portarias 75/2012 e 130/2012 do Ministério da Fazenda). Interessante pontuar ainda que recentemente o STJ também aplicou tal princípio em relação a débito tributário estadual, especificamente no Estado de São Paulo.

Embora discordemos dos valores aplicados, é de se frisar que o STJ tem ponderado e permitido sua aplicação, de maneira analógica, até mesmo para situação de sonegação de tributos estaduais. Senão vejamos:

Jurisprudência destacada

(...) 2. Manifesta a existência do constrangimento ilegal. Ainda que a incidência do princípio da insignificância aos crimes tributários federais e de descaminho, quando o débito tributário verificado não ultrapassar o limite de R$ 20.000,00, tenha aplicação somente aos tributos de competência da União, à luz das Portarias nº 75/2012 e nº 130/2012 do Ministério da Fazenda, parece-me encontrar amparo legal a tese da defesa quanto à possibilidade de aplicação do mesmo raciocínio ao tributo estadual, especialmente porque no Estado de São Paulo vige a Lei Estadual nº 14.272/2010, que prevê hipótese de inexigibilidade de execução fiscal para débitos que não ultrapassem 600 (seiscentas) Unidades Fiscais do Estado de São Paulo – Ufesps, podendo-se admitir a utilização de tal parâmetro para fins de insignificância (...) (STJ, HC nº 535.063/SP, Rel. Min. Sebastião Reis Júnior, 3ª Seção, j. 10.06.2020).

O STF[2] não destoou desta orientação e mantém o mesmo entendimento do STJ.

Vale destacar, inclusive, que o próprio STF, embora possua entendimento consolidado acerca de sua aplicação, pela 1ª Turma impediu, em determinada situação, a aplicação do princípio da insignificância para o crime de descaminho, onde o débito sonegado foi de pouco mais de R$ 14.000,00.

E a temática é curiosa, na medida em que, diante da ausência de dois ministros no ato do julgamento, prevaleceu o entendimento do relator pela impossibilidade de aplicação do referido princípio.

Seguindo as palavras do relator:

 Jurisprudência destacada

(...) Há de observar-se o princípio da legalidade estrita. Lei versando executivo fiscal não repercute no campo penal, devendo-se adotar o mesmo entendimento, com maior razão, relativamente a portaria do Ministério da Fazenda. Consoante disposto no art. 935 do Código Civil, as responsabilidades civil e penal são independentes. Somente ocorre repercussão considerada decisão em processo-crime em que declarada a inexistência do fato ou da autoria. Afasto a possibilidade de cogitar de atipicidade da conduta ante a insignificância do valor devido. Tenha-se presente que envolveu tributo não recolhido no importe de R$ 14.364,51. Mais do que isso, está-se diante da proteção do erário público, não se podendo adotar postura conducente a levar à sonegação fiscal. A tanto equivale dizer-se que é atípico o ato quando a sonegação, decorrente do descaminho, atinge substancial valor (STF, HC nº 128.063/PR, Rel. Min. Marco Aurélio, 1ª Turma, j. 10.04.2018).

---

[2] STF, RE nº 1.231.528/SP, Rel. Min. Ricardo Lewandowski, 2ª Turma, j. 16.04.2020.

Capítulo 34 • Dos crimes praticados por particular contra a Administração em geral **617**

Em que pese o entendimento isolado, ele pode e deve ser utilizado somente para fins argumentativos, não desfazendo a jurisprudência já uniformizada na Corte.

34.7.4.2 Princípio da insignificância x reincidência e habitualidade delitiva

Deve se destacar também, que, aproximando-se dos critérios balizadores do princípio da insignificância relativos aos crimes patrimoniais, tanto o STF quanto o STJ não admitem a aplicação do princípio da insignificância nos casos de reincidência ou de comprovada habitualidade delitiva.

Em resumo, independentemente dos valores eventualmente sonegados, não será possível o afastamento da tipicidade material da conduta.

Em linhas gerais, o argumento é o de que o valor do tributo sonegado não pode ser o único parâmetro a ser analisado, sendo imprescindível que se avalie também as condições pessoais do agente, a fim de não se banalizar a aplicação da lei penal, sobretudo sob o enfoque da análise da tutela do bem jurídico protegido.

> ### 🔍 Jurisprudência destacada
>
> 1. O critério objetivo-formal invocado pela defesa – *quantum* para ajuizamento das execuções fiscais – para aplicação do princípio da insignificância não se coaduna com (a) a proteção dos bens jurídicos tutelados pelo crime de descaminho e (b) a independência das responsabilidades nas esferas administrativa, cível e penal. Por menor que possa ter sido o resultado da lesão patrimonial, a aplicação do princípio da insignificância não pode ignorar os demais elementos do tipo penal não patrimoniais considerados igualmente pelo legislador como bens jurídicos a serem tutelados. 2. É pacífica a jurisprudência desta Corte no sentido de que a demanda penal proposta pela prática do crime de descaminho não se sujeita às condições procedimentais de natureza administrativa referentes aos delitos materiais contra a ordem tributária. (...) 4. A consideração de que o expressivo montante de R$ 12.409,74 (doze mil, quatrocentos e nove reais e setenta e quatro centavos) não pode ser considerado irrelevante ou insignificante, aliada à efetiva ofensa a interesses caros ao Estado e à coletividade, impede o reconhecimento da atipicidade da conduta do agente (STF, HC nº 144.193 AgR/SP, Rel. Min. Alexandre de Moraes, 1ª Turma j. 15.04.2020).

34.7.4.3 Competência

A situação sempre gerou polêmica, todavia, com a edição nº 81 da *Jurisprudência em Teses*, elaborada pelo STJ, reafirmou-se o entendimento de que a competência para o processo e julgamento por crime de contrabando ou descaminho define-se pela prevenção do juízo federal do lugar da apreensão dos bens (Súmula nº 151/STJ).[3]

34.7.4.4 Falsidade x descaminho

Importante decisão do STJ considerou uma aplicação analógica à Súmula nº 17 do STJ, todavia, realizando a ponderação de interesses entre a falsidade como crime-meio e o descaminho como crime-fim.

Assim, quando a falsidade documental se exaure no estelionato, sem mais potencialidade lesiva, é por este absorvida.

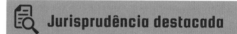

> Quando o falso se exaure no descaminho, sem mais potencialidade lesiva, é por este absorvido, como crime-fim, condição que não se altera por ser menor a pena a este cominada (Tese julgada sob o rito do art. 543-C do CPC/1973 – Tema 933) (STJ, AgRg no REsp nº 1.347.057/PR, Rel. Min. Ribeiro Dantas, 5ª Turma, j. 16.08.2016).

34.7.5 Elemento subjetivo

Consiste no dolo.

34.8 CONTRABANDO

Art. 334-A. Importar ou exportar mercadoria proibida:

Pena – reclusão, de 2 (dois) a 5 (cinco) anos.

§ 1º Incorre na mesma pena quem:

I – pratica fato assimilado, em lei especial, a contrabando;

II – importa ou exporta clandestinamente mercadoria que dependa de registro, análise ou autorização de órgão público competente;

III – reinsere no território nacional mercadoria brasileira destinada à exportação;

IV – vende, expõe à venda, mantém em depósito ou, de qualquer forma, utiliza em proveito próprio ou alheio, no exercício de atividade comercial ou industrial, mercadoria proibida pela lei brasileira;

V – adquire, recebe ou oculta, em proveito próprio ou alheio, no exercício de atividade comercial ou industrial, mercadoria proibida pela lei brasileira.

---

[3] STJ, HC nº 318.590/SP, Rel. Min. Jorge Mussi, 5ª Turma, j. 10.03.2016.

Capítulo 34 ◆ Dos crimes praticados por particular contra a Administração em geral **619**

§ 2º Equipara-se às atividades comerciais, para os efeitos deste artigo, qualquer forma de comércio irregular ou clandestino de mercadorias estrangeiras, inclusive o exercido em residências.

§ 3º A pena aplica-se em dobro se o crime de contrabando é praticado em transporte aéreo, marítimo ou fluvial.

34.8.1 Sujeitos

O crime é comum, podendo ser praticado por qualquer pessoa.

34.8.2 Conduta e momento consumativo

Num primeiro momento, e fazendo um elo com a parte geral, destaque-se que o crime de contrabando é punível em razão do princípio da continuidade normativo típica, tendo em vista que a Lei nº 13.008/2014 deslocou o conteúdo criminoso do contrabando para o art. 334-A do mesmo Código, operando-se uma revogação formal do tipo penal, permanecendo típica a conduta.

Pode-se dizer, então, que o crime de contrabando é criminalizado em decorrência da continuidade normativo típica.

As disposições específicas assemelham-se com o crime de descaminho. Inclusive, o funcionário público que facilita o contrabando responde pelo crime do art. 318 do CP.

No contrabando, a mercadoria (coisa móvel de qualquer natureza) pode ser absoluta ou relativamente proibida, sendo que, no primeiro caso, ela não pode ingressar ou sair em hipótese nenhuma, e, no segundo, desde que satisfeitas as condições previstas na legislação especial.

Há ainda as figuras equiparadas, estando elas dispostas no § 1º do artigo. A primeira figura assimilada (§ 1º, I) é a prática de fato assimilado, em lei especial, a contrabando. Trata-se de outra norma penal em branco, exigindo preceito em lei especial que a complemente. Como exemplo, temos os decretos que regulamentam as zonas francas.

A segunda (§ 1º, II) é a importação ou exportação clandestina de mercadoria que depende de registro, analise ou autorização de órgão público competente (ex.: cigarros, agrotóxicos etc.).

No § 1º, III, o que se proíbe é a reinserção em território nacional de mercadoria brasileira destinada à exportação. Será o caso de se punir aqueles que desviam produtos destinados especificamente para exportação.

O quarto caso de contrabando por assimilação é o de uso comercial ou industrial de mercadoria proibida pela lei brasileira (§ 1º, IV). Esse inciso trata de condutas múltiplas, relacionadas com atividade comercial ou industrial, ainda que irregular ou clandestina (§ 2º), mas sempre revestida de habitualidade ou continuidade. Trata-se de situação que se assemelha ao inciso III do artigo anterior.

A última conduta equiparada é a de receptação de produtos de contrabando (§ 1º, V). Semelhante ao inciso IV do artigo anterior, aqui novamente se encontram definidas várias condutas ("adquire, recebe ou oculta"), igualmente praticadas no exercício de atividade comercial ou industrial, que constituiriam, a rigor, o tipo de receptação do art. 180, § 1º, do CP, mas que, em razão do princípio da especialidade, serão punidas pelo presente dispositivo.

Diferente do caso de receptação de produto de descaminho, para a receptação de contrabando somente importará que o sujeito receba mercadoria que é proibida pela lei brasileira. Em sendo necessário o conhecimento da situação, há então a exigência de dolo da ação do comerciante ou industrial. Se ele age culposamente, violando dever de cuidado, há a incidência da receptação culposa do art. 180, § 3º, do CP.

Reitere-se que a conduta deve ser praticada no exercício de atividade comercial ou industrial, ainda que irregular ou clandestina (conforme § 2º do art. 334-A do CP). Exige-se, pois, a continuidade ou habitualidade do comportamento, vale dizer, reitera prática delituosa, com destinação comercial ou industrial da mercadoria.

34.8.3 Jurisprudência correlata

- Como já não é novidade, a jurisprudência funciona como importante ferramenta de interpretação e consolidação das normas judiciais. E neste contexto, visando evitar qualquer tipo de discussão sobre o tema, entende o STJ que a importação não autorizada de armas de pressão por gás comprimido ou por ação de mola, independentemente do calibre, configura o crime de contrabando.

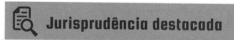

Configura crime de contrabando (art. 334-A do CP) a importação não autorizada de arma de pressão por ação de gás comprimido ou por ação de mola, independentemente do calibre (STJ, AgRg no REsp nº 1.479.836/RS, Rel. Min. Ribeiro Dantas, 5ª Turma, j. 18.08.2016).

- A importação não autorizada de cigarros ou de gasolina atrairá a tipificação normativa para o crime de contrabando.

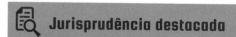

A importação não autorizada de cigarros ou de gasolina constitui crime de contrabando, insuscetível de aplicação do princípio da insignificância (STJ, RHC nº 71.203/RS, Rel. Min. Reynaldo Soares da Fonseca, 5ª Turma, j. 22.11.2016).

Capítulo 34 ◆ Dos crimes praticados por particular contra a Administração em geral **621**

◆ Além de cigarros e gasolina importados irregularmente representarem a tipificação no crime de contrabando, há jurisprudência consolidada também que considera a mesma tipificação a importação irregular (clandestina) de medicamentos, estando autorizado, de maneira excepcional, a aplicação do princípio da insignificância nos casos de pequena quantidade (não há fixação de limite mínimo ou máximo) para uso próprio.

Jurisprudência destacada

A importação clandestina de medicamentos configura crime de contrabando, aplicando-se, excepcionalmente, o princípio da insignificância aos casos de importação não autorizada de pequena quantidade para uso próprio (STJ, AgRg no REsp nº 1.572.314/RS, Rel. Min. Reynaldo Soares da Fonseca, 5ª Turma, j. 02.02.2017).

◆ A importação irregular de máquinas, caça-níqueis ou outros equipamentos eletrônicos que explorem jogos de azar somente será objeto material do crime de contrabando quando houver a demonstração de fortes indícios da origem estrangeira das máquinas ou dos componentes eletrônicos.

Jurisprudência destacada

Para a caracterização do delito de contrabando de máquinas programadas para exploração de jogos de azar, é necessária a demonstração de fortes indícios (e/ou provas) da origem estrangeira das máquinas ou dos seus componentes eletrônicos e a entrada, ilegalmente, desses equipamentos no país (STJ, CC nº 150.310/SP, Rel. Min. Reynaldo Soares da Fonseca, 3ª Seção, j. 08.02.2017; AgRg no AREsp nº 876.693/ES, Rel. Min. Felix Fischer, 5ª Turma, j. 25.10.2016).

34.8.4 Elemento subjetivo

O crime só se pratica mediante dolo.

34.9 IMPEDIMENTO, PERTURBAÇÃO OU FRAUDE DE CONCORRÊNCIA

Art. 335. Impedir, perturbar ou fraudar concorrência pública ou venda em hasta pública, promovida pela administração federal, estadual ou municipal, ou por entidade paraestatal; afastar ou procurar afastar concorrente ou licitante, por meio de violência, grave ameaça, fraude ou oferecimento de vantagem:

622 Direito Penal Decifrado – Parte Especial

Pena – detenção, de seis meses a dois anos, ou multa, além da pena correspondente à violência.

Parágrafo único. Incorre na mesma pena quem se abstém de concorrer ou licitar, em razão da vantagem oferecida.

34.9.1 Considerações gerais

Com o advento da nova Lei de Licitação, este tipo penal restou revogado pelo art. 337-I do CP, cujos comentários serão oportunamente formalizados.

34.10 INUTILIZAÇÃO DE EDITAL OU DE SINAL

Art. 336. Rasgar ou, de qualquer forma, inutilizar ou conspurcar edital afixado por ordem de funcionário público; violar ou inutilizar selo ou sinal empregado, por determinação legal ou por ordem de funcionário público, para identificar ou cerrar qualquer objeto:

Pena – detenção, de um mês a um ano, ou multa.

34.10.1 Sujeitos

O crime é comum, podendo ser praticado por qualquer pessoa.

34.10.2 Conduta e momento consumativo

A conduta do crime em estudo pode ser praticada de duas formas:

a) a primeira consiste em picar, rasgar em pedaços, destruir ou sujar, manchar documento oficial de publicidade afixado em determinado espaço por ordem de funcionário público;

b) a segunda representa o ato de tornar sem valor, impossível de se utilizar um determinado sinal utilizado para identificar ou encobrir qualquer objeto, desde que esta conduta seja realizada por ordem de funcionário público.

O crime é material, já que exige a destruição ou inutilização do selo.

34.10.3 Elemento subjetivo

É o dolo.

34.11 SUBTRAÇÃO OU INUTILIZAÇÃO DE LIVRO OU DOCUMENTO

Art. 337. Subtrair, ou inutilizar, total ou parcialmente, livro oficial, processo ou documento confiado à custódia de funcionário, em razão de ofício, ou de particular em serviço público:

Pena – reclusão, de dois a cinco anos, se o fato não constitui crime mais grave.

34.11.1 Sujeitos

O crime é praticado por qualquer pessoa.

34.11.2 Conduta e momento consumativo

A conduta consiste em subtrair ou tornar sem valor, de maneira integral ou parcial, livro oficial, processo (judicial ou administrativo, em trâmite ou arquivado), que seja de responsabilidade de funcionário em razão da função, ou de particular em serviço público.

Trata-se de crime material, que admite tentativa e, também, é um delito subsidiário.

34.12 SONEGAÇÃO DE CONTRIBUIÇÃO PREVIDENCIÁRIA

Art. 337-A. Suprimir ou reduzir contribuição social previdenciária e qualquer acessório, mediante as seguintes condutas:

I – omitir de folha de pagamento da empresa ou de documento de informações previsto pela legislação previdenciária segurados empregado, empresário, trabalhador avulso ou trabalhador autônomo ou a este equiparado que lhe prestem serviços;

II – deixar de lançar mensalmente nos títulos próprios da contabilidade da empresa as quantias descontadas dos segurados ou as devidas pelo empregador ou pelo tomador de serviços;

III – omitir, total ou parcialmente, receitas ou lucros auferidos, remunerações pagas ou creditadas e demais fatos geradores de contribuições sociais previdenciárias:

Pena – reclusão, de 2 (dois) a 5 (cinco) anos, e multa.

§ 1º É extinta a punibilidade se o agente, espontaneamente, declara e confessa as contribuições, importâncias ou valores e presta as informações devidas à previdência social, na forma definida em lei ou regulamento, antes do início da ação fiscal.

§ 2º É facultado ao juiz deixar de aplicar a pena ou aplicar somente a de multa se o agente for primário e de bons antecedentes, desde que:

I – (Vetado);

II – o valor das contribuições devidas, inclusive acessórios, seja igual ou inferior àquele estabelecido pela previdência social, administrativamente, como sendo o mínimo para o ajuizamento de suas execuções fiscais.

§ 3º Se o empregador não é pessoa jurídica e sua folha de pagamento mensal não ultrapassa R$ 1.510,00 (um mil, quinhentos e dez reais), o juiz poderá reduzir a pena de um terço até a metade ou aplicar apenas a de multa.

§ 4º O valor a que se refere o parágrafo anterior será reajustado nas mesmas datas e nos mesmos índices do reajuste dos benefícios da previdência social.

34.12.1 Sujeitos

Acerca do sujeito, temos divergência. Parte da doutrina sugere que o crime é próprio e somente pode ser praticado pelo proprietário da empresa.

Todavia, o STJ entende que o crime é comum, podendo ser praticado por qualquer pessoa, particular ou agente público.

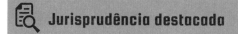

> O delito de sonegação de contribuição previdenciária não exige qualidade especial do sujeito ativo, podendo ser cometido por qualquer pessoa, particular ou agente público, inclusive prefeitos (STJ, RHC nº 43.741/RJ, Rel. Min. Nefi Cordeiro, 6ª Turma, j. 10.03.2016).

34.12.2 Conduta e momento consumativo

Este crime tem como objeto jurídico, primariamente, o Estado e, secundariamente, a Previdência Social.

A tutela principal é sobre a folha de pagamento do funcionário e o imposto que deveria, em tese, ser recolhido aos cofres públicos.

A conduta consiste em eliminar, cercear, omitir, assolar ou diminuir tributo destinado à Previdência Social, assim como seus acessórios mediante:

a. omissão de folha de pagamento ou de outro documento disposto em legislação previdenciária;
b. não lançamento mensal em folha de pagamento das quantias descontadas dos trabalhadores ou aquelas devidas pelo empregador;
c. omissão, total ou parcial, das rendas ou lucros auferidos, remunerações pagas ou creditadas, e demais situações que ensejam em contribuições previdenciárias.

Perceba que toda conduta que implique em redução de tributo, mediante omissão de documentos ou informações poderá caracterizar o crime em tela, que é formal, consumando-se independentemente de prejuízo à Administração.

O crime é material, e exige a constituição definitiva do débito em âmbito administrativo para que a conduta seja considerada típica.

Capítulo 34 ◆ Dos crimes praticados por particular contra a Administração em geral **625**

> ### 🔍 Jurisprudência destacada
>
> O crime de sonegação de contribuição previdenciária é de natureza material e exige a constituição definitiva do débito tributário perante o âmbito administrativo para configurar-se como conduta típica (STJ, RHC nº 44.669/RS, Rel. Min. Nefi Cordeiro, 6ª Turma, j. 05.04.2016).

34.12.3 Causa extintiva de punibilidade

Haverá extinção da punibilidade se o agente, de maneira espontânea, declara e confessa (assume) as contribuições previdenciárias, antes do início da ação fiscal.

Esta ação fiscal consiste no processo de execução fiscal, em que será feita a cobrança dos valores sonegados.

Por antes da ação fiscal se entende o momento imediatamente anterior ao protocolo.

> **Art. 337-A.** (...)
>
> **§ 2º** É facultado ao juiz deixar de aplicar a pena ou aplicar somente a de multa se o agente for primário e de bons antecedentes, desde que:
>
> I – (Vetado);
>
> II – o valor das contribuições devidas, inclusive acessórios, seja igual ou inferior àquele estabelecido pela previdência social, administrativamente, como sendo o mínimo para o ajuizamento de suas execuções fiscais.
>
> **§ 3º** Se o empregador não é pessoa jurídica e sua folha de pagamento mensal não ultrapassa R$ 1.510,00 (um mil, quinhentos e dez reais), o juiz poderá reduzir a pena de um terço até a metade ou aplicar apenas a de multa.
>
> **§ 4º** O valor a que se refere o parágrafo anterior será reajustado nas mesmas datas e nos mesmos índices do reajuste dos benefícios da previdência social.

Vale destacar que a jurisprudência entende pela possibilidade de extinção da punibilidade do agente até mesmo após o trânsito em julgado.

> **Lei nº 10.684/2003**
>
> **Art. 9º** É suspensa a pretensão punitiva do Estado, referente aos crimes previstos nos arts. 1º e 2º da Lei nº 8.137, de 27 de dezembro de 1990, e nos arts. 168-A e 337-A do Decreto-Lei nº 2.848, de 7 de dezembro de 1940 – Código Penal, durante o período em que a pessoa jurídica relacionada com o agente dos aludidos crimes estiver incluída no regime de parcelamento.
>
> (...)
>
> **§ 2º** Extingue-se a punibilidade dos crimes referidos neste artigo quando a pessoa jurídica relacionada com o agente efetuar o pagamento integral dos débitos oriundos de tributos e contribuições sociais, inclusive acessórios.

Considerando que a referida legislação restou omissa quanto ao momento, tem-se entendido que, uma vez efetuado o pagamento do tributo sonegado, não há óbice a extinção da punibilidade.

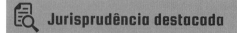

> (...) 1. Com o advento da Lei nº 10.684/2003, no exercício da sua função constitucional e de acordo com a política criminal adotada, o legislador ordinário optou por retirar do ordenamento jurídico o marco temporal previsto para o adimplemento do débito tributário redundar na extinção da punibilidade do agente sonegador, nos termos do seu art. 9º, § 2º, sendo vedado ao Poder Judiciário estabelecer tal limite. 2. Não há como se interpretar o referido dispositivo legal de outro modo, senão considerando que o pagamento do tributo, a qualquer tempo, até mesmo após o advento do trânsito em julgado da sentença penal condenatória, é causa de extinção da punibilidade do acusado. 3. Como o édito condenatório foi alcançado pelo trânsito em julgado sem qualquer mácula, os efeitos do reconhecimento da extinção da punibilidade por causa que é superveniente ao aludido marco devem ser equiparados aos da prescrição da pretensão executória. 4. *Habeas corpus* não conhecido. Ordem concedida de ofício para declarar extinta a punibilidade do paciente, com fundamento no art. 9º, § 2º, da Lei nº 10.684/2003 (STJ, HC nº 362.478/SP, Rel. Min. Jorge Mussi, 5ª Turma, j. 14.09.2017, *DJe* 20.09.2017).

34.12.4 Perdão judicial

O magistrado poderá aplicar o perdão judicial ou aplicar somente a multa se o agente for primário e tiver bons antecedentes, desde que o valor das contribuições (devidamente acrescidas dos encargos legais) seja igual ou inferior ao estabelecido pela previdência como valor mínimo para ajuizamento de suas ações.[4]

34.12.5 Causa de diminuição de pena

Caso o empregador seja de porte reduzido, quando sua folha de pagamento não ultrapassar R$ 1.510,00, o juiz poderá reduzir a pena de um terço até a metade ou aplicar somente a pena de multa.

34.12.6 Competência

O crime em tela, por envolver a supressão de uma verba destinada à Previdência Social, será de competência da Justiça Federal.

---

[4] Aqui, estamos diante de norma penal em branco, na medida em que dependemos da regulamentação na esfera administrativa para ajuizamento de execuções fiscais.

34.12.7 Distinção do art. 168-A do CP

A sonegação previdenciária não se confunde com o crime de apropriação indébita previdenciária. Isso porque o primeiro corresponde a uma prática destinada a sonegar o repasse de informações à previdência, com a finalidade de reduzir o imposto e fraudar a previdência.

Por outro lado, a apropriação indébita previdenciária é crime previsto no Título "Dos Crimes Contra o Patrimônio" e tem como núcleo central a conduta de não repassar os valores descontados dos funcionários à previdência.

Em verdade, os dois crimes têm como semelhança apenas o fato de o bem jurídico secundariamente tutelado ser a Previdência Social, mas sua composição, seus núcleos (verbos que compõem o tipo) são absolutamente distintos.

34.12.8 Elemento subjetivo

O crime se pratica mediante dolo, sem a necessidade de elemento específico.

Tal entendimento já era pacífico, nos termos do item 10 da *Jurisprudência em Teses*, edição 81.

Todavia, em dezembro de 2021, o entendimento foi reiterado.

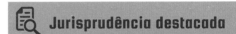

Jurisprudência destacada

AGRAVO REGIMENTAL NOS EMBARGOS DE DECLARAÇÃO NO AGRAVO EM RECURSO ESPECIAL. CRIME DE SONEGAÇÃO FISCAL. ICMS. DOLO GENÉRICO. OCORRÊNCIA. SUFICIENTE PARA A CARACTERIZAÇÃO DO CRIME. TESE DE ABSOLVIÇÃO. INCIDÊNCIA DA SÚMULA Nº 7/STJ. MAJORANTE DO GRAVE DANO À COLETIVIDADE. ART. 12, I, DA LEI Nº 8.137/1990. INCIDÊNCIA VULTUOSO VALOR SONEGADO. AGRAVO REGIMENTAL IMPROVIDO. 1. A jurisprudência desta Corte firmou-se no sentido de que, "em crimes de sonegação fiscal e de apropriação indébita de contribuição previdenciária, este Superior Tribunal de Justiça pacificou a orientação no sentido de que sua comprovação prescinde de dolo específico sendo suficiente, para a sua caracterização, a presença do dolo genérico" (AgRg nos EDcl no HC nº 641.382/SC, Rel. Min. Olindo Menezes, Des. Conv. do TRF 1ª Região, 6ª Turma, j. 18.05.2021, *DJe* 21.5.2021). Precedentes. 2. No caso, tendo a Corte de origem constatado o dolo genérico na conduta do agente, com base no suporte fático-probatório dos autos, que dá conta de que a sonegação veio a se consumar exatamente pelo fato de a empresa ter perdido o benefício da alíquota "Tare", mas mesmo assim continuar a pagar o imposto como se beneficiária fosse, a fim de acolher a tese de absolvição, a mudança da conclusão alcançada pela Corte local exigiria o reexame das provas, o que é vedado na via do recurso especial, conforme a Súmula nº 7/STJ. (...) (STJ, AgInt nos EREsp nº 1.362.789/MG, Rel. Min. Sérgio Kukina, 1ªSeção, j. 19.05.2020, *DJe* 26.05.2020). 6. No tocante à aplicação da majorante do grave dano à coletividade, prevista no art. 12, I, da Lei nº 8.137/1990, a tese defensiva de que deve ser recalculado o valor não pago de ICMS apenas nos meses subsequentes ao cancelamento do "Tare" não foi debatida pelo Tribunal de origem, carecendo do necessário prequestionamento, o que atrai a incidência das Súmulas nº 282 e 356/STF, aplicadas por analogia. 7. Agravo regimental improvido (STJ, AgRg nos EDcl no AREsp nº 1.827.173/DF, Rel. Min. Antonio Saldanha Palheiro, 6ª Turma, j. 05.10.2021, *DJe* 08.10.2021).

34.12.9 Crime de sonegação previdenciária e princípio da insignificância

Por muito tempo, a jurisprudência oscilou sobre a (im)possibilidade de aplicação do princípio da insignificância ao caso em tela.

Num primeiro momento não havia permissivo, em razão da Súmula nº 599 do STJ.

Posteriormente, houve atualização deste entendimento, conduzindo para aplicação até o montante de R$ 10.000,00.

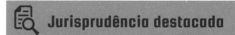

Aplica-se o princípio da insignificância ao crime de sonegação de contribuição previdenciária quando o valor do tributo ilidido não ultrapassa o patamar de R$ 10.000,00 (dez mil reais) previsto no art. 20 da Lei nº 10.522/2002 (STJ, HC nº 269.800/SP, Rel. Min. Rogerio Schietti Cruz, 6ª Turma, j. 26.04.2016).

Hodiernamente, porém, o entendimento – o qual ratificamos – é de que referido princípio é inaplicável, haja vista o elevado grau de reprovabilidade da conduta.

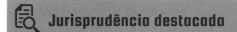

A Terceira Seção desta Corte Superior concluiu que não é possível a aplicação do princípio da insignificância aos crimes de apropriação indébita previdenciária e de sonegação de contribuição previdenciária, independentemente do valor do ilícito, pois esses tipos penais protegem a própria subsistência da Previdência Social, de modo que é elevado o grau de reprovabilidade da conduta do agente que atenta contra este bem jurídico supraindividual. 3. Agravo regimental desprovido (STJ, AgRg no REsp nº 1.783.334/PB, Rel. Min. Laurita Vaz, 6ª Turma, j. 07.11.2019, *DJe* 02.12.2019).

34.12.10 Sonegação previdenciária x falsidade documental

Neste flanco, vez ou outra a jurisprudência inovou e fez inserir entendimento análogo à Súmula nº 17 do STJ.

Assim, se houver falsificação documental para o fim da prática de sonegação previdenciária, este crime absorve aquele.

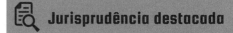

O crime de falso, quando cometido única e exclusivamente para viabilizar a prática do crime de sonegação de contribuição previdenciária, é por este absorvido, consoante diretrizes do princípio penal da consunção (STJ, AgRg no AREsp 386.863/MG, Rel. Min. Sebastião Reis Júnior, 6ª Turma, j. 06.08.2015).

Dos crimes praticados por particular contra a Administração Pública estrangeira

35.1 CONSIDERAÇÕES INICIAIS

As figuras aqui previstas têm as mesmas regulamentações e recomendações daquelas análogas vistas anteriormente, porém, possuem como vítima a Administração Pública estrangeira, razão pela qual reproduziremos os artigos e remetemos os comentários para as condutas analisadas acima.

Preliminarmente, é importante destacar o que se entende por funcionário público estrangeiro:

> **Art. 337-D.** Considera-se funcionário público estrangeiro, para os efeitos penais, quem, ainda que transitoriamente ou sem remuneração, exerce cargo, emprego ou função pública em entidades estatais ou em representações diplomáticas de país estrangeiro.
>
> **Parágrafo único.** Equipara-se a funcionário público estrangeiro quem exerce cargo, emprego ou função em empresas controladas, diretamente ou indiretamente, pelo Poder Público de país estrangeiro ou em organizações públicas internacionais.

35.2 CORRUPÇÃO ATIVA EM TRANSAÇÃO COMERCIAL INTERNACIONAL

> **Art. 337-B.** Prometer, oferecer ou dar, direta ou indiretamente, vantagem indevida a funcionário público estrangeiro, ou a terceira pessoa, para determiná-lo a praticar, omitir ou retardar ato de ofício relacionado à transação comercial internacional:
>
> Pena – reclusão, de 1 (um) a 8 (oito) anos, e multa.
>
> **Parágrafo único.** A pena é aumentada de 1/3 (um terço), se, em razão da vantagem ou promessa, o funcionário público estrangeiro retarda ou omite o ato de ofício, ou o pratica infringindo dever funcional.

35.2.1 Considerações gerais

Este crime, assemelha-se ao crime de corrupção ativa, todavia, aqui há a previsão legal para o núcleo "dar", e a pessoa que recebe a proposta é um funcionário público estrangeiro.

Haverá aumento de pena de 1/3 se, em razão da vantagem o funcionário retarda ou omite o ato que deveria praticar, ou o pratica em desacordo com suas responsabilidades funcionais.

35.3 TRÁFICO DE INFLUÊNCIA EM TRANSAÇÃO COMERCIAL INTERNACIONAL

Art. 337-C. Solicitar, exigir, cobrar ou obter, para si ou para outrem, direta ou indiretamente, vantagem ou promessa de vantagem a pretexto de influir em ato praticado por funcionário público estrangeiro no exercício de suas funções, relacionado a transação comercial internacional:

Pena – reclusão, de 2 (dois) a 5 (cinco) anos, e multa.

Parágrafo único. A pena é aumentada da metade, se o agente alega ou insinua que a vantagem é também destinada a funcionário estrangeiro.

35.3.1 Considerações gerais

O crime se assemelha àquele previsto no art. 332 do CP, e consiste na venda de fumaça (*venditio fumi*), tendo como distinção que, aquele que pratica o crime, o faz sob o pretexto de influir em ato praticado por funcionário público estrangeiro no exercício de suas funções, relacionado a transação comercial internacional, seja de importação, seja de exportação.

A pena será aumentada da metade se o sujeito ativo do crime alega que a vantagem também será destinada ao funcionário público estrangeiro.

36 Dos crimes em licitações e contratos administrativos

36.1 CONSIDERAÇÕES INICIAIS

Antes de avançar na análise dos tipos penais, importante tecer algumas considerações sobre os crimes envolvendo licitações e contratos administrativos.

Primeiramente, licitação consiste no procedimento utilizado pela Administração Pública para a execução de uma função do Estado. O contrato administrativo, por sua vez, representa o vínculo formal estabelecido entre a Administração e o vencedor da licitação, onde serão estabelecidas as condições para o desenvolvimento dos trabalhos (chamado de contrato vertical ou leonino).

A antiga Lei de Licitações (8.666/1990) já representava um tormento para quem a estudava. Não obstante, o Congresso aprovou e já se encontra em vigência uma segunda Lei de Licitações, de nº 14.133/2021.

Em resumo, as duas leis possuem vigência simultânea.

Evidentemente, aqui buscaremos analisar tão somente os aspectos penais da nova lei, que encaminhou todas as condutas tidas por ilícitas para o Código Penal.

Como o conteúdo é muito recente, naturalmente haverá reflexo jurisprudencial sobre o tema.

36.2 CONTRATAÇÃO DIRETA ILEGAL

> **Art. 337-E.** Admitir, possibilitar ou dar causa à contratação direta fora das hipóteses previstas em lei:
> **Pena** – reclusão, de 4 (quatro) a 8 (oito) anos, e multa.

A Lei de Licitações estabelece as hipóteses de contratação direta. Nesse contexto, sempre que o funcionário público permitir a realização de uma contratação direta fora das hipóteses legais, haverá o crime em tela.

632 Direito Penal Decifrado – Parte Especial

> **Atenção!**
>
> Estamos diante de uma norma penal em branco, na medida em que as hipóteses de contratação direta estão inseridas na lei específica.

O crime é formal e se consuma com a mera permissão ou instauração de contratação direta fora do estabelecido pela legislação.

> **Atenção!**
>
> Como mencionado no preâmbulo, os Tribunais Superiores exigem dolo específico (benefício próprio ou de terceiro, ou para prejudicar o processo licitatório) para a consumação deste delito.

O crime se processa mediante ação penal pública incondicionada.

36.3 FRUSTRAÇÃO DO CARÁTER COMPETITIVO DE LICITAÇÃO

Art. 337-F. Frustrar ou fraudar, com o intuito de obter para si ou para outrem vantagem decorrente da adjudicação do objeto da licitação, o caráter competitivo do processo licitatório:

Pena – reclusão, de 4 (quatro) anos a 8 (oito) anos, e multa.

Trata-se do crime que tem por intuito impedir que haja um procedimento licitatório hígido, em que os licitantes, por meio de artifícios, pretendem frustrar o resultado do procedimento, através de uma combinação de preços, por exemplo.

O crime é formal (não se exige a obtenção da vantagem) e, como no delito anterior, exige-se o dolo específico.

A ação penal é pública incondicionada.

36.4 PATROCÍNIO DE CONTRATAÇÃO INDEVIDA

Art. 337-G. Patrocinar, direta ou indiretamente, interesse privado perante a Administração Pública, dando causa à instauração de licitação ou à celebração de contrato cuja invalidação vier a ser decretada pelo Poder Judiciário:

Pena – reclusão, de 6 (seis) meses a 3 (três) anos, e multa.

É uma modalidade específica do delito contido no art. 321 do CP.

O crime é próprio, pois só pode ser praticado por funcionário público.

Capítulo 36 ◆ Dos crimes em licitações e contratos administrativos **633**

Assim, o crime se consuma quando o funcionário público representa interesses privados junto à Administração Pública, dando causa à instauração do procedimento licitatório ou quando firmar contrato que seja desconstituído pelo Judiciário (condição específica para punição).

A doutrina entende que o crime é material, eis que depende de resultado naturalístico.

O crime somente é praticado mediante dolo e é processado por ação penal pública incondicionada.

36.5 MODIFICAÇÃO OU PAGAMENTO IRREGULAR EM CONTRATO ADMINISTRATIVO

Art. 337-H. Admitir, possibilitar ou dar causa a qualquer modificação ou vantagem, inclusive prorrogação contratual, em favor do contratado, durante a execução dos contratos celebrados com a Administração Pública, sem autorização em lei, no edital da licitação ou nos respectivos instrumentos contratuais, ou, ainda, pagar fatura com preterição da ordem cronológica de sua exigibilidade:

Pena – reclusão, de 4 (quatro) anos a 8 (oito) anos, e multa.

Trata-se de tipo misto alternativo (vários núcleos), em que se incrimina a conduta daquele funcionário público (crime próprio) que admite, possibilita ou dá causa a qualquer modificação, permite a obtenção de vantagem ou permite a prorrogação contratual sem autorização nos instrumentos regulatórios.

A segunda forma de conduta prevista diz respeito ao pagamento de fatura fora da ordem cronológica de exigibilidade. Ou seja, sem qualquer autorização, altera-se a ordem dos pagamentos, dando-se preferência a uns em detrimento de outros.

O crime é doloso e processado mediante ação penal pública incondicionada.

36.6 PERTURBAÇÃO DE PROCESSO LICITATÓRIO

Art. 337-I. Impedir, perturbar ou fraudar a realização de qualquer ato de processo licitatório:

Pena – detenção, de 6 (seis) meses a 3 (três) anos, e multa.

Trata-se de crime que pune a conduta daquele que atrapalha a realização de qualquer ato de processo licitatório.

O crime é comum, pois pode ser praticado por qualquer pessoa.

O tipo é misto alternativo e, deveras, subjetivo, na medida em que competirá ao magistrado tecer um juízo de valor ao comportamento do agente, para aferir se se amolda ao tipo legal.

O crime é material, pois se exige o efetivo impedimento, perturbação ou fraude à realização dos atos do processo licitatório.

O tipo é doloso e processado por ação penal pública incondicionada.

36.7 VIOLAÇÃO DE SIGILO EM LICITAÇÃO

Art. 337-J. Devassar o sigilo de proposta apresentada em processo licitatório ou proporcionar a terceiro o ensejo de devassá-lo:

Pena – detenção, de 2 (dois) anos a 3 (três) anos, e multa.

A conduta incriminada é de quebrar o sigilo ou propiciar que um terceiro quebre o sigilo de proposta apresentada no bojo de processo de licitação.

O crime é comum, pois pode ser praticado por qualquer pessoa. Além disso, é formal, e só pode ser praticado mediante dolo.

A ação penal é pública incondicionada.

36.8 AFASTAMENTO DE LICITANTE

Art. 337-K. Afastar ou tentar afastar licitante por meio de violência, grave ameaça, fraude ou oferecimento de vantagem de qualquer tipo:

Pena – reclusão, de 3 (três) anos a 5 (cinco) anos, e multa, além da pena correspondente à violência.

Parágrafo único. Incorre na mesma pena quem se abstém ou desiste de licitar em razão de vantagem oferecida.

Trata-se de tipo misto alternativo (vários núcleos), em que se incrimina a conduta daquele que afasta ou tenta afastar licitante, valendo-se de violência, grave ameaça, fraude ou oferecimento de vantagem.

> ### Atenção!
>
> Aqui estamos diante de um crime de empreendimento ou atentado, tendo em vista que se pune a conduta consumada e a tentada com a mesma pena.

O parágrafo único deste artigo prevê modalidade equiparada ao permitir a punição de quem se abstém ou desiste de licitar em razão da vantagem oferecida.

Percebe-se, dessa forma, que, se uma pessoa aceita a vantagem e se afasta do procedimento licitatório, será punida com a mesma pena daquele que lhe ofereceu efetivamente a vantagem.

O crime é doloso e processado mediante ação penal pública incondicionada.

Capítulo 36 ◆ Dos crimes em licitações e contratos administrativos **635**

36.9 FRAUDE EM LICITAÇÃO OU CONTRATO

Fraude em licitação ou contrato

Art. 337-L. Fraudar, em prejuízo da Administração Pública, licitação ou contrato dela decorrente, mediante:

I – entrega de mercadoria ou prestação de serviços com qualidade ou em quantidade diversas das previstas no edital ou nos instrumentos contratuais;

II – fornecimento, como verdadeira ou perfeita, de mercadoria falsificada, deteriorada, inservível para consumo ou com prazo de validade vencido;

III – entrega de uma mercadoria por outra;

IV – alteração da substância, qualidade ou quantidade da mercadoria ou do serviço fornecido;

V – qualquer meio fraudulento que torne injustamente mais onerosa para a Administração Pública a proposta ou a execução do contrato:

Pena – reclusão, de 4 (quatro) anos a 8 (oito) anos, e multa.

No crime em tela há a punição daquele que aplica fraude em prejuízo da Administração Pública, licitação ou contrato dela decorrente. Para tanto, a fraude aplicada deve se dar da seguinte forma:

a. entrega de mercadoria ou prestação de serviços com qualidade ou em quantidade diversas das previstas no edital ou nos instrumentos contratuais;

b. fornecimento, como verdadeira ou perfeita, de mercadoria falsificada, deteriorada, inservível para consumo ou com prazo de validade vencido;

c. entrega de uma mercadoria por outra;

d. alteração da substância, qualidade ou quantidade da mercadoria ou do serviço fornecido;

e. qualquer meio fraudulento que torne injustamente mais onerosa para a Administração Pública a proposta ou a execução do contrato.

O crime é comum, podendo ser praticado por qualquer pessoa. É doloso e material.

A ação penal pública incondicionada.

36.10 CONTRATAÇÃO INIDÔNEA

Art. 337-M. Admitir à licitação empresa ou profissional declarado inidôneo:

Pena – reclusão, de 1 (um) ano a 3 (três) anos, e multa.

§ 1º Celebrar contrato com empresa ou profissional declarado inidôneo:

Pena – reclusão, de 3 (três) anos a 6 (seis) anos, e multa.

§ 2º Incide na mesma pena do *caput* deste artigo aquele que, declarado inidôneo, venha a participar de licitação e, na mesma pena do § 1º deste artigo, aquele que, declarado inidôneo, venha a contratar com a Administração Pública.

636 Direito Penal Decifrado – Parte Especial

O *caput* incrimina a conduta de **permitir a participação** de empresa ou profissional declarado inidôneo.

O mero fato de uma pessoa, seja física ou jurídica, ter sido admitida no processo licitatório macula o procedimento licitatório, motivo pelo qual a conduta é tida como ilícita. O crime é próprio, pois apenas o funcionário público com competência para admitir os licitantes pratica o crime em tela.

Desconectando a ordem dos dispositivos, vale mencionar que o § 3º equipara à figura do *caput* a conduta do particular declarado inidôneo que participe da licitação. **Neste parágrafo, o crime é comum, pois qualquer empresa participante pode praticá-lo.**

Retomando a sequência, o § 1º estabelece a **forma qualificada do delito**, com a previsão da conduta de **celebrar contrato** com empresa ou profissional declarado inidôneo. Ou seja, mesmo depois de atestada a inidoneidade do participante, celebra-se o contrato.

O crime é doloso e a ação penal é pública incondicionada.

36.11 IMPEDIMENTO INDEVIDO

> **Art. 337-N.** Obstar, impedir ou dificultar injustamente a inscrição de qualquer interessado nos registros cadastrais ou promover indevidamente a alteração, a suspensão ou o cancelamento de registro do inscrito:
>
> **Pena** – reclusão, de 6 (seis) meses a 2 (dois) anos, e multa.

A conduta incriminada na primeira parte é a de obstar, impedir ou dificultar injustamente a inscrição de qualquer interessado nos registros cadastrais. Exige-se, para a tipificação da conduta, o elemento normativo "injustamente", de modo que se o obstáculo imposto, por exemplo, possuir fundamento legal, a conduta nem sequer será típica.

O crime é próprio, de acordo com a doutrina.

Nas modalidades "obstar" e "impedir", é necessário que a inscrição não ocorra para a consumação do delito, razão pela qual o crime é material. Na modalidade "dificultar", não é imprescindível tal resultado, de modo que o crime é de mera conduta. Na figura de promover, o crime também é material, consumando-se com a efetiva alteração, suspensão ou cancelamento do registro.

O crime é doloso e se processa mediante ação penal pública incondicionada.

36.12 OMISSÃO GRAVE DE DADO OU DE INFORMAÇÃO POR PROJETISTA

> **Art. 337-O.** Omitir, modificar ou entregar à Administração Pública levantamento cadastral ou condição de contorno em relevante dissonância com a realidade, em frustração ao caráter competitivo da licitação ou em detrimento da seleção da proposta mais vantajosa para a Administração Pública, em contratação para a elaboração de projeto básico, projeto executivo ou anteprojeto, em diálogo competitivo ou em procedimento de manifestação de interesse:

Pena – reclusão, de 6 (seis) meses a 3 (três) anos, e multa.

§ 1º Consideram-se condição de contorno as informações e os levantamentos suficientes e necessários para a definição da solução de projeto e dos respectivos preços pelo licitante, incluídos sondagens, topografia, estudos de demanda, condições ambientais e demais elementos ambientais impactantes, considerados requisitos mínimos ou obrigatórios em normas técnicas que orientam a elaboração de projetos.

§ 2º Se o crime é praticado com o fim de obter benefício, direto ou indireto, próprio ou de outrem, aplica-se em dobro a pena prevista no *caput* deste artigo.

A conduta incriminada é omitir, modificar ou entregar à Administração **levantamento cadastral ou condição de entorno** nas seguintes condições: **em relevante dissonância com a realidade** (projeto que não se adapta à real necessidade); **em frustração ao caráter competitivo da licitação** (projeto, por exemplo, feito sob medida para determinado contratante); **ou em detrimento da seleção da proposta mais vantajosa para a Administração Pública** (projeto que busque evitar a seleção da proposta mais vantajosa, frustrando a finalidade da licitação).

Essas condutas, para a configuração do delito, devem ocorrer em:

* contratação para a elaboração de projeto básico, projeto executivo ou anteprojeto;
* diálogo competitivo; ou
* procedimento de manifestação de interesse.

O **levantamento cadastral** é a pesquisa ou investigação, culminando na coleta de dados, envolvendo informações cadastrais.

Já a condição de contorno é definida pelo § 1º. Assim, consideram-se **condição de contorno** as informações e os levantamentos suficientes e necessários para a definição da solução de projeto e dos respectivos preços pelo licitante, incluídos sondagens, topografia, estudos de demanda, condições ambientais e demais elementos ambientais impactantes, vistos como requisitos mínimos ou obrigatórios em normas técnicas que orientam a elaboração de projetos.

A Administração, antes de proceder à licitação de obras, por exemplo, pode contratar a elaboração de um projeto básico, que será utilizado para seleção das melhores propostas para execução de obras.

O § 2º prevê causa de aumento de pena, que será aplicada no caso de o crime ser praticado **com a finalidade de obter benefício, direto ou indireto, próprio ou de outrem**.

O crime é doloso e se processa mediante ação penal pública incondicionada.

36.13 PENA DE MULTA

Art. 337-P. A pena de multa cominada aos crimes previstos neste Capítulo seguirá a metodologia de cálculo prevista neste Código e não poderá ser inferior a 2% (dois por cento) do valor do contrato licitado ou celebrado com contratação direta.

No tocante à aplicação da pena de multa, deve se observar as disposições estabelecidas pela própria lei penal, sendo que a sanção não pode ser inferior a 2% do valor do contrato.

37 Dos crimes contra a administração da justiça

37.1 REINGRESSO DE ESTRANGEIRO EXPULSO

Art. 338. Reingressar no território nacional o estrangeiro que dele foi expulso:

Pena – reclusão, de um a quatro anos, sem prejuízo de nova expulsão após o cumprimento da pena.

37.1.1 Sujeitos

O crime só pode ser praticado por estrangeiro que foi expulso do país.

37.1.2 Conduta e momento consumativo

Trata-se de norma penal em branco homogênea homovitelina, que depende da análise do art. 5º do CP para se compreender seu real alcance.

37.1.3 Elemento subjetivo

O crime somente se pratica mediante dolo.

37.2 DENUNCIAÇÃO CALUNIOSA

Art. 339. Dar causa à instauração de investigação policial, de processo judicial, instauração de investigação administrativa, inquérito civil ou ação de improbidade administrativa contra alguém, imputando-lhe crime de que o sabe inocente: (Redação dada pela Lei nº 10.028, de 2000.)

Pena – reclusão, de dois a oito anos, e multa.

§ 1º A pena é aumentada de sexta parte, se o agente se serve de anonimato ou de nome suposto.

§ 2º A pena é diminuída de metade, se a imputação é de prática de contravenção.

37.2.1 Sujeitos

O crime é praticado pelo funcionário público.

37.2.2 Conduta e momento consumativo

Este delito tem por objetivo evitar o andamento de investigações baseado em falsas imputações.

Assim, estará consumado o delito quando o sujeito, que pode ser qualquer pessoa, dá causa: a) a instauração de IP; b) a procedimento investigatório criminal (PIC); c) a processo judicial; d) a processo administrativo disciplinar; e) a inquérito civil; ou f) a ação de improbidade administrativa, imputando a alguém crime, contravenção, infração ético-disciplinar ou ato de improbidade administrativa de que sabe ser a pessoa inocente.

Assim, é paradigma para a correta percepção deste delito que, aqui, o agente, imputando falsamente um fato a outrem, provoca a ação da autoridade.

A pena será aumentada de 1/6 se o agente se valer do anonimato.

A pena será diminuída de metade se a imputação é de contravenção.

> ### Atenção!
>
> O crime em estudo não se confunde com a calúnia, já que nesta, o *animus* é de "lesionar" a imagem do imputado, enquanto no art. 339 quer se prejudicar alguém mediante a utilização da máquina pública.

37.2.3 Elemento subjetivo

O crime somente se pratica por dolo.

37.3 COMUNICAÇÃO FALSA DE CRIME OU DE CONTRAVENÇÃO

Art. 340. Provocar a ação de autoridade, comunicando-lhe a ocorrência de crime ou de contravenção que sabe não se ter verificado:

Pena – detenção, de um a seis meses, ou multa.

37.3.1 Sujeitos

O crime é praticado pelo funcionário público.

37.3.2 Conduta e momento consumativo

Consiste na conduta de provocar a ação de autoridade a partir de uma informação falsa de crime ou contravenção.

É o popular **trote**.

Igualmente, não se pode confundir denunciação caluniosa com comunicação falsa de crime. Neste, comunica-se um fato inexistente, enquanto, na primeira, o fato existe, mas imputa-se a autoria a quem se sabe não ter praticado a infração.

O crime somente se pratica por dolo e a ação penal é pública incondicionada.

37.3.3 Elemento subjetivo

O crime somente se pratica com dolo.

37.4 AUTOACUSAÇÃO FALSA

> **Art. 341.** Acusar-se, perante a autoridade, de crime inexistente ou praticado por outrem:
>
> **Pena** – detenção, de três meses a dois anos, ou multa.

Trata-se da conduta de imputar a si mesmo, assumir a autoria de delito que não ocorreu ou que foi perpetrado por terceiro. Enfim, é confessar ter cometido crime imaginário ou, se existente, dele não participou.

Atenção!

Consiste na autoimputação falsa de crime inexistente ou praticado por outrem, não se incluindo a contravenção.

Além disso, é necessário que se faça "perante" a autoridade, não existindo crime quando a confissão é feita a particular ou não autoridade.

O crime só se pratica com dolo e a ação penal é pública incondicionada.

37.5 FALSO TESTEMUNHO OU FALSA PERÍCIA

> **Art. 342.** Fazer afirmação falsa, ou negar ou calar a verdade como testemunha, perito, contador, tradutor ou intérprete em processo judicial, ou administrativo, inquérito policial, ou em juízo arbitral:
>
> **Pena** – reclusão, de 2 (dois) a 4 (quatro) anos, e multa.
>
> **§ 1º** As penas aumentam-se de um sexto a um terço, se o crime é praticado mediante suborno ou se cometido com o fim de obter prova destinada a produzir efeito em pro-

642 Direito Penal Decifrado – Parte Especial

cesso penal, ou em processo civil em que for parte entidade da administração pública direta ou indireta.

§ 2º O fato deixa de ser punível se, antes da sentença no processo em que ocorreu o ilícito, o agente se retrata ou declara a verdade.

37.5.1 Sujeitos

O crime do art. 342 é próprio, na medida em que só pode ser praticado pelos agentes descritos no *caput*.

37.5.2 Conduta e momento consumativo

O crime em estudo tem por objetivo tutelar a lisura e credibilidade de um processo, seja judicial, seja administrativo.

Assim, no art. 342 do CP, temos a conduta daquele que, por participar direta e ativamente num processo não pode mentir ou deixar de contribuir para que o processo seja resolvido.

Assim, podem praticar o crime a testemunha, o perito, o contador, o tradutor ou o intérprete. As condutas são "mentir", "negar" ou "deixar de falar", seja em processo judicial ou administrativo (inclui-se aqui o inquérito policial, eis que tem natureza jurídica de procedimento administrativo).

O objetivo de um processo, administrativo ou judicial é, basicamente, buscar a verdade dos fatos.

Naturalmente, qualquer sujeito processual que interfira calando com a verdade ou, simplesmente não participando de maneira honesta, compromete o resultado do feito.

Por sua vez, perito é um auxiliar da justiça, consistindo em especialista chamado a opinar acerca de questão concernente ao seu âmbito de conhecimento. Tradutor é o perito incumbido de traduzir do estrangeiro. Intérprete é quem medeia a comunicação entre a autoridade e alguma pessoa que desconhece o idioma nacional ou que não pode falar (ex.: libras). Contador é o especialista em cálculos, muitas vezes o único apto a avaliar balanços empresariais, importantes, principalmente para casos de crimes falimentares.

O falso testemunho ou falsa perícia pode ser praticado em: a) processo judicial, aquele presidido por autoridade judiciária; b) processo administrativo, o meio de apuração e punição de faltas de servidores públicos e demais pessoas sujeitas a regime funcional estatutário; c) inquérito policial, o procedimento administrativo que realiza a persecução criminal pré--processual; d) juízo arbitral, um meio alternativo de solução de litígio, ou qualquer outra corte administrativa de mediação de conflitos.

Também devemos destacar que o crime em comento admite a coautoria. Podemos ilustrar com a situação em que um advogado orienta uma de suas testemunhas a mentir durante o processo. Nesse caso, comprovada a situação, ambos responderão por falso testemunho.

Devemos também enfatizar que, caso o processo seja anulado, não desaparecerá o crime de falso testemunho.

O crime é formal e se consuma independentemente de existir prejuízo.

> ### Decifrando a prova
>
> **(Delegado de Polícia Federal – PF – Cespe/Cebraspe – 2021)** Com relação aos crimes contra a fé pública, julgue o item que se segue.
>
> O advogado de réu pode vir a responder pelo crime de falso testemunho, na hipótese de induzir testemunha a prestar determinado depoimento.
>
> ( ) Certo   ( ) Errado
>
> **Gabarito comentado**: A resposta é afirmativa, na medida em que, quando o advogado induz a testemunha a mentir, é como se ele, advogado, diretamente mentisse perante o magistrado. Além disso, os Tribunais Superiores (STF, RHC 81.327/SP; e STJ, REsp 402.783/SP) já possuem entendimento que, embora se trate de crime de mão própria, é possível o concurso de agentes. Mas atenção!! Se a testemunha for coagida a mentir, responderá pela conduta somente o autor da coação, tendo em vista que a testemunha atuará sob coação moral irresistível. Portanto, a assertiva está certa.

37.5.3 Elemento subjetivo

Trata-se do dolo genérico.

37.5.4 Causas de aumento de pena

As penas aumentam-se de um sexto a um terço, se o crime é praticado mediante suborno ou se cometido com o fim de obter prova destinada a produzir efeito em processo penal, ou em processo civil em que for parte entidade da administração pública direta ou indireta.

37.5.5 Extinção da punibilidade

O fato deixará de ser de ser punível se, antes de o juiz proferir a sentença, no processo em que ocorreu o ilícito, o agente se retrata ou declara a verdade.

> ### Decifrando a prova
>
> **(Delegado de Polícia Civil Substituto – PC/RN – FGV – 2021 – Adaptada)** Gustavo, ouvido na condição de testemunha em ação penal, prestou declarações falsas em busca de auxiliar seu amigo Luiz, que figurava como réu no processo. Dias depois, após alegações finais apresentadas pelo Ministério Público, mas antes da sentença, Gustavo se arrependeu de sua conduta, comparecendo em juízo e apresentando declarações no sentido de que tinha prestado

644 Direito Penal Decifrado – Parte Especial

> informações na condição de testemunha que não condiziam com a realidade, se retratando daquelas declarações prestadas em audiência. O magistrado competente determinou a reprodução da prova, bem como a extração de cópias para apurar o ocorrido. Com base nas informações expostas, a autoridade policial deverá concluir que Gustavo praticou a conduta tipificada abstratamente como crime de falso testemunho, mas o fato não será punível em razão da retratação realizada.
>
> ( ) Certo   ( ) Errado
>
> **Gabarito comentado:** o agente que mente, nega ou cala a verdade em processo judicial, responde pelo crime de falso testemunho. Entretanto, havendo a retratação até a sentença, no mesmo processo em que ocorreu o crime, haverá extinção da punibilidade, conforme art. 342, § 2º, do CP. Portanto, a assertiva está certa.

37.6 CORRUPÇÃO DE TESTEMUNHA, PERITO, CONTADOR, TRADUTOR OU INTÉRPRETE

Art. 343. Dar, oferecer ou prometer dinheiro ou qualquer outra vantagem a testemunha, perito, contador, tradutor ou intérprete, para fazer afirmação falsa, negar ou calar a verdade em depoimento, perícia, cálculos, tradução ou interpretação:

Pena – reclusão, de três a quatro anos, e multa.

Parágrafo único. As penas aumentam-se de um sexto a um terço, se o crime é cometido com o fim de obter prova destinada a produzir efeito em processo penal ou em processo civil em que for parte entidade da administração pública direta ou indireta.

37.6.1 Considerações gerais

Como dito anteriormente, considerando que nosso sistema jurídico é franqueado pelo e ao Estado, para que este exerça o *jus puniendi*, é elementar que todo o andamento processual seja calcado nas premissas da legalidade e da transparência de seus atos.

Assim, a lei consagra uma hipótese especial de corrupção ativa, sendo, esta em disquisição, direcionada a sujeitos processuais.

Há críticas a este dispositivo, em razão da pena abstratamente prevista. Isso porque o intervalo entre a pena mínima e a máxima é irrisório, não permitindo sua justa e equânime aplicação.

37.6.2 Sujeitos

O crime é comum, pois pode ser praticado por qualquer pessoa.

37.6.3 Conduta e momento consumativo

O tipo penal em tela é crime de ação múltipla, tendo em vista que possui diversos núcleos em sua composição.

Pratica o crime aquele que dá, oferece ou promete dinheiro ou qualquer outra vantagem para testemunha, perito, contador, tradutor ou intérprete, com a finalidade de que quaisquer deles minta, negue ou cale a verdade em depoimento (judicial ou administrativo), perícia, cálculos, tradução ou interpretação.

O crime é formal e se consuma independentemente do prejuízo.

37.6.4 Causa de aumento de pena

Há expressa previsão para aumento de pena de 1/6 a 1/3 caso o crime seja praticado com o fim de se obter prova destinada a produzir efeito em processo (civil ou penal) em que for parte entidade da Administração Direta.

37.6.5 Elemento subjetivo

O crime é essencialmente doloso.

37.7 COAÇÃO NO CURSO DO PROCESSO

> **Art. 344.** Usar de violência ou grave ameaça, com o fim de favorecer interesse próprio ou alheio, contra autoridade, parte, ou qualquer outra pessoa que funciona ou é chamada a intervir em processo judicial, policial ou administrativo, ou em juízo arbitral:
>
> **Pena** – reclusão, de um a quatro anos, e multa, além da pena correspondente à violência.
>
> **Parágrafo único.** A pena aumenta-se de 1/3 (um terço) até a metade se o processo envolver crime contra a dignidade sexual.

O direito penal como última instância de atuação deve manter preservada a estrutura da justiça e o bom andamento processual, por esta razão é que o andamento ileso de um processo também recebe a chancela do direito penal quando maculado ou quando esteja na iminência de ser comprometido.

O crime consiste em usar de violência ou grave ameaça no intuito de favorecer interesse próprio ou alheio, contra quem venha a funcionar no processo judicial, policial, administrativo ou arbitral.

O crime somente se pratica mediante dolo e se consuma com o uso da violência ou grave ameaça, não sendo necessário que o agente consiga o efetivo favorecimento ou que a vítima se sinta intimidada.

A ação penal é pública incondicionada.

646 Direito Penal Decifrado – Parte Especial

Vale destacar ainda que a Lei nº 14.245/2021 trouxe uma causa de aumento de pena para a hipótese de a disposição em comento envolver crime contra a dignidade sexual.

37.8 EXERCÍCIO ARBITRÁRIO DAS PRÓPRIAS RAZÕES

Art. 345. Fazer justiça pelas próprias mãos, para satisfazer pretensão, embora legítima, salvo quando a lei o permite:

Pena – detenção, de quinze dias a um mês, ou multa, além da pena correspondente à violência.

Parágrafo único. Se não há emprego de violência, somente se procede mediante queixa.

Art. 346. Tirar, suprimir, destruir ou danificar coisa própria, que se acha em poder de terceiro por determinação judicial ou convenção:

Pena – detenção, de seis meses a dois anos, e multa.

37.8.1 Considerações gerais

Os crimes serão estudados em conjunto tendo em vista que são correlatos e não haverá prejuízo didático neste estudo em conjunto.

37.8.2 Sujeitos

A primeira conduta (art. 345) é classificada como crime comum, enquanto que a segunda (art. 346) é crime próprio, pois somente o proprietário da coisa apreendida pode praticar o crime.

37.8.3 Conduta e momento consumativo

A primeira conduta proíbe o exercício próprio do direito de punir, fazer justiça com as próprias mãos. Como visto, o direito penal é controlado e aplicado pelo Estado, não mais se permitindo a aplicação do direito pelo próprio particular, como ocorria, por exemplo, no período da vingança privada.

O crime só se aperfeiçoa quando a pretensão do agente é satisfeita.

A ação penal será pública incondicionada se houver o uso de violência. Não havendo violência, por expressa previsão legal, a ação penal será privada.

No art. 346 do CP temos uma figura mais grave do crime de exercício arbitrário das próprias razões, que elenca em seu *caput* as condutas que serão punidas: tirar, suprimir, destruir, danificar coisa própria que esteja em poder de terceiro, o que pode ocorrer devido a uma ordem judicial (liminar, penhora, guarda, fiel depositário etc.) ou a um contrato (convenção, acordo, convênio, etc.) bilateral entre as partes.

Capítulo 37 ◆ Dos crimes contra a administração da justiça **647**

Importa destacar que, para a caracterização do crime previsto no art. 346 do CP, é necessário que a coisa (objeto do delito) pertença ao sujeito ativo; caso contrário, o delito poderá ser tipificado como crime contra o patrimônio (dano) ou desobediência à decisão judicial, a depender das circunstâncias.

37.8.4 Elemento subjetivo

O crime só se pratica com dolo e se consuma com a efetiva tirada, supressão, destruição ou danificação. A tentativa é possível e o crime se processa mediante ação penal pública incondicionada.

37.9 FRAUDE PROCESSUAL

Art. 347. Inovar artificiosamente, na pendência de processo civil ou administrativo, o estado de lugar, de coisa ou de pessoa, com o fim de induzir a erro o juiz ou o perito:

Pena – detenção, de três meses a dois anos, e multa.

Parágrafo único. Se a inovação se destina a produzir efeito em processo penal, ainda que não iniciado, as penas aplicam-se em dobro.

37.9.1 Considerações gerais

O processo é o meio pelo qual o Estado atua a justiça, visando aplicar o direito imparcialmente para dirimir os conflitos sociais existentes. Sob esta ótica, a fraude processual, crime descrito no art. 347 do CP, tem como finalidade impedir o bom êxito do processo.

Todas as considerações sobre o bom andamento do processo, assim como a lisura de seu andamento, já foram feitas em momento anterior.

37.9.2 Sujeitos

O sujeito ativo deste crime é qualquer pessoa, mesmo que não seja interessada ou não tenha participação no processo.

37.9.3 Conduta e momento consumativo

A ideia central deste crime consiste em alterar ou mudar a cena de um lugar, coisa ou pessoa, com a finalidade específica de induzir a erro o juiz da causa ou o perito responsável pela reconstituição (apenas os dois envolvidos).

A inovação artificiosa significa a transformação de algo utilizando-se de um meio fraudulento, ou seja, que visa ocultar a constatação da modificação operada.

Além disso, para configurar a hipótese do *caput*, deverá ocorrer na pendência do julgamento de processo civil ou administrativo. Em se inovando em processo penal, haverá causa de aumento de pena, mediante aplicação de pena dobrada.

37.9.4 Elemento subjetivo

O crime só se pratica com dolo e com a finalidade específica de ludibriar juiz ou perito.

37.10 FAVORECIMENTO PESSOAL

Art. 348. Auxiliar a subtrair-se à ação de autoridade pública autor de crime a que é cominada pena de reclusão:

Pena – detenção, de um a seis meses, e multa.

§ 1º Se ao crime não é cominada pena de reclusão:

Pena – detenção, de quinze dias a três meses, e multa.

§ 2º Se quem presta o auxílio é ascendente, descendente, cônjuge ou irmão do criminoso, fica isento de pena.

37.10.1 Sujeitos

O crime pode ser praticado por qualquer pessoa.

37.10.2 Conduta e momento consumativo

O favorecimento pessoal caracteriza-se pela assistência dada depois da prática de um crime, com o intuito de auxiliar o autor do crime, a que é cominada pena de **reclusão**, a se subtrair (fugir) da ação da autoridade competente.

Se o autor do crime a que se presta auxílio, é cominada pena de detenção, haverá a forma privilegiada do delito, conforme prevê o § 1º do art. 348.

Naturalmente, se o auxílio é feito em prol de autor de contravenção penal, o fato será atípico.

A consumação se dá no momento em que o favorecido consegue subtrair-se à ação da autoridade pública.

> **Importante**
>
> Lição importantíssima trazida pelo § 2º do art. 348 do CP, diz respeito às chamadas escusas absolutórias. Assim, se o auxílio é prestado ao cônjuge, ascendente, descendente ou irmão, o sujeito será isento de pena. Mas cuidado, pois esta disposição não se aplica aos crimes subsequentes, especialmente no favorecimento real.

37.10.3 Elemento subjetivo

O crime é praticado com dolo de favorecimento de terceira pessoa.

Capítulo 37 • Dos crimes contra a administração da justiça **649**

37.11 FAVORECIMENTO REAL

Art. 349. Prestar a criminoso, fora dos casos de coautoria ou de receptação, auxílio destinado a tornar seguro o proveito do crime:

Pena – detenção, de um a seis meses, e multa.

Diferentemente do favorecimento pessoal, o favorecimento real se materializa pelo auxílio prestado a criminoso, a fim de garantir o sucesso do ilícito praticado anteriormente, assegurando-se o proveito do crime.

A conduta de prestar indica comportamento ativo direcionado a tornar seguro o proveito do crime de outrem.

O crime somente se pratica com dolo.

37.12 FAVORECIMENTO REAL IMPRÓPRIO

Art. 349-A. Ingressar, promover, intermediar, auxiliar ou facilitar a entrada de aparelho telefônico de comunicação móvel, de rádio ou similar, sem autorização legal, em estabelecimento prisional:

Pena – detenção, de 3 (três) meses a 1 (um) ano.

37.12.1 Sujeitos

O crime é comum, pois pode ser praticado por qualquer pessoa. Até mesmo o apenado pode ser sujeito ativo deste crime, quando estiver gozando de um benefício como a saída temporária.

37.12.2 Conduta e momento consumativo

Trata-se de delito que visa tutelar a integridade de estabelecimento prisional, evitando que os visitantes ingressem ou facilitem a entrada de aparelhos telefônicos ou qualquer outro meio que permita contato com o meio externo.

Frise-se que se o sujeito ativo for funcionário público, poderá responder pelo delito do art. 319-A do CP.

Ademais, o preso que usa o celular nas dependências do estabelecimento prisional não pratica crime, apenas falta grave.

37.12.3 Elemento subjetivo

O crime se pratica com o dolo.

650 Direito Penal Decifrado – Parte Especial

37.13 FUGA DE PESSOA PRESA OU SUBMETIDA A MEDIDA DE SEGURANÇA

> **Art. 351.** Promover ou facilitar a fuga de pessoa legalmente presa ou submetida a medida de segurança detentiva:
>
> **Pena** – detenção, de seis meses a dois anos.
>
> **§ 1º** Se o crime é praticado a mão armada, ou por mais de uma pessoa, ou mediante arrombamento, a pena é de reclusão, de dois a seis anos.
>
> **§ 2º** Se há emprego de violência contra pessoa, aplica-se também a pena correspondente à violência.
>
> **§ 3º** A pena é de reclusão, de um a quatro anos, se o crime é praticado por pessoa sob cuja custódia ou guarda está o preso ou o internado.
>
> **§ 4º** No caso de culpa do funcionário incumbido da custódia ou guarda, aplica-se a pena de detenção, de três meses a um ano, ou multa.

37.13.1 Sujeitos

O crime é comum, podendo ser praticado por qualquer pessoa, sendo que, na hipótese do § 4º, é próprio, pois só pode ser praticado pelo servidor responsável pela custódia dos detentos.

37.13.2 Conduta e momento consumativo

Dentro dos crimes praticados no sistema prisional, o presente tem grande relevância.

Inicialmente, devemos destacar que o crime de fuga de pessoa presa ou submetida a medida de segurança não será praticado pelo preso, mas sim pela pessoa que promove ou facilita a sua fuga.

> ### Atenção!
>
> Ainda, é prudente ressaltar que, caso o funcionário público promova ou facilite a fuga, responderá a título de **dolo ou culpa**, conforme § 4º do art. 351 do CP.

Retirada a exceção do quadro acima, quando o crime é próprio, a regra é que o crime seja comum, podendo ser praticado por qualquer pessoa.

Essencialmente, punida a conduta de quem promove ou facilita a fuga de pessoa legalmente presa (podemos aqui, a partir de uma interpretação extensiva, dizer que também se insere na tutela deste dispositivo o menor que cumpre medida socioeducativa) ou submetida à medida de segurança detentiva. Ademais, cuida-se de crime de ação livre, podendo ser praticado por emprego de qualquer meio executivo: ameaça, fraude, violência contra a pessoa ou coisa, dentre outros.

Vale ressaltar também que é indispensável a **legalidade** da prisão ou medida de segurança, já que, se estivermos diante de uma prisão ilegal, não haverá o preenchimento dos elementos que constituem o tipo penal.

Segundo as disposições do art. 351, § 1º, do CP, se o crime é praticado a mão armada (arma branca ou de fogo), ou por mais de uma pessoa, ou mediante arrombamento, a pena será de reclusão de dois a seis anos. Trata-se de uma qualificadora do tipo penal.

No art. 351, § 3º, do CP, há a qualificadora que incide quando o crime é praticado por pessoa que tem sob sua custódia ou guarda o preso ou internado. No caso, identifica-se uma falha funcional, cuidando-se, pois, de qualificadora na qual o sujeito ativo é especial próprio. Dessa maneira, o servidor responsável pelos detentos que facilitar a fuga do custodiado é que responde pela forma qualificada.

Havendo violência, haverá cúmulo material de infrações.

37.13.3 Elemento subjetivo

O crime se pratica mediante dolo, mas admite a figura culposa na hipótese dos §§ 3º e 4º.

37.14 EVASÃO MEDIANTE VIOLÊNCIA CONTRA A PESSOA

> **Art. 352.** Evadir-se ou tentar evadir-se o preso ou o indivíduo submetido a medida de segurança detentiva, usando de violência contra a pessoa:
>
> **Pena** – detenção, de três meses a um ano, além da pena correspondente à violência.

37.14.1 Sujeitos

O crime em tela é próprio, pois somente a pessoa presa ou submetida a medida de segurança é que pode praticá-lo.

37.14.2 Conduta e momento consumativo

O crime em questão visa evitar a rebeldia daquele que se encontra custodiado.

Este crime é que efetivamente será praticado pela pessoa presa ou submetida a medida de segurança. Entretanto, somente se consumará se o detento fugir ou tentar fugir valendo-se de violência contra a pessoa.

Logo, se a fuga é desprovida de violência, não há que se falar em delito.

Importante

Ponto de fundamental relevância é que o crime do art. 352 é punido com a mesma pena tanto para aquele que efetivamente foge quanto para aquele que **tenta** fugir mas não consegue, recebendo a nomenclatura de crime de empreendimento ou de atentado.

652 Direito Penal Decifrado – Parte Especial

37.14.3 Elemento subjetivo

Trata-se do dolo.

37.15 ARREBATAMENTO DE PRESO

Art. 353. Arrebatar preso, a fim de maltratá-lo, do poder de quem o tenha sob custódia ou guarda:
Pena – reclusão, de um a quatro anos, além da pena correspondente à violência.

37.15.1 Sujeitos

O crime é comum, podendo ser praticado por qualquer pessoa.

37.15.2 Conduta e momento consumativo

A conduta consiste em arrebatar (retirar subitamente, subtrair, arrancar) preso do poder de quem o tenha sob custódia ou guarda, com o fim de maltratá-lo.

O tipo alude ao preso, pouco importando se a prisão é legal ou não.

O tipo penal menciona apenas o preso, e não aquele custodiado que cumpre medida de segurança.

Evidentemente, trata-se de um delito subsidiário que, a depender da situação, poderá ser confundido com a tortura ou o abuso de autoridade.

A seu turno, o preso pode ser arrebatado do seu cubículo ou de outro local que se encontre sob a tutela pública, como uma sala de audiência, por exemplo.

37.15.3 Elemento subjetivo

A conduta somente se pratica com o dolo, devendo existir também a finalidade específica de maltratar o preso.

37.16 MOTIM DE PRESOS

Art. 354. Amotinarem-se presos, perturbando a ordem ou disciplina da prisão:
Pena – detenção, de seis meses a dois anos, além da pena correspondente à violência.

37.16.1 Sujeitos

O crime é próprio, pois somente pode ser praticado por aquele que está efetivamente preso.

37.16.2 Conduta e momento consumativo

Para se evitar rebeliões e o mau comportamento carcerário, houve a necessidade de tipificação desta conduta.

O crime é plurissubjetivo, pois, seguindo o entendimento que prevalece, deve ser praticado por, pelo menos, três pessoas.

A conduta taxada de "amotinarem-se" pode ser representada pelo ato de rebeldia, bagunça e/ou tumulto.

Para a consumação do crime, que só se pratica mediante dolo, é imperioso que ocorra uma inversão da ordem e disciplina que imperam no ambiente carcerário. Caso os detentos sejam surpreendidos enquanto organizam o plano de rebelião, sem que ocorra a perturbação da ordem, o fato será atípico.

37.16.3 Elemento subjetivo

O crime somente se pratica com dolo.

37.17 PATROCÍNIO INFIEL

> **Art. 355.** Trair, na qualidade de advogado ou procurador, o dever profissional, prejudicando interesse, cujo patrocínio, em juízo, lhe é confiado:
>
> **Pena** – detenção, de seis meses a três anos, e multa.
>
> **Parágrafo único.** Incorre na pena deste artigo o advogado ou procurador judicial que defende na mesma causa, simultânea ou sucessivamente, partes contrárias.

37.17.1 Sujeitos

Pratica este crime – que é próprio – o advogado regularmente aprovado no exame de habilitação, em pleno gozo dos exercícios funcionais.

Vale ressaltar que a Constituição Federal, em seu art. 133, assegura a importância da profissão para a realização e efetivação da justiça.

37.17.2 Conduta e momento consumativo

O crime, que é material, configura-se no momento em que o advogado trai seu dever profissional, praticando conduta incompatível com aquela que se espera a partir da outorga de um instrumento de procuração.

Assim, se o advogado adota postura que prejudica o seu cliente, haverá o crime em questão, a denominada tergiversação (ou patrocínio simultâneo), que consiste no ato de o procurador representar na mesma causa, de maneira simultânea ou sucessiva, partes contrárias.

654 Direito Penal Decifrado – Parte Especial

A tutela existe para evitar que o procurador possa, eventualmente, tirar proveito dos dois litigantes de um feito.

37.17.3 Elemento subjetivo

O crime se pratica somente mediante dolo.

37.18 SONEGAÇÃO DE PAPEL OU OBJETO DE VALOR PROBATÓRIO

> **Art. 356.** Inutilizar, total ou parcialmente, ou deixar de restituir autos, documento ou objeto de valor probatório, que recebeu na qualidade de advogado ou procurador:
> **Pena** – detenção, de seis meses a três anos, e multa.

37.18.1 Sujeitos

O crime é próprio, pois somente o advogado ou o procurador devidamente constituído pode praticá-lo.

37.18.2 Conduta e momento consumativo

O crime, que é classificado como um tipo misto alternativo, eis que possui mais de um verbo na sua composição, consiste em tornar imprestável, destruir ou, ainda, deixar de devolver ao legítimo proprietário, documento ou objeto de valor probatório que recebeu em decorrência de um mandato, seja na condição de advogado, seja na condição de procurador.

37.18.3 Elemento subjetivo

O crime somente se pratica com dolo.

37.19 EXPLORAÇÃO DE PRESTÍGIO

> **Art. 357.** Solicitar ou receber dinheiro ou qualquer outra utilidade, a pretexto de influir em juiz, jurado, órgão do Ministério Público, funcionário de justiça, perito, tradutor, intérprete ou testemunha:
> **Pena** – reclusão, de um a cinco anos, e multa.
> **Parágrafo único.** As penas aumentam-se de um terço, se o agente alega ou insinua que o dinheiro ou utilidade também se destina a qualquer das pessoas referidas neste artigo.

37.19.1 Sujeitos

Aqui, estamos diante de crime comum, pois pode ser praticado por qualquer pessoa.

37.19.2 Conduta e momento consumativo

A conduta representa uma figura especial de tráfico de influência.

Pratica o crime aquele que solicita ou recebe dinheiro ou qualquer outra vantagem sob o argumento de que irá influir em ato a ser tomado por juiz, jurado, membro do Ministério Público, funcionário da justiça (oficial de justiça, analista, técnico), tradutor, intérprete ou testemunha.

Perceba a diferença entre a figura do art. 332[1] com a presente. Naquele crime, há a solicitação, recebimento, exigência, cobrança ou obtenção de valores a pretexto de influenciar em ato praticado por funcionário público.

No crime em estudo, temos apenas dois núcleos, mas as pessoas que receberão a malfadada influência são especificadas pelo tipo penal, enquanto no tráfico de influência há a menção de que a suposta influência será exercida sobre ato de funcionário público.

37.19.3 Causa de aumento

A pena será aumentada em 1/3 se quem pratica o crime leva a crer que o dinheiro ou a vantagem também será destinada às pessoas mencionadas no *caput*.

37.19.4 Elemento subjetivo

O crime somente se pratica mediante dolo.

37.20 VIOLÊNCIA OU FRAUDE EM ARREMATAÇÃO JUDICIAL

> **Art. 358.** Impedir, perturbar ou fraudar arrematação judicial; afastar ou procurar afastar concorrente ou licitante, por meio de violência, grave ameaça, fraude ou oferecimento de vantagem:
>
> **Pena** – detenção, de dois meses a um ano, ou multa, além da pena correspondente à violência.

37.20.1 Considerações gerais

O crime em tela visa proteger os certames de arrematação judicial. O crime pode ser praticado em dois momentos.

O primeiro visa proteger a tranquilidade do certame enquanto a segunda conduta protege os participantes.

---

[1] "**Art. 332.** Solicitar, exigir, cobrar ou obter, para si ou para outrem, vantagem ou promessa de vantagem, a pretexto de influir em ato praticado por funcionário público no exercício da função: (...)."

656 Direito Penal Decifrado – Parte Especial

37.20.2 Sujeitos

O crime é comum, podendo ser praticado por qualquer pessoa.

37.20.3 Conduta e momento consumativo

A primeira parte do dispositivo tem como núcleos os atos de "impedir" (criar obstáculos), "perturbar" (tumultuar) ou "fraudar" (enganar os envolvidos) arrematação judicial.

Por arrematação judicial entenda-se todo ato vinculado a um processo em que haverá expropriação de bens, como, por exemplo, um ato de leilão.

Na segunda parte, considera-se como ilícito o ato de afastar ou procurar afastar concorrente ou licitante mediante prática de atos de violência, grave ameaça, fraude ou oferecimento de qualquer tipo de vantagem.

37.20.4 Elemento subjetivo

O crime somente se pratica mediante dolo.

37.21 DESOBEDIÊNCIA A DECISÃO JUDICIAL SOBRE PERDA OU SUSPENSÃO DE DIREITO

Art. 359. Exercer função, atividade, direito, autoridade ou múnus, de que foi suspenso ou privado por decisão judicial:

Pena – detenção, de três meses a dois anos, ou multa.

37.21.1 Sujeitos

O crime é próprio, pois somente aquele que foi privado do seu exercício funcional por decisão judicial pode praticar a conduta.

37.21.2 Conduta e momento consumativo

Será punido aquele que exercer uma função, atividade, direito, autoridade ou múnus, cujo exercício foi vetado (parcial ou temporariamente) por decisão judicial.

Nas palavras de Luis Regis Prado (2017):

1) função é conjunto de atribuições conferidas pelo Estado a cada categoria profissional ou acometidas individualmente a determinadas pessoas;

2) atividade é o somatório de ações, atribuições, encargos ou de serviços desempenhados por um indivíduo;

3) direito é a faculdade ou prerrogativa para a prática de um ato;

4) autoridade consiste na prerrogativa ou poder conferido para praticar certos atos;

5) múnus significa o encargo obrigatório que deve ser exercido por alguém.

Assim, quem retoma ou dá início à atividade de que foi suspensa ou afastada por decisão judicial, incorrerá em violação a este tipo penal, que consiste numa figura especial de desobediência.

37.21.3 Elemento subjetivo

O crime somente se pratica mediante dolo.

38 Dos crimes contra as finanças públicas

38.1 CONTRATAÇÃO DE OPERAÇÃO DE CRÉDITO

Art. 359-A. Ordenar, autorizar ou realizar operação de crédito, interno ou externo, sem prévia autorização legislativa:

Pena – reclusão, de 1 (um) a 2 (dois) anos.

Parágrafo único. Incide na mesma pena quem ordena, autoriza ou realiza operação de crédito, interno ou externo:

I – com inobservância de limite, condição ou montante estabelecido em lei ou em resolução do Senado Federal;

II – quando o montante da dívida consolidada ultrapassa o limite máximo autorizado por lei.

38.1.1 Sujeitos

O crime é próprio, somente podendo ser praticado pelo chefe do Poder Executivo, seja ele federal, estadual ou municipal.

38.1.2 Conduta e momento consumativo

O crime do art. 359-A visa proteger as finanças públicas, bem como a probidade e a moralidade pública. Assim, tipificará a conduta, o ato de o chefe do Poder Executivo contratar uma operação de crédito desrespeitando os limites impostos pela legislação, gerando lesão grave às finanças públicas.

Como se sabe, a Administração Pública é movida pelo conhecido princípio da legalidade. Assim, a lei já impõe a margem necessária para o investimento das finanças. Qualquer desrespeito que viole a lei já existente, tipifica o crime em tela.

660 Direito Penal Decifrado – Parte Especial

38.I.3 Elemento subjetivo

O crime somente se pratica mediante dolo.

38.2 INSCRIÇÃO DE DESPESAS NÃO EMPENHADAS EM RESTOS A PAGAR

> **Art. 359-B.** Ordenar ou autorizar a inscrição em restos a pagar, de despesa que não tenha sido previamente empenhada ou que exceda limite estabelecido em lei:
>
> **Pena** – detenção, de 6 (seis) meses a 2 (dois) anos.

38.2.I Sujeitos

O crime é próprio, somente podendo ser praticado pelo chefe do Poder Executivo, seja ele federal, estadual ou municipal.

38.2.2 Conduta e momento consumativo

A conduta é ordenar (impor, determinar) ou autorizar (permitir) a inscrição em restos a pagar de despesa que não tenha sido previamente empenhada ou que exceda limite estabelecido em lei (verbos analisados no crime do art. 359-A).

Os denominados "restos a pagar", nos termos do que estabelece o art. 36 da Lei nº 4.320/1964, representa todas as despesas empenhadas não pagas até 31 de dezembro.

O excesso, por sua vez, representa conduta que vai além do que consta da lei orçamentária.

Como se observa, trata-se de norma penal em branco, pois depende de complementação por norma do direito financeiro que fixe os limites a serem observados pelo agente estatal no empenho de despesas públicas.

38.2.3 Elemento subjetivo

O crime somente se pratica com dolo.

38.3 ASSUNÇÃO DE OBRIGAÇÃO NO ÚLTIMO ANO DO MANDATO OU LEGISLATURA

> **Art. 359-C.** Ordenar ou autorizar a assunção de obrigação, nos dois últimos quadrimestres do último ano do mandato ou legislatura, cuja despesa não possa ser paga no mesmo exercício financeiro ou, caso reste parcela a ser paga no exercício seguinte, que não tenha contrapartida suficiente de disponibilidade de caixa: (Incluído pela Lei nº 10.028, de 2000.)
>
> **Pena** – reclusão, de 1 (um) a 4 (quatro) anos.

38.3.1 Sujeitos

O crime é próprio, somente podendo ser praticado pelo chefe do Poder Executivo, seja ele federal, estadual ou municipal.

38.3.2 Conduta e momento consumativo

O crime, que é denominado de ação múltipla, tem em sua composição os seguintes verbos: ordenar (impor, mandar, determinar), e autorizar (permitir, conceder autorização) a assunção de obrigação nos dois últimos quadrimestres, que não possa ser pago.

A conduta visa tornar crime o ato de se constituir uma obrigação jurídica nos derradeiros oito meses de mandato, que, sabidamente não será honrada. Trata-se, por evidente, de uma modalidade especial de estelionato praticada pelo chefe do Poder Executivo, que compra, tendo ciência de que não pagará.

Vale destacar também que a tão temida Lei de Responsabilidade Fiscal (Lei Complementar nº 101, de 4 de maio de 2000), em seu art. 21, IV, *a*, considera nulo de pleno direito o ato que provoque aumento de despesa com pessoal expedido nos 180 dias anteriores ao final do mandato do titular do respectivo Poder ou órgão público.

A tutela paira sobre a responsabilidade fiscal do gestor, para não se onerar a máquina estatal.

38.3.3 Elemento subjetivo

O crime somente se pratica mediante dolo.

38.4 ORDENAÇÃO DE DESPESA NÃO AUTORIZADA

> **Art. 359-D.** Ordenar despesa não autorizada por lei:
>
> **Pena** – reclusão, de 1 (um) a 4 (quatro) anos.

38.4.1 Sujeitos

O crime é próprio, pois somente pode ser praticado pelo agente que tenha por incumbência promover a ordenação de despesas.

38.4.2 Conduta e momento consumativo

Cuida-se de tipo que proíbe a ordenação de quaisquer despesas que não se encontrem amparadas por lei. A ideia do dispositivo é fazer com que a lei e a previsão orçamentária sejam rigorosamente obedecidas para que, em hipótese de descumprimento, ocorra a intervenção estatal.

Ora, a lei orçamentária é uma ferramenta de cabeceira para o operador da máquina pública, que deve obedecer rigorosamente suas disposições, sob pena de incorrer em crime de responsabilidade ou pelo presente crime comum, que tem aplicação subsidiária.

Logo, a prática de atos arbitrários, desprovidos de fundamentação e calcados somente em meras convicções próprias ou partidárias, receberão intervenção do direito penal.

Aqui resta manifestamente evidente o caráter preventivo do direito penal, que pode alcançar até mesmo o mais alto escalão do Poder Executivo, quando pratica atos em descompasso com a lei vigente.

38.4.3 Elemento subjetivo

O crime somente se pratica mediante dolo.

38.5 PRESTAÇÃO DE GARANTIA GRACIOSA

Art. 359-E. Prestar garantia em operação de crédito sem que tenha sido constituída contragarantia em valor igual ou superior ao valor da garantia prestada, na forma da lei:

Pena – detenção, de 3 (três) meses a 1 (um) ano.

38.5.1 Sujeitos

O crime previsto neste artigo somente pode ser praticado pelos chefes do Poder Executivo (operação de crédito), incluindo a Administração Indireta (fundações etc.), na medida em que somente eles têm a prerrogativa de dar aval, fiança ou outra forma de garantia em operação de crédito.

38.5.2 Conduta e momento consumativo

O tipo penal do art. 359-E proíbe a conduta de prestar, ou seja, dar, conceder, garantia em operação de crédito sem que tenha sido constituída contragarantia em valor igual ou superior ao valor dado em garantia.

O elemento normativo do tipo "de garantia" é compreendido por intermédio de definição legal contida no art. 29, inc. IV, da Lei de Responsabilidade Fiscal: considera-se concessão de garantia, "o compromisso de adimplência de obrigação financeira ou contratual assumida por ente da Federação ou entidade a ele vinculada".

A contragarantia consistiria na prestação de uma garantia prestada por quem executaria o serviço, como uma garantia de execução do serviço.

38.5.3 Elemento subjetivo

O crime se pratica com dolo.

38.6 NÃO CANCELAMENTO DE RESTOS A PAGAR

Art. 359-F. Deixar de ordenar, de autorizar ou de promover o cancelamento do montante de restos a pagar inscrito em valor superior ao permitido em lei:

Pena – detenção, de 6 (seis) meses a 2 (dois) anos.

38.6.1 Sujeitos

O tipo penal somente pode ser praticado pelo chefe do Poder Executivo federal, municipal ou estadual.

38.6.2 Conduta e momento consumativo

A conduta consiste, basicamente, em deixar de autorizar ou de promover a baixa de restos a pagar.

38.6.3 Elemento subjetivo

O crime se pratica mediante dolo.

38.7 AUMENTO DE DESPESA TOTAL COM PESSOAL NO ÚLTIMO ANO DO MANDATO OU LEGISLATURA

Art. 359-G. Ordenar, autorizar ou executar ato que acarrete aumento de despesa total com pessoal, nos cento e oitenta dias anteriores ao final do mandato ou da legislatura:

Pena – reclusão, de 1 (um) a 4 (quatro) anos.

38.7.1 Sujeitos

Sujeito ativo é o administrador público, ou seja, os chefes do Poder Executivo da União, dos Estados, do Distrito Federal e dos Municípios. Todavia, a competência pode também ser estendida aos dirigentes das Casas Legislativas e dos Tribunais de Conta, qualquer representante de órgão que tenha poder para ordenar despesa.

38.7.2 Conduta e momento consumativo

A conduta consiste em impor, permitir ou praticar ato que acarrete aumento de despesa com pessoal nos 180 dias anteriores ao término do mandato ou da legislatura.

Como já discorrido acima, tal conduta encontra respaldo na Lei de Responsabilidade Fiscal e, uma vez praticada, poderá ensejar a dupla punição do agente público, tanto pelo crime comum como pelo crime de responsabilidade.

664 Direito Penal Decifrado – Parte Especial

38.7.3 Elemento subjetivo

O crime somente se pratica mediante dolo.

38.8 OFERTA PÚBLICA OU COLOCAÇÃO DE TÍTULOS NO MERCADO

Art. 359-H. Ordenar, autorizar ou promover a oferta pública ou a colocação no mercado financeiro de títulos da dívida pública sem que tenham sido criados por lei ou sem que estejam registrados em sistema centralizado de liquidação e de custódia:

Pena – reclusão, de 1 (um) a 4 (quatro) anos.

38.8.1 Sujeitos

O sujeito ativo somente pode ser o chefe do Executivo dos entes que têm autorização legal para a oferta ou a colocação de títulos mobiliários. Cuida-se de crime especial próprio.

38.8.2 Conduta e momento consumativo

O objetivo de tutela do presente dispositivo é justamente regulamentar as finanças públicas, no intuito de evitar que sejam colocados no mercado, de maneira irregular, títulos da dívida pública.

Títulos da dívida pública são aqueles papéis emitidos pelo Estado na qualidade de empréstimo (crédito público). Empréstimo público é o ato pelo qual o Estado obtém crédito com obrigação de restituí-lo no futuro com pagamento de juros. É a dívida pública monetária.

Vale destacar que o art. 61 da Lei de Responsabilidade Fiscal dispõe que "os títulos da dívida pública, desde que devidamente escriturados em sistema centralizado de liquidação e custódia, poderão ser oferecidos em caução para garantia de empréstimos, ou em outras transações previstas em lei, pelo seu valor econômico, conforme definido pelo Ministério da Fazenda".

38.8.3 Elemento subjetivo

O crime somente se pratica mediante dolo.

PARTE XII

Dos Crimes Contra o Estado Democrático de Direito

Crimes contra o Estado Democrático de Direito

39.1 CONSIDERAÇÕES GERAIS

O título XII do Código Penal foi inserido em nosso Código Penal a partir da Lei nº 14.197/2021.

Tal disposição revogou expressa e totalmente todo o contido na (ultrapassada) Lei de Segurança Nacional (Lei nº 7.170/1983), bem como o art. 39 da Lei de Contravenções Penais (Decreto-lei nº 3.688/1941).

Analisando o texto constitucional, logo no art. 1º temos que o Estado Democrático de Direito constitui-se como um dos pilares sobre o qual todos os ordenamentos correlatos devem ser lastreados.

Na mesma toada, o art. 5º, XLIV, da Carta Magna, preconiza como crime a ação de grupos armados, civis ou militares, contra a ordem constitucional e contra o Estado Democrático de Direito, estabelecendo que é inafiançável e imprescritível.

O texto constitucional, externando um mandado expresso de criminalização, modernizou o que já havia de legislação sobre o tema, a Lei de Segurança Nacional.

Considerando que a referida lei era anterior ao texto constitucional, somado, ainda, ao fato de que a LSN era muito questionada, notadamente pelo fato de ter sido constituída na ditadura militar, havendo o entendimento de que violava os critérios de razoabilidade e proporcionalidade.

A novel alteração já era objeto de propostas desde o ano de 2002, quando Miguel Reale Junior (2002), na ocasião Ministro de Estado da Justiça, propôs a inclusão de um novo título, conforme Exposição de Motivos, encaminhada em 16 de abril de 2002:

> Excelentíssimo Senhor Presidente da República,
>
> Submeto à apreciação de Vossa Excelência o anexo Projeto de Lei que "Introduz, no Código Penal, Título relativo aos crimes contra o Estado Democrático de Direito e revoga e Lei de Segurança Nacional".
>
> 2. A proposta, fruto dos trabalhos da Comissão de Alto Nível coordenada pelo Ministro Luiz Vicente Cernicchiaro, e com participação do Dr. Luiz Roberto Barroso, Dr. Luiz

Alberto Araújo e Dr. José Bonifácio Borges de Andrada, constituída pela Portaria nº 413, de 30 de maio de 2000, com o intuito de efetuar estudos sobre a legislação de Segurança Nacional e sugerir princípios gerais para nortear a elaboração de Projeto de Lei de Defesa do Estado Democrático de Direito.

3. Para melhor elucidar as razões pelas quais ofereço ao elevado descortino de Vossa Excelência a presente propositura, optei por reproduzir parte do Relatório circunstanciado da referida Comissão que procurou interpretar o sentimento da sociedade civil brasileira, ciosa da importância da liberdade duramente conquistada e da necessidade do respeito ao pluralismo político e às instituições democráticas.

4. No que concerne à primeira parte dos trabalhos – exarar parecer sobre a vigência da Lei nº 7.170, de 14 de dezembro de 1983 (Lei de Segurança Nacional) – fez a Comissão um relato acerca da doutrina de segurança nacional e o regime constitucional anterior, bem como um histórico sobre a evolução, no Brasil, da legislação a respeito do tema até a promulgação da Constituição de 1988.

5. A segunda solicitação feita à Comissão era sugerir princípios norteadores de um Projeto de Lei de Defesa do Estado Democrático de Direito. O texto ora submetido à consideração de Vossa Excelência colheu valiosos subsídios em trabalhos análogos anteriores para que o projeto fosse esboçado. Dentre eles, merecem destaque: (i) o anteprojeto de Lei de Defesa do Estado Democrático, elaborado em 1985, pela Comissão presidida pelo Ministro Evandro Lins e Silva e integrada pelos Professores René Ariel Dotti, Nilo Batista e Antônio Evaristo de Moraes; e (ii) o anteprojeto da Comissão Revisora para elaboração do Código Penal (Portaria nº 232, de 24.03.98). Foram levados em conta, igualmente, projetos em tramitação no Congresso Nacional e sugestões encaminhadas pelo Gabinete de Segurança Institucional da Presidência da República.

6. "O projeto, ora apresentado, visa a tutelar valores e princípios fundamentais do Estado brasileiro, dentre os quais a soberania nacional, o regime democrático, os direitos de cidadania e o pluralismo político. Com tal propósito, acrescentou-se ao Código Penal um Título XII, denominado 'Dos crimes contra o Estado Democrático de Direito'. Abandona-se, assim, em definitivo, a referência a segurança nacional, empregando-se a terminologia consagrada pelo próprio texto constitucional. O título introduzido, conforme descrito no relatório da Comissão, ficou dividido em cinco capítulos, a saber:

'Capítulo I: Dos crimes contra a soberania nacional;

Capítulo II: Dos crimes contra as instituições democráticas;

Capítulo III: Dos crimes contra o funcionamento das Instituições Democráticas e dos Serviços Essenciais;

Capítulo IV: Dos crimes contra a autoridade estrangeira ou internacional;

Capítulo V: Dos crimes contra a cidadania.'

7. Tem por conteúdo o Projeto em seu capítulo I – Dos crimes contra a soberania nacional – impor deveres de lealdade ao Estado brasileiro. Nele estão previstos tipos penais já conhecidos e definidos em quase todas as legislações, que incluem: atentado à soberania, traição, violação do território, atentado à integridade nacional e espionagem.

Foi expressamente contemplada a violação do território nacional com o fim de explorar riquezas naturais e, no tocante à tentativa de desmembramento do território nacional, somente foi punida a hipótese de movimento armado. Embora a Constituição consagre a indissolubilidade da Federação, não se criminalizou a mera expressão de ideias ou sentimentos separatistas.

8. No capítulo II – Dos crimes contra as instituições democráticas – é abrigado alguns tipos igualmente tradicionais, como insurreição, conspiração e incitamento à guerra civil. Manteve-se a previsão do crime específico de atentado à autoridade, quando a vítima seja o Presidente ou o Vice-Presidente da República ou os Presidentes da Câmara dos Deputados, do Senado Federal e do Supremo Tribunal Federal. Instituiu-se o crime de golpe de Estado, imputável a servidor público civil ou militar que tentar depor o governo constituído ou impedir o funcionamento das instituições constitucionais. Empregou-se a locução funcionário público, em lugar de servidor público, que seria tecnicamente mais precisa (Constituição Federal, Título III, Seção II: 'Dos Servidores Públicos'), para não quebrar a unidade da terminologia adotada pelo Código Penal, ainda recentemente reiterada pelo legislador infraconstitucional, com a Lei nº 9.983, de 14.07.2000, que deu nova redação ao § 1º do seu art. 327 e manteve a referência a funcionário público.

9. Dentro do capítulo III – Dos crimes contra o funcionamento das instituições democráticas e dos serviços essenciais – estão contidas a previsão dos crimes de terrorismo e ação de grupos armados, ambos expressamente referidos no texto constitucional (art. 5º, XLIII e XLIV), bem como o de apoderamento ilícito de meios de transporte. Note-se que o projeto exige como motivação para este crime o facciosismo político ou religioso, ou a coação a autoridade. Pune-se, igualmente, a sabotagem, devendo-se notar que tanto aqui, como na hipótese de terrorismo, contemplou-se a possibilidade de utilização indevida de recursos de informática para obtenção dos resultados previstos nestes crimes. Institui-se, também, em substituição à previsão genérica da legislação em vigor, relativa à tentativa de impedir o livre exercício dos Poderes da União ou dos Estados, o crime de coação contra autoridade legítima, consistente em constranger, mediante violência ou grave ameaça, por motivo de facciosismo político, autoridade legítima a não fazer o que a lei permite ou a fazer o que ela não manda, no exercício das suas atribuições.

10. O capítulo IV – Dos crimes contra autoridade estrangeira ou internacional – tutela a integridade física de representante de Estado estrangeiro no país, ou dirigente de organização internacional, que se encontrem no território nacional. A Comissão optou por não incluir no projeto outros crimes com repercussão sobre as relações internacionais, considerados crimes contra a humanidade – como genocídio e tortura –, por já terem sido disciplinados em outros documentos legislativos em vigor.

11. E, por fim, o capítulo V – Dos crimes contra a cidadania – constitui importante inovação. Nele se procura coibir o abuso de poder por parte do Estado e o abuso de direito por parte de particulares. Prevê-se, assim, o crime de atentado a direito de manifestação, que consiste em impedir ou tentar impedir, mediante violência ou grave ameaça, sem justa causa, o livre e pacífico exercício do direito de manifestação. Pode ser sujeito ativo do crime tanto o particular como o servidor público. O projeto também pune a associação discriminatória e a discriminação racial ou atentatória a direitos fundamentais, com o fim de desestimular o preconceito e a intolerância".

670 Direito Penal Decifrado – Parte Especial

Estas, Senhor Presidente, as normas que integram a presente proposta, e que, se aceitas, hão de constituir importante passo para a tutela de valores elevados do Estado e da sociedade, a serem respeitados a todo tempo, por oposição e governo, independentemente de quem esteja em uma ou outra posição, um documento que quando convertido em lei irá celebrar a maturidade institucional brasileira.

Respeitosamente,

MIGUEL REALE JÚNIOR

Ministro de Estado da Justiça

Percebe-se que há muito já existe uma preocupação com a modernização da legislação, visando, sobretudo, fugir das premissas ditatoriais e uniformizar a legislação de acordo com o democrático texto constitucional.

Considerando a prematuridade do título e suas disposições, naturalmente, com o decorrer do tempo e, sobretudo, com as diferentes formas de interpretação da lei, muitos aspectos serão alterados.

Resta-nos, neste momento embrionário, aplicar as técnicas de interpretação literal e buscar realmente o alcance da norma.

Naturalmente, o que se espera proteger é o nosso território e a isonomia dos Poderes dentro do nosso estado.

39.2 CRIMES CONTRA A SOBERANIA NACIONAL

39.2.1 Atentado à soberania

Art. 359-I. Negociar com governo ou grupo estrangeiro, ou seus agentes, com o fim de provocar atos típicos de guerra contra o País ou invadi-lo:

Pena – reclusão, de 3 (três) a 8 (oito) anos.

§ 1º Aumenta-se a pena de metade até o dobro, se declarada guerra em decorrência das condutas previstas no *caput* deste artigo

§ 2º Se o agente participa de operação bélica com o fim de submeter o território nacional, ou parte dele, ao domínio ou à soberania de outro país:

Pena – reclusão, de 4 (quatro) a 12 (doze) anos.

39.2.1.1 Sujeitos

Por não haver nenhuma elementar específica, tal negociação pode ser feita por qualquer pessoa, desde que seja realizada com governo estrangeiro ou um grupo (paramilitar, por exemplo), e que esteja presente a finalidade específica de se provocar uma guerra entre o Brasil e o país que se negocia, ou, ainda, negociar uma invasão do mesmo.

39.2.1.2 Momento consumativo

O crime se consuma quando se verificar as efetivas negociações com a finalidade específica.

Trata-se de crime formal e a ocorrência de atos típicos de guerra ou a invasão não são necessários para a consumação do tipo penal.

39.2.1.3 Conduta

A conduta consiste em negociar, ou seja, promover ajustes com governo ou grupo estrangeiro (ex.: PCC – não se enquadra na modalidade, pois é um grupo nacional), com a finalidade específica já mencionada.

39.2.1.4 Causa de aumento de pena

As penas previstas no *caput* deste artigo poderão ser aumentadas da metade até o dobro se, em decorrência das negociações, a guerra é declarada.

A tentativa é possível quando se tratar de negociação escrita.

39.2.1.5 Qualificadora

O crime será punido com mais rigor se o agente (aqui também o crime é comum) participa de operação armada com a finalidade de submeter a totalidade ou parte do nosso território ao domínio ou à soberania de outro país.

O rigor aqui é maior, na medida em que o agente não só negocia como também participa das ações.

39.2.1.6 Elemento subjetivo

O crime somente é praticado mediante dolo, exigindo-se, ainda, tanto na forma comum como na forma qualificada, o elemento subjetivo específico.

39.2.1.7 Ação penal

O crime se processa mediante ação penal pública incondicionada.

39.2.2 Atentado à integridade nacional

Art. 359-J. Praticar violência ou grave ameaça com a finalidade de desmembrar parte do território nacional para constituir país independente:

Pena – reclusão, de 2 (dois) a 6 (seis) anos, além da pena correspondente à violência.

39.2.2.1 Sujeitos

Trata-se de crime comum, podendo ser praticado por qualquer pessoa.

39.2.2.2 Momento consumativo

O crime se consuma no momento em que o agente pratica violência ou grave ameaça, com a finalidade específica de desmembrar parte do território para a constituição de um país independente.

39.2.2.3 Conduta

A conduta delitiva não é a mera cogitação de desmembramento, mas sim praticar violência contra a pessoa ou grave ameaça com o fim de se constituir novo país.

39.2.2.4 Elemento subjetivo

O crime somente é praticado mediante dolo, exigindo-se também a finalidade específica de se constituir um novo país.

Havendo violência contra a pessoa, haverá também concurso material de infração.

39.2.2.5 Ação penal

O crime se processa mediante ação penal pública incondicionada.

39.2.3 Espionagem

> **Art. 359-K.** Entregar a governo estrangeiro, a seus agentes, ou a organização criminosa estrangeira, em desacordo com determinação legal ou regulamentar, documento ou informação classificados como secretos ou ultrassecretos nos termos da lei, cuja revelação possa colocar em perigo a preservação da ordem constitucional ou a soberania nacional:
>
> **Pena** – reclusão, de 3 (três) a 12 (doze) anos.
>
> **§ 1º** Incorre na mesma pena quem presta auxílio a espião, conhecendo essa circunstância, para subtraí-lo à ação da autoridade pública.
>
> **§ 2º** Se o documento, dado ou informação é transmitido ou revelado com violação do dever de sigilo:
>
> **Pena** – reclusão, de 6 (seis) a 15 (quinze) anos.
>
> **§ 3º** Facilitar a prática de qualquer dos crimes previstos neste artigo mediante atribuição, fornecimento ou empréstimo de senha, ou de qualquer outra forma de acesso de pessoas não autorizadas a sistemas de informações:
>
> **Pena** – detenção, de 1 (um) a 4 (quatro) anos.
>
> **§ 4º** Não constitui crime a comunicação, a entrega ou a publicação de informações ou de documentos com o fim de expor a prática de crime ou a violação de direitos humanos.

39.2.3.1 Sujeitos

Embora vá se criar divergência, entendemos que o crime é comum, tendo em vista que basta que o agente tenha acesso aos documentos secretos ou ultrassecretos para que o objeto material do crime esteja preenchido.

39.2.3.2 Momento consumativo

O crime se consuma quando o agente, dolosamente, entrega a governo estrangeiro, documento secreto ou ultrassecreto, violando as determinações legais.

Além disso, a entrega desses documentos pode colocar em perigo a preservação da ordem e soberania nacional.

Sobre o conceito de documentos secretos e ultrassecretos, nos ensina a Lei nº 12.527/2011:

> **Art. 27.** A classificação do sigilo de informações no âmbito da administração pública federal é de competência:
>
> I – no grau de ultrassecreto, das seguintes autoridades:
>
> a) Presidente da República;
>
> b) Vice-Presidente da República;
>
> c) Ministros de Estado e autoridades com as mesmas prerrogativas;
>
> d) Comandantes da Marinha, do Exército e da Aeronáutica; e
>
> e) Chefes de Missões Diplomáticas e Consulares permanentes no exterior;
>
> II – no grau de secreto, das autoridades referidas no inciso I, dos titulares de autarquias, fundações ou empresas públicas e sociedades de economia mista;

Trata-se de nítida norma penal em branco homogênea, eis que depende de complementação para que se possa compreender o âmbito de alcance da norma.

39.2.3.3 Conduta

As condutas criminosas, que aparecem tanto no *caput* quanto na causa de equiparação disposta no § 1º, consistem em entregar a governo estrangeiro, a seus agentes, ou a organização criminosa estrangeira, em desacordo com as disposições regulamentares, documento ou informação classificados pelo Poder Público como secretos ou ultrassecretos cuja revelação possa colocar em perigo a preservação da ordem constitucional ou a soberania nacional.

Também pratica o crime em apreço quem presta auxílio a espião (pessoa estrangeira/infiltrada, que tem por objetivo angariar informações secretas ou ultrassecretas sobre o Brasil), conhecendo essa circunstância, para subtraí-lo da ação da autoridade pública. Trata-se de uma modalidade especial do crime de favorecimento pessoal (art. 348 do Código Penal).

674 Direito Penal Decifrado – Parte Especial

39.2.3.4 Qualificadora

Para que o crime de espionagem seja qualificado, é preciso que ocorra a quebra de um dever funcional.

E por envolver essa violação funcional, o crime qualificado passa a ser próprio, pois se exige uma condição especial do agente.

39.2.3.5 Privilégio

No § 3º, temos uma pena reduzida, o que se caracteriza como uma forma privilegiada do crime, e também será constituído como um crime próprio, pois somente o agente que possui a senha para acesso e facilita a prática dos crimes descritos anteriormente, mediante fornecimento ou empréstimo de senha para pessoas não autorizadas, responderá por este delito.

39.2.3.6 Causa de atipicidade

No § 4º, temos uma causa de atipicidade da conduta, tendo em vista que não será considerada criminosa a conduta de entregar ou publicar informações com o fim de expor a prática de crimes ou, ainda, a violação de direitos humanos.

39.2.3.7 Elemento subjetivo

O crime somente é praticado mediante dolo, não se punindo a forma culposa.

39.2.3.8 Ação penal

O crime se processa mediante ação penal pública incondicionada.

39.3 CRIMES CONTRA AS INSTITUIÇÕES DEMOCRÁTICAS

39.3.1 Abolição violenta do Estado Democrático de Direito

> **Art. 359-L.** Tentar, com emprego de violência ou grave ameaça, abolir o Estado Democrático de Direito, impedindo ou restringindo o exercício dos poderes constitucionais:
>
> **Pena** – reclusão, de 4 (quatro) a 8 (oito) anos, além da pena correspondente à violência.

39.3.1.1 Sujeitos

O crime é comum, pois pode ser praticado por qualquer pessoa.

39.3.1.2 Momento consumativo

Aqui estamos diante de um crime de atentado, ou empreendimento, na medida em que se pune a mera tentativa.

Assim, quando o agente tentar empregar a violência ou a grave ameaça com a intenção de interromper a existência do Estado Democrático de Direito ou, ainda, restringindo o livre exercício dos Poderes (Executivo, Legislativo ou Judiciário), o crime estará consumado.

Além disso, impende destacar que o objetivo nesta conduta não barrar ou "tirar a força" o chefe de estado. A conduta busca violar e fazer cessar a democracia.

39.3.1.3 Conduta

A conduta consiste em tentar, com o uso da violência ou grave ameaça, depor o Estado Democrático de Direito, impedindo ou restringindo o livre exercício dos Poderes.

Por ser crime de atentado, não é possível a tentativa.

39.3.1.4 Elemento subjetivo

O crime somente é praticado mediante dolo, tendo em vista que um crime tentado não admite a forma culposa.

39.3.1.5 Ação penal

O crime se processa mediante ação penal pública incondicionada.

39.3.2 Golpe de estado

Art. 359-M. Tentar depor, por meio de violência ou grave ameaça, o governo legitimamente constituído:

Pena – reclusão, de 4 (quatro) a 12 (doze) anos, além da pena correspondente à violência.

39.3.2.1 Sujeitos

O crime é comum, pois pode ser praticado por qualquer pessoa. Como sujeito passivo temos o Estado, ou ainda, a própria sociedade.

O delito de golpe de Estado está localizado no Capítulo II da nova lei, chamado de "Dos Crimes contra as Instituições Democráticas", e o bem jurídico penal é o próprio Estado Democrático de Direito, o qual consta no preâmbulo da Constituição Federal e no art. 1º, *caput*, sendo o modelo, a forma institucional do Brasil.

Ademais, as normas constitucionais definem o sistema republicano, democrático e representativo no qual o voto é o meio pelo qual se ascende ao cargo político-eleitoral, não se admitindo a tomada violenta do poder.

676 Direito Penal Decifrado – Parte Especial

O sujeito ativo pode ser qualquer pessoa, caracterizando o crime comum. O sujeito passivo é a sociedade e o Estado.

Quanto à tipicidade objetiva, trata-se de delito de forma livre de mera conduta. Incrimina-se a conduta de tentar depor governo legitimamente constituído, o que significa governo eleito democraticamente, conforme as regras constitucionais, e devidamente diplomado.

O delito somente ocorre se a tentativa de deposição utilizar violência ou grave ameaça, não se podendo confundir esse delito com a renúncia ou *impeachment* daquele que foi eleito ou mesmo com cassação parcial ou total da chapa.

39.3.2.2 Momento consumativo

Aqui estamos diante de um crime de atentado, ou empreendimento, na medida em que se pune a mera tentativa.

Assim, quando o agente tentar empregar a violência ou a grave ameaça com a intenção de depor o governo legitimamente constituído, o crime estará consumado.

Importante destacar que esse tipo não se confunde com eventual processo de *impeachment* do eleito.

39.3.2.3 Conduta

A conduta consiste em tentar, com o uso da violência ou grave ameaça, depor o governo legitimamente constituído. Assim, o crime estará consumado.

Tem-se aqui um crime de forma livre. A conduta incriminada é a de tentar depor o governo democraticamente eleito, mediante o uso de violência ou grave ameaça.

O delito somente ocorre se a tentativa de deposição utilizar violência ou grave ameaça, não se podendo confundir este delito com a renúncia ou *impeachment* daquele que foi eleito ou mesmo com cassação parcial ou total da chapa.

Por se tratar de crime de atentado, não se admite a tentativa.

39.3.2.4 Elemento subjetivo

O crime somente é praticado mediante dolo, tendo em vista que um crime tentado não admite a forma culposa.

39.3.2.5 Ação penal

O crime se processa mediante ação penal pública incondicionada.

39.4 CRIMES CONTRA O FUNCIONAMENTO DAS INSTITUIÇÕES DEMOCRÁTICAS NO PROCESSO ELEITORAL

39.4.1 Interrupção do processo eleitoral

Art. 359-N. Impedir ou perturbar a eleição ou a aferição de seu resultado, mediante violação indevida de mecanismos de segurança do sistema eletrônico de votação estabelecido pela Justiça Eleitoral:

Pena – reclusão, de 3 (três) a 6 (seis) anos, e multa.

Tem-se aqui crime que busca tutelar o regular funcionamento das instituições democráticas no processo eleitoral, punindo aquele que impede ou perturba a eleição ou a aferição de seu resultado, mediante violação indevida de mecanismos de segurança do sistema eletrônico de votação estabelecido pela Justiça Eleitoral.

39.4.1.1 Sujeitos

O crime é comum, pois pode ser praticado por qualquer pessoa, envolvida ou não no processo eleitoral.

39.4.1.2 Momento consumativo

Tratando-se de crime doloso, consuma-se com o efetivo impedimento ou perturbação da eleição ou da aferição de seu resultado mediante violação indevida de mecanismos de segurança do sistema eletrônico de votação estabelecido pela Justiça Eleitoral.

É admitida a tentativa.

39.4.1.3 Conduta

A conduta consiste em impedir ou perturbar a eleição ou a aferição de seu resultado, por meio da violação indevida dos mecanismos de segurança do sistema eletrônico de votação estabelecido pela Justiça Eleitoral.

Atente-se ao fato de que para caracterizar o tipo penal, a violação deve ser indevida. A violação "devida", ou seja, aquela permitida, que é feita pela própria Justiça Eleitoral, por meio de testes de segurança, não caracteriza o crime.

As condutas típicas de impedir ou perturbar devem atingir a eleição ou a aferição do resultado e devem ser causados mediante violação indevida de mecanismos de segurança do sistema eletrônico de votação.

Se o impedimento ou a perturbação forem causados mediante outro meio que não o mencionado, não restará caracterizado o presente tipo penal.

39.4.1.4 Elemento subjetivo

O crime somente se pune em sua forma dolosa.

A tentativa é admissível.

39.4.1.5 Ação penal

O crime se processa mediante ação penal pública incondicionada.

39.4.2 Violência política

> **Art. 359-P.** Restringir, impedir ou dificultar, com emprego de violência física, sexual ou psicológica, o exercício de direitos políticos a qualquer pessoa em razão de seu sexo, raça, cor, etnia, religião ou procedência nacional:
>
> **Pena** – reclusão, de 3 (três) a 6 (seis) anos, e multa, além da pena correspondente à violência.

O tipo penal visa tutelar a regularidade do funcionamento das instituições democráticas no processo eleitoral.

39.4.2.1 Sujeitos

Trata-se de crime comum, podendo ser praticado por qualquer pessoa. O sujeito passivo é a coletividade e, como vítima secundária, a pessoa contra quem é dirigida a conduta do agente.

Da vítima não é exigida nenhuma condição especial, apenas que seja titular de direitos políticos, ou seja, que não tenha seus direitos políticos suspensos ou cassados.

Atente-se ao fato de que, diferentemente do art. 326-B do Código Eleitoral, a vítima aqui pode ser pessoa de qualquer gênero, e não apenas do gênero feminino, como o é naquele dispositivo. O crime previsto no art. 326-B do Código Eleitoral[1] é destinado às condutas empregadas contra candidatas e mandatárias eleitas.

---

[1] **Código Eleitoral:**
"**Art. 326-B.** Assediar, constranger, humilhar, perseguir ou ameaçar, por qualquer meio, candidata a cargo eletivo ou detentora de mandato eletivo, utilizando-se de menosprezo ou discriminação à condição de mulher ou à sua cor, raça ou etnia, com a finalidade de impedir ou de dificultar a sua campanha eleitoral ou o desempenho de seu mandato eletivo:
Pena – reclusão, de 1 (um) a 4 (quatro) anos, e multa.
Parágrafo único. Aumenta-se a pena em 1/3 (um terço), se o crime é cometido contra mulher:
I – gestante;
II – maior de 60 (sessenta) anos;
III – com deficiência".

Para melhor esclarecimento, sugerimos a leitura do artigo de autoria de Fernanda Moretzsohn e Patrícia Burin, publicado na coluna "Questão de Gênero", em que as autoras trazem considerações a respeito do art. 326-B do Código Eleitoral.

No crime previsto no Código Eleitoral, a vítima, além da coletividade, será a mulher contra quem é dirigida a conduta.[2]

39.4.2.2 Momento consumativo

O crime se consuma com a efetiva restrição, impedimento ou criação de dificuldade para o exercício de direitos políticos.

39.4.2.3 Conduta

A conduta consiste em impedir, dificultar ou restringir o exercício dos direitos políticos mediante o emprego de violência física, sexual ou psicológica.

39.4.2.4 Elemento subjetivo

O crime somente é praticado mediante dolo, sendo admitida a tentativa.

39.4.2.5 Ação penal

O crime se processa mediante ação penal pública incondicionada.

39.5 CRIMES CONTRA O FUNCIONAMENTO DOS SERVIÇOS ESSENCIAIS

39.5.1 Sabotagem

Art. 359-R. Destruir ou inutilizar meios de comunicação ao público, estabelecimentos, instalações ou serviços destinados à defesa nacional, com o fim de abolir o Estado Democrático de Direito:

Pena – reclusão, de 2 (dois) a 8 (oito) anos.

39.5.1.1 Sujeitos

O crime é comum, pois pode ser praticado por qualquer pessoa. Qualquer um pode ser sujeito ativo e o sujeito passivo é a sociedade.

Tutela-se o Estado Democrático de Direito.

---

[2] Disponível em: https://www.conjur.com.br/2021-nov-05/questao-genero-algumas-consideracoes-violencia-politica-genero.

39.5.1.2 Momento consumativo

Aqui a consumação se dá com a destruição ou inutilização dos bens e/ou serviços descritos no tipo, não sendo exigido, obviamente, o fim do Estado democrático de Direito.

39.5.1.3 Conduta

A conduta consiste em destruir ou inutilizar meio de comunicação, estabelecimentos, instalações ou serviços utilizados para defesa nacional.

A conduta do agente deve ser dirigida a uma finalidade específica, qual seja, é tentar abolir o Estado Democrático de Direito.

Tratando-se de crime plurissubsistente, que pode ter o *iter criminis* fracionado, admite-se a tentativa.

39.5.1.4 Elemento subjetivo

O crime somente é praticado mediante dolo, sendo exigido ainda o dolo específico, ou seja, exige-se que o agente atue com a finalidade específica de tentar abolir o Estado Democrático de Direito.

39.5.1.5 Ação penal

O crime se processa mediante ação penal pública incondicionada.

Referências

ALVES, Jamil Chaim. *Manual de direito penal*: parte geral e parte especial. Salvador: JusPodivm, 2020.

ALVES, Samira Rodrigues Pereira; RODRIGUES, Patrícia Pacheco (Orgs.). *A Constituição por elas*: a interpretação constitucional sob a ótica das mulheres. Samantha Ribeiro Meyer-Pflug Marques, Renata Mota Maciel (Coords.). São Paulo: Universidade Nove de Julho, Uninove, 2021. 2591 p.

BECCARIA, Cesare. *Dos delitos e das penas*. Tradução de Torrieri Guimarães. São Paulo: Hemus, 1983.

BENTHAM, Jeremy. *O panóptico ou casa de inspeção*. Tradução de Tomaz Silva. Belo Horizonte: Autêntica, 2000.

BIANCHINI, Alice. A qualificadora do feminicídio é de natureza objetiva ou subjetiva? *Revista da Emerj*, Rio de Janeiro, v. 19, n. 72, p. 203-219, jan.-mar. 2016. Disponível em: https://www.tjse.jus.br/portaldamulher/arquivos/documentos/artigos/feminicidio.pdf. Acesso em: 10 out. 2021.

BIANCHINI, Alice; BAZZO, Mariana; CHAKIAN, Sílvia. *Crimes contra mulheres*. 2. ed. rev. e atual. Salvador: JusPodivm, 2020.

BITENCOURT, Cezar Roberto. *Tratado de direito penal*: parte especial. 6. ed. São Paulo: Saraiva, 2010.

BITENCOURT, Cezar Roberto. *Tratado de direito penal*: parte especial. 19. ed. São Paulo: Saraiva, 2019. v. III.

BITENCOURT, Cezar Roberto. *Tratado de direito penal*: parte especial. 17. ed. São Paulo: Saraiva, 2021.

BRASIL. Ministério da Saúde. *Portaria nº 264, de 17 de fevereiro de 2020*. Altera a Portaria de Consolidação nº 4/GM/MS, de 28 de setembro de 2017, para incluir a doença de Chagas crônica, na Lista Nacional de Notificação Compulsória de doenças, agravos e eventos de saúde pública nos serviços de saúde públicos e privados em todo o território nacional. Disponível em: https://www.in.gov.br/en/web/dou/-/portaria-n-264-de-17-de-fevereiro-de-2020-244043656. Acesso em: 14 jan. 2021.

BRASIL. Ministério da Saúde. *Infecções sexualmente transmissíveis (IST)*, 2020b. Disponível em: https://www.gov.br/saude/pt-br/assuntos/saude-de-a-a-z/i/infeccoes-sexualmente--transmissiveis-ist. Acesso em: 15 out. 2021.

BUSATO, Paulo César. *Direito penal:* parte especial 1. 2. ed. São Paulo: Atlas, 2016.

CAPEZ, Fernando. *Curso de direito penal:* parte especial. 4. ed. São Paulo: Saraiva, 2004.

CARRARA, Francesco. *Programa do curso de direito criminal:* parte geral. Tradução de José Franceschini. São Paulo: Saraiva, 1956. v. I.

CUNHA, Rogério Sanches. *Manual de direito penal:* parte especial (arts. 121 a 361). 11. ed. rev., ampl. e atual. Salvador: JusPodivm, 2019.

CUNHA, Rogério Sanches. *Manual de Direito Penal* – Volume Único: parte especial. 12. ed. Salvador: JusPodivm, 2020.

CUNHA, Rogério Sanches. *Manual de direito penal:* parte especial (arts. 121 a 361). 14. ed. rev., atual. e ampl. São Paulo: JusPodivm, 2021.

DELMANTO, Celso. *Código Penal comentado.* 8. ed. São Paulo: Saraiva, 2010.

DIAS, Maria Berenice. *A Lei Maria da Penha na justiça:* a efetividade da Lei 11.340/2006 de combate à violência doméstica e familiar contra a mulher. São Paulo: RT, 2018.

DOTTI, René Ariel. *Curso de direito penal:* parte geral. 2. ed. Rio de Janeiro: Forense, 2004.

FRAGOSO, Heleno Cláudio. *Lição de direito penal:* parte especial. São Paulo: José Bushatsky, 1958. v. 1.

FRAGOSO, Heleno Cláudio. *Lição de direito penal:* parte especial. São Paulo: José Bushatsky, 1962. v. 2.

FRAGOSO, Heleno Cláudio. *Lição de direito penal:* parte especial. São Paulo: José Bushatsky, 1959. v. 3.

FRAGOSO, Heleno Cláudio. *Lição de direito penal:* parte especial. São Paulo: José Bushatsky, 1959. v. 4.

FRAGOSO, Heleno Cláudio. *Lição de direito penal:* parte especial. São Paulo: José Bushatsky, 1959. v. 9.

FRAGOSO, Heleno Cláudio. Conceito jurídico-penal de cadáver. A questão do natimorto. *Revista Investigações*, n. 47, 1953. Disponível em: http://www.fragoso.com.br/wp-content/uploads/ 2017/10/201710 02202727-questao_natimorto.pdf. Acesso em: 15 set. 2022.

FRANÇA, Genival Veloso de. *Medicina legal.* 10. ed. Rio de Janeiro: Guanabara Koogan, 2015.

FOUCAULT, Michel. *Vigiar e punir:* nascimento da prisão. Tradução de Raquel Ramalhete. 12. ed. Petrópolis: Vozes, 1995.

FOUREAUX, Rodrigo. O direito fundamental à inviolabilidade de domicílio e os seus limite. 28 maio 2020. *Atividade Policial.* Disponível em: https://atividadepolicial.com. br/2020/05/28/o-direito-fundamental-a-inviolabilidade-de-domicilio-e-os-seus-limites/#sdfootnote5sym. Acesso em: 22 set. 2022.

GILABERTE, Bruno; MONTEZ, Marcus. Lei 14.155/2021 em análise: invasão de dispositivo informático, furto eletrônico, fraude eletrônica e competência. *JusBrasil*, 2021. Disponível em: https://profbrunogilaberte.jusbrasil.com.br/artigos/12292 53925/a-lei-n-14155-2021-em-analise-invasao-de-dispositivo-informatico-furto-eletronico-fraude-eletronica-e-competencia. Acesso em: 26 nov. 2021.

GOMES, Hélio. *Medicina legal*. Atualizador Hygino Hércules. 33. ed. Rio de Janeiro: Freitas Bastos, 2004.

GRECO, Rogério. *Curso de direito penal*: parte especial. 15. ed. Niterói: Impetus, 2018.

GRECO, Rogério. *Curso de direito penal*: parte especial. Introdução à teoria geral da parte especial: crimes contra a pessoa. 17. ed. Niterói: Impetus, 2020. v. II.

GRECO, Rogério. *Curso de direito penal*: parte especial. Introdução à teoria geral da parte especial: crimes contra a pessoa. 18. ed. Niterói: Impetus, 2021a. v. II.

GRECO, Rogério. *Curso de direito penal*: parte especial. 18. ed. Niterói: Impetus, 2021b. v. III.

HABIB, Gabriel. *Leis penais especiais*: volume único. 11. ed. Salvador: JusPodivm, 2019.

HUNGRIA, Nélson. *Comentários ao Código Penal*. Rio de Janeiro: Forense, 1954. t. I.

HUNGRIA, Nélson. *Comentários ao Código Penal*. Rio de Janeiro: Forense, 1947. v. III.

HUNGRIA, Nélson. *Comentários ao Código Penal*. 4. ed. Rio de Janeiro: Forense, 1958a. v. V.

HUNGRIA, Nélson. *Comentários ao Código Penal*. 4. ed. Rio de Janeiro: Forense, 1958b. v. VI.

HUNGRIA, Nélson. *Comentários ao Código Penal*. 4. ed. Rio de Janeiro: Forense, 1958c. v. VII.

HUNGRIA, Nélson. *Comentários ao Código Penal*. 4. ed. Rio de Janeiro: Forense, 1958d. v. IX.

INCOLUMIDADE. *DICIO, Dicionário Online de Português*. Porto: 7Graus, 2009. Disponível em: https://www.dicio.com.br/incolumidade/. Acesso em: 17 nov. 2021.

JESUS, Damásio de. *Parte especial*: crimes contra a pessoa a crimes contra o patrimônio. Arts. 121 a 183 do CP. Direito penal. Atualização de André Estefam. 36. ed. São Paulo: Saraiva, 2020a. v. 2.

JESUS, Damásio de. *Parte especial*: crimes contra a propriedade imaterial a crimes contra a paz pública – arts. 184 a 288-A do CP. Direito penal. Atualização de André Estefam. 24. ed. São Paulo: Saraiva, 2020b. v. 3.

MARQUES, Samantha Ribeiro Meyer-Pflug; MACIEL, Renata Mota (Coord.). RODRIGUES, Patrícia Pacheco; ALVES, Samira Rodrigues Pereira (Orgs.). *A Constituição por elas*: a interpretação constitucional sob a ótica das mulheres. São Paulo: Universidade Nove de Julho, Uninove, 2021. 2591 p.

MASSON, Cleber. *Direito penal (esquematizado)* – parte especial. 6. ed. São Paulo: Método, 2014a. v. 2.

MASSON, Cleber. *Direito penal (esquematizado)* – parte especial. 4. ed. São Paulo: Método, 2014b. v. 3.

MELLO, Fernanda Lima Moretzsohn de; BURIN, Patricia. A embriaguez como causa de vulnerabilidade de vítima de estupro. *Consultor Jurídico*, 08.10.2021. Disponível em: https://www.conjur.com.br/2021-out-08/questao-genero-embriaguez-causa-vulnerabilidade-vitima-estupro. Acesso em: 10 out. 2021.

MELLO, Fernanda Lima Moretzsohn de; BURIN, Patricia. A violência psicológica no âmbito da Lei Maria da Penha e o crime de lesão corporal. *Consultor Jurídico*, 08.10.2021. Disponível em: https://www.conjur.com.br/2021-jul-15/opiniao-violencia-psicologica--maria-penha-lesao-corporal. Acesso em: 15 jul. 2021.

MELLO, Fernanda Lima Moretzsohn de; BURIN, Patricia. Mulheres transgênero, Lei Maria da Penha e autoridade policial. *Consultor Jurídico*, 03.08.2020. Disponível em: https://www.conjur.com.br/2020-ago-03/lima-burin-mulheres-transgenero-maria-penha-policia. Acesso em: 10 out. 2021.

MORAIS DA ROSA, Alexandre; RAMOS, Ana Luisa Schmidt. A criação do tipo de violência psicológica contra a mulher (Lei 14.188/21). *Consultor Jurídico*, São Paulo, 30 ago. 2021. Disponível em: https://www.conjur.com.br/2021-jul-30/limite-penal-criacao-tipo-violencia-psicologica-mulher-lei-1418821. Acesso em: 11 nov. 2021.

NORONHA, E. Magalhães. *Direito penal*. 2. ed. São Paulo: Saraiva, 1963. v. 2.

NORONHA, E. Magalhães. *Direito penal*. 16. ed. São Paulo: Saraiva, 1980. v. 2.

NORONHA, E. Magalhães. *Direito penal*. Dos crimes contra a propriedade imaterial a crimes contra a segurança dos meios de comunicação e transporte e outros serviços públicos. 4. ed. São Paulo: Saraiva, 1969. v. 3.

NUCCI, Guilherme de Souza. *Código Penal comentado*. 9. ed. rev., atual. e ampl. São Paulo: Revista dos Tribunais, 2008.

NUCCI, Guilherme de Souza. *Código Penal comentado*.14. ed. rev., atual. e ampl. Rio de Janeiro: Forense, 2014a.

NUCCI, Guilherme de Souza. *Código Penal comentado*. 17. ed. Rio de Janeiro: Forense, 2017ª. v. I.

NUCCI, Guilherme de Souza. *Curso de direito penal*: parte especial: arts. 213 a 361 do Código Penal. 3. ed. Rio de Janeiro: Forense, 2019.

NUCCI, Guilherme de Souza. *Manual de direito penal*. 10. ed. rev., atual. e ampl. Rio de Janeiro: Forense, 2014b.

NUCCI, Guilherme de Souza. *Manual de direito penal*. 14. ed. Rio de Janeiro: Forense, 2017b.

PRADO, Luiz Regis. *Curso de direito penal brasileiro*. 9. ed. São Paulo: Revista dos Tribunais, 2010. v. 1.

PRADO, Luiz Regis. *Curso de direito penal brasileiro*. 15. ed. São Paulo: Revista dos Tribunais, 2017.

PRADO, Luiz Regis. *Curso de direito penal brasileiro*: parte especial. 19. ed. São Paulo: Forense, 2021.

QUEIROZ, Paulo de Souza. *Direito penal*. 8. ed. rev., atual. e ampl. Salvador: JusPodivm, 2012.

REALE JÚNIOR, Miguel. *Projeto de lei*: Acrescenta o Título XII, que trata dos crimes contra o Estado Democrático de Direito, à Parte Especial do Decreto-Lei nº 2.848, de 7 de dezembro de 1940 – Código Penal, e dá outras providências. EM nº 00109 – MJ. Brasília, 16 de abril de 2002. Disponível em https://www.camara.leg.br/proposicoesWeb/prop mostrarinte gra?codteor=32274. Acesso em: 25 jul. 2022.

SILVA SÁNCHEZ, Jesus María. *Aproximación al derecho penal contemporâneo*. 2. ed. Montevidéu: B de F, 2010.

ZAFFARONI, Eugenio Raúl; BATISTA, Nilo; ALAGIA, Alejandro; SLOKAR, Alejandro. *Direito penal brasileiro*. Rio de Janeiro: Revan, 2003. v. 1.